Christian Otto Kelm

Amazon-Marketing

Das Praxisbuch für mehr Erfolg bei Amazon

Rheinwerk
Computing

Liebe Leserin, lieber Leser,

über 250 Millionen Produkte tummeln sich auf Amazon – und es werden täglich mehr. Für Sie als Hersteller und Händler bedeutet das zweierlei: Das Potenzial für den wirtschaftlichen Erfolg auf Amazon ist groß, die Konkurrenz aber auch. Daher ist es wichtig, dass Sie aus der Masse hervorstechen.

Amazon selbst bietet Ihnen zahlreiche Tools und Möglichkeiten, um Ihre Produkte zu bewerben: *Paid Advertising*, *Brandstore*, *Blitzangebote* und natürlich die attraktiven *Prime Deals*. All das kostet jedoch Geld, und wenn Sie unbedarft an Ihre Kampagnen herangehen, kann es unnötig teuer werden. Die richtige Strategie ist gefragt!

Lassen Sie sich nicht von schnellen »one size fits all«-Strategien blenden, setzen Sie auf Erfahrung und Expertise! Christian Otto Kelm kennt Amazon wie kein Zweiter, seine Vorträge und Workshops auf renommierten E-Commerce-Konferenzen sind voller Aha-Erlebnisse und Best Practices für Ihren Erfolg. Ich freue mich sehr, dass wir ihn für dieses Buch gewinnen konnten.

Christian Otto Kelm gibt Ihnen das nötige Wissen an die Hand, damit Sie mit Ihren eigenen Strategien und Kampagnen auf Amazon erfolgreich sein können. Wenn Sie sich auf seine operativen Überlegungen einlassen und seine Praxistipps durchspielen, werden Sie sehen: Es funktioniert!

Ein Wort noch in eigener Sache: Um die Qualität unserer Bücher zu gewährleisten, stellen wir bei Rheinwerk stets hohe Ansprüche an Autor und Lektorat. Falls Sie dennoch Anmerkungen und Vorschläge zu diesem Buch formulieren möchten, so freue ich mich über Ihre Rückmeldung.

Viel Vergnügen beim Lesen!

Ihr Stephan Matteschek
Lektorat Rheinwerk Computing

stephan.matteschek@rheinwerk-verlag.de
www.rheinwerk-verlag.de
Rheinwerk Verlag · Rheinwerkallee 4 · 53227 Bonn

Auf einen Blick

Wir hoffen, dass Sie Freude an diesem Buch haben und sich Ihre Erwartungen erfüllen. Ihre Anregungen und Kommentare sind uns jederzeit willkommen. Bitte bewerten Sie doch das Buch auf unserer Website unter **www.rheinwerk-verlag.de/feedback**.

An diesem Buch haben viele mitgewirkt, insbesondere:

Lektorat Stephan Mattescheck, Patricia Schiewald
Korrektorat Annette Lennartz, Bonn
Gutachter Frank Holzweißig
Herstellung Melanie Zinsler
Typografie und Layout Vera Brauner
Einbandgestaltung Bastian Illerhaus
Coverbild Erika Mayer/SEOkomm 2017
Satz Typographie & Computer, Krefeld
Druck Beltz Grafische Betriebe, Bad Langensalza

Dieses Buch wurde gesetzt aus der TheAntiquaB (9,35/13,7 pt) in FrameMaker.
Gedruckt wurde es auf chlorfrei gebleichtem Offsetpapier (90 g/m²).
Hergestellt in Deutschland.

Bibliografische Information der Deutschen Nationalbibliothek:
Die Deutsche Nationalbibliothek verzeichnet diese Publikation in der Deutschen Nationalbibliografie; detaillierte bibliografische Daten sind im Internet über *http://dnb.d-nb.de* abrufbar.

ISBN 978-3-8362-6563-8

1. Auflage 2019

Informationen zu unserem Verlag und Kontaktmöglichkeiten finden Sie auf unserer Verlagswebsite **www.rheinwerk-verlag.de**. Dort können Sie sich auch umfassend über unser aktuelles Programm informieren und unsere Bücher und E-Books bestellen.

Inhalt

Geleitwort von Frank Holzweißig

Christian Kelm hat also getan, worauf die Amazon-SEO-Szene gewartet hat: Er hat sein verdichtetes Wissen in ein Buch gegossen. Aber warum eigentlich Amazon-SEO und warum Christian Kelm?

Amazon, das war bis vor ein paar Jahren einfach ein sehr großer Onlinehändler. In den 2000ern wurde es darüber hinaus zu einem Markplatz und schaffte damit eine Revolution. Es ist ohne Frage für Produzenten wie Händler schwer, eine nachhaltige Strategie auf einem Markplatz zu finden, der dem größten Händler selbst gehört. Bis heute ist die Haltung vieler Hersteller und Händler Amazon gegenüber deshalb kritisch und oft abgewandt.

Nun war es aber noch nicht genug, dass Amazon der größte Händler und der größte Marktplatz in den USA und Europa ist: 2014 bemerkte Googles Eric Schmidt, dass der Hauptwettbewerber unter den Suchmaschinen für Google nicht etwa Yahoo oder Bing ist, sondern Amazon! Amazon ist mittlerweile die wichtigste Produktsuchmaschine, sowohl in den USA als auch in Deutschland. Die meisten Produktsuchen starten direkt auf Amazon. Unter diesem Aspekt ist es für Marken, Hersteller und Händler fahrlässig, Amazon gar nicht oder nur reaktiv zu beachten.

Wenn Amazon also eine Suchmaschine ist, dann eröffnet dies eine neue Perspektive. Aus dem Umfeld der aufstrebenden FBA-Private-Label-Szene (**F**ulfillment **b**y **A**mazon) hörte ich in dieser Zeit zum ersten Mal den Begriff *Amazon-SEO*, und mir begegneten die ersten Experten und Spezialisten zum Thema. Einer davon, der sich seines Expertenstatus damals selbst noch gar nicht bewusst war, war Christian Kelm. Amazon-SEO ist also sehr jung. Gleichzeitig ist die Entwicklung dynamisch. Genau wie für den Google-Algorithmus ist es auch das Ziel des Amazon-Algorithmus A9, stetig bestmögliche Suchergebnisse zu liefern, was bedeutet, dass er sich ständig weiterentwickelt. Der aktuelle Erkenntnisstand hat oft nur eine kurze Halbwertszeit. Aufgrund der Schnelllebigkeit und Komplexität ist eine akademische Auseinandersetzung mit dem Thema kaum möglich, und es gibt nur wenige Best Practices.

Ein Experte, der sich nicht täglich mit dem Themenfeld auseinandersetzt, verliert seinen Status rasend schnell. Anders als im Google-Umfeld genügt es im Umfeld von Amazon nicht, Verkaufspsychologie mit Regeln des Suchalgorithmus zu verbinden. Das Feld ist intensiver, weil sich Themenkomplexe wie Keyword-Setup, Pay-per-Click-Marketing und User Experience der Produktseiten nicht einfach separat betrachten lassen. Darüber hinaus verlangt eine Amazon-Optimierung Verständnis für Logistik, Pricing, Produktentwicklung, Prozesse, Wettbewerbstaktik und weitere Unternehmensfelder. Nur wer alle diese Aspekte miteinander verbindet, kann erfolgreich auf der Plattform teilnehmen oder wertvoll dazu beraten.

Wer sollte nun besser ein Buch über dieses Spannungsfeld schreiben können als Christian Kelm? Er ist heute sicher der bekannteste und präsenteste Experte rund um das Thema Amazon im deutschsprachigen Raum. Es gibt kaum jemanden, der sich in dieser Intensität mit dem Thema Amazon-SEO beschäftigt hat, wie Christian. In den letzten fünf Jahren ist er in den führenden deutschen Amazon-Mastermind-Gruppen auf Facebook, XING und LinkedIn wahrscheinlich das Mitglied mit den meisten Posts. Unbestritten ist er derjenige, der die meisten Mehrwerte in Form von Antworten, Lösungen und Anregungen hinterlassen hat.

Einige der erfolgreichsten Vendoren und Seller in Deutschland wurden und werden direkt durch ihn beraten, neben vielen Traditionsmarken auch junge, schnell wachsende Start-ups. Er kennt das Thema Amazon von allen Seiten, aus Sicht des Sellers, Vendors, Private Labels, der Agentur, des Beraters und last but not least Toolanbieters. Dazu hat er in den letzten Jahren als Keynote Speaker an mehr als 100 Fachkonferenzen und Stammtischen teilgenommen und unzählige Workshops geleitet. Wer Christian Kelm schon einmal auf einem seiner Vorträge erleben durfte, weiß sowohl um seine Wissensdichte wie auch um seine direkte, aber herzliche Art, gepaart mit einer Ansprache, die die Offiziersvergangenheit erkennen lässt.

»Wer nicht gefunden wird, der kann nicht verkaufen.« Mit diesem Mantra beginnen viele seiner Vorträge, darauf folgt in der Regel ein Deep Dive in die Welt der Amazon-Listings mit Erkenntnissen, Handlungsempfehlungen und Anekdoten.

Wer hier ein Buch erwartet, in dem er einen Zehn-Punkte-Plan zum Erfolg auf Amazon findet, wird sicher enttäuscht. So einfach ist das Thema nicht, auch wenn das viele kostenpflichtige Onlinekurse versprechen. Dieses Buch versucht, das Thema Amazon-Marketing umfassend zu betrachten. In der ersten Hälfte werden strategische Überlegungen behandelt. Im zweiten Teil wird es praktisch, hier werden die operativen Optimierungsmöglichkeiten sowohl organisch als auch per Advertising mit Best-Practice-Ansätzen gezeigt.

Auch ausgemachte Amazon-SEO-Spezialisten werden dieses Buch sicher nicht in einem Zug durchlesen. Zum Schmökern und Träumen durch allgemeine Positionen bleibt keine Zeit. Christian bleibt seinem Vortragsstil treu – alles hat Praxisbezug, und den verlangt er seinen Lesern ebenfalls ab. Allgemeinere Positionen werden anhand von konkreten, handfesten Beispielen dargelegt und untermauert. Am stärksten profitieren Sie sicher vom Inhalt, wenn Sie das Beschriebene einfach anwenden und Iterationsschleifen durchlaufen, bevor Sie weiterlesen.

Insbesondere im zweiten Teil des Buches, in dem seine operativen Hands-on-Anleitungen beschrieben sind, gilt: lesen, ausprobieren, verstehen, weiterlesen. Und dann folgt als Nächstes: testen, testen, testen.

Ich wünsche den Lesern viel Freunde mit dem Buch und erfolgreiche Geschäfte auf Amazon.

Frank Holzweißig
Leiter Ecommerce Rotho Kunststoff AG & Experte für Digital-Strategien

Vorwort

Ein Buch zum Thema Amazon also, zu einem Thema, das man nie aktuell halten kann – kann das funktionieren? Kein Umfeld ist so schnelllebig wie einer der größten Marktplätze der Welt. Ich bevorzuge exakte und genau auf die jeweiligen Fragen und Probleme ausgerichtete Lösungen und Antworten. Lange Zeit sträubte ich mich deshalb gegen Videos und Schriftstücke. Warum? Ganz einfach – vor langer Zeit schrieb Franz Jordan (Gründer und Geschäftsführer von Marketplace Analytics, mittlerweile Sellics) über die Nutzung von Bindestrichen in den allgemeinen Schlüsselwörtern. Damals war das korrekt, doch nach einer erheblichen Änderung auf 1.000 und später 5.000 verfügbare Zeichen wieder überholt. Dennoch wurde Jordans Artikel im Internet und den sozialen Medien ewig wie ein ehernes Gesetz gehandelt. Tag für Tag musste man klarstellen, warum diese Aussage zur damaligen Zeit unter den damaligen Umständen korrekt war und nun nicht mehr aktuell ist. Selbst ein klarer Hinweis auf der Blogseite wurde oftmals ignoriert. Auch die deutliche Klarstellung, dass diese Schreibweise nur Platz spart, aber die spezifische relevante Auffindbarkeit und Werbeperformance einschränkt, konnte sich nur langsam durchsetzen.

Dieser Umstand war für mich, dank meines langjährigen Wegbegleiters Franz Jordan, immer ein mahnendes Beispiel, wie wichtig eine korrekte und nie zu allgemeine Antwort ist. Wenige Jahre später lernte ich Michael Gabrielides (Gründer der Amalyze AG) kennen. Erst dank der langen und intensiven Gespräche mit ihm erkannte ich, dass nicht die Antwort das Problem ist, sondern vielmehr die Fragestellung und die Erwartungshaltung dahinter. Die nötige Expertise für solche Herangehensweisen konnte ich durch Maike Kelm, Fahrschullehrer-Lehrerin und Diplompädagogin, vertiefen und verbessern. Da wir beide über zwölf Jahre zusammen verbrachten und zwei wunderbare Kinder aufgezogen haben, konnte ich jeden Tag meine Erklärungsansätze testen und verbessern. Nur meiner werten Mutter kann ich es bis heute nicht erklären.

Schnell ist heutzutage eine Frage in sozialen Medien platziert, in der Hoffnung auf eine schnelle und allgemeingültige Antwort. Weniger Wert wird auf die komplexen Zusammenhänge gelegt oder werden die vermeintlich allgemeingültigen Antworten überhaupt infrage gestellt. Diese Problematik gab es schon, als Amazon noch ein einfacher Marktplatz ohne viel Wettbewerb war. Schnell reich werden ohne Mühe (und Komplexität) war damals tatsächlich einige Jahre lang möglich. Obwohl das so war, machten es sich diese neuen selbst ernannten Fachkräfte zu eigen, Videos, Blogs und Kurse zur Verkaufssteigerung von Produkten zu verkaufen. Keiner der Konsumenten dieser teils mangelhaften Ton- oder Videoprodukte hinterfragte, ob die in den Machwerken propagierten Abläufe bei jedem Produkt funktionierten, ob man spezielle Vorgaben und Gesetze beachten sollte. In der damaligen Zeit ging eine Knoblauchpresse eben wie ein Grillhandschuh und ein USB-Kabel oder ein Holzbrett: Sourcen – Listen – Sales – Repeat. Später wurde der Ablauf erweitert, nun hieß er Sourcen – Listen – Sales – Marketing – Repeat. Dann wurde er nochmals erweitert um Influencer und externen Traffic. Das Rad wurde ständig neu erfunden, und die wildesten Strategien hatten Erfolg – ohne Frage extremen Erfolg.

Was also kann ein Berater dazu beitragen? Wie soll man diesen Wissensstand durchbrechen und die betroffenen Personen überzeugen, dass es so einfach doch nicht (mehr) geht? Durch ständiges Klarstellen der falschen Dinge klappt es nicht, nein, die Fehler müssen selbst erkannt werden, um zu einer Einsicht zu gelangen. Daher habe ich mir irgendwann angewöhnt, Gegenfragen zu stellen. Aufgrund der offenen Gespräche in sozialen Medien kamen so immer mehr Menschen in Kontakt mit anderen Ansichten und begannen mehr und mehr nachzudenken. Meine Devise bleibt dabei, »Hilfe zur Selbsthilfe« anzubieten und nicht als Agentur die Arbeit zu übernehmen.

Dennoch bleibt das Problem der allgemeingültigen Antworten wie »5« oder »42« oder eben »Pi mal Daumen«. So habe ich die letzten Jahre immer wieder auf Methoden zurückgegriffen, die mehr und mehr mit Systematiken aus einer Vielzahl an Kundenprojekten gefüttert wurden. Dank der Offenheit vieler Marktplatzteilnehmer werde ich zudem oft mit den neuesten Änderungen konfrontiert oder mit kuriosen oder sensationellen Testergebnissen versorgt – ein offenes Geben und Nehmen. Dadurch ist es mir gelungen, Amazon allgemeiner beschreiben zu können, ohne die Details und Eventualitäten zu vernachlässigen. Viele Hinweise und Ansichten beginnen mit »sollte« oder »kann« – eben weil es nicht die eine, universelle Antwort gibt. Auch sind meine Ansichten unabhängig von bestimmten Zeichenvorgaben durch Amazon anwendbar. Man kann aktuell maximal 249 Bytes jeder Art als Suchbegriffe hinterlegen – muss man aber nicht. Denn am Ende dieses Buches sollten Sie in der Lage sein, ein relevant auffindbares Produkt Ihrer eigenen Strategie entsprechend zu optimieren und zu bewerben, und brauchen meine Ideen und Ansätze dann nicht (länger) zu kopieren.

Kapitel 1
Amazon ist nicht nur ein Kunde und daher strategisch zu betrachten

»If you don't have an Amazon strategy ...
you don't have a brand strategy«,
Larry Pluimer, ehemaliger Amazon-Mitarbeiter und Agenturgründer

Wie ist es möglich, dass ein einzelnes Unternehmen eine solch starke Relevanz aufbauen konnte, und das in fast allen Bereichen der Industrie, angefangen bei der Logistik über den Dienstleistungssektor, das Kaufverhalten und den stationären Handel bis hin zu Film und Fernsehen in nahezu jedem privaten Haushalt?

Gestartet als einfacher Buchversand, konnte man Amazon anfangs leicht als virtuellen Marktplatz definieren, auf dem – vom Marktplatzbetreiber unterstützt – Geschäftstransaktionen durchgeführt werden. Natürlich trat Amazon schon als eigener Händler in Erscheinung, doch zusammenfassend kann man insbesondere die Anfangszeit unter dem Motto »mein Regal – deine Bücher« zusammenfassen.

Zügig entwickelte sich jedoch eine erweiterte Wahrnehmung von Amazon als Plattform. Frei nach dem Ansatz »mein Platz – meine Regeln« baute Amazon eine gemeinsame Basis für die Weiterarbeit aller am Marktplatz teilnehmenden Strukturen auf. Dabei war jedoch das übergeordnete Ziel von Anfang an, selbst die ultimative Kontrolle des Endkundenzugangs zu erreichen.

Doch für viele ist aktuell der wichtigere Schritt hin zur Infrastruktur bereits erfolgt. Das bedeutet, wer jetzt eine Plattform oder einen Marktplatz als strategisches Ziel ausgibt, wird zwangsläufig oder doch mit hoher Wahrscheinlichkeit scheitern oder ewig Follower hinter Amazon bleiben.

Die Amazon-Infrastruktur umfasst mittlerweile alle erdenklichen Bereiche. Weltweit sind *Amazon Web Services* (*AWS*) eine Basis für alle Arten von Rechenleistung, Datenbankspeicher, Inhaltsbereitstellung oder andere Funktionen, die beim Aufbau anspruchsvoller Anwendungen mit steigender Flexibilität, Skalierbarkeit und Zuverlässigkeit unterstützen.

Im Detail sind über 150 Angebote verfügbar: angefangen bei Datenverarbeitung, bei Tools für Verwaltung und Developer über Medienservices oder maschinelles Lernen und wissenschaftliches Rechnen bis hin zu Streaming, *Augmented* und *Virtual Reality (AR* und *VR*), Gaming sowie *Internet of Things (IoT*).

Interessant wird es ab dem Punkt der genauen Definition von Infrastruktur. Sie umfasst alle Elemente, die für das Funktionieren von Wirtschaft und Gesellschaft unverzichtbar sind. Dazu gehören zum Beispiel Daten, Kommunikation, Warenflüsse oder Logistik sowie Banken und Versicherungswesen. Im Spezifischen sind sogar Bereiche wie Energieversorgung, Individualverkehr, Finanz- und Bankensysteme, aber auch Fürsorgedienstleistungen wie Kinderbetreuungseinrichtungen Teil davon. Nicht ohne Grund werden der Prime-Kindergarten oder das Prime-Ticket für Nah- und Fernverkehr immer wieder heiß diskutiert.

Blickt man in die anwendungs- und branchenspezifischen Angebote von AWS, findet man sofort Strom- und Energieversorgung, Kraftfahrzeuge, Bildung, Gesundheitswesen, Finanzdienstleistungen, Blockchain und vieles mehr, in Summe also alle relevanten Bereiche einer vollständigen Infrastrukturdefinition.

Im selben Schritt hat sich um Amazon eine Vielzahl an Ökosystemen und Begleitstrukturen entwickelt: Agenturen, Tools, Repricer, Berater, Logistiker, Fulfillment-Anbieter, Lieferanten, Agenten, Blogs, Podcasts, Gruppen, Konferenzen, Bücher und vieles mehr. Sie alle profitieren mehr oder weniger direkt vom Erfolg Amazons. Versucht man, gleiche Strukturen von Dienstleistern, Tools oder Beratern für andere Märkte zu finden, wie zum Beispiel eBay, wird es schwer, sowohl quantitativ als auch qualitativ.

Dieses ständige Wachstum und das Streben nach absolutem Kundenzugang auf allen Ebenen erforderten gleichzeitig eine Fähigkeit, wie man sie mit Wörtern wie innovativ oder flexibel kaum beschreiben kann. Einzigartig sind sowohl die Geschwindigkeit als auch die Erfolgsquote und der Umgang mit Misserfolg. Es wird schlicht und ergreifend getestet und durchgeführt, fallen gelassen oder ausgebaut.

Beispielhaft ist hier das Vorgehen von Amazon mit Produktbewertungen. Ende 2016 nahm die öffentliche Kritik zu angeblich gefälschten oder nicht verifizierten Bewertungen deutlich zu. Das Vorgehen von Amazon sucht bis heute seinesgleichen – innerhalb weniger Wochen wurden fast alle identifizierbaren und als nicht korrekt eingestuften Bewertungen schlicht gelöscht. Sämtliche Anbieter von Bewertungsportalen entwickelten neue Wege, und so ging Amazon ein Jahr später den nächsten Schritt und unterband das wahllose Abgeben von Bewertungen durch neue Richtlinien. Es wurden neue Berechnungsgrundlagen für die empirische Zusammensetzung des Sternerankings eingeführt.

Sätze wie

> *»Amazon berechnet die Sternbewertungen eines Produkts mithilfe eines maschinell gelernten Modells anstelle des Durchschnitts der Rohdaten. Das maschinell gelernte Modell berücksichtigt Faktoren wie das Alter einer Bewertung, die Beur-*

teilung der Nützlichkeit durch Kunden und ob die Bewertungen aus geprüften Einkäufen stammen.«

oder

»Leider können wir Ihre Bewertung dieses Artikels nicht annehmen.«

zeigen, wie unberechenbar Amazon arbeitet und dass es immer für eine Überraschung gut ist.

Amazons Verhalten kann man dabei konsequent zusammenfassen als Verbessern, Verändern, Korrigieren, Erweitern. Dies erkennt man zum Beispiel am Amazon Fire Phone, das bis heute als größter Flop der Amazon-Geschichte gilt. Doch betrachtet man das Produkt als ultimativen Prototyptest, wurde daraus tatsächlich das Kindle Paperwhite und die FireHD-Serie aufgebaut. Die Lernkurve und der technologische Fortschritt durch dieses Projekt gelten als wegweisend.

Betrachten Sie von dieser Warte aus weitere Amazon-Projekte, sehen Sie die Dinge mit völlig anderen Augen. Während die Bewertungsflut gestoppt wurde, etablierte Amazon ein eigenes Influencer-Programm und das *Early Reviewer Program* zur Unterstützung der Bewertungsgenerierung in der Startphase von Produkten. Mittlerweile gibt es neben Vine (kaufbare Bewertungen aktuell für Vendoren, also Händler oder Hersteller, die direkt an Amazon verkaufen) mit »Born to Run« ein eigenes Launchprogramm direkt für Vendoren.

Auf der logistischen Ebene kämpft Amazon um die »letzte Meile«, also die direkte Verbringung von Waren zum Kunden. Um dieses Problem zu lösen, baut Amazon eine eigene, unabhängige Logistikflotte auf: Amazon Logistics. Amazon kaufte zudem unter anderem die Firma Ring (Spezialist für Kameras und Türklingeln) und schloss Kooperationen mit Volvo und einigen Großstädten in den USA, um Pakete direkt in den Kofferraum liefern zu können. Dies war neben den eigenen Locker-Boxen ein weiterer Schritt zur kundenindividuellen Anlieferung zu jeder Zeit, mittlerweile können sich erste Kunden individuell Liefertage auswählen.

Wofür das Ganze? Was mag der große Denkansatz dahinter sein? Anfang 2018 eröffnete Amazon das erste voll vernetzte Alexa-Modellhaus und kaufte Ende 2018 eine Fertighaussparte. Neben den Entwicklungen einer eigenen Datenbrille, eines TV-Geräts und zum Beispiel eines Mixed-Reality-Spiegels wird Amazon so der ultimative Zugang zum Endkunden gesichert – in jeder Lebenssituation. Die neuen Alexa-Produkte wie eine Mikrowelle zeigen die Zukunft auf. Diese Entwicklung ist atemberaubend oder für manche auch erschreckend, doch letztendlich der logische Schluss, um als Infrastruktur eine Unersetzlichkeit aufbauen zu können. Diese Entwicklung führt dazu, dass aktuell und in Zukunft immer mehr Menschen mit Zugang zum Internet auch auf die eine oder andere Weise in Kontakt mit Amazon kommen werden.

1.1 Warum Content wichtig ist

Hauptsächlich werden es die alltäglichen Bedürfnisse sein, die es zu befriedigen gilt – einerseits in der *Sprachsuche* und Kommunikation, andererseits in der *textuellen Suche* per Eingabe oder anderer Interface-Interaktion. Hier entsteht direkt ein Übergang zu sinnvollem oder schlicht auffindbarem Content und Marketing. Aus meiner Sicht müssen Sie sich noch nicht absolut auf die Sprachsuche für die Positionierung oder den Verkauf Ihrer Produkte fixieren. Die stetig steigende Zahl von Suchabfragen per Stimme (oder englisch *Voice*) erreicht zwar Monat für Monat Rekordwerte, doch niemand differenziert dies nach Informations- oder Produktsuchintention aus. Nur weil statistisch gesehen alle Suchabfragen plötzlich von drei bis vier Wörtern auf fünf bis sieben Wörter anwachsen, heißt das nicht, dass sofort Änderungen eingeleitet werden müssen. Im einfachsten Fall überlegen Nutzer beim Eingeben von Suchen, was Sie schreiben würden, und kommunizieren bei der Sprachsuche mit mehr Füllwörtern.

Die Sprachassistenten heißen nicht ohne Grund Assistenten. Obwohl der technologische Fortschritt in der linguistischen Deutung durch Computer exponentielle Fortschritte macht, gibt es aus meiner Sicht einen grundsätzlichen Denkfehler. Aufgrund mangelnder weltweiter Standardisierung von Produkten und Anforderungen kann eine allgemeine Sprachsuche nicht ausreichen. Allein die Abfrage zum Kauf von Toilettenpapier endet unweigerlich in einer längeren Diskussion über Anzahl der Rollen, Anzahl der Lagen, Papierqualität, Musterung und mittlerweile sogar Geruch. Dieses Dilemma lässt sich in alle Bereiche des Lebens übertragen – im Besonderen beim Suchen nach oder Kaufen von Produkten. Oder wissen Sie wirklich, wie heiß der Earl-Grey-Tee von Jean-Luc Picard ist und wie viel Tee sich in der Tasse befindet, wenn er seinen »Earl Grey, heiß« am Replikator bestellt? Hierhinter verbirgt sich auch der wahre Grund für Amazons Eigenmarken und Amazon Basics oder das neue *Join the Amazon Family of Brands*. Standardisierung ist nur dann möglich, wenn man die komplette Kontrolle ausübt und innehat. Ab diesem Tag wird auch Amazon nicht mehr von »Still Day One« sprechen, sondern anfangen zu zählen.

1.2 Bilder sagen mehr als tausend Worte

Aus den genannten Gründen richtet sich das Augenmerk des Buches auf die rein textbasierte Suche und die Eingabe von Bedürfnissen im Suchfeld von Amazon. Doch speziell im Umgang des Kunden mit Amazon machen Anbieter (Seller wie Vendoren) zumeist die gleichen oder ähnlichen Fehler. Dabei geht es nicht ausschließlich um die reine Auffindbarkeit. Es ist wichtig, den eigenen Content im Kontext von Amazon zu sehen und aus der Sicht des Amazon-Kunden zu betrachten. Nehmen wir die zwei Bilder aus Abbildung 1.1 als Einstiegsbeispiele – was ist das?

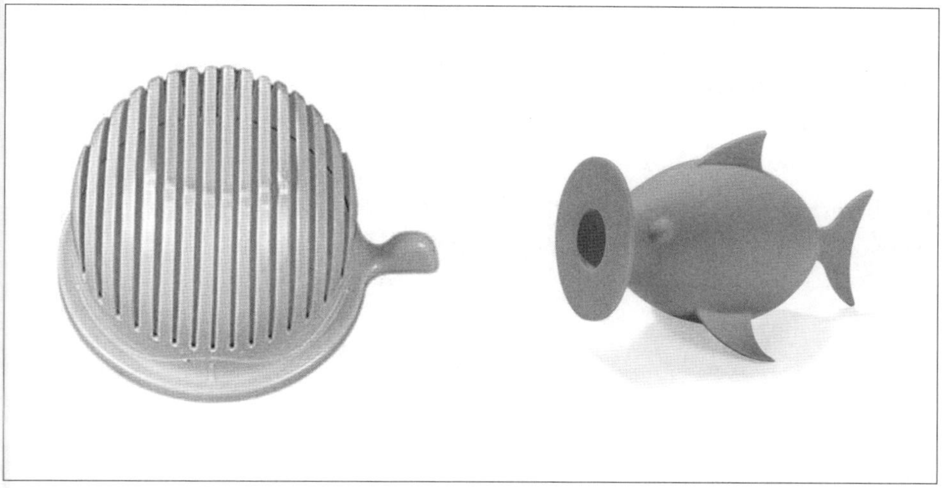

Abbildung 1.1 Was bin ich?

Die erste Interpretation des linken Bildes ist immer die eines Eierschneiders. Das zweite Bild wird oftmals als Eigelbtrenner, Anspitzer oder Sexspielzeug gedeutet. Alle Assoziationen sind in dem Fall jedoch falsch. Der Kunde kann oder will die Bilder in bekannte Raster und Denkformen bringen. Doch welche Form haben Eier? Oval, nicht rund. Und wie groß sind Eier? Die weiteren Thematiken lasse ich hier bewusst unkommentiert. Eines der größten Probleme auf einer Kaufplattform, die den meisten Traffic über mobile Endgeräte erzeugt, sind Größenmaßstäbe. Daher bietet Amazon oftmals Hilfsbilder wie die in Abbildung 1.2 an.

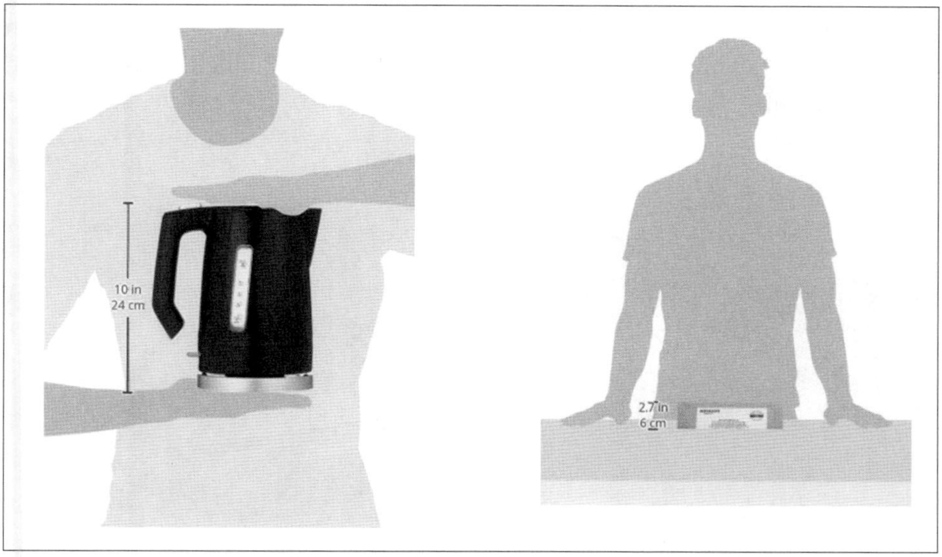

Abbildung 1.2 Hilfsbilder für Größenverständnis

Leider sind diese immer erst auf einer der letzten Positionen zu sehen und werden häufig für Produkte angeboten, deren Größe relativ bekannt oder unwichtig ist. In Abbildung 1.2 sehen Sie zum Beispiel einen Wasserkocher, der sicherlich besser in seinem Nutzungsumfeld seine Größenverhältnisse offenbart, oder Batterien, deren Packungsgröße keinen direkten Mehrwert bietet.

So kann es auf Amazon durchaus zielführend sein, Produkte in ihren Einzelbestandteilen oder in der Nutzungsrichtung abzubilden (siehe Abbildung 1.3).

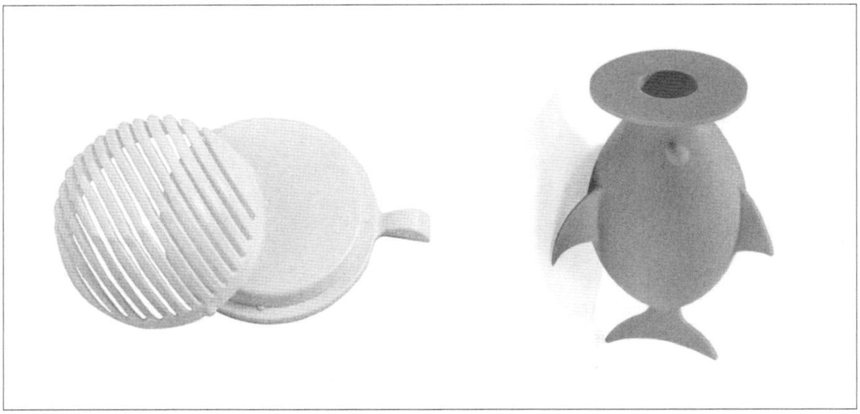

Abbildung 1.3 Einzelbestandteile und Nutzungsrichtung

Auffällig ist hierbei nun die flache Unterseite des Produkts links und die Nutzungsrichtung des Produkts rechts. Die Nutzung wird damit schon deutlich eingeschränkt. Ohne den zugehörigen Titel werden Sie bei richtlinienkonformen Hauptbildern dem Kunden jedoch kaum mehr Hilfe an die Hand geben können. Der Fokus muss dann also auf dem Titel oder dem zweiten sichtbaren Bild der Produktdetailseite liegen (siehe Abbildung 1.4).

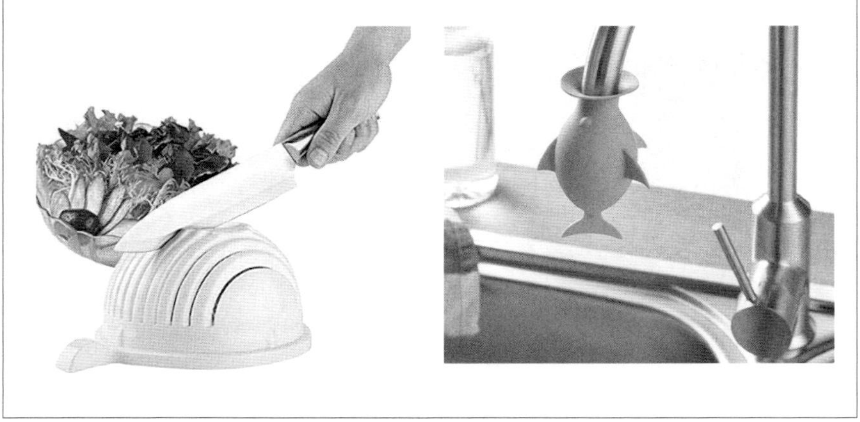

Abbildung 1.4 Salatschneider und Wasserhahnentkalkeraufsatz

Deutlich geht nun der Nutzen aus der Darstellung hervor: der Salatschneider und der Wasserhahnentkalkeraufsatz in Aktion. Auffällig hierbei – ohne die nicht beiliegenden Utensilien wie Messer und Wasserhahn sind die Produkte kaum erklärbar. Jedoch lässt Amazon Ihnen Spielraum und erlaubt in Teilen die Abbildung von notwendigen, da nutzungserklärenden Hilfsmitteln in Folgebildern (siehe Abbildung 1.5).

Abbildung 1.5 Bilder mit Anwendungsabläufen

Die weiterführenden Bilder helfen deutlich dem Verständnis von Nutzen und Einsatzzweck.

Neben der reinen Größenvermutung und den Denkrastern der Kunden zeigt sich ein weiteres Problem der Produktdarstellung auf Amazon: Die besten Produkte haben die kuriosesten Namen: Eierschalensollbruchstellenverursacher, Tomatenstrunkentferner, Erdbeerstrunkentferner, Wassersparstrahler mit Strahlregler – in Fachkreisen schlicht Perlator mit Kugelgelenk genannt. Wann aber werden Kunden mit dem eigentlichen Problem konfrontiert? In der Regel bei der Nutzung, das heißt morgens beim Frühstück oder beim Schälen der Tomaten oder – im Fall des Wasserhahnentkalkeraufsatzes – beim Reinigen von Bad oder Küche. Amazon ist dabei nicht direkt der erste Gedanke, eher so etwas wie: Wie reinige ich das jetzt? Am ehesten wird der Kunde in spe nun eine informationslastige Google-Suche zu seiner Frage starten, da er weder die Lösung für sein Problem, noch deren exakten Namen kennt.

Schnell finden sich Suchabfragen, die das Problem »reinigen« benennen, die das Objekt jedoch von »Wasserhahn Aufsatz« über »Düse« und »Auslauf« bis hin zu »Ablauf« nennen (siehe Abbildung 1.6, die kreisförmige Darstellung kann man sowohl als CSV herunterladen oder sich in einfacher Listenansicht darstellen lassen).

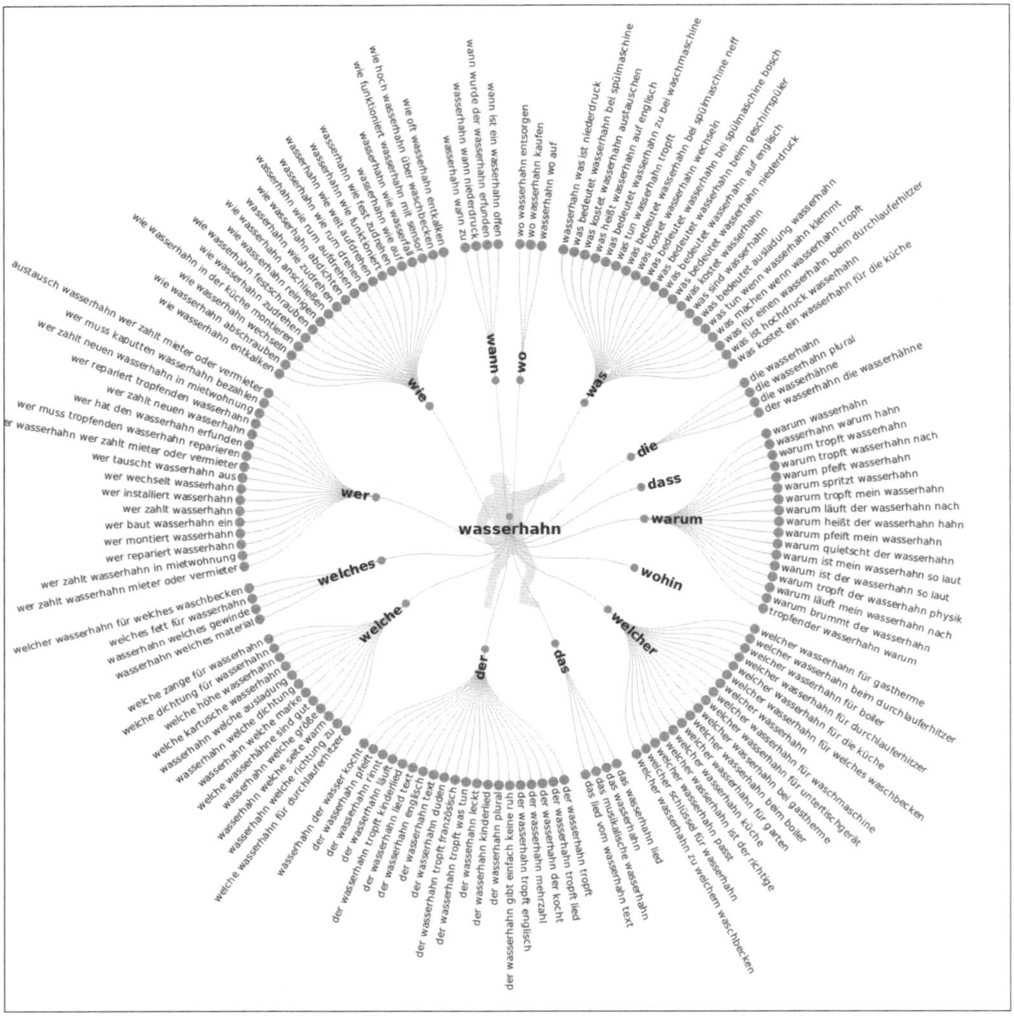

Abbildung 1.6 Wasserhahn im Tool »www.answerthepublic.com«

Wo wird dieses Bedürfnis also ausgelöst? Direkt während des eigentlichen Problems. Die Bedürfnisbefriedigung kann dann jedoch nicht ausreichend kommuniziert werden, was dazu führt, dass man Wochen oder Monate später im Supermarkt vor den diversen Regalen von Drittanbietern und Kaffeeröstern steht und plötzlich die Lösung aller Probleme sieht – den Wasserhahn-Aufsatz-Düsen-Entkalker-Reiniger-Dingsbums. Den Namen wird man selten im Kopf behalten – das Produkt jedoch kaufen. Diese Scheinwerferprodukte müssen immer im richtigen Licht stehen, sonst erfolgen keine Verkäufe.

Ich empfehle, über *E-Com-Packshots* nachzudenken. Immer mehr Beispiele auf Amazon zeigen die Nutzung des Bildes 1 als schlichte Frontseite der Verpackung. Jedoch wird dort nicht exakt die Verkaufseinheit gezeigt, sondern es werden Anpassungen vorgenommen. Wesentliche Verkaufspunkte wie der Geschmack oder Inhaltsmengen werden größer als üblich dargestellt. Die Marke wird sichtbar und lesbar für den Kunden gezeigt, und weitere erklärende Informationen werden hervorgehoben. Der Kunde soll einerseits vom Produkt überzeugt werden und andererseits die Kaufentscheidung durch das reine Bild vorbereiten können. Je weniger Fragen Kunden nach dem Blick auf das Bild haben, desto niedriger ist die nachträgliche Absprungrate und desto höher die potenzielle Kaufrate.

1.3 Im Wettbewerb auf Amazon bestehen

Insgesamt kann man sehr viele Bereiche hervorheben, bei denen die Kommunikation durch ein reines Suchfeld schlicht mangelhaft ist, um die eigenen Bedürfnisse ausreichend zu kommunizieren. Sind die Obstbäume mal wieder von Schädlingen befallen, kann man als Kunde kein Bild bei Amazon hochladen und das korrekte Gegenmittel finden. Ebenfalls ist die Platzierung neuer Geschmacksrichtungen oder Produktneuheiten für Händler wiederum komplexer als im stationären Handel. Hier muss die Suchintention oder das Verständnis des Kunden erst einmal geweckt werden, dass man dieses Produkt unbedingt benötigt und wie man es suchen und finden kann.

Dabei kommt dann im Wesentlichen die Verbindung der verschiedenen Marken- oder Firmenstrategien ins Spiel. Warum ist es aktuell so unglaublich wichtig, eine Amazon-Strategie zu haben? Allein in Deutschland sind 2016 44 Millionen Amazon-Kunden und davon 17 Millionen Nutzer von Prime gezählt worden. Die Nutzergruppe ist größtenteils unter 35 Jahre alt. Das bedeutet, dass die Plattformprägung noch lange anhalten wird (siehe Abbildung 1.7).

Wenn der ultimative Kundenzugang bei Amazon liegt, müssen Sie über Content und Marketing aktiv eingreifen. Darunter fällt natürlich auch der Bereich des externen Traffics über eigene Wege oder die direkten Amazon-Kanäle wie die *Amazon Advertising Platform (AAP)*. Dadurch schaffen Sie es, das Vertrauen der Kunden in die Verkaufsplattform für die eigenen Produkte zu nutzen. Sie müssen je nach Produktbereich aber in der Lage sein, Amazon entweder zu »beherrschen« oder schlicht als Verkaufskanal zu nutzen oder sogar nur aus Gründen der Sichtbarkeit und Vergleichbarkeit zu bespielen. In den folgenden Abschnitten werden vier einfache Denkbeispiele die jeweiligen Ansätze aufzeigen. Diese Aufzählung ist dabei nicht als vollständig zu betrachten, aber doch als Quelle für Ideen und Ansätze.

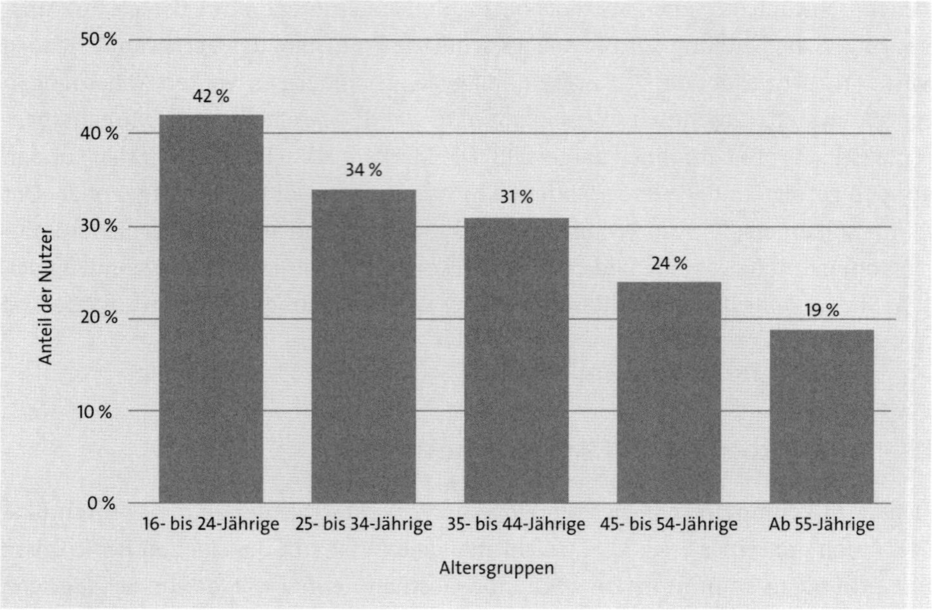

Abbildung 1.7 Statista: Anteil der Nutzer von Amazon Prime nach Altersgruppen an den Internetnutzern in Deutschland im April 2016

1.3.1 Ich bin Markt- und Markenführer – Amazon ist mir egal?!

Das Beherrschen eines Marktes in seinem eigenen Kernproduktsortiment wird von Tag zu Tag schwerer. Einige Vorteile asiatischer Anbieter zum Thema Steuern sollen sich zwar in den nächsten Jahren verflüchtigen, dennoch sind es die kleinen und großen »Mikrounternehmer«, die mit spezifischen Produkten oder der taktisch und zeitlich perfekten Strategie unschlagbare Vorteile erzeugen. Nehmen wir als Beispiel Marken wie Pepsi und Coca-Cola oder Osram und Philips. Die einen sind Marktführer im Bereich dunkler koffeinhaltiger, koffeinfreier, zuckerhaltiger und zuckerfreier Getränke, die anderen im Bereich Leuchtmittel und Leuchten. Beide Lampenanbieter konnten über Amazon dank der hohen Markentreue und der Kompatibilität zu Smarthome-Assistenten jeglichem Wettbewerb standhalten – Philips als bereits stabil auf Amazon gelistete Marke und Osram, anfangs durch Händler, später durch den Hersteller als Vendor hervorragend aufgestellt. Der einzige große Wettbewerb entstand durch kleine Angriffe von mehr oder weniger erfolgreichen Mikromarken in einigen speziellen Leuchtmittelklassen. Im April 2016 jedoch begann Amazon Basics in dieselben Produktbereiche zu investieren, erst mit nur wenigen Auszügen der LED-Leuchtmittel-Palette, mittlerweile sehr breit auftretend und die alten Platzhirsche überflügelnd. Stück für Stück rücken die Kunden mehr und mehr zu Amazon als Markenanbieter. Wie im Bereich der Batterien, wo Basics 94 % der Produkte auf Amazon ausmacht, ist schlimmstenfalls sogar ein Fall der ganz Großen nicht unwahrscheinlich.

Im Beispiel Coca-Cola gegen Pepsi haben wir andere Voraussetzungen. Eine Marktteilung wie die Einführung von Flaschengrößen zu 0,75 Liter und 1,25 Liter, um große Discounter zu trennen, ist auf Amazon nicht einfach möglich. Zu stark müssten die Einschränkungen sein, um den Handel auf Amazon mit allen Gebinden oder Flaschengrößen zu unterbinden. Wie also schafft es Coca-Cola dennoch Mitte 2018 immer noch gegen Pepsi zu bestehen und die Marktführerschaft auf Amazon zu behaupten? So unglaublich es klingen mag – Pepsi ist schlicht nicht als Vendor oder Seller direkt auf Amazon tätig. Jahrelang konnte Coca-Cola daher ohne richtigen Wettbewerber mit mittelmäßigem Content, aber dem Bezug des Getränks zur Marke, maximale Erfolge erzielen.

Insgesamt bleibt festzuhalten – marktbeherrschende Stellungen sind nur so lange haltbar, bis richtige Wettbewerber in den Markt eintreten, entweder in Form der Masse an agilen und schnellen Mikrounternehmern oder in Form großer Wettbewerber, die Marktdaten kennen oder schlicht das ultimative Vergleichsprodukt anbieten und bereits am Kunden genügend Bekanntheit haben.

1.3.2 Amazon – ein Kunde ohne Regal

Eine schlichte **Kanalerweiterung** kann man bei Marken wie Lego erkennen. Eine Produktsuche nach Lego startet eher mit einer mittlerweile fünfstelligen Nummer als mit einer Suche nach »Feuerwehrwache Bauset aus Steinen mit Figuren«. Man kann Lego schlicht zugutehalten, dass sie Kunden damit die Möglichkeit geben, stationär neue Produkte mit den Kindern anzusehen und direkt die Preise auf Amazon zu vergleichen und dort zu bestellen.

Süßigkeiten hingegen können durch die Kanalerweiterung einige andere Vorteile erzielen. Während Lego seltene Sets oder Store-only-Produkte im Onlineshop oder Laden anbietet, kann Amazon im Süßwarenbereich als verlängertes Warenregal gesehen werden. Dies führt dazu, dass einige Neuheiten und seltene Geschmäcker nur kurz im Laden getestet werden, während der Kenner oder Liebhaber, der diese weiterhin konsumieren möchte, auf Amazon ausweicht. Eine Listung auf Amazon kostet eben schlicht keinen Meterpreis am Point of Sale bzw. im Laden. Beispiele reichen von seltenen Salzschokoladen bis hin zu weniger abnahmestarken Geschmacksrichtungen bei Chips. Sie können sich sicher an die »Ritter Sport Schoko und Gras – Vollmilchschokolade mit gerösteten Hanfsamen« oder die berühmte »Ritter Sport Einhorn Limited Edition« erinnern, die unerhörte Sammlerwucherpreise erzielen konnte.

Verkaufs-Funnel-Ansätze im Zusammenhang mit Amazon zielen auf die reine Sichtbarkeit bzw. das reine Listen der Angebotsvielfalt oder der Angebote als solche ab. Als

Beispiele dienen hier Treppenlifte, zumeist sehr teuer und definitiv erklärungsbedürftig und im Detail an den Nutzungsort anzupassen. Dennoch sollten Sie heutzutage nicht darauf verzichten, einen sauberen Auftritt abzubilden. Das Ziel ist hierbei nicht die Erzielung eines Verkaufs, sondern die Gewinnung eines Kunden. Dieser Kunde wird im eigenen Laden oder Onlineshop auf die Beratung zurückgreifen, um eine finale Bedürfnisbefriedigung zu erzielen. Eine Verlinkung auf die externen Shops und Seiten ist natürlich von Amazon nicht gewünscht. Ein Verweis auf den Support-Kontakt oder die Auffindbarkeit der Marke in der Google-Suche leiten den Kunden dann gegebenenfalls direkt an die richtige Stelle. Andere Möglichkeiten der Lenkung hin zum eigenen Shop sind die Abbildung des Kernsortiments auf Amazon inklusive Preisaufschlag der Marktplatzgebühren. Das Kernsortiment im eigenen Shop wird im Vergleich billiger angeboten. Zusätzlich ist auch Zubehör nur dort zu finden. Dieser Ansatz funktioniert natürlich auch andersherum. Stellen Sie sich vor, Vorwerk und Thermomix oder Tupperware würden ihre Zubehörartikel auf Amazon anbieten. Der Ansatz würde zweifelsohne genauso funktionieren.

Vergleichbarkeit ist ein wesentliches Merkmal der Produktsuchen. Doch bevor Sie in Hornbach, OBI, Toom und anderen Baumärkten die jeweiligen Produkte öffnen und nebeneinanderstellen, kann es zielführender sein, die Produkte auf Amazon zu listen. Kunden können dann das »Zaunfeld 180 × 180 Holz anthrazit« suchen und direkt auf einem Marktplatz vergleichen. Der Vorteil: Alle Angebote zum selben Produkt sind in einem Produkt kombiniert, da alle Anbieter dieselbe *ASIN* (Amazon Standard Identification Number) nutzen müssen. Andere Produkte zur Suche sind direkt anzusehen und aufgrund der anzunehmenden Listungsähnlichkeit leicht zu vergleichen. Ziel muss es dann sein, den Kunden zu überzeugen, den Kauf bei Händler »XYZ« durchzuführen. Ein Kauf eines Zauns als Beispiel endet selten mit einem Zaunfeld und wird weiterführend einige Zubehörprodukte beinhalten. Bestenfalls kauft der Kunde aufgrund der hohen Versandkosten nun alles bei Händler »XYZ«. Einige Kunden weichen dann gegebenenfalls direkt in den Onlineshop aus und kaufen dort alles, um sich zumeist die Kosten des Versands komplett zu sparen. Das ist auch der Grund, warum so viele Händlernamen direkt den Shopnamen beinhalten.

Die allgemeinen und spezifischen, aber auch komplexen Nutzungsarten von Amazon als Marktplatz sind unglaublich vielfältig. Am Ende jedoch hängt alles von der Auffindbarkeit und Sichtbarkeit ab. Deshalb ist meine Grundregel Nummer 1 und die Basis für alle weiteren Inhalte in diesem Buch: Wer nicht gefunden wird, kann nicht verkaufen!

Kapitel 2
Amazon-SEO – der Versuch, eine Definition herzuleiten

Mir ist keine grundlegende Definition von Amazon-SEO bekannt. Deshalb erarbeite ich in diesem Kapitel eine Definition auf Grundlage der Basisdefinition des Begriffs SEO. Die notwendigen Zusammenhänge werden Stück für Stück zusammengefügt.

Die Definition von SEO als Suchmaschinenoptimierung (*Search Engine Optimization*) bezeichnet Maßnahmen, die dazu dienen, dass Webseiten und deren Inhalte im organischen Suchmaschinenranking auf den vorderen Plätzen erscheinen.

Ersetzt man »Webseiten und deren Inhalte« durch »Produkte auf Amazon bzw. dem Marktplatz«, lässt sich diese Definition übertragen. Die Produkte sollen dort erscheinen, wo die Kunden ihre Kaufentscheidung treffen, also auf den vorderen Seiten. Wichtiger Unterschied: Organische Rankings, das heißt Positionen, die man sich über Werbeplätze erkaufen bzw. ersteigern kann, gibt es bei Amazon-SEO nicht. Diese fallen unter SEA (*Search Engine Advertising*).

Definition von Amazon-SEO

Suchmaschinenoptimierung auf Amazon bezeichnet Maßnahmen, die dazu dienen, dass Produkte im organischen Suchmaschinenranking auf vorderen Plätzen oder Seiten erscheinen, bzw. dort erscheinen wo Kunden Ihre Kaufentscheidung treffen.

Da sich die Darstellung der Suchergebnisse sehr stark von Device zu Device, insbesondere Mobile und App gegenüber Desktop und Tablet, unterscheidet, müssen nicht zwingend die Plätze 1 bis 3 oder die erste Seite das oberste Ziel sein.

Wichtig bei der Betrachtung von Amazon ist die Sortierung. Amazon sortiert die Suchergebnisse standardmäßig nach »Beste Ergebnisse«. In der englischsprachigen Version wird deutlicher, was Amazon darunter versteht, nämlich »Sort by relevance«. Das heißt, je relevanter ein Produkt für den vom Kunden eingegebenen Suchbegriff ist, desto weiter oben steht das Produkt auf der Suchergebnisseite (*Search Engine Result Page*, SERP). Mittlerweile heißt es sogar »Amazon präsentiert« bzw. »featured«.

Mit dieser Hauptdefinition wird man dem Thema aber nicht genügend gerecht, deshalb stelle ich zusätzlich folgende Unterdefinitionen vor:

- *Vorgelagertes Amazon-SEO*
  Im Zuge der Content-Relevanzanalyse stellen Sie fest, welche Produkte vom Amazon-Algorithmus unter Searchterms, Filtern und Kategorien usw. ausgespielt werden und was diese gemeinsam haben.
- *Aktives Amazon-SEO* – auch definiert als *Zielkombinatorik*
  Wählen Sie regelmäßig aus, auf welche für Sie relevanten Searchterms, Filter und Kategorien usw. Ihre Produkte auffindbar sein sollen, und prüfen Sie die Ergebnisse.
- *Passives Amazon-SEO* – auch definiert als *Kreuzkombinatorik*
  Dies meint die Betrachtung, wie ausgewählte Inhalte auf weitere Searchterms, Filter, Kategorien usw. ausgespielt werden.
- *Nachgelagertes Amazon-SEO* – auch *Nachoptimierung* genannt
  Dies beinhaltet die regelmäßige Betrachtung und Bewertung von Änderungen und erhält damit dauerhaft die Relevanz auf die zeitlich und algorithmisch relevanten Faktoren.

Die Definitionen dienen dem besseren Umgang mit der Thematik. Entscheidend ist aber, dass man zunächst den Algorithmus betrachtet und erst im zweiten Schritt den Kunden. Sichtbarkeit beginnt bei den Daten. Sichtbare Optimierungsfaktoren wie Bild, Qualität, Preis etc. sind dem nachgelagert. Dieser Aspekt wird bei Optimierungen gerne vergessen.

Schlussfolgernd bedeutet dies, Produkte müssen sichtbar sein:

- zuerst für den Algorithmus, sonst werden sie nicht angezeigt
- dann für den Kunden

Kapitel 3
Vor der Optimierung: Die Produktstrategie

Eine Strategie auszuarbeiten, also einen genauen Plan, der dazu dient, ein Ziel zu erreichen, und in dem man alle Faktoren von vornherein einkalkuliert – geht das eigentlich? In einem so dynamischen Marktumfeld ist dies fast schon unmöglich. Dennoch habe ich ein System aufgebaut, mit dem man die Grundpfeiler einer Amazon-Strategie abbilden kann. Als Hilfe und Orientierung versuche ich in diesem Kapitel so, den Entscheidungsraum einzugrenzen.

3.1 Wichtige Eckpfeiler für eine Produktstrategie – Bestseller, Keyword-Volatilität und Nischen

Viel wichtiger als Grundlagen, wie zum Beispiel eine saubere Produktkalkulation, ist es, die eigenen grundlegenden Ansichten zu ändern oder wenigstens auf einen anderen Betrachtungswinkel zu setzen. Dazu ist es notwendig, mit gewissen Grundannahmen aufzuräumen, die mehr Fehler erzeugen als Lösungen.

3.1.1 Bestseller!?

Nehmen wir einen anderen Betrachtungswinkel bezüglich der *Bestseller* ein und sehen uns an, welche Produkte mit diesem Badge ausgezeichnet werden. Schließlich werden Produkte gerne anhand der Bestseller- oder Verkaufsränge gewählt, nicht nur nach Sichtbarkeit. Auch wenn Amazon es gerne sagt, basieren die Bestseller nicht ausschließlich auf Verkäufen. Auch reiner Traffic fließt wie viele andere, unklare Faktoren mit in die Beurteilung ein. Wie sonst könnte man einen Bestseller haben direkt ab dem ersten Tag der Schaltung und ohne einen einzigen Verkauf über vier Wochen hinweg? Zudem werden die Daten zwar jede Stunde aktualisiert, sind aber vergangenheitsbezogen, wobei der komplette Betrachtungszeitraum unklar ist. So kann es zu scheinbaren Korrelationen kommen zwischen der Zeit, in der man in der Kategorie gelistet war, und der Chance, überhaupt das Badge für Platz 1 zu erlangen. Wer also länger dabei ist, hat scheinbar Vorteile. Das ominöse Badge ist darüber hinaus an den Gesamtumsatz in der Kategorie gebunden – auch dieser Schwellenwert ist unbekannt. Wird er jedoch unterschritten, erfolgt keine Zuweisung des Bestsellersymbols.

Außerdem spielt bei einer Fixierung auf feste Zahlen wie den Verkaufsrang ein einfaches Problem eine Rolle. Möglicherweise steigt der Rang nur, weil alle anderen weniger verkaufen, plötzlich in anderen Kategorien gelistet sind oder andersherum. Auch die Methode des Verkaufs-Trackings durch Tools basiert nur auf Bestandsveränderungen und ist somit ebenso wenig exakte Wissenschaft.

Schließlich wird oft vergessen, dass jede Kategorie anders ist. Während man im SCHMUCK eine sehr flache Verkaufsrangkurve hat und einige Verkäufe mehr oder weniger Platzierungen kosten oder bringen können, ist die Kurve in Bereichen wie ELEKTRONIK & FOTO oder KÜCHE, HAUSHALT & WOHNEN teils viel steiler. Somit ziehen Verkäufe keinen direkten Verlust oder Gewinn von Positionen im Verkaufsrang nach sich.

Abschließend sei nur gesagt, dass der Verkaufsrang auch keinen Einfluss auf die Position unter bestimmten Suchwörtern hat. Eine ausschließliche Zuführung von allgemeinem externen Traffic zum Abverkauf zeigte zum Beispiel keine erhöhte Auffindbarkeit unter Suchabfragen. Dies erschwert die Bewertung eines Verkaufsranges noch mehr, da Sie nicht wissen, wie viele der Verkäufe organisch, extern oder durch marktinterne Werbung entstanden sind oder durch Preisrabatte usw. ausgelöst wurden. Sie sollten sich folglich lieber nicht mit allgemeinen Verkäufen in der Kategorie beschäftigen. Allein bei Kosmetik wie Lippenstiften gibt es dekorative und wirkstoffbasierte Produkte. So wäre sowohl die Position im Verkaufsrang verfälscht als auch Daten wie Umsätze oder Wachstumszahlen. Es hilft aber, gezielt ansatzweise ähnliche Produkte zu vergleichen. Dabei möchte ich hier darauf hinweisen, dass Beauty durch die Kategorie Drogerie geteilt wird und Sie sowieso mindestens zwei Bereiche genau analysieren müssen. Sind alle Ringe für Damen im korrekten Bereich gelistet und ist Ihr Ring der erste aller 40 € teuren Ringe im Verkaufsrang und aus dem ähnlichen Materialwert und mit derselben Steinfarbe oder Perlenart, können Sie beginnen, Vergleiche anzugehen. Alles andere wären die obligatorischen Äpfel und Birnen.

3.1.2 Keyword-Volatilität

Ein ähnliches Phänomen sehe ich im Bereich der *Keyword-Volatilität*. Soll heißen, wie stark verändern sich überhaupt die Positionen von angezeigten Produkten unter bestimmten Suchabfragen? Warum ist das so wichtig? Oftmals werden Produkte schnell gesourct und die wichtigsten mutmaßlichen Suchbegriffe festgelegt. Selten prüft man den durchschnittlichen Preis unter den relevanten Suchwörtern, aber noch seltener prüft man die Schwankungsintensität von Positionsveränderungen. So kann es durchaus interessant sein, einen Nussknacker im Weihnachtsgeschäft zu verkaufen. Ist die Volatilität unter den wichtigen Suchbegriffbereichen jedoch sehr starr, muss man deutlich früher mit einem Launchprozess starten, um überhaupt rechtzeitig in den sichtbaren Bereich der Kunden zu gelangen. Andererseits ist eine hohe Schwankungsrate auch gleichbedeutend mit schnellen hohen Positionen und ebenso schnellen Verlusten im Ranking. Dabei gilt es zu unterscheiden, wie viele Produkte überhaupt von Schwankungen betroffen sind. So können nur fünf Produkte ständig die Top 3 ausmachen, aber über 50 verschiedene Produkte die Top 10 darstellen. Das heißt zusammengefasst, man muss sowohl die Volatilität der Produkte als auch der Positionen betrachten. Mittlerweile gibt es Übersichten wie Amalyze Pulse, um schnell die Volatilitäts-Indizes einzelner Kategorien zu ermitteln und zu bewerten.

3.1.3 Nischen?!

Das Wort *Nischen* mag ich eigentlich überhaupt nicht im Zusammenhang mit einem der größten Marktplätze der Welt. Ein erfolgreiches Nischenprodukt auf Amazon kann keine Nische sein – wie könnte es sonst auf Amazon erfolgreich sein? Meine Ansicht dazu ist etwas spezifischer. Aus meiner Sicht sollten Sie über vier Effekte nachdenken: den Nutzen, die Saison, die Technik und die Lizenz. An einfachen Beispielen zeige ich Ihnen im Folgenden auf, was damit gemeint ist.

Der bereits in Kapitel 1, »Amazon ist nicht nur ein Kunde und daher strategisch zu betrachten«, angesprochene Wasserhahnentkalkeraufsatz ist ein typischer Vertreter des *Nutzeneffekts*. Problematisch ist dabei, dass der Nutzen meist erst klar wird, wenn das Problem besteht. Der Kunde kennt dann selten den Namen für die Lösung und wird zum Zeitpunkt des Bedürfnisses auch keine Suche auf einem Marktplatz anstoßen. Zusätzlich ist der Nutzenumfang selten für eine breite Masse, sondern für eine sehr spezifische Kundengruppe sinnvoll. Somit sind Absatzmengen und langfristige stabile Rankings unter unspezifischen Suchabfragen nahezu unmöglich.

Zeiteffekte treffen im Schwerpunkt Trend- und Saisonprodukte. So waren Powerbanks zum Beispiel ein sehr großer Markt zu Zeiten des Pokémon-Go-Hypes, genau wie Handy-Fahrradhalterungen. Dabei musste man nur den Trend erkennen und bekannte Produkte anders platzieren. So einfach ist es jedoch nicht immer. Nehmen wir einen Salatschneider oder eine Pancake-Hilfe für Pfannen. Die große Zeit des Backens ist im Winter, und Salatzeiten entstehen besonders im Frühjahr und Sommer. Dabei kommen immer wieder Küchen-Gadgets dieser Art auf den Markt. Streben Sie diesen Erfolgen nach, müssen Sie jedoch schnell sein. Die Fidget Spinner haben sehr deutlich gezeigt: Wer zu spät kommt, den bestraft das Gesetz! Insbesondere wenn plötzlich alle Produkte als Spielzeug klassifiziert werden, aber nie gekennzeichnet waren. Schwerpunkt bei diesen Zeiteffekten ist es also, zu erkennen, wann man noch aufspringen kann oder wann es reproduzierbare Zeiten ein Jahr später gibt. Im Fall der Pancake-Hilfe war die Sache komplexer. Das Produkt lief so lange gut, bis Kunden die ersten Bewertungen abgaben und sagten, es funktioniere schlicht nicht und verschmelze in der Pfanne direkt mit dem Teig.

Meine favorisierte Strategie für solche Bereiche ist die *Anti-Farben-Strategie*. Ich habe gegen jeden Salatschneider-Trend mit einem Kunden eine grüne Variante an den Markt gebracht. Insgesamt waren wir sowohl zur rechten Zeit als auch mit der höheren Auffindbarkeit durch die Auffälligkeit der Farbe in den Suchergebnisseiten schnell etabliert. Doch wie jeder Trend kommen und gehen die Zeiteffekte.

Tech-Effekte oder technologisch schützenswerte Eigenheiten erzeugen einen einzigartigen Mehrwert. Sie zeigen sich immer im First- und Follower-Konzept. Wer war zuerst am Markt, und wie lange kann diese Position verteidigt werden? Das Lieblingsbeispiel von mir sind Leuchtmittel. Einerseits haben sehr viele Marken und mittlerweile auch Amazon Basics in dem Bereich Fuß gefasst. Andererseits gab es im Segment der Smarthome-Beleuchtung jahrelang nur eine E14-Lampe der Marke Osram. Philips Hue hatte kein Austauschprodukt am Markt. Ganze zwei Jahre dauerte es, bis die Kunden endlich eine E14-Lampe von Hue kaufen konnten. Die Kunden waren also gezwungen, auf Alternativen zurückzugreifen, unabhängig von Qualität und Preis. Spätestens das Update der Firmensoftware Ende 2016 beendete die Freude der Kunden, als die jeweiligen Marken nicht mehr vollständig technologisch kompatibel in der Nutzung waren. Andere Firmen wie KW-Mobile haben schnell erkannt, dass man in diesem Markt mit Adaptern von E27 auf E14 Umsätze erzeugen kann. Anstatt die Technologie nachzuahmen, haben sie eine Zwischenlösung auf den Markt gebracht. Somit zeigen sich hier direkt mehrere strategische Ansätze: das Austauschprodukt nachbauen oder eine Ergänzung anbieten.

Bleiben noch die *Lizenzeffekte*. Unabhängig von der Art eines Produkts werden sehr viele Kaufentscheidungen, im Besonderen für Kinder, anhand des vorhandenen Lizenz-Portfolios getroffen. Hier können Sie zum Beispiel immer aktuelle Trends aufgreifen, wie 2016 Feuerwehrmann Sam, 2017 Paw Patrol oder 2018 PJ Masks. Während die Auswahl der Lizenzen recht aufwendig sein kann, fällt die Produktauswahl einfacher. Alles, was noch keinen Bedruck mit den Charakteren hat, kann potenziell eine Chance sein. Früher hätte es gereicht, einen Weihnachtskalender mit Sam zu machen. 2017 hat sich jedoch gezeigt, dass über 60 verschiedene Weihnachtskalender mit Feuerwehrmann Sam auf Amazon zu finden waren. Das nötige Kapital für eine umfangreiche Lizenz, die gleichzeitig die Einzigartigkeit am Markt garantiert, wird immer schwieriger bzw. kostet hohe Summen. Dennoch kann es oftmals einfacher sein, eine Knoblauchpresse mit Star-Wars- oder Disney-Figuren zu etablieren als ein innovatives neues Design oder neue Funktionen.

Zusammenfassend sollten Sie angebliche Nischen auf Amazon also differenzierter betrachten und zudem beachten, wer bereits auf Ihre Idee kam und vor allem wann. Sind seine Waren schon bestellt? Sind die Waren schon im Zulauf? Oder werden die Produkte sogar schon gelistet? Diesem Informationsparadoxon können Sie nicht entkommen, aber wenigstens können Sie in diesem Szenario Strukturen aufbauen und bestmöglich entscheiden.

3.2 Die Produktauswahl

Nur im Ansatz sei hier ein kurzer Exkurs in die Produkt-Portfolio-Auswahl erlaubt. Denn egal, ob Seller, Vendor oder Marke, Hersteller oder kleines Private Label, die Produktauswahl ist essenziell für die späteren Abläufe. Daher zeige ich in diesem Abschnitt kurz vier Ansätze auf, diese zu bewältigen. Zunächst sollten wir uns aber vor Augen halten, was die Produktwahl beeinflusst und für eine Entscheidung berücksichtigt werden muss.

Die Themen der allgemeinen Produktumplatzierung sind bereits ein bekannter Ablauf. So haben zum Beispiel sehr hochwertige Kameralinsenreiniger ihren Weg in die Welt der Premium-Brillenputzstäbchen gefunden. Ich selbst habe eine Pommes-Schaufel gerne als Lego-Schaufel genutzt und funktioniere bis heute Pellkartoffelgabeln als deutsche Antwort auf Sushi-Stäbchen um (siehe Abbildung 3.1). Ein Produkt kann also durchaus in einem breiteren Umfeld genutzt werden, als vom Hersteller eigentlich bezweckt, und sollte damit dort auch angeboten werden und auffindbar sein.

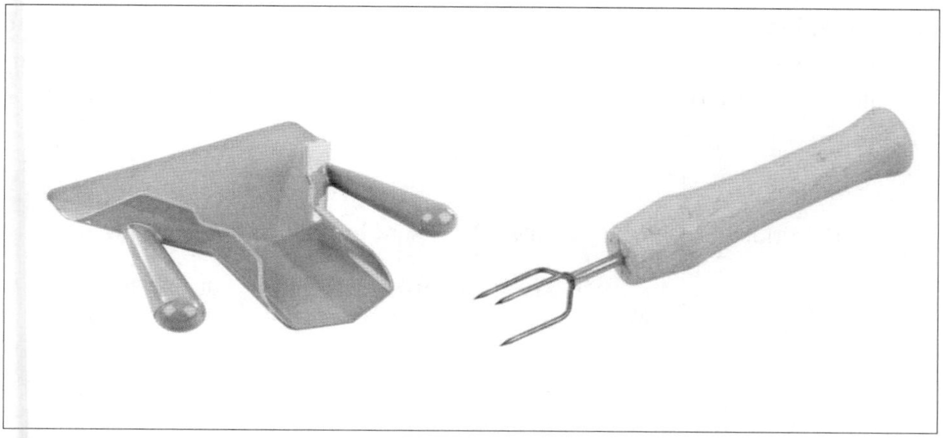

Abbildung 3.1 Produkte anders nutzen

Daneben bestimmen die Gebührenstrukturen und Endkundenpreise weitgehend die verfügbaren Produkte. Einige Bereiche werden auf Amazon schlicht aus Kostengründen nicht angeboten oder weil man die großen Fische wie Rewe, Edeka, Media Markt oder auch den eigenen Onlineshop nicht unterbieten will. Heißt also, bevor Sie ein Portfolio überdenken, sollten Sie alle anfallenden Kosten kennen.

Nach der Produktauswahl ist die große Frage, wie Produkteigenschaften und hervorstechende Verkaufsmerkmale am besten dargestellt werden können. Nicht immer ist dies auf Amazon vollständig oder hochwertig möglich. So funktioniert manches gegebenenfalls nur am Point of Sale (POS) im Laden, wie neue Geschmacksrichtungen an Probierständen auszuprobieren etwa. Mitunter ist der Erklärungsbedarf der Neuerung oder des Produkts auch schlicht zu hoch.

Daneben stellt sich die Frage, ob die Plattform überhaupt zum Kauf genutzt wird. Manches sucht/kauft der Kunde einfach nicht auf Amazon. Automobile sind aktuell ein Beispiel, genauso wie Versicherungen oder Tickets für jegliche Events.

Ein oft unterschätzter Bereich sind schließlich noch die Verpackungseinheiten. Einige Hersteller und auch Marken können nur stationär beliefern und denken. Eine Abpackung als Einzelstück ist Ihnen komplett fremd oder auch die Abkürzung EAN (European Article Number). Doch kauft selten jemand ständig Sechserpacks Duschbad oder Deo, sondern eher Zweier- oder Einerpacks. Die logistische Kette muss natürlich für eine Produktentscheidung für Amazon vorgeprüft werden. Versand, Verbringung, Lieferung und Retouren sollten dabei immer vorab hinsichtlich der Abläufe und Kapazitäten abgeklärt werden. Spätestens die Lieferung der ersten Tonne Knoblauchpressen in den sechsten Stock zum Umlabeln sollte einem zu denken geben, genau wie die erste Anlieferung komplett palettierter Fahrradklingeln in unsortierten vierfarbigen 60er-Packs, die je Stück verkauft werden sollen.

Wie gehen Sie nun mit diesen grundsätzlichen Überlegungen im Hinterkopf die Produktauswahl an? Es wird Zeit, Ihnen die vier von mir gewählten Ansätze vorzustellen, die Produktauswahl zu bewältigen. Sie beziehen sich auf das *Start-Portfolio*, die *Amazon-only-Strategie*, das *Hard-to-Find-Konzept* und die *Trends* (siehe Abbildung 3.2).

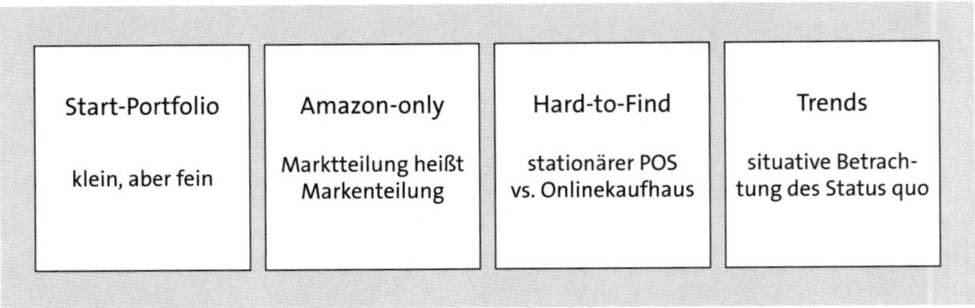

Abbildung 3.2 Auswahl des Produkt-Portfolios

Die Entscheidung, mit welchen Produkten Sie starten, also der Ansatz des *Start-Portfolios*, richtet sich im Schwerpunkt an diejenigen, die schon stationär, in Onlineshops oder anderweitig über ein Produktsortiment verfügen. Häufig ist es so, dass andere Marktteilnehmer bereits Produkte gelistet haben. Daher ist es wichtig, genau den Bereich der bereits anzutreffenden Listungen zu identifizieren. Dabei stellen Sie unweigerlich auch die fehlenden Bereiche fest, in denen die Produkte noch gelistet werden könnten, und können so sauber weiterarbeiten. Tools wie *Shield* von Amalyze bieten Funktionen, um komplette Listungen einer Marke aufzuzeigen, und helfen so, schnell eine Marktübersicht zu erhalten. Dabei werden sogar Variantenbeziehungen und viele weitere Daten aufbereitet.

Eine tiefere Betrachtung des Produktbereichs der Wettbewerber hilft zudem aufzuzeigen, wie viel Potenzial überhaupt zu erwarten ist. Man kann der beste Einweckgläserproduzent der Welt sein, doch wenn die Produkte nur sehr eingeschränkt zu bestimmten Zeiten gekauft werden und nur ein bestimmter Umsatz entsteht, muss man das akzeptieren. Ebenfalls kann man die besten handgemachten Einladungskarten im Zehnerpack verkaufen, doch wenn Amazon-Kunden Zwölferpacks bevorzugen und das zum kleinen Preis, dann muss man die Produktauswahl frühzeitig anpassen. Zudem sollten Sie Umsatz-, Absatz- und Margenbereich direkt trennen, um keine zu allgemeinen Entscheidungen zu treffen. Beispielsweise sind Mülleimer zu knapp 52 € gelistet, werden aber nur zu 28 € verkauft. Anzunehmen sind knapp 1.500 Stück zu 45.000 € im Monat. Komplexe Mülltrennsysteme sind zu 70 € gelistet und werden zu 65 € verkauft – sehr nah am Listungspreis also. Jedoch sind nur 200 Stück zu 13.000 € pro Monat zu erwarten.

Bei neuen Bereichen ist es sinnvoll, vorab abzuschätzen, wie lange die Lebenszyklen dieser Produkte sein werden. Verkauft man kurzphasige Modelle mit unterjährigen Updates oder doch Produkte, die drei und mehr Jahre in der Art verkauft werden sollen? Gleichfalls ist es sinnvoll, nicht unbedingt die innovativen 30-Liter-Mülleimer auf den Markt zu bringen, wenn doch eher nach 40, 50 und 20 Litern gesucht wird. Natürlich dürfen Sie auch die Fehleranfälligkeit nicht außer Acht lassen. Ein Start auf Amazon kann scheitern, daher ist auch so etwas bei der Produktauswahl zu beachten. Egal, ob Retouren oder extra gefertigte Toolings für die Produktion – wie viel Risikobudget nehmen Sie in Kauf? Vergessen Sie auch nicht, die Aufwände für die Datenbeschaffung, -anlage und -pflege zu berücksichtigen. Viele Produkte erfordern oftmals mehr Arbeit. Diese sollte zudem von befähigten Mitarbeitern durchgeführt werden, die dann gegebenenfalls ihrer normalen Arbeit nicht nachkommen können.

Nicht weniger anspruchsvoll ist eine Amazon-spezifische Produkterschaffung, also der *Amazon-only-Ansatz*. Hierbei gibt es die Möglichkeit, Suchabfragen sehr detailliert auszuwerfen, um so Produkte exakt anhand der Suchen zu beschaffen. Dies ist jedoch zeitlich sehr risikobehaftet, da diese Suchintentionen schnell wachsen und wechseln können. Soll heißen, hier sind langfristige Betrachtungen und Erfahrungswerte nötig.

Anders sieht es im Bereich der *Marktteilung* aus. Man konzipiert Produkte ausschließlich für Amazon. Egal, ob eine spezielle orangene Farbgebung oder bestimmte Variationen hinsichtlich Nutzung oder Qualität – diese werden nur und ausschließlich auf dem Marktplatz Amazon angeboten. Meist geht dies mit einer *Markenteilung* einher. Entweder etablieren Sie ein anderes Markensegment unter der Dachmarke oder schaffen klar verständliche Abgrenzungen: Tastaturen mit programmierbaren Tasten gibt es nur im Laden, bunt beleuchtete Tastaturen nur auf Amazon. Ähnliches gilt oft für billige Produkte, die man nicht im stationären Handel anbieten kann, weil die Ladenfläche teurer ist als das Listen auf Amazon. Es spart für Vendoren als Direktlieferer an Amazon zum Beispiel sehr viel Leid und Mühen in Verhandlungen und reduziert Preiskämpfe, verkleinert jedoch ebenfalls die Marketingmöglichkeiten.

Meine persönliche Lieblingsstrategie aus dem Lebensmittelsektor ist das *Hard-to-Find-Konzept*. Dabei bringt man besondere Geschmacksrichtungen oder Verpackungsgrößen nur kurzzeitig in die Märkte, um auszutesten, was sich durchsetzt, doch man erhält die Verfügbarkeit auf dem Marktplatz Amazon aufrecht. Während es im Laden schlicht zu aufwendig wäre, kostet es auf Amazon deutlich weniger Kapazität, als in jedem Geschäft eine bestimmte Sorte verfügbar zu halten. Dabei denke ich an alle Bereiche nicht gekühlter Waren, von Chips über Softdrinks, aber auch Energy Drinks und Alkoholika. Wer würde nicht gerne einmal eine Box mit allen Geschmacksrichtungen Lay's oder Pringels oder schlicht jeden Geschmack diverser Red-Bull-Mischungen oder saisonal begrenzt verfügbarer Sorten wie Kokos Heidelbeere bestellen?

Man kann dies auch ohne Weiteres in Bereichen wie Baumarkt oder Haushalt umsetzen mit Sets und Varianten, wie sie im Laden undenkbar wären. Eine Grundausstattung mit Aufbewahrungsboxen für die erste Wohnung, das WG-Studenten-Zimmer oder die WG-Küche, eine Basisausstattung für die Pendlerwohnung oder das Home-Office-Büro – Möglichkeiten für Hard-to-Find-Konzepte sind vielfältig und leicht umsetzbar. Listing und Verfügbarkeit müssen stimmen, mehr nicht. Dabei liegt der große Vorteil in der kleinen Masse, die vorrätig gehalten werden muss, um dennoch die Nachfrage überall zu befriedigen. Wer einmal einen Dichtungsring für eine Regenwassertonne kaufen wollte, weiß, wovon ich spreche. Die stationäre Welt hat in diesem durch Kleinstbestellmengen dominierten Bereich aufgegeben. Stellen Sie es richtig an, bilden Sie jedoch auch größere Stückzahlen ab, denn allein eine Packung mit allen Mentos Geschmacksrichtungen würde reizvoller sein, als die ständige Qual der Wahl an der Quengelzone, was man kaufen soll. Hier steht weiterführend die logistische Meisterleistung im Vordergrund, solche Verpackungseinheiten umsetzen zu können.

Die *Trends* sind eins der problematischschsten Beispiele, denn sie kommen und gehen, wann sie wollen. Was sucht der Kunde heute, wo kauft der Kunde heute, und was passiert in Zukunft? Dies sind alles Unwägbarkeiten, die Sie analysieren und abschätzen müssen, um nicht zu scheitern. Ein kompetentes Beschaffungsteam und eine schnelle Logistik sind die Basis und die ständige Gefahr zu scheitern ein ewiger Begleiter. Der Preispunkt und die Befriedigung einer unbekannten Nachfrage sind dabei ebenso kritisch zu werten wie die zeitliche Stabilität solcher Effekte. Eine langfristige Strategie zur Listung der Produkte und Marketingabläufe wird dann eher zum gehobenen Glücksspiel, kann jedoch, gut gemacht, zum Start in einen Marktplatz genug Erfahrung und Glücksgriffe mit sich bringen, um langfristig eine laufende Unternehmung darum aufzubauen. Endgültiges Ziel sollte es dabei aber sein, entweder bereits in den Fabriken näher an die entstehenden Trends heranzurücken oder sogar selbst Trends auszulösen. Aber selbst die Geschenkbranche ist oftmals sehr stark daran gekoppelt, welcher Promi aktuell wie seine Hochzeit feiert, daher werden Trends immer ein zu berücksichtigender Faktor sein.

Natürlich gibt es zu guter Letzt auch die althergebrachte *All-in-Strategie*. Sie überlegen sich gar nicht erst eine Auswahl, sondern bieten gleich alle Produkte auf Amazon an. Aufwände zur Umsetzung und Durchführung mal außen vor, geht es dann nur darum, die Preise sauber zu bilden und bestenfalls ein breites Portfolio zu haben, in dem sich Umsatz- und Absatzbringer mit margenträchtigen Produkten die Waage halten. Die Markenführung wird dann zu einem eigenen strategischen Segment, genau wie das Preisgefüge und die komplexen Messbarkeiten gegenüber anderen Verkaufsbereichen. Ihr Unternehmen kann somit auf dem Markt schnell wachsen, doch wenn zeitgleich der Umsatz im eigenen Onlineshop verschwindet, ist das Wachstum nur beschränkt wertvoll.

Es kann bei solchen Entscheidungen sinnvoll sein, Amazon genauer zu betrachten. Dabei gelten drei Ansätze:

- **Profilierungsbereich**
  Handelt es sich um einen Profilierungsbereich für den Marktplatzanbieter, ist aufwendige Werbung nötig, gepaart mit einem breiten Sortiment und ständiger Verfügbarkeit, da die Nachfrage der Kunden daran ausgerichtet ist. Die absolut starken Kategorien stehen in der Kernauswahl zumeist immer ganz oben und sind als Wertung der Wichtigkeit anzusehen.
- **Pflichtkategorien**
  Der andere Bereich sind die Pflichtkategorien. Hier kann Amazon schon eher auf einzelne Marken verzichten. Die hohe Markendichte mit zugleich vielen günstigen Anbietern ist ein Problem dank der homogenen Austauschbarkeit. Hier gilt es, als Marke über besondere Portfolios ein Alleinstellungsmerkmal zu erzeugen, um der Vergleichbarkeit von Preis und Produkt zu entkommen.
- **Ergänzungskategorien**
  Zu guter Letzt sind da noch die Ergänzungskategorien. Wie wichtig ist für Amazon der Bereich Tiernahrung oder Lebensmittel im gesamten Ansatz des Marktplatzes? Hier hat Amazon selbst keinen Schwerpunkt, und man ist oft auf sich allein gestellt. Neue und andere Lösungen müssen her oder gar ein Verlassen des Marktes. Werbung ist fast nicht nötig und die Preissensitivität nicht sehr hoch. Zudem ist die Verfügbarkeit kein Dauerthema. So kann man den Kunden durch das eigene Angebot prägen, und er wird nur das kaufen, was angeboten wird. Das sollte man unbedingt beachten, bevor man eine umfangreiche Auseinandersetzung mit Amazon anstrebt und alles listen will, obwohl Amazon selbst dort keine Relevanz sieht.

Ähnlich der All-in-Strategie können Sie noch die Variante des *Show-of-Force-Ansatzes* bedenken. Ziel ist es dabei, keine Produkte oder Leistungen zu verkaufen. Treppenlifte zum Beispiel müssen immer detailliert umgesetzt und individuell hergestellt werden. Dennoch ist ein Aufzeigen einiger Standardmodelle hilfreich, um die wenigen Suchenden auf Amazon zu befriedigen und in die eigenen Shops oder Leistungsbereiche zu konvertieren. Das Aufzeigen der Möglichkeiten und Fähigkeiten reicht dann oftmals aus.

So birgt jeder Ansatz Vor- und Nachteile, die wohl überdacht werden sollten. Erst im Anschluss können Sie zur eigentlichen Strategiefindung übergehen.

3.3 Eine eigene Strategie vorbereiten

Zwei wesentliche Ansätze, der *situative* und der *strategische*, die ich Ihnen beide in diesem Absatz vorstellen werde, haben mir geholfen, Amazon ruhiger zu betrachten. In Form von einfachen Fragen konzentriert man sich auf die wesentlichen Dinge. Gespräche über Amazon mit solchen Fragestellungen lassen sich mit ihrer Hilfe meist strukturierter führen. Plötzliche Überraschungen, die zustande kommen, weil man etwas vergessen oder noch nicht in Betracht gezogen hat, bleiben aus. So starte ich gerne mit der Betrachtung der allgemeinen Situation. Gerade als Externer ist es wichtig, einige Grundlagen zu verstehen, um »Fettnäpfchen« oder schlicht Fehler zu vermeiden. Einige Beispiele dazu finden Sie in der Zusammenfassung. Es gibt Kunden, die aus Fernost gesteuert werden und niemals am Titel etwas verändern dürfen, außer die japanische Geschäftsführung stimmt zu. Es gibt auch Marken, bei denen man das Thema Lizenzen nicht ansprechen muss, weil die Firmenphilosophie keine Fabelwesen aus dem christlichen Glauben heraus gutheißen kann. Gleichfalls gibt es Marken und Strategien, die niemals am Preis etwas ändern, egal, wie logisch und stichhaltig man argumentiert. Andere wollen unbedingt Bewertungen generieren und Bestseller werden. Alles in allem ein bunter Strauß an Vorstellungen, die man teils enttäuschen und teils umstimmen muss.

Dennoch fehlt es vielen anfangs an der Entscheidung, welche Produkte zuerst einer Anpassung oder bestenfalls Optimierung zum Opfer fallen sollten. Einerseits ist natürlich die Verfügbarkeit freier Ressourcen ein zu berücksichtigender Faktor, andererseits der jeweilige Produktlebenszyklus. Von Letzterem distanziere ich mich je nach vorliegendem Optimierungsstand jedoch gerne. Produkte laufen oft zwar nicht, aber das heißt eben nicht, dass sie in einem optimierten Zustand keine Sichtbarkeit erzeugen könnten und gegebenenfalls dadurch Klicks und Abverkäufe erzielten. Im Schwerpunkt richtet man sich nach der Lebenszeit am Markt oder in der Markenwelt. Mülleimer unterliegen weniger Schwankungen durch Innovationen oder Farbvorlieben als Textilien oder trendgetriebene Gadgets und technische Produkte. Noch schlimmer trifft es Lizenzen und Zubehörteile, die an bestimmte Kompatibilitäten oder den Erfolg der Hauptprodukte gebunden sind. Denken Sie etwa an die Abhängigkeit eines ehemaligen Amazon-Aushängeschildes wie des iPhone-Hüllen-Herstellers Kavaj von dem Erfolg der iPhones oder der ungünstigen Tatsache, dass die Neuheiten plötzlich Jahr für Jahr exakt dieselbe Größe hatten und so ein Wechsel der Hülle nicht mehr absolut notwendig war. Da sorgte die Qualität der Kavaj-Produkte auch mal dafür, zwei bis drei iPhone-Entwicklungszyklen mit einer Hülle erleben zu können.

Das heißt also, wenn der Standardzyklus am Markt knapp einem Jahr entspricht, nehmen Sie die Daten eines ganzen Jahres zur Betrachtung von Traffic, Absatz und Umsatz sowie der Konvertierungsraten. Daraus können Sie jeweils die Top-Produkte ableiten und im Schnitt dieser vier Mengen die zuerst zu optimierenden Produkte festlegen. Der Vorteil liegt im Detail: Optimieren Sie nun zuerst die Samsung-Galaxy-S3-Hüllen, werden Sie direkt alle Samsung-Hüllen für die S-Modelle anpassen können. Oder optimieren Sie den einen Messbecher, weil er den höchsten Absatz hat, werden Sie demzufolge gleichfalls alle Messbecher optimieren können.

Dennoch müssen Sie auch hier Einschnitte machen. Befinden Sie sich im saisonalen Kerngeschäft, ist es besser, die Top-Produkte nicht zuerst zu optimieren. Diese haben aktuell Hochkonjunktur, daher besteht die Möglichkeit, dass Fehler schnell direkte Auswirkungen auf die besten Produkte haben. Hier sollten Sie also definitiv den antisaisonalen Ansatz fahren und erst nach der Hauptabsatzzeit Optimierungen anstreben.

Schlussendlich geht es um die situative und strategische Betrachtung aller notwendigen Gesichtspunkte. Die Vorauswahl der Produkte ist dabei die Vorleistung.

3.3.1 Situativer Ansatz

Der Schwerpunkt der situativen Bewertung der Umstände in einem spezifischen Produktumfeld beginnt logischerweise mit der Frage nach der Nutzungsart des Marktplatzes (siehe Abbildung 3.3). Die drei Ansätze Seller, Re-Seller und Vendor können beliebig kombiniert und erweitert werden. Hybridvarianten aus Seller und Vendor oder Broker-Ansätze sind möglich und vieles mehr. Der Vendor verkauft direkt an Amazon und ist meist Markenhersteller, ein Seller verkauft eigene Produkte über den Marktplatz und Re-Seller verkaufen Produkte weiter, bei denen Sie weder Hersteller noch Markeninhaber sind.

Aber der Einfachheit halber belassen wir es bei diesen drei Ansätzen. Wichtig ist dabei nur die unterschiedliche Art der Content-Pflege und Preissteuerung sowie die unbestimmte und teils sehr starke Abhängigkeit als Vendor von Amazon.

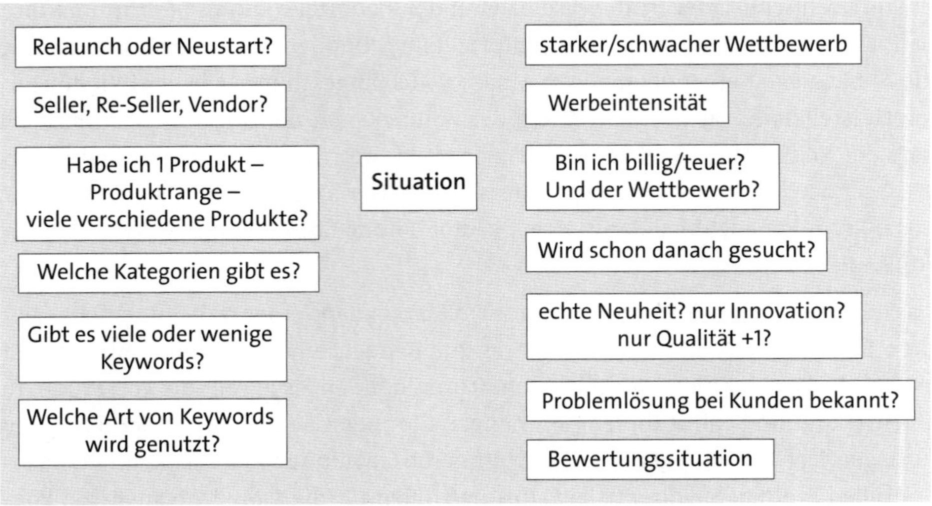

Abbildung 3.3 Situative Analyse des Marktes

Beispielsweise können Re-Seller nur Content pflegen, solange Sie der Erstanlegende sind und somit die Schreibrechte haben oder die Änderungen angenommen und nicht überspielt werden. Für Vendoren ist es im Besonderen in Startphasen schwieriger, verfügbare Waren an Amazon zu liefern, da Bestellungen aktiv durch Amazon erfolgen und keine eigenständige Anlieferung erlaubt ist.

Vergessen wird zudem die Feststellung, ob es ein Re-Launch ist, ob also die Produkte schon historisch auf Amazon verfügbar sind oder ob es ein kompletter Neustart ist. Vielschichtig sind dabei die Ansätze, im Besonderen, wenn jahrelang Bewertungen angesammelt werden konnten. Sollten diese jedoch schlecht sein, ist ein Ersatz des Produkts oft hilfreicher. Im Detail ist es aber oft einfacher, ältere Produkte zu optimieren, da hier schlicht viel mehr Daten zur Anwendung kommen können, wie bekannte Traffic- und Umsatzzahlen und vieles mehr. Bei Neuheiten gibt es immer das Problem, dass unklar ist, wohin der Kunde und Amazon das Produkt aus Sicht des Suchalgorithmus A9 packen. Das sollten Sie nicht unterschätzen und verschiedene Ansätze in Erwägung ziehen.

Das Thema des Produkt-Setups ist umfangreich und sollte frühestmöglich betrachtet werden, schon allein, um Dinge wie KUNDEN KAUFTEN AUCH und ähnliche crossfunktionale Bereiche frühzeitig generisch befüllen zu können. Stellen Sie sich vor, Sie würden einen Roboterstaubsauger etablieren und das Zubehör aus Ersatzbürsten, -filtern und -akkus käme erst ein Jahr später. Die Austauschprodukte anderer Anbieter hätten dann schon feste Positionen eingenommen, es sei denn, die technologische Absicherung und Passgenauigkeit ist nicht reproduzierbar. Konzentrieren Sie sich auf ein Produkt, eine Produktfamilie oder ein breites Segment an unterschiedlichen Produkten, müssen Sie zudem gegebenenfalls mehr als eine Strategie aufbauen.

Ein Salatschneider, eine Salatschüssel, ein Salatbesteck und das passende Rezeptbuch sind anders zu bewerten als ein Springseil, eine Knoblauchpresse, ein Smoothie-Buch und Erwachsenenwindeln.

Die Frage der Kategorienauswahl wird mir persönlich zu oft anhand der Umstände der gelisteten Produkte getroffen oder mutmaßlicher Absatzzahlen. Viel wichtiger ist aber die Auffindbarkeit der jeweiligen Kategorie (mehr dazu in Kapitel 5, »Sichtbarkeit – die relevanten Faktoren für den Erfolg von Amazon-SEO«). Dabei geht es neben dem kategorienspezifischen Keyword-Set auch um die Kundenführung, also welche Kategorie durch Amazon bevorzugt und direkt angezeigt wird oder welche Produkte welcher Kategorie höher angezeigt werden.

Der Bereich der reinen Auffindbarkeit und Kundensuche ist zudem wichtig. So gab es für den Salatschneider aus Kapitel 1, »Amazon ist nicht nur ein Kunde und daher strategisch zu betrachten«, anfangs keinerlei Suchbegriffe, und man musste über »Salatschüssel« arbeiten und die englischen Begriffe wie »Salad Cutter Bowl«. In solchen Fällen müssen Sie frühzeitig erkennen, ob Sie die spezifischen Suchvolumina erst auslösen müssen, also Kunden erst erklären müssen, wie man etwas nennt. Im Gegenzug sind Glühbirnen, Glühlampen, LED-Lampen, Leuchtmittel, Energiesparlampen sehr viel ausdifferenzierter in der Wortvielfalt. Demzufolge sollten Sie unbedingt herausfinden, welche Art von Suchbegriffen genutzt wird, um so sehr gezielt Kunden ansprechen zu können (mehr dazu in Kapitel 5).

Die gesamte Wettbewerbssituation in der Kategorie und dem Produktumfeld sollten Sie dann auch nicht nur aus Amazon-Sicht betrachten, sondern auch den stationären Handel und die absehbaren Neuheiten mit einbeziehen. Auch die Situation, dass Sie in einen Bereich vordringen wollen, in dem nur große, etablierte Marken anzutreffen sind, ist nicht zu unterschätzen. Gleiches gilt für Angebote mit Verkauf und Versand durch Amazon, wenn es sich um Vendoren handelt. Diese zum Beispiel werden aufgrund mangelnder Amazon-Strategie gerne nicht gepflegt und sind als Wettbewerber eher nicht aktiv, selbst wenn Sie ihnen direkt Marktanteile abnehmen. Dabei sollten Sie allerdings beachten, dass jederzeit eine Amazon-Agentur die Optimierung übernehmen und sich die Kräfteverhältnisse daraufhin schnell ändern könnten.

Die Werbeintensität des Produktumfeldes lässt einige Strategien direkt unmöglich erscheinen. In Segmenten wie Beauty regieren etwa die Big Player und Agencys. Im Bereich Schmuck wiederum schafft man es schnell und einfach, werbewirksame Mittel zu platzieren. Zudem ist hier zu unterscheiden, ob SEA (Search Engine Advertising) oder SEM (Search Engine Marketing) eingesetzt werden, also eher Advertising oder reines Marktplatzmarketing.

Das nicht unwesentliche Thema teuer oder billig, und zwar im Vergleich zu was, ist nicht zu unterschätzen. Obwohl eine saubere Preiskalkulation wenig Spielraum lässt, sollten Sie schon wissen, auf was Sie sich einlassen, im Besonderen unter welchen

Keywords welche durchschnittlichen Preise anzutreffen sind. Aber auch in der Planung ist es wichtig, ob Sie teure, aber dafür wenige Produkte verkaufen wollen oder eher auf schnelldrehende billigere Produkte setzen möchten. So kosten alle gelisteten Mülltrennsysteme auf Amazon im Schnitt 70 €, und die verkauften Einheiten kosten im Schnitt 65 €, ein sehr guter Wert also, jedoch laufen solche Produkte eben nicht in Masse.

Wird schon nach Ihrem Produkt gesucht? Das ist eine essenzielle Fragestellung. So können Sie einfach feststellen, ob schon eine direkte Nachfrage besteht. Dies wird aus mehreren Gründen nützlich. Ein Fall zeigte unter den Suggests, also den Suchvorschlägen, zu einer Bettlakenmarke mehrere Suchabfragen zu Kissen und Bettbezügen, die aber nicht im Sortiment waren. So konnte man daraus schließen, dass es sinnvoll wäre, das Portfolio zu erweitern. Ein anderer Fall zeigte Suggests zu einer neuen Kosmetikreihe, die stark im Fernsehen beworben und stationär verkauft wurde. Die Listung auf Amazon wurde dabei schlicht vergessen. Sollten jedoch überhaupt keine Ansätze zur Benennung oder zum Nutzen des Produkts existieren, müssen Sie anders beginnen. Die reine Listung des Produkts befriedigt ja schließlich keinerlei Suchabfragen.

In dem Fall sollten Sie sich die Frage stellen, ob Ihr Produkt eine Neuheit ist, eine Innovation oder schlicht nur in verbesserter Qualität vorliegt. Alle drei Ansätze bedürfen verschiedener Abläufe. Qualitätsunterschiede müssen Sie auf Amazon nicht nur kommunizieren und abbilden, sondern auch gegen andere Produkte, die scheinbar weniger hochwertig sind, positionieren können. Das geht oftmals nur über externe Kanäle. Innovationen und echte Neuheiten stellen dieselbe Herausforderung dar wie Problemlösungen. Man muss sie zunächst in das Such- und Kaufbewusstsein des Kunden »einprägen«. Nur dann wird er auch danach suchen. Doch wie lösen Sie so etwas aus? Ich habe zum Beispiel bei einem Projekt festgestellt, dass die Wortfolge »Shooter Maus« und der Begriff »Shootermaus« auf Amazon unbesetzt waren. Eine Werbekampagne auf der Produktpackung und in der Markenkommunikation schaffte es, die Kunden zur Suche zu animieren. Der Vorteil – über einen längeren Zeitraum waren nur unsere Produkte unter diesen Wörtern sichtbar.

Wenn Sie also Ihre Suchbegriffe erfolgreich platziert haben, ist abschließend immer die Bewertungssituation zu betrachten, einerseits im Zusammenhang mit der jeweiligen Suchergebnisseite, andererseits anhand der Summe an Bewertungen und der durchschnittlichen Zahl vergebener Sterne. Das Tool Amalyze konnte deutlich aufzeigen, dass die reine Anzahl und der Sternedurchschnitt an Bewertungen zu einem Produkt keinen direkten Effekt auf die Position unter den Keywords haben. Dennoch bleibt es ein Klickfaktor. Ich persönlich klicke sogar gerne auf schlechter bewertete Produkte, nur um zu lesen, was die Kunden mit dem Produkt falsch gemacht haben. Dabei sollte man aber auch die Laufzeit des Produkts am Marktplatz beachten.

Zuletzt hatte ich das Thema im Bereich Verpackungen und Kartons. Der Wettbewerb war durchweg gut bewertet, doch gab es nur um die zehn Bewertungen. Gelistet waren die Produkte alle seit 2014. Also kann man hier auch ohne erheblichen Aufwand und Blick auf Bewertungen den Markt angehen: Zehn Bewertungen sind schnell aufgeholt. Grundsätzlich sollten Sie Lebenszyklen saisonaler Produkte nicht überbewerten, diese sind schneller weg, als man oft glaubt. Mode kommt und geht, genau wie Trends und Geschmäcker. Die Produkte der »Höhle der Löwen« haben oftmals eindrucksvoll gezeigt, was mit Bewertungen möglich ist und dass zu viel Öffentlichkeit eben auch schaden kann. Echte organische Bewertungen werden bestenfalls länger sichtbar sein und sind von Wortwahl und Aussagekraft her überzeugender als erzwungene Bewertungen für vergünstigte Produkte.

3.3.2 Strategischer Ansatz

Die strategische Betrachtung arbeitet auf, welche offenen Fragen Sie noch beantworten müssen, um eine finale Strategie zu entwickeln (siehe Abbildung 3.4). Der harte und erzwungene Start geht einher mit Strategien wie niedrigen Preisen oder Gutscheinen, um eine hohe Menge an Produkten abzusetzen. Oftmals wird diese Strategie auch *Balls to the Walls* genannt. Ziel ist es, über einen Zeitraum mehr zu verkaufen als der Platz 1 in der Kategorie. Das Problem dahinter sind die fehlenden direkten Suchen und Verkäufe über Suchabfragen, darum scheitern solche Wege oftmals. Das heißt also, Sie sollten lieber genau aufpassen, was Ihnen Videos und Blogs erzählen, und ehrlich hinterfragen. Ein ruhiger und entsprechend langfristiger Start kann erfolgen, wenn Sie das System Amazon zuerst verstehen oder die organische Nachfrage exakter von werbewirksamen Mitteln trennen wollen. Zudem kann er schlicht budgetbedingt sein. Weiterhin benötigen aussagekräftige Entwicklungen Zeit. So sollten Sie grundsätzlich kein Produkt beurteilen, wenn es erst wenige Wochen am Markt ist. Im Speziellen benötigt die organische Platzierung im Short-Tail-Bereich oftmals länger als im Long Tail. Dabei sollten Sie aber unbedingt beachten, mit optimierten Produkten zu starten und nicht erst später die Grundoptimierung anzulegen.

Die Kategorienauswahl ist klar an spezifische Ansichten gekoppelt, ob Sie mit Ihrem Produkt sehr individuell oder allgemein sichtbar werden wollen. Allein für eine normale Außenleuchte haben Sie die Möglichkeit, die Kategorien GARTEN, BAUMARKT oder BELEUCHTUNG zu wählen. Dabei ändern sich Wettbewerber und sinnvolle Suchbegriffe nahezu gleichzeitig, wenn Sie das eine oder das andere auswählen. Zudem sind die kategorienspezifischen Suggests zu beachten (mehr dazu in Kapitel 5, »Sichtbarkeit – die relevanten Faktoren für den Erfolg von Amazon-SEO«).

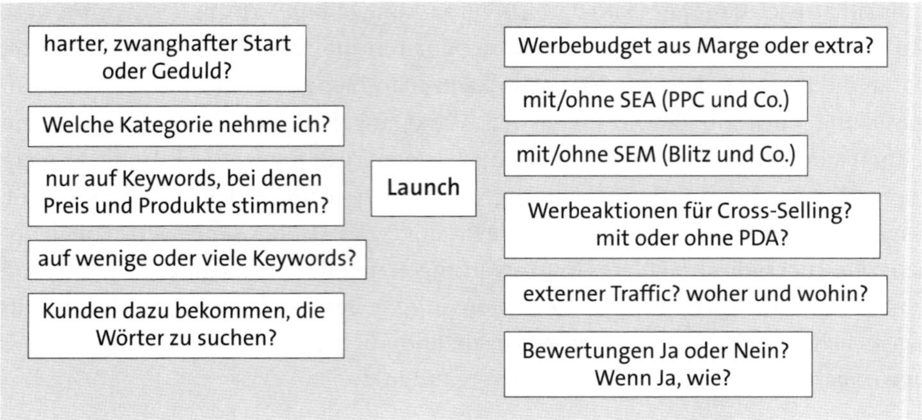

Abbildung 3.4 Strategische Analyse des Marktes

Dabei ist es notwendig, dass Sie sich fragen, auf welche Art von Suchabfragen Sie sich konzentrieren wollen. Dieses Feld reicht von der preislichen Übereinstimmung über die spezifische Auswahl der Suchphrasen bis hin zu der Entscheidung, gegebenenfalls nur ganz wenige Wörter im Content zu nutzen. Je nachdem, wie Sie arbeiten wollen oder können, erleichtert oder erschwert diese Entscheidung die nachlaufende Analyse der zu nutzenden Suchbegriffe.

Sollten Kunden noch nicht aktiv nach dem Produkt oder der Lösung oder ähnlichen Wörtern suchen, müssen Sie sich damit auseinandersetzen, wie man externen Traffic aufbauen und nutzen kann. Oftmals werden erst Markenseiten aufgebaut und die Produkte als zukünftige Highlights vorgestellt. Dabei können Sie die Kunden vorprägen und das Verlangen und Bedürfnis aufbauen. Gleichzeitig sind dann weiterführende Strategien aus dem Social-Media-Bereich notwendig, von Influencern über Landingpages bis hin zur Promotion auf echten Märkten, bei regionalen Events, an Universitäten oder auf produktspezifischen Messen.

Diese Aufwände sollten bestenfalls unter den Aspekt der Marketingkosten fallen. Daraus bildet sich ein weiterer wesentlicher Grundpfeiler einer Strategie. Müssen Sie Ihre Werbekosten aus Ihrer Produktmarge generieren, oder haben Sie zusätzliche und frei verfügbare abgeschriebene Budgets dafür? Problematisch wird es, sobald die Kosten direkt aus den Verkäufen gedeckt werden müssen, da besonders zu Beginn noch keine Verkäufe vorliegen. Eine saubere Kalkulation schützt zudem vor dem großen Fehler, zu denken: »Noch einmal 500 € mehr, dann wird es funktionieren!« Budgets dienen dem Selbstschutz und zeigen bei Überschreitung zwei Dinge auf: Sie haben sich verkalkuliert und zu niedrig gerechnet, oder Sie sind gescheitert. Das sollten Sie dann aber auch (an)erkennen und Ihre Strategie überdenken bzw. anpassen.

Die Werbeentscheidung basiert nicht nur darauf, woher die finanziellen Mittel kommen. Amazon bietet eine unglaubliche Vielfalt an Werbemöglichkeiten: bietgebotorientierte (*CPC*) Werbung innerhalb des Marktplatzes und auf den Suchseiten, tausende kontaktpreis-gebundene und hochpreisige AMG-Kampagnen (*Amazon Media Group Kampagnen*) in allen Amazon-Bereichen oder die AAP-Werbeformen (*Amazon Advertising Platform*) für Display Advertising auf Amazon, Amazon-Geräten und im gesamten Internet. Weiterhin gibt es die spezifischen Werbeaktionen, Preisnachlässe und Blitzangebote sowie allerhand Event-Wochen, aber auch einfache Dinge wie Abos und Coupons.

Je nach Produkt- und Portfolio-Strategie können Sie sich jetzt schon überlegen, ob aktiv ein Cross-Selling angeboten werden soll und, wenn ja, wie. Product Display Ads (*PDA*) sind im Schwerpunkt nur über AMS (*Amazon Marketing Services* oder *Amazon Advertising*) zu schalten. Werbeaktionen sollten dann statt Rabattaktionen mit Zukaufaktionen belegt werden. Die externe und interne Kommunikation sollte dann auf Zubehör und weitere Produkte ausgelegt sein und nicht nur auf »Kauf das eine Produkt«.

Je detaillierter Sie jetzt herangehen, desto eher setzen Sie sich damit auseinander, ob Sie Zeit und genug Bilder haben, um *Enhanced Brand Content* zu schalten. Auch die Generierung von Bewertungen überdenken Sie dann gegebenenfalls zweimal, es kostet Geld, und Sie benötigen vertrauenswürdige Anbieter und viel Nettigkeit von Amazon, damit diese überhaupt sichtbar bleiben. Zudem sollten Sie nicht vergessen, was mit einem Produkt passiert, wenn es gehäuft durch Testergruppen gekauft wird. Die Produktdarstellung wird so beeinträchtigt, dass unter KUNDEN KAUFTEN AUCH, KUNDEN STÖBERTEN NACH und all den vielfältigen Bereichen der Empfehlung nur die Produkte zu sehen sind, die in den Gruppen rausgegeben werden. Organisches Cross-Selling sieht anders aus als Knoblauchpressen und Grillhandschuhe, zudem läuft das einer eigenen Cross-Selling-Strategie entgegen, und Sie machen sich die eigene Strategie kaputt.

All diesen Themen müssen Sie sich zu Beginn stellen. Mit genügend Wissen und Fragen können Sie viel detaillierter Entscheidungen treffen und ein Produkt für Content und Marketing vorbereiten als ohne das Grundverständnis, was am Ende überhaupt erreicht werden soll.

Letztendlich werden Sie am Ende des Buches in einem kurzen Auszug sehen, wie individuell dies sein kann und muss und warum es eben keine allgemeingültigen Ansätze geben kann und darf (dazu mehr in Kapitel 16, »Die individuellen Startphasen für eigene Produkte planen«).

Kapitel 4

Auffindbarkeit – die Richtlinien und Hygienefaktoren des Amazon-SEO

Die Vorgaben und Richtlinien seitens Amazon sind ein komplexer Zusammenhang aus Wollen, Können und Müssen. Es ist wichtig, sich mit diesem Thema regelmäßig auseinanderzusetzen, vor allem auch, bevor man eine Strategie aufbauen kann, da Änderungen aufseiten Amazons schwerwiegende Auswirkungen haben können.

4.1 Was steckt hinter A9?

Amazon nutzt eine Art der Volltextsuche für die Bereitstellung der besten Suchergebnisse. Genaue Inhalte dazu sind unter *https://a9.com/* auffindbar. Der Name *A9* für den Suchalgorithmus von Amazon bezeichnet dabei keine Versionsnummer. Das englische Wort *algorithms* fängt schlicht mit A an, gefolgt von neun weiteren Buchstaben – A123456789 (siehe Abbildung 4.1).

Abbildung 4.1 Was heißt A9?

> *»The better we understand the meaning of a query, the better we can help customers find the products they want. So we focus on the words and the intent behind those words. When a customer tells us they are looking for ›Harry Potter in books‹, we distinguish in their query the title: ›Harry Potter‹ from the category information: ›in books‹.*

One of A9's tenets is that relevance is in the eye of the customer and we strive to get the best results for our users. Once we determine which items are good matches to the customer's query, our ranking algorithms score them to present the most relevant results to the user.

Our ranking algorithms automatically learn to combine multiple relevance features. Our catalog's structured data provides us with many such relevance features and we learn from past search patterns and adapt to what is important to our customers.«

Die Suchabfragen erhalten also spezifische Zuweisungen, jedoch erst dann, wenn A9 ermittelt hat, welche Relevanz hinter einer Suchabfrage zu einem spezifischen Produkt steckt. Dabei kombiniert A9 alle verfügbaren Daten, um bestmögliche Suchergebnisseiten zu erzeugen. Dabei kommt das Wort Verkäufe nicht vor. Es geht schlicht darum, welche Produkte unter bestimmten Suchabfragen zum jeweiligen Zeitpunkt am relevantesten sind. Dadurch erklärt sich am einfachsten, warum die Suchseitenkonsistenz oder SERP-Konsistenz (für Search Engine Result Page) viel wichtiger sein kann als bloße Wortkonstrukte. In Kombination mit der Tatsache, dass angeblich wie bei Google über 75 % der Nutzer die Vorgaben der Auto-Suggests nutzen, wird das einer der wichtigsten zu beachtenden Faktoren.

4.2 Grundlagen der Amazon-Suchmaschine

Nach meinem Verständnis lässt sich Amazon nicht in die Karten blicken. Unter Umständen ist der Suchalgorithmus A9 sogar so speziell aufgebaut, dass auch historische Daten und Abfragen integriert werden, die selbst bei Amazon keiner (mehr) exakt kennt bzw. abrufen kann. 20 Jahre Daten sind nur mit perfekten Systemen nutzbar. Daher versuche ich die Systematik immer zweistufig darzustellen.

Die erste Stufe basiert auf der Kundeneingabe und der Auswahl aller infrage kommenden Produkte. Dabei sind vielfältige Faktoren zu betrachten, angefangen bei der Verfügbarkeit über die passende Kategorie bis hin zu spezifischen Relevanzdaten des aktuellen Kundenverhaltens (siehe Abbildung 4.2).

Aus diesen internen Checks zieht Amazon alle relevanten infrage kommenden Produkte zusammen. Die größten Fehler, die Händlern und Herstellern an dieser Stelle unterlaufen, entstehen durch die Nichtnutzung von Filtern und Daten im Backend oder durch mutwillige Fehlinformationen: Falsche Kategorien, fehlende Hauptbilder oder mangelnder Bestand sind nur einige der Punkte, die die Relevanz eines Produkts herabsetzen, sodass es nicht oder nur weit hinten in einer Ergebnisliste erscheint.

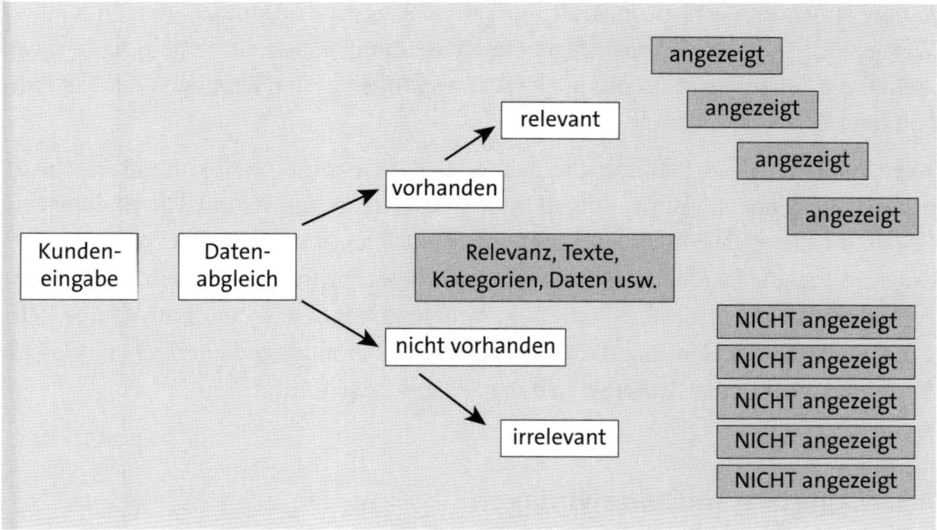

Abbildung 4.2 Welche Produkte werden nach einer Abfrage ausgespielt?

Im zweiten Schritt wird die Positionierung der relevanten Suchergebnisse festgelegt. Da Amazon über alle Zeiträume hinweg Daten sammelt und jeder Handlung eine Wichtigkeit beimessen kann, ist es schwer, die Mechanismen dahinter einfach aufzuklären. Jedoch spielt die Performance des Händlers wie auch die des Produkts eine Rolle. Das reine Klick- und Kaufverhalten sowie das Nichtkaufen und Nichtklicken sind dabei ebenso wenig zu vernachlässigen (siehe Abbildung 4.3).

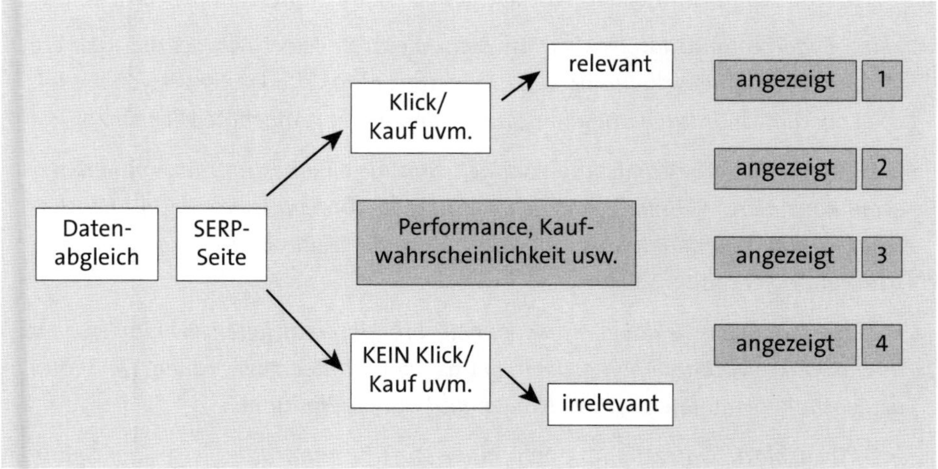

Abbildung 4.3 An welcher Position in der SERP landet ein Produkt?

Lange Zeit war das Hinzufügen eines Produkts in den Warenkorb von Amazon schon ausreichend, um relevante Änderungen für Rankings zu erzeugen. Weiterhin ist relevanter Traffic im Betrachtungszeitraum ausschlaggebend. Häufig erzeugen mediale Werbeblöcke eine große Nachfrage, ohne dass damit Käufe einhergehen. Dennoch stehen die beworbenen Produkte plötzlich weit oben in den Bereichen der Sichtbarkeit oder der Verkaufsränge.

Alles in allem ist das Ranking, und wie es zustande kommt, ein komplexer Ablauf, ohne dass die absolut notwendigen Informationen verfügbar sind. Für Händler und Hersteller bleibt bestenfalls das Ziel, unter Suchbegriffen Produkte zu verkaufen. Dabei sollten die Produkte eine ausreichende Relevanz für eine Suchabfrage aufweisen oder über kurz oder lang erhalten. Aufbauen können Sie die notwendige Relevanz zuallererst, indem Sie die Grundlagen der Datenpflege beherrschen. Was im Einzelnen dazu gehört, lesen Sie in den nächsten Abschnitten.

4.3 Lagerbestandsdateivorlagen

Natürlich ist die Pflege aller notwendigen Inhalte im Backend möglich. Dabei zeigen sich immer wieder starke Unterschiede zwischen der Datenpflege über Flat Files vom eigenen Device aus und der Bearbeitung der regulären Datenfelder im jeweiligen Amazon-Zugang. Im Seller Central für Händler wie auch im Vendor Central für Direktlieferanten sind den Anbietern andere Möglichkeiten gegeben. Daher ist es wichtig, nicht nur die reinen Möglichkeiten des händischen Pflegens per Seller oder Vendor Central zu beachten. Denn Amazon ist am Ende über Lagerbestandsdateivorlagen bzw. die Flat Files komplett mit Excel und einigem Nachjustieren per Hand lösbar. Was eine Lagerbestandsdateivorlage genau ist, formuliert Amazon wie folgt:

> *»Eine Lagerbestandsdateivorlage ist eine Microsoft Excel-Tabelle, die mehrere Datenspalten zur Beschreibung von Produkten enthält. Verkäufer verwenden solche Lagerbestandsdateivorlagen zum Hochladen ihrer Angebote bei Amazon.*
>
> *Die meisten Lagerbestandsdateivorlagen sind für eine bestimmte Produktkategorie konzipiert. Mithilfe zusätzlicher Vorlagen können Angebote in allen Kategorien erstellt und aktualisiert werden, wenn die Zielprodukte bereits im Amazon-Katalog enthalten sind.*
>
> *Diese unterstützen Sie dabei, entweder neue Produktdetailseiten zu erstellen oder Ihre Produkte vorhandenen Artikeln in unserem Katalog zuzuordnen. Die Vorlagen enthalten detaillierte Anweisungen und Datendefinitionen.*
>
> *Im Arbeitsblatt ›Datendefinitionen‹ einer Lagerbestandsdatei ist in der Spalte ›Erforderlich‹ festgelegt, welche Elemente angegeben werden müssen und welche optional sind.*

Wir empfehlen, eine Sicherheitskopie Ihrer vollständigen Lagerbestandsdatei für Referenzzwecke auf Ihrem Computer zu speichern.«

Nach meiner Erfahrung gibt es keinen Grund, nicht mit Lagerbestandsdateien, also ausgefüllten Leserbestandsdateivorlagen, zu arbeiten. Allein die Tatsache, immer eine Kopie aller eigenen Amazon-Daten zu haben, lässt Sie ruhiger schlafen. Änderungen können zudem wesentlich schneller wieder auf Amazon eingespielt werden, und skalierbare Effekte bei der Listung von Produkten sind nur so umsetzbar.

Lagerbestandsdateien lassen Sie relevante Änderungen schneller erkennen. Neue Felder, neue Datenbegrenzungen, selbst neue Kategorien finden Sie so schnell und direkt, da die Uploads immer geprüft werden. Aber auch nachträgliche Abgleiche der Daten sind notwendig, um alle Möglichkeiten ausschöpfen zu können, was gegebenenfalls heißt, dass im Seller Central per Hand nachgearbeitet werden sollte.

Die Datenpflege über Lagerbestandsdateivorlagen per Flat Files bietet dabei noch weitere Vorteile. Beispielsweise ist im Seller Central teils nur eine *Target Audience* nutzbar, per Flat File sind es dagegen ganze fünf. Einfache Infos wie die einzutragenden Werte muss man sich im Seller Central aufgrund fehlender Dropdown-Menüs oft selbst erschließen. In den Flat Files finden Sie auf der Registerkarte GÜLTIGE WERTE eine komplette Übersicht aller nutzbaren Inhalte.

Wenn Sie bisher ohne Flat Files gearbeitet haben, können Sie die Freigabe erbitten. Dazu lösen Sie einen einfachen Support-Fall aus und fragen nach dem Zugang zum Reverse Feed oder dem »Bericht Angebote nach Kategorie«.

Daraufhin erhalten Sie für bis zu 60 Tage einen weiteren Menüpunkt in Ihrem Lagerbestandsbericht, den BERICHT ANGEBOTE NACH KATEGORIE. Für jede Kategorie einzeln können Sie dann alle Daten separat herunterladen. Änderungen sind somit schnell und einfach durchführbar, da Amazon immer aktuelle Flat Files zur Verfügung stellt.

Ähnlich den Style Guides, die ich Ihnen im nächsten Abschnitt vorstelle, stehen hier zudem alle notwendigen Informationen niedergeschrieben, die Sie im Seller Central so schmerzlich vermissen: Instruktionen zur Nutzung und die Grundhinweise, vollständige Informationen zu den gewünschten Produktabbildungen, gefolgt von einem vollständig ausgefüllten Beispiel. Die Datendefinitionen liegen zudem in einem separaten Register vor und beinhalten neben Verwendungshinweisen auch die akzeptierten Werte.

Die Basis der gesamten Auffindbarkeit Ihrer Produkte hinsichtlich Kategorie, Daten und Filter entwickeln Sie in diesen Flat Files. Anhand der Style Guides wird dann die Grundlage der gesamten Sichtbarkeit und der Performance Ihrer Produkte bei Amazon vorbereitet.

4.4 Style Guides

Nichts auf Amazon ist so beständig wie die Diskussionen über den Sinn und Nutzen der *Style Guides*. Teilweise über fünf Jahre alt, bilden diese Amazon-Vorgaben die Grundlage für die Inhaltsstrukturen jeder Kategorie. Dabei widersprechen sie mitunter den eigentlichen Lagerbestandsdateien und werden oftmals von Amazon selbst ignoriert. So sind Sie bei Nutzung der Style Guides auf sich allein gestellt.

Was genau ist noch möglich, und wo können Sie noch Informationen einbauen? Man fragt sich mittlerweile Tag für Tag aufs Neue, was als Nächstes passiert. Teilweise erhält man vom Support nur noch Informationen nach dem Motto: »Entschuldigung, das weiß ich nicht, ich muss es aber umsetzen.«

Allein für die Titel gibt es seit Mitte 2018 immer häufiger Beschränkungen auf 80 Zeichen von Kanada bis Spanien, in Deutschland betrifft das zumindest einige wenige Kategorien. Anfang 2016 wurden in den USA Produkte mit Titellängen von über 200 Zeichen teilweise sogar schlicht ausgeblendet. Es ist also ungemein wichtig, immer auf dem aktuellen Stand zu sein und auch immer in der Lage zu reagieren. Man kann heutzutage nicht einfach die Ausblendung von 50 % der Produkte ignorieren oder es gar nicht erst mitbekommen.

Besonders vor einer Entscheidung für oder gegen den Marktplatz Amazon sollten Sie deshalb prüfen, ob Sie überhaupt Aufzählungspunkte in der Kategorie haben oder ob die Vorgaben zum Befüllen sehr stark vorgegeben werden. Der Titel wird gegebenenfalls automatisch aus eingetragenen Daten gebaut oder ist wie bei Büchern auf den exakten Buchtitel beschränkt.

Beispiele für Amazon-Vorgaben zum Titel finden sich in dieser Art in jedem Style Guide:

- Sport & Freizeit
  [Marke] + [Abteilung/Zielgruppe] + [Produktart] + [Produktname]
- Spielzeug
  [Marke] + [Modellnummer] + [Modellname] + [Produktbezeichnung] + [Kurzbeschreibung]
- Auto
  [Marke] + [Herstellerartikelnummer] + [identifizierende Beschreibung ([Produktname] + [Produkttyp])] + [Farbe] + [Größe]
- Bürobedarf
  [Marke] + [Serie/Modell(-nummer)] + [Key-Eigenschaften] + [Stückzahl] + [Farbe]

Aufzählungspunkte finden sich ebenso häufig in verschiedenen Darstellungen:

- Jeder Aufzählungspunkt sollte höchstens 15 Wörter enthalten.
- Maximal 150 Zeichen pro Produktmerkmal. Dabei dürfen keine Produktstammdaten, wie zum Beispiel EAN (European Article Number) oder Marketing-Messages (»Gute Qualität«, »Tolles Geschenk« oder Ähnliches) genutzt werden.
- Verboten ist die Verwendung von HTML-Tags oder Sonderzeichen, die nicht auf einer Standardtastatur vorhanden sind, womit auch das Thema Emojis eigentlich klar verboten ist.

Definitiv unstrittige Regeln sind folgende:

- Marke ist Pflicht.
- Vermeiden Sie die Schreibweise in Versalien (GROSSBUCHSTABEN).
- Im Produkttitel dürfen keine Angaben über Preis, Versand oder Firmeninformationen enthalten sein.
- Bitte vermeiden Sie auch zeitbezogene Angaben wie »Angebot nur für kurze Zeit« oder »Top-Seller«.
- Produkttitel müssen, außer bei Eigennamen, in deutscher Sprache verfasst sein. Die Kurzbeschreibung bitte immer auf Deutsch.

Blickt man nun jedoch in die Lagerbestandsdateien, fällt auf, dass hier teils andere Vorgaben anzutreffen sind: nur noch 120 Zeichen für Titel, 250 Zeichen oder gar keine Begrenzungen beim Upload. Gleiches gilt für die Aufzählungspunkte, die restriktiv auf unter 100 Zeichen oder bis zu 500 Zeichen begrenzt sind.

Insgesamt bevorzuge ich das folgende System für Titel:

Marke + Major Keyword + Produktname + Was bin ich? + Besonderheit + Artikelnummer + Anzahl

Welche Art von Trennern für den Lesefluss genutzt werden, liegt am eigenen Geschmack oder der Kategorie. Im Bereich der Aufzählungspunkte ist es gleichfalls notwendig, die Vorgaben einzuhalten und gleichzeitig die wichtigsten Informationen zu übermitteln. Dabei sollten Sie bei der Standard-Desktop-Ansicht nie über zweizeilige Längen gehen. Mehr dazu finden Sie in Kapitel 6, »Amazon-SEO anwenden – die Inhaltserstellung«.

Die Style Guides sind neben den *TOS* (Terms of Service) die kurze Formulierung der Marktplatzregeln. Erweitert werden diese um alle Inhalte im Seller Central und um jede davon abweichende Antwort eines Support-Mitarbeiters. Statt des alten stationären Satzes: »Das ist leider nicht meine Abteilung«, findet sich gerne die Antwort: »Ihre Anfrage wird an die zuständige Fachabteilung weitergeleitet.« Insgesamt gilt noch immer die Notwendigkeit, alles zu versuchen, um genau an der linken und rechten Grenze des Erlaubten zu balancieren. Solange keine klaren Updates und Anwendungshinweise bezüglich der Vorgaben aufzufinden sind und Regeln je nach Mitarbeiter, Kategorie oder Land umgesetzt werden, bleibt es spannend. Ich empfehle Ihnen, immer einen Plan B in der Hinterhand zu haben, soll heißen, Ihren kompletten Content in gekürzter und Style-Guide-konformer Fassung.

4.5 On-Page- vs. Off-Page-Faktoren optimieren

Egal, ob Vendor oder Seller, es werden spezifische Daten zur jeweiligen Performance von Produkt und Händler bewertet und unterschiedlich gewichtet. Die Vielfalt ist dabei endlos und übermäßig komplex. Daher sollten Sie immer alle Bedingungen von Amazon erfüllen und bei Problemen sofort Änderungen einspielen können (den erwähnten Plan B), wenn Amazon diese fordert.

4.5.1 Performancedaten von Produkt und Händler

Grundsätzlich kann man feststellen, dass Vendoren, sobald es zu Problemen kommt, mit allerhand Zahlungen und Forderungen seitens Amazon direkt bei der Anlieferung abgestraft werden. Oftmals werden Strafzahlungssysteme sechs Monate und länger im Voraus angewandt, aber nicht einkassiert, hier wird viel in überschneidenden Strafzahlungsverfahren eingeführt, meist zum Leidwesen des Vendors. Die meisten wissen zum Beispiel nicht, dass Amazon die Bearbeitung des Contents mittlerweile komplett in einen Self-Service geändert hat und jede Unterstützung verweigert. Seller werden meist erst später bei auftretenden Problemen mit Produkten oder durch entsprechende Meldungen von Kunden direkt an Amazon, etwas sei kaputt oder nie geliefert worden, oder durch die beliebten A–Z-Anträge, mit denen Kunden sofort alles erstattet bekommen, abgestraft. Dies alles treibt Seller teils ins Verderben, weil Amazon nicht zögert, ganze Produkte oder Accounts stillzulegen.

Als Kernperformancedatum reicht mir die Wahl der Liefermethode, die für Kunden ein entscheidender Faktor ist: Eigenversand als FBM (Fulfillment by Merchant), der Versand als Händler nach Prime-Vorgaben, also PBM (Prime by Merchant) oder eben FBA (Fulfillment by Amazon), um die Lager und Versandmöglichkeiten von Amazon nutzen zu können. Dabei performt oftmals FBA am besten, schlicht wegen des Vertrauensbonus in die angeblich sofortige Verfügbarkeit. Zudem ist der Filter PRIME mit 30 % der am häufigsten gesetzte Filter bei Suchabfragen, wenn man einigen Aussagen glauben kann.

Die reine Verfügbarkeit wird von Amazon dabei gerne manipuliert, nicht im Sinne der reinen Anzahl, aber doch in Form der Darstellung. Sobald der Bestand unter 20 Stück fällt, erscheinen verschiedene Meldungen in Grün oder Rot zur verfügbaren

Anzahl an Produkten (siehe Abbildung 4.4). Dabei weiß niemand so genau, wann und warum welche Meldung entsteht.

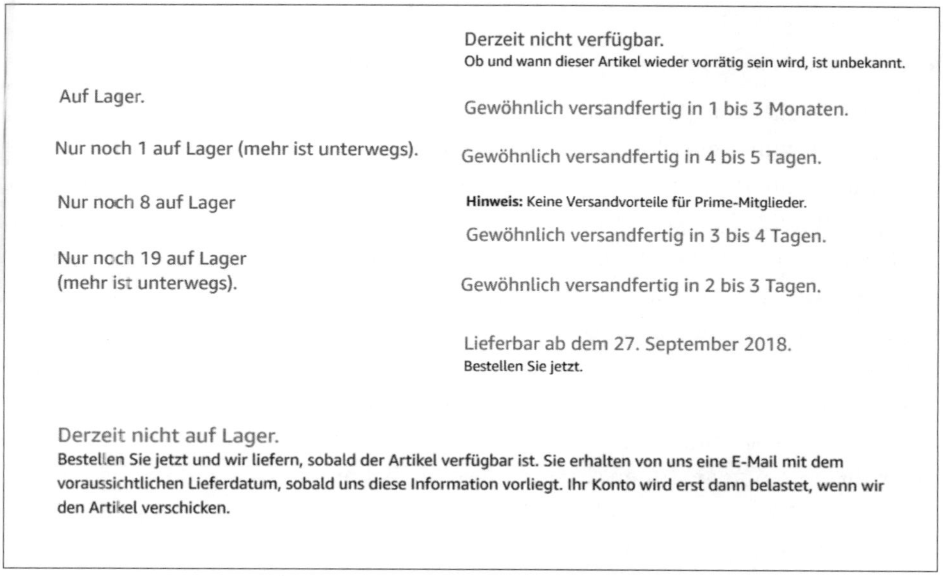

Abbildung 4.4 Lagerbestandsmeldung auf der Seite

Besonders schwerwiegend sind dabei aber eher die Warnungen über eine sehr späte Verfügbarkeit in ein bis drei Monaten oder sogar erst lieferbar ab AB.CD.2020.

Weitere Faktoren, die die Performance beeinflussen, sind die Kontaktreaktionszeit, die Rate verspäteter Auslieferungen, die Anzahl von A–Z-Anträgen in einem Zeitraum oder schlicht die Kundenrezensionsbewertung. Die Mischung aus den gesamten Produkt- und Händlerdaten bestimmt neben der Buy-Box-Berechtigung, also ob man überhaupt den Kauf-Button erhalten kann bzw. überhaupt in der BuyBox teilnehmen darf, über die Ausspielung in der Buy Box bis hin zur Position in dieser. Dabei ist es egal ob man Markeninhaber oder einziger Anbieter ist, das ist für die Berechtigung nicht relevant.

Gleichzeitig lassen sich immer wieder Effekte schlechter Positionierungen in den Suchergebnissen feststellen, wenn die Händlerperformance stark sinkt. Alles in allem ist die Performance ein wichtiger Bereich, der jedoch durch Content nur im Bereich überflüssiger Retouren aufgrund mangelhafter oder fehlender Daten positiv gesteuert werden kann. Der Rest ist eher an andere interne Prozesse gekoppelt. Aus meiner Sicht muss man dies natürlich beherrschen, aber selbst Amazon kann die eigenen Fehlvereinnahmungen nicht sauber erkennen. So müssen Tools wie Lost & Found von Seller Logic bis zu zehn Berichte abgleichen, um Amazon aufzuzeigen, dass der Seller Geld zurückerhalten muss. So wichtig die Daten zur Händler- und Produktperformance auch sind, leider kann Amazon teilweise selbst nicht sauber damit umgehen.

4.5.2 Mythos Klickrate, Absprungrate, Conversion Rate, Verweildauer

Wenn man keine kompletten Daten über Glance Views, also Klicks oder Impressions, erhält, kann man keine Klickraten berechnen. Zusatzreports durch das Premium-Customer-Support-Team bei Vendoren liefern diese Zahlen manchmal, jedoch meist nur pro Quartal. Eine Interpretation oder eine Steuerung sind damit unmöglich. Auch wird oft von der Bounce Rate oder Absprungrate gesprochen, die direkt schlechte Auswirkungen auf die Produktperformance haben soll. Das einfachste Beispiel, das ich je gesehen habe, war ein Angriff mit externem Traffic und eine eigene Überfüllung eines Produkts mit externem Traffic. Beides hat nur die mutmaßliche Konvertierungsrate sinken lassen. Weitere Effekte waren ein Anstieg des Sales-Ranks oder des Bestseller-Ranks und einiger Positionen in den Suchergebnissen, was direkt übergeht in den angeblichen Einfluss der Conversion Rate auf die Produktperformance als solche. Doch konnte ich in fünf Jahren keine Auswirkung irgendeiner Art auf die Performance messen.

Konvertierung

Die Konvertierung misst, wie effektiv Sie einen Kunden davon überzeugen, Ihr Produkt in den Einkaufswagen zu legen. Um die Konvertierung zu erhöhen, müssen Sie sich in Ihren Kunden versetzen. Geben Sie alle erforderlichen Informationen an, die zu einer Kaufentscheidung führen:

Conversion

Conversion measures how effective you are at convincing a customer to add your product to their shopping cart. To increase conversion, you need to think like a customer. Provide all the information they need to make a purchase decision:

Abbildung 4.5 Amazon-Definition der Konvertierung

Was ist also eigentlich das Ziel der Conversion-Rate-Optimierung? Es ist wie A–B-Tests eine nicht greifbare und am Ende nur verzögerte Optimierung bzw. eine Art der Nachoptimierung. Dabei wird jedoch selten exakt genug gearbeitet. Die Rate der kaufenden Kunden kann ja auch steigen, weil viel weniger Traffic aufkommt und von den Wenigen mehr kaufen. Kurzum, wäre der Zusammenhang direkt und so einfach, hieße das, dass durch die Verbesserung Ihrer Conversion Rate die Position Ihrer Produkte unter bestimmten Keywords oder gar unter allen steigen würde. Damit müsste also fast zwangsläufig eine Steigerung der Traffic-Kennzahlen des jeweiligen Produkts feststellbar sein. Kausal war das in den Fällen, die ich persönlich begleitet habe, bisher nicht nachweisbar.

Ähnlich wie bei den Bewertungen könnte man die Mutmaßung anstellen, dass gut konvertierende Produkte weiter oben stehen. Doch stehen sie dort, weil sie gut konvertieren, oder konvertieren sie gut, weil sie oben stehen? Das ist ein nicht aufzulösendes Dilemma. Traffic als wesentliche Ursache für Positionierungen auf Amazon zeigt sich besonders nach Fernsehsendungen wie »Die Höhle der Löwen«. Schnell steigen die Sichtbarkeiten eines Produkts aus einer Sendung überdurchschnittlich an und führen selbst zu Bestseller-Situationen, ohne direkt die notwendige Masse verkauft zu haben.

Alles in allem will ich das Thema nicht überbewerten. Die kompletten Daten sind, wenn überhaupt, nur Amazon bekannt oder zugänglich. Daher halte ich es für sinnvoller, sich darauf zu konzentrieren, was wirklich steuerbar ist. Natürlich gehört dazu eine gute Conversion Rate. Doch in Kapitel 7, »Die Optimierungen messen und steuern – Messbarkeit und Konsequenzen für die inhaltliche Performance«, werden Sie noch sehen, dass auch hier aufgrund der Differenz zwischen Einheiten und Bestellungen (eine Bestellung kann ja mehr als eine Einheit enthalten) gerne falsche Daten genutzt werden. Der Schwerpunkt einer Optimierung liegt in der Summe aller Details und nicht in einigen wenigen Kennzahlen versteckt.

Die Händler oder Hersteller haben sich zuallererst mit den »Hygienefaktoren« wie Lieferbarkeit, Qualität usw. auseinanderzusetzen. Der nächste Schritt ist, relevant sichtbare Produkte zu erzeugen, die gefunden werden. Stimmt die Nachfrage in Verbindung mit der Suchintention und dem Preis, ist alles Weitere sehr viel hätte, wäre, wenn.

Umso schlimmer, dass viele der selbst ernannten Experten über die Einflüsse von Klickraten, Absprungraten, Conversion Rates und Verweildauer sprechen und schreiben, aber niemand valide Daten liefert. Damit ist nicht gemeint, einmal 1.000 Flummis (übrigens ein Wortkonstrukt aus »Fliegendes Gummi«) bei Amazon verkauft zu haben, die Zahl lässt sich benennen, sondern allgemeingültige Daten und Informationen zu haben, wie zum Beispiel bei der nachweisbaren Interaktion des Kunden mit dem Suchfeld. Halten wir also fest, die Auffindbarkeit und Performancefaktoren gegen eine Maschine wie A9 sind ein reiner Hygienefaktor – es gibt nichts zu gewinnen, aber alles zu verlieren.

Kapitel 5
Sichtbarkeit – die relevanten Faktoren für den Erfolg von Amazon-SEO

Die Suchintention ist eine Geschichte voller Missverständnisse, und sie beginnt nicht erst mit der Eingabe in das Suchfeld, sondern bereits viel früher. Die Auswahl der relevanten Keywords hat massiven Einfluss auf die Sichtbarkeit eines Produkts auf dem Amazon-Marktplatz. In diesem Kapitel finden Sie eine Anleitung, um die relevantesten Keywords für ein Produkt zu bestimmen und für die Optimierung zu nutzen. Dabei ist es wichtig, die Sprache des Kunden zu verstehen und zu benutzen.

5.1 Der Kunde und das Suchfeld

Bevor ein Kunde eine Suchabfrage stellt, greifen die wohl wichtigsten Faktoren überhaupt in die Suche ein – die langjährigen Prägungen, denen Menschen unterliegen, beeinflussen seine Suche (siehe Abbildung 5.1). Allein die Ortsprägung führt zu bestimmten Vorlieben oder Benennungen im Sprachgebrauch. Auch Bildungshintergrund und Erziehung lassen uns bestimmte Dinge als wichtig oder unwichtig bewerten – dies spiegelt sich oftmals direkt in unserer Wahrnehmung wider, etwa von Farben oder Qualität. Selbst der Umgang mit Geld und vorhandenen Budgets ist äußeren Einflüssen ausgesetzt. So sparen mittlerweile einige Kunden für den Prime Day, den Black Friday oder ähnliche Amazon-Verkaufs-Events.

Im Detail wird man einen kompletten Querschnitt der gesamten Bevölkerung bei der Suchabfrage erwarten können. Komplex wird das Ganze durch die nicht vorhandene Vorfilterung oder die nachträgliche Bewertung, welcher Kunde exakt wie gesucht und was gekauft hat und was die vollständigen Hintergründe dieser Suche oder dieses Kaufs waren.

Am einfachsten zeigt sich die Schwierigkeit, Kundentypen und ihre Wünsche an einer Suchabfrage abzulesen, an den folgenden Beispielen. Jemand sucht eine »Jogginghose weiß Männer«. Sie wissen nicht, ob der Suchende selbst ein Mann ist, ob er eine teure oder günstige Jogginghose haben will oder ob er Weiß als Farbe bevorzugt, weil er gerade renoviert oder Maler ist. Sucht jemand nach »LEGO 1234«, weiß der

Händler auch nicht, ob es ein Wiederholungskäufer ist oder schlicht jemand, der im Laden steht und den Preis vergleichen will.

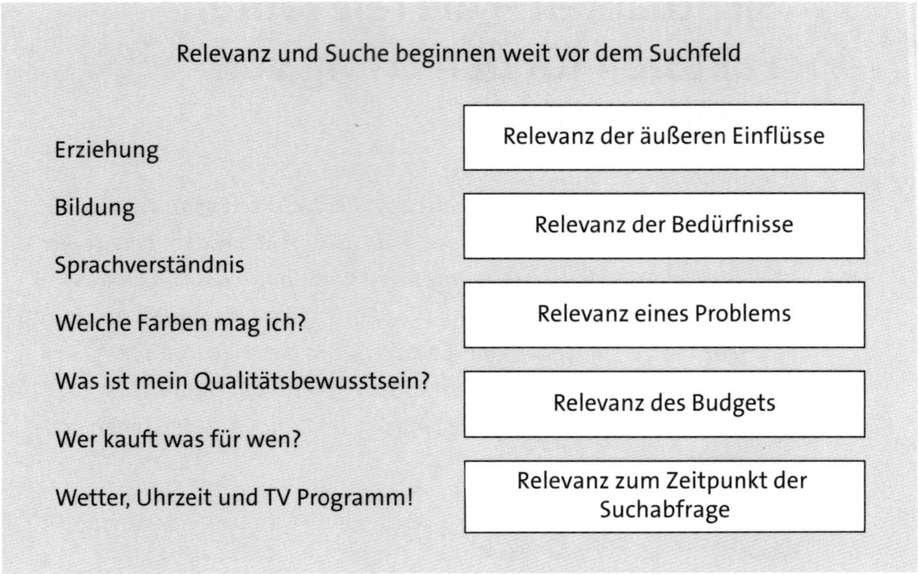

Abbildung 5.1 Prägung und Relevanz

Wie nah vor einem bestimmten Ereignis treffen Kunden Kaufentscheidungen? So kann die Suche nach »Ring Verlobung« am 10. Februar verschieden ausgelegt werden – dahinter kann zum Beispiel der Wunsch stehen, einen verlorenen Ring wieder zu kaufen, auch der kurzfristige Antrag (vielleicht noch am Valentinstag?) oder der geplante Antrag, jedoch erst Anfang März können ebenso der Suchanlass sein. Gleichfalls kann die Suchabfrage vom Antragsteller, aber genauso gut auch vom Empfänger eines schon erfolgten Antrags gestellt worden sein.

Diese Grundkomplexität gilt es zu lösen. So ist natürlich anzunehmen, dass Frustkäufe nach verlorenen WM-Spielen oder grundsätzlich Fußballfinalspielen eher von Männern durchgeführt werden. Aber warum sollten nicht auch Frauen die Suchenden sein, um ihrem Partner eine Freude zu machen nach einem solchen mutmaßlichen Trauerspiel? Allein die Umstellung der Anstoßzeiten in der Champions League bringt plötzlich statt eines Traffic-Anstiegs direkt zwei mit sich. Einmal um 19 Uhr und ein weiteres Mal um 21 Uhr. Selbst Effekte wie die Ausstrahlung von Tanzshows, Verkupplungssendungen und Modelvermarktungs-Events haben klar nachweisbar Einfluss auf das Kaufverhalten von Kunden.

Die greifbarste Möglichkeit zur Analyse bietet hierbei die Suchseitenkonsistenz oder *SERP-Konsistenz* – einfach gesagt, die Struktur innerhalb bestimmter Suchergebnisseiten bezüglich Produktauswahl, Preispunkt oder Bewertungszusammensetzung bis hin zu Farbtiefe oder Stückzahl. Aufgrund der sehr spezifischen Volatilität der angezeigten Produkte in Suchbegriffen und ständig wechselnder Suchvolumen ist es auch hier schwer, Standards festzulegen. Dennoch ist es die bestmögliche Kenngröße, die Sie betrachten sollten, ähnlich wie die Anzahl an Suchergebnissen oder Häufigkeitsnennungen bestimmter Wörter in den Auto-Suggests, also der angebotenen Vervollständigung der Sucheingabe. Später werde ich aufzeigen, wie die Suchergebnisdetails zusammen einen Sinn ergeben, doch zunächst nenne ich Ihnen einige Beispiele für SERP-Konsistenzen:

- Die Ergebnisse zur Suchabfrage nach »Aussenleuchte« sind (Stand Juni 2018) stark von viereckigen und runden Leuchten dominiert. Dabei liegt der Preis im Schnitt bei 30 €, und die Lampen haben zumeist zwei Leuchtbereiche. Der Farbschwerpunkt liegt auf Anthrazit. Die Anzahl der Bewertungen reicht von vier bis 227 – im Schnitt gibt es jedoch immer über vier. Allein die Änderung der Schreibweise in »Außenleuchte« verändert die Konsistenz der angezeigten Ergebnisse komplett. Wesentlich mehr Formenvielfalt und auch einige Lampen mit nur einem Leuchtbereich sind nun zu finden. Zudem gibt es in den Ergebnissen einen hohen Anteil an silberfarbenen Leuchten. Der Preis sinkt bei dieser Schreibweise leicht auf im Schnitt 28 €.
- Ähnlich interessant ist die Ergebnisseite zur Suchabfrage nach Fußballschuhen: »1–16 von mehr als 40.000 Ergebnissen oder Vorschlägen« für »fußballschuhe« und »Fussballschuhe« mit »1–48 von mehr als 10.000 Ergebnissen«, wobei hier direkt in der Kategorie SCHUHE & HANDTASCHEN: SCHUHE gesucht wurde.

  Erste Auffälligkeit dieses Suchergebnisses ist die direkte Ausspielung innerhalb einer Kategorie-Vorauswahl. Die zweite ist die Anzahl der Ergebnisse pro Seite von 16 bei der einen Schreibweise gegenüber 48 bei einer unwesentlich geänderten Schreibweise. Das heißt, hier wird der Kunde zwar spezifischere Ergebnisse erhalten, aber auch mehr Wettbewerber angezeigt bekommen. Auch ist die Anzahl an Werbeplätzen auf einer 16er-Ergebnisseite ungleich geringer als auf einer 48er-Ergebnisseite. Zudem gehört die 48er-Seite fast ausschließlich Adidas, während es auf der 16er-Seite auch Puma und Nike schaffen, angezeigt zu werden.
- Die komplexere Form der SERP-Konsistenzen zeigt abschließend die Suchabfrage zu »baby erstausstattung« mit einer unglaublichen Vielfalt an Ergebnissen auf. Von Bekleidung über Windeln, Pflegeartikel, Spielzeug, Socken, Trinkflaschen und Gipsabdrücke ist alles zu finden (siehe Abbildung 5.2).

  Hier zeigt sich, wie vielfältig eine unspezifische Suche von Amazon ausgelegt und zusammengeführt wird. Jeder Kunde verbindet aus persönlichen Hintergründen etwas anderes mit einer Babyerstausstattung – nicht mehr und nicht weniger zeigt uns die Produktsuchmaschine auf.

Ein Highlight in diesem Zusammenhang ist die erweiterte Farbfiltervorgabe in der Desktop-Ansicht.

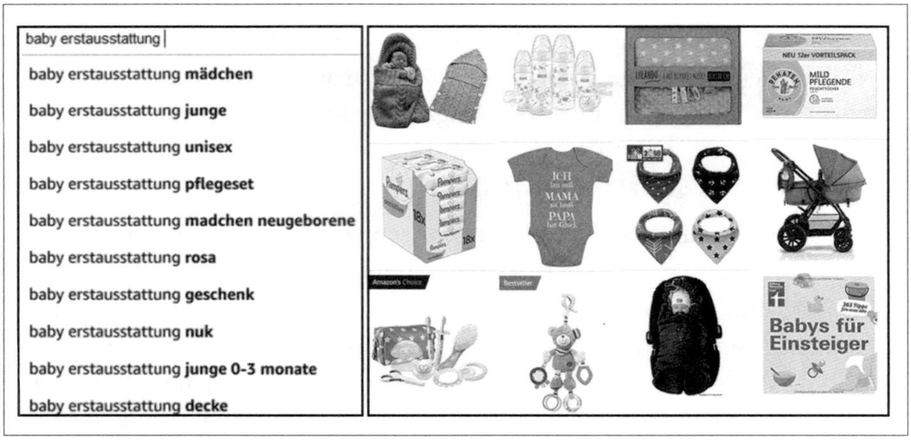

Abbildung 5.2 Auto-Suggests und SERP-Seite »baby erstausstattung«

Aufgrund der über 30 verschiedenen auswählbaren Kategorien zeigt Amazon hier konkret inhaltsbasierte Filter. Man beachte hierbei die sich ändernde Anordnung je Bereich. So scheint Pink sehr populär in der allgemeinen Suche – dazu dient der erste Filter. Bei Babyprodukten selbst ist es Schwarz und bei Möbeln und Deko die Farbe Beige (siehe Abbildung 5.3).

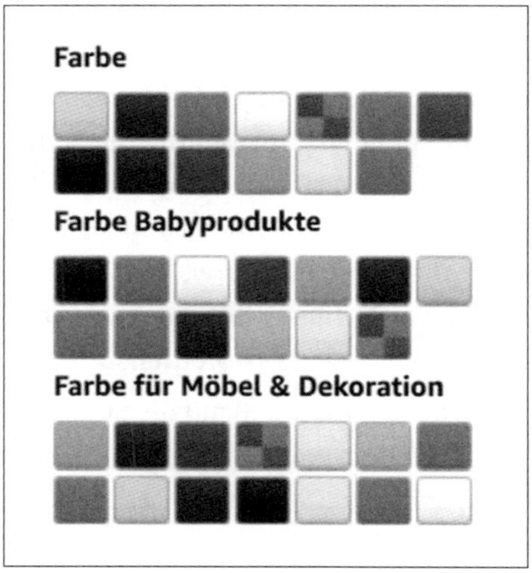

Abbildung 5.3 Ansicht und Position der Farbfilter für den Suchbegriff »baby erstausstattung«

Eine Prüfung der Ergebnisse zeigt keinen Zusammenhang mit der Anzahl an Listungsergebnissen, was die Annahme stützt, dass die Beliebtheit für die Reihenfolge der Farbfilter ausschlaggebend ist (siehe Abbildung 5.4).

Platz	Farbe
1	1-16 von mehr als 1.000 Ergebnissen oder Vorschlägen für **Pink** : "baby erstausstattung"
4	1-16 von mehr als 3.000 Ergebnissen oder Vorschlägen für **Weiß** : "baby erstausstattung"
10	1-16 von 148 Ergebnissen oder Vorschlägen für **Braun** : "baby erstausstattung"
12	1-16 von 361 Ergebnissen oder Vorschlägen für **Gelb** : "baby erstausstattung"
	Farbe Möbel Deko
1	1-24 von 54 Ergebnissen oder Vorschlägen für **Küche, Haushalt & Wohnen** : **Beige** : "baby erstausstattung"
2	1-24 von 68 Ergebnissen oder Vorschlägen für **Küche, Haushalt & Wohnen** : **Blau** : "baby erstausstattung"
10	16 Ergebnisse für **Küche, Haushalt & Wohnen** : **Rot** : "baby erstausstattung"
14	1-24 von 102 Ergebnissen oder Vorschlägen für **Küche, Haushalt & Wohnen** : **Weiß** : "baby erstausstattung"

Abbildung 5.4 Positionierung der Farben und ihrer Suchergebnisse für den Suchbegriff »baby erstausstattung«

Ich empfehle Ihnen daher ganz klar, wenigstens für die vermeintlich wichtigen Suchwörter immer die SERP-Konsistenz zu prüfen. Recht schnell können Sie so Sinn und Unsinn von Suchwörtern indizienhaft ermitteln und Entscheidungen treffen, ob Sie dort mit Ihren Produkten auffindbar sein oder überhaupt mit den dort gezeigten Artikeln in den Wettbewerb treten wollen und können.

Diese komplexen Verfahren kann man anhand unterschiedlicher Definitionen erleichtern, die ich im Weiteren aufzeigen werde.

5.2 Keyword-Definitionen anhand von Theorie und Praxis

Im Folgenden werden vielfältige Ansätze aufgezeigt, um den Kunden in seiner Sprache besser zu verstehen. Dabei geht es im Schwerpunkt darum, in einer späteren Recherche schneller und klarer zu ermitteln, was die eigentliche Intention hinter einer bestimmten Suchabfrage sein kann.

5.2.1 Hauptsynonyme statt Hauptkeyword

Allein auf das Hauptkeyword statt auf Hauptsynonyme zu setzen, zieht direkt einen der größten Fehler im Amazon-Kontext nach sich. Oftmals zielt man viel zu spezifisch auf die Sichtbarkeit unter einem einzigen Keyword ab. Die Hoffnung, durch Erfolg bei einem Wort allein die Sichtbarkeit auf alle weiteren Suchabfragen auszuweiten, zeigt sich im Detail als nicht zielführend.

Mutmaßungen, dass man je nach erreichter Umsatz- und/oder Absatzschwelle in immer mehr spezifischen und weiterfassenden Suchabfragen sichtbar wird, sind zwar nicht von der Hand zu weisen, basieren letztendlich jedoch auf der steigenden

Sichtbarkeit des Produkts durch eine Vielzahl an kombinatorischen Verknüpfungen aller möglichen Keywords durch Suchen, Kategoriezuweisungen und Relevanzverstärkungen.

Hauptkeywords, gern auch *Fat Head Keywords* genannt, spielen keine absolut übergeordnete Rolle, wie die Beispiele ganz gut aufzeigen.

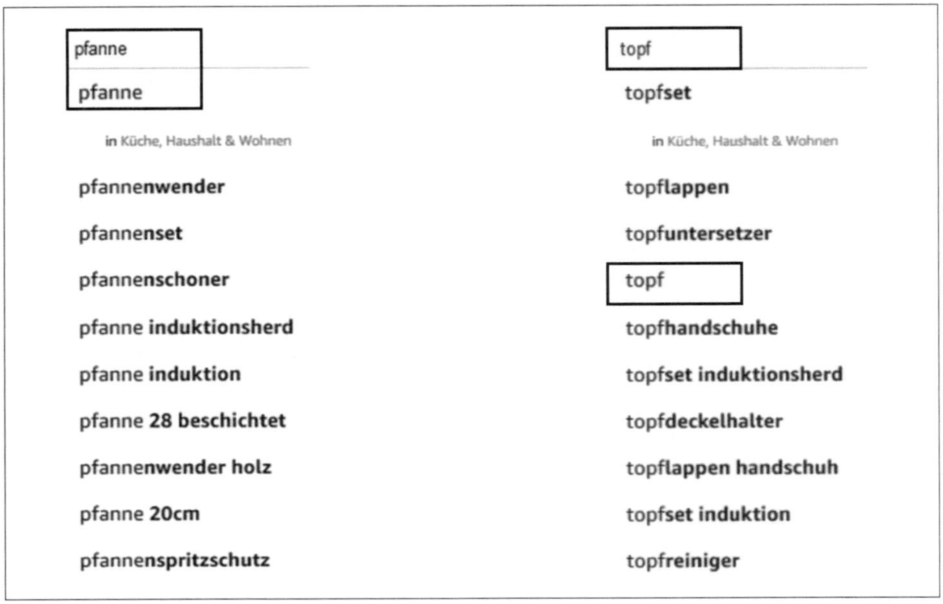

Abbildung 5.5 Hauptkeyword Pfanne gegen Topf

An den automatischen Vervollständigungen der Sucheingabe, den sogenannten Auto-Suggests, zu dem Wort »pfanne« sehen Sie in Abbildung 5.5 klar »pfanne« als ersten Vorschlag. Innerhalb der letzten Tage wurde dieses Wort also im Durchschnitt tatsächlich am häufigsten eingegeben und geklickt. Ob dabei 30, 7 oder 2 Tage ausschlaggebend sind, möchte ich hier ausklammern. Notwendigerweise ist eine regelmäßige Abfrage aller Suggests und ihrer Positionen notwendig – ein Amazon-Suggests-Trend sozusagen. Dank der Funktion Markenanalyse im Amazon-Haupt-Zugang sind die Daten dazu mittlerweile zwei Jahre rückwirkend verfügbar. Diesem Thema im Detail widmet sich das Buch in Kapitel 8, »Nachoptimierung vs. dauerhafte Optimierung«.

Das Suchwort »topf« hingegen steht erst an Position vier der gelisteten Autovervollständigungen – hier ist das wichtigere Suchwort sehr wahrscheinlich der Kochtopf. Zudem gibt es sehr spezielle Töpfe wie den Nudeltopf, den Suppentopf, Spargeltopf, Schnellkochtopf usw. Amazon weist hierzu in den Kategorien deutlich verschiedene Ansätze je nach Eingabe auf. Ähnlich wie bei Messern offenbart sich hier eine sehr breite Suchhilfe.

Das Suchwort »topf« wartet zudem mit einer weiteren Kuriosität auf: Die angebotenen Filter BABY • TÖPFCHEN oder GARTEN • BLUMENTÖPFE zeigen, wie vielfältig das Hauptsynonym Topf im Sprachgebrauch scheinbar genutzt wird (siehe Abbildung 5.6).

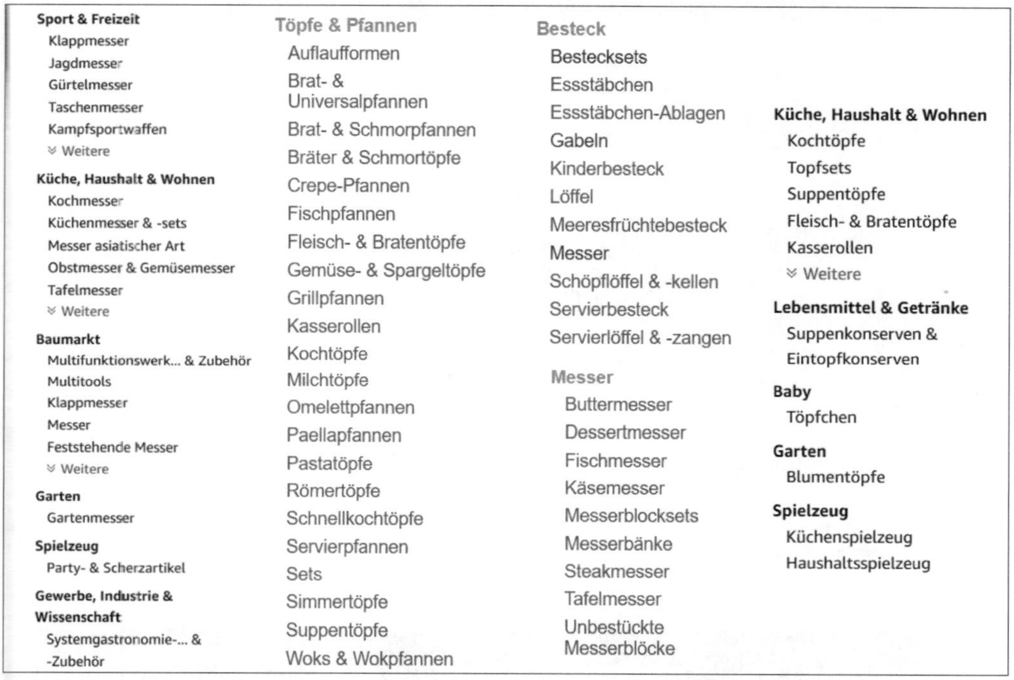

Abbildung 5.6 Filterkategorien erscheinen in Schwarz, Listungskategorien in Blau.

Nun ist von einem hohen Suchvolumen bei dem Suchwort »Pfanne« auszugehen – jedoch kann es nicht zielführend sein, bei diesem Keyword ranken zu wollen. Pfannen unterscheiden sich zu vielfältig in ihren Produktdetails wie der Größe, Höhe, dem Material, der Nutzungsart, Beschichtung, Farbe usw. So findet man unter dem Suchwort »Pfanne« (Stand Sommer 2018) zehn 28-cm-Pfannen aus diversen Materialien und Beschichtungen und in diversen Höhen. Dabei sind vier Dreiersets und eine Pfanne mit 24 cm Durchmesser.

Gleichzeitig sehen Sie in Abbildung 5.7 aber auch anhand der reinen Suchintention, dass beschichtete Pfannen eine hohe Suchaufmerksamkeit genießen.

Unter »Bratpfanne« finden sich neunmal 28-cm-Bratpfannen ähnlicher Höhe und vier Dreiersets in allen Beschichtungen von Alu über Edelstahl bis hin zu Keramik. Sie können also davon ausgehen, dass aktuell 28-cm-Pfannen sehr beliebt sind und sehr wahrscheinlich die höchste Relevanz genießen. Dies bestätigt die Suchanalyse direkt (siehe Abbildung 5.8).

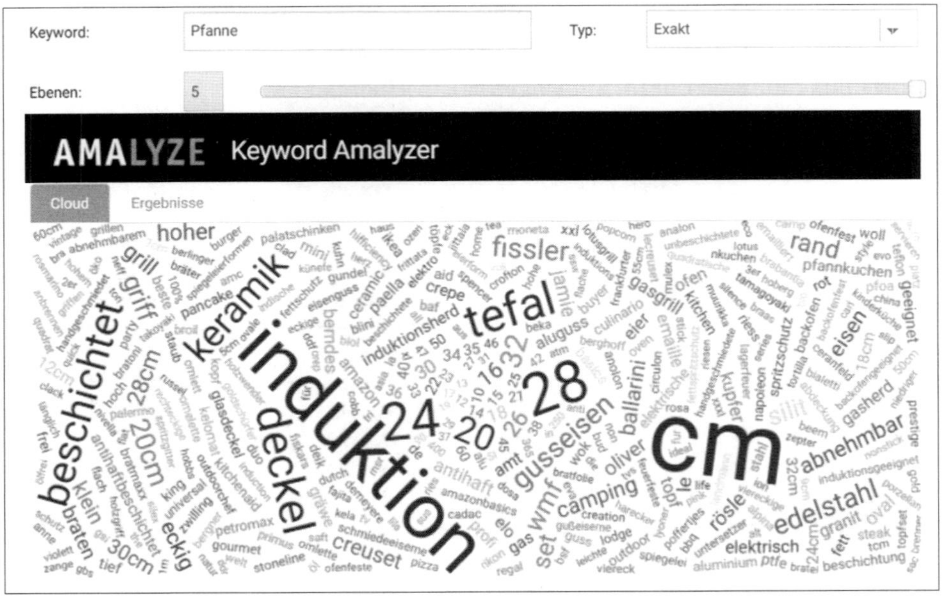

Abbildung 5.7 Suggests zur Sucheingabe »Pfanne« als Themenwolke

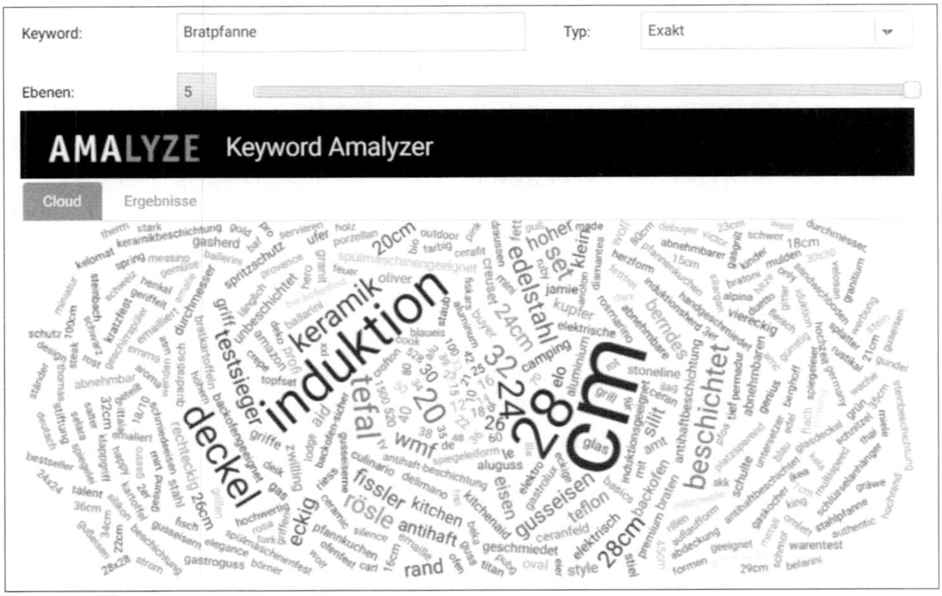

Abbildung 5.8 Suggests zur Sucheingabe »Bratpfanne«

Man kann sogar vermuten, dass die Pfanne viel eher durch spezifizierende Suchbegriffe wie »20 cm« oder »bratpfanne« detailliertere Ansprüche der Kunden befriedigt. Gleiches ist bei »kochtopf« zu erwarten (siehe Abbildung 5.9).

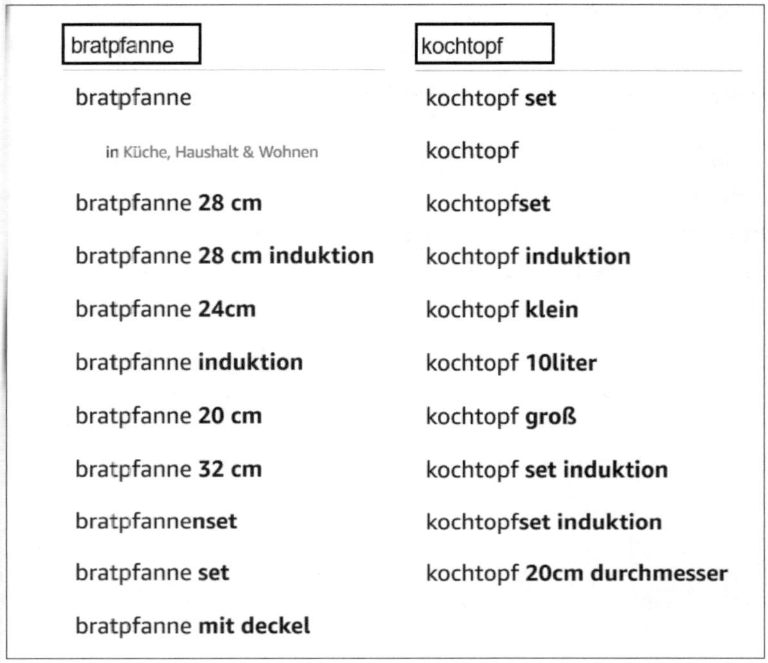

Abbildung 5.9 Suggests zu den Sucheingaben »bratpfanne« und »kochtopf«

Daher ist Pfanne mit Sicherheit nicht das Hauptkeyword oder das einzige relevante Wort. Anhand der Kundenführung nach der Suche sieht man deutlich, wohin Amazon den Kunden leiten will (siehe Abbildung 5.10).

Abbildung 5.10 Angebotene Filter nach Eingabe von »Pfanne« im Webseitenmodus

Die Messung der Nachfilterungen oder spezifische weiterführende Suchen sind leider Amazon vorbehalten. Daten dazu, was unter welchem Suchwort nur geklickt und was wirklich in den Warenkorb gelegt bzw. final tatsächlich gekauft wurde, fehlen aktuell. Auch das Thema, wie viele Suchabfragen ein Nutzer bis zu einem finalen Klick oder Kauf stellt, fehlt komplett. Ein Grund mehr, nicht auf angebliche Suchvolumen diverser Anbieter zu achten. Interessant wäre schlicht die Analyse zur Kaufkraft bestimmter Keywords: Unter welchen Keywords wird also nicht nur gesucht oder gestöbert, sondern auch tatsächlich ein Kauf getätigt? Tools wie *Amalyze* arbeiten aktuell daran, neben der reinen Kaufkraft je Begriff sogar die Kaufkraft je Position aufzuschlüsseln.

In Abbildung 5.11 sehen Sie das Beispiel einer Suchergebnisseite zur Suche nach »Fußball« vor der Weltmeisterschaft 2018. Auffallend ist, dass lediglich acht »normale« Fußbälle angezeigt werden. Stattdessen wird auf diese Anfrage sogar (ganz unten rechts, nicht markiert) ein leuchtender Spielball angeboten.

Abbildung 5.11 Suchergebnisseite zu Fußball

Was ist der Grund für dieses unerwartete Ergebnis? Die absolut unspezifische Suche nach einem allgemeinen Begriff wie Fußball bringt oftmals auch das Amazon-System an seine Grenzen. Was genau ist die Such- und Kaufintention hinter dem Begriff? Brotdosen, Schuhe, Kartenspiele, Trikots, Teppiche, Ballpumpen?

Fußball kann also trotz direkter erster Autovervollständigung kein für jedes Produkt im Fußballkontext allein stehendes relevantes Wort sein. Der Suchalgorithmus von Amazon muss nun entscheiden, ob der Bezug eher aus dem Bereich Sport kommt oder ob eher Bücher oder gar Bekleidung oder Spielzeug gesucht werden. Selbst der direkte Klick auf FUSSBÄLLE im angebotenen Filter (siehe Abbildung 5.12), damit also aus der Kategorie SPORT & FREIZEIT, lässt den Suchalgorithmus von Amazon noch immer im Unklaren, so kommen nachlaufende Filterhilfen dazu. Welche Ballart und Ballgröße gesucht wird, ist nun zum Beispiel filterbar.

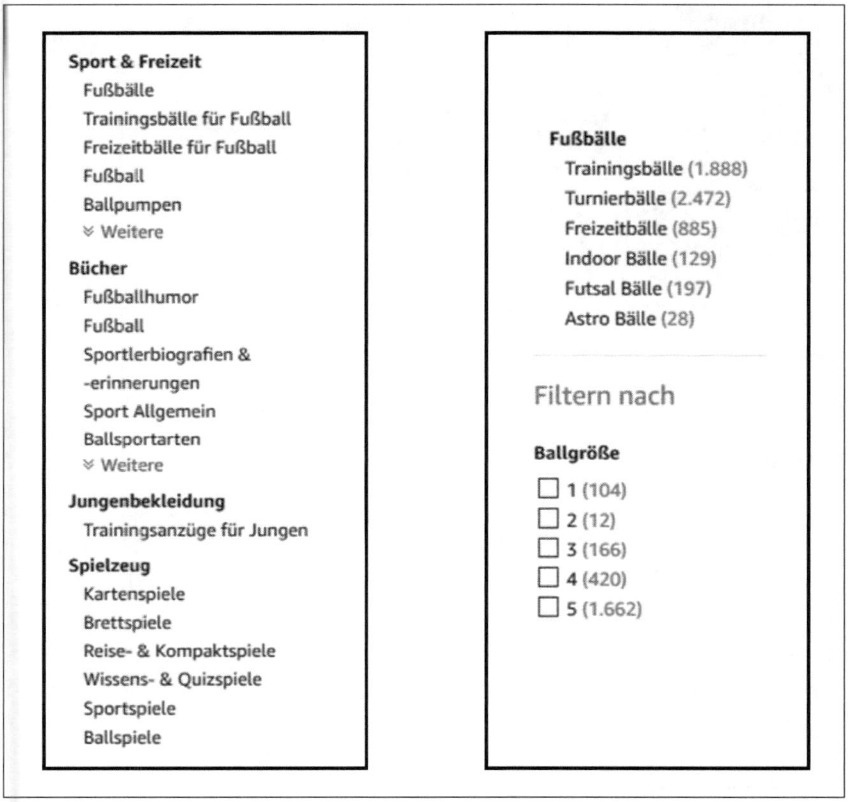

Abbildung 5.12 Filter und Kundenführung Desktop zu Fußball

Amazon ist sehr agil in der Neuzuweisung von Relevanzen bzw. in der Umsetzung von Änderungen. So zeigte sich ab Ende April 2018 ein komplett anderes Bild unter dem Suchwort »Fußball« (siehe Abbildung 5.13). Nun ist unklar, ob Amazon wirklich etwas geändert oder schlicht der Frühling dafür gesorgt hat, dass Kunden nur noch »echte« Fußbälle unter dem Wort »Fußball« gesucht und gekauft haben. Dennoch verschiebt sich aus dem einen oder anderen Grund die Ergebnisdarstellung unter dem Suchwort.

Es werden mehr Fußbälle direkt auf den ersten Plätzen ausgespielt. Obwohl im Sommer 2018 die Weltmeisterschaft stattgefunden hat, haben sich damals dennoch bei 24 Ergebnissen nur zehn Fußbälle durchgesetzt oder als relevant genug erwiesen.

Was aber sind in dem Zusammenhang relevante Suchwörter? Allgemeine Hauptkeywords sind offenbar nicht zielführend, sie dienen ausschließlich als Basis einer Feststellung der Suchintention um die relevanten Wörter herum. Diese werden wir im folgenden Abschnitt nun näher betrachten.

Abbildung 5.13 Relevantere Ergebnisse bei der Suche nach »Fußball« im Frühling

5.2.2 Short Tail

Die direkt nachgelagerten Bereiche der Eingaben nach einem spezifischen Hauptsynonym bezeichne ich als *Short Tail*. Hierbei nutze ich mit Absicht direkt als Beispiel einen Begriff aus zwei Bestandteilen, »led e14«, denn ich möchte den Short Tail zu dieser Suche betrachten. Natürlich kann man dies auch nur für LED oder E14 tun, wichtig ist nur, dass es sich um keine feste Definition handelt. Wenn ich E14-LEDs verkaufe, ist mein relevanter Short Tail eben genau der gezeigte. In Abbildung 5.14 ist zum Vergleich der *Long Tail* »led e14 dimmbar« gegenübergestellt.

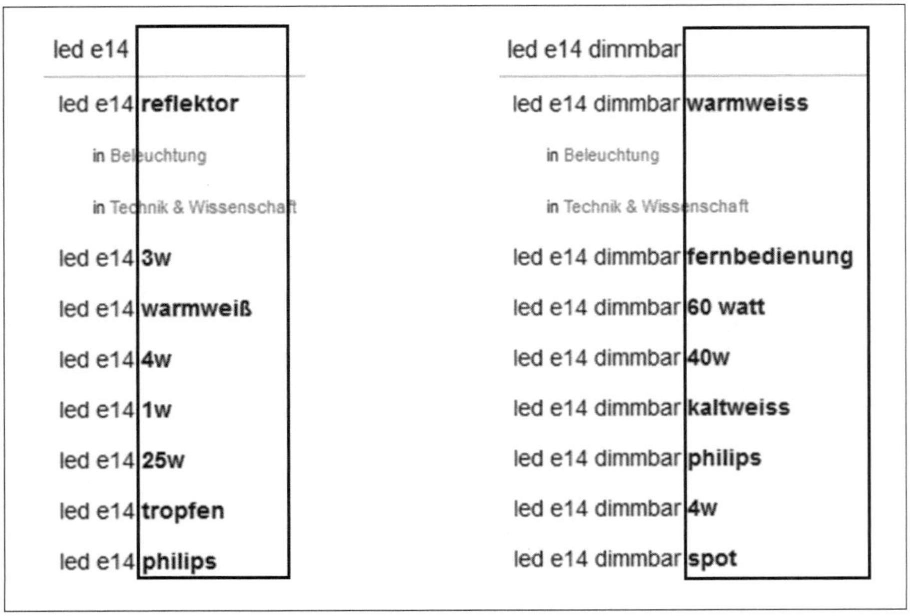

Abbildung 5.14 Short Tail »led e14« vs. Long Tail »led e14 dimmbar«

Neben spezifischen Werbekampagnen auf Short-Tail-Suchabfragen können Sie je nach Produktportfolio und Markenstärke oder Strategie genau diesen Short Tail anvisieren. (Lesen Sie hierzu in Abschnitt 3.3, »Eine eigene Strategie vorbereiten«, nach.) Sie wählen also ausschließlich kurze Suchabfragen und Kombinationen, die exakt die Inhalte des eigenen Produkts matchen. So können Sie die Zielkombinatorik maximal fokussieren und die Kreuzkombinatorik des passiven Amazon-SEO reduzieren. Wie in Abschnitt 3.3 aufgezeigt, ist dann manchmal eine Nutzung der allgemeinen Suchbegriffe im Backend überflüssig.

Der Nutzen dieser Short-Tail-Analyse ist wichtig im Zusammenhang mit der Analyse der Kundensprache – sind es kurze und klare oder eher sehr lange und detaillierte Abfragen, die von Kunden in Ihrem Segment gestellt werden? Beispielsweise hat der komplette Bereich der Schreibmappen (Stand Q3 2018) nur ganze fünf Wortbestandteile über alle Synonyme hinweg vorzuweisen, während Schmuck hingegen mit bis zu 13 Wortbestandteilen sehr viel detailreicher gesucht wird. Der Wettbewerb konzentriert sich jedoch oft auf nur wenige, kurzphrasige Abfragen und zwingt zu anderen strategischen Denkweisen.

5.2.3 Long Tail

Die längeren Suchabfragen sind oftmals geprägt von mehr Produktverständnis oder der klaren Formulierung von Anforderungen an die Bedürfnisbefriedigung.

Vergleichen Sie die beiden Suchen direkt miteinander, sehen Sie in Abbildung 5.14 den Fokus im Short Tail auf bestimmten Wattzahlen. Im Long Tail im Bereich der Abfragen zu »led e14 dimmbar« liegt der Schwerpunkt zwar auch auf Wattzahlen, daneben aber auch auf einer Fernbedienung und der Lichtfarbe »warmweiss« – statt »warmweiß« im Short-Bereich. Beachten Sie, dass im deutschen Markt, wie schon im Beispiel »Fussball« und »Fußball« gesehen, die Nutzung von ss und ß deutliche Unterschiede im Suchergebnis mit sich bringt (siehe Abbildung 5.15).

Der Long Tail eignet sich hervorragend, um Kunden und Produkte in einer sehr tiefen Ausformulierung der Erwartungshaltung erreichen zu können. Dabei kann es durchaus zweckmäßig sein, sich nur auf eine Schreibweise zu konzentrieren, etwa hier im Beispiel bei GU10- oder G9-Fassungen »warmweiß« zu nutzen und bei LED-Streifen eher »warmweiss«.

Die Beispiele zeigen im Long Tail zudem eine reduzierte Ausspielung von Wettbewerbern (siehe Abbildung 5.16).

Das Ziel sollte somit sein, alle für das eigene Produkt relevanten Wörter abzubilden im suchrelevanten Bereich der verfügbaren Eingabefelder in den Lagerbestandsdateien oder dem Backend. Wichtig ist dabei, die Benennung so zu wählen, wie der

Kunde diese eingibt. Beispielsweise ist die »IP Schutzklasse 65« zwar sehr hochwertig – wird jedoch eher als »IP65« gesucht bzw. als »wasserfest« oder »wasserdicht«. Im Bereich der Außenlampen wollen Kunden dann auch definitiv eine absolut wettergeschützte Lampe, womit eine Ausspielung von Produkten mit IP44 nicht unbedingt sinnvoll ist.

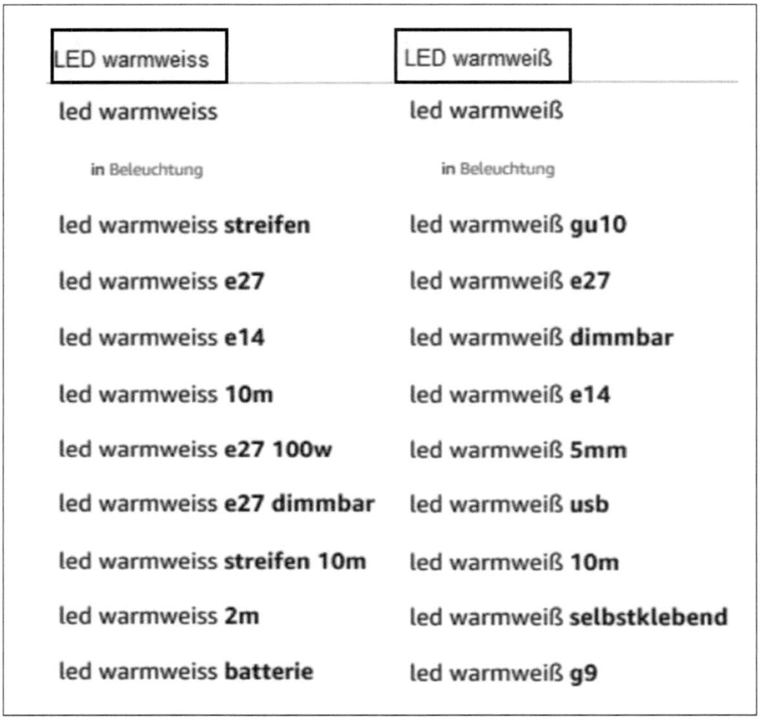

Abbildung 5.15 »LED warmweiss« vs. »LED warmweiß«

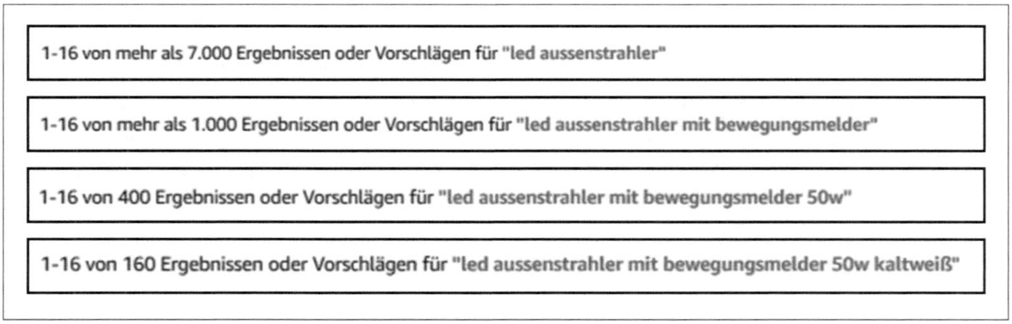

Abbildung 5.16 Long Tail und Reduzierung der Suchergebnisse

Die Fokussierung auf den Long Tail und die Abbildung aller dabei eingegebenen Bereiche kann zur sofortigen Sichtbarkeit auf der ersten Ergebnisseite führen. Im Besonderen sinkt die Wettbewerberdichte bzw. eigentlich die Anzahl relevanter Ergebnisse im Long Tail sehr schnell deutlich.

Weiterführend ist natürlich auch die Nutzung für Werbung ein Vorteil. Analysen haben gezeigt, dass ein sehr hoher Anteil an Long-Tail-Suchen ohne Werbung belegt ist. Das einzige Manko ist die sehr hohe Anzahl genutzter Eingabewörter. Eine exakte Fokussierung auf diese kann mit dem vorhandenen Platz selten abgebildet werden. So muss man sich oftmals auf die Lesereichweite des A9, also des Amazon-Algorithmus (mehr dazu in Abschnitt 4.1), verlassen und auf die maximale Indexierung aller relevanten Bereiche in der Produktanlage sowie wenige Änderungen dieser im Zeitverlauf. Sie sollten wissen, dass deutlich mehr Felder für eine relevante Ausspielung in der Suche berücksichtigt werden als die üblichen Verdächtigen. Spätestens hier müssen Sie verstehen, dass der Long Tail mit deutlichem Vorsprung wichtiger ist als kurze Suchwörter oder Einzelwörter.

5.2.4 Erwartungshaltung

Die Long-Tail-Keywords können nur funktionieren, wenn Sie gleichzeitig die *Erwartungshaltung* der Kunden berücksichtigten. Leider erlebt man oft Ansätze, bei denen die Optimierung nur auf die ersten oder sehr wenige Suggests ausgelegt wird. Dabei hält man zwar den Kunden im Blick, vergisst jedoch die Eigenschaften des eigenen Produkts.

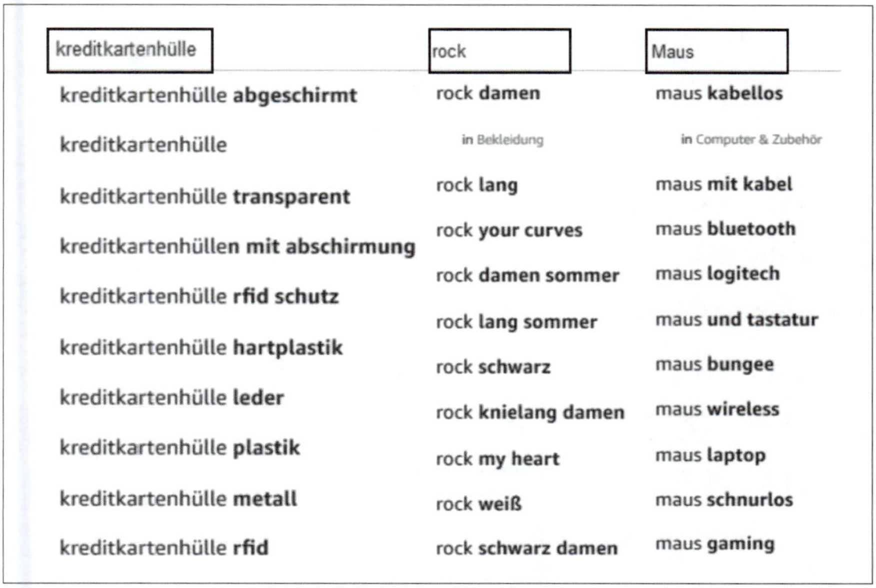

Abbildung 5.17 Suggests hinterfragen

Kreditkartenhüllen werden dann plötzlich auf Hartplastik, Leder und Metall optimiert, obwohl diese nur aus Leder sind (siehe Abbildung 5.17). Solche Fehler sollten

Ihnen nicht unterlaufen. Man sieht sie zumeist auch erst auf sehr weit hinten befindlichen Seiten oder nur im Backend der Produkte. Amazon vermeidet und verhindert teilweise eine so irrelevante Ausspielung. Das Beispiel »rock« in Abbildung 5.17 zeigt, wie ungünstig dieses Verhalten sein kann. Bekanntermaßen bezeichnet Rock ein Kleidungsstück und eine Musikrichtung. Prüft man jedoch nicht ausreichend den Bestandteil »rock your curves«, versucht man plötzlich, gegen Bücher zum Abnehmen in den Wettbewerb zu treten. Auch bei der Maus ist das Wort »bungee« schnell übernommen, Maus-Bungees sind jedoch einfache Kabelhalter und nur Zubehörartikel. Daher ist es notwendig, die Suggests zu Ihrem Suchwort genau zu prüfen. Zumeist handelt es sich bei unklaren Wortbestandteilen um Marken, Bücher, Musiker oder teils artfremde Produkte oder Zubehör. Besonders im Bereich Marken ist die Gefahr sehr groß, direkt in rechtliche Konflikte zu geraten, vor denen die Unwissenheit bekanntlich nicht schützt.

Sie wollen sicher auch nicht mit Ihren Produkten unbedingt bei allen Suchen auffindbar sein. Erinnern Sie sich an das Beispiel der Außenleuchten mit ihrer spezifischen Schutzklasse IP65, die wasserfeste Verarbeitung garantiert? Auch die Tatsache, dass die Schutzklasse IP65 die Bedingungen der IP44 übererfüllt, kann hier negative Folgen haben, da eine höhere Schutzklasse meist mit höherer Qualität und mit einem entsprechend höheren Preis einhergeht. Eine genaue Prüfung unter den jeweiligen Eingaben ist folglich immer notwendig.

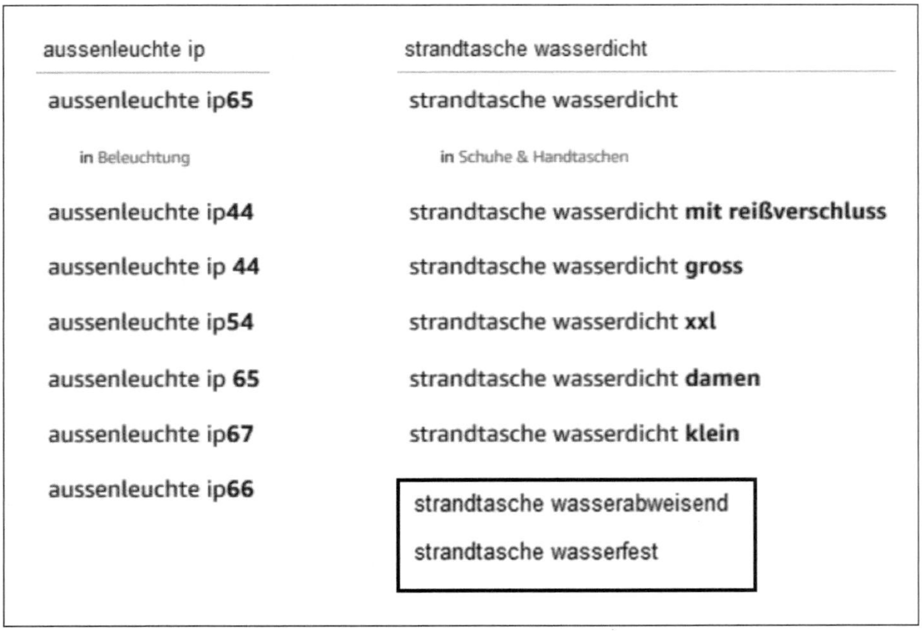

Abbildung 5.18 Erwartungshaltung bei einer Suche

Die Erwartungshaltung der Kunden kann man hoch wissenschaftlich betrachten und herauszufinden versuchen, ob Kunden, die nach »wasserdicht«, »wasserfest« oder »wasserabweisend« suchen, wirklich den Unterschied dieser Begriffe kennen oder ob es für sie schlicht Synonyme sind, was bei dem Beispiel der Suche nach einer Strandtasche mit entsprechender Eigenschaft eher zu vermuten ist als bei Eingabe der technischen Definition einer Schutzklasse (siehe Abbildung 5.18).

Warum dieser wissenschaftliche Ansatz manchmal nötig ist, sollen die Beispiele Koffer und Bürostühle aufzeigen. Bürostühle werden sehr gerne nach ihrer Belastbarkeit gesucht. 120, 150 und 180 kg sind die gängigen Sucheingaben, weniger 98, 75 oder 83 kg. Aufgrund der angezeigten Produkte und deren daher sehr wahrscheinlicher Relevanz kann man feststellen, dass das Such- und Klickverhalten zwischen den diversen Belastbarkeitsstufen nahezu gleich ist. Die Preisbilder variieren auf jeder Ergebnisseite von billig bis teuer. Der Kunde ist in der Suchintention also auf eine Gewichtsklasse fixiert – kauft dann jedoch in jedem Preissegment. Daher ist es hier absolut zweckmäßig, auch beinhaltete Gewichtsklassen als Keyword zu nutzen oder schlicht zu schreiben, von 120–150 kg oder 120/150/180 kg belastbar – natürlich nur dann, wenn Ihr Produkt die Anforderungen an die höchsten Gewichtsklassen auch erfüllt (siehe Abbildung 5.19).

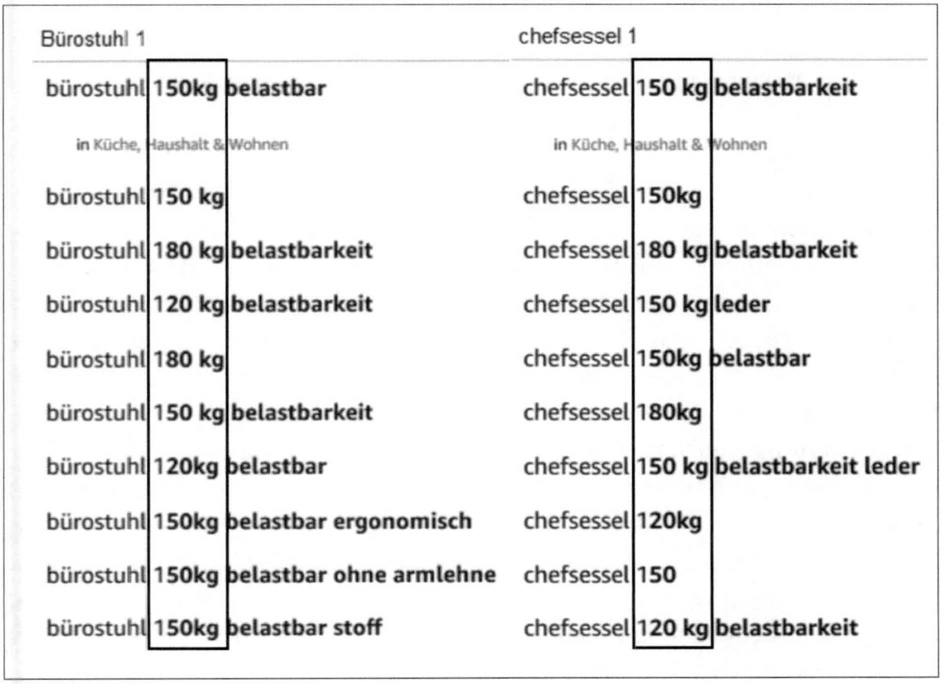

Abbildung 5.19 Suggests zur Belastbarkeit bei der Suche nach Stühlen

Ähnlich verhält es sich mit Koffern. Jedoch ist hier weniger die Erwartungshaltung der Kunden, sondern vielmehr die mangelnde Standardisierung der Hersteller hinsichtlich Volumen und Abmessungen das Problem (siehe Abbildung 5.20).

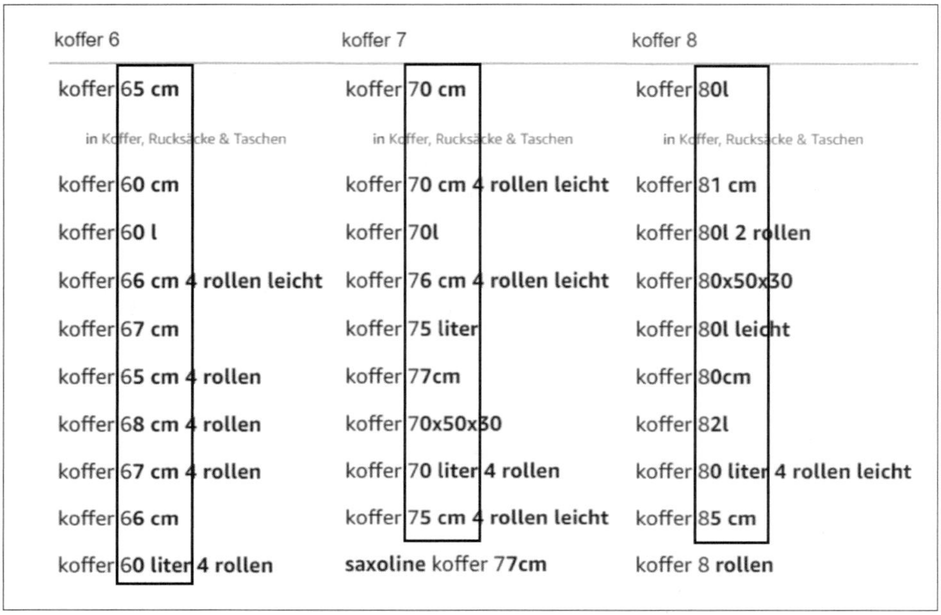

Abbildung 5.20 Suggests zu Größen und Volumen bei der Suche nach Koffern

Jeder Hersteller scheint andere Messverfahren zu nutzen. Gleichzeitig sind die Kunden nur in der Lage, die Anzahl der Rollen klar zu formulieren. Alles Weitere scheint den Vorgaben von Airlines, Reiseunternehmen oder schlicht den eigenen Ansprüchen, Ideen oder Vorlieben diverser Hersteller geschuldet zu sein. Nahezu jede Liter- und Längenangabe ist in den Suchen aufzufinden. Hersteller, die sich zu sehr auf ihre Kerndaten fokussieren, werden hier nur unter wenigen Wörtern erfolgreich ihre Produkte platzieren können, während anzunehmen ist, dass ein Kunde, der nach 74 Litern Fassungsvermögen sucht, auch bereit wäre, 72, 73, 75 oder 76 Liter zu kaufen – besonders, da man nicht weiß, wie exakt der Hersteller diese Angaben ermittelt. Gleiches ist bei den Abmessungen zu erwarten: Sucht der Kunde nach Innen- oder Außenmaßen? Gibt der Hersteller willkürliche Zahlenkombinationen aus Außen-, Innen- oder Nutzraum an? Sie sollten also eine breite Aufstellung anstreben, da die Erwartungshaltung sehr stark mit der Unkenntnis der Produkte einhergeht. Das muss im Bereich des Contents dann natürlich dazu führen, dass Sie die Daten in Bild und Text nochmals exakt darstellen.

Klarer formuliert sind Erwartungshaltungen dann, wenn allen Beteiligten die Standards dahinter bekannt sind. Während bei Einführung der Induktionstechnik in der Küche noch Beratungsbedarf bestand, ist es heute ganz klar eine bekannte Eigenschaft. Die Suche nach induktionsgeeigneten Pfannen wird selten mit dem Kauf einer Pfanne für den Gasherd oder nicht induktionsgeeignet enden. Auch ein geruchsdichter Windeleimer sollte kein Mülleimer mit Schwingdeckel sein. Hier hilft es zudem, hin und wieder zu beachten, an welcher Stelle in der Suchabfrage ein Wort positioniert ist. Je weiter vorn es genutzt wird, desto höher ist seine Gewichtung zu interpretieren, desto wichtiger ist die Eigenschaft also dem suchenden Kunden. Aus den jeweiligen Suchergebnissen können Sie hier direkte Rückschlüsse ziehen. Ziel muss es sein, die Suchabfragen der Kunden so genau wie möglich zu erkennen und die Erwartungshaltung und Suchintention dahinter zu verstehen, um sie bestmöglich zu bedienen.

5.2.5 Conversion Keywords

Direkt aus dem Bereich des Long Tails und der Erwartungshaltung gehen die Konvertierungswörter oder *Conversion Keywords* hervor. Das einzige Problem ist, dass sie nicht immer suchrelevant sind, obwohl sie für die finale Kaufentscheidung absolut entscheidend sein können. Die wichtigste Regel lautet daher: Verstecken Sie Conversion Keywords niemals im nicht sichtbaren Bereich!

Kurz vor den Sommerferien wurde ich um Feedback zu einem Schlauchboot gebeten. Das Listing an sich war in einem fast perfekten Zustand. Doch eins konnte ich beim besten Willen nicht finden, nämlich die Information, wie viele Personen im Boot Platz finden. Die Rückfrage ergab, dass man diese Angaben in das Feld der Suchbegriffe eingebaut hatte, aber nicht im für den Kunden lesbaren Bereich. »Schlauchboot« plus Personenanzahl ist dabei das mit am weitesten oben gelistete Wort zu der Zeit in den Suggests gewesen. Auch bei den Hauptsynonymen wie »Gummiboot«, »Ruderboot« und »Paddelboot« sowie »Boot aufblasbar« war das nicht anders.

Schauen wir uns ein weiteres Beispiel an: die Suche nach Teppichen. Blickt man detailliert in die Kundenkommunikation der Fragen und Bewertungen, sind es doch teils sehr einfache Dinge, die Fragen aufwerfen und selten beantwortet werden. Kann man den Teppich einfach reinigen? *»Habe 3 Katzen und wollte wissen ob der Teppich leicht zu saugen ist??«* Wenn ja, womit und wie? Ist das Bild der Farbe dem Produkt entsprechend? *»Ist das weiß auch weiß oder eher cremefarbig?« »Aber das Muster und die Farbgestaltung stimmen mit der Abbildung nicht überein. Der Kontakt ging zwar schnell und die Ware wird zurückgenommen, allerdings konnte man nicht sagen, ob das abgebildete Motiv des Teppichs auch bei Neubestellung geliefert werden kann!«* Rutscht der Teppich auf Fliesen und Laminat hin und her? Ist die Farbe auch bei Kontakt mit Wasser oder anderen Flüssigkeiten nicht färbend? Sind alle Kanten gesäumt?

Die Lösung wären klare Bilder zur Unterseite und ob diese rutschfest ist oder man eine Unterlage dazukaufen sollte. Die Reinigungshinweise wären aufzuführen, im Besonderen, ob nur Handwäsche oder auch eine chemische Reinigung möglich ist.

Ein Bild aller Kanten oder der Hinweis im Text, dass sie rundherum umnäht sind, würde einige Kunden deutlich beruhigen bzw. zufriedenstellen.

Bei einigen Produkten geben Kunden das konvertierende Wort sogar definitiv in die Suchanfrage ein und wollen es dann auch lesen. Als einfachste Beispiele zu nennen sind hier Töpfe und Pfannen für den Induktionsherd. Man klickt zwar in der Erwartung, es wird schon passen, auf ein Produkt, jedoch sollte in Bild oder Text noch mal ganz klar darauf verwiesen werden, dass das Produkt wirklich für Induktion geeignet ist. Die Spülmaschineneignung von Geschirr ist nahezu so wichtig wie bei der Bekleidung die Fähigkeit, den Trockner zu überleben. Wobei bei allen Arten von Geschirr und Besteck die Spülmaschineneignung in die Suche einbezogen wird. Bekleidung hingegen verhält sich da komplett anders. Hier ist die Waschbarkeit kein Suchfaktor, die deutlichen Hinweise darauf über Bilder der Textilverordnung und die vollständige Wiedergabe der Pflegehinweise helfen aber dennoch, die Kaufquoten deutlich zu erhöhen.

Richtig interessant wird das Thema, wenn man absolute Point-of-Sales-Eigenschaften wie die Haptik von Produkten nicht so einfach auf den Marktplatz übertragen kann. Detailfotos helfen dabei deutlich mehr als die Aussage, Stoff in Premiumqualität anzubieten. Die Angabe der Dicke und der Kundennutzen daraus sind hervorzuheben. Schwierig ist auch, wenn die Verpackung im Laden für sich spricht, aber auf Amazon nur ein Bild des Produkts zu sehen ist. Grelle Farben auf der Packung in Kombination mit Neuheit-Stickern und der perfekten Platzierung am Ende des Regals oder am Ladeneingang sind auf Amazon schlicht nicht abbildbar. Verbunden mit dem Fehler, das wesentliche Alleinstellungsmerkmal nicht darzustellen, kann dies das absolute Versagen der Marke auf der Onlineplattform Amazon bedeuten.

5.2.6 Entry Keywords

Wie beginnt eine Sucheingabe? Was sind die *Entry Keywords*? Diese Frage habe ich mir im Besonderen in der Anfangszeit oftmals gestellt, als es keine Tools zur Auswertung von Amazon-Sucheingaben gab. Das Lesen der Auto-Suggests nach rechts ist je nach Eingabe im Suchfeld beliebig möglich – jedoch sehen Sie immer nur maximal zehn Vorschläge. Amazon hat in diesem Bereich sogar einige Tests gefahren und die Anzahl der Suggests auf den verschiedenen Devices auf bis zu vier reduziert (siehe Abbildung 5.21).

Mittlerweile ist dieser Versuchsballon wieder beendet worden. Sie können sich jedoch sicher vorstellen, welche Umstellung auf Kundenseite plötzlich notwendig war. Einerseits wurden Kunden geprägt, ihre Wünsche spezifisch in ein Suchfeld einzugeben, sicher. Andererseits wusste jeder Kunde, dass ihm Unterstützung durch die Auslese massenhafter Daten immer geholfen hatte und dass er bestimmte Trends oder Schreibweisen nicht erst suchen musste, sondern sie aufgrund der sehr guten

Suggest-Position direkt anklicken konnte. Zum Thema der Suggest-Optimierung finden Sie auch Näheres in Abschnitt 3.3, »Eine eigene Strategie vorbereiten«.

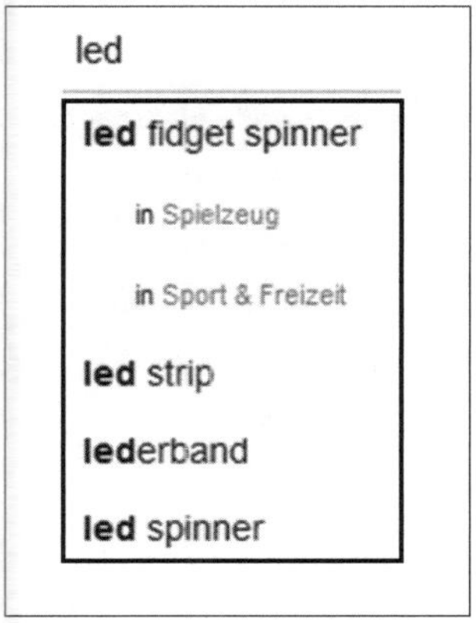

Abbildung 5.21 Testphase mit nur wenigen Auto-Suggests

Über die Tools ist eine Abfrage möglich, egal, was Amazon nach außen darstellt. Dennoch waren diese immer sehr rechtslastig. Doch über einige Tests fand ich eine Möglichkeit heraus, auch nach links »lesen« zu können. Das Ganze ist unter dem Begriff *#Alphabet* bekannt geworden. Auf diversen Marktplätzen wie eBay und in anderen Amazon-Ländern funktioniert dies mit anderen Zeichen als der Raute »#«. Was musste man machen? Nach dem Eingeben eines beliebigen Suchwortes klickte man im Webseitenmodus vor das Wort und setzte das Sonderzeichen, in meinem Fall »#«. Daraufhin wurden dann die mutmaßlich häufigsten Suchabfragen angezeigt, die danach das Suchwort enthielten. Das Ganze konnte man durch beliebige Buchstaben und auch durch Buchstabenfolgen ersetzen (siehe Abbildung 5.22).

Welchen Zweck das Ganze hatte, ist einfach. Man konnte direkt weitere Suchwörter identifizieren, wie im Beispiel das alternative Wort schwarzes als weitere Schreibweise für schwarz. Aber auch eine wesentliche Zielgruppe fällt so sehr viel schneller auf – statt ausschließlich auf Herren würde man direkt die Männer mit in die Recherche einbeziehen. Gleichfalls scheint kariertes unter diesem Aspekt der Suche wichtiger zu sein als Karo oder kariert – doch dies gilt es, später im Detail zu betrachten.

Aber man konnte so gleichfalls erweiterte Suchphrasen identifizieren, um von diesen den Short oder Long Tail zu analysieren. Damen Hemd und Hemd Damen sind hier sehr gute Beispiele. Gleichzeitig ging damit eine verbesserte Auswahl von Suchwörtern für die Werbung einher.

Mittlerweile ist die direkte Auslese im Browser des Webseitenmodus deaktiviert worden, was dazu führte, dass einige Tools inzwischen die Möglichkeit eingebaut haben, spezifisch nach den vorgelagerten Eingaben zu suchen.

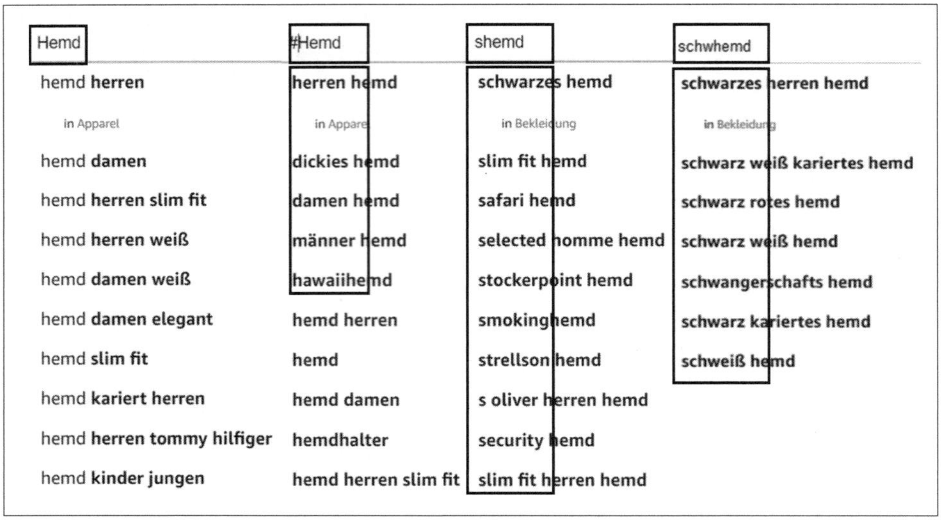

Abbildung 5.22 »Hemd« und die vorgelagerten Suchabfragen

5.2.7 Mobile Autokorrektur

T9 galt als eine der besten Entwicklungen, als die Handys oder mittlerweile Smartphones die Welt erblickten. *Text on nine Keys* schaffte es schnell und einfach, Eingaben abzubilden. Erinnern Sie sich noch daran, als jeder schreiben musste: Taste 2 lang drücken für die Aktivierung der Großschreibung – einmal 2 – einmal 6 – einmal 2 – viermal 9 – dreimal 6 – WARTEN – zweimal 6, um »Amazon« zu schreiben? Heutzutage hat der geneigte Nutzer eine Autokorrektur zur Unterstützung eingebaut. Diese ist aktiviert, aber auch abschaltbar – wo, können Sie in den Tiefen der nutzerfreundlichen Anleitung Ihres Smartphones entnehmen. Gleichzeitig ist diese Korrektur nutzerangepasst und lernt – so wird bei einigen Herren das Schreiben des Wortes »exotisch« fast unmöglich, weil immer »erotisch« daraus wird.

Wo genau trifft dieses Phänomen den Amazon-Optimierer, oder wieso ist dies für das Lernen von »Kundisch« als Eingabe- oder Interaktionssprache so wichtig? Tatsächlich werden mittlerweile deutlich über 50 % der Abrufe auf Amazon durch die App erzeugt. In nachfragestarken Zeiten wie Weihnachten sogar weit über 70 %. Besondere Events wie der Prime Day oder Black Friday in Kombination mit den Nutzungsrichtlinien von PCs während der Arbeitszeit erhöhen diese Nutzungsraten noch mal deutlich. Der allgegenwärtige Konsum jedweder Medien im täglichen Ablauf – angefangen bei der Bahnfahrt über den Toilettenbesuch und das Zähneputzen bis hin zum Treffen mit Freunden – wirkt dahingehend weiter steigernd.

Was passiert bei einer Produktsuche per Device wie Tablet oder Smartphone? T9 ist nicht einmal das Problem, war es doch nur die Ursache für die Entwicklung der Autokorrektur zur Anpassung unserer Eingaben.

Eine Eingabe am Smartphone wird gegenüber der am PC durch den Eingebenden nicht direkt kontrolliert. Der Fokus liegt unten im Display auf der Eingabe in die Tastaturfelder. Jedes Leerzeichen bewirkt aber die Aktivierung der Autokorrektur, und so kommt es zu den kuriosesten Worteingaben, da der Smartphone-Nutzer keine nachträgliche Kontrolle ausübt oder nicht weiß, dass sein Device eine Änderung seiner Eingaben bewirkt hat. Dann ist er auf Amazon unterwegs und wundert sich über die dortigen Suchergebnisse.

Testen Sie doch mal bei Ihrem Smartphone die Suche nach exotischen Früchten oder Gewürzen. Mal sehen, wie stark die personalisierte Autokorrektur bereits geprägt ist. Die jeweils aktuellen Suchergebnisse halte ich hierbei natürlich nicht zurück (siehe Abbildung 5.23).

Abbildung 5.23 Exotische und erotische Früchte und Gewürze

Oftmals sind es einfache Wörter, die verfälscht werden, aber auch Marken (siehe Abbildung 5.24). Bevor Sie sich heutzutage also um die Sprachkompatibilität der Marke mit Alexa beschäftigen, sollten Sie die Autokorrektur-Kompatibilität im Blick haben.

Das Beispiel der Schlaghosensuche, die sich im Schlaf verirrt, wurde auf zwei unterschiedlichen Smartphones eines Herrn und einer Dame getestet. Einmal wandelte sie sich dabei zu »Schlaflose Damen schwarz« und einmal zu »Schlafhose kurz Herren«.

Wie bereits erwähnt, geht der Nutzer nicht davon aus, dass Suchabfragen bzw. in dem Fall einzelne Wörter verändert werden. Doch die Autokorrektur in unserem lebensbegleitenden und teils lebensbestimmenden Kontroll- und Interaktionselement Smartphone prägt uns mehr, als uns lieb sein kann.

Abbildung 5.24 Beispiel Autokorrektur bei der Eingabe eines Schlagwortes plus Leerzeichen

Einfache Wörter wie die Uhr werden ungefragt zu ihr verändert. Marken, wie im Beispiel Makita, das zu Malta wird, sind stark betroffen (siehe Abbildung 5.25). Jedoch fällt dies oft nicht auf, da die eigene Nutzung das Lernverhalten der Korrektur prägt. Weitere Beispiele sind die Marken aus dem Werkzeugbereich Einhell, das zu »einzeln«, und MyMAW, das zu »Mamas« korrigiert wird.

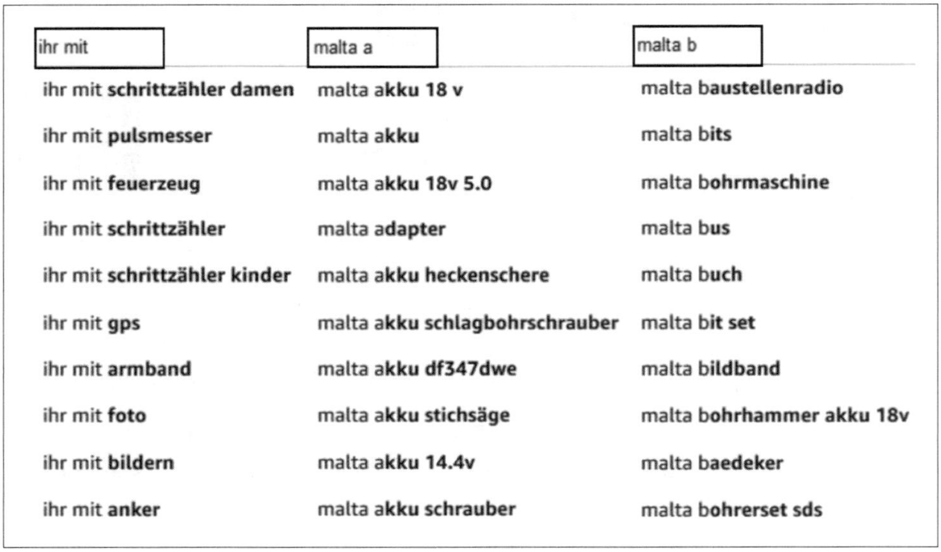

Abbildung 5.25 »ihr« statt Uhr – »malta« statt Makita

Meine Empfehlung lautet: Prüfen Sie Ihre wichtigsten Suchwörter und Ihre eigene Marke auf »ungeprägten« Devices. So können Sie wesentliche Schreibweisen prüfen und entweder als Werbung oder im Zweifel sogar im Backend nutzen. Die Anzahl an Auto-Suggests ist hierbei ein guter Indikator. Zudem sollten Sie Neuheiten, Trends oder Innovationen immer prüfen, damit Sie Kunden frühzeitig abgreifen können. Wird ein PokemonGo zu Pokemon Go, sollten Sie die alternative Schreibweise bevorzugen. Wird der Saatverteiler zum Satverteiler haben Sie ein grundsätzliches Kundensprachproblem, und das Wort Saatgutverteiler wäre wohl die bessere Wahl.

5.2.8 Schreibfehler und alternative Schreibweisen

Amazon hat im Frühjahr 2018 damit begonnen, sehr viele Fehlerschreibweisen direkt in den Auto-Suggests zu eliminieren – ein großartiger Ansatz, um Kunden die Suchergebnisse deutlich gezielter anzuzeigen. Bis dahin war es oftmals nötig, eine Vielzahl an Fehlerschreibweisen im eigenen Backend abzubilden oder Werbung darauf zu schalten. Amazon kommt hier den Anbietern auf dem Marktplatz entgegen und verhindert eine Vielzahl an nicht korrekten Eingaben direkt (siehe Abbildung 5.26).

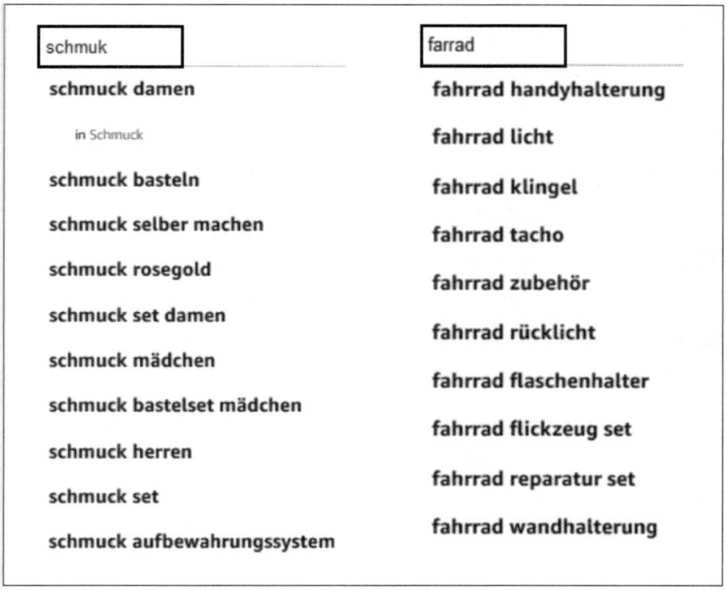

Abbildung 5.26 Die fehlerhafte Eingabe wird in den Suggests direkt korrigiert.

Natürlich bleibt es dem Suchenden überlassen, die Vorgaben zu nutzen oder seine fehlerhafte Eingabe zu bestätigen. Dabei nutzt Amazon jedoch geschickt Redirect-Funktionen, um den Kunden dennoch auf die bevorzugte Schreibweise des Systems zu leiten und nicht auf die des Kunden (siehe Abbildung 5.27).

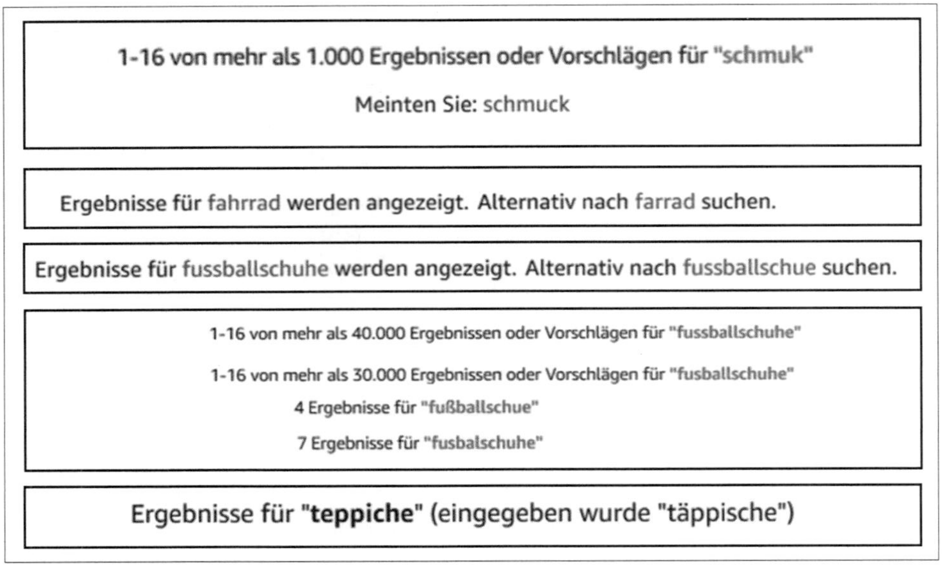

Abbildung 5.27 Redirect-Ansätze bei Fehlern in der Eingabe

Man kann jedoch sehen, dass es nicht überall gleichmäßig gut funktioniert. Am besten funktioniert es aus der Sicht von Amazon, wenn der Hinweis kommt: »Ergebnisse für ›richtiger Text‹ werden angezeigt. Alternativ nach ›falscher Text‹ suchen.« Einige Suchabfragen mit Fehlern bleiben auch im neuen System ohne Redirect – so sind bei Eingaben wie »Fußballschue« nur vier und bei »Fusbalschuhe« sieben Ergebnisse ausgewiesen, und das ohne weiterleitende Funktion.

Dass eine gewisse Menge an fehlerbehafteten Suchabfragen aufgrund der hohen Suchhäufigkeiten gar nicht mehr angepasst wird, zeigt sich etwa bei der Schreibweise von Terrasse sehr deutlich. Teerrasen wäre hier gegebenenfalls noch eine weitere, sicher lustige Abwandlung der Schreibweise (siehe Abbildung 5.28).

Zielführend ist es somit, wenn Sie sich häufige Fehler im Detail ansehen, daraus Ihre Schlüsse bezüglich der Rechtschreibfähigkeiten Ihrer Zielgruppe ziehen und wenn nötig bzw. möglich Ihre Suchphrasen und Keywords auf diesen Rechtschreibgebrauch hin optimieren.

Gleichfalls betroffen sind neben Fehlern auch getauschte Schreibweisen. Nicht nur die Position der Wörter wie bei »Lampe LED« und »LED Lampe« führt zu anderen Suggests und anders positionierten Produkten auf den Ergebnisseiten. Schlicht verschiedene Buchstaben oder Schreibweisen wie »Hülle« vs. »Huelle« können direkte Auswirkungen haben (siehe Abbildung 5.29).

Abbildung 5.28 Schreibweisen von »Terrassen« ohne Korrektur

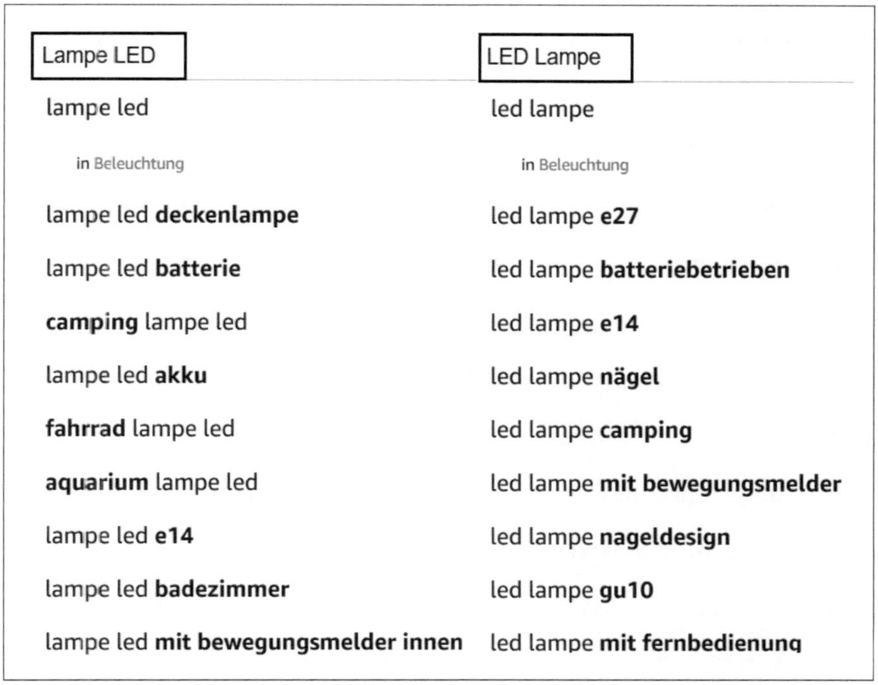

Abbildung 5.29 »Lampe LED« vs. »LED Lampe«

Die Suche nach »LED Lampe« führt direkt in die Kategorie BELEUCHTUNG. Es werden 23 organische Ergebnisse angezeigt. Dabei sind zehn Leuchtmittel, davon fünf Spot-LEDs. Die anderen 13 Suchergebnisse bestehen aus Leuchten für Wand oder Decke. Die Suche mit umgekehrter Wortreihenfolge, »Lampe LED«, führt dagegen in die ungefilterte Suchseite und zeigt 14 organische Ergebnisse, davon jedoch nur drei Leuchtmittel und elf Leuchten für Wand oder Decke.

Am Beispiel »Hülle« und »Huelle« werfen wir einen Blick auf die reine Positionierung in den Suchergebnissen. Gezeigt werden dort neben Smartphone- und Tablet-Hüllen eine Prospekthülle, einige Displayschutzfolien und weitere Produkte. Position 1 wird von einer Schreibweise zur anderen zu Position 2 und Position 2 zu Position 1. Von den restlichen Suchergebnissen, die das Wort »Hülle« erbracht hat, finden sich neun bei der Suche nach »Huelle« nicht wieder. Platz 5 findet sich auf 3 wieder, Platz 10 auf 6, und Platz 8 sinkt auf Position 12 ab. Platz 15 ändert sich von Blau auf Platz 10 in Grün. Die weiteren Suchseiten zwei bis fünf brachten die »verschwundenen« Produkte auch nicht wieder zum Vorschein, das gilt dabei für beide Richtungen. Es kann also oftmals sinnvoll sein, einfache Schreibweisen zusätzlich abzubilden.

Das Beispiel der Suche nach »fahrradschloss« bzw. »fahrradschloß« zeigt eine komplett andere Suchsprache um die jeweiligen Wörter auf (siehe Abbildung 5.30).

Abbildung 5.30 Suggests zu den Sucheingaben »fahrradschloss« vs. »fahrradschloß«

Das zeigt sich einerseits an den direkten nachlaufenden Suggests. Hier sehen Sie, dass die Suche die Marke Abus, Zahlen und Schlüssel beinhaltet. Bei »fahrradschloß« sehen Sie eine ähnliche Suche, jedoch sind drei Suggests schon mit vorgelagerten Wörtern angezeigt, was auf deutlich weniger nachlaufende Suggests hinweist.

Die Suchintention um die jeweiligen Begriffe ist sehr unterschiedlich. So wird viel mehr um die Schreibweise »fahrradschloss« eingegeben (siehe Abbildung 5.31).

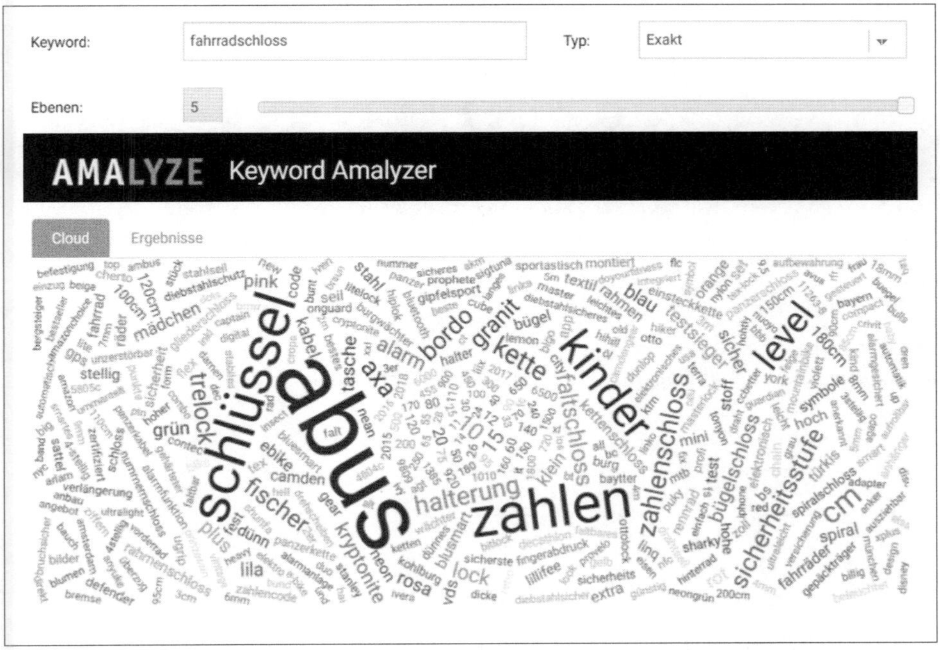

Abbildung 5.31 Suchabfragen zur Schreibweise »fahrradschloss«

Die Suchabfrage »fahrradschloß« wird nur mit wenigen Suggests belegt (siehe Abbildung 5.32). In den Details des Suchumfangs sehen Sie den Unterschied deutlich: 1.284 verschiedene Eingaben zu »fahrradschloss« und nur 98 unterschiedliche Eingaben zu »fahrradschloß«. Ob es an der Position des »ß« auf der Tastatur liegt oder daran, dass auf Smartphone-Tastaturen erst der Umweg über den Buchstaben »s« erfolgen muss, ist unklar, es könnte aber eine sinnvolle Erklärung sein.

Anders sind die Suggests für die Suchabfragen nach »fussball« und »fußball« nahezu identisch (siehe Abbildung 5.33). Die Suchen werden auch in keine Redirects geleitet. Anzunehmen ist eine in Deutschland zu gleichen Teilen genutzte Schreibweise des Wortes. Jedoch wird nach »fussball« (Stand September 2018) fast 40.000-mal gesucht, nach »fußball« dagegen nur 20.000-mal.

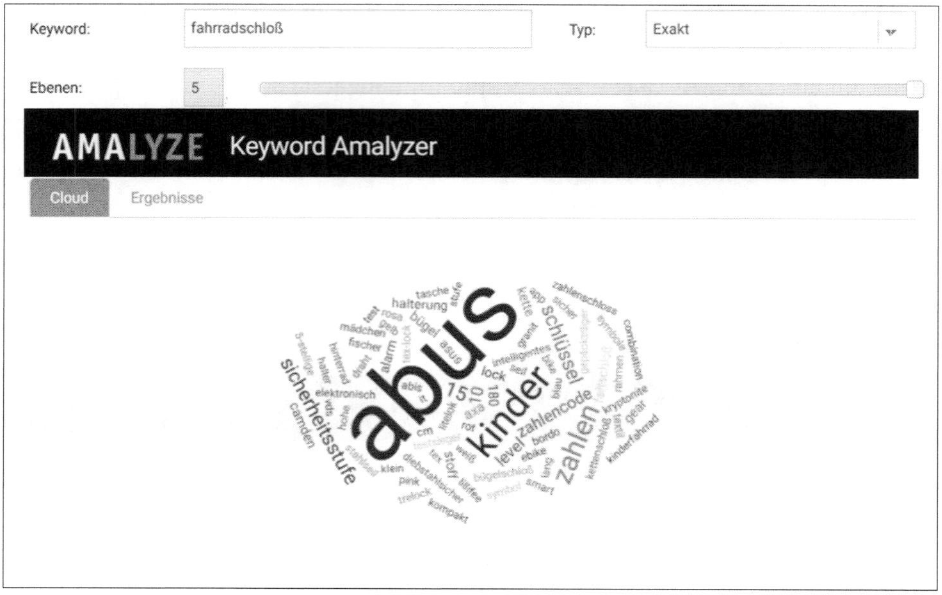

Abbildung 5.32 Suchabfragen zur Schreibweise »fahrradschloß«

fussball	fußball
fussball	fußball
in Sport & Freizeit	in Sport & Freizeit
fussball**schuhe herren**	fußball**schuhe herren**
fussball**tor**	fußball**tor**
fussball**schuhe kinder**	fußball **wm 2018**
fussball **kinder**	fußball **kinder**
fussball **wm 2018**	fußball**schuhe kinder**
fussball**tor kinder**	fußball**schuhe**
fussball **deko**	fußball**tor kinder**
fussball**tore für kinder**	fußball **deko**
fussball**handschuhe für kinder**	fußball**tore für kinder**

Abbildung 5.33 Suggests zu »fussball« gegenüber »fußball«

Der detaillierte Blick auf die Suchintentionen mithilfe des Tools Amalyze (Stand Sommer 2018) zeigt auch im kompletten Suchbereich nur wenige Unterschiede auf –

obwohl, wie in Abschnitt 5.2.1 bereits dargelegt, die Suchergebnisseiten deutlich variieren (siehe Abbildung 5.34).

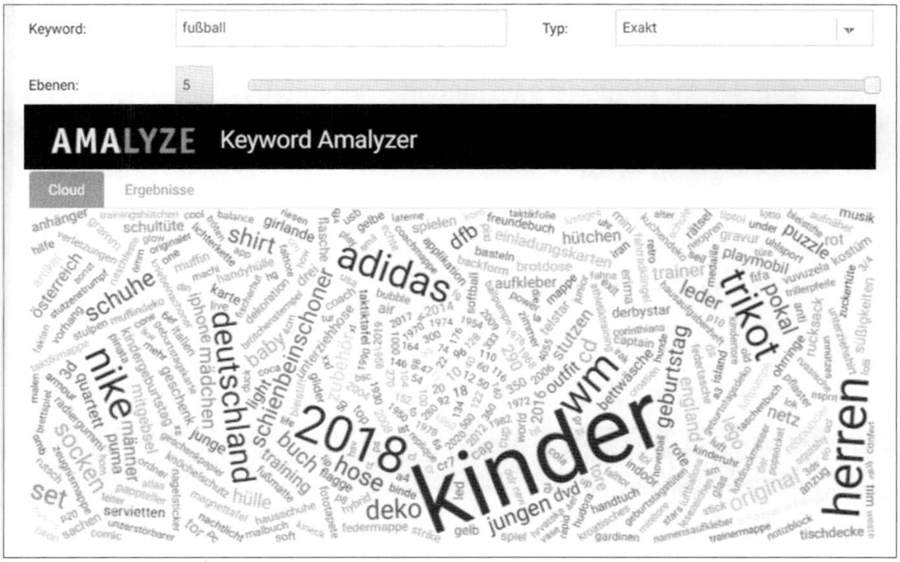

Abbildung 5.34 Suchintention hinter der Eingabe »fußball«

Wirklich auffällig sind nur die Bereiche Kindergeburtstag, Buch sowie Mitgebsel bei der Schreibweise »fussball« (siehe Abbildung 5.35), denen Schienbeinschoner und Geburtstag bei der Schreibweise »fußball« gegenüberstehen. Die Marken Nike und Adidas werden dagegen bei beiden Schreibweisen nachgefragt.

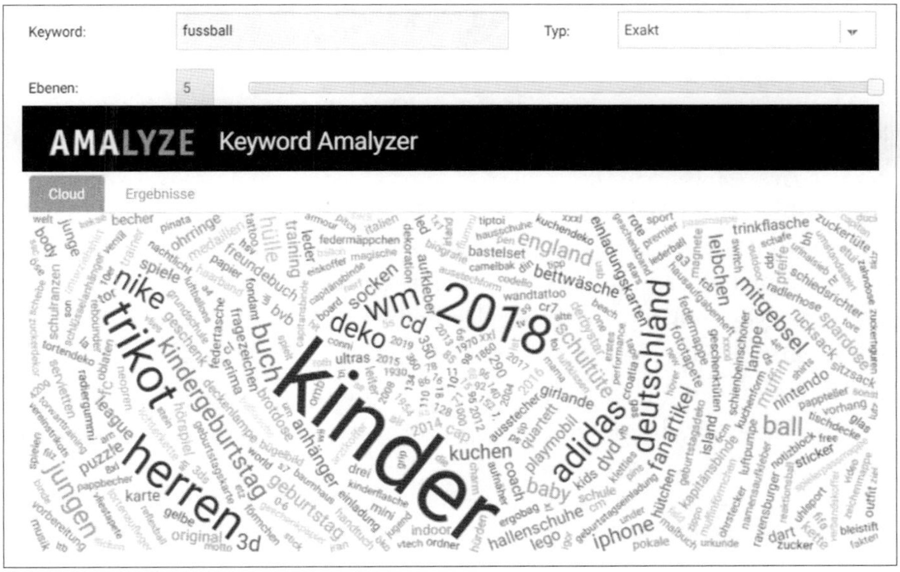

Abbildung 5.35 Suchintention hinter der Eingabe »fussball«

5.2.9 Strukturelle Keywords

Eine Suchabfrage nach *strukturellen Keywords* bietet die beste Möglichkeit für die Optimierung. Strukturelle Keywords haben wenige Hauptsynonyme, oder die gängigen Synonyme sind zu unspezifisch. Als Beispiel sind die Fußballschuhe geeignet. Neben der Schreibweise Fussballschuhe und der Einzahl und Mehrzahl kann man vieles weglassen. Turnschuhe, Sportschuhe, Laufschuhe und Trainingsschuhe (außer in der direkten Suche nach »Trainingsschuhe für Fußball«) sind hier zu ungenau.

So können Sie den Schwerpunkt sehr gut um nur zwei Wörter aufbauen. Die Suchwolken zeigen dann ganz klare und nahezu identische Ausrichtungen der Suche (siehe Abbildung 5.36 und Abbildung 5.37).

Abbildung 5.36 Keyword »fußballschuhe« in der Einstellung »Exakt« und auf drei Ebenen

Im Detail sind jetzt die spezifischen Suchcluster festzustellen. Die übergeordneten Bereiche müssen Sie sich dabei nicht ausdenken. In der Mitte der Suchwolken finden Sie klare Nummernansammlungen – die Schuhgrößen. Spezifische Markensuchen nehmen einen Großteil der Suchabfragen anteilig ein. Weiter sind die Geschlechter der Nutzer aufgeführt. Farben kommen im Detail zudem sehr viele vor, außerdem die Nutzungsarten wie Kunstrasen oder Halle und Indoor. Spezielle Eigenschaften wie Stollen, Noppen, Multinocken, Schraubstollen oder Tausendfüßler sind ebenfalls zu finden.

Abbildung 5.37 Keyword »fussballschuhe« in der Einstellung »Exakt« und auf drei Ebenen

Aufgrund der sehr starken spezifischen Unterscheidungen und da ein Schuh kaum bis nie alle Suchkriterien erfüllen kann, lässt sich im Bereich der strukturellen Suchwörter schnell ein System aufsetzen (siehe Abbildung 5.38).

Abbildung 5.38 Strukturelle Keywords, segmentiert

Die regelmäßige Prüfung der Suchcluster kann Sie unterstützen, denn es ist zu erwarten, dass im Sommer weniger Suchen hallenspezifisch sind oder sich im Winter mehr Wörter um den Bereich Halle sammeln, wie Sporthalle oder Hallenschuhe. Auch neue Fußballer können namentlich dazukommen, wenn Erfolg oder Marketingaufmerksamkeit bei Ihrer Zielgruppe hoch genug sind. Farbnennungen oder Farbbenennungen sollten Sie immer genauer betrachten. Sollte die Farbe Blaugrün schlicht an Eingaberelevanz verlieren, kann dies nicht mit angepasstem Content kompensiert werden, außer alle suchen plötzlich nach Türkis. Trends wie »personalisierte knöchelhohe Fußballsocken-Schuhe mit Klettverschluss« können weiterhin aufkommen, hier ist es notwendig, das Suchverhalten frühzeitig zu erkennen, um weiterhin gesuchte Produkte am Markt anbieten zu können, die die besonderen Anfragen erfüllen können.

5.2.10 Stellvertreter-Keywords

Ein unterschätzter Bereich der SEO-Optimierung ist die Kundengruppe, die den Kauf durchführt, die sogenannten *Stellvertreter*. Beispielhaft waren einige Spielzeughersteller gerne darauf fokussiert, Plüschtiere als besonders kuschelig, flauschig und knuddelig zu beschreiben. Jedoch wird dabei teilweise komplett vergessen, dass nicht die Kleinkinder oder Neugeborenen den Such- und Kaufprozess durchführen, sondern deren Eltern, Großeltern oder Freunde und Bekannte für die Kinder einkaufen und suchen. Ein Beispiel ist die Spielzeugkette für einen Kinderwagen, die mit den folgenden Texten beworben wird: *»[mit] lebhaften Farben, abwechslungsreichen Oberflächen und niedlichen Figuren [...] Tiere schaukeln fröhlich hin und her«*. Erst unter Aufzählungspunkt vier, also in der App-Ansicht nicht direkt lesbar, folgt der Hinweis: *»Mit den zwei Klemmen kann die Figuren-Kette ganz leicht am Kinderwagen [...] befestigt werden.«*

Andere Anbieter gehen sogar den gesetzlich korrekten Weg und schreiben: *»Warnung: Um mögliche Verletzungen durch Verheddern zu verhindern, ist dieses Spielzeug zu entfernen, wenn das Kind beginnt zu versuchen, auf allen Vieren zu krabbeln.«* Jedoch fehlt in dem Beispiel jegliche Aufzählung. Weitere Beispiele klingen so: *»kleine Kunstwerke aus Holz. Nur Buchen- und Ahornholz aus heimischen Wäldern werden für die Kinderwagenkette verwendet.«*

Die KUNDENFRAGEN UND -ANTWORTEN, die ja direkt von Kunden gestellt werden, gehen eher in diese Richtung: *»Ist die Kette elastisch? d. h., kann das Kind sich die Figuren zu sich ranziehen und dran lutschen?«*, *»Kann man die Figuren auch abmachen?«* Einige Fragen gehen sogar auf so einfache Dinge ein wie: *»Kann man die Kinderwagenkette auch waschen?«*

Die Bewertungen beschäftigen sich dann im Schwerpunkt mit den ungenügenden Befestigungsmöglichkeiten, die schnell ausleiern, oder damit, dass die Ketten gar nicht in alle Kinderwagenbreiten passen bzw. die Clips nicht an den Stangen befestigt werden können. Die Geräusche der Rassel oder das Quietschen werden schlicht als zu leise beschrieben oder als viel zu schwer auszulösen. *»Bei der ersten anleitungsgemäßen Reinigung sind alle Farben abgegangen«*, war eine weitere Bewertung. Recherchen in diesem Bereich zeigten, dass Kunden mehr an der exakten Anbringung, den Abmessungen, den Befestigungen und dem exakten Durchmesser der Haken interessiert sind. Wichtig ist die Möglichkeit der Reinigung und dass Farben auch farbecht sind und beim Anknabbern keine Teile abgebissen werden können: *»Doch nun ist mir* *heute aufgefallen, dass der Marienkäfer schon Lack verliert. Lasse meine Kleine nun nicht mehr damit spielen, da es sicher nicht sinnvoll ist, wenn sie beim Ablutschen der Kette den Lack isst.«*

Hersteller, Anbieter und Verkäufer müssen sich mehr auf den Kunden einlassen, der die Kaufentscheidung trifft, und nicht immer nur die nutzende Zielgruppe im Blick haben. Bei Werbung im Fernsehen oder im stationären Laden mag dies anders sein.

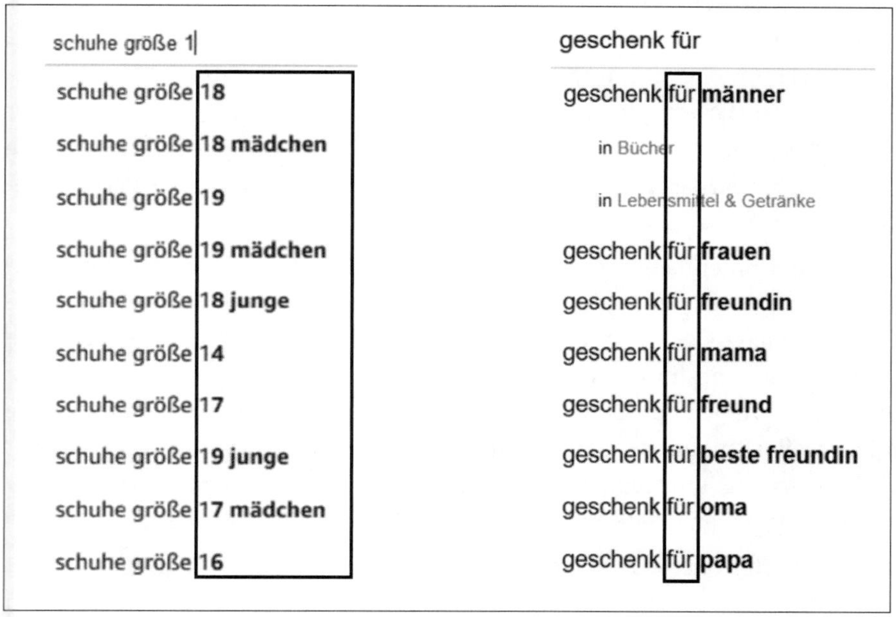

Abbildung 5.39 Beispiele für eindeutige Stellvertretersuchen

Weitere Beispiele für Stellvertretersuchen finden Sie zum einen dort, wo klar nach Größen gesucht wird, die deutlich Kindern gehören (siehe Abbildung 5.39). Egal, ob Kleidung, Schuhe oder Babyartikel jeder Art, man kann wohl davon ausgehen, dass in diesen Fällen nicht die Kinder suchen. Oftmals ist sogar eher die gestresste Mutter oder der Vater, um schnell in der kurzen Ruhephase in der Nacht einen Einkauf zu tätigen.

Nicht zu vernachlässigen ist ein anderer großer Bereich von Stellvertretersuchen und -käufen, nämlich der, in dem für die ältere Generation eingekauft wird, wie zum Beispiel Großtastenhandys. Diese werden häufig *für* die Eltern oder Großeltern gekauft – nicht *von* Ihnen. Die Fragen und Antworten und Bewertungen zeigen dies deutlich auf.

Stellvertreterkäufe sehe ich in diesem Zusammenhang auch bei der Schenkintention. Der Unterschied beim Schenken liegt aus SEO-Perspektive allerdings darin, dass sich der Käufer weniger Gedanken um die Nützlichkeit oder Reinigung eines Produkts macht, sondern eher darum, ob es den Geschmack des Beschenkten trifft, ob es zeitig genug ankommt oder dem anderen passt. Wichtig ist hierbei, die Optimierung auf Suchabfragen einzustellen wie »Geschenk für beste Freundin«, »Valentinstagsgeschenk«, »Weihnachtsgeschenk« oder schlicht auf Synonyme wie Erstkommunion, Kommunion und Jugendweihe.

Dabei kann es sehr hilfreich sein, auch die Bildsprache in verschiedenen Zusammenhängen abzubilden, an weiblichen oder männlichen Models, aber auch in verschiedenen Hintergrundstilen oder mit unterschiedlichen Kleidungsstücken von Business über Freizeit bis hin zur Abendgarderobe. Schmuck fällt mir dabei als bestes Beispiel ein. Die Wirkung eines Schmuckstücks in verschiedenen Lichtfarben, auf unterschiedlichen Hautfarben oder an wechselnder Kleidung stellen bestenfalls eine der Vorlieben des potenziellen Käufers dar. Es gibt nichts Schlimmeres, als einen Ring nicht zu kaufen, weil das Model blond ist, während die zu beschenkende Person dunkelhaarig.

In diesem Zusammenhang sei ein kurzer Ausflug in die Bildsprache erlaubt. Einen Couchtisch kann man heutzutage vor dem Chesterfield-Sofa auf dem beigen Hochflor-Teppich zeigen. Oder man setzt ihn in ein modernes Wohnumfeld mit Holzlaminat oder Fliesen, und im Hintergrund sind stylische LED-Spots zu sehen statt der 1960er-Jahre-Kronleuchter. Obwohl der Tisch als solcher perfekt passend wäre – die negative, weil altmodische Bildumgebung reduziert die Kaufwahrscheinlichkeit deutlich. Gleiches gilt im Bereich der Geschirrsets, bei denen bestenfalls die saisonalen Tischdekorationen über Frühling, Sommer, Herbst und Winter wechseln.

Zurück zu den Stellvertretersuchen oder der Schenkintention: Wichtig ist also, nicht nur die Bedürfnisse des Endkonsumenten im Blick zu haben, sondern genauso den kaufinteressierten Stellvertreter zu überzeugen und ihm zu vermitteln, dass das Produkt denjenigen, der es erhält, anspricht.

5.2.11 Die Sprache der Zielgruppe

Aus den Stellvertreter-Keywords können Sie weiterführend die Zielgruppensprache noch genauer ableiten. Dabei steht schlicht im Mittelpunkt, wie welche Zielgruppe am ehesten kommuniziert. Suchabfragen zu Sportschuhen sind also eher von Männern und die Suggests dahinter auch, somit kann man nun speziell diese Bereiche genauer betrachten.

Das lässt sich einerseits allgemein betrachten und auf alle Kunden und deren auslesbare Eingaben umsetzen. Dies ist sowohl auf Markenebene möglich als auch auf Einzelwortebene.

Die Marke Haribo ist für die Kunden im Amazon-Such-Zusammenhang scheinbar ein Mix, der 3 kg schwer ist, in einer Box oder Dose geliefert wird, nach saurer Cola schmeckt und wie Erdbeeren aussieht (siehe Abbildung 5.40). Ich empfehle großen Marken immer, solche Daten mit den stationären Verkaufszahlen zu vergleichen.

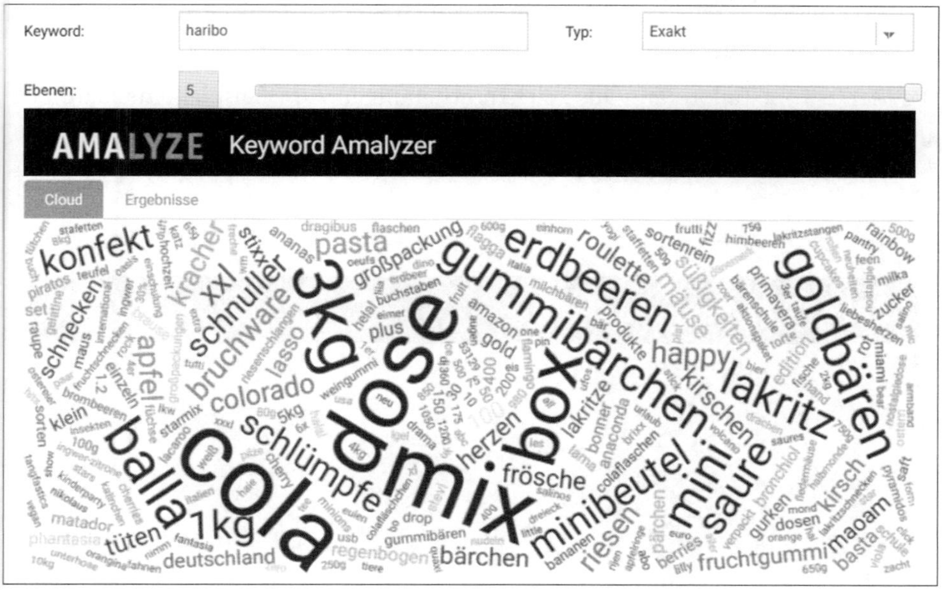

Abbildung 5.40 Suggests zur Sucheingabe »haribo«

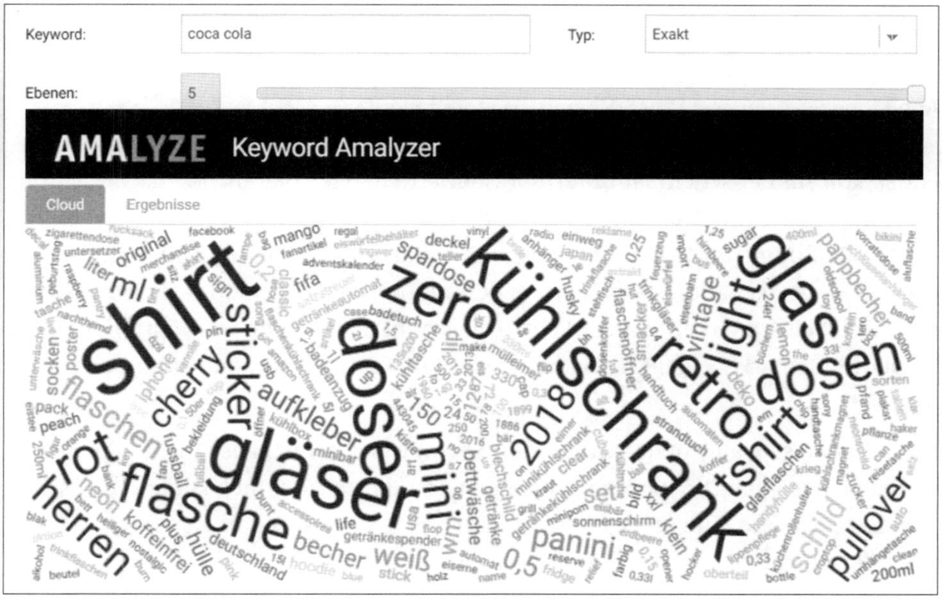

Abbildung 5.41 Suggests zur Sucheingabe »coca cola«

Die Suggests in Abbildung 5.41 zeigen noch detaillierter, wie viel komplexer eine Marke vom Kunden wahrgenommen und gesucht wird. Gläser, Kühlschränke, Kleidungsstücke und natürlich die Getränke, selbst Spardosen, Aufkleber und Bettwäsche der Marke werden auf Amazon gesucht. So kann es ein einfacher Weg sein, nicht nur die Kundensprache zu lernen, sondern auch Produktbereiche zu identifizieren, die der Kunde auf dem Marktplatz sucht und erwartet.

Die Marke Tom Tailor kann aus solchen Erhebungen zum Beispiel eine klare Zielgruppenteilung erkennen (siehe Abbildung 5.42).

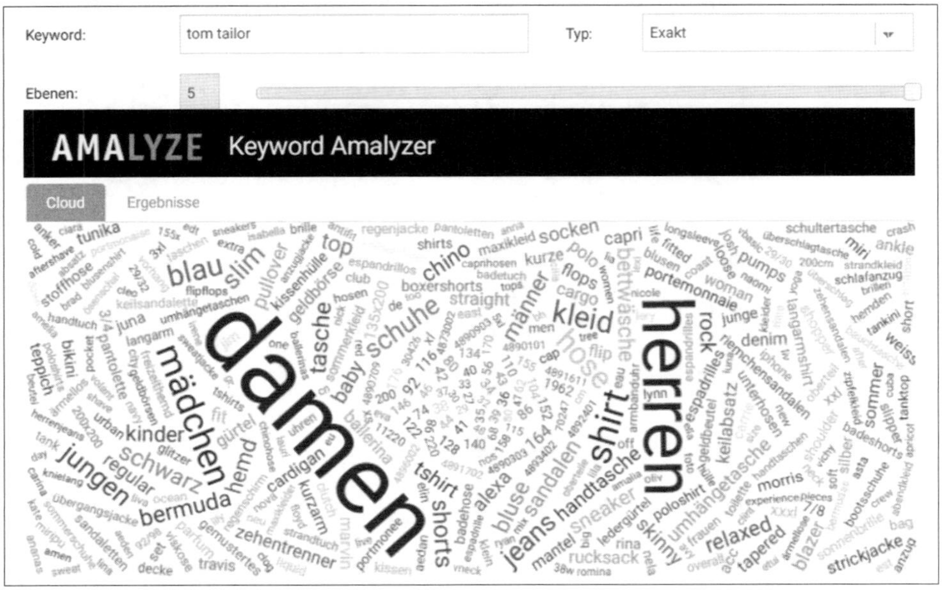

Abbildung 5.42 Suggests zur Sucheingabe »tom tailor«

Hinzu kommt der scheinbar unterrepräsentierte Bereich der Suchen nach Kleidung für Kinder bzw. Jungen und Mädchen. Zudem fehlt ein klarer Produktschwerpunkt zu Oberbekleidung oder Hosen. Vergleiche mit Marken wie Tommy Hilfiger und Brax zeigen jedoch, dass dieses Verhalten in der Kundensuche bei Mode als normal anzusehen ist. Selbst Marken mit starkem Schwerpunkt bei Frauen wie Esprit oder reine Frauenmodemarken wie Bonprix haben das Wort Damen als häufigsten Bestandteil der Suche.

Logischerweise weiß Amazon über den Login, wer man ist, aber nicht alle Suchen werden eingeloggt durchgeführt. Auch gibt es von Amazon noch keine spezifischen Suchanzeigen pro Nutzer. Der Vorteil am Ende – Sie wissen, ob eher nach Männer oder Herren bzw. Damen oder Frauen gesucht wird.

Schauen wir uns die Suggests zu bestimmten Attributen an, bei denen es zu ganz unterschiedlichen Ableitungen kommt.

Das Attribut »premium« etwa weist einen deutlichen Schwerpunkt im Bereich Handy, Kabel und Handwerk auf. Einige Marken nutzen es in ihren Produktnamen, zudem wird offenbar oft nach »premium« HDMI-Kabeln oder Liquids für die E-Zigarette gesucht (siehe Abbildung 5.43).

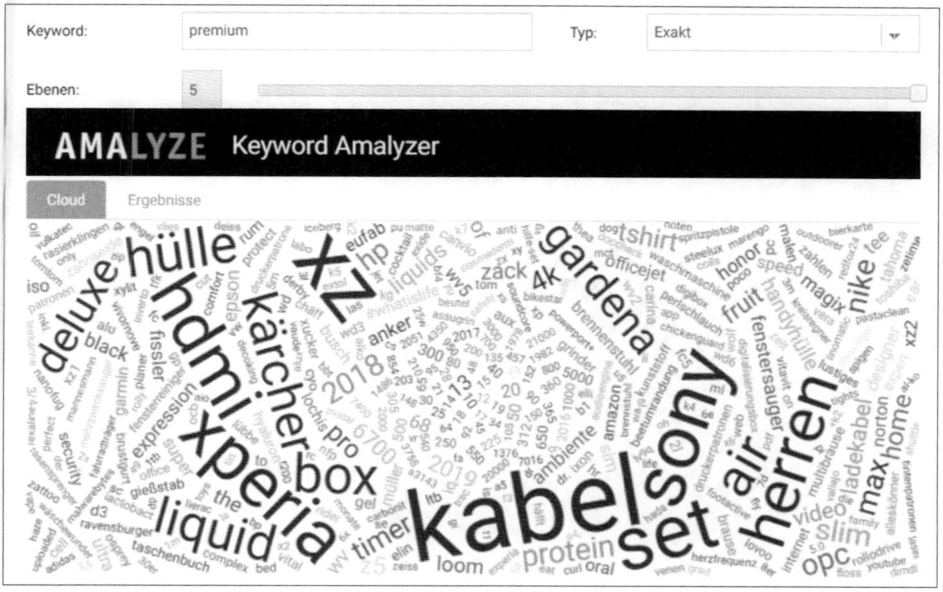

Abbildung 5.43 Suggests zur Sucheingabe »premium«

Das Attribut »hochwertig« hingegen ist ganz klar auf Kugelschreibersets festgelegt (siehe Abbildung 5.44), während Qualität in den Sucheingaben mit der Stoffdicke hochwertiger Laken und Decken einhergeht (siehe Abbildung 5.45).

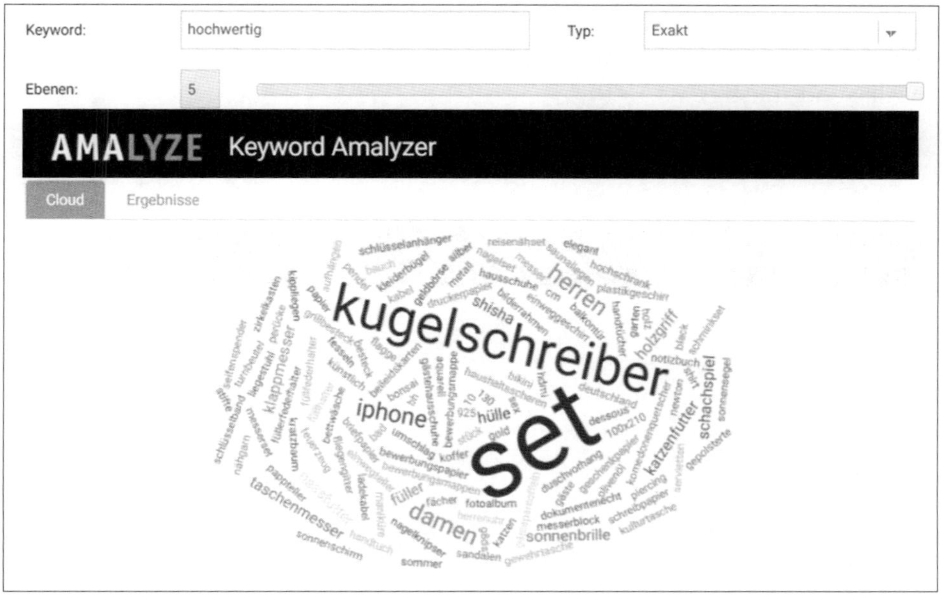

Abbildung 5.44 Suggests zur Sucheingabe »hochwertig«

Abbildung 5.45 Suggests zur Sucheingabe »qualität«

Der Artikel »der« erlangt seine Häufigkeit aufgrund der Vielzahl an Suchabfragen nach Lektüre zu Themen wie Qualität *der* Ausbildung, Qualität *der* Pflege und weiteren Abfragen nach Lesematerial.

Abschließend seien die Attribute »billig« und »günstig« kurz aufgegriffen. Man kann aus den Suggests-Wolken in Abbildung 5.46 und Abbildung 5.47 zwei mögliche Schlussfolgerungen ziehen: Damen suchen beim Einkaufen auf Amazon oft etwas Günstiges und Billiges oder aber Männer kaufen für Damen auf Amazon immer gerne billig und günstig ein.

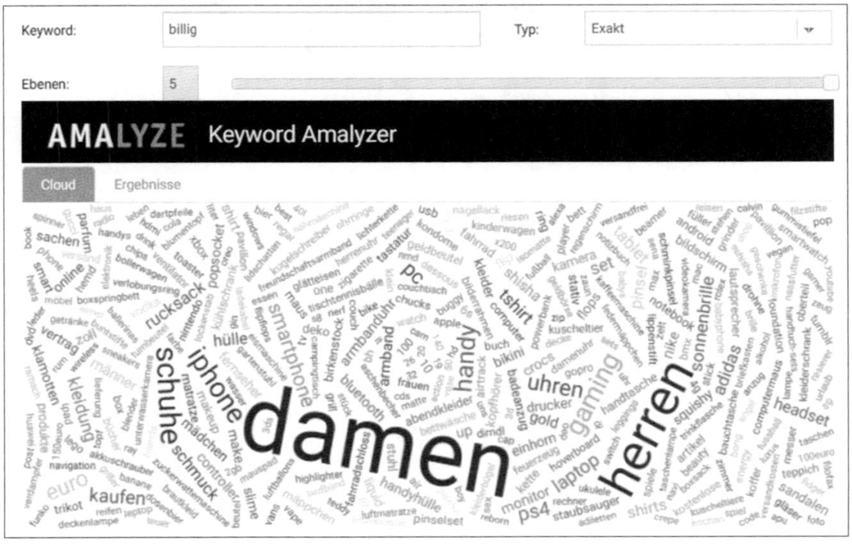

Abbildung 5.46 Suggests zur Sucheingabe »billig«

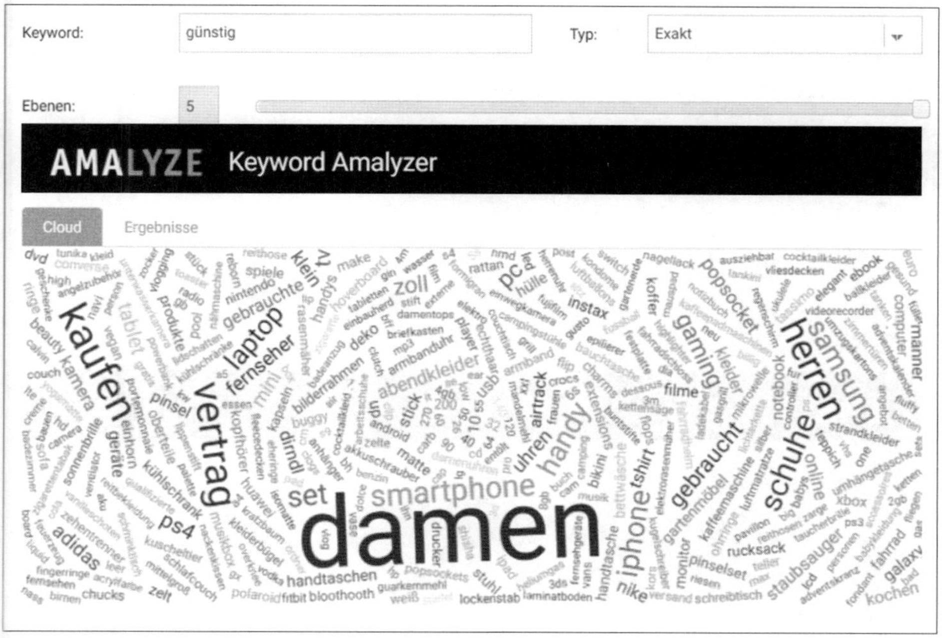

Abbildung 5.47 Suggests zur Sucheingabe »günstig«

Überraschend ist die Analyse zum Wort »teuer« (siehe Abbildung 5.48).

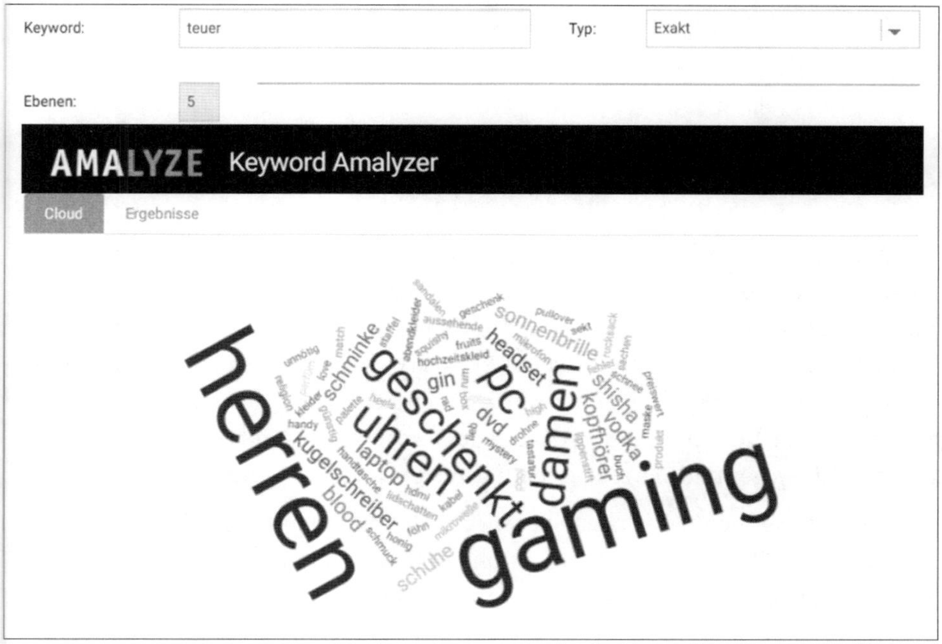

Abbildung 5.48 Suggests zur Sucheingabe »teuer«

Herren suchen häufig teure Uhren und Sonnenbrillen. Aber auch im Bereich Gaming geht der Anspruch an qualitätvolle Produkte wohl mit dem Attribut »teuer« einher. Dies gilt besonders, da zum Zeitpunkt der Abfrage die 10. Gamescom stattfand.

Selbst eine Analyse, was Kunden als Testsieger gerne kaufen, ist ohne Weiteres möglich (siehe Abbildung 5.49).

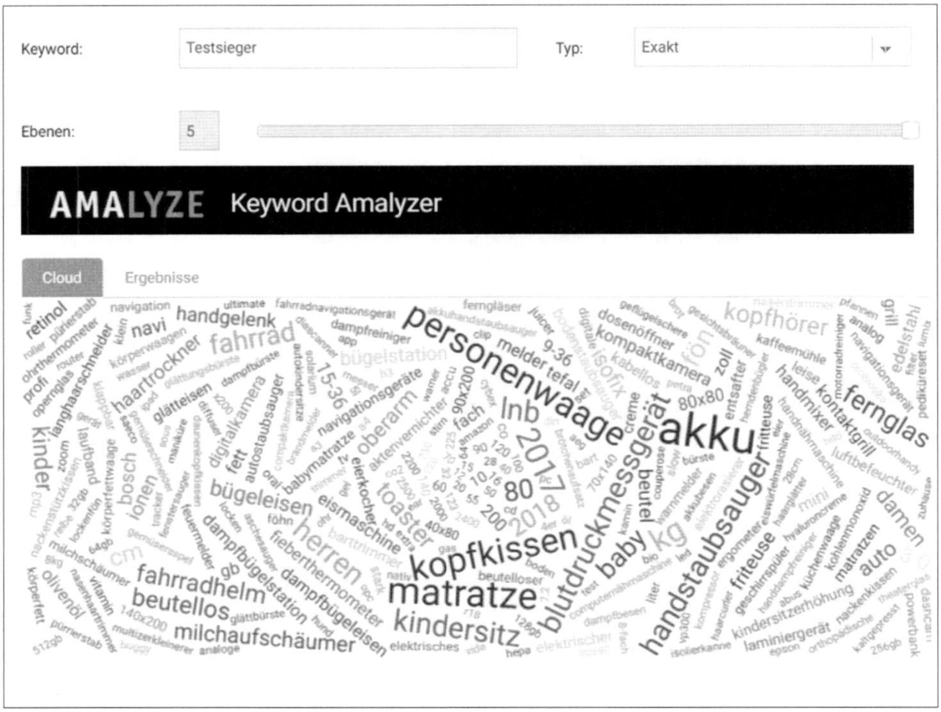

Abbildung 5.49 Suggests zur Sucheingabe »Testsieger«

Produkte wie Personenwaagen, Kopfkissen und Matratzen, Handstaubsauger und Kindersitze werden in diesem Zusammenhang gesucht. Auch Fön, Blutdruckmessgerät oder Bügeleisen und viele weitere Produkte des täglichen Gebrauchs zeigen diese Suchwortkombination. Auffällig ist hierbei die Gruppe der Herren. Scheinbar wollen Männer Testsieger erwerben, oder wenn jemand etwas für Herren kauft, soll es ein Testsieger sein. Im Detail sind es dann jedoch schlicht Rasierer, die in der Kombination aus Testsieger und Herren am häufigsten eingegeben werden.

Andererseits können Sie versuchen, sehr spezifische Wege zu beschreiten. Am Beispiel der Strandtasche findet man sowohl eindeutige Suggests, als auch weiterführende Suchen bezüglich der Wasserbeständigkeit (siehe Abbildung 5.50).

Auf der ersten Ergebnisseite sehen Sie gleich ein bestimmtes Produkt. Die Strandtasche ist sehr groß, trapezförmig und hat zwei sehr große Henkel. Die Zielgruppe sind ganz klar eher Frauen. Selbst die Attribute wasserdicht, wasserabweisend oder wasserfest sind von der Suchseitenkonsistenz her exakt so aufgebaut. Eindeutiger kann die Aussage der Zielgruppe nicht sein, was sie sich unter einer Strandtasche vorstellt und kaufen will.

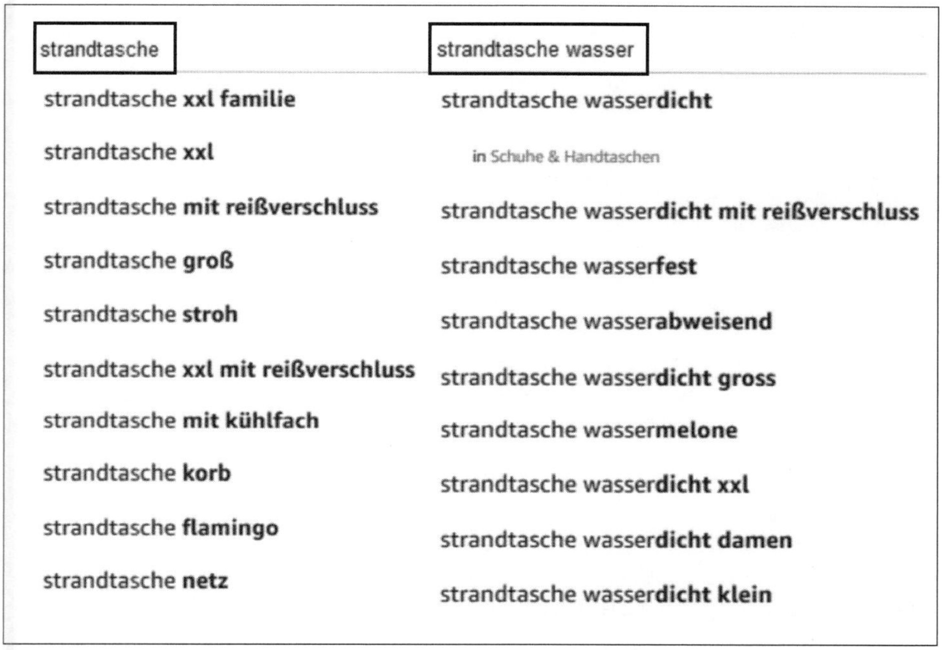

Abbildung 5.50 Suggests zur Sucheingabe »strandtasche«

Weitere Beispiele lassen sich in allen Produktbereichen aufdecken, etwa das Bügelbrett, das von Herstellerseite ein Bügeltisch sein muss, weswegen nach der Suche eines Bügelbrettes auch nur Bügeltische anzeigt werden. Natürlich ist sogar die Kategorie als Bügelbrett benannt (siehe Abbildung 5.51). Nicht dass es aus Gründen der Logik sinnvoll wäre, ein Bügelbrett ist schließlich nur die große Auflage, auf der gebügelt wird.

Der Schrubber, der am Ende doch auch ein Bodenwischer ist, zeigt deutlich auf, dass einige Kunden mit der Zeit den Namen von Dingen verändern oder anders wahrnehmen (siehe Abbildung 5.52), sei es durch Unkenntnis oder weil es mittlerweile solche (ehemaligen) Innovationen wie Bodenwischer gibt, während die Sprache anderer Kunden schlicht dem alten Gebrauch verhaftet bleibt.

Oder mein persönlicher Favorit, die Schreibtischunterlage, die eigentlich eine Schreibunterlage ist, da Sie nun mal kein Teppich ist. Aber die Hersteller sträuben sich oftmals sehr erfolgreich gegen die Kundensprache.

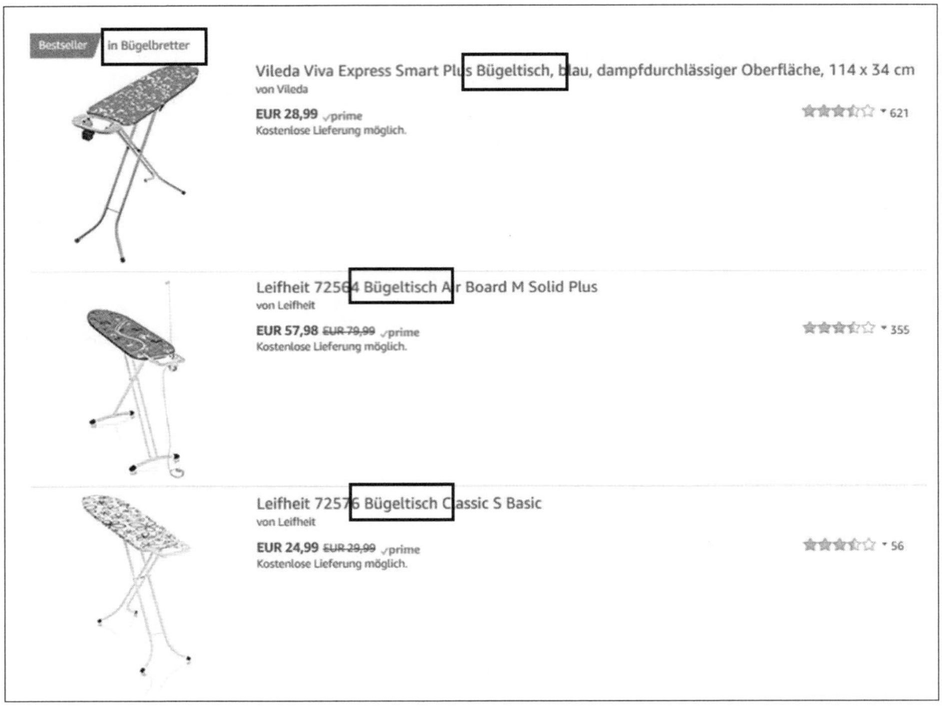

Abbildung 5.51 Das Bügelbrett ist ein Bügeltisch.

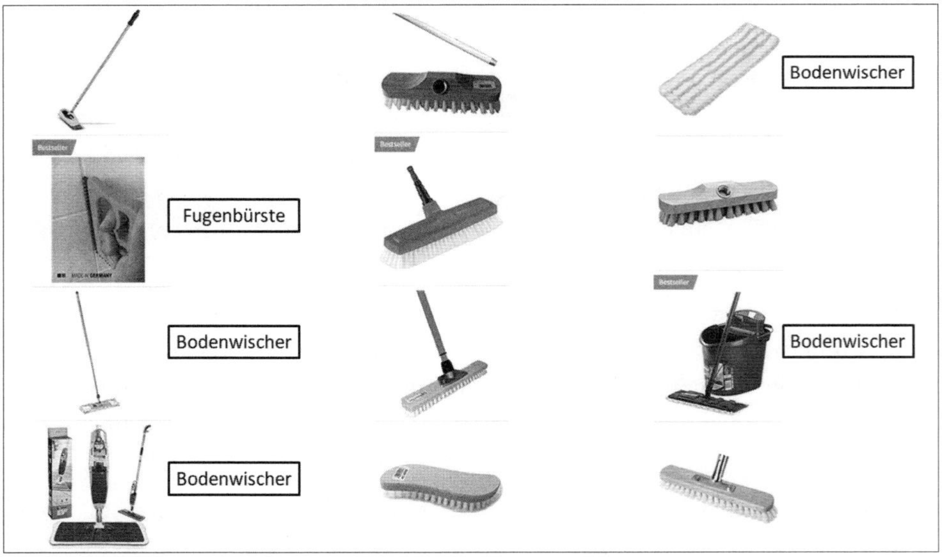

Abbildung 5.52 Bodenwischer unter dem Suchwort »Schrubber«

Abschließend möchte ich Sie noch auf ein sehr von Mutmaßungen geprägtes Beispiel aufmerksam machen. So ist es auffällig, dass Turnschuhe eher für Mädchen und

Sportschuhe eher für Jungen gesucht werden (siehe Abbildung 5.53, das Bild stammt aus der Einschulungszeit 2017). Nun sind zwei Interpretationen möglich, entweder suchen Väter eher für die Söhne und Mütter für die Töchter oder aber im Sprachgebrauch hat es sich festgesetzt, dass Mädchen Turnschuhe tragen und Jungen Sportschuhe. Dieses Verhalten ist anhand der kompletten Suchwolken nicht deutlich belegbar. Da die direkt angezeigten Suggests jedoch auch darstellen, was häufig gesucht wird, sprechen diese Angaben dann doch für sich.

Abbildung 5.53 Wer nutzt welche Wörter oder für wen?

In Ihrem speziellen Suchumfeld sollten Sie also sowohl die Sprache und Wortwahl Ihrer Kunden kennen als auch die Vorlieben, die sich über die Sucheingaben ablesen lassen. So können Sie herausfinden, welche Produkte gesucht werden, welche Eigenschaften diese haben sollen und welche Wörter teils von wem benutzt werden oder gar wie eine komplette Marke auf dem Marktplatz Amazon wahrgenommen wird.

5.2.12 Saisonale Keywords

Aufgrund der Logik hinter dem Amazon-Suchalgorithmus A9 ist es schwer, in einem Arbeitsschritt die Suggests komplett analysieren zu können. Die Trends ändern sich durch die Eingabehäufigkeiten ständig. Neue Suggests kommen hinzu, andere verschwinden oder ändern aufgrund von mehr oder weniger Eingaben die Positionen. Daher ist es wichtig, die in Ihrem Produktbereich nachgefragten Autovervollständigungen der jeweiligen Saison, also die *saisonalen Keywords*, zu kennen. Bei stabilen

Produktbereichen oder zeitlich stark festgelegten saisonalen Bedingungen lassen sich diese dann auch teils über Jahre anwenden und müssen nur kleinteilig angepasst werden. Lernen können Sie das jedoch nur durch aktive Recherche zur saisonal richtigen Zeit (siehe Abbildung 5.54).

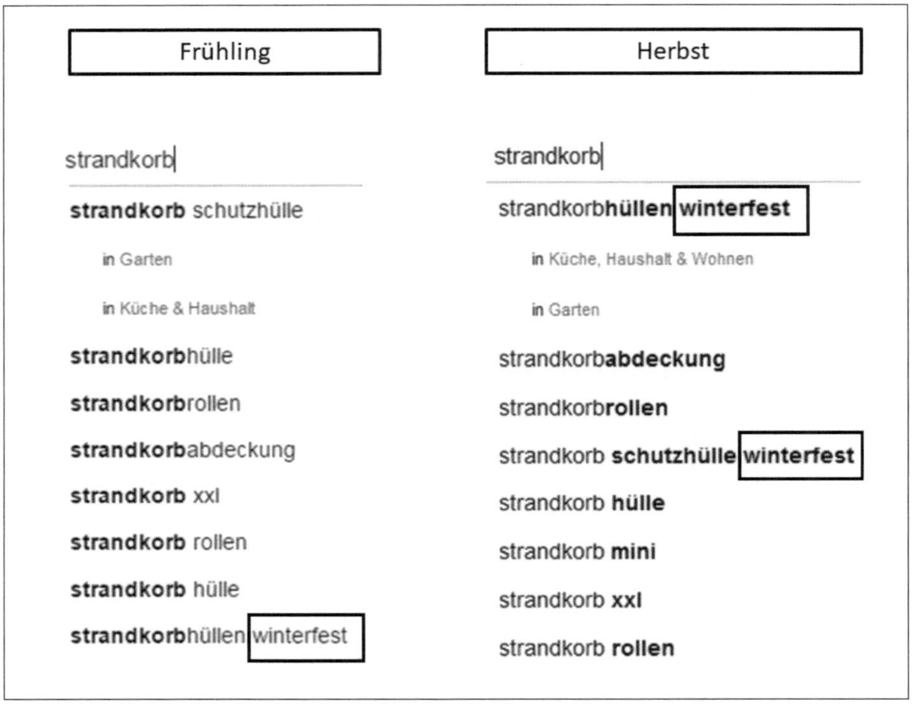

Abbildung 5.54 Saisonale Suche nach »strandkorb«

Die Suche nach Strandkörben zeigt im Bereich der Hüllen und Schutzhüllen klare Formulierungen je nach der Jahreszeit: Im Frühling noch ohne detaillierte Anforderungen, wird im Sommer dann zusätzlich nach UV-beständig und wetterfest gesucht, während im Herbst und Winter sehr viel Wert auf die Winterfestigkeit gelegt wird. Dabei sollten Sie besonders bei einem universal anwendbaren Produkt darauf achten, sowohl die Wörter im Titel anzupassen als auch innerhalb der Aufzählungspunkte. Es müssen zum Beispiel andere Erklärungen für den Kundennutzen aufgeführt werden. Im Sommer widersteht die Hülle Hitze und trocknet schnell, während im Winter bei niedrigen Temperaturen keine Risse entstehen und der Schnee leicht abzufegen ist. Auch die Bilder sollten dabei natürlich grundsätzlich angepasst werden.

Einige Saisonalitäten sind zwar typisch, werden aber nicht vollständig ausgespielt. So grillen die Menschen gern im Sommer und backen gern im Winter. Warum aber die Produkte dafür so unterschiedlich sein müssen wie die beiden Handschuhe, erschließt sich mir heutzutage nicht mehr (siehe Abbildung 5.55).

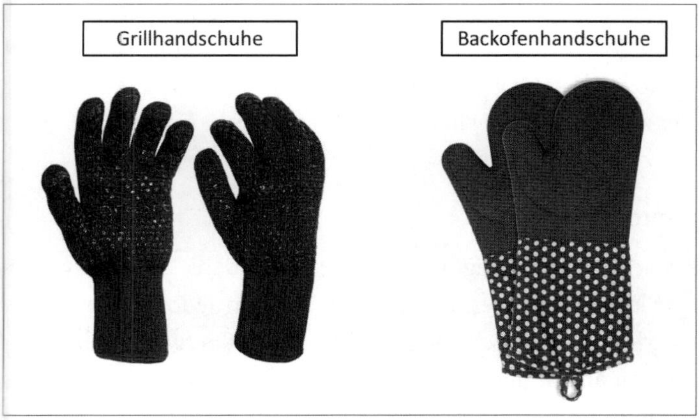

Abbildung 5.55 Grillhandschuhe und Backofenhandschuhe

Der bessere Produktnutzen liegt klar im Produkt links mit besserer Griffigkeit und erhaltener Funktion als Hand im Gegensatz zum »alten« Standard als Fäustling oder »Flosse«. In dem Fall reicht es meiner Ansicht nach nicht, einfach alle Suchbegriffe abzubilden.

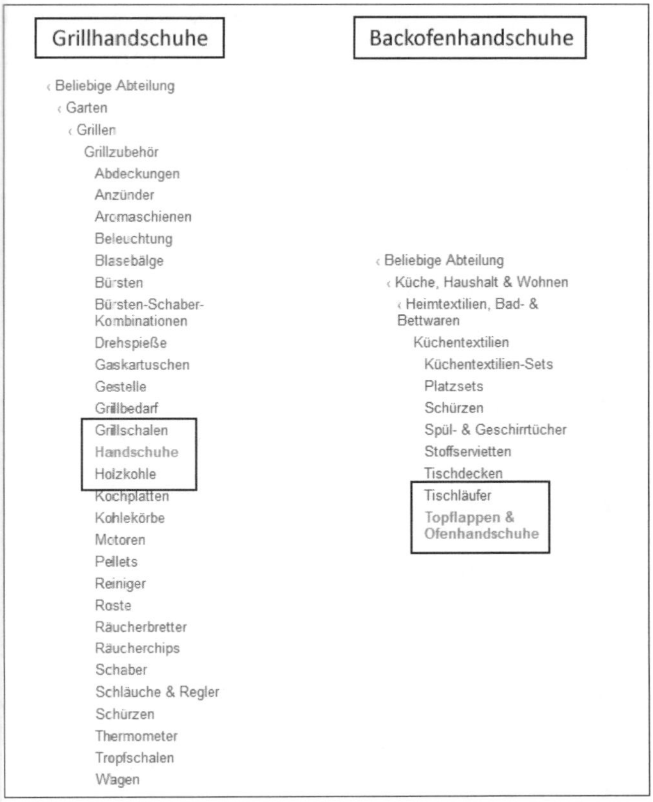

Abbildung 5.56 Kategorie »Garten« gegen »Küche, Haushalt & Wohnen« für Handschuhe

Man sollte sogar so weit gehen, zwei Produkte anzulegen oder schlicht ab einem gewissen Zeitraum die Kategorie ändern, um ständig in der relevanten Sichtbarkeit des Kunden erhalten zu bleiben (siehe Abbildung 5.56). Dieser Ansatz kann dann im Bereich der Kategorie-Keywords ausführlicher verfeinert werden.

5.2.13 Kategorie-Keywords

Häufig werden Produkte schlicht in Kategorien platziert, um dank des ersten Verkaufsranges einen Bestseller-Badge zu erhalten. Meist werden jedoch zwei Dinge dabei vergessen: Erstens erhält man dieses Badge nicht in jeder Kategorie. Laut Amazon liegt das am Umsatz, den alle in der Kategorie gelisteten Produkte erreichen. Es hat nichts damit zu tun, ob mindestens 100 Produkte in der Kategorie aufzufinden sind. Zweitens hängt an einigen Kategorien ein spezifisches Keyword-Set. Das heißt, ist Ihr Produkt in der passenden Kategorie, wird es besser gefunden. Diese Keyword-Sets sind unbekannt, jedoch im Detail in Abschnitt 6.2, »Die relevante Kategorie finden«, noch mal näher erklärt.

Neben der Auswahl der korrekten oder am besten passenden Kategorie für Ihr Keyword können Sie sehr gut absolut relevante Suchabfragen identifizieren. Statt des Suchfeldes ALLE KATEGORIEN wählen Sie die spezifische Kategorie aus und prüfen dann die Suchabfragen. Der Vorteil: Es werden nur noch Suggests angezeigt, die in dem Bezug passend sind (siehe Abbildung 5.57).

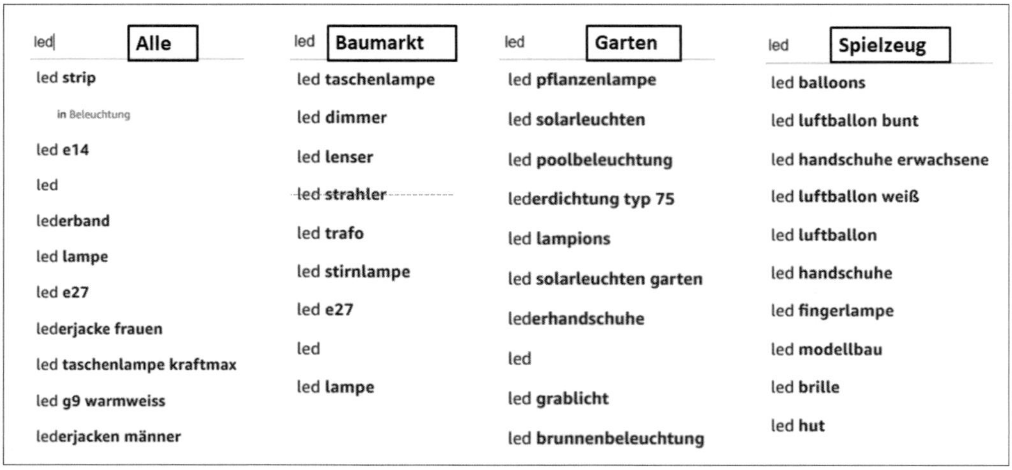

Abbildung 5.57 Kategorie-Suggests für das Keyword »led«

Dabei ist es nun sehr einfach, ganz gezielt in der eigenen Hauptkategorie festzustellen, welche Suchabfragen gehäuft vorkommen. Wie Sie sehen, werden in der Kategorie ALLE noch Suggests wie Lederband und Lederjacke angezeigt. In den einzelnen

Kategorien variieren dann im Speziellen die Vorschläge von LED-Stirnlampen über LED-Pool- und Pflanzenlampen bis hin zu LED-Luftballons. Sie müssen nun nicht erst lange suchen, sondern landen direkt in der Vervollständigungsliste Ihrer eigentlichen Zielgruppe.

Perfekt ist dies auch für die Analyse des Kundenverständnisses zum Suchwort je Kategorie. So sind LED-Solarlampen im Bereich BAUMARKT und GARTEN komplett andere Produkte. In der Kategorie GARTEN finden Sie eher Leuchten zum Einstecken in den Boden. Die Kategorie BAUMARKT bietet dagegen mehr Suchergebnisse von Solarleuchten zur Wandmontage.

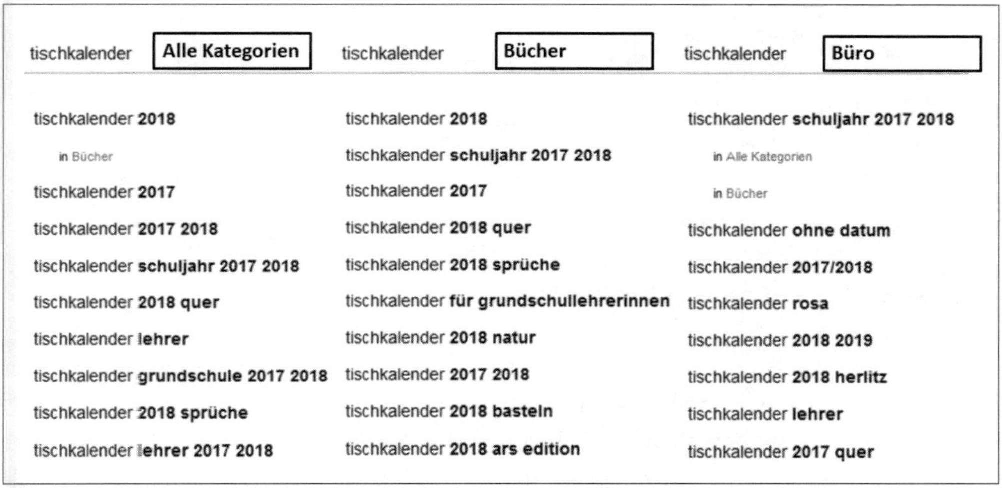

Abbildung 5.58 Kategorie-Suggests für das Keyword »tischkalender«

Weiterführend können Sie die *Kategorie-Keywords* auch nutzen, um für Ihr Produkt die beste Kategorie zu finden. In dem Beispiel in Abbildung 5.58 wäre es sinnvoll, einen Tischkalender ohne Datum eher in der Kategorie BÜRO zu listen als in der Kategorie BÜCHER. Tischkalender zum Basteln oder mit Sprüchen werden eher in der Kategorie BÜCHER aufgefunden. Weitere einfache Beispiele sind das Wort Rucksack in den Kategorien SPIELZEUG, KOFFER, RUCKSÄCKE & TASCHEN und ALLE KATEGORIEN oder die Sonnenbrille in SPORT & FREIZEIT, FASHION, BEKLEIDUNG oder BAUMARKT (aufgrund der Schutzbrillen). Eine Weiterführung dieses Ansatzes führt uns direkt zur nächsten Definition.

5.2.14 Eingabetiefe

Die spezifischen Autovervollständigungen helfen, um die Kundensprache im Suchumfeld der Kategorie kennenzulernen. Besonders hilfreich wird der Ansatz, wenn Sie ihn um die *Eingabetiefe* erweitern. So können Sie schnell und einfach feststellen, welche Suchwörter und Suchphrasen gegebenenfalls wichtiger sein könnten (siehe Abbildung 5.59).

Ti	Tis	Tischk	Tischkal
tischtennisbälle	tischtennisbälle	tischkalender 2018	tischkalender 2018
in Sport & Freizeit	in Sport & Freizeit	in Bürobedarf & Schreibwaren	in Bürobedarf & Schreibwaren
tiptoi	tischtennisschlaeger	tischkarten	tischkalender 2019
tischtennisschlaeger	tischventilator	tischkalender 2019	tischkalender
tischventilator	tischlampe	tischkicker	tischkalender schuljahr 2018 2019
tiptoi stift	tischläufer	tischkarten hochzeit	tischkalender 2019 quer
tintenkiller	tischdeckenbeschwerer	tischklammern für draußen	tischkalender 2018 2019
tischlampe	tischdecke	tischkreissäge	tischkalender quer 2018
tischläufer	tischkalender 2018	tischkalender	tischkalender lehrer
tischdeckenbeschwerer	tischdeckenklammer	tischkartenhalter	tischkalender verlag an der ruhr
tiptoi ab 3 jahre	tischdecke garten	tischklammern	tischkalender sprüche

Abbildung 5.59 Eingabetiefe »Tischkalender«

Dabei geht es darum, zu erkennen, welche Wörter bei welcher Eingabemenge an Buchstaben dem Kunden angezeigt werden. Je eher ein bestimmtes Wort auftaucht, desto höher ist die Wahrscheinlichkeit, dass es häufiger genutzt wird. Gleichfalls ist interessant, welche Suchvorschläge gegebenenfalls gleichzeitig erscheinen und welche nacheinander. Dies hilft einerseits festzustellen, welche Wörter wichtiger sein könnten, andererseits zeigt es auf, ab wann die wesentlichen Eigenschaften Ihres Produkts für die Suche relevant werden. Im Schwerpunkt ist das System in Kombination mit den Kategorie-Keywords sehr einfach zu nutzen. Auch hilft es, Wortbenennungen leichter festzulegen. Nehmen Sie das Beispiel Tischkalender quer, dann ist sofort zu erkennen, dass diese Abfrage spät erscheint.

Insgesamt sollten Sie diese Art der Analyse nur im Detail nutzen und nicht für alle Bereiche der Content-Optimierung. Für die Auswahl von Wörtern für die Werbung können Sie sich hier jedoch Vorteile erarbeiten, indem Sie von vornherein wissen, ob es ein sehr spätes oder zeitig auftauchendes Suchwort ist.

5.2.15 One-Time-Keywords oder Keywords mit kleiner Fallzahl

Aufgefallen ist der Ansatz der *One-Time-Keywords* oder *Keywords mit kleiner Fallzahl* im Bereich der Nahrungsergänzungsmittel. Suchabfragen laufen hier im ersten Schritt eher über eine Informationssuche auf Google mit dem Ziel, bestimmte Beschwerden zu bewerten und bestmögliche Hilfen oder eben Nahrungsergänzungsmittel zu finden. Dabei bleibt es jedem einzelnen Kunden vorbehalten, wie er seine Anliegen in das Suchfeld kommuniziert (siehe Abbildung 5.60).

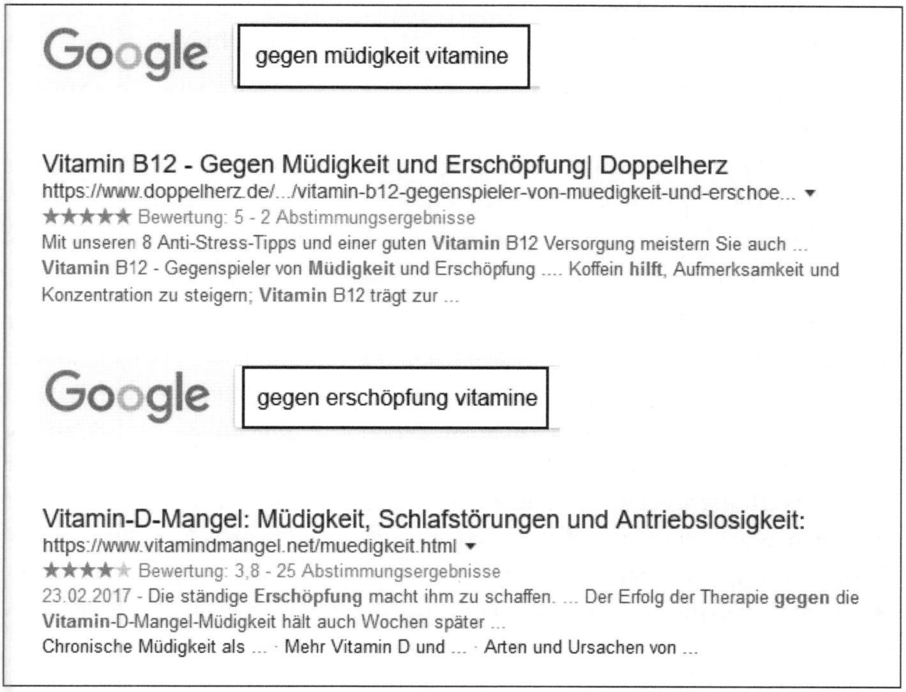

Abbildung 5.60 Suchabfragen auf Google zu körperlichen Beschwerden

Das eigentliche Anliegen wird auf Google gesucht und prägt für den Kauf auf Amazon. Hier sehen Sie in den Empfehlungen bzw. Suchergebnissen zwei komplett andere Ansätze. Einerseits wird »gegen Erschöpfung« gesucht, andererseits »gegen Müdigkeit«. Im normalen Wortverständnis sind das zwar zwei unterschiedliche Ansätze, jedoch werden sie oftmals als Synonyme genutzt. Zudem kann man aufgrund von Erschöpfung müde sein oder wegen Müdigkeit erschöpft. Das eigentliche Kernproblem solcher Suchabfragen auf Amazon ist der Umstand, dass diese Anfragen nicht in der Masse im Suchfeld landen, sodass sich Auto-Suggests überhaupt bilden. Bestenfalls kann man hier mit Google Trends oder Ähnlichem arbeiten. Auf Amazon findet man solche Wortbereiche maximal im *Suchbegriffbericht*. Dafür muss jedoch erstens Werbung mit gesponserten Produkten geschaltet werden und zweitens mindestens ein Klick auf eine eigene Anzeige unter dem Suchwort erfolgen, um das Wort im Suchbegriffbericht zu erhalten.

Sehen Sie sich im Detail die Beispiele genauer an, stellen Sie fest, dass bei Müdigkeit die Einnahme von Vitamin B12 und bei Erschöpfung von Vitamin D empfohlen wird. Die direkte Verlinkung von Google auf Amazon arbeitet mit verschiedenen Kategorien und Filtern, aber auch Weiterleitungen auf Ergebnisseiten zu Suchabfragen wie

»Anti Müdigkeit Tabletten«. Amazon gibt bei der direkten kompletten Eingabe jedoch nur 124 (Vitamin B12) bzw. 7 (Vitamin D) Ergebnisse aus. Die Suchabfrage »gegen Müdigkeit« zeigt mehr als 1.000 Ergebnisse und fünf Suggests. Die Suchabfrage »gegen Erschöpfung« hingegen hat nur einen Suggest und 408 Ergebnisse.

Nun ist absolut unklar, mit welcher Abfrage mehr Kaufkraft erzeugt wird. Amazon gibt aktuell keine Berichte heraus, aus denen hervorgeht, unter welchem Suchwort wie viele Verkäufe stattgefunden haben. Meine Empfehlung lautet, in Ihrem Produktumfeld festzustellen, wie das Google-Suchvolumen verläuft und welche Trends aufkommen. Das Tool Amalyze bietet zwar mittlerweile einen Lösungsansatz hierfür, jedoch ist die ermittelte Kaufkraft noch rein theoretischer Natur.

Ein cleveres Nicht-Amazon-Beispiel ist ein Anbieter von Desinfektionsmitteln, der mehrere Angestellte ständig regional nach Krankheiten suchen lässt, egal, ob in Kindergarten, Feriencamp, Restaurant, Presse oder in sonstigen aufmerksamkeitsstarken oder überhaupt messbaren Bereichen. Entsprechend der Ergebnisse wird Werbung mit dem zu 99 % wirksamen Mittel ausgespielt. Obwohl es immer dasselbe Produkt ist, wird die Werbung zu den verschiedensten Anfragen ausgespielt. Auf Amazon ist das natürlich ohne Weiteres möglich, jedoch nur auf einzelne Suchabfragen beschränkt. Hierbei kann es dann hilfreich sein, Content und Werbung in Auszügen anzupassen, Taschentücher gegen Schnupfen zur Grippezeit oder eben für Allergiker in der Pollensaison.

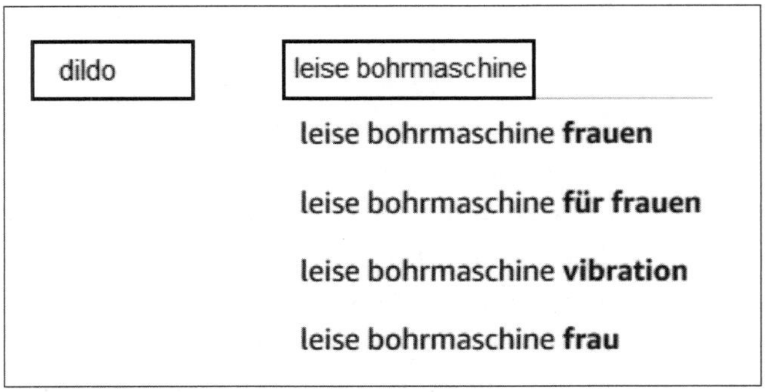

Abbildung 5.61 Die Sucheingabe »dildo« bleibt ohne Suggests, weshalb die Suche nach »leise bohrmaschine« zu überraschenden Ergebnissen führt.

Ein ähnliches Problem ergibt sich im Bereich Erotik. Hier wird es besonders kompliziert, da Suchabfragen in der Art geblockt werden, sodass keine Auto-Suggests entstehen können. Abzulesen ist das zum Beispiel an dem Wort Dildo, andererseits zeigt »leise Bohrmaschine« eine starke Fixierung auf Frauen (siehe Abbildung 5.61) und 50 % der Suchergebnisse der ersten Seite sind Vibratoren statt Bohrwerkzeuge (siehe Abbildung 5.62).

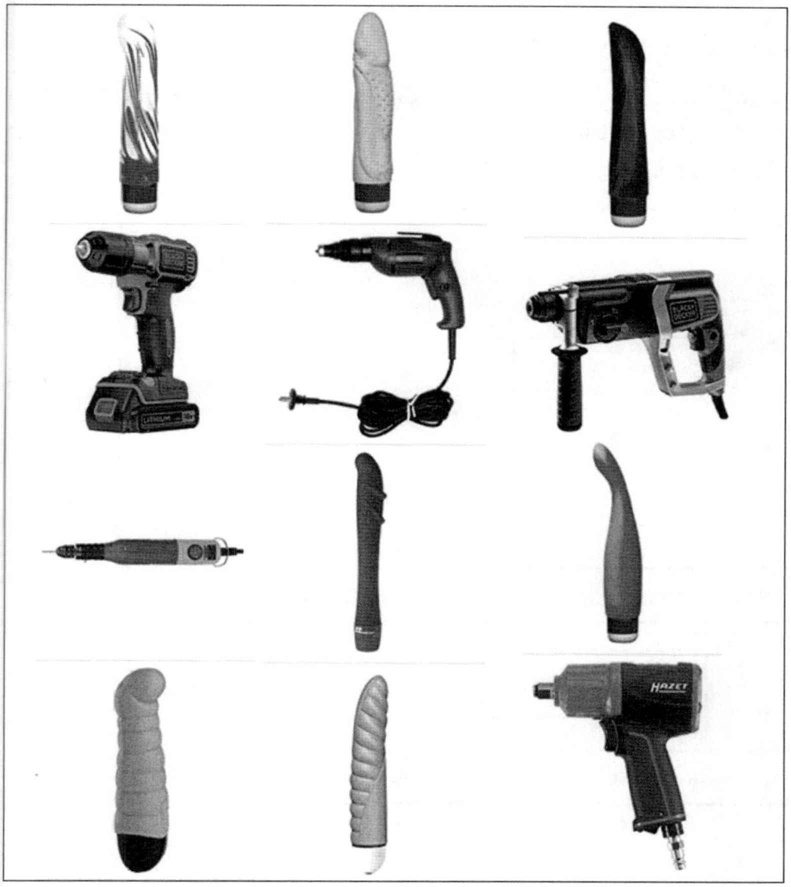

Abbildung 5.62 Suchergebnisseite »leise bohrmaschine«

Dabei wird selbst eine Ständerbohrmaschine als Suchergebnis maximal doppeldeutig. Hier gilt es dann, die tatsächliche Zielgruppe und deren Wünsche und wörtlichen Umsetzungen genau zu kennen oder durch externe Werbung und Kommunikation vorher zu beeinflussen. Hilfreich ist es dabei natürlich, die Kundenführung von Google nach Amazon genauer zu betrachten, wie im Definitionsansatz des folgenden Abschnitts aufgezeigt.

5.2.16 Google-Keywords

Während einige Kunden erst nach Informationen zu ihrem Problem oder Bedürfnis googeln und dann im Amazon-Suchfeld kommunizieren, kann man auch die direkte Kundenführung von der einen Suchmaschine zur anderen näher betrachten. Dabei geben Sie einfach die Suchabfragen auf Google ein und folgen den gängigen Links zu Amazon. Dabei wird der Kunde geleitet und bekommt oftmals nicht mit, welcher

Situation er ausgesetzt ist und wie wenig Wettbewerber bzw. Auswahl noch anzutreffen sind (siehe Abbildung 5.63).

Als Startbeispiel wähle ich das Suchwort, durch das ich überhaupt diesen Weg festgestellt habe, ein schlichtes Bettlicht, also einen LED-Streifen zum Ankleben auf, an oder unter ein Bettgestell.

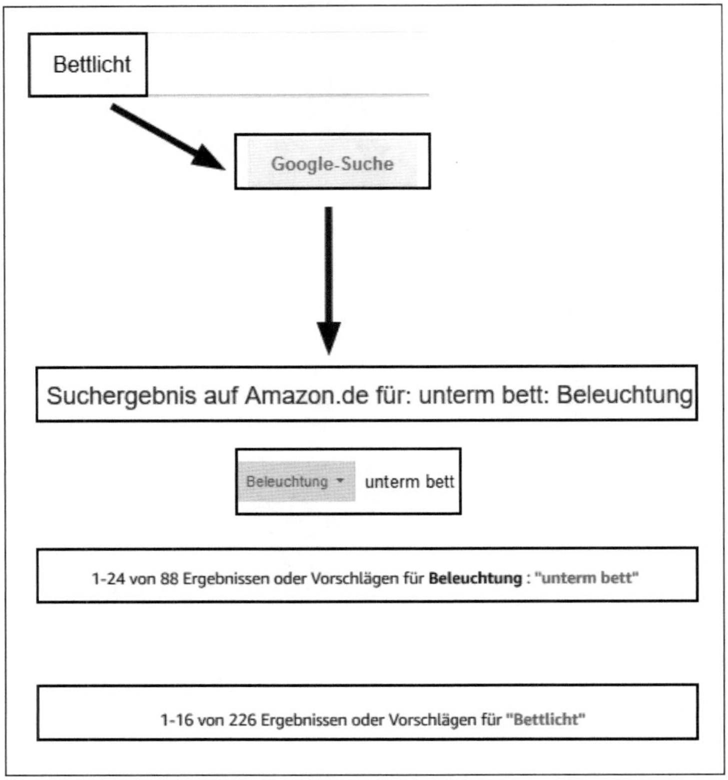

Abbildung 5.63 Von Google zu Amazon

Der Kunde realisiert hierbei die Umleitung weniger als der SEO-Optimierer. Kunden klicken den Link an und wollen ein Produkt (siehe Abbildung 5.64). Google oder Amazon schaffen es nun, eine sehr spezielle Art der Weiterleitung ins Spiel zu bringen.

Der Kunde landet, wie am Link auf Google schon erkenntlich war, nicht mehr bei »Bettlicht«, sondern stattdessen auf der Suchergebnisseite zu »unterm Bett« in der Kategorie BELEUCHTUNG (siehe Abbildung 5.65).

Das Einfügen des Begriffspaares »unterm bett« in ein Listing bringt somit sogar zwei Vorteile. Erstens wird Ihr Produkt auffindbar über die weitergeleitete Suche, zweitens wird es mit steigendem Erfolg als Produktdirektlink auf Google positioniert. In dem Beispiel konnte der Direktlink sogar mittlerweile den Amazon-Link überholen.

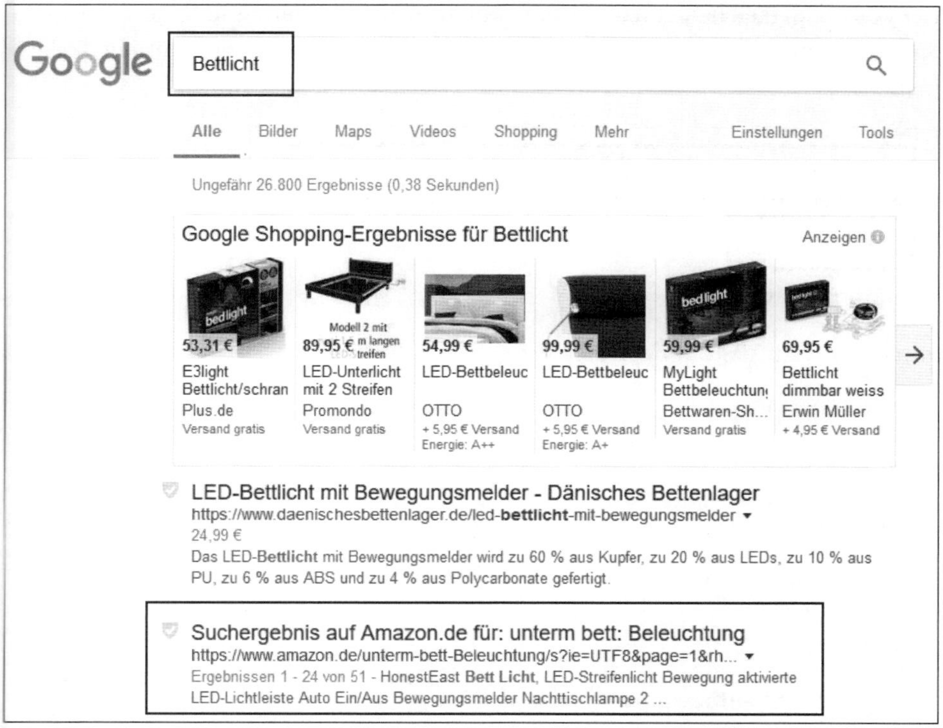

Abbildung 5.64 Bettlicht-Suche auf Google

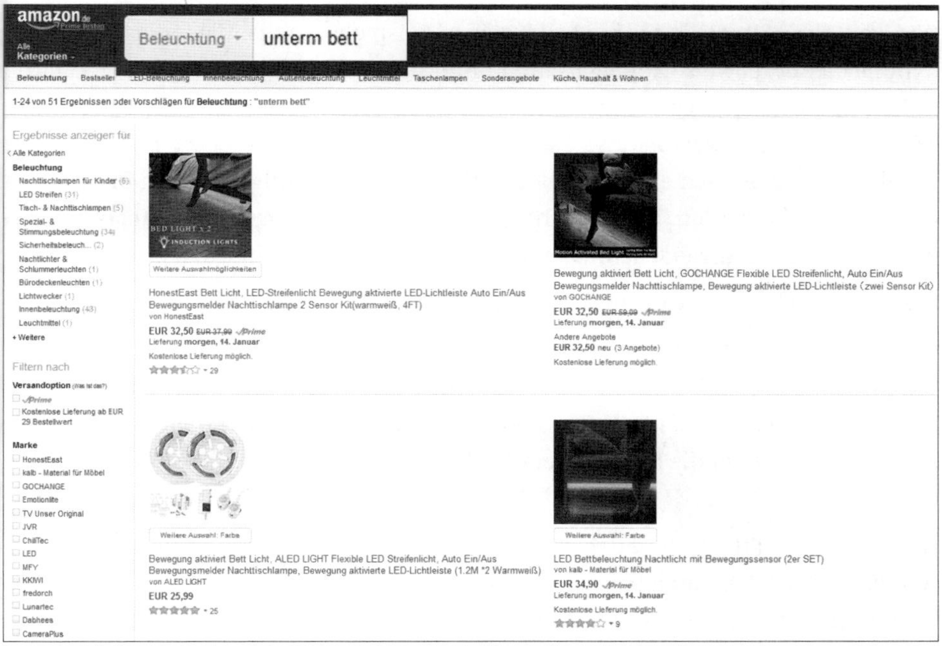

Abbildung 5.65 Weiterleitung von Google zur Amazon-Suche »unterm bett«

Der Vollständigkeit halber sehen Sie in Abbildung 5.66 einmal die Suggests zur Anfrage »unterm bett«, unter anderem eine Buchreihe, die »Unterm Bett liegt ein Skelett« heißt.

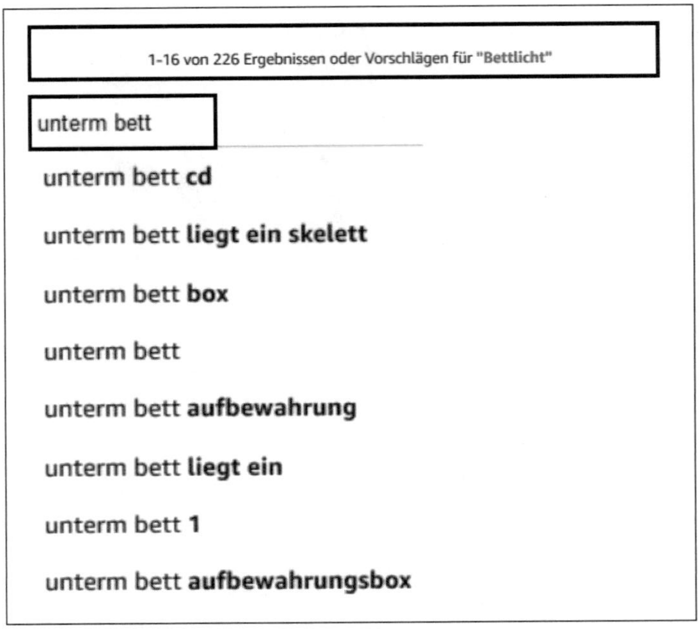

Abbildung 5.66 Suggests zur Sucheingabe »unterm bett«

Wie weit diese Situation führen kann, zeigen Beispiele wie die folgenden auf: »Handyhülle« leitet teilweise auf Suchseiten unter der Abfrage zu »Handytasche Handyhülle Echtleder« um. Die »Schlaghose« wird zu »Schlaghose Damen 70er« und die »Schlafhose« zur »Pyjamahose Damen lang«. Der Tabakbeutel ist plötzlich eine Tabaktasche, aber auch ein »Baby Body« kann zu »Baby Body – günstig Baby Bodys online kaufen« werden. Umso wichtiger ist es, die Auto-Suggests zu analysieren – was anfangs unsinnig erscheint, kann ein absoluter Traffic-Kanal dank Google sein.

Die Suchergebnisseite ist hierbei äußerst komplexen Bedingungen ausgesetzt. Anders kann man sich solche Ergebnisse wie in Abbildung 5.67 schwer erklären.

Scheinbar ist ein Body für sein Baby, im Sinne des Kosenamens, ein von Männern häufig genutzter Begriff für die Frau oder Freundin? Dies ist aber mehr Mutmaßung als Fakt, jedoch zeigt die Ergebnisseite definitiv zwei unterschiedliche Arten von Bedürfnissen.

Auch saisonale Effekte sind dabei nicht zu unterschätzen. Während sich Weihnachten 2017 sehr viele Anbieter um das Wort »Adventskalender« getummelt haben, waren der Trend und die Weiterleitung von Google auf Amazon eher auf den Bereich »adventskalender zum befüllen« orientiert (siehe Abbildung 5.68).

Abbildung 5.67 Weiterleitung von Google zur Amazon-Suche nach »Baby Body«

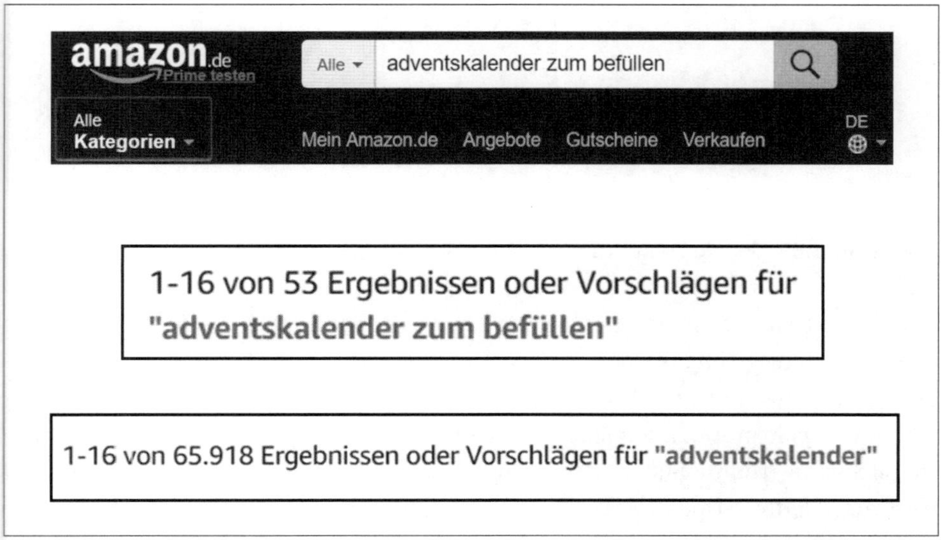

Abbildung 5.68 Google leitet die Suche nach »Adventskalender« auf Amazon um.

Der Wettbewerb wurde somit auf einen Schlag von über 65.000 Angeboten auf 53 reduziert. Natürlich muss man anfügen, dass ein Kalender zum Befüllen doch eher speziell ist. Da der Kunde aus dem Google-Kosmos jedoch mit der Intention kam, schlicht einen Adventskalender zu suchen, ist dies nicht unbedingt problematisch. Wie man nun mit der Information umgeht, ist eine strategische Frage – an die Information zu gelangen, wie Google auf Amazon weiterleitet, und sich dieser Entscheidung stellen zu müssen ist der wichtigere Prozess. Mutmaßungen nach soll Google immer noch für über 25 % des Traffics auf Amazon direkt ursächlich sein, daher sollten Sie diese einfachen Prüfungen für einige Kernbereiche oder strukturelle Keywords nutzen.

Was hingegen nicht ohne erweiterte Kenntnisse nutzbar ist, das sind die Google Trends. Schlichte Probleme der doppelten Wortnutzungen wie Rock als Musik und Kleidung oder Smoking vs. Smoking führen hier zu Fehleinschätzungen.

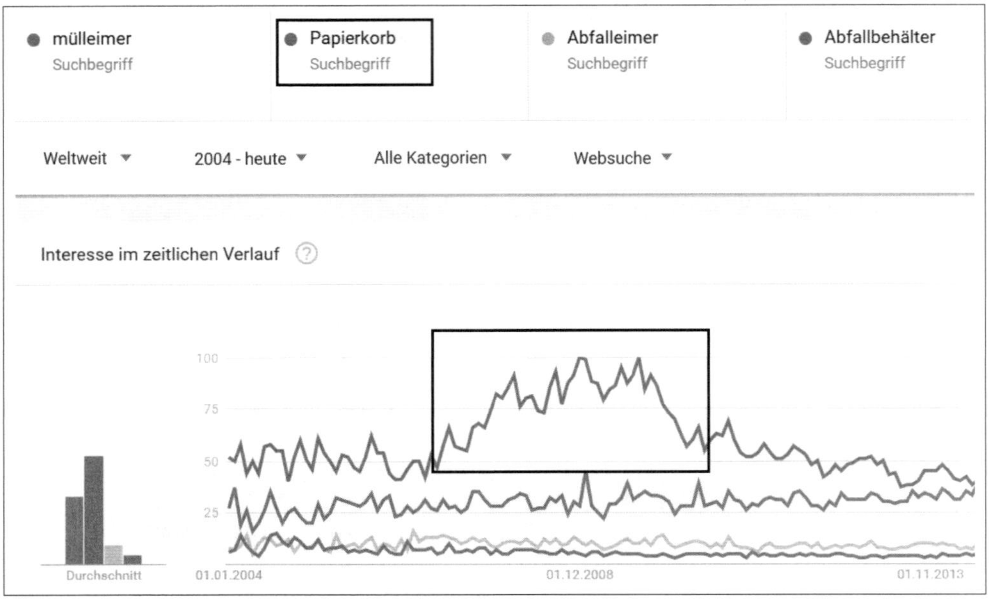

Abbildung 5.69 Google Trends für »mülleimer«, »Papierkorb« etc.

Beispielhaft sind hier die Trends zum Keyword »Papierkorb« besonders auffällig (siehe Abbildung 5.69). Warum sind die Anfragen dazu Ende 2008 so deutlich gestiegen? Eine sehr einfache Theorie besagt, die Bankenkrise habe dazu geführt, dass Akten komplett mit den Papierkörben vernichtet worden seien. Daraus hätte mutmaßlich eine erhöhte Suchnachfrage resultiert. Nimmt man es etwas genauer, war wohl ein Windows-Update schuld, bei dem der Papierkorb auf dem Hauptbildschirm nicht mehr angezeigt wurde. So war der Anstieg also der Firma und Marke Microsoft geschuldet, nicht einem innovativen neuen System für Papierkörbe.

5.2.17 Marken-Keywords

Marken sind auf Amazon kein absoluter Bindungsfaktor mehr. *Marken-Keywords* als Einzeleingaben sind kaum relevant. Teils sind die anteiligen Eingaben mit Marken im Bereich Erotikartikel wesentlich höher und spezifischer formuliert als Eingaben wie Modemarke ABC T-Shirt. Problematisch ist für Marken die Schwierigkeit, online

Alleinstellungsmerkmale zu kommunizieren, oder schlicht der Fakt, dass im Laden von Marke XYZ eben keine Werbung oder Produkte von anderen Marken auftauchen können. Ein schwarzes T-Shirt wird immer seinen Zweck erfüllen, egal, vom wem verkauft oder produziert. Die erst im Nachgang feststellbare Qualität macht es hier im Besonderen ungleich schwerer, die Markenqualitäten auszuspielen, als im Laden, wo ein Anfassen und Anprobieren möglich ist.

Weiterhin haben Marken ein Suchproblem, das vielen unbekannt sein dürfte. Geprägt von Google geben über 60 % der Kunden an, Sie erwarteten sehr starke und gute Marken in den Suchvorschlägen oder den Ergebnissen. Dem ist aber bei Weitem nicht immer so. Der Kunde will und kann nicht hinterfragen, warum die Ergebnisse nach einer Eingabe sind, wie sie sind. In einigen markentreuen Bereichen wie der Gaming-Szene oder dem Tierfutter ist das weniger problematisch, dort sucht man nach der Marke und dem Produkt als Wortkombination. Direkt in der Suche tauchen hier dadurch immer wieder die absoluten Top-Brands auf. Das liegt daran, dass andere Anbieter die Wettbewerber nicht als hinterlegtes Suchwort nutzen dürfen. Aus aktuellen Gesichtspunkten heraus ist eine Nutzung als Werbewort jedoch möglich, da die ausgespielte Werbung als solche klar gekennzeichnet ist.

Problematischer, weil rechtlich außerhalb von Amazon klar als nicht erlaubt definiert, ist der Umgang mit Schreibfehlern, wie etwa bei Philips und Phillips (siehe Abbildung 5.70). Ich empfehle Ihnen, hier nicht in graue Bereiche abzudriften, denn mit einer sauberen Werbestrategie können Sie genug Traffic ableiten. Mutmaßungen, wer die Zielmarke nicht korrekt schreiben kann, der wird auch eher auf eine andere Marke wechseln, sind dagegen nicht belegbar.

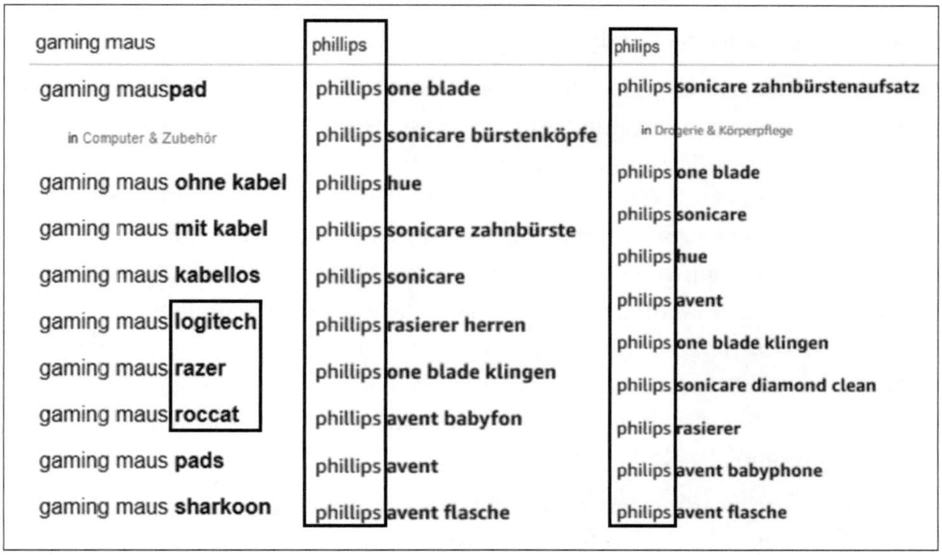

Abbildung 5.70 Marken in Suchabfragen

Zeitgleich müssen Fehler nicht immer durch den Nutzer entstehen. Am Beispiel der Marke Schüßler sehen Sie in Abbildung 5.71 eine Kombination aus mobiler Autokorrektur und Unkenntnis der Schreibweise. Solange Werbeslogans nicht wie bei Seitenbacher mit der Marke starten und enden, ist es nun mal schwer, sich das korrekt zu merken.

schüssler	schüler sa	schüssel sal	schüsseler
schüssler salze	schüler salze 7	schüssel salze	schüssler salze
schüssler salze 4 9 10	schüler salze 4	schüssel salze abnehmen	schüsseler salze nr 1
schüssler salze 4 9 10 set	schüler salze 5	schüssel salat schneiden	schüsseler salze magnesium
schüsslersalze	schüler salze 9	schüssel salze buch	schüsseler
schüsslersalze 7	schüler sachen	schüssel salat porzellan	schüsseler salze 10
schüssler salze set	schüler salz	schüssel salat to go	schüsseler salze nr 11
schüssler salze 22	schüler salz 2	schüssel salz 5	schüsseler salz 12
schüssler salze abnehmen set	schüler salze 3	schüssel salze 1	schüsseler salz 9
schüssler 7	schüler salze magnesium	schüssel salze 11	schüssler salz nr.4
schüssler salze nr 7		schüssel salze 4	schüsslersalze

Abbildung 5.71 Marken und die Autokorrektur sowie der Kunde

Neben dem Umstand der Änderungen durch die Autokorrektur während der mobilen Nutzung müssen Sie also auch alternative Schreibweisen durch Kunden erkennen. Bevor Sie sich um die Sprachsuche kümmern, sollten Sie also erst einmal die Sicht der Kunden einnehmen und alle relevanten Suchabfragen für die Marke bedienen.

5.2.18 Schreibweisen oder dicke Finger, Kenner und Tastaturen

Einen ähnlichen Fall wie die Fehlerschreibweisen aufgrund von automatischer Korrektur auf dem Smartphone und bei Marken beschreibt der Ansatz dicke Finger, Kenner und Tastaturen, dessen Auswirkungen Abbildung 5.72 zeigt. Dabei stehen drei Möglichkeiten im Vordergrund: Zunächst ist da das berühmte *Dicke-Finger-Syndrom* während der Nutzung von Tastaturen zu nennen. Schnelles Tippen führt teilweise zu unbewussten Betätigungen nahe gelegener Tasten. So kann es zu häufigen Eingaben des Wortes »Kloreal« kommen, Unkenntnis der Schreibweise mal außen vor. Interessant werden dann die ersten vier Suggests, diese sind vorrangig für Männerprodukte. So kann man direkt ableiten, welche Zielgruppe ein wenig Markenbildung benötigt oder gegebenenfalls damit in sozialen Medien auf die etwas lustigere Art angesprochen werden kann.

Die zweite Schreibweise »l oreal« ist wahrscheinlich einigen Menschen mit Sprachkenntnis vorbehalten, aber auch hier wieder geprägt durch Männer, wie die Suggests mutmaßen lassen.

Kloreal	l oreal	L'Oréal
kloreal **silbershampoo**	l oreal	**l oréal paris**
kloreal **men expert**	l oreal **men expert**	**l oréal professionnel**
kloreal **silver shampoo**	l oreal **shampoo**	**l oréal silber shampoo**
kloreal **men**	l oreal **men expert hydra energy**	**l oréal colovista**
kloreal **casting**	l oreal **silver shampoo**	**l oréal men expert**
kloreal **expert**	l oreal **men**	**l oréal paris lash architect false lash extension mascara**
kloreal **colorista**	l oreal **professional**	**l oréal dialight milkshake**
kloreal **make up**	l oreal **perfect match**	**l oréal ansatzfarbe**
kloreal **lippenstift**	l oreal **men expert deo**	**l oréal shampoo**
kloreal **professional**	l oreal **tecni art**	**l oréal paris paradise extatic mascara**

Abbildung 5.72 Schreibweisen unter verschiedenen Voraussetzungen

Kunden, die die Tastatur beherrschen und/oder Französisch können, werden eher die letzte Schreibweise wählen. Gleichzeitig sind solche Schreibweisen durch direkte Links aus Google möglich. Weiterhin können diese Eingaben aber auch durch Kopieren entstehen, wenn Kunden etwas aus einem Onlineshop oder von anderen Seiten überführen, um zum Beispiel das Produkt zu suchen oder schlicht den Preis zu vergleichen.

levis	levi`s	Levi's
levis **tshirt damen weiß**	**levi s t-shirt damen weiß**	levi's **damen t-shirt**
in Bekleidung	**levi s 501 original**	in Bekleidung
levis **herren t-shirt**	**levi s boxershort herren**	levi's **t-shirt herren**
levis **damen shirt**	**levi strauss**	levi's **boxershorts herren**
levis	**levi s 511**	levi's **damen**
levis **tshirt damen**	**levi shirt**	levi's **501 herren jeans**
levis **tshirt kinder**	**levi s tshirt**	levi's
levis **tshirt herren**	**levi shirt damen**	levi's **jeans damen**
levis **damen**	**levi strauss jeans herren**	levi's **jeans herren**
levis **boxershorts herren**	**levi shirt kinder**	levi's **t-shirt für kinder**
levis **501**		levi's **shirt damen**

Abbildung 5.73 Levi's in drei Schreibweisen

Beispielhaft sehen Sie bei Markeneingaben wie Levi`s (Eingabe über den Accent grave), Levis (ganz ohne) und Levi's (exakte Schreibweise im Onlineshop) deutliche

Unterschiede (siehe Abbildung 5.73). Somit muss man über Auffindbarkeit und Marketing viel mehr Kanäle abbilden, als einem manchmal lieb ist.

5.2.19 Dialekt

Ein sehr faszinierender Bereich der Sucheingaben sind die vielfältigen sprachlichen Muster in einem Nutzerland. Dabei geht es um *Dialekt*, aber auch um die Unterschiede in der Benennung, wie Scheibe Brot, Stulle oder schlicht Bemme und Schnitte, wie der Broiler, das halbe Hähnchen oder die Schrippe, die Semmel und das Brötchen.

Am eindringlichsten wird dieser Umstand am folgenden Beispiel aufzeigbar. Bei der Suche nach Bestandteilen des Wortes Tisch kamen im Tool Amalyze einige Worthäufungen zustande (siehe Abbildung 5.74).

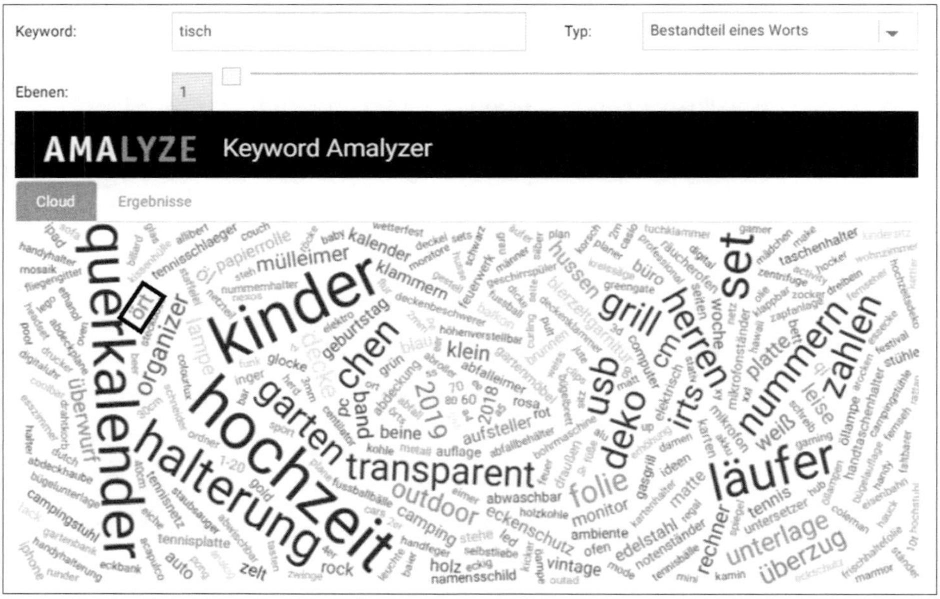

Abbildung 5.74 »ört« als Bestandteil von »tisch«

Neben Dingen wie Tischpool, Tischzelt oder Tischrock (als Synonym für Tischhussen) tauchte auch der Wortfetzen »ört« auf. Im Detail musste man schon weit denken und die Lesebetonung verschieben, um das Sächsische zu erkennen, »Ti-Schört« eben. Weitere Analysen nur zu dem Wort T-Shirt zeigten dann die kuriosesten Wörter in der Suche, von »ti-schirt« und »t-schort« über »t-schirts« bis hin zu »tshirts«.

Die sprachlichen Ausprägungen einer Zielgruppe landen also auch in den meistgenutzten Suchmaschinen. Dabei geht es nicht um Wörter wie der norddeutsche Bilderrahmen gegenüber dem süddeutschen Fotorahmen, sondern um tatsächliche spezifische Andersbenennungen wie Ochsaug für Spiegelei im Schwäbischen und viele weitere Beispiele. Spätestens in der regionalen Werbeausspielung über soziale Kanäle können Sie darüber nachdenken, diese Ansätze zu nutzen. Auf Amazon selbst reicht es, diese im Feld der allgemeinen Suchbegriffe abzubilden, sofern relevant.

5.2.20 Fremdsprachen

Amazon selbst gibt vor, andere Spracheingaben umsetzen zu können, jedoch lässt der Erfolg dabei stark zu wünschen übrig. So kann eine Prüfung sinnvoll sein und eine Überführung anderer Sprachen in den Content nach sich ziehen, schließlich leben in Deutschland ausländische Mitbürger, aber auch eine Vielzahl an Studenten mit mannigfaltigen Sprachkenntnissen. In anderen Ländern wie den USA trifft man auf Sprachräume von Amerikanisch, Französisch über Mexikanisch und Spanisch bis hin zu Deutsch und Niederländisch. Dies können Sie über die Suggests-Analyse gut sichtbar machen (siehe Abbildung 5.75).

Abbildung 5.75 Fremdsprachen in den Auto-Suggests

In Abbildung 5.76 und Abbildung 5.77 sind Beispiele aus Deutschland für »shoes men« und »knife« (Messer) aufgezeigt.

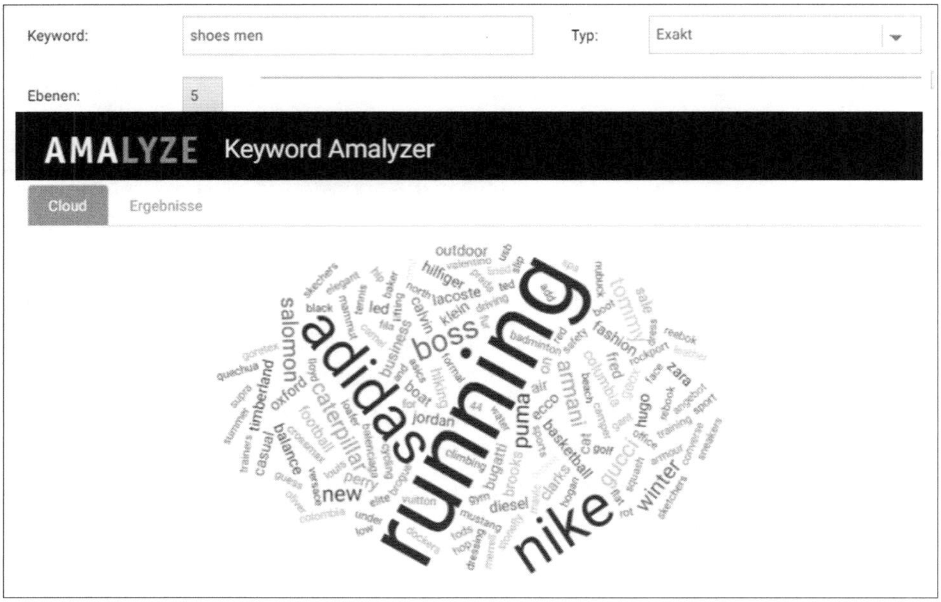

Abbildung 5.76 Suggests zur Sucheingabe »shoes men«

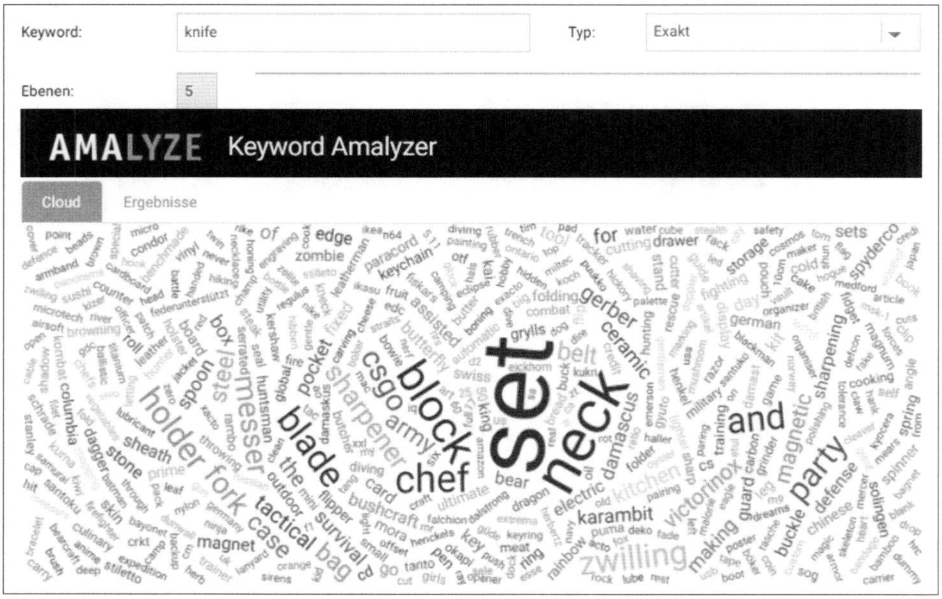

Abbildung 5.77 Suggests zur Sucheingabe »knife«

Hieran zeigt sich, wie umfangreich Fremdspracheneingaben auf dem Marktplatz Amazon sind. Dies sollten Sie für Content zumindest in Betracht ziehen und für Werbung definitiv nutzen.

5.2.21 Binde-Strich-Schreib-Weisen

Ein sehr unterschiedlich wahrgenommener Bereich der möglichen Schreibweise beim Hinterlegen von Suchwörtern ist die Nutzung von Bindestrichen. A-B deckt demnach die Eingaben von A, B, A-B, AB, B A und A B ab. Als platzsparende Möglichkeit, sehr viele Wörter abzubilden, ist es also eine gute Variante. Problematisch wird es ab dem Ansatz A-B-C, hier greift die Kombinatorik nichtmehr vollständig.

Viel wichtiger ist in der Optimierung die Bewertung von Abfragen und deren Zusammenfügen mit Gewichtungsfaktoren durch den *Full-Text-Search-Ansatz*. Dabei ist es für Werbeausspielungen und organische Ausspielungen notwendig, bestmöglich die exakte Eingabe zu treffen und nicht mit einem Ansatz so viele Eventualitäten wie möglich zu erschlagen.

instant-	vlies-	computer-
instant-**lite charcoal**	vlies-**rauhfaser superweiss classico**	computer-**netzwerke**
instant-**nudeln**	in Baumarkt	in Bücher
instant-**pot**	vlies-**tischdecken dunkelgrün**	computer-**lüfter**
instant-**kaffee fairtrade**	vlies-**tapezier-set**	computer-**bildschirm**
instant-**licence**	vlies-**kleiderschrank**	computer-**kopfhörer**
instant-**hafer**	vlies-**tischdecke**	computer-**maus microsoft**
instant-**kaffee**	vlies-**rauhfaser viva**	computer-**mäuse**
instant-**seed**	vlies-**tapete girls dreams stripe**	computer-**tastaturen**
instant-**kaffee-maschine**	vlies-**rauhfaser**	computer-**brille**
	vlies-**tapete**	computer-**lautsprecher optischer eingang**
	vlies-**tischdecke weiß**	computer-**maus mit kabel**

Abbildung 5.78 Beispiele für Suchabfragen mit Bindestrich

Ich möchte nicht behaupten, es gäbe neben Herstellernummern keine Suchabfragen mit Bindestrich. Abbildung 5.78 zeigt deutlich, dass hier und da einige Eingaben erfolgen. Jedoch ist es nicht zielführend, hierauf zu setzen. Als Notlösung bei akuten Platzproblemen können Sie darüber nachdenken. Zum Erhalt oder Erhöhen des Leseflusses können Sie Bindestriche aber sehr wohl gezielt einsetzen. Der Eierschalensollbruchstellenverursacher ist als Eierschalen-Sollbruchstellen-Verursacher meist deutlich besser lesbar. Die Nutzung von Bindestrichen kann so also tatsächlich ein Hilfsmittel sein.

Statt mit Bindestrichen sollten Sie sich lieber mit der Platzierung der Wortbestandteile einer Suchabfrage detaillierter auseinandersetzen. Als beispielhafte Annahme sei hier eine unterschiedliche Gewichtung der Bereiche Titel, Suchbegriffe und Aufzählungspunkte angenommen. Die Suchabfrage A B C wird im Titel platziert. Einer Eingabe folgt nun eine sehr starke Ausspielungsrelevanz. Unter der Bedingung, man nimmt alle anderen Faktoren zum Produkt und Händler heraus, gibt es keine absolut feststellbaren Unterschiede, ob im jeweiligen Feld, hier im Titel, die Reihenfolge exakt oder geteilt hinterlegt ist. Spannend wird es erst, wenn A im Titel und B C im Backend stehen oder gar A im Titel, B innerhalb der Aufzählung und C im Backend. Je mehr Bereiche gelesen werden müssen, um die Suchabfrage treffen zu können, desto mehr Gewichtungsfaktoren fließen ein, diese sind aber leider unklar. Mittlerweile bin ich selbst davon überzeugt, dass es egal ist, ob in Titel, Aufzählungspunkten oder Suchbegrifffeld – Hauptsache man trifft die Suchabfrage so genau wie möglich in einem einzigen Feld.

Tests dazu haben gezeigt, dass ein Aufteilen der Wörter die organische Position sofort um ganze Seitenzahlen abrutschen lässt. Daher kann es aus strategischer Sicht einer Produktoptimierung sogar Sinn ergeben, Wiederholungen einzubauen. So können die wenigen als absolut wichtig festgelegten Hauptsynonyme im Titel, innerhalb der Aufzählungspunkte und im Backend wiederaufgeführt werden. Der Abstand zu den weiteren Tails wird damit reduziert.

5.2.22 Preis unter Keywords

Oftmals finden die kuriosesten Endpreis-Spielereien statt, teils mit dem waghalsigen Ziel, den Bestsellerrang zu steigern, was leider keinen direkten Einfluss auf die organische Sichtbarkeit hat. Verkäufe unter Suchbegriffen sind viel wichtiger oder eben auch genug Traffic im Sinne von Seitenansichten. Das ständige Ändern des Preises verhindert teils sogar die Buy-Box-Berechtigung. Zudem müssen sich die Produkte ständig umplatzieren. Aber woher kommt dieses Dilemma, dass billigere Endpreise nicht weiter oben im Suchergebnis landen und sich so Erfolg einstellt, im Besonderen wenn man dann den Preis wieder anhebt? Und wie sollte man eigentlich damit umgehen?

Die Strategie der Markteinführungspreise ist ein gängiges Konzept, um neue Produkte oder Kunden mit niedrigen Preisen zu überzeugen. Auf Amazon geht das jedoch nicht so einfach. Einerseits sind die Preise unter den Suchabfragen teils stark vermischt, andererseits gilt es, vorab herauszufinden, was die Zielgruppe bei dem Produkt oder der Suche grundsätzlich erwartet – die preisbezogene SERP-Konsistenz sozusagen. Daher sollten Sie unter wichtigen Suchabfragen die preisliche Situation und deren Volatilität prüfen. Möglicherweise ändern die Wettbewerber von Vergleichsprodukten ständig den Preis, oder die Platzierung verschiedener Preisklassen wechselt ständig.

Ein einfaches Beispiel zeigt die Situation deutlich: Das Suchwort A B hat auf Seite 1 den Preis von 14,99 € im Durchschnitt. Die Eingabe von B A zeigt nur noch 7,99 €. Die komplette Eingabevielfalt unter allen Wörtern mit den Bestandteilen A und B sei dabei außen vorgelassen. Nun zeigt sich schon jetzt eine klare Richtung: Kunden wollen unter B A eher etwas deutlich Günstigeres als unter A B.

Was nun also insgesamt passieren wird, sind Platzierungen von Angeboten im relevanten Preisspektrum unter A B und B A. Ändern Sie nun den Endkundenpreis in die eine oder andere Richtung, ist es, als würden Sie den Ausrichtungsschwerpunkt Ihrer Suchbegriffoptimierung komplett ändern von billiger zu teuer oder eben andersherum. Neben der Tatsache, dass dies Zeit benötigt, treffen Sie auf simple Probleme der Qualitätswahrnehmung. So schreiben einige Kunden in Bewertungen »für den Preis ganz in Ordnung«, während das bei einer Preiserhöhung zu komplett anderen Gedanken bei möglichen Kunden führen kann, die deutlich bessere Bewertungen erwarten als »ganz OK«. Was Sie also beachten müssen, ist die gefühlte Kundenvorgabe des potenziellen Verkaufspreises unter bestimmten Suchwörtern. Wenn Sie alle Preise unter allen Ihren Suchbegriffen kennen, können Sie so sehr starke Optimierungsansätze ausmachen und sowohl in Content als auch Werbung überführen. Ihr Produkt wird nicht mehr nur dort sichtbar, wo die mögliche Sucheingabe stimmt, sondern auch der zu erwartende Preis.

Führt man dieses System zu Ende, wird man weniger Probleme bei der Bewertung von Geboten zu Suchwörtern in der Werbung haben. Ob Sie ein Bietgebot erhöhen oder senken sollten, können Sie dann gut beantworten. Sie prüfen schlicht den Durchschnitt der ersten oder der ersten drei Seiten. Nach Abzug aller Gebühren und unter Berücksichtigung aller Preisstrukturen können Sie nun gut sagen, was ungefähr gesamt übrig bleibt für ein Werbeinvestment von Wettbewerbern. Nun können Sie Ihr Gebot in die eine oder andere Richtung anpassen. Stellen Sie einen absolut falschen Preis auf der Seite zum eigenen Produkt fest, können Sie die Werbung dafür gegebenenfalls ausschalten oder deutlich reduzieren. Sie sollten dazu Tools nutzen, die zum Beispiel den Suchbegriffbericht und deren Suchbegriffe genau dahingehend untersuchen.

5.2.23 Die Grundrelevanz

In Verbindung mit dem Preis ist die SERP-Konsistenz immer wieder eine sehr gute Erklärung, warum einige Dinge nicht wie geplant funktionieren. An einem entsprechenden Beispiel kann man zudem gut aufzeigen, warum einige Produktlaunchprozesse kostenintensiv ablaufen und nach dem Ausphasen von Werbung oder externen Strategien plötzlich komplett versanden.

1	10 Stück	BRAND
2	20 Stück	
3	16 Stück	
4	4 Stück	
5	16 Stück	
6	4 Stück	BRAND
7	4 Stück	BRAND
8	12 Stück	
9	4 Stück	BRAND
10	12 Stück	
11	4 Stück	
12	4 Stück	BRAND
13	4 Stück	
14	4 Stück	BRAND
15	4 Stück	

Abbildung 5.79 Grundrelevanz anhand von Zahnbürstenaufsätzen

Die Zielvorgabe in unserem Beispiel lautet, ein Zweierset Zahnbürstenaufsätze für 14,99 € zum Keyword »Zahnbürstenaufsatz« auf die erste Suchergebnisseite zu bringen, übergeordnetes Ziel ist das Erreichen von Platz 1 der Seite. Der markenstarke Wettbewerb ist nur auf sechs Positionen anzutreffen. Gleichzeitig liegt der Preis im Schnitt bei knapp 10 € (siehe Abbildung 5.79). Im Detail stellen wir dann aber fest, dass es kein Zweierset auf Seite 1 gibt. Die übliche Denkweise ist nun: »Dann muss das ja funktionieren.« Wahrscheinlicher ist jedoch, dass der Kunde es schlicht nicht will und mit Sicherheit nicht zu dem Preis, da er doppelt so viele Produkte zu dem niedrigeren Preis erwerben kann, gilt der Durchschnittspreis von 10 € doch für größere Packs.

Unabhängig von logischen Argumenten wurde eine kapitalintensive »Ball to the Walls«-Strategie gefahren. Ziel ist dabei, eine Woche oder länger jeden Tag mehr Stück zu verkaufen als Platz 1 unter dem Suchwort. Das Wort *verkaufen* ist in dem Zusammenhang schlicht falsch, verschenken trifft es eher. Man schafft es nur, diese Stückzahlen zu erreichen, indem man sehr viel soziale Medienreichweite nutzt und die Produkte sehr kostengünstig abgibt.

Der Fehler liegt hier schon im Detail. Die Bekanntheit von Verkäufen exakt unter dem einen jeweiligen Suchwort ist aktuell nicht vollständig aufgeklärt. Die mutmaßlichen Verkäufe sind somit auf das ganze Wettbewerberprodukt umgerechnet und zudem nur anhand von Bestandsänderungen feststellbar. Der nachlaufende Fehler, das Ganze mit Werbung in Form von gesponserten Suchergebnissen zu unterfüttern, kommt zumeist direkt mit auf. Dabei konzentriert man die Werbeausgaben auf wenige oder nur ein Suchwort. Man zwingt Amazon also etwas auf, das organisch gegebenenfalls nie zustande gekommen wäre.

Nun muss die Strategie ja irgendwann enden – Werbeausgaben kann man nicht ewig gegenfinanzieren, und Produkte zu verschenken ist kein Geschäftsmodell. Was wird passieren? Die »alte« Suchergebnisseite wird sich wieder aufbauen, der Kunde wird zeitweise vielleicht noch auf das »Fehllisting« springen, aber die Ausweichprodukte werden wieder ihre höhere Relevanz verteidigen. Die Werbemaßnahmen werden nicht lukrativ enden, und die Platzierung wird verschwinden. Einige Tests haben gezeigt, dass man in einigen Produktbereichen knapp eine Woche mit reduziertem Produktseiten-Traffic und Verkaufszahlen zu kämpfen hat. Ist die organische Umplatzierung zu entsprechenden Preispunkten erfolgt, läuft das organische Listing entsprechend dem neuen Wettbewerb unter den neuen Suchabfragen weiter. Wichtig ist dabei, dass Sie dies nicht anhand der Anzahl an Suchbegriffen, zu denen ein Produkt rankt, sehen, sondern nur an der Verschiebung der organischen Platzierung nach unten und dann wieder nach oben.

Zusammenfassend heißt dies schlicht, nicht jedes Ranking ist schlagbar, manchmal müssen Sie die Masse an Kunden schlicht akzeptieren, die eine andere, relevantere Erwartung unter bestimmten Begriffen haben.

5.2.24 Passives Amazon-SEO – Kreuz- und Zielkombinatorik

Bereits in Kapitel 2, »Amazon-SEO – der Versuch, eine Definition herzuleiten«, wurden die zwei Begriffe *aktives* (Zielkombinatorik) und *passives Amazon-SEO* (Kreuzkombinatorik) eingeführt. Dabei geht es darum, einerseits bewusst auf Begriffe ranken zu wollen und andererseits die freie Kombinatorik zu berücksichtigen, die weitere Suchabfragen jeglicher Art befriedigen kann.

Sinnbildlich heißt es, Sie möchten aktiv zu A B C ranken und ranken auch zu B C oder C B A usw. Im Detail jedoch wird es eher so aussehen, dass Sie auch kombinatorisch zu B A Y oder A M Z auffindbar werden oder passiv zu X Y Z (siehe Abbildung 5.80). Obwohl die Kaufkraft unter Suchabfragen unbekannt ist, können Sie einige Ableitungen feststellen.

Dabei ist es nötig, alle erkennbaren Suchwörter zu erheben, zu denen das Produkt auffindbar ist. Stellen Sie dann fest, dass sich ein großer Teil der Suchabfragen mit Festivals und Geschenken beschäftigt, ein anderer aber auch mit beispielsweise einer Frauen-Steh-Pinkel-Hilfe (im Original Urinella), dann haben Sie Ihre Zielgruppe sehr genau kennengelernt, ob Sie es nun wollten oder nicht. Man kann dies ignorieren oder zu seinem Vorteil nutzen.

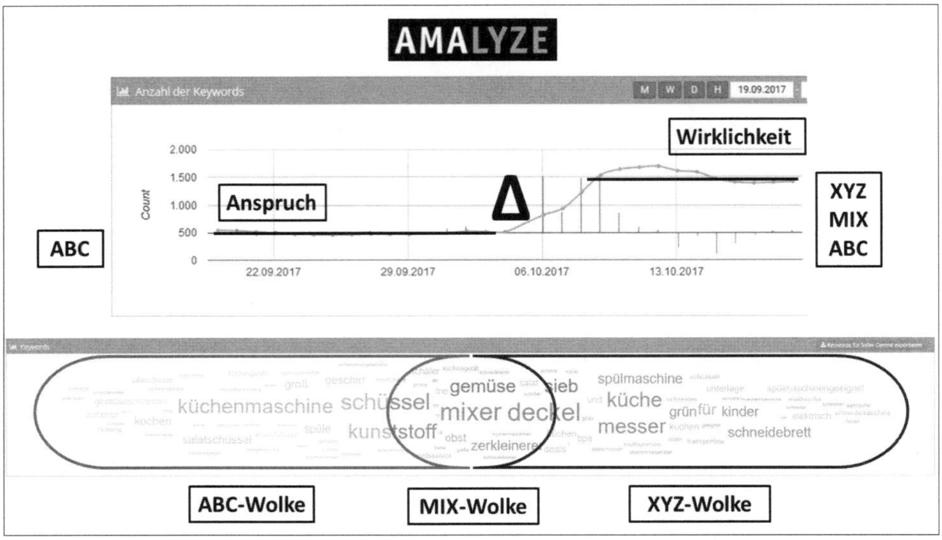

Abbildung 5.80 Aktives gegen passives Amazon-SEO

Wichtig ist die Analyse der Umstände vor Entscheidungen. So führt Amazon gerne zusätzliche Suchbegriffzuweisungen aus, und die Kategorie schafft dies außerdem. In Kombination mit historischem Kundenverhalten ist das ein nicht zu vernachlässigender Bereich für weitere Erkenntnisse.

5.2.25 Weitere Ansätze

Abschließend sind hier noch einige Definitionsansätze in aller Kürze aufgeführt, um zu zeigen, dass es durchaus noch weit mehr Denkrichtungen gibt.

Zero Impression Keywords zum Beispiel sind Suggests oder Worteingaben, die komplett leere Suchergebnisseiten ausspielen, wie zum Beispiel »ICE Zugmodell zum Spielen« (»Für ›ice zug modell zum spielen‹ wurden 0 Ergebnisse gefunden. Verwenden Sie eine geringere Anzahl von Suchbegriffen oder verwenden Sie die folgenden: ›ice zug spielen‹ Alle 24 Ergebnisse, ›ice zug modell‹ Alle 28 Ergebnisse, ›ice modell spielen‹ Alle 134 Ergebnisse, ›zug modell spielen‹ Alle 715 Ergebnisse«). Überraschenderweise steigen die Suchergebnisse nach unten deutlich an. Nimmt man nun die Weiterleitung aus Google zum Suchwort »ice zug modell zum spielen«, wird auf Amazon verlinkt in die Kategorie Spielzeug unter »ICE Eisenbahn« oder in alle Kategorien unter »ICE Zug Spielzeug«.

Interessant wird durch die Mobile-first-Denkweise (bei der Website-Konzeption wird zuerst an die Optimierung zur Darstellung auf mobilen Endgeräten gedacht) der *Too-Long-Tail-Ansatz*. Dabei sind besonders lange Suchabfragen wie »elektrische Zahnbürste Kinder« und folgende spezifizierende Eingaben, wie zum Beispiel »Rot« oder

»Mädchen«, gemeint. In vielen Displays ist die Anzeige dann nicht ausreichend und schneidet automatisch ab. Man sieht als Kunde plötzlich nur noch eine Auswahl der Suchphrase »elektrische Zahnbürste Kinder« mit Buchstaben wie »R« oder »M« am Ende, aber man kann nicht lesen wofür diese Buchstaben stehen.

One-Hit-Wonder hingegen zeigen nur wenige Suchergebnisse an, schlimmstenfalls eben nur ein einziges. Ebenfalls in den Suggests auftauchend, leiten diese Wörter nur auf ein einziges Suchergebnis, etwa »Walzenstelzen« oder »Schneckenschleim Gel ohne Parfüm«. Hierbei kann es jedoch sein, dass neue Produkte aktuell erst durch externe Werbung und Suchabfragen in diesem Suggests-Bereich auf dem Markt gelistet wurden oder aber die Nachfrage schon aufgekommen ist und nicht genügend Listungen verfügbar sind. Zum Beispiel war es lange Zeit so, dass zu dem Begriff »Salatschneider« kaum mehr als eine Suchergebnisseite aufzufinden war und nur wenige Suggests. Über die Produktdurchdringung durch Marketing-Kommunikation und das Bekanntwerden durch Blogs und Foren wurden jedoch immer mehr spezifische Suchabfragen um den Begriff etabliert. Oftmals trifft man dieses Phänomen bei neuen Geschmäckern oder Produktlinien an, wenn der Hersteller oder die Marke zuerst eine Onlineshop- oder stationäre Strategie fährt und Amazon außen vorlässt. Beispielhaft wird hier auf neu gebaute Wortkonzepte eingegangen: der Eierschalensollbruchstellenverursacher, der Sockenkuss oder schlicht der Begriff Shooter-Maus. Alle drei kann man als definitiven Marketingansatz bezeichnen. Der eine erklärt umständlich, was er macht (Eiöffner), der andere findet eine Wortschöpfung, um das Produkt nett zu erklären (verbinde zwei Socken miteinander beim Waschen). Zu guter Letzt ist die Shooter-Maus schlicht damals ein nicht genutzter Begriff gewesen, und so konnte man die Kundenansprache prägen und nur die eigenen Listings auf Amazon zu dem Wort auffindbar halten, bis Wettbewerber den Schachzug erkannt haben bzw. in den Suggests die Position des Wortes sehr weit oben war und genutzt wurde.

Die Kaufkraft unter spezifischen Suchabfragen ist aktuell nicht komplett bekannt. Selbst in komplexeren Analysesystemen wie *Amazon Retail Analytics Premium* kann man dies nicht vollständig herleiten. Deswegen ist auch eine Fixierung auf das Suchvolumen teils kritisch zu sehen. Ein hohes mutmaßliches Suchvolumen ist keine Garantie für sehr viele Sales. Auch die reine Position in den Suggests ist nutzungsbasiert und nicht aufgrund von vielen oder wenigen Sales definiert. Für diverse Werbestrategien ist das Suchvolumen natürlich deutlich wirksamer einsetzbar. *Kaufkraft-Keywords*, unter denen tatsächlich die meisten Sales erzeugt werden, sind aktuell nur in der Theorie festzustellen. Amalyze zeigt dazu mittlerweile sehr gute Daten und Ansätze auf. Problematisch ist dabei jedoch die mangelnde Information, wie oft Kunden Suchwörter eingeben, bis Sie ein Produkt anklicken, bzw. wie häufig Suchabfragen gefiltert werden oder per weiterer Worteingaben detaillierter ausformuliert werden. Ebenso fehlt die Detailtiefe hinsichtlich des reinen Verhaltens, wann etwas nur in den Warenkorb gelegt wird und wann wirklich ein Kauf stattfindet.

5.3 Keyword-Recherche

Eine komplette Recherche und Feststellung aller möglicherweise relevanten Wörter ist ein dauerhafter Prozess und weniger eine einmalige Angelegenheit. Wie man diesen durchläuft und wie die Daten aufbereitet werden können, wird in diesem Abschnitt dargestellt. Dabei dienen die Keyword-Definitionen als Wissensgrundlage, um die folgenden Ergebnisse besser deuten zu können.

5.3.1 Synonyme finden

Das empfohlene System basiert auf der Grundlage, dass man dank einer sehr hohen Anzahl an möglichen Synonymen sehr viele Suggests um die jeweiligen Suchwörter herum erheben und final bewerten kann. Dabei soll weniger das Bauchgefühl, die eigene Erfahrung oder der eigene Sprachgebrauch und Sachkenntnisstand im Vordergrund stehen. Dies würde meiner Meinung nach klar zu einer Listing-Diskriminierung führen. Wenn Kunden einen Bügeltisch nun einmal Bügelbrett nennen, dann sollte man dies akzeptieren. Auch in scheinbarer Ermangelung von Schreibkenntnissen sind mit Projektoren in der Kundensuche meist eigentlich Protektoren gemeint (siehe Abbildung 5.81).

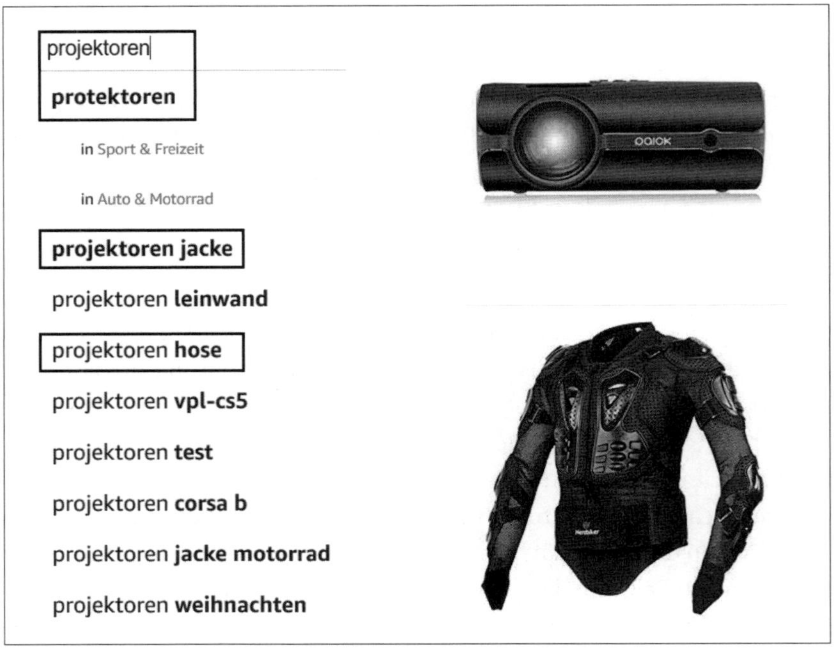

Abbildung 5.81 Projektoren gegen Protektoren

Daher kommen dann die ersten Vervollständigungen wie »projektoren jacke«, »projektoren hose«. Zeitgleich ändert Amazon aktuell das Wort Projektoren bei der Eingabe automatisch in Protektoren, was es dem Kunden nicht eben einfacher macht zu suchen, was er eigentlich finden will. Daher ist es nicht verwunderlich, welch ungenaue Suchergebisse ausgeliefert werden.

Zum Finden von aussagekräftigen Synonymen gibt es mehrere Ansätze, On-Amazon und Off-Amazon. Ich persönlich nutze als ersten Inspirationslauf gerne die Bildersuche von Google zum jeweiligen Hauptsynonym. So findet man zum Wort Bettlicht folgende Alternativen: Schlafzimmer, Bewegungsmelder, Bettbeleuchtung, Bewegungssensor, Lichtleiste, Lichtleiste Nachtlicht, Bett Lichtleiste. Darüber hinaus nutze ich die relevantesten Onlineshops zur Identifikation von Suchwörtern. Oftmals sind die Filtermöglichkeiten sehr gut aufgebaut und ohne viel Arbeit nutzbar.

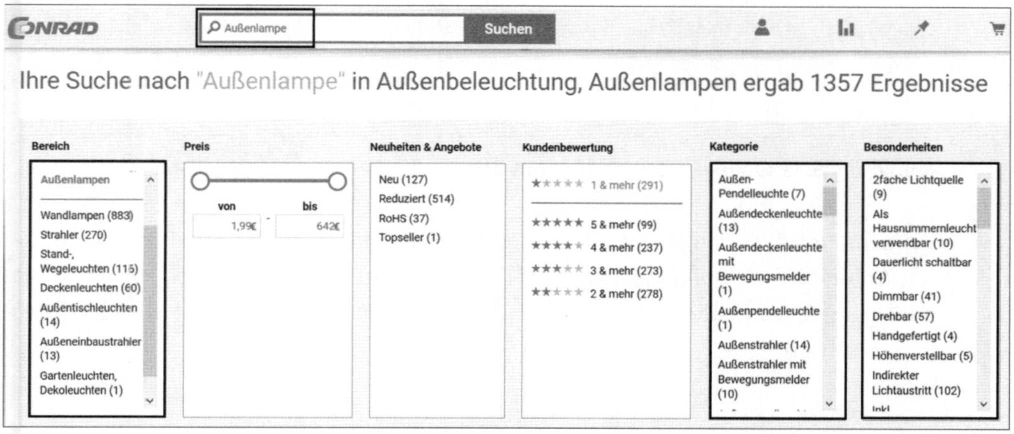

Abbildung 5.82 Onlineshop Conrad mit dem Suchergebnis zu »Außenlampe«

Als Beispiel sehen Sie in Abbildung 5.82 das Suchwort »Außenlampe« bei Conrad. Es zeigen sich mehrstufige Filter. Der Schwerpunkt sollte hier auf der Benennung der Kategorien und Bereiche liegen. Die Besonderheiten geben zudem weitere nützliche Hinweise, wie Dinge benannt werden können.

Im Webshop von Hagebau sind ähnliche Strukturen aufzufinden (siehe Abbildung 5.83). Dabei ist neben dem PRODUKTTYP auch der Punkt SCHLOSSART unter Fahrradschloss nutzbar. Einfacher kommen Sie fast nicht an diverse mögliche Alternativen zu relevanten Suchwörtern.

Zielführend kann zudem eine Analyse der SERP auf Amazon unter den jeweiligen Hauptsynonymen sein. Dabei geben Sie ein relevantes Wort oder die Wortkombination ein, prüfen darauf die Titel der angezeigten Produkte und suchen weitere Wörter und Ansätze. Eine einfache Suche nach LED E14 bringt sofort mögliche Suchwörter wie Birne, LED Lampe, Leuchtmittel, Energiesparlampe, Kerzenlampe und Kerzenform, aber auch Glühlampe und Glühbirne. Selbst die Wörter wie »LED Halogen Ersatz« haben eine gewisse Relevanz, da Kunden so suchen.

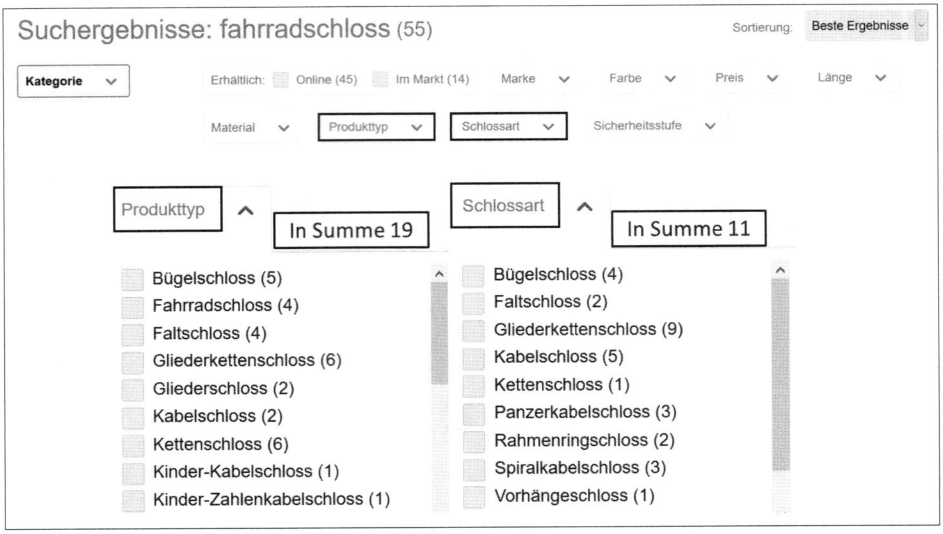

Abbildung 5.83 Onlineshop Hagebau mit dem Suchergebnis zu »fahrradschloss«

Einfacher wird die Umsetzung mit direkten Amazon-Tools wie Amalyze oder anderen Anbietern wie Sonar von Sellics. Hier ist es zum Beispiel möglich, einzelne Produkte genau zu prüfen und herauszufinden, welche Wörter häufig zu Suchergebnissen führen.

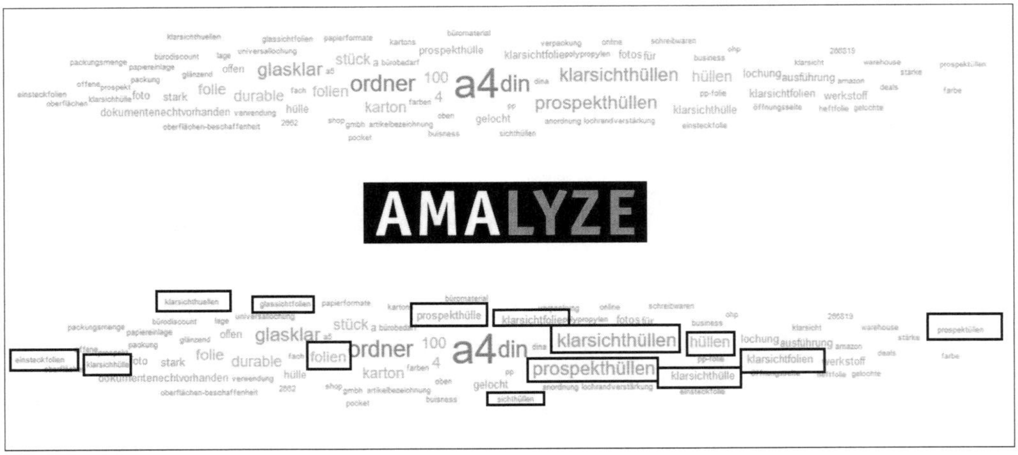

Abbildung 5.84 Klarsichtfolie DIN A4

Prüft man zum Beispiel ein einfaches Produkt wie eine DIN-A4-Klarsichtfolie, findet man ohne viel Aufwand im Tool die Sichthüllen, Glassichtfolien, Prospekthüllen und -folien, Einsteckfolien oder schlicht Folien und Hüllen (siehe Abbildung 5.84). Einige Einzahl- und Mehrzahlschreibweisen sowie die Variation von Ü- und UE-Schreibweisen sind zusätzlich sehr stark vertreten. Natürlich fällt dem Profi sofort das Wort glasklar auf, und er denkt direkt an transparent, farblos, durchsichtig und ohne Farbe. Das Wort Stück lässt sofort Set und Pack und die Zahlenschreibweise mit -er am Ende (wie 10er) vor dem geistigen Optimiererauge entstehen.

5.3.2 Synonyme umsetzen

Aus dieser Feststellung an Datengrundlagen heraus können Sie nun mit Tools wie der Extension *Keyword Amalyzer* von Amalyze sehr gut komplette Daten um die jeweiligen Wörter erheben. Dabei ist es notwendig, die Hauptsynonyme auszulesen und alle vor- und nachgelagerten Suggests zu dokumentieren. Wie in Abschnitt 5.2.1, »Hauptsynonyme statt Hauptkeyword«, erklärt, geht es auch darum, Suchwörter oder -eingaben wie »LED Lampe«, »LED« und »Lampe« gezielt abzufragen. Auch sind teils Long-Tail-Begriffe wie »LED Lampe E14 warmweiß« gegebenenfalls relevant, um so noch spezifischere Suggests zu erhalten. Weiterhin kann man direkt nur individuelle Kategorien auslesen, was eine spezifischere Kundenanalyse erlaubt. Auch das kontextuale Entfernen von nicht relevanten Wörtern ist möglich. Bei Aufbewahrungsboxen aus Kunststoff können Sie beispielsweise direkt Suggests zu Themen wie Holz oder Metall löschen. Dies kann hilfreich sein, jedoch sollten Sie beachten, dass Sie dann die allgemeine Suchintention zu Synonymen gegebenenfalls nicht vollständig erkennen können. Zum Teil fehlen so auch Vergleichswerte über die reine Häufigkeit an Bestandteilen in Suggests, ob mehr Kunststoff, Holz oder Metall nachgefragt werden.

Spielen wir das Ganze einmal Schritt für Schritt durch. Ziel ist es dabei, sich nicht auf einzelne Wörter zu fokussieren, sondern die Suchintention im kompletten Spektrum der Kundenabfragen bewerten zu können.

1. Schritt 1 beinhaltet das Finden aller relevanten Kernwörter oder Synonyme. Dabei sind alle Ansätze aus Abschnitt 5.2, »Keyword-Definitionen anhand von Theorie und Praxis«, zu berücksichtigen. Shops sind eine optimale Variante oder auch die Nutzung des Tools Amalyze und der Suchwortwolke. Für ganz schnelle Abläufe empfiehlt es sich, einfach die Suchergebnisseiten auf Amazon unter bestimmten Suchabfragen nach weiteren Wörtern zu durchsuchen.

Synonym 1	
Synonym 1 mit Tail	
Synonym 2	
Synonym 3	

Tabelle 5.1 Synonyme auflisten

Synonym 4	
Synonym 5	

Tabelle 5.1 Synonyme auflisten (Forts.)

2. Schritt 2 befasst sich mit Eingabe der Synonyme in ein Tool. Es empfiehlt sich, nach erfolgter Überführung der Daten in die Tabelle ein Kreuz zu setzen oder etwaige Kommentare zu hinterlegen.

Synonym 1	X
Synonym 1 mit Tail	X
Synonym 2	X
Synonym 3	nein, nicht notwendig
Synonym 4	Wenige Suggests – reicht als ein Wort.
Synonym 5	

Tabelle 5.2 Dokumentation über bereits Erledigtes

Anhand der Kommentare weiß man bei der dauerhaften Optimierung oder der Übergabe an andere Bearbeiter, warum etwas getan wurde und was getan wurde. So sehen Sie in dem Beispiel, dass die ersten drei Wörter abgearbeitet sind. Synonym 3 ist nicht relevant für Amazon, es zeigt keinerlei Suggests und gegebenenfalls keine Suchergebnisse. Wort 4 hatte wenige Suggests, aber ist dennoch absolut relevant, weil das Produkt genau das ist, hier kann man sich Arbeit sparen, aber erhält dennoch die Auffindbarkeit und Relevanz für Suchen und Werbung. Wort 5 wurde noch nicht abgearbeitet.

3. Für Schritt 3 haben Sie nun folgende Datenbasis, wie in der Tabelle aufgezeigt. Natürlich wurde Synonym 3 ausgelassen, Synonym 4 trotzdem analysiert und Synonym 5 nachgearbeitet.

Synonym 1	X	Synonyme 1 A
Synonym 1 mit Tail	X	Synonyme 1 B
Synonym 2	X	Synonyme 1 X Y
Synonym 3	nein, nicht notwendig	Synonyme 1 mit Tail A

Tabelle 5.3 Alle Suggests untereinander auflisten

Synonym 4	Wenige Suggests – reicht als ein Wort.	Synonyme 1 mit Tail D
Synonym 5	X	Synonym 2 B
		Synonym 2 D
		Synonym 4 C
		Synonym 4 B
		Synonym 4 A
		Synonym 5 F
		Synonym 5 G

Tabelle 5.3 Alle Suggests untereinander auflisten (Forts.)

Wichtig ist es nun, zuerst die Duplikate zu entfernen und erst danach Spalte 3 zu kopieren. Dank der Reiterfunktion in Excel ist es kein Problem, mehrere Datenbereiche in einer Datei anzulegen. Sie sollten unbedingt immer wie auch bei Flat Files oder Lagerbestandsdateien ein Backup haben, insbesondere da später der kontextuale Zusammenhang zwischen Synonym und anhängendem Wort noch wichtig wird.

Synonyme 1 A		
Synonyme 1 B		
Synonyme 1 X Y		
Synonyme 1 mit Tail A		
Synonyme 1 mit Tail D		
Synonym 2 B		
Synonym 2 D		
Synonym 4 C		
Synonym 4 B		
Synonym 4 A		
Synonym 5 F		
Synonym 5 G		

Tabelle 5.4 Synonyme ohne Duplikate in neuen Reiter übertragen

Nachfolgend werden alle Wörter nach Leerzeichen getrennt dank Funktionen wie TEXT IN SPALTEN.

Synonyme 1	A	
Synonyme 1	B	
Synonyme 1	X	Y
Synonyme 1	mit Tail	A
Synonyme 1	mit Tail	D
Synonym 2	B	
Synonym 2	D	
Synonym 4	C	
Synonym 4	B	
Synonym 4	A	
Synonym 5	F	
Synonym 5	G	

Tabelle 5.5 Synonyme in Wort-Bestandteile der Suggests aufteilen

Beispielhaft sind hier wenige Wörter und wenige Tails gewählt. Die Anzahl an Suggests zu Synonymen geht schnell über die 20.000, und auch die Tiefe nach rechts reicht oftmals bis Spalte H, also acht und mehr Suggest-Bestandteile. Diese werden nun alle untereinandergesetzt, Makros oder andere Erleichterungen helfen hierbei deutlich.

Synonyme 1
Synonyme 1
Synonyme 1
Synonyme 1
Synonyme 1
Synonym 2
Synonym 2

Tabelle 5.6 Wortbestandteile untereinander auflisten

Synonym 4
Synonym 4
Synonym 4
Synonym 5
Synonym 5
A
B
X
mit Tail
mit Tail
B
D
C
B
A
F
G
Y
A
D

Tabelle 5.6 Wortbestandteile untereinander auflisten (Forts.)

Nun sind Sie fertig mit der ganzen Zauberei. Eine schlichte Übertragung der Werte in die Pivot-Funktion erlaubt es, die Zählung zu automatisieren. Dazu wird nur der erste Wert des Feldes in Zeilen und Werte geschoben (siehe Abbildung 5.85).

Dadurch entsteht eine unsortierte Pivot-Tabelle. Diese wird über weitere Sortieroptionen nach Spalte 2 absteigend überarbeitet (siehe Abbildung 5.86).

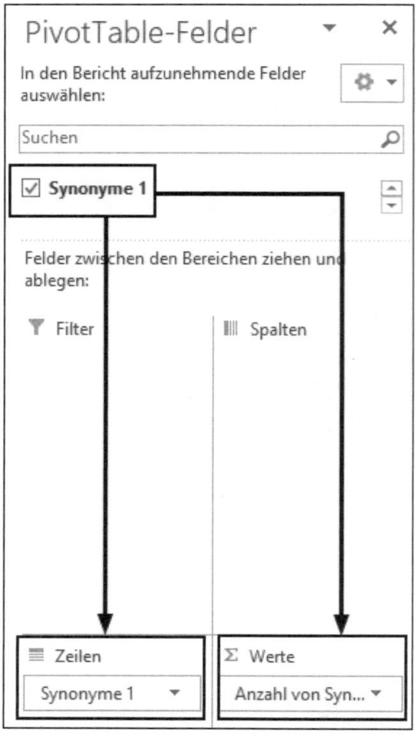

Abbildung 5.85 Pivot-Zeilen und -Werte

Zeilenbeschriftungen	Anzahl von Synonyme 1
Synonyme 1	4
Synonym 4	3
B	3
A	3
Synonym 2	2
Synonym 5	2
D	2
Mit Tail	2
X	1
G	1
Y	1
C	1
F	1
Gesamtergebnis	**26**

Abbildung 5.86 Sortierte Pivot-Tabelle

Um die Schnellanalyse für Diagramme nutzen zu können, bedarf es einer Kopie der Daten in eine normale Tabelle. Durch das Markieren der relevanten Bereiche können

Sie über die Schnellanalyse oder den Bereich EINFÜGEN • DIAGRAMME eine Darstellungsart auswählen. Ich persönlich nutze den Kreis oder die TreeMap (siehe Abbildung 5.87).

Zeilenbeschriftungen	Anzahl von Synonyme 1
Synonyme 1	4
Synonym 4	3
B	3
A	3
Synonym 2	2
Synonym 5	2
D	2
Mit Tail	2
X	1
G	1
Y	1
C	1
F	1
Gesamtergebnis	26

Synonyme 1	4
Synonym 4	3
B	3
A	3
Synonym 2	2
Synonym 5	2
D	2
Mit Tail	2
X	1
G	1
Y	1
C	1
F	1

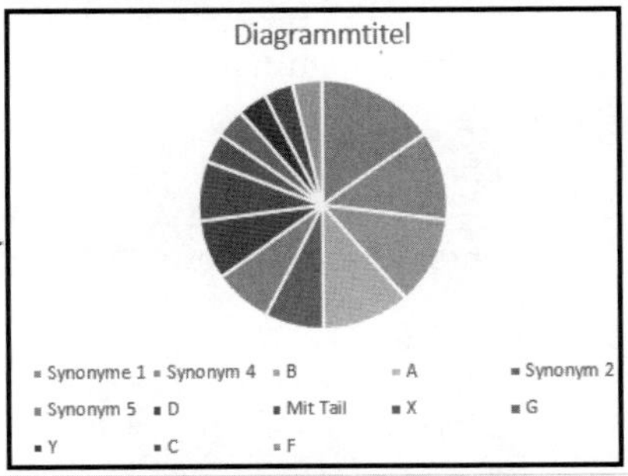

Abbildung 5.87 Diagramm der Tabelle

5.3.3 Synonyme auswerten

Die nun aufgezeigten Daten sind in ihrer Tiefe und dem Detailgrad kaum fehlinterpretierbar. In Abbildung 5.88 sehen Sie an einigen Beispielen, was innerhalb kurzer Zeit an Daten zusammenkommen kann.

ohrringe	ohrstecker	ohrring	silber	damen	gold	ohrhänger
rosegold	925	perlen	stecker	ohrclips	hängend	perle
set	perlenohrringe	schwarz	ohrschmuck	swarovski	kinder	mädchen
earrings	ohrklemme	rose	mit	blau	lang	silberohrringe
rund	groß	echt	stein	klein	fossil	585
kugel	herz	edelstahl	rot	333	kette	sabo
goldene	fake	ohr	medizinische	und	rosa	svarowski
esprit	thomas	grün	blume	vintage	zirkonia	mm
modeschmuck	stern	glitzer	ring	ohrklipser	jahre	hängende
durchzieher	goldohrringe	für	pandora	türkis	silberne	kors
kreis	ohrloch	strass	oliver	michael	hänger	clips
helix	tropfen	pink	ohrklemmen	kristall	weiß	ringe
leonardo	titan	skagen	lebens	guess	dreieck	schmuck
des	verschluss	euro	christ	pferd	matt	ohrlöcher
grau	karat	hochzeit	kleine	diamant	stab	opal
schmetterling	bunt	vergoldet	sterling	piercing	lila	six

Abbildung 5.88 Suggests zur Suchabfrage »ohrringe«

Silber und Damen sind zum Beispiel häufigerer Bestandteil von Abfragen als Gold. Auffällig ist hier auch der Schwerpunkt auf Wörtern wie hängend oder Durchzieher. Insgesamt könnten Sie daraus sogar Trends erkennen, wie Pferd, Blume oder Schwarz als erste eindeutige Farbe. Gold und Silber wie auch Rosegold müssen differenziert betrachtet werden, da es sowohl Materialien als auch Farben sind. Der Nutzen solcher

Daten kann über mehrere Seiten aufgezeigt werden. Markenhäufigkeiten, weitere Schreibweisen wie rose usw. können so einfach festgestellt werden.

Natürlich bewerten Sie die Daten unter anderem im Zusammenhang mit den Häufigkeiten, aber nicht ausschließlich. Besonders wenn es um Platzmangel geht, müssen Sie Entscheidungen treffen.

ohrringe	5286	hängend	229
ohrstecker	2659	perle	227
ohrring	1241	set	218
silber	1036	perlenohrringe	197
damen	871	schwarz	186
gold	642	ohrschmuck	184
ohrhänger	612	swarovski	178
rosegold	342	kinder	167
925	288	mädchen	137
perlen	271	earrings	134
stecker	269	ohrklemme	127
ohrclips	241	rose	114

Tabelle 5.7 Wortbestandteile als Summen dargestellt

Als letzte Hilfe zur Entscheidungsfindung sind dann weiterführende Bewertungen nötig. Von Eingabetiefe über Suchseitenkonsistenz gehen alle Keyword-Definitionen nun in die Anwendung. Selbst für die Bildsprache finden sich Ansätze. So zeigen Bambusschalen eine hohe Suchkonzentration in Verbindung mit dem Thema Obst auf. Einige Wettbewerber ignorieren solche Verbindungen komplett und zeigen Chips in den Schalen – deutlich an der Kundenintention vorbei. Witzigerweise waren diese Produkte dann auch weder bei Chips noch bei Knabbereien aufzufinden.

Eine andere Darstellungsart ist die TreeMap, hier werden die Häufigkeiten bildlicher dargestellt (siehe Abbildung 5.89). Zum Beispiel finden Sie hier »cm« weit vorn allein stehend. Weitere Zahlen wie »40« und »50« folgen später, auch allein stehend. Daraus können Sie ableiten, dass die Schreibweise der Länge bevorzugt »40 cm« oder »50 cm« lautet, immer mit Leerzeichen.

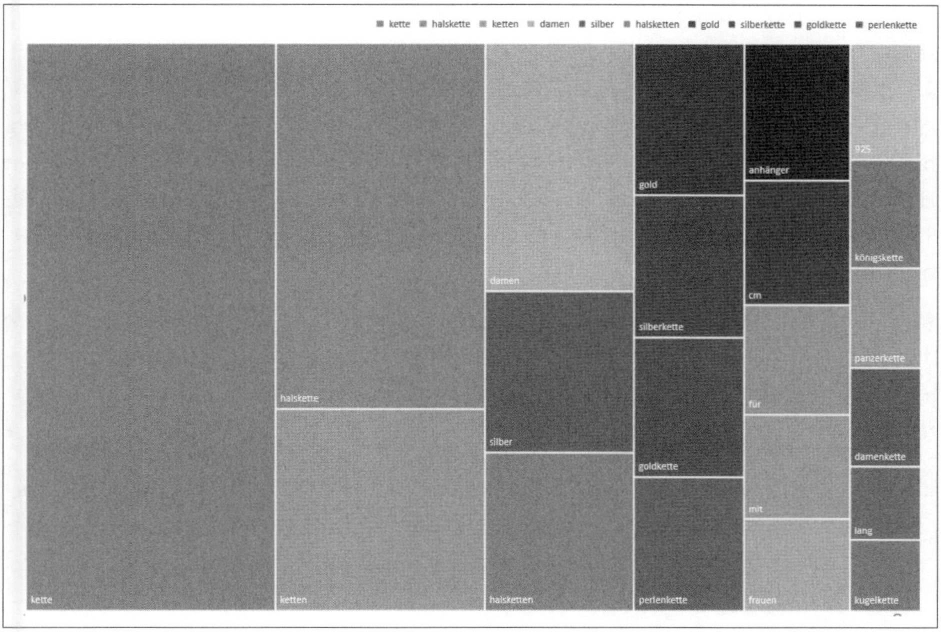

Abbildung 5.89 Suggests zur Sucheingabe »halskette«

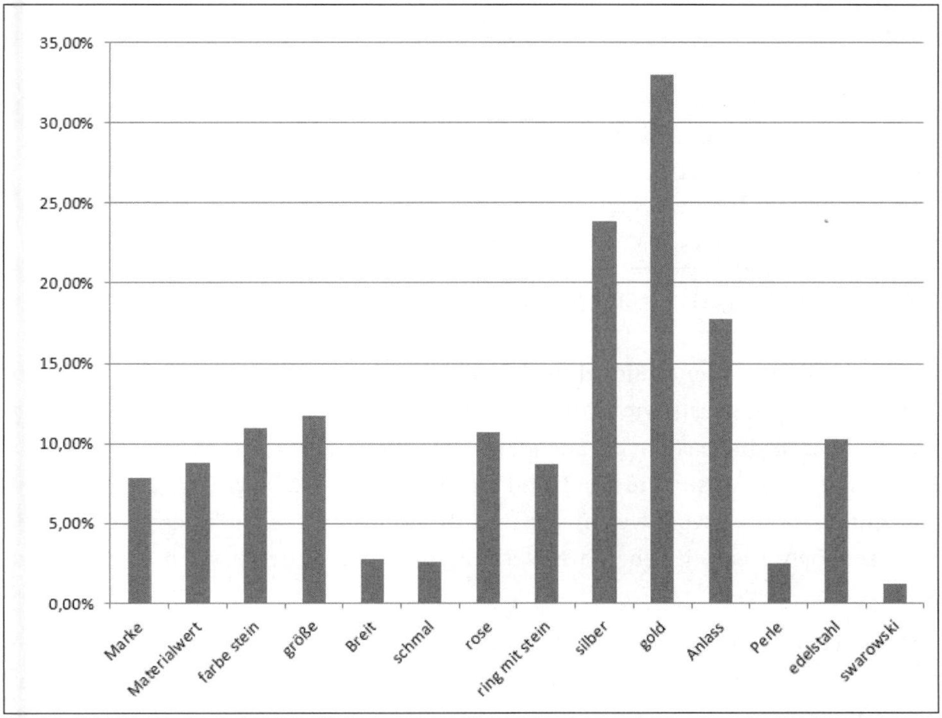

Abbildung 5.90 Suggests zur Sucheingabe »ring«

Statistische Darstellungsformen erleichtern zudem die Übersichtlichkeit und helfen, schnell genauer zu betrachtende Bereiche zu identifizieren. Im Beispiel der Ringe in Abbildung 5.90 sind das die Bereiche »Breit« und »schmal« sowie »farbe stein«. »Breit« musste erweitert werden um die Ergebnisse zu »dick«, »schmal« um die Ergebnisse zu »fein« und »dünn«. Hierbei ist es jedoch gegebenenfalls erforderlich, per Hand zu arbeiten. Kennt man die relevanten Wörter, ist eine Häufigkeitszählung über Suchen und Markieren (Strg + F + Eingabe + Strg + A) oder auch direkte Filterfunktionen hilfreich.

Auch die Farbe der Steine ist nicht ohne Weiteres messbar, sowohl der Stein als auch der Ring selbst können farbig sein. Daher ist hier die Ausgangsquelle im kontextualen Zusammenhang so wichtig. Genaueres dazu wird im Bereich Marketing ab Kapitel 10 aufgezeigt, um sauber gezielte Werbemaßnahmen schalten zu können.

nudeln	nudel	suppe	instant	fertiggerichte
noodles	noodle	nudelsuppe	fertiggericht	für
mit	ohne	bio	cup	asia
in	schwimm	glutenfrei	mikrowelle	set
ramen	knorr	carb	low	maggi
reis	glas	becher	dose	spicy
im	nissin	scharf	yum	linsen
konjak	to	thai	schüssel	zum
go	kochen	mama	korean	china
vegan	und	vegetarisch	teller	machen
machine	der	dosen	diät	behälter
gemüse	abnehmen	aufbewahrung	pool	shirt
kinder	huhn	maschine	baby	barilla
box	vollkorn	selbst	selber	schneider
kalorien	holz	maker	käse	fire

Abbildung 5.91 Suggests zur Sucheingabe »nudeln«

Am Beispiel Nudeln sehen Sie, wie viel Denkarbeit doch noch notwendig ist. So finden sich dort auch Suggests wie »Pool« und »schwimm« (siehe Abbildung 5.91). In der Sommersaison sind das klar die Sucheingaben »Pool Nudel« oder »Schwimm Nudel«. Doch zeigte sich Mitte 2018 der Trend zu »Nudeln Fahrrad«. Wieso das? Nudeln in Fahrradform waren wohl wegen der Tour de France im Trend. Einige Anbieter von Fahrradzubehör hatten dabei Ihre Werbung nicht im Griff, und man fand Fahrradschlösser bei Nudeln.

Ein anderes Beispiel sind die Suggests zum Thema Hocker, hier zeigte sich neben der Bar auch der Schminktisch. Nun ist es nicht so, dass Frauen gerne einen Barhocker am Schminktisch nutzen, sondern kleine niedrige Hocker gerne für Schminktische genutzt werden. Einladungskarten werden lustig gesucht, aber oft witzig genannt, auch werden Mädchen und Jungen gerne berücksichtigt, Jungs und Junge aber oftmals vergessen. Schutzbrillen für die Augen werden mit Soft und Air gesucht. Nun können Arbeitsschutz-Anbieter entweder die Produkte in beiden Bereichen positionieren oder nur für die handwerkliche korrekte Anwendung – allein schon aus Produkthaftungsgesichtspunkten eine heikle Thematik.

Dennoch bleibt das System in Teilen mangelhaft. Die Qualität der Keyword-Recherche steht und fällt mit der Feststellung aller relevanten Synonyme. Gleichfalls sind die Kaufkraft und das Suchvolumen zwar mittlerweile bekannt, aber nicht absolut einsetzbar. So könnten mit dem Ansatz Wörter mit wenigen Suggests, aber hoher Wertigkeit plötzlich rausfallen. Daher gilt es, sorgsam mit den Daten umzugehen und diese detailliert zu betrachten.

Kapitel 6
Amazon-SEO anwenden – die Inhaltserstellung

In diesem Kapitel werden die Inhalte aus den beiden vorherigen Kapiteln nun anwendbar gemacht. Wenn wir die Grundregeln und relevanten Keywords für ein Produkt kennen, dann müssen diese Inhalte in das Amazon-Format umgesetzt werden. Inhalte für einen Marktplatz zu erstellen erzeugt immer Schweißperlen auf allen beteiligten Gesichtern. Was wollen die genau? Wie muss es vorbereitet sein? Reicht das PDF des Vertriebskatalogs etwa nicht aus?

Neben dem datenorientierten Inhalt darf dabei der kundenspezifische Gehalt nicht fehlen. Dabei sollte die Corporate Identity nicht verloren gehen, alle Gesetze müssen beachtet und verkaufsfördernde Marketingslogans positioniert werden! Geht das auf Amazon überhaupt? Und wenn ja, wie? Mein Lieblingszitat aus dem Seller Central dazu: »*Damit Ihre Produkte such- und auffindbar bleiben, füllen Sie bitte so viele Detailinformationen wie möglich aus, und benutzen Sie immer die aktuelle Dateivorlage.*«

6.1 Relevanzanalyse der Bereiche Kunde, Produkt und Content

Alles in allem vergleiche ich den Bereich der Erstellung von Texten für Amazon gerne mit dem Suchen nach einem Hotel für den Urlaub. Die wichtigsten Informationen zu den Sternen gibt man vor und auch die Verpflegung bestenfalls und natürlich die Anzahl an Aufenthaltstagen. In der Suche gleicht man dann eingegebene Anforderungen mit gezeigten Ergebnissen ab. Keiner sucht 5 Sterne und klickt dann spontan auf 3, daher ist dieser Abgleich aus psychologischer Sicht wichtig. Selbst wenn nur 5 Sterne angezeigt werden – ohne das optische Matching glauben wir oft nicht, was wir sehen. Demzufolge werden nach dem Klick die Kerndaten überprüft: Gibt es genug Essensauswahl mit vielen Restaurants und Getränken? Auch andere relevante Daten wie Beistellbetten oder getrennte Schlafliegen werden abgefragt, damit sie nicht umständlich mit Gürteln über den Aufenthalt hinweg zusammengeschustert werden müssen. Doch dann kommen die weiterführenden Fragen: Was für Alkoholika sind im Preis inklusive? Wann gibt es Frühstück und bis wann Langschläfer-Frühstück? Gibt es eine Kleiderordnung beim Abendessen? All diese Elemente wollen

Kunden normalerweise erklärt haben. Sie sind auch durchaus bereit, dafür zu lesen, nicht aber zu forschen. Eine saubere und strukturierte Pflege der notwendigen Daten hilft dabei deutlich. Titel, Aufzählungspunkte, Beschreibung als weiterführende Verlängerung der Aufzählungspunkte oder detailliertere Darstellungen dank Bildern müssen wie aus einem Guss nahezu jedwede vorstellbare Zielgruppe ansprechen und deren Fragen bedienen.

Die *Relevanzanalyse* ist neben der Keyword-Recherche der zweite Pfeiler für ein erfolgreich auffindbares Produkt auf Amazon. Der wesentliche Aspekt ist hierbei die *Conversion-Optimierung*, doch nicht im althergebrachten Sinn einer Nutzung kaufpsychologischer Ansätze, sondern vielmehr vorhandener Daten auf dem gesamten Marktplatz Amazon. Es ist notwendig zu erkennen, dass der Kunde nun mal Bügelbrett sagt und nicht Bügeltisch und dass eine Schreibtischunterlage zwar per Herstellerdenke ein Teppich ist, aber aus Kundensicht doch eine Schreibtischunterlage bleibt und er sie weiterhin so nennen wird. Diese Kundensicht müssen Sie Ihrer Inhaltserstellung zugrunde legen.

Der Ansatz der Conversion-Optimierung basiert am Ende also auf dem Lesen aller vorhandenen Informationen eigener und vergleichbarer Produkte. Da man aus einer guten Keyword-Recherche weiß, worauf man achten soll, ist dieser Ablauf bewährt, da er zeitsparend zum großen Teil gleichzeitig mit der Keyword-Recherche stattfindet. Während Sie nach diversen Synonymen suchen, werden Sie mit vielen Produkten konfrontiert. Einige Wörter übertragen Sie am besten gleich in Ihre Basis-Excel-Datei, während Sie eine Vielzahl an Produkten öffnen, Bildauswahlen und die gesamte Art der Darstellung sowie die spezifischen Inhalte prüfen. Einerseits erkennen Sie so gegebenenfalls neue oder andere Wege, die Sie adaptieren können, andererseits lesen Sie so vielfältige Denkweisen zu Produkten, was Ihnen hilft, sich selbst aus Ihrer Betriebsblindheit zu befreien.

Dabei sollten Sie die drei Bereiche Kunde, Produkt und Content unterscheiden. Notwendig ist dies, da einige Erkenntnisse Ihren Umgang mit Kunden ändern werden. Andere Dinge werden Sie nach Ihrer Recherche direkt am Produkt ändern wollen oder eben in der inhaltlichen Darstellung.

Die erste Erkenntnis sollte die Bilddarstellung des Hauptbildes betreffen: Stehen alle Produkte nach rechts gedreht, werden sie mehr Aufmerksamkeit erlangen, wenn alle ihre Produkte nach links gedreht abgebildet sind. Aber gegebenenfalls verlieren Sie so die direkte Vergleichbarkeit mit dem Wettbewerb, der seine Produkte klassisch abbildet. Also sollten Sie, bevor Sie eine Entscheidung für eine Darstellungsweise treffen, wissen, dass es die Möglichkeit gibt, auf die Art mehr Aufmerksamkeit zu erzielen, doch nicht, ohne die negativen Aspekte zu bewerten und zu berücksichtigen. Vergleichbarkeit oder Aufmerksamkeit in der Bildführung sind zwei komplett gegenläufige Ansätze und müssen je nach Produkt differenziert betrachtet werden.

Der Preispunkt spielt bei der Relevanzanalyse zunächst keine Rolle, es sei denn, Sie prüfen während der Produktrecherche auch gleich diesen Aspekt durch. Besser ist es aber, sich dann auf die angebotenen Produkteigenschaften zu konzentrieren, um die nachgefragten Produkte korrekt anbieten zu können.

Die Relevanzanalyse ist nun eher dafür geeignet, zu erkennen, welche Daten Wettbewerber für notwendig halten oder wie sie diese darstellen. Gezielt muss man zudem herausfinden, welche Eigenschaften oder Nutzungsvorteile nie erwähnt werden. Besondere Kompatibilitäten oder die spezifische Anwendung können Kunden besser bei der Lösung von Problemen und ihrer Bedürfnisse helfen. So ist es nett, wenn man Marktführer im Bereich Magneten ist und diese Magneten auch magnetisch sind. Dennoch will der Kunde wissen, wo genau die Magneten halten – ja, das ist kein Witz. Der Kunde will auch wissen, ob die Magneten am Kühlschrank anbringbar sind – besonders in Zeiten von holzvertäfelten Einbaukühlschränken ist das Bildungsniveau der anzutreffenden Kunden manchmal von Komik und Tragik kaum zu unterscheiden. Schlechte Erfahrungen mit schwachen Magneten, die wieder abfallen, sobald die Kühlschranktür geschlossen wird, mögen ebenfalls ein Grund für solche Fragen sein. Hinweise auf Fototafeln oder Plantafeln für Arbeit und Familie oder die Verwendung an Flip-Charts bringen schnell mehr Absatz. Sätze wie »perfekt für den Stundenplan oder die Einkaufliste« sind sofort verständlich und definitiv besser als »kann bis zu vier Blatt Papier halten, solange die Blattstärke nicht 120 g/m^2 überschreitet«.

Auch sollten Sie beachten, dass es Standard sein kann, dass alle Produkte im Unternehmen BPA-frei sind und auch andere ökologische Standards per se erfüllen. Dennoch punkten Sie damit, wenn Sie darüber schreiben. Solange dieses Plus nicht per Gesetz oder Verordnung vorgegeben ist, können Sie es für Ihr Marketing nutzen.

Neben den Inhalten aller gelisteten Produkte sind die Bewertungen zu lesen. Leider arbeiten dabei viel zu viele nur mit den negativen Inhalten. Natürlich ist es absolut wichtig zu verstehen, welche Erwartungshaltung geweckt wurde und scheinbar nicht erfüllt werden konnte und dass die Inhalte, die diese Erwartung verstärken sollten, entfernt werden oder textlich besser klargestellt werden. Oftmals führen schon technische Dinge wie eine Schutzklasse IP44 zu absoluten Missverständnissen. Eine Außenleuchte mit IP44 ist eben nicht wasserdicht und kann bei starkem Regen volllaufen. Kundenbeschwerden muss man dann klar mit der komplexen Definition der IP44 entgegentreten: »IP International Protection – 1. Kennziffer Schutz gegen Fremdkörper, hier geschützt gegen feste Fremdkörper mit Durchmesser ≥ 1,0 mm und Schutz gegen Berührung, also geschützt gegen den Zugang mit einem Draht; 2. Kennziffer Schutz gegen Wasser, hier Schutz gegen allseitiges Spritzwasser«. Saubere Inhalte schaffen es, klarer zu kommunizieren, was man von dem Produkt erwarten kann.

Die positiven Bewertungen bieten meist viele Mehrwerte. Wenn ein Kunde vom Produkt überzeugt war und seine Freizeit opfert, um eine Bewertung zu schreiben, heißt das, etwas war sehr gut. Amazon erleichtert sogar die Analyse der Bewertungen dank der Darstellung von am häufigsten genutzten Wörtern (siehe Abbildung 6.1).

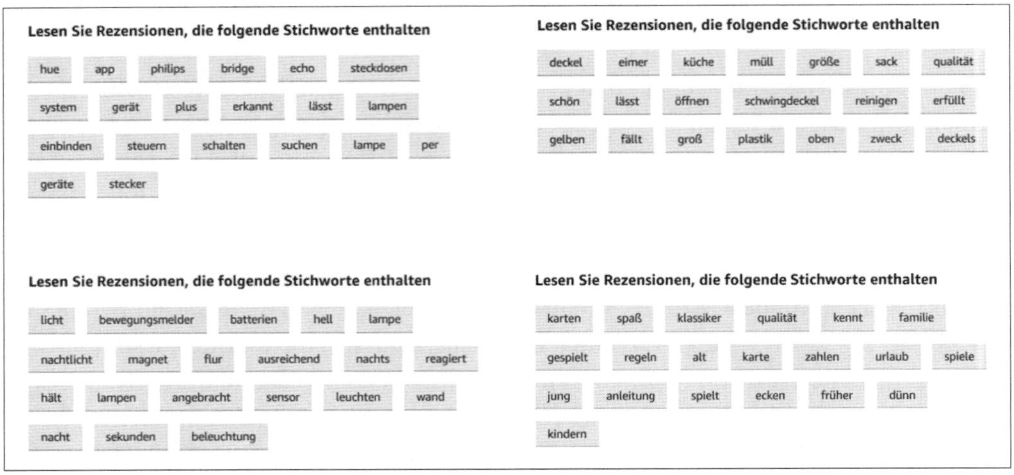

Abbildung 6.1 Suchwolken aus Bewertungen

Diese Informationen zum überdurchschnittlichen Mehrwert müssen Sie erkennen. Gegebenenfalls werden Produkte in besonderen Situationen genutzt, oder sie ergänzen perfekt bestimmte Hobbys wie Fotografie oder Basteln aller Art. Ein einfaches Beispiel ist die Nutzung eines geruchsdichten Mülleimers im Gartenbereich. Der Kunde schreibt von der perfekten Funktion als Behälter für Unkraut. Aufgrund der Geruchsbindung könne er so länger Gartenabfall sammeln vor der Entsorgung. Nun sollten Sie zuerst intern bewerten, ob das Produkt dafür geeignet ist oder ob die atypische Nutzung eher nicht allzu positiv ist, weil etwa die Verrottung von Unkraut ohne Tüte das Material schädigt. Sollte die Nutzung jedoch passen, sind die weiterführenden Fragen recht einfach. Wie schaffen Sie dank dieser Kundenidee einen Mehrwert für weitere Kunden? Die erste Frage müsste die nach Erhalt der Farbe bei direkter oder teils dauerhafter Sonneneinstrahlung sein oder ob sie verbleicht. Die zweite Frage muss sich aufgrund der starken und ständig schwankenden Temperaturen auf die Materialqualität richten. Sollten also beschleunigte Brüchigkeit und Alterserscheinungen ausgeschlossen werden können, können Sie zu dieser Idee sowohl Bilder als auch Texte entwickeln, von einer eigenen Produktreihe ganz zu schweigen. So sind Bewertungen sehr hilfreich, im Besonderen die bei Wettbewerbern, um festzustellen, was diese schlecht machen, und um diese Fehler direkt zu vermeiden. Besonders als Seller ist es hilfreich, die eigenen Händlerbewertungen zu prüfen, da viele Kunden hier ihre eigentliche Produktbewertung schreiben.

Die Fragen und Antworten von Kunden sind natürlich ebenfalls ein Quell reichhaltiger Informationen. Meine Erkenntnis ist jedoch, dass man hier weniger über Kunden lernt, als vielmehr über seine eigene mangelhafte Datenqualität. Der Kern von Fragen richtet sich zumeist auf fehlende Informationen zu Abmessungen, Nutzbarkeiten und Kompatibilitäten, die eigentlich sauber vorab zu kommunizieren wären. Häufig kommen diese Fragen auf, obwohl die Daten hinterlegt sind. Dies liegt dann oft an der Position der Daten. So kann man per mobiler Nutzung nicht ohne Weiteres finden, wo diese Informationen verborgen sind. Es ist also eine andere Kundenführung nötig, um klar zu kommunizieren, wo man weitere Informationen findet. Haben Sie viele Informationen unterzubringen, empfehle ich die Einführung von Inhalten in Aufzählungspunkten oder die Beschreibung wie »Nicht geeignet für die Anwendung mit« oder positiver formuliert »Aktuell ist eine Nutzung mit ... in Vorbereitung«. Besonders die zweite Variante führte jedoch in einem Fall eines Thermostat-Anbieters zu sehr starker Nachfrage und später harten Kritiken, da eine klare Aussage fehlte, ab wann eine Produktverbesserung erhältlich ist, und dann hohe Retouren und schlechte Bewertungen entstanden sind. Manchmal kann auch eine kurze FAQ-Sammlung in Bild oder Text hilfreich sein.

Nun sind neben Text, Bewertungen für Produkt und Händler und den Fragen der Kunden noch lange nicht alle Ressourcen ausgeschöpft. Auch die Retourengründe sind für Seller wie Vendoren abrufbar. Es gab lange Zeit kein besseres Kundenfeedback, erst die Trägheit der Kunden, schlicht alles und häufig zu retournieren, führte zu ständig gleichen Gründen wie »passt nicht« oder »gefällt nicht« oder, die schlimmste Form, »A–Z«. Dennoch hilft das Feedback. Neben den vorgegebenen Auswahlfeldern ist die freie Eingabe möglich. Ich empfehle Ihnen, diese Inhalte anfangs monatlich und später quartalsweise zu prüfen.

Diesen Ablauf sollten Sie direkt mit regelmäßigen Support-Meetings verbinden. Hier laufen bestenfalls die Retourengründe aus anderen Marktplätzen und die Kundenanfragen direkt zusammen. Tagtäglicher Endkundenkontakt verschafft dem Support meist eine unglaubliche Kenntnis über die Kunden und deren Bedürfnisse. Eine regelmäßige Kommunikation und eine Verbindung der Daten und Erkenntnisse helfen, die Produkte und ihre Darstellung auf dem Marktplatz und somit langfristig auch Abläufe und Prozesse zu verbessern.

Abschließend sei hier erwähnt, wie wichtig es ist, auf Bewertungen zu reagieren und auch auf Fragen direkt als Hersteller oder Verkäufer zu antworten. Viele Inhalte kommen sonst von anderen Kunden und führen zu missverständlichen Informationen. Das höchste Vertrauen genießt jedoch eine klare und einfache Antwort der Anbieter. Zudem ist es wichtig, zuerst zu antworten, da diese Antwort meist direkt angezeigt wird, weitere müssen Kunden erst anklicken.

Nun ist es nur noch notwendig, alle Daten aus Keyword-Recherche und Relevanzanalyse zu verbinden.

6.2 Die relevante Kategorie finden

Mit der Kategorienzuweisung startet die Anlage eines Produkts. Darauf basieren die relevanten zu beachtenden Style Guides und die speziellen zugehörigen Felder zum Pflegen und Befüllen. Auszugsweise heißt es im Seller Central dazu:

> *»Je spezifischer ein Kunde in einer Kategorie sucht, umso spezieller werden die Filterkriterien, die Kunden zum weiteren Eingrenzen ihrer Suchresultate verwenden können.*
>
> *Damit Ihre Produkte auch bei einer spezifischen Suche durch den Kunden noch gefunden werden, können Sie Filterinformationen direkt in Ihre Dateivorlage eingeben.*
>
> *Um die Kundenerfahrung auf der Seite zu optimieren, fügen wir kontinuierlich neue, spezifische Filter hinzu.*
>
> *Teilen Sie Ihren Produkten konkrete Browse Nodes (immer die tiefste/detaillierteste Kategorie) zu, um die Auffindbarkeit bei Filter- und Suchanfragen zu ermöglichen.*
>
> *Kunden können nach Produkten suchen, indem sie die Seite durchstöbern oder Begriffe in das Suchfeld eingeben. Die meisten Kunden kombinieren Stöbern und Suchen.*
>
> *Damit Kunden Produkte schnell finden können, hat Amazon eine detaillierte Produkthierarchie entwickelt, die Klassifikationsstruktur (Browse Tree Structure). Kunden verfeinern ihre Suche mit Kategorie-Links, mit denen sie die Suche so weit eingrenzen können, bis sie das gewünschte Produkt gefunden haben.*
>
> *Amazon nutzt empfohlene Browse Nodes, die Produktbeschreibung, Aufzählungspunkte und andere Elemente der Detailseite für die Klassifizierung Ihrer Produkte in den richtigen Kategorien. Wir können einem Artikel mehrere Kategorien zuweisen, benötigen jedoch nur einen empfohlenen Browse Node vom Verkäufer.«*

Um Ihnen die Auswahl einer Kategorie für Ihr Produkt an einem Beispiel zu zeigen, sei mir ein kurzer Ausflug in die verschiedenen Produktfinder für Waschmaschinen, Staubsauger und Kaffeemaschinen gestattet. Die Produktfinder dieser drei arbeiten ähnlich – will man unter allen möglichen Abfragen und Filterkombinationen auftauchen, muss man diese teilweise exakt pflegen, sowohl inhaltlich als auch in der korrekten Amazon-Schreibweise. Dennoch zeigt sich ein häufiges Missverständnis der Zuweisung, da diese teils automatisch ist.

Neulistungen ließen immer wieder erkennen, dass plötzlich andere oder weitere Kategorien angezeigt wurden. Amazon bestätigte das und begründete dieses Vorgehen damit, dass häufig mehr Traffic oder gar Verkäufe über diese Wege zustande gekommen seien. Diese kategorienspezifischen Auffindbarkeiten trifft man immer wieder an. Vendoren haben lange Zeit den Vorteil gehabt, weit über drei Kategorien hinzufügen zu können. Mehr als eine Kategorie ermöglicht die Nutzung vieler kategorienspezifischer Keywordsets. Eine Außenlampe in Garten, Baumarkt und Beleuchtung zeigt sehr eindrucksvoll, wie vielfältig das Kundensuchverständnis sein kann. Es gibt sogar Beispiele, die es auf über 20 Kategorien bringen (siehe Abbildung 6.2).

- Games > Plattformen
- Elektronik & Foto > Kategorien > Hifi & Audio > Radios
- Elektronik & Foto > Kategorien > Tragbare Geräte > Zubehör > MP3-Player-Zubehör > Ladegeräte
- Elektronik & Foto > Kategorien > Auto- & Fahrzeugelektronik > Auto-Elektronik
- Elektronik & Foto > Kategorien > Handys & Zubehör > Zubehör > KFZ-Zubehör
- Küche, Haushalt & Wohnen > Kategorien > Geschirr, Besteck & Gläser > Geschirr > Tassen & Untertassen
- Küche, Haushalt & Wohnen > Kategorien > Geschirr, Besteck & Gläser > Gläser > Weingläser
- Küche, Haushalt & Wohnen > Kategorien > Möbel & Wohnaccessoires > Möbel > Schlafzimmer > Matratzen
- Küche, Haushalt & Wohnen > Kategorien > Aufbewahren & Ordnen > Kleideraufbewahrung
- Küche, Haushalt & Wohnen > Kategorien > Aufbewahren & Ordnen > Körbe & Behälter > Aufbewahrungskörbe
- Küche, Haushalt & Wohnen > Kategorien > Aufbewahren & Ordnen > Büro
- Küche, Haushalt & Wohnen > Kategorien > Aufbewahren & Ordnen > Küche > Halter & Ständer > AMZ_CAT_13944746031
- Garten > Kategorien > Gartendeko > Teiche & Zubehör > Pumpen > Filterpumpen
- Spielzeug > Kategorien > Kinderfahrzeuge
- Sport & Freizeit > Kategorien > Sportelektronik
- Sport & Freizeit > Kategorien > Skateboarding
- Baumarkt > Produkte > Elektro- & Handwerkzeuge > Handwerkzeuge > Feilen & Raspeln > Feilengriffe
- Beauty > Kategorien > Hautpflege > Gesicht
- Bürobedarf & Schreibwaren > Kategorien > Büromaterial > Ringbücher & Zubehör > Lochverstärkungsringe
- Bürobedarf & Schreibwaren > Kategorien > Büromaterial > Ringbücher & Zubehör > Klarsichthüllen
- Bürobedarf & Schreibwaren > Kategorien > Büromaterial > Ringbücher & Zubehör > Bindewände
- Bürobedarf & Schreibwaren > Kategorien > Büromaterial > Ringbücher & Zubehör > Gelochte Hüllen
- Bürobedarf & Schreibwaren > Kategorien > Büromaterial > Mappen, Ordner & Zubehör > Mappen & Sammler > Zeitschriften-Sammler
- Bürobedarf & Schreibwaren > Kategorien > Papierprodukte > Blöcke, Hefte & Blankobücher > Aktenzeichen
- Computer & Zubehör > Produkte > Netzwerk > Modems
- Musikinstrumente & DJ-Equipment > Kategorien > PA- & Bühnentechnik
- Baby > Kategorien > Kinderwagen & Buggys > Kinderwagen & Buggys

Abbildung 6.2 Produkt in 27 Kategorien

Bei der Analyse der Effekte muss man beachten, dass es zu einem stufenartigen Anstieg der Keyword-Anzahl kommt. Die einmalige Änderung wird eingeführt, und die Umplatzierung unter den Keywords passt sich messbar an. In Abbildung 6.3 sehen Sie dies deutlich.

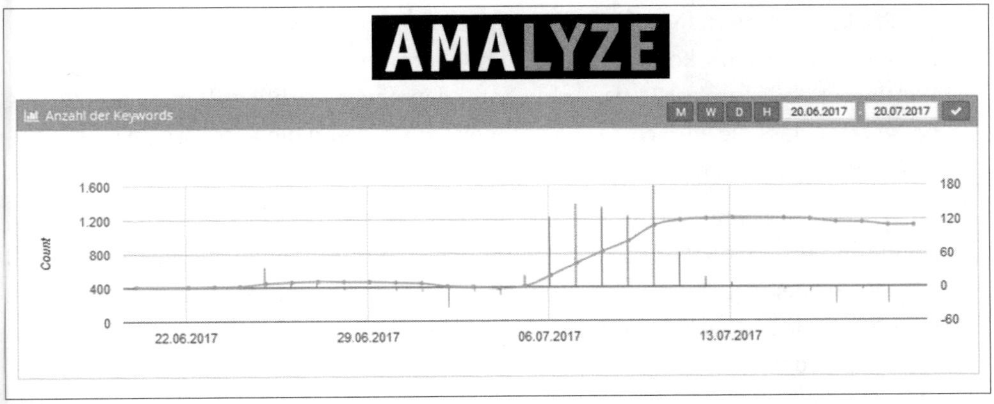

Abbildung 6.3 Neuplatzierung in eine bessere Kategorie

Am 5. Juli 2017 wurde die Kategorie angepasst, am 10. Juli war die Änderung vollständig umgesetzt. Von anfänglich 400 Suchbegriffen war man unter 1.200 aufzufinden. Aber auch hier ist nicht alles erfolgreich. Abbildung 6.4 zeigt zwar den erwarteten Erfolg, aber gleichzeitig auch weitere Effekte.

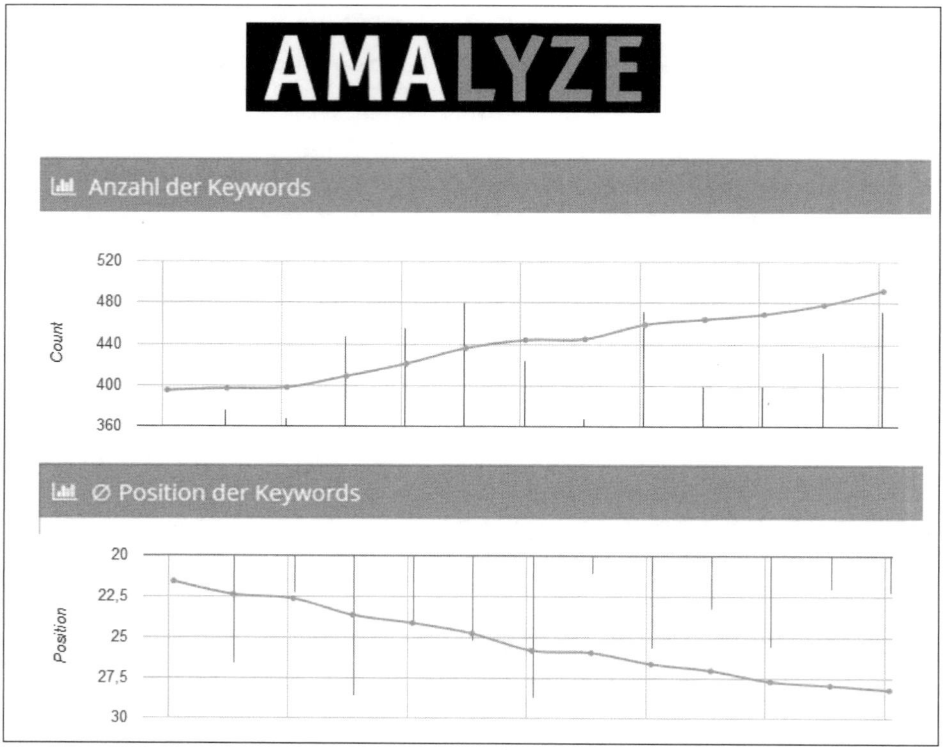

Abbildung 6.4 Neuplatzierung mit negativem Effekt

Während die Auffindbarkeit steigt, nimmt die durchschnittliche Position zu den Suchbegriffen ab. Beide Achsen entfernen sich deutlich voneinander. Sollte sich dieser Effekt nicht zeitnah abfangen lassen, ist die Kategorie nicht unbedingt zweckmäßig. Andererseits können zig weitere Faktoren einfließen, etwa ein stärkerer Wettbewerb oder andere Preispunkte unter den neuen Suchbegriffen. Die Erfahrung hat gezeigt, dass die einfachste Lösung meist zutrifft und die Kategorie in einem solchen Fall nicht passend ist.

Einen Überblick liefert der *Browse Tree Guide* (BTG), also die Klassifikationsliste (siehe Abbildung 6.5). Als Seller können Sie ihn leicht herunterladen, als Vendor per Fall anfordern oder in jedem Seller-Account bekommen. Dazu nur am Rande der Hinweis: Jeder normale Amazon-Account hat einen direkten Seller-Login und kann gleichfalls genutzt werden.

Laden Sie die Tabelle für die Zuweisung von Browse Nodes europäischer Marketplace-Sites herunter.

Die Klassifikationslisten (Browse Tree Guides)

Klicken Sie bitte auf die Links in der Tabelle unten, um die passende Klassifikationsliste für die Kategorie, in der Sie verkaufen wollen, herunterzuladen.

Klassifikationsliste - BTG (Excel-Datei)	Verkaufen Sie bei mehreren Marketplace-Sites?
Alkoholische Getränke	Laden Sie hier die Tabelle für die Zuweisung von Browse Nodes europäischer Marketplace-Sites herunter Weitere Informationen
Auto	
Babyartikel	
Baumarkt	
Beauty	
Bekleidung	
Beleuchtung	
Bürobedarf & Schreibwaren	
Computer & Zubehör	
Drogerie & Körperpflege	
Elektrogeräte für Schönheit, Massage und Gesundheit & Produke aus dem Sanitätshaus	
Erotik	
Elektronikartikel	
Elektro-Großgeräte	
Kleinelektro und -zubehör für Haushalt & Küche	
Haushaltswaren, Wohnen & Dekorieren	
Garten	
Haustierbedarf	
Koffer, Rucksäcke & Taschen	
Lebensmittel & Getränke	
Motorrad	
Musikinstrumente & DJ-Equipment	
Schmuck	
Schuhe & Handtaschen	
Software	
Spielzeug	
Sport&Freizeit	
Uhren	
Videospiele	
Zubehör für Amazon-Geräte	
Zubehör für Gewerbe, Industrie & Wissenschaft	

Abbildung 6.5 BTG je Kategorie

Einerseits haben Sie hier eine einfache und schnelle Übersicht aller Kategorienäste pro Hauptkategorie, wie Sie in Abbildung 6.6 erkennen können. Sowohl per *Browse Node* als auch über den direkten Kategorienpfad wird das Suchen und Finden relevanter Bereiche so deutlich vereinfacht.

Die landesspezifische Variante des BTG unterscheidet sich dabei gegenüber der EU-Version in einem wesentlichen Punkt: Internationalisierungen von Listings und deren Kategorisierung gehen in der EU-Version einfacher von der Hand, da die jeweiligen Browse Node IDs pro Land direkt aufgeführt sind (siehe Abbildung 6.7). Sollten diese fehlen, gibt es die Kategorie nicht im Zielland.

Browse Node ID	Kategorie	Refinement Link
357577011	Baby	
3968832031	Baby/Autositze & Zubehör	
3968833031	Baby/Autositze & Zubehör/Autositze	See Available Refinements
3968834031	Baby/Autositze & Zubehör/Zubehör	
3968835031	Baby/Autositze & Zubehör/Zubehör/Adapter für Autositze	
3968836031	Baby/Autositze & Zubehör/Zubehör/Baby-Autoaufkleber	
3968837031	Baby/Autositze & Zubehör/Zubehör/Befestigungssysteme für Autositze	
3968838031	Baby/Autositze & Zubehör/Zubehör/Einlagen für Autositze	
5124492031	Baby/Autositze & Zubehör/Zubehör/Ersatzteile für Autositze	
3968840031	Baby/Autositze & Zubehör/Zubehör/Fußstützen	
3968839031	Baby/Autositze & Zubehör/Zubehör/Fußsäcke	See Available Refinements
3968841031	Baby/Autositze & Zubehör/Zubehör/Gurtpolster	
3968842031	Baby/Autositze & Zubehör/Zubehör/Insektennetze	
3968843031	Baby/Autositze & Zubehör/Zubehör/Nackenstützen	
3968844031	Baby/Autositze & Zubehör/Zubehör/Regenschutz	

Abbildung 6.6 BTG DE

Node root	Node ID	Node Path	Node Id in UK	Node Id in FR	Node Id in IT	Node Id in ES
de-apparel	1981004031	/Kategorien/Baby/Jungen (0-24 Monate)/Accessoires/Handschuhe & Fäustlinge	1730635031	514769031	1806420031	1909320031
de-apparel	1981005031	/Kategorien/Baby/Jungen (0-24 Monate)/Accessoires/Hüte & Mützen	1730636031	514768031	1806421031	1909321031
de-apparel	1981006031	/Kategorien/Baby/Jungen (0-24 Monate)/Accessoires/Halstücher	1730637031	2308672031	1806422031	1909322031
de-apparel	1981007031	/Kategorien/Baby/Jungen (0-24 Monate)/Accessoires/Schals	1730638031	2308673031	1806423031	1909323031
de-apparel	1981008031	/Kategorien/Baby/Jungen (0-24 Monate)/Accessoires/Sonnenbrillen	1730639031	514770031	1806424031	1909324031
de-apparel	1981010031	/Kategorien/Baby/Jungen (0-24 Monate)/Bodys & Einteiler/Bodys	1730641031	465087031	1806426031	1909326031
de-apparel	1981011031	/Kategorien/Baby/Jungen (0-24 Monate)/Bodys & Einteiler/Strampler	1730642031	465088031	1806427031	1909327031
de-apparel	1981012031	/Kategorien/Baby/Jungen (0-24 Monate)/Bodys & Einteiler/Spieler	1730643031	465089031	1806428031	1909328031
de-apparel	1981013031	/Kategorien/Baby/Jungen (0-24 Monate)/Taufbekleidung	1730644031	2308679031	1806429031	1909329031
de-apparel	1981015031	/Kategorien/Baby/Jungen (0-24 Monate)/Sweatshirts & -hosen/Sweathosen	1730646031	465057031	1806431031	2949300031
de-apparel	1981016031	/Kategorien/Baby/Jungen (0-24 Monate)/Sweatshirts & -hosen/Kapuzenpullover	1730647031	465054031	1806432031	2949301031
de-apparel	1981017031	/Kategorien/Baby/Jungen (0-24 Monate)/Sweatshirts & -hosen/Sweatanzüge	1730648031	465058031	1806433031	2949302031
de-apparel	1981018031	/Kategorien/Baby/Jungen (0-24 Monate)/Sweatshirts & -hosen/Sweatshirts	1730649031	465055031	1806434031	2949303031

Abbildung 6.7 BTG EU

Ausführlicher sind die Kategorienarten im Speziellen zu betrachten, da es neben der Listungskategorie noch zwei weitere gibt, die Filter- und Stöberkategorien. Filterkategorien dienen der direkten Suchvereinfachung. Kunden können hier klicken, um Suchergebnisse einzuschränken oder auszudifferenzieren. Eine Taschenlampe im Bereich Kinder ist eben nicht genauso zu bewerten wie eine im Bereich Baumarkt. Jedoch weiß niemand, ob der Suchende gerade das eine oder das andere sucht. Oftmals gibt es komplette Suchstränge überhaupt nicht als Listungsmöglichkeit. Im Schmuckbereich gibt es Filter wie die Bijouterie-Kategorie, ohne überhaupt dort listen zu können. Amazon baut sich die Produktauswahl selbstständig. Durch aktives Nachfragen und Fallmanagement schaffte man es teilweise, dort platziert zu werden. Aber grundsätzlich waren dort automatisch alle Produkte zusammengestellt, die weniger als 14 € kosteten und nicht aus Edelmetall waren. All das ist im Seller Central nachzulesen, aber das machen leider immer noch zu wenig Händler (siehe Abbildung 6.8).

Die Stöberkategorien sind eine weitere Form der Kundensuche. Zumeist im Bereich der App anzutreffen, sollen Kunden hier die einfache Möglichkeit haben, zuerst auf den Geschmack und auf Ideen zu kommen, bevor es um die eigentliche Produktsuche geht.

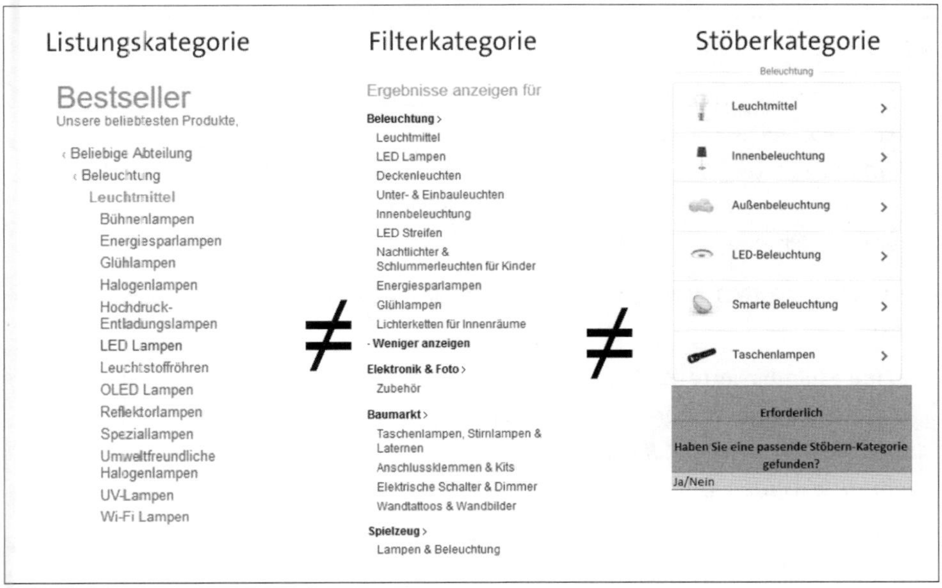

Abbildung 6.8 Kategorienarten

Smarte Beleuchtung war zu Beginn der Smarthome-Welle sehr stark durchsetzt mit Philips-Leuchtmitteln, Osram hatte schlicht gefehlt. Dank einiger Suchtreffer in den Stöberkategorien konnte man dem Wettbewerber die Stirn bieten und den Kunden eine verbesserte Produktauswahl anbieten. Zwischenzeitlich gab es für Vendoren gezielt die Möglichkeit, in Flat Files, auch *NIS-Templates* genannt, Stöberkategorien zu wählen. Mit einem einfachen JA war man sofort dabei.

Dennoch sei darauf verwiesen, dass Amazon natürlich auch eine Gebührenstruktur nutzt, die nicht absichtlich ausgenutzt oder umgangen werden soll, um Geld zu sparen. Daher hat Amazon die Vorgehensweise für Kategorienänderungen inzwischen angepasst. Viele Verschiebungen werden mittlerweile abgelehnt. Diese Vorgehensweise dient dazu, sicherzustellen, dass die Gebühren ordnungsgemäß abgerechnet werden. Dennoch bleibt es eine wichtige Grundlage für Auffindbarkeit und Werberelevanz, Suchkategorien zu variieren.

6.3 Die zweckmäßige Variantenstruktur bestimmen

Amazon gibt zwei Arten von Varianten vor, die *Hardlines* und die *Softlines*, oder eben *Child-basierte* und *Parent-basierte Varianten*. Das *Relationship Changes Form* ist ein Template, das Amazon-Händlern die Übermittlung gewünschter Variationen ermöglicht. Dabei gibt es zum Beispiel auch Nachfolger-Widgets, um Vorgänger- und Nachfolgermodelle zu verlinken, auch *OB-Widgets* genannt. Einfach erklärt, heißt es dazu bei Amazon:

> *»Eine Infobox direkt unter den Highlights gibt die Information: ›Für diesen Artikel ist ein neueres Modell vorhanden‹. Beim Klick auf das Produktbild wird der Kunde direkt auf die Detailseite des neueren Produktes weitergeleitet. Der Traffic wird somit auf die aktuellste Version umgeleitet und verbessert somit das Suchranking der ›neuen‹ Version.«*

Die Hard-Varianten sind Child-basierte Variationsmodelle (Child-Facing Relationships):

> *»Eine Child-basierte Variation verlinkt von der Suche auf eine Produktvariante inklusive der auf dieser ASIN hinterlegten Attribute. Wenn eine weitere Variante ausgewählt wird, schaltet die Detailseite um und die Attribute der gewählten Variante werden angezeigt.«*

Der große Vorteil liegt in dem Umstand, dass jedes Child (bzw. SKU für Stock Keeping Unit oder ASIN für Amazon Standard Identification Number) einen eigenen Slot innerhalb der Suchergebnisseite erhält (siehe Abbildung 6.9).

Abbildung 6.9 Hard- bzw. Child-Varianten

Sie erkennen dies am einfachsten an den komplett gleichen Bewertungen, obwohl Amazon diese immer häufiger nur noch auf Child-Ebene anzeigt. Dennoch ist jedes Produkt mit einem eigenen Slot in der Suche auffindbar.

Die Soft-Varianten sind Parent-basiert:

> *»Parent-basierte Variationen ermöglichen den Kunden mit der eigenen Größe zu beginnen und dann je nach Interesse die Farb- und Stiloptionen zu verfeinern. Eine Parent-basierte Variation linkt automatisch auf die PARENT-ASIN der Variation, der Titel bleibt statisch, unabhängig von den gewählten Attributen.«*

Der große Nachteil dieser Variante besteht in nur einem Slot für alle Produkte in der Suchergebnisseite (siehe Abbildung 6.10).

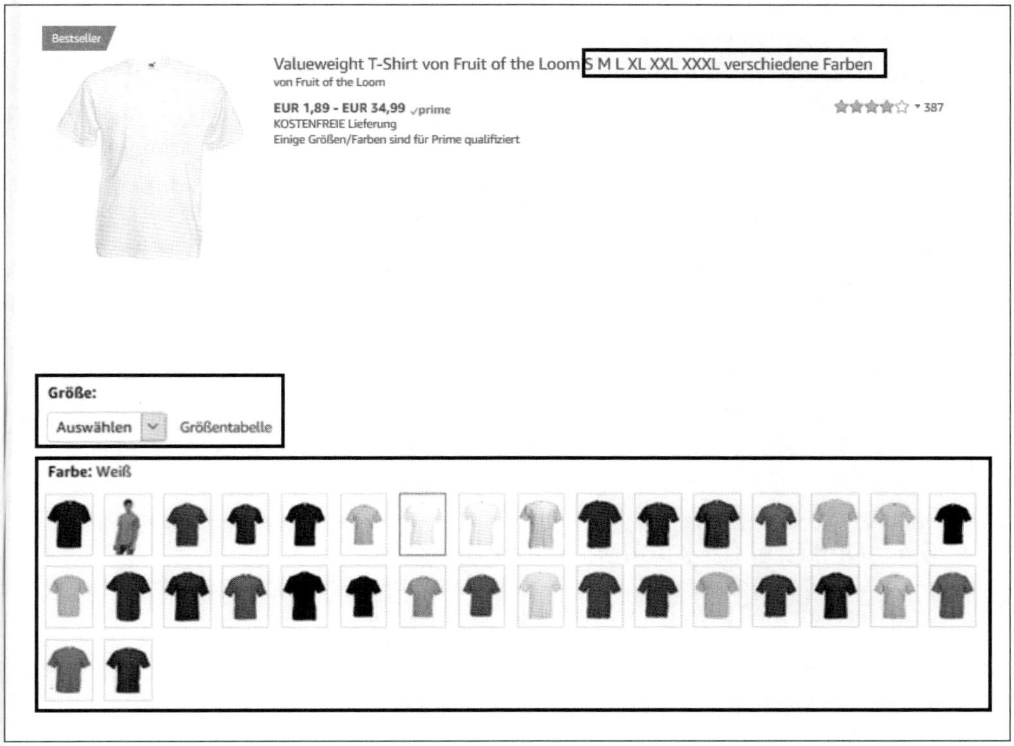

Abbildung 6.10 Soft- bzw. Parent-Varianten

Hierbei wird nur ein einziger, der Suchabfrage entsprechender Slot zur Verfügung gestellt. Der Kunde kann also nicht direkt erkennen, dass dahinter noch eine Vielzahl an weiteren Farben verborgen ist bzw. welche das sind. Getestet werden deshalb gerne Hinweise wie »weitere Farbauswahl möglich«, und zwischenzeitlich waren sogar die ersten drei Produkte in einer solchen Variante als kleine Vorschaubilder sichtbar. Dennoch ist diese Variante nicht absolut kundenorientiert.

Leider können Sie nicht selbst auswählen, welche Art Sie favorisiert einstellen wollen. Dies ist in jeder Kategorie vorgegeben. Daher sollten Sie sich einfach fragen, wie Ihre Kunden suchen. Ist die Suche stark von Farben geprägt, reicht am Ende eine Größenauswahl völlig aus. Der Kunde wird kaum von Gelb spontan auf Blau wechseln. Sollten in der Folge jedoch gehäuft Kundenanfragen eingehen, ob das Produkt auch in anderen Farben verfügbar ist, können Sie die Variante erweitern. Ich persönlich favorisiere, die Farbvarianten zum Beispiel nach Farbräumen aufzubauen. Rottöne, Blautöne, Grüntöne, dunkle Farben oder ähnliche Aspekte lassen sich perfekt umsetzen.

Bei der grundlegenden Entscheidung empfehle ich Ihnen, die Anzeige vieler Listings in der Suche zu ermöglichen, und zwar trotz des Umstandes, dass jeder Seitenaufruf einer Variante innerhalb der Parent-ASINs gezählt wird und die Anzahl der Seitenansichten ein Kriterium für die Top-Suchresultate sind.

Für wesentlich wichtiger halte ich im Bereich einer Marken- und Produktführung, besonders zu Beginn, die Notwendigkeit, einen schnellen Eigenschutz in allen organischen Bereichen zu etablieren. Je mehr Listings ein Produkt aufweist, desto einfacher ist dies zu bewerkstelligen. Sobald eine Durchdringung aller sichtbaren Bereiche einer Produktseite mit eigenen Produkten ausgefüllt erreicht ist, können Sie auch gerne die Strategie wieder wechseln.

Die Zusammenführung mehrerer Bewertungen war oftmals das übergeordnete Ziel, doch hier löst Amazon immer häufiger in einigen Kategorien diesen Zusammenhang wieder auf. Es werden nur noch die zugehörigen Bewertungen je Produkt angezeigt. Gerade in einer Produktstartphase empfehle ich Ihnen, selten Soft-, also Parent-basierte, Varianten zu nutzen, zeigen Sie lieber ganz viele Listings ohne Bewertungen, als alle Listings hinter wenigen Bewertungen zu verstecken.

6.4 Der Titel für Kunden und Endgeräte

Drei wesentliche Titelregeln sollten Sie beachten:

- Halten Sie sich an den Style Guide.
- Dehnen Sie den Style Guide zugunsten des Kunden so weit wie möglich.
- Beachten Sie immer, wann der Kunde welche Inhalte zu sehen bekommt, je nach Endgerät und Werbeart.

Wie bereits in Kapitel 4, »Auffindbarkeit – die Richtlinien und Hygienefaktoren des Amazon-SEO«, aufgezeigt, bevorzuge ich das System für Titel aus:

Marke + Major Keyword + Produktname + Was bin ich? + Besonderheit + Artikelnummer + Anzahl

Jeder dieser Bereiche ist verhandelbar in Position und Umfang. So kann die Anzahl absolut relevant sein bei 10er Set, 10er Pack und 10 Stück (natürlich sind alle drei Schreibarten relevant), manchmal jedoch ist die Anzahl schlicht überflüssig. Ein ganz praktischer Zweck versteckt sich hinter dem Gedanken eines »Was bin ich«-Platzhalters, so vergessen doch sehr viele Anbieter beim Verkauf von Essstühlen, Bürostühlen oder Kinderstühlen das schlichte Grundwort Stuhl.

Weiterhin weicht diese Vorlage schnell auf, wenn man die Werbearten und Titellängen je nach Device berücksichtigen will. Bevor Sie sich also dem eigentlichen Titel zuwenden, müssen Sie abwägen, was die Kunden direkt wissen sollten, was sie gegebenenfalls direkt in der SERP vergleichen und was sie auf ihrem Endgerät überhaupt zu lesen bekommen.

Hier am einfachen Beispiel:

1. Rotho Mülleimer »Paso« 40 Liter | Küche ...
2. Rotho Mülleimer »Paso« 40 Liter | Küche Abfalleimer geruchsdicht ...
3. Rotho Mülleimer »Paso« 40 Liter | Küche Abfalleimer geruchsdicht – 35 × 29 × 68 cm | Papierkorb aus Kunststoff (PP) in Edelstahl-Optik ...
4. Rotho Mülleimer »Paso« 40 Liter | Küche Abfalleimer geruchsdicht – 35 × 29 × 68 cm | Papierkorb aus Kunststoff (PP) in Edelstahl-Optik | Tretmechanismus zum Öffnen des Abfallbehälters

Oftmals werden Werbeanzeigen wie bei den *Headline Search Ads* oder Google- und Facebook-Ads mit kurzem Titel beschrieben wie im ersten Beispiel. Amazon arbeitet hier mit sehr vielen Tests. Der Titel schwankt mittlerweile zwischen der Anzeige der Versandart Prime über die Bewertungsangabe bis hin zur mobilen Titellänge von knapp 60 Zeichen.

Der zweite Titel entstammt der App auf einem Android-Gerät mit 7 Zoll. iOS-Geräte hingegen bekommen teils den vollständigen Titel angezeigt. Zumeist sind 60 bis 70 Zeichen lesbar.

Titel drei basiert auf der älteren Desktop-Vorschau in den SERP und wird mittlerweile für Kachelansichten und Werbeslots genutzt. Nach 130 Zeichen wird der Titel abgeschnitten. Titel vier ist erst auf der Produktdetailseite für den Kunden vollständig mit allen Inhalten lesbar. Aufgefallen ist mir persönlich dieser Umstand bei der Optimierung verschiedener Headsets 2014. Während es noch einfach war, die Soundqualität zu differenzieren, war die Kabellänge immer nur am Ende platziert. Nun sahen alle Listings plötzlich gleich aus. Zudem darf man Bild 1, also das Titelbild, nicht um solche Informationen bereichern, Hero Images sind noch in der Testphase. Daher habe ich sowohl die Kabellänge als auch die Soundqualität und daneben Anschluss (USB oder 3.5) und Nutzbarkeit an Konsole, PC oder Handy weiter nach vorn überführt. Trotz gleichen Gehäuses waren die Produkte auf den Suchseiten nun klar unterscheidbar. Auch im Vergleich zu Wettbewerbern war das ein absoluter Vorteil. Es ist daher wichtig, sich regelmäßig die Ausspielung der Werbeart und der SERP auf unterschiedlichen Browsern und Endgeräten anzusehen. Ich nutze dazu die Quelltexte (Firefox • Rechtklick • Element untersuchen), spiele meinen Content in die Webbrowser ein und kann so vorab genau sehen, wie meine Inhalte auf der Produktseite oder in der Suche oder Werbeart aussehen werden.

Die reine Titellänge ist ein weiterer Punkt für die Optimierung:

- Rotho Mülleimer »Paso« 40 Liter | Küche Abfalleimer geruchsdicht – 35 × 29 × 68 cm | Papierkorb aus Kunststoff (PP) in Edelstahl-Optik | Tretmechanismus zum Öffnen des Abfallbehälters

Nun entfernen Sie zum Beispiel Synonyme. Die Kernaussage zum Produkt bleibt bestehen. Die Sichtbarkeit kann so viel stärker auf das eine Wort Mülleimer konzentriert werden:

- Rotho Mülleimer »Paso« 40 Liter | geruchsdicht für Küche – 35 × 29 × 68 cm | Kunststoff | Edelstahl-Optik | Tretmechanismus zum Öffnen

Gehen Sie noch einen Schritt weiter, erhalten Sie viel logischere und einfachere Titel. Füllwörter stören genauso wie Angaben zum Material. In diesem Beispiel der Mülleimer war das Material etwa immer nur dann wichtig, wenn es Metall oder Aluminium war:

- Rotho Mülleimer »Paso« 40 Liter | geruchsdicht – Tretmechanismus | Edelstahl-Optik | 35 × 29 × 68 cm

Probleme mit Zeichenlängen beim Titel liegen oftmals also eher in mangelnder Datenkenntnis oder in der Unentschlossenheit, sich für das eine Wort zu entscheiden und ein anderes zu streichen. Gleichfalls wird immer vermutet, kurze Titel performten besser. Das hat zwei Gründe. Oftmals sind Produkte mit kurzen Titeln von Vendoren und sehr lange am Markt. Dank der hohen Markenkraft werden diese dennoch gesucht und gekauft. Man weiß eben, was es ist und was man bekommt. Andererseits können Produkte mit kurzen Titeln kaum Angriffsfläche bieten, durch kombinatorische Abbildungen des Suchalgorithmus A9 in zu vielen Suchabfragen aufzutauchen. Dafür jedoch ranken sie zumeist für die Keywords im Titel sehr gut. Da fast der ganze Traffic und die Sales so gezwungenermaßen über wenige Wörter laufen, sind die Platzierungen dann sehr stark. Doch ist das nur ein Aspekt der Situation, natürlich können auch weitere Faktoren einfließen.

Strittig ist immer wieder die Nutzung von Texttrennern. Der Lesefluss und die Aufnahme von relevanten Informationen ist ein wesentliches Kriterium bei der Struktur von Titeln. Die Zeichenauswahl per Tastatur ist vielfältig, aber nach Style Guide nicht überall vollumfänglich erlaubt. Eines der größten Probleme ist die Nutzung der Pipe »|«, denn leider ist dies auch der Oder-Operator in Suchen und Abfragen. Frühe Tests Anfang 2016 zeigten stark negative Auffälligkeiten bei der Nutzung der Pipe. Dabei ist es so einfach, das Zeichen »|« gegen »I« oder »l« auszutauschen, also das große i oder das kleine L. Das Institut für Sprachforschung in Leipzig hatte beim Lernen komplexer Wörter wie Bundesverfassungsgericht deutlich aufzeigen können, dass Lernbarkeit, Lesbarkeit und Verständnis bei der Schreibweise Bundes-Verfassungs-Gericht viel höher sind. Es sieht aber nicht so optimal aus. Weiterhin schaffen es die meisten

Menschen zumeist nur, die ersten vier bis sechs Wörter voll wahrzunehmen. Danach fallen die Konzentration und Merkfähigkeit ab.

Egal, welche Systematik am Ende gewählt wird, Sie sollten immer versuchen, wesentliche Informationen für die Auffindbarkeit, also den Traffic, und für den Klick, also die Conversion, einzubauen. Für das Beispiel heißt das also definitiv, dass die Pipe raus gehört. Aber auch andere Dinge sind denkbare Ansätze:

- Rotho Mülleimer »Paso« 40 Liter / Küche Abfalleimer geruchsdicht – 35 × 29 × 68 cm / Papierkorb aus Kunststoff (PP) in Edelstahl-Optik / Tretmechanismus zum Öffnen des Abfallbehälters
- Rotho Mülleimer »Paso« 40 Liter (Küche Abfalleimer geruchsdicht – 35 × 29 × 68 cm – Papierkorb aus Kunststoff (PP) – in Edelstahl-Optik) Tretmechanismus zum Öffnen des Abfallbehälters
- Rotho Mülleimer »Paso« [40 Liter] Küche Abfalleimer [geruchsdicht] – 35 × 29 × 68 cm / Papierkorb aus Kunststoff (PP) [in Edelstahl-Optik] [Tretmechanismus] zum Öffnen des Abfallbehälters

Die inhaltlichen Punkte sind dank der umfangreichen Keyword-Recherche und des erworbenen Verständnisses für Kunden und Produkt nur noch ein logisches Abarbeiten. Die aufgebauten Excel-Daten helfen sehr dabei, stark relevante Titelstrukturen aufzubauen. Trockenfutter oder Nassfutter, Junior oder Senior, einige Marken und getreidefrei sowie Bio sind zum Beispiel die rege genutzten Wörter der Kunden im Bereich Hundefutter. Hundefutter, Tiernahrung, Tierfutter, Futter, nass, Hund muss eben genau nicht unbedingt in den Titel. Würde der A9 korrekt funktionieren, wäre ein Titel wie »Marke Senior – Nassfutter – Rind Gemüse (getreidefrei) – für 6 bis 8 Jahre (18 Beutel × 100 g)« vorstellbar.

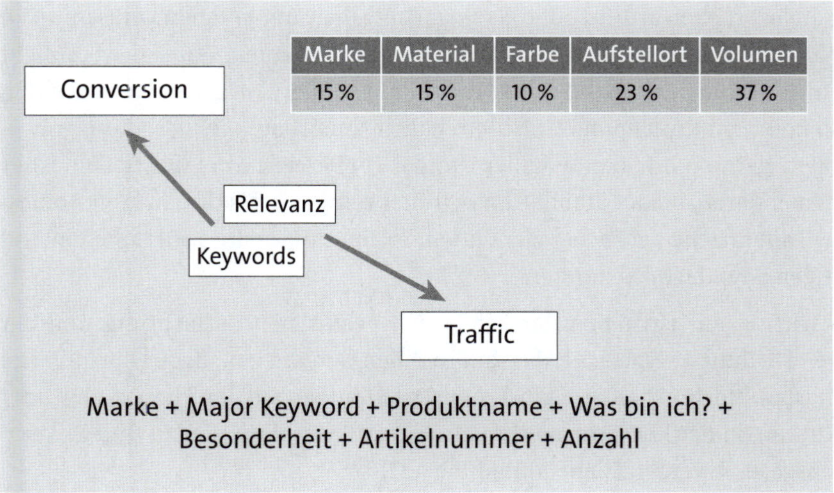

Abbildung 6.11 Titelstrukturen im Beispiel

Bei allem, was Sie aus dem Titel entfernen sollten, sind je nach Produkt manche Informationen kein bloßes Beiwerk, sondern wichtiger Bestandteil des Titels, nämlich dann, wenn die Kunden exakt danach suchen. So ist es im Bereich Mülleimer absolut notwendig, dem Kunden das Volumen und den Aufstellort im Titel näherzubringen, wie die Zahlen aus Abbildung 6.11 belegen. Es wird danach gesucht, also sollte man diese Intention befriedigen. Dabei ist zwar der Zwiespalt erlaubt, zu denken, der Mülleimer darf doch hingestellt werden, wohin der Kunde will, warum sollten Sie ihm das vorschreiben? Doch sollten Sie die Suchformulierungen der Kunden eines Besseren belehren – das ist ihr Suchziel, das wollen sie finden, das werden sie kaufen. Daran ändert auch nichts, dass die Kaufpsychologie so weit geht zu sagen, dass erst Wiederholungen der eigentlichen Suche zur Befriedigung führen, das richtige Ergebnis zu sehen und dann auch zu klicken. Der Kunde will sich eben in dem sicheren Gefühl wiegen, auch wirklich das beste Produkt gewählt zu haben, deshalb klickt er Weiteres an.

Komplexer wird das Ganze, wenn Sie im Titel die falsche Erwartungshaltung wecken. Wenn Sie ein Bad per Keyword als Nassraum bezeichnen, weckt das die Erwartung nach einem wasserfesten Produkt. Wenn dann nach einiger Zeit rostende Schrauben am Boden feststellbar sind und das Holz Nässe schneller aufsaugt als ein Schwamm, wird es problematisch. Daher kommen im Titel die Kenntnisse zur Erwartungshaltung direkt zum Tragen. Auch das Ansprechen der Nutzbarkeit eines Produkts in der Küche sollte nicht mit Badezimmerbildern flankiert werden, und Sie sollten den Aspekt der Badnutzung dann auch nicht in einem Aufzählungspunkt aufgreifen.

6.5 Die Aufzählungspunkte sinnvoll nutzen

Aufzählungspunkte sind die verlängerte Werkbank des Titels. Alles, was im Titel und/ oder Bild angesprochen wurde oder als Erwartungshaltung entsteht, muss nun in sinnvolle Erklärungen zu Zweck und Nutzen überführt werden. Dabei geht es nicht immer um die besten der besten Produktmerkmale, sondern oft um das, was Kunden bewegt. So kommen Kunden bei Holzbrettchen vermehrt auf die Idee, diese gravieren zu wollen, gerne mit Lötkolben oder Dremel. Im Bereich von Büromöbeln ist es wichtiger zu erklären, ob der Standard-A4-Ordner reinpasst, als die exakten Abmessungen der Innenfläche der Fächer zu nennen. Solche Dinge gilt es aufzugreifen und zu bekräftigen oder davon abzuraten.

Doch am wichtigsten ist neben der kategorienspezifischen Betrachtung und der inhaltlichen Struktur die Tatsache, dass auf mobilen Geräten bzw. in der App nur drei Aufzählungspunkte direkt angezeigt werden. Dass Kunden auf den kleinen Pfeil oder das Feld klicken, in der Erwartung, dort den Rest an Informationen zu finden, kann nicht vorausgesetzt werden (siehe Abbildung 6.12).

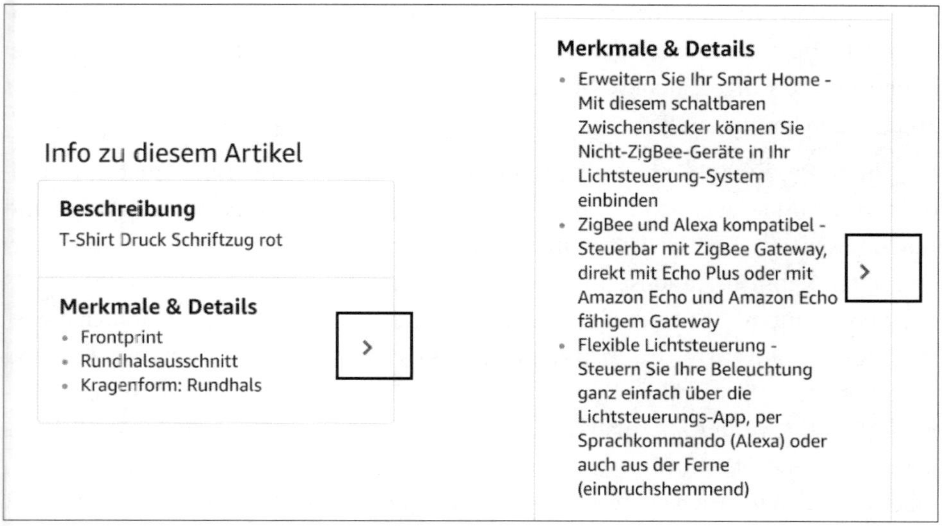

Abbildung 6.12 Aufzählungspunkte in mobiler Ansicht

In drei prägnanten Aufzählungspunkten Kerninhalte zu vermitteln ist nicht einfach, mit den Informationen der Relevanzanalyse aber machbar, im Besonderen in Kombination mit der Keyword-Recherche. Schreiben Suchende ständig von nickelfrei, antiallergen und medizinisch oder verträglich sollten Sie einen eigenen Aufzählungspunkt im Bereich Ohrringe genau dafür nutzen. Kurz und prägnant darüber aufzuklären, dass die Produkte ohne Sorgen zu tragen sind, kann sofort die Kaufbereitschaft anheben. Dabei müssen Sie beachten, dass Amazon auch bezüglich der mobilen Anzeige immer testet. Ende 2018 waren zeitweise alle fünf Aufzählungspunkte auch auf mobilen Endgeräten direkt sichtbar.

Alle Informationen über die Reinigungsfähigkeit eines Teppichs, ob rundherum gesäumte Kanten vorliegen und ob die Unterseite rutschfest ist, liegen zumeist vor – werden jedoch nicht kommuniziert, dabei bieten sich die Aufzählungspunkte dafür an. Oftmals wird im Bereich Kleidung die Nutzbarkeit des Trockners schlicht ignoriert – zu sehr hängt man in dem System fest, dass alle relevanten Daten ja im Textillabel angebracht sind. Nur kann der Kunde dieses nicht wie im stationären Geschäft vorab suchen und lesen. Ein schlichtes zusätzliches Bild kann hier sofortige Vorteile bringen. Schlimmstenfalls befinden sich mehr Informationen auf der Verpackung oder im Onlineshop als im gesamten Listing auf Amazon. Bestenfalls gewinnen Sie mehr Kunden, weil Sie ihre Fragen zufriedenstellend beantworten.

Dennoch bleibt insgesamt natürlich immer mit Vorsicht zu genießen, welche Empfehlungen man ausspricht bzw. übernimmt. So sind wilde Garantieversprechen ohne rechtlichen Gehalt oder ohne die nötige Garantieerklärung auf der Seite, auf der sie ausgesprochen werden, nicht zulässig. Teils werden sogar per Gesetz zustehende

Eigenschaften wie das Rückgaberecht als besonderes Angebot und Entgegenkommen deklariert. Gleichwohl gibt es Bereiche wie die Nahrungsergänzungsmittel, bei denen Verordnungen aus Brüssel oder allgemeine und abmahnbare Health-Claims zum Tragen kommen. Die berühmte Unwissenheit schützt hier nicht.

Vielfältige Produktbereiche zwingen individuelle Lösungen herbei – nicht pro Produkt oder Kunde, aber pro Segment. Baumarkt wie auch Technik sind oft daten- und nutzenorientiert. Zudem trifft man neben erfahrenen Bastlern auch Berufshandwerker. Deren Kenntnisstand ist meist höher und anders zu befriedigen. Das Beispiel einer Atemschutzmaske zeigt dies deutlich. Während es für den Hausgebrauch bei einer Renovierung ausreicht, zu erkennen, dass es ein Stück Stoff vor Nase und Mund ist, muss der Hobbybastler schon wissen, ob giftige Dämpfe bei seiner Modelllackierung gefiltert werden. Berufshandwerker wiederum benötigen die exakte Schutzklasse und jede DIN-Norm, um den Einsatz am Arbeitsort ohne Haftungsrisiken abbilden zu können. Auch bei technischen Produkten ist die Spannweite von detailliert zu schlicht und einfach aufzuspannen. Ein Ladekabel sollte in Länge und Anschluss passen. Dazu benötigt man keine High-End-Aufzählungspunkte. Das Kabel wird täglich genutzt und erfüllt einen einfachen Zweck. Auch je nach Preisbereich sollte man die Länge und Detailtiefe der Erklärungen etwas anpassen. So werden Taschentücher schlicht und einfach stets Taschentücher bleiben. Die letzte große Innovation waren Taschentücher mit Geruch und leichten Lotionen zur Hautpflege – aber nicht mehr.

Die Möglichkeit, Informationen zu lesen und zu verarbeiten, ist dabei genauso wichtig wie der reine Inhalt. Aus Sicht der spezifischen Länge sollten es nie mehr als zwei Zeilen in der Standard-Desktop-Einstellung sein. Oftmals verhindern die Style Guides grundsätzlich mehr als 120 Zeichen oder haben ähnliche Grenzen. Angemerkt sei hier, dass es zwar bei Aufzählungspunkten auch um die Auffindbarkeit geht, aber im ersten Moment stehen der Kunde und das Produkt im Vordergrund. Die gesamte Relevanzanalyse kommt hier dank mehr Platz zur Kommunikation vielfältiger zum Einsatz. Für die Optimierung der Auffindbarkeit reicht es hier, weitere Synonyme zu platzieren und komplette Suchphrasen aus der Keyword-Recherche aufzugreifen oder zumindest die dabei genutzten Wörter.

Favorisieren würde ich eine Variante aus Fakten und Argumenten, gepaart mit relevanten Suchbegriffen und einer einleitenden Werbephrase, die klar einen erheblichen Nutzen als Einleitung der Aufzählungspunkte benennt (siehe Abbildung 6.13).

Die schlimmsten Formen von Aufzählungspunkten sehen ungefähr so aus:

- »ABSOLUT HOCHWERTIG – der ultimativ dicke Microfaser-Stoff hält ewig und ist aus 100 % Stoff. Damit kann man allen Schmutz entfernen egal ob in der Küche, dem Bad, im Auto, dem Wohnwagen oder in der Werkstatt. Waschbar bei 60 Grad und trocknergeeignet«

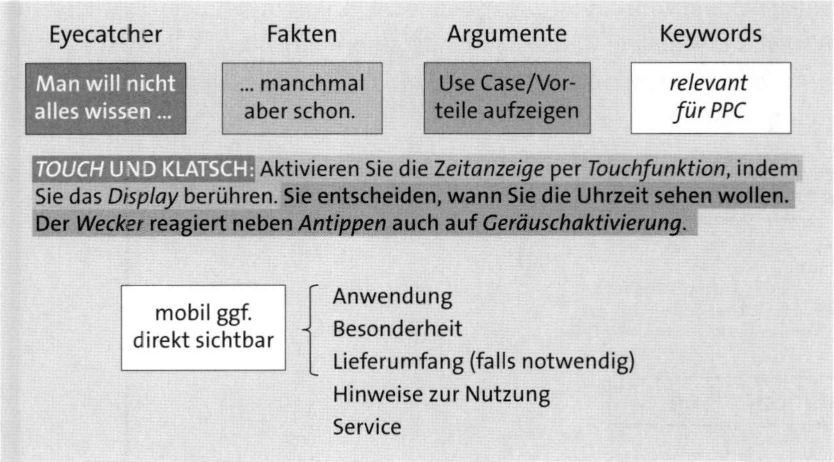

Abbildung 6.13 Struktur der Aufzählungspunkte

Warum dicker Stoff hochwertiger ist, wird nicht erklärt, auch nicht, was ich davon habe – liegt er besser in der Hand, oder kann er dadurch mehr Wasser und Schmutz aufnehmen? Was ich alles damit reinigen kann, wird aufgezeigt – aber ich entscheide ja immer noch selbst, wofür ich den Lappen nutze. Bei Angaben zur Küche wäre es wichtiger zu sagen, ob heiße Herdplatten damit gereinigt werden dürfen oder lieber nicht. Das wohl Wichtigste wird dann zuletzt erwähnt – 60 Grad und für den Trockner.

Oftmals reichen eben schon die Startwörter eines Aufzählungspunktes, um Kunden zu überzeugen:

- »LEICHT ZU REINIGEN«

Will man mehr Informationen zu der Eingangsphrase, sollten diese sofort folgen:

- »LEICHT ZU REINIGEN – Waschbar bei 60 Grad und trocknergeeignet.«

Aufbauend wird nun kurz erklärt, warum das wichtig sein kann:

- »LEICHT ZU REINIGEN – Waschbar bei 60 Grad und trocknergeeignet. Egal, was Sie reinigen, jedes Mal wird der Lappen komplett sauber und behält seine volle Saugkraft.«

Natürlich ist dieser Ansatz überall anders zu bedenken. Wie angesprochen, sind der Preis und der finale Nutzen oft ein Indiz, wie viel Aufwand Sie in diese Kommunikation stecken sollten.

Zu beachten ist dabei, dass einige Kategorien sehr strikte Vorgaben mit sich bringen. Textilien, aber auch Brillen haben klare Kerndaten, die ausgefüllt werden müssen. Dennoch darf man wie bei Brillen entweder alle Daten pflegen plus drei Aufzählungspunkte, oder man legt den Fokus nur auf einen der beiden Aspekte. Andere Bereiche, wie etwa Gaming-Notebooks, also teils kostspielige und datenreiche Produkte, können kaum ausreichend vollständig dargestellt werden. Beschreibungen, Datenblätter und ausführliche erweiterte Marketinginhalte sind dann nötig. Gleichfalls ist die Anzahl der Aufzählungspunkte nicht überall auf fünf begrenzt (siehe Abbildung 6.14 und Abbildung 6.15).

Standard kurz

- Knoblauchpresse aus Edelstahl
- Länge: 16 cm
- Material: Edelstahl, Zink, matt verchromt
- Für ungeschälte Knoblauchzehen geeignet
- Leicht zu reinigen, da herausnehmbarer Einsatz

Standard lang

- STROMLINIENFÖRMIGES DESIGN: schnittige Freetoo Knoblauchpresse wurde zur optimalen Anpassung an die unterschiedlichsten Hände entwickelt. elegantes und zeitloses Design seht Knoblauchschneider wie ein Kunstwerk aus.
- PREMIUM QUALITÄT: Aus robustem und rostfestem Material liefert extrem lange Verwendungsdauer. Mit glatter Oberfläche flimmert die Presse immer in Ihrem Hand. Von nun an, genießen Sie die Süßigkeit des Kochenes.
- PRAKTISCH UND HILFLICH: Spezielle arbeitssparende Hebelmechanismus hilft 2-3 Knoblauchzehen mal zu zerquetschen, optimales Pressergebnis durch alle konische Löchern gehen direkt in den Salat, die Pfanne. Ungeschälter Knoblauchzehen geht auch.
- LEICHT REINIGEN: Gegen Rost nach der Benutzung mit fließendes Wasser kann alle Krümel leicht wegspülen.
- FÜR BESSERES FAMILIENLEBEN: Für Mütter, für Professioneller und Hobbyköche sowie für gesundheitsbewusste Menschen, Ein handliches Werkzeug macht Ihre Küche eleganter und bequemer:

Abbildung 6.14 Standard fünf Aufzählungspunkte

Brillen

- polarisiert
- Glasbreite: 50 Millimeter
- Glashöhe: 40 Millimeter
- Stegbreite: 18 Millimeter
- Austauschbar, Polarisiert Linsen
- Sehr gute Qualität, hochwertige Verarbeitung
- 100% Polarisiert UVA / UVB Abwehr

Textilien

- Bluse mit floralem Muster
- kurzärmlig mit Rundhalsausschnitt und V-Öffnung
- Kragenform: Rundkragen
- Kurzarm
- Verschluss: Ohne Verschluss
- 100% Viskose
- Modellnummer: 20340040970
- aus Voile
- mit ganzflächigem floralen Muster
- mit fixierten Turn-Ups und elastischem Bund am Saum

Luxury Beauty

Beschreibung
Olaplex – die Farbrevolution aus den USA. Der einzigartige Wirkstoff macht es möglich, geschädigtes Haar dauerhaft zu reparieren. Für die Verwendung von Olaplex No.3 sind keine professionellen Friseur-Erfahrungen notwendig.

Vorteile
Dauerhaft reparierte und gestärkte Haarstruktur, strahlende und langanhaltende Farbergebnisse.

Hinweis zur Anwendung
In das handtuchtrockene Haar einmassieren, gleichmäßig verteilen, mind. 10 Minuten einwirken lassen, auswaschen.

Abbildung 6.15 Kategorien mit anderen Vorgaben für Aufzählungspunkte

Dennoch sollten Sie nicht dem Irrglauben verfallen, jedes Produkt benötige eigene Aufzählungspunkte. Standardisierung und systematische Inhalte, die einfach auf jedes Produkt im Segment oder sogar auf alle gelisteten Produkte übertragbar sind, können die Optimierung beschleunigen und vereinfachen.

So kann man für Produkte im Custom-Made-Programm aktuell Aufzählungspunkt 1 ganz einfach zusammenfassen:

- »Bitte klicken Sie auf ›Anpassen‹ – Sie legen so nicht das Produkt in den Warenkorb, sondern öffnen das Personalisierungsmenü.«

ODER

- »Personalisieren Sie den Becher direkt bei der Bestellung. KLICKEN SIE EINFACH AUF ›ANPASSEN‹. Wählen Sie Ihren WUNSCHNAMEN oder TEXT und FARBE und gestalten Sie etwas Persönliches und Einzigartiges.«

Die Formulierung ist mit Absicht gewählt. »Sie legen so nicht das Produkt in den Warenkorb« soll dem Kunden erklären, wohin er sehen soll – der Einkaufswagen ist nicht mit dem Button IN DEN EINKAUFSWAGEN aufgeführt, sondern eben mit JETZT ANPASSEN (siehe Abbildung 6.16).

Abbildung 6.16 Standard vs. Custom

Besonders in der Startphase solcher neuen Projekte kann es sogar hilfreich sein, mit einem Bild zu erklären, was zu tun ist.

In einfachen Schritten arbeiten Sie die Systematik der Aufzählungspunkte gleichzeitig mit den Titeln aus. Zusammenliegende Produkte und Produktbereiche werden identifiziert und eine einheitliche Content-Basis angelegt.

Dabei nutze ich im Schwerpunkt entweder das vorhandene Produktwissen oder eine sogenannte *Regenbogentabelle*. Sie nehmen dazu Ihr gesamtes Produktportfolio und sortieren nach ähnlichen Bereichen. Diese übergeordneten Bereiche werden jeweils eingefärbt. Untergruppierungen werden in ähnlichen Farbräumen gefärbt. Detailunterschiede können durch verschiedene Schriftarten kenntlich gemacht werden. Obwohl es komplex klingt, ist es doch äußerst einfach umzusetzen und sehr anschaulich (siehe Abbildung 6.17).

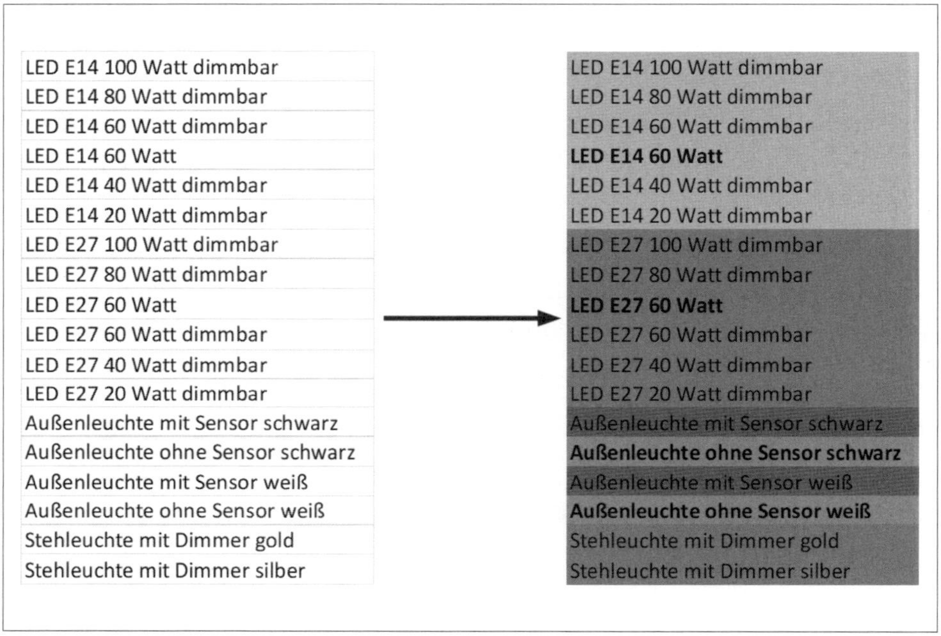

Abbildung 6.17 Sortiment strukturieren allgemein

Sinnvoll ist es, einzelne Bereiche, wie hier die LED, noch genauer zu betrachten. Dabei können Sie selbst festlegen, ob Sie die Fassungen, also E14 und E27, oder die Wattzahlen als Trennfilter nutzen. Beides wird so oder so näher betrachtet. Sollten Ihnen einmal die Farben ausgehen, nehmen Sie für größere Bereiche wie hier die LED einfach einen neuen Excel-Reiter.

Sie sollten nur daran denken, eine Farblegende anzulegen, um später den Überblick zu behalten bzw. es auch anderen Nutzern einfach zu machen zu verstehen, was dargestellt werden soll (siehe Abbildung 6.18).

So haben Sie zudem immer eine saubere Übersicht, die direkt für die späteren Marketingmaßnahmen 1 : 1 genutzt werden kann. Im Schwerpunkt geht es aber darum, inhaltliche Überschneidungen aufzudecken. Gezielte Inhalte zur Dimmbarkeit sind für alle LEDs notwendig. Ein spezieller Titelansatz mit Platzhaltern zu Fassung und Wattstärke erleichtert im Weiteren die Titelansätze.

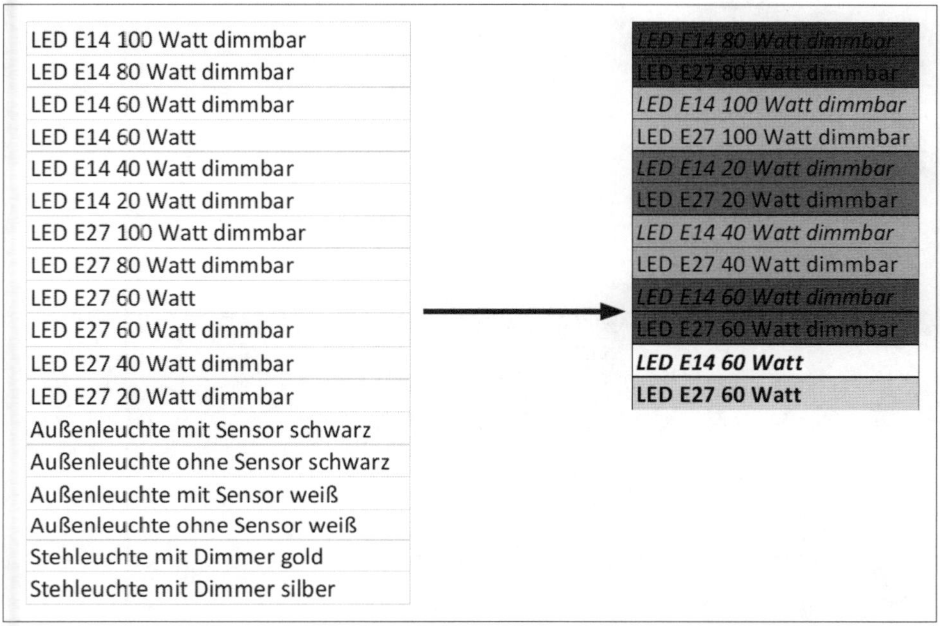

Abbildung 6.18 Farblich strukturiertes Sortiment I

Detaillierter werden diese Filter, wenn man die Erkenntnisse der Keyword-Recherche und der Relevanzanalyse verbindet. Beamer werden nach 4K und HD und der Montage an Wand oder Decke gesucht. Die wesentlichen Fragen jedoch richten sich nach der Lautstärke der Lüfter, ob man damit die neuesten Gaming-Konsolen abspielen kann und wie weit der Beamer von der Wand entfernt sein muss, um das beste Bild zu erzeugen. Einfacher können Titel, Aufzählungspunkte und Bilder nicht konzeptioniert werden.

Schnell findet man in den Kategorien Küche und Haushalt verschiedene Bereiche, um ein Sortiment zu strukturieren. Nutzungsarten oder -ort spielen eine Rolle, genau wie der Bereich Reinigung (siehe Abbildung 6.19). Neben der Werbestruktur geht hieraus gegebenenfalls hervor, dass ein Aufzählungspunkt speziell entwickelt wird, um die Informationen zur Reinigung der Produkte zu transportieren. Im Dekobereich ist eher die Möglichkeit wichtig, Staub zu entfernen oder die alltäglichen Schmutzeffekte durch Kinder oder den allgemeinen Wohnnutzen zu beseitigen, während Produkte mit direktem Lebensmittelkontakt heißes Wasser, Geschirrspüler und Reinigungsmittel aushalten müssen. Möbel zum Beispiel bedürfen je nach Holzqualität oder Stoffbeschaffenheit besonderer Pflege, andere sind ohne Aufwand in einem guten Zustand zu halten und leicht zu reinigen oder vertragen sogar einige äußere Einflüsse. Schnell finden Sie Ansätze für Aufzählungspunkte, die den Kundennutzen und die Kundenfragen aufnehmen und in positive Nutzenargumente umformulieren.

Küche	Vorratsbehälter	Kühlschrank	Klickdosen	
			Foodcenter	
			Diverse	
			Butterdosen	
		Gefriedose		
		Trockenaufbewahrung	Schüttdosen	
			Vorratsdosen	
			Klickdosen	
		Transport/Flüssigkeit		
		Transport/Kuchen		
		Transport/ Pause		
		Transport/ Kühlen		Cool & Fresh
		praktisch/ Ordnung		Kühlschrankorganizer
	Küchenutensilien	mikrowellengeeignet	Geschirr	Mikrowellengeschirr
			Dosen	
			Hauben	
		Servieren		Geschirr
		Zubereiten		Siebe / Schüsseln
Abfall	Mülleimer	Kosmetikeimer		
		Mülleimer Paso		Mülleimer Mono Paso
		Mülleimer Twist		
		Abfalleimer Duo (Mülltrennung)		
		Komposteimer		
Aufbewahrung	Box	Boxen mit Deckel		
		Boxen ohne Deckel		
	Korb	Stapelkörbe		
		Schubladenboxen		
		Boxenturm		
		praktisch/ Ordnung		
		Boxenzubehör		
		Boxenset		
		Bastelboxen und der Zubehör		
	Büro	Büroboxen		
		Stehsammler		
Hauswirtschaft	Wäsche	Wäschekorb		
		Wäschewanne		
		Wäschesammler		
		Waschmittelbehälter		
	Reinigung	Eimer		
		Becken		
	Reinigung/praktisch			
	Reinigung/Ordnung	Schuhabtropfschalen		
Haustier	Futterboxen			
	Katzentoiletten			

Abbildung 6.19 Farblich strukturiertes Sortiment II

Insgesamt werden Sie so in der Lage sein, eine unbestimmte Anzahl an Artikeln sauber listen zu können. Teils reichen zweistellige Aufzählungspunktesets, um Portfolios deutlich über 10.000 Produkte zu führen. Solche Ansätze lassen sich auch für die Beschreibung ableiten.

6.6 Die unterschätzte Produktbeschreibung

Die Beschreibung wird meiner Meinung nach falsch bewertet. Entweder man findet die besten HTML-strukturierten aufwendigen Beschreibungen oder eben nur kurze oder viel zu lange unstrukturierte Fließtexte. Zu selten nimmt man sich die Zeit, vorab zu beurteilen, ob und wie viel nötig ist. 2.000 Bytes sind zulässig, und HTML wird geduldet. Jedoch müssen Vendoren zum Beispiel die Formulare zur Artikelpflege nutzen, um HTML einspielen zu können.

Grundsätzlich nutze ich diese HTML-Elemente:

- `<p></p>` für Anfang und Ende eines Paragraphen bzw. einfachen Fließtext
- `<br>` um Umbrüche zu setzen, dabei kann man auch mehrere nutzen: `<br><br>`
- `<b></b>` für fett geschriebene Texte
- `<em></em>` oder `<i></i>` für kursive Schrift
- `<ul><li></li></ul>` für Auflistungen, dabei kann man Unterlisten anlegen.
- `<ol><li></li></ol>` für Auflistungen mit Aufzählung

Beispiel Unterlisten:

```
<ul>
<li>Unterpunkt 1</li>
<li>Unterpunkt 2</li>
   <ul>
      <li>Unterpunkt 2.1</li>
      <li>Unterpunkt 2.1</li>
   </ul>
<li>Unterpunkt3</li>
</ul>
```

Finales Aussehen:

- Unterpunkt 1
- Unterpunkt 2
  - Unterpunkt 2.1
  - Unterpunkt 2.2
- Unterpunkt 3

Weiterhin ist für die Beschreibung die *Weißraum-Theorie* absolut zu beachten. Die Auffälligkeit der Beschreibung auf den Endgeräten mit großem Monitor verschwindet fast komplett zwischen Werbung und noch mehr Werbung. Eine gute Formatierung mit HTML reicht nicht für die höhere Wahrnehmung aus. Daher ist zu empfehlen, nach 160 Zeichen, also der Hälfte der Seite, immer Umbrüche zu setzen. So wird die Hälfte neben der Beschreibung komplett weiß gelassen. Was nun passiert, ist einfach, Kunden scrollen durch die Seite und suchen nach Informationen. Plötzlich nimmt das Auge eine große weiße freie Fläche wahr. Dies stört kurzzeitig die Wahrnehmung und leitet nach links auf die Beschreibung.

Aufgrund des Fehlens von Bildern sollten Sie hier jedoch nur wichtige Informationen darlegen, gegebenenfalls auf Nutzungseinschränkungen hinweisen oder Besonderheiten erklären. Die Wiederholung der Inhalte aus Titel und Aufzählungspunkten ist nicht immer das Ziel. Eine vollständige Darstellung aller relevanten technischen Daten kann zum Beispiel viel zielführender sein. Man muss sich schlicht fragen, warum der Kunde hier weitere Informationen sucht und was man nicht oben schon beantwortet hat. Je nach Marke oder Produktbereich variieren die Anforderungen und Möglichkeiten deutlich. Oftmals reicht es, die Marke zu präsentieren, ohne viel Produktinformation, dazu sollte es jedoch auch eine relevante Markengeschichte geben. Weiterführend könnte man sogar nur bestimmte Nutzungen genauer erklären, ohne das Produkt weiter darzustellen. Rezepte oder besondere Tipps und Tricks können dem Kunden mehr helfen, als wiederholtes Erklären, wie großartig das Produkt angeblich sein wird. Man könnte sogar schlicht eine FAQ-Liste bauen.

Insgesamt empfehle ich Ihnen, zuerst eine Teilung der Inhalte in verschiedene zusammenhängende Bereiche vorzunehmen, etwa Basisdaten, Anwendung, Hinweise oder Ähnliches. Anschließend kürzen Sie die Daten am besten und bringen alles in einen Lesefluss (siehe Abbildung 6.20).

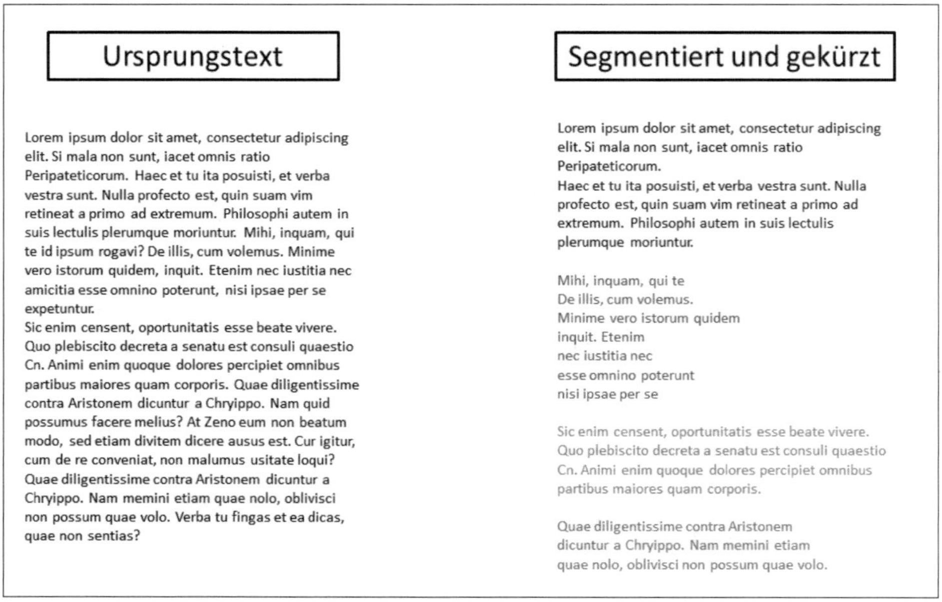

Abbildung 6.20 Grundtext gegenüber der segmentierten, gekürzten Version

Nachdem nun klar ist, welche Hervorhebungen Sie nutzen wollen, können Sie die HTML-Strukturen hinzufügen. Fett hebt den Text hervor, während kursiv gesetzte Textstellen den Lesefluss verlangsamen. Listen erzeugen den Anschein einer Struktur und sind bekannt für Daten oder Abläufe wie Anleitungen (siehe Abbildung 6.21). Bevor Sie die Daten hochladen, ist eine Vorabansicht sinnvoll. Dafür können Sie HTML-Reader jeder Art nutzen.

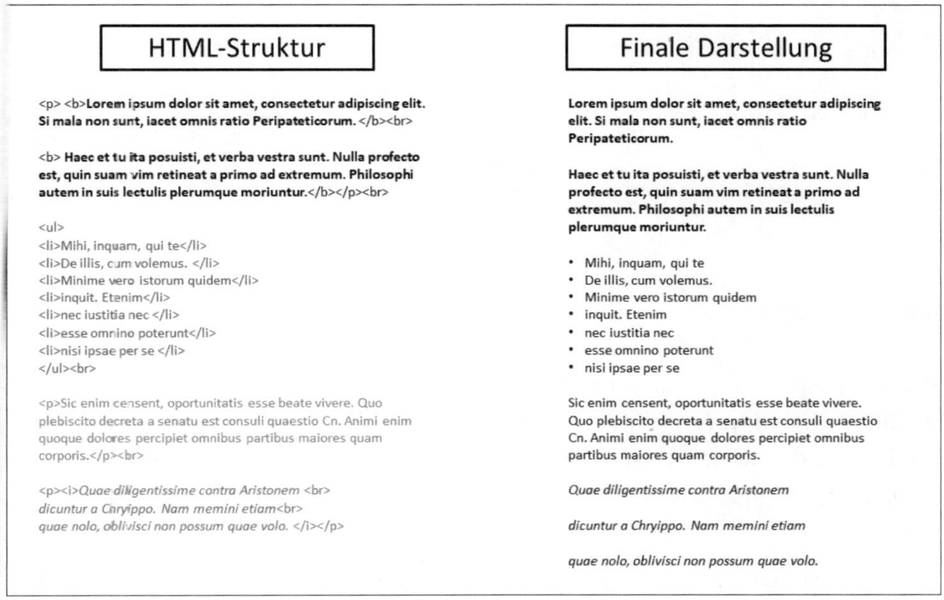

Abbildung 6.21 HTML in Text und Darstellung

Es ist nahezu ausgeschlossen, dass die Beschreibung die Auffindbarkeit unterstützt. Dabei ist wichtig zu verstehen, was aktuell das Problem ist bzw. schon immer war. Ein positives Suchergebnis zu Wörtern in der Beschreibung erhält man nur, wenn alle Teile der Suchabfrage in dem Beschreibungstext vorkommen. Sucht jemand A B C, so muss A B C auch in der Beschreibung enthalten sein. Das wird leider gern nicht erkannt oder ignoriert. Daher erscheint es bei der Suche nach der ASIN und einem Wort der Beschreibung so, als wenn nichts aufgefunden würde. Würde man jedoch nach ganzen Suchphrasen statt einzelnen Wörtern suchen, erhielte man andere Ergebnisse. Mittlerweile zeigen erste Testergebnisse von Sellics, dass Amazon auch eine Auffindbarkeit zulässt, wenn nach Keywords aus der Beschreibung in Kombination mit mindestens zwei weiteren Wörtern aus anderen indexierten Produktfeldern gesucht wird.

In der mobilen Ansicht kommt hinzu, dass nur maximal die ersten 200 Zeichen ohne jegliche Formatierung angezeigt werden. Erst wenn der Kunde dann auf den kleinen Pfeil oder das Feld klickt, wird die Beschreibung mit der Formatierung sichtbar (siehe Abbildung 6.22).

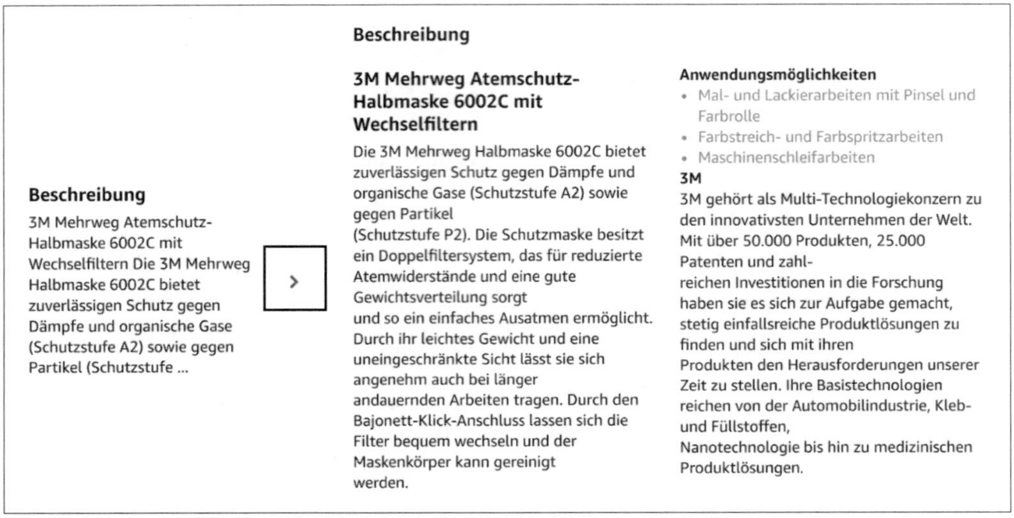

Abbildung 6.22 Mobile Beschreibung

Hier kann es notwendig sein, den ersten Satz bzw. die ersten 200 Zeichen speziell auf mobile Devices hin zu optimieren und relevante Inhalte zu positionieren oder die Marke kurz darzustellen. Aus alter Marketingsicht könnte man sogar eine Art Cliffhanger bauen und Spannung aufbauen, so dass der Kunde mehr wissen will und klickt.

Insgesamt sollten Sie sich fragen, was notwendig ist oder dem marktüblichen Optimierungsstand entspricht. Denn die Möglichkeit, die erweiterten Markeninhalte, die der nächste Abschnitt behandelt, zu nutzen, ist jedem Markeninhaber zugänglich. Damit ändern sich manche Vorgaben bezüglich der Beschreibung grundlegend. Als Vendor haben Sie dank *A+* bzw. *Enhanced Marketing Content* noch weitere Ansätze zu beachten. So zeigt A+ bei Vendoren zur Beschreibung die A+-Inhalte zusätzlich an. Wer also A+ nutzt, kann auf die Beschreibung nahezu komplett verzichten und dort nur einen kurzen knackigen Marketingslogan platzieren. Auch mobil entstehen keine Probleme, da A+ wie auch *Enhanced Brand Content* (EBC) direkt ausgespielt werden, sogar noch vor den Aufzählungspunkten.

Bei Sellern wird nur entweder die Beschreibung oder der EBC ausgespielt, was aber einen weiteren Nutzen mit sich bringt. Wenn der EBC bei Sellern die Beschreibung überlagert, dann haben Sie 2.000 Bytes frei zur Verfügung für zusätzliche Suchbegriffe. Beachten sollten Sie dabei allerdings, dass auf einigen Endgeräten und Systemen die Beschreibung sichtbar bleibt. Zudem bieten einige Kategorien diesen Vorteil nicht an, wieder heißt es also, genau zu prüfen, bevor Sie allgemeine Hilfen und Tricks anwenden. In den USA scheinen mittlerweile sogar sowohl EBC als auch die Beschreibung auffindbar zu sein. In Deutschland und Europa ist der EBC dagegen noch nicht direkt suchrelevant.

6.7 Erweiterte Produktbeschreibungen mit Bild und Text

Vendoren und Seller haben zwei verschiedene Arten der erweiternden Inhalte zur Verfügung. Vendoren nutzen *A+*, auch Enhanced Marketing Content genannt. Seller nutzen *erweiterte Markeninhalte*, also *EBC* (für Enhanced Brand Content). Mitte 2018 wurden jedoch die Systeme und Templates der Seller erweitert um die A+-Templates. Damit sind die Vorlagen mit den kleinen und großen Hunden gemeint. Natürlich hat Amazon dabei nicht ohne Plan gehandelt. Während Seller schon 2017 keine Kosten für diese Inhalte hatten, wurde nun auch für Vendoren ab 2018 die Kostenstruktur abgeschafft, dafür jedoch die preisintensiven Upgrades A++ oder A+ Premium eingeführt.

Die einzige Qual der Wahl, die Sie haben, ist die Frage aller Fragen: Muss jedes Produkt diese Inhalte bekommen? Ganz klar nein! Ein Taschentuch ist und bleibt ein Taschentuch. Besonders wiederkehrende Kaufprodukte wie Reinigungsmittel oder Kosmetik bedürfen nicht der komplexen bildlichen Erläuterung des Schnäuz- oder Wischvorgangs. Ab einer gewissen Markengröße ist es jedoch so, dass Markenführung und Corporate Identity etwas überstrapaziert werden. Denkweisen wie »Die anderen machen das doch auch« münden dann schnell in sehr viel Arbeitsaufwand. Überlegen Sie, ein 10-€-Produkt mit 4 Stunden zusätzlicher Arbeit zu perfektionieren, sollten Sie auch hinterfragen, wann diese Kosten kausal zuweisbar wieder reingekommen sind. Zu viel weitere Effekte fließen hier ein. Ich möchte das Thema nicht per se schlechtreden, aber Denkanstrengungen vorab helfen, Entscheidungen und planbare Abläufe festzulegen.

Der erste große Vorteil der erweiterten Inhalte ist der, dass die Inhalte mobil direkt vor den Aufzählungspunkten angezeigt werden. Einzige Ausnahme ist das Launchpad, mit Stand August 2018 wurde der A+-Content immer noch nicht direkt angezeigt (außer Sie waren erst normaler Seller, dann haben Sie auch im Launchpad nicht diesen Nachteil).

Der zweite große Vorteil liegt im Detail des Seitenaufbaus und der Nutzungsstrukturen auf dem Desktop und den mobilen Endgeräten. Nie sind Bild und Text gleichzeitig platziert oder so nah beieinander, dass der geschriebene Inhalt das gezeigte Foto erklärt. Zu den Argumenten und Darstellungen eines Aufzählungspunktes wechselt nie das passende Bild. Erst mit diesen erweiterten Inhalten ist das möglich.

Die Auswahl der Templates geht dabei von fünf vorgefertigten Exemplaren aus und reicht bis hin zu frei konfigurierbaren Modulen (siehe Abbildung 6.23).

Durch das Löschen oder Verschieben von Bereichen können Sie die Templates kreativer nutzen und individueller gestalten. Zudem müssen Sie nicht alles ausfüllen und können so mehr Nutzungsarten probieren (siehe Abbildung 6.24).

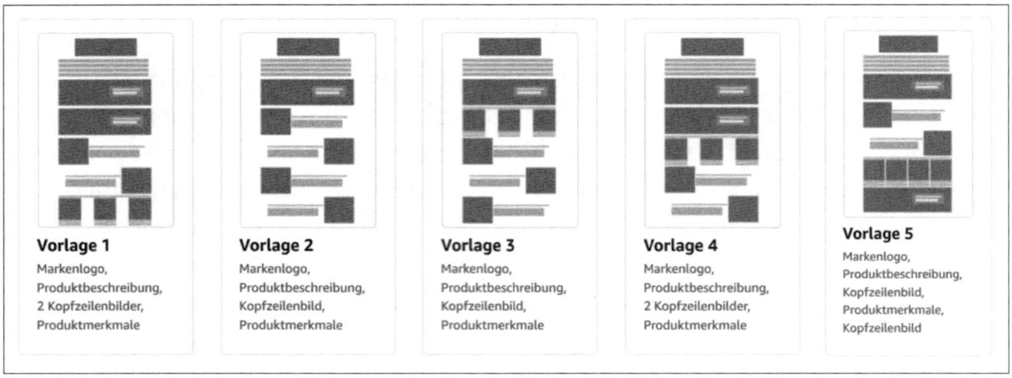

Abbildung 6.23 Grundauswahl

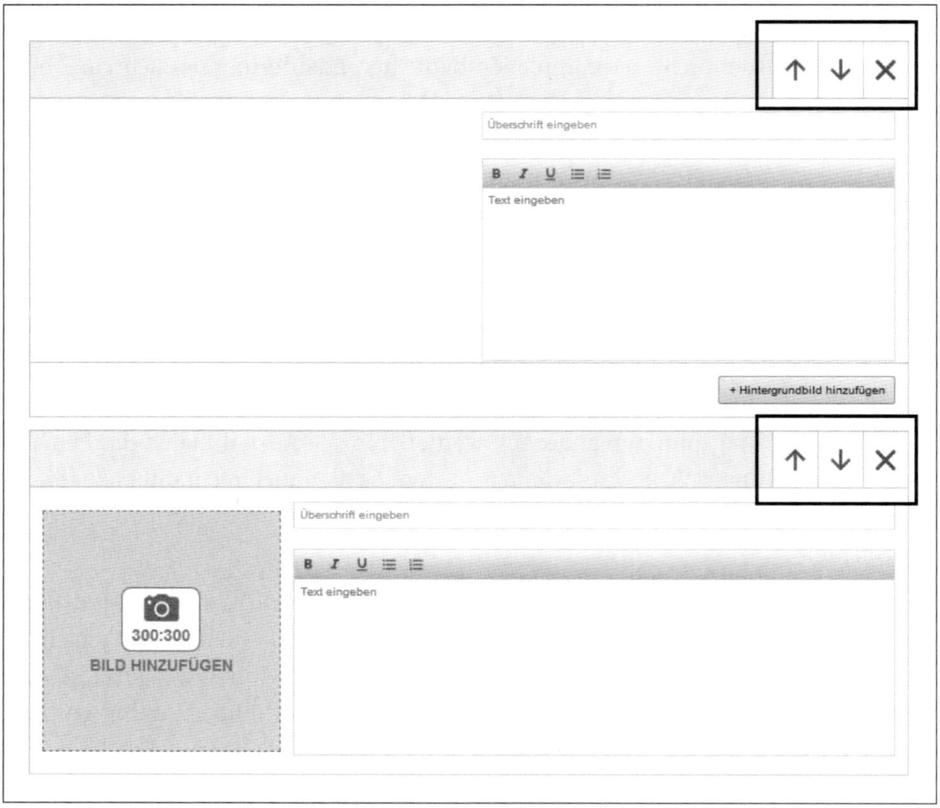

Abbildung 6.24 Templates anpassen

Die komplett individuelle Anlage ist mit dem sechsten Template möglich, nur die Positionen 1 und 2 sind dabei fest vorgeschrieben (siehe Abbildung 6.25 und Abbildung 6.26).

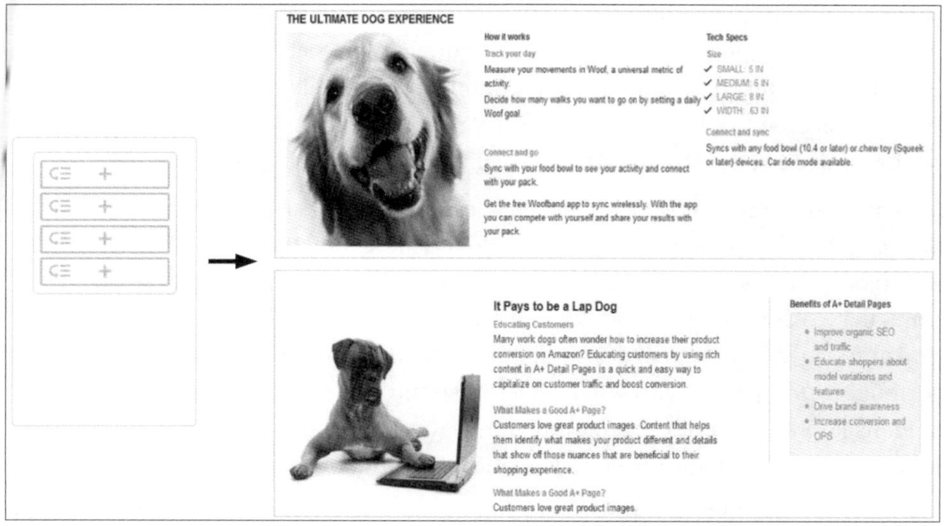

Abbildung 6.25 Individuelle Templates erstellen

Abbildung 6.26 Freie Templates, bis auf feste Positionen 1 und 2

Anwendungsbeispiele sind so vielfältig wie die Produkte auf Amazon und deren Anbieter. Die Möglichkeiten sind schlicht unendlich. Doch viele Seiten werden mit EBC überhäuft im Sinne eines E-Book-Contents. Die mobile Optimierung und die lesbare Weitergabe von Informationen werden nicht bedacht. 17 Scrollvorgänge konnte ich bei einigen Beispielen identifizieren, um alle Inhalte zu lesen.

Was machen Kunden nun? Scrollen Sie vornehmlich zurück nach oben? Eher klicken Sie auf ZURÜCK und landen wieder auf der Suchergebnisseite mit externen Werbeeinflüssen und Listings von Wettbewerbern. Clevere Ansätze nutzen deshalb als letzten Satz: »Wenn Sie das Produkt nun kaufen wollen, scrollen Sie nach oben zum Einkaufswagenfeld« – doch das ist durch Amazon verboten. Kurze Inhalte, prägnant formuliert und jeweils von einem Bild erklärend begleitet, sollten der Ansatz sein. Leidensgeschichten oder sogenannte Brand Storys wollen die meisten Kunden dagegen nicht lesen, sie haben weitere Fragen zum Produkt und suchen Antworten.

Die Nutzung des EBC unterliegt jedoch auch Rahmenbedingungen und Einschränkungen. So sollten Sie als Erstes wissen, dass Sie sich frühzeitig für ein Template entscheiden sollten. Der Grund sind die vielfältigen Vorgaben für die Bilder. Diese müssen oft mühevoll angepasst werden (siehe Abbildung 6.28). So ist es besser, eine Art Bilder für alle Bereiche zu nutzen.

Der größte Fehler entsteht dann in der alleinigen Prüfung der Darstellung auf dem großen Monitor. Nicht ohne Grund bietet Amazon mittlerweile die mobile Vorschau direkt an (siehe Abbildung 6.27).

So bleiben Ihnen Fehler dieser Art erspart. Wichtige Informationen sollten Sie überall lesbar gestalten, die verschiedenen Bildgrößen beachten und wie diese sich auf der mobilen Ansicht ändern (siehe Abbildung 6.29).

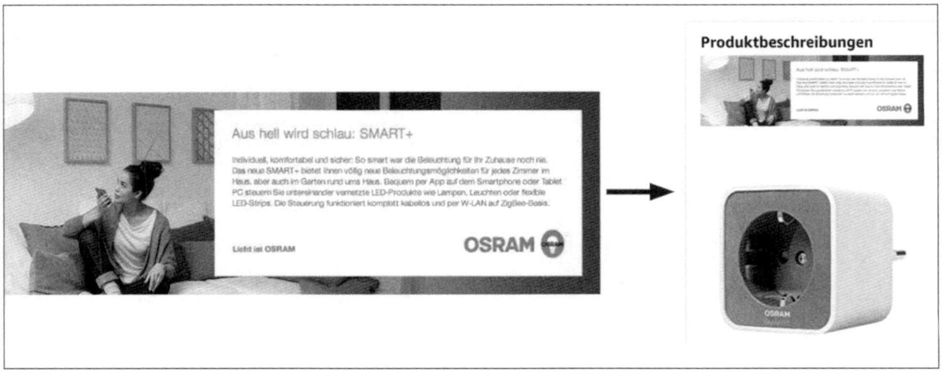

Abbildung 6.27 Darstellung Desktop vs. mobil

Vorlage	Bildrichtlinien	Platzieurng von Texten	Vorlage 1	Vorlage 2	Vorlage 3	Vorlage 4	Vorlage 5
Markenlogo	1 Bild – 600 × 180 Pixel	–	1	1	1	1	1
Produkt-beschreibung		1	1	1	1	1	1
Feature 1	4 Bilder (Zeile) – 220 × 220 Pixel pro Bild	4	–	–	–	–	1
Feature 2	3 Bilder (Zeile) – 300 × 300 Pixel pro Bild	3	1	–	1	1	–
Feature 3	4 Bilder (Raster) – 135 × 135 Pixel pro Bild	4	–	–	–	–	–
Überschrift 4	1 Bild (links) – 300 × 300 Pixel	1 (rechts)	1	2	2	1	1
Überschrift 5	1 Bild (rechts) – 300 × 300 Pixel	1 (links)	1	2	1	1	1
Überschrift 6	1 Bild – 970 × 300 Pixel	1	2	1	1	2	2
Kopfzeilenbild	1 Bild – 970 × 600 Pixel	–	–	–	–	–	–
Vergleichstabelle	5 Bilder – 150 × 300 Pixel	–	–	–	–	–	–
Einzelbild und Seitenleiste	2 Bilder – Hauptbild (300 × 400 Pixel); Seitenleiste (350 × 175 Pixel)	–	–	–	–	–	–
vier Bildhighlights	4 Bilder – 400 × 400 Pixel	–	–	–	–	–	–
Einzelbild und Detailbeschreibung	1 Bild – 300 × 300 Pixel	–	–	–	–	–	–
Einzelbild und Highlights	1 Bild – 300 × 300 Pixel	–	–	–	–	–	–
Bild und Overlay mit hellem Text	1 Bild – 970 × 300 Pixel	–	–	–	–	–	–

Abbildung 6.28 Bildrichtlinien der erweiterten Inhalte für Marken

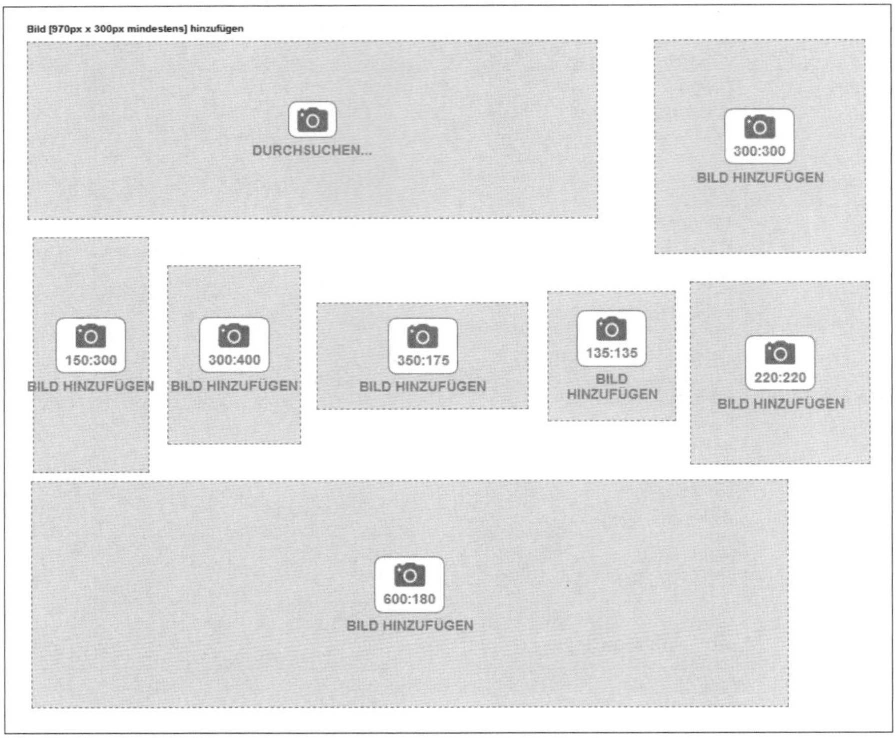

Abbildung 6.29 Bildgrößen in der Übersicht

Die Bedingungen und Richtlinien von Amazon hinsichtlich der Inhaltstypen, die unzulässig sind, lesen sich so:

> *»Die Nichtbeachtung dieser Richtlinien kann zu Verstößen und zu einer Ablehnung durch unser System führen:*
>
> - *Bezugnahme auf Ihr Unternehmen als Verkäufer oder Lieferant (z. B. ›Artikel direkt von uns für originale Produkte‹, ›LLC oder Gleichwertige‹)*
> - *Die Erwähnung der Autorisierung von Verkäufern wie ›Produkt wird nur von autorisierten Wiederverkäufern verkauft‹*
> - *Gewährleistungen oder Garantien jeglicher Form, Zufriedenheitsansprüche oder Verweise zu Remission und Erstattung außerhalb Amazons*
> - *Preise oder Werbeaktionsinformationen wie ›preiswert‹, ›billig‹, ›Prämie‹, ›kostenlos‹; ebenso wie Sprache, die Kunden zum Kauf verleitet, z. B. ›jetzt kaufen‹, ›zum Einkaufswagen hinzufügen‹, ›jetzt zugreifen‹ oder ›kaufen Sie bei uns‹*
> - *Informationen zu Versanddetails wie ›kostenloser Versand‹ oder ›Versandfenster‹*
> - *Die Nutzung von Urheberrechten, Marken oder registrierten Symbolen in Ihrem Text*

- *Auftrumpfende Kommentare wie ›meistverkauftes Produkt‹, ›bestes Produkt‹, ›Verkaufsprodukt Nr. 1‹.*
- *Zeitbezogene Produktinformationen wie ›jetzt im Angebot‹, ›bestes neues Produkt des Jahres‹ oder Verweise auf Ferien*
- *Hinzufügen von mehr als 2 redaktionellen Zitaten oder Zitaten von Drittanbietern. Zitate von bekannten Veröffentlichungen oder Persönlichkeiten des öffentlichen Lebens.*
- *Informationen zu Produktauszeichnungen müssen einen Disclaimer enthalten, der den Namen der Einrichtung der Auszeichnung und das Datum (Monat und Jahr) innerhalb der letzten (2) Jahre, in denen der Preis oder die Auszeichnung empfangen wurde, beinhaltet.*
- *Unscharfe Bilder oder Bilder von niedriger Qualität*
- *Bilder mit Wasserzeichen oder unlesbarem Text. Die Schriftgröße muss 16 oder größer und auf dem Hintergrund lesbar sein.*
- *Lifestyle-Bilder, die nicht das Produkt zeigen. Markenbilder, die verwendet werden, um die ›Markengeschichte‹ zu erzählen, müssen das Produkt nicht enthalten.*
- *Inhalt, der viele Bilder aus dem Hauptbildblock auf der Detailseite dupliziert*
- *Bilder oder Texte, die Amazon-Logos, Detailseitenüberschriften oder Details imitieren*
- *Web-Links oder Sprache, die versuchen zu anderen Webseiten innerhalb oder außerhalb von Amazon umzuleiten (einschließlich Ihrer anderen Produkte)*
- *Grammatikfehler, Interpunktionsfehler, Rechtschreibfehler, Zeichenfolgen mit ausschließlich Großbuchstaben, Missbrauch von Schriftartenfunktionen oder unnötige oder sich wiederholende Informationen. Fett- und Kursivformatierung sollten ausschließlich dazu verwendet werden, Überschriften oder wenige einzelne Wörter hervorzuheben.*
- *Alle Erwähnungen von Produkten, die für kriminelle Aktivitäten verwendet werden*
- *Unbestätigte Behauptungen: Behauptungen zu Sicherheit und Energieeinsparung; Behauptungen zu Drogen, Getränken, Lebensmitteln und Gesundheit*
- *Vergleiche von Produkten bei Amazon, außer Produkte von führenden nationalen Marken oder innerhalb Ihrer eigenen Marke. Sie dürfen in Vergleichstabellen nur Produkte Ihrer eigenen Marke vergleichen.*
- *Subjektive Sprache: Alles, was Ihre eigene Meinung darstellt und/oder übertrieben ist; ein begrenztes Maß an subjektiver Sprache ist erlaubt.*
- *Inhalt bei Erotikartikeln, der gegen Amazon-Richtlinien verstößt*

- *Bilder ohne Suchbegriffe für Bilder sind für Kunden mit eingeschränktem Sehvermögen nicht zugänglich.*
- *Alle Verstöße gegen die Kategorieanforderungen oder die Richtlinien zum Verkaufen bei Amazon«*

Leider nutzt Amazon hier wie so häufig die berühmten Worte:

»Die Nichtbeachtung dieser Richtlinien kann zu einer Ablehnung führen.«

Alle diese Punkte werden nicht direkt und konsequent untersagt. Am auffälligsten ist dabei die Schriftgrößenvorgabe mit 16 pt in Bildern (früher 14 pt). Alle anderen Bereiche sind nicht neu und wurden auch vorab in den Betaphasen mit EBC untersagt.

Weitere Einschränkungen betreffen die inhaltliche Ausgestaltung und sollten regelmäßig geprüft werden. So wurde zuletzt vom ehemaligen Verbot des Cross-Sellings abgerückt, und es stehen mittlerweile Templates zur Verfügung, um mehrere Produkte der Marke aufzuzeigen. Gleichzeitig wurde die Einbindung von Videos in dem Bereich freigegeben.

Empfehlen kann ich Ihnen je nach Produktbereich schlichte und einfache Templates. Oftmals reicht eben genau ein einziges aus. Mein Favorit ist dabei das aus Abbildung 6.30.

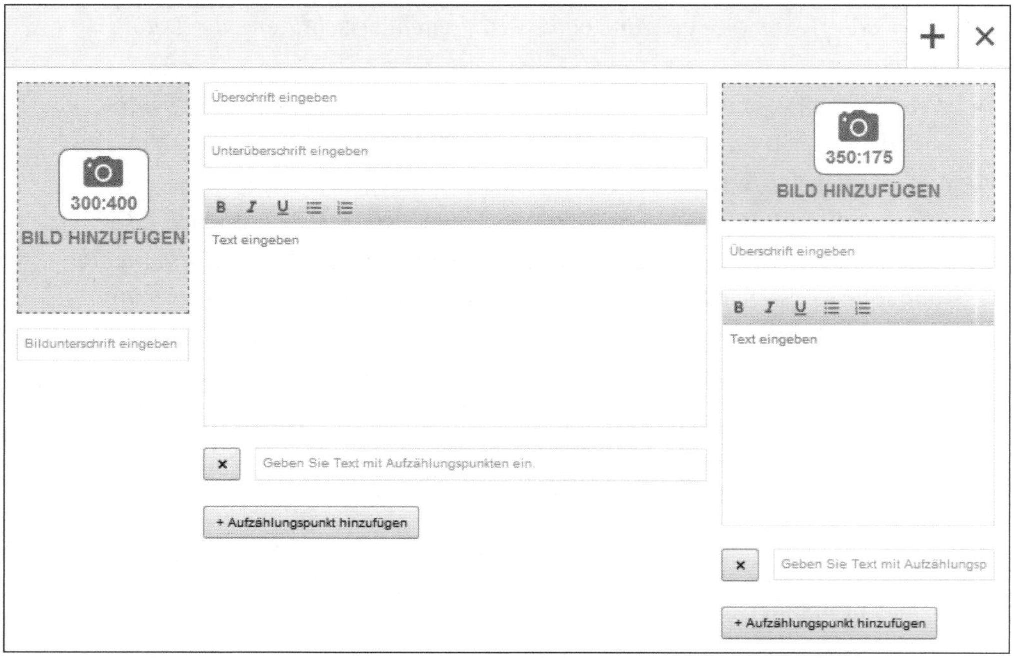

Abbildung 6.30 Template-Favorit

Mit zwei Bildern, verschiedenen Textblöcken und Über- und Unterschriften bleibt man konzentriert auf das Wesentliche. Zudem ist die Umsetzung weitaus einfacher.

Die EBC-Beispiele aus Abbildung 6.31 zeigen einige Ansätze und sind mir persönlich fast alle zu lang. Jedoch sehen Sie links den Fokus auf Bildern und rechts den Fokus auf kurzen und knappen Erklärungen zu den Bildern. Die mittlere Lösung ist eher schwerfällig: große plumpe Bilder und folgend ein sehr langer Text – scheinbar wurde hier die ehemalige Produktbeschreibung schlicht kopiert, um den Aufwand zu reduzieren.

Abbildung 6.31 EBC-Beispiele

Die Templates für A+ sind allen Sellern und Vendoren zugänglich und mit den berühmten Amazon-Hunden gefüllt. Fünf von zwölf Modulen dürfen maximal ausgewählt oder doppelt genutzt werden. Nicht alle Bereiche müssen wie bei EBC ausgefüllt werden. Ein wenig kreativen Spielraum können Sie so nutzen (siehe Abbildung 6.32).

In der Anwendung kann man einige Beispiele aufzeigen, die verschiedene Ansätze nutzen (siehe Abbildung 6.33).

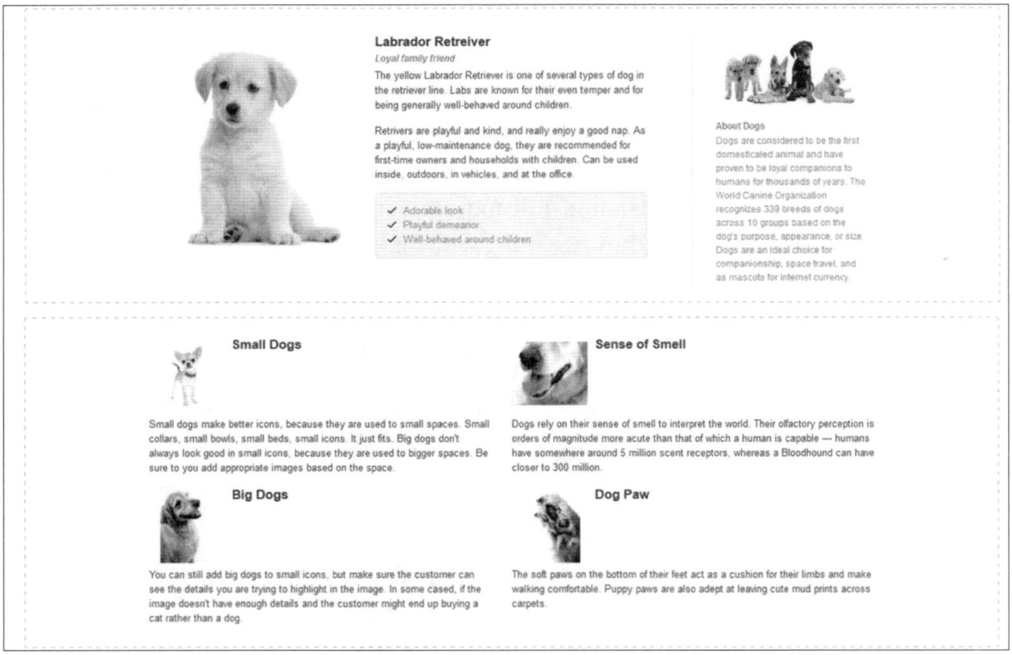

Abbildung 6.32 A+-Templates bei Vendoren

Abbildung 6.33 A+-Beispiele

Links sehen Sie ein sehr langes und komplexes Format. Das Produkt war damals neu und erklärungsbedürftig. Detaillierte Hinweise zur Programmierbarkeit und was möglich ist, wurden dargestellt. Um die Maus und die Funktionen besser hervorzuheben, wurde die Form der Vergleichstabelle genutzt. Heutzutage eher technologischer Standard, so würde man mehr einen Fokus auf die passende Tastatur, das Mauspad und die Kopfhörer legen. So kann tatsächlich sogar der Lebenszyklus eines Produkts den Inhalt von A+ bestimmen. Das mittlere Beispiel nutzt für eine Jacke zu viel Text, wichtiger scheint das letzte Template mit Hinweisen zur Reinigung und den Abmessungen. Hier kann man gezielt Erwartungshaltungen zu Passgenauigkeit und Waschbarkeit beantworten und so gegebenenfalls Retouren reduzieren. Das rechte Beispiel ist kurz und knapp, das Produkt kostet um die 10 € und muss nicht weiter erklärt werden. So reicht es, die Marke darzustellen und ein Foto der verschiedenen Farben und Größen abzubilden.

Interessant sind die Ende 2017 eingeführten Varianten des A++ oder Premium A+. Diese überzeugen durch ihr wechselndes Design je nach Endgerät, aber auch durch die Einbindung von Videos, FAQ-Templates und Testimonials, zudem können Sie statt fünf bis zu sieben Templates nutzen.

Im Beispiel in Abbildung 6.34 und Abbildung 6.35 sehen Sie die Desktop-Variante eines solchen Aufbaus der Marke Razer.

Abbildung 6.34 Video und Banner Desktop

Abbildung 6.35 Video und Banner mobil

Sie sehen im direkten Vergleich den Wandel der Module. Sowohl die Ausrichtung ändert sich als auch die Größe. Zudem werden keine Bilder plötzlich unlesbar. Besonders stark wird diese Content-Form aber erst im zweiten Segment (siehe Abbildung 6.36 und Abbildung 6.37).

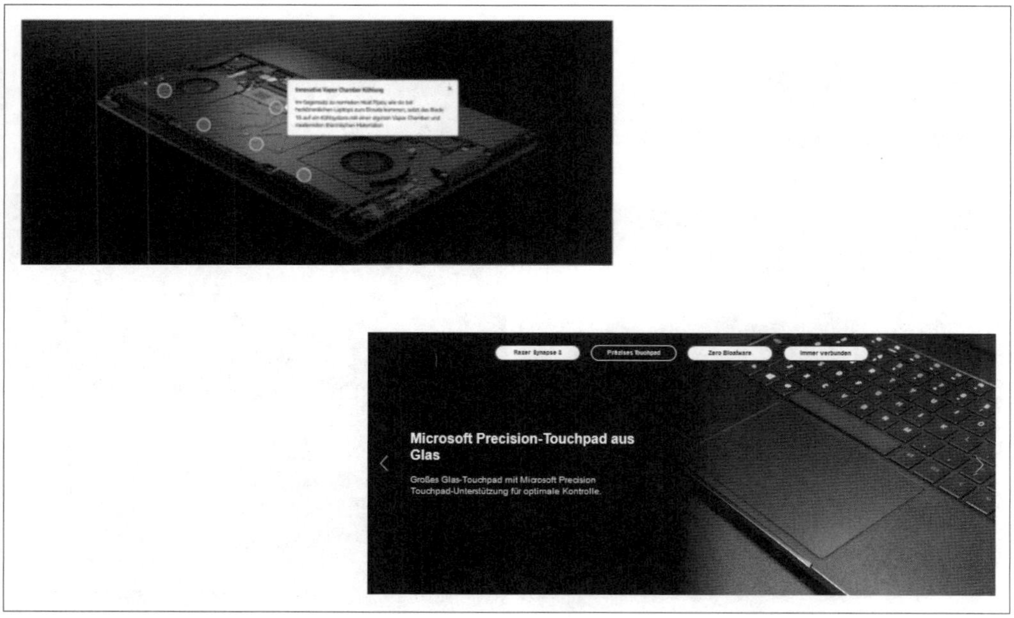

Abbildung 6.36 Hover und Click-Through auf dem Desktop

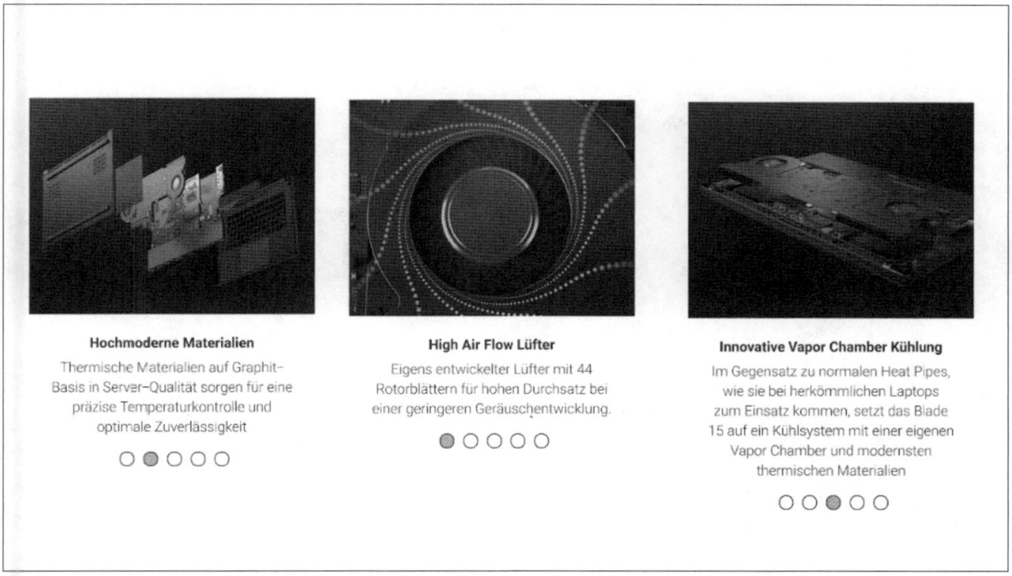

Abbildung 6.37 Hover mobil

Hier ändern sich die Darstellungen vollständig. Der Hover-Modus aus Abbildung 6.36 wird komplett geändert in separate, durchscrollbare Bilder in Abbildung 6.37. Diese Bilder sind nur in der mobilen Version sichtbar. Der Bereich der durchklickbaren Banner wird ersetzt durch vier Auswahlfelder wie in Abbildung 6.38. Somit können Sie im Screen nur einen Bereich ganz klar sehen, da auch hier die Bilder extra angepasst sind auf die mobile Darstellung.

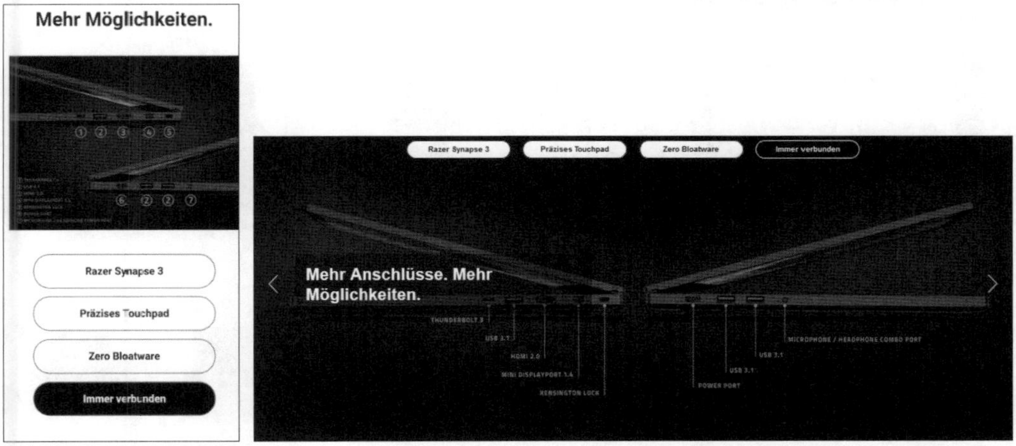

Abbildung 6.38 Click-Through mobil

Auch die Tabellen schaffen es, übersichtlich zu bleiben. Während auf dem Desktop die Vollgröße angezeigt wird, müssen Sie mit dem kleinen smarten Device eine Vorauswahl treffen und erhalten dann nur die spezifischen Informationen (siehe Abbildung 6.39 und Abbildung 6.40).

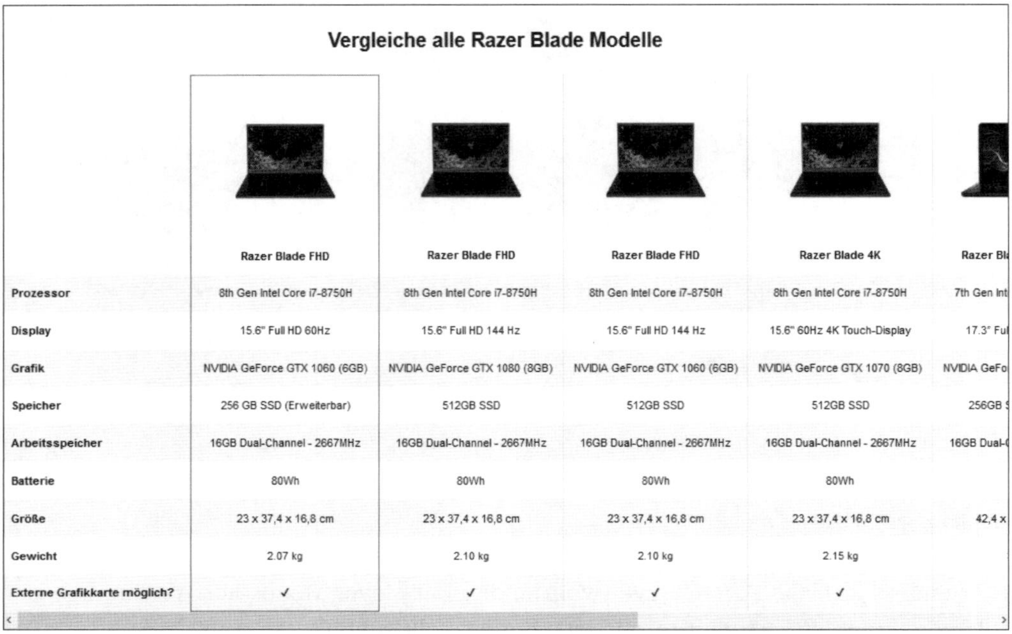

Vergleiche alle Razer Blade Modelle

	Razer Blade FHD	Razer Blade FHD	Razer Blade FHD	Razer Blade 4K	Razer Bl
Prozessor	8th Gen Intel Core i7-8750H	8th Gen Intel Core i7-8750H	8th Gen Intel Core i7-8750H	8th Gen Intel Core i7-8750H	7th Gen Int
Display	15.6" Full HD 60Hz	15.6" Full HD 144 Hz	15.6" Full HD 144 Hz	15.6" 60Hz 4K Touch-Display	17.3" Fu
Grafik	NVIDIA GeForce GTX 1060 (6GB)	NVIDIA GeForce GTX 1080 (8GB)	NVIDIA GeForce GTX 1060 (6GB)	NVIDIA GeForce GTX 1070 (8GB)	NVIDIA GeFo
Speicher	256 GB SSD (Erweiterbar)	512GB SSD	512GB SSD	512GB SSD	256GB
Arbeitsspeicher	16GB Dual-Channel - 2667MHz	16GB Dual-Channel - 2667MHz	16GB Dual-Channel - 2667MHz	16GB Dual-Channel - 2667MHz	16GB Dual-
Batterie	80Wh	80Wh	80Wh	80Wh	
Größe	23 x 37,4 x 16,8 cm	23 x 37,4 x 16,8 cm	23 x 37,4 x 16,8 cm	23 x 37,4 x 16,8 cm	42,4 x
Gewicht	2.07 kg	2.10 kg	2.10 kg	2.15 kg	
Externe Grafikkarte möglich?	✓	✓	✓	✓	

Abbildung 6.39 Vergleichstabelle Razer Desktop

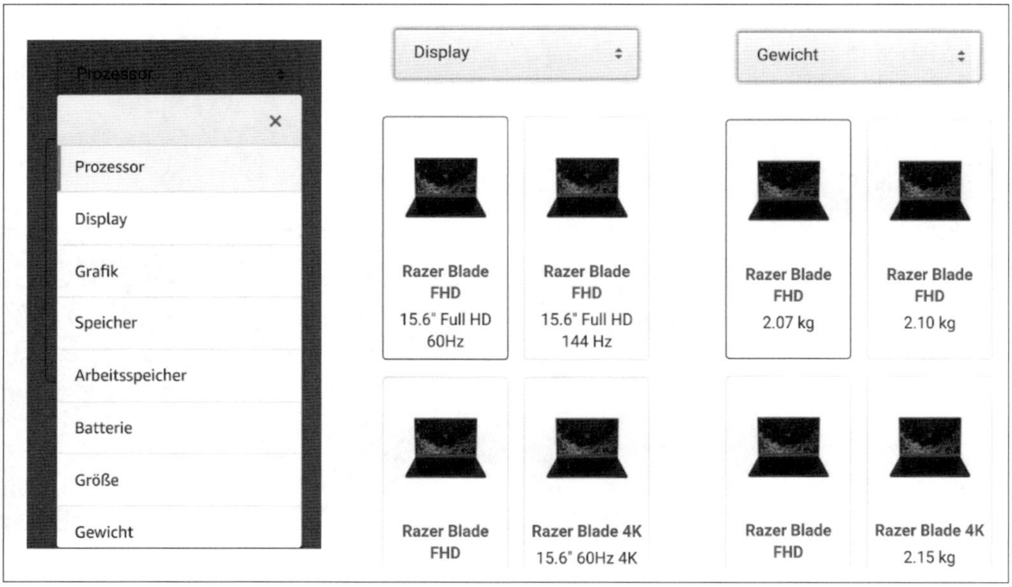

Abbildung 6.40 Vergleichstabelle Razer mobil

Die Vorteile dieser Darstellung sind in Ihrem Ausmaß kaum vollständig darzustellen. Responsives Design würde der Fachmann wohl sagen, soll heißen, die Darstellung passt sich schlicht an die genutzten Endgeräte an. Selbst die Nutzungsart wechselt von Durchwischen zu Klicken oder Auswählen. Zudem gibt es die Möglichkeit, zusätzliches Bildmaterial für die jeweiligen Endgeräte anzulegen – alles in allem eine sehr starke Möglichkeit, sich Vorteile in der Kundenführung zu sichern, während der Wettbewerb noch mit veralteten Templates arbeitet oder den mobilen Nutzen noch gar nicht erkannt hat.

Abschließend ist der Unterschied zwischen Up-Selling und Cross-Selling bzw. Vergleichstabellen genauer zu betrachten. Im neuen A++ gibt es drei verschiedene Arten, die drei Tabellen können besser Cross-Selling, Up-Selling oder Vergleiche unterstützen. An den Kaffeeautomaten in Abbildung 6.41 sehen Sie deutlich, dass das Hauptprodukt überhaupt nicht hervorgehoben wird. Man nimmt also bewusst in Kauf, dass die 30-€-Variante (Position 3) zwischen den weiteren Produkten ab 60 € aufwärts untergeht.

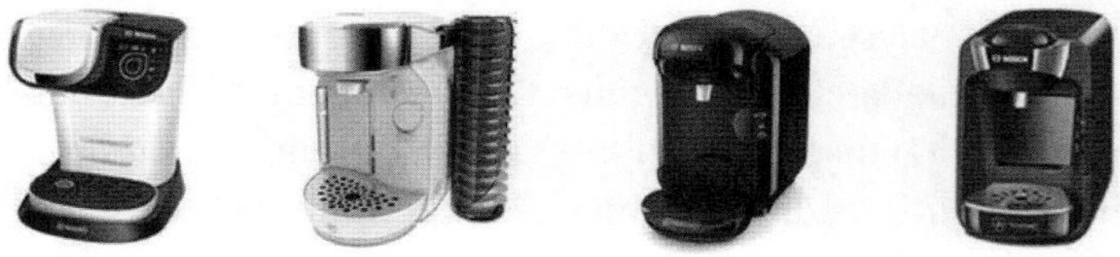

	TAS6004	TAS7004	TAS1402	TAS3205
Große Getränke- und Markenvielfalt	✓	✓	✓	✓
Perfekte Getränkequalität dank Intellibrew	✓	✓	✓	✓
Einfachste und schnelle Getränkezubereitung	✓	✓	✓	✓
Besonders platzsparend	-	-	✓	✓
SmartStart	-	-	-	✓
Getränkepersonalisierung und "Mein Favorit" Speicherfunktion	✓	-	-	-
Intuitives Touchdisplay	✓	-	-	-
Aufbewahrungskapazität (mit Kapselhalter TCZ7000)	-	✓	-	-
Leicht zugänglicher und einfach zu befüllender Wassertank	1,3L	1,2L (ohne Filterkartusche)	0,7L	0,8L
Gerätemaße H x B x T (mm)	290 x 230 x 325	322 x 183 x 270	249 x 169 x 298	251 x 167 x 305

Abbildung 6.41 Up-Selling

Dieser Effekt wird gerne genutzt, um Kunden in ein höherpreisiges Produktsegment zu leiten oder durch Sets mit Zukaufprodukten den Warenkorb zu erhöhen. Auffällig sind solche Strategien in der Kategorie Küche. Hier werden zum Beispiel gern Töpfe in Tabellen mit teureren größeren Töpfen oder Topfsets konfrontiert. Ähnliches gilt bei Pfannen. Dabei verliert man jedoch auch schnell Kunden. Was zumeist ignoriert wird, ist die erfolgte Suche des Kunden nach einem »Topf 20 cm 3 Liter« oder der »Bratpfanne 28 cm Induktion«. Die Suche war also stark geprägt, zudem nutzt der Kunde die weiterführenden Inhalte zur Informationsbefriedigung und weniger zum Kauf eines komplett anderen Produkts dieser Art. Besser wäre es also, ein Cross-Selling zu etablieren, was Pfannenwender, Spritzschutzdeckel oder andere im Sortiment vorliegende Produkte zeigt, die zusammen genutzt werden können. Up-Selling wäre eher in den Segmenten sinnvoll, also Kochtopfsets zeigen weitere Kochtopfsets, die in grundlegenden Eigenschaften nicht übermäßig unterschiedlich sind.

Dennoch wird dabei ein weiterer Fehler gemacht, und es werden oftmals Produkte angezeigt, die schon auf der oberen Detailseite des Produkts als Variante vorliegen. Jeder Produktbereich bedarf daher einer gewissen Grundanalyse. Einfach ist dies mit Warenkorbanalysen durch ARA-Premium oder durch die Betrachtung der »Kunden kauften auch«-Bereiche. Wer einen Kuchenbutler oder Partybutler sucht, scheint an Lebensmittel-Transportboxen interessiert zu sein. Weitere Arten dieser Boxen mit Kühlung oder in anderen Formen können somit die eigentliche Kaufintention um zusätzliche Produkte erweitern. Wer Ohrringe kauft, benötigt jedoch gegebenenfalls eher Ringe, Armbänder oder eine Halskette. Aufpassen sollten Sie insgesamt bei solchen Verknüpfungen, ob Sie damit nicht künstlich die Retourenquote erhöhen, da Kunden auf die Idee kommen, aufgrund des Up-Sellings mehrere Vergleichsprodukte zu bestellen. Daher rate ich vom Up-Selling grundsätzlich ab.

Cross-Selling hat den Vorteil, ganze Produktfamilien aufzeigen zu können oder schlicht das breite Markenangebot: die Knoblauchpresse, das Messer, den Salatschneider und neben dem Kochbuch auch noch die Salz- und Pfeffermühle in einem Design und von einer Marke (siehe Abbildung 6.42).

Würde man Marken-Portfolios mehr in der finalen Nutzung denken, würde niemand nur Pizzateller verkaufen oder nur Pizzaschneider oder nur Pizzasteine oder nur Pizzarezepte, sondern man würde immer ein Portfolio als vollständige Lösung anbieten.

Die Vergleichstabellen sind aus den berühmten Testzeitungen entstanden. Wer ist besser und warum und in welchem Bereich? Das Problem: In einem eigenen Markenumfeld wird man nichts als besser oder schlechter darstellen wollen. Selbst das System aus teuer und billig sollte nicht das Ziel sein (siehe Abbildung 6.43). Früher musste man in Märkten immer drei Produktbereiche zeigen, das Einstiegsprodukt (meist günstig), die mittlere Qualitätsstufe und das Premiumprodukt (meist teuer).

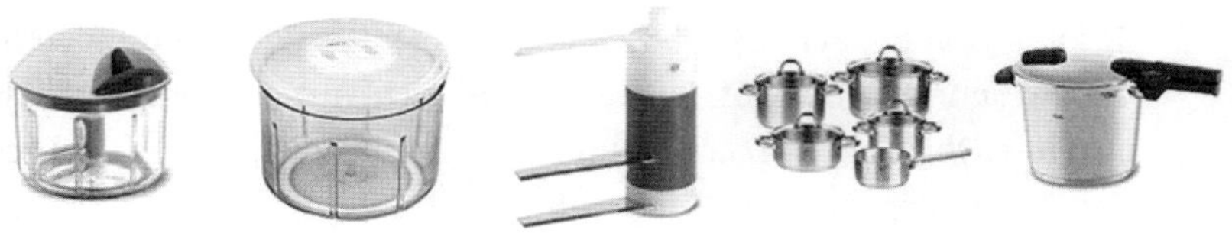

	Fissler Finecut Küchenhelfer	Fissler Aufbewahrungs-behälter mit Deckel	Fissler Schneidrotor	Fissler 5-tlg. Kochtopf-Set	Fissler Schnellkochtopf Vitaquick
Produktanwendung	Küchenhelfer	Küchenhelfer	Zubehör für den Küchenhelfer Finecut	Kochtöpfe	Schnellkochtopf
Funktionen	Zerkleinern, Schleudern, Mixen, Frischhalten	Aufbewahren und Frischhalten von zerkleinertem Schnittgut	Zerkleinern von Lebensmitteln	Kochen, Schmoren, Anbraten, Zubereiten	Kochen, Braten, Schmoren
Material	Hochwertiger Kunststoff und Metall	Hochwertiger Kunststoff	Hochwertiger Kunststoff und Metall	Edelstahl	Edelstahl
Zubehör	Schleuderkörbchen, Mixer-Einsatz, Spachtel, Frischhaltedeckel	Behälter, Deckel	Schneidrotor	5 praktische Kochtöpfe in untersch. Ausführungen	Kochtopf, Deckel mit Griff

Abbildung 6.42 Cross-Selling

	CONTUS	LEDOS	FORTUS	DECUS	KUDOS Z-9	OMNIVI
Tasten	5	5	5	7	9	10
Programmierbare Tasten				✓	✓	✓
Sensor	optisch	optisch	optisch	Laser	Laser	optisch
Sensorauflösung	1.200-3.000	500-3.000	600-2.400	400-5.000	8.200	800-12.000
Mausräder	1 (2D)	1 (2D)	1 (2D)	1 (2D)	1 (4D)	1 (2D)
Interner Speicher				✓	✓	✓
Konfigurationssoftware				Ja (PC)	Ja (PC,Smartphone)	Ja (PC)
Kostenlose APP für Android und iOS					✓	
Datenübertragung	Kabelgebunden	Kabelgebunden	Funk	Kabelgebunden	Kabelgebunden	Kabelgebunden

Abbildung 6.43 Vergleichstabelle

Das Ziel war es, dem Kunden in seiner Entscheidung zu helfen. Niemand möchte billig kaufen, aber auch nicht teuer. Ein Beispiel aus der Bierbranche zeigte diesen Sachverhalt sehr deutlich auf. Man entschied sich, nur zwei Sorten Bier auf den Markt zu bringen. Obwohl das Bier zu den besten seiner Art gehörte, kam es nur zu wenigen Verkäufen. Erst die Einführung einer dritten Sorte schaffte genug Vergleichbarkeit für den Kunden, um sich für eine Sorte zu entscheiden. Auf Amazon hat man jedoch den Vorteil, sich diesem Problem nicht stellen zu müssen, die lieben Mikrounternehmer und Anbieter aus aller Welt übernehmen zumindest den Part der billigen und teils minderwertigen Produkte schon sehr gut.

Was also soll man als Vergleich anbieten? Bei einem starken technischen Fokus wie bei Notebooks oder selbst Rasierern ist dies absolut hilfreich. Oftmals stellt sich der Kunde nicht genügend Fragen vor der Suche oder beachtet gewisse Details nicht, die am Ende doch relevant sein können. So ist nicht jedes Notebook mit einem Mikrofon und einer Kamera ausgestattet. Auf solche Dinge kann man in solchen Tabellen Wert legen. Auch Akkulaufzeiten oder Gewichte werden erst relevant, wenn man diese im Vergleich zu anderen Produkten sieht und sich dann fragt, was bedeutet das für mich? Bin ich viel unterwegs, und muss ich das Notebook ständig tragen? Rasiere ich mich täglich oder nur einmal die Woche, nass oder trocken? Viele Features und Merkmale werden dank dieser Tabellen endlich verständlich, ebenso lassen sich Kompatibilitäten hier noch mal besser aufführen.

Eine Vermischung der Ansätze ist natürlich auch möglich, wie bei den Fahrradpedalen in Abbildung 6.44. Im Detail bietet man hier einen Vergleich der Pedale mit Up-Selling der teureren Varianten an und weitere Produkte, eine recht gute Mischung.

Was nicht bis zum Ende gedacht ist in dem Beispiel in Abbildung 6.45, da das falsche Template genutzt wird, nämlich eines ohne die Möglichkeit der direkten Verknüpfung der ausgewählten Produkte. So sieht der Kunde zwar die Auswahl, kann jedoch nichts anklicken.

Schlussendlich sind die Effekte aber kaum bis gar nicht messbar. Außer Amazon selbst sind keine Daten zur genaueren Auswertung verfügbar. Ansätze der Warenkorbanalyse und der Traffic-Kennzahlen und Verkäufe der jeweiligen gezeigten Produkte waren nicht wesentlich auffällig in Ihrer Entwicklung. Dies variiert von Kategorie zu Kategorie und soll nur aufzeigen, dass die Konzentration auf diesen Bereich erst später notwendig sein kann. Daher sollte der erste Fokus einer Produktseite auf der Produktdarstellung und dem Nutzen für den Kunden liegen. Die Auffindbarkeit im Detail kann dann unterstützt werden durch die Nutzung von Suchbegriffen, während man die Kernaussage der Marke und dynamische Features gerne durch Videos erklären kann.

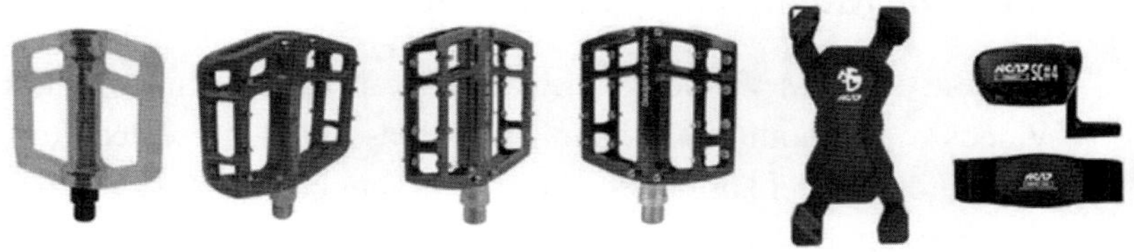

	NC-17 Sudpin Zero Pro	NC-17 Sudpin I Pro	NC-17 Sudpin III S-Pro	NC-17 Sudpin IV S-Pro	NC-17 3D Universal Halter	NC-17 Herzfrequenzmesser und Fahrrad-Sensor
Jugend-/Kinderräder	✓	✓			Für iPhone und Samsung Geräte	Pulsgurt Trittfrequenz Speed-Sensor
Mountainbike	✓	✓	✓	✓	Witterungs-beständig	komp. mit über 100 Apps
Trekking/ City-/E-Bike	✓	✓	✓	✓	360 Grad drehbar	Set besteht aus zwei Sensoren
NC17 Performance Level	★★☆	★★★☆	★★★★☆	★★★★★	★★★★★	★★★★★
Abmaße L/B/H (mm)	95/106/19	95/105/19	90/100/15	90/100/15	Länge: 114-182 mm Breite: 56-92 mm	60/35/6
Material	Kunststoff	Aluminium	Aluminium	Aluminium	Kunststoff	Kunststoff mit Gewebeband
Ausführung	Konuslager	Konuslager	Präzisionslager	Präzisionslager	In 2 Ausführungen: A) Headsetmontage B) Lenkermontage	Blutooth 4.0 ANT+ Dualband
Besondere Eigenschaft	Pins nicht wechselbar	✓ Wechselbare Pins	✓ Wechselbare Pins	✓ Wechselbare Pins	Variable Größenanpassung	IOS ab 7.0 Android ab 4.2 Win. ab 8.1
Gesamtgewicht in Gramm	342g	490g	364g	364g	90g	181g

Abbildung 6.44 Up-Selling und Cross-Selling

Abbildung 6.45 Mangelhaftes Beispiel

6.8 Die Möglichkeit, Videos einzubinden

Bekannt ist, dass Vendoren die Möglichkeit haben, an Position sieben der Bilder Videos zu positionieren. Zudem kann im neuen A+ ein Video direkt dort eingebunden werden. Seller können seit Ende 2018 ebenfalls Videos als Bild sieben nutzen, ein Äquivalent mit einem Video im EBC ist noch nicht bekannt. Doch durch die fehlenden Daten zur Nutzungsrate und Ansichtsdauer der Videos wie in den USA ist es nicht absolut überzeugend.

Berücksichtigen sollten Sie hierbei, dass ein Video nur angesehen werden kann, wenn der Betrachter im WLAN ist oder eine sehr gute Verbindung hat. Dabei ist es interessant, dass man für Video-Ads und im AAP klar auswählen kann unter welchen Bedingungen Videos als Werbung gezeigt werden sollen. Im Bereich Content jedoch kommt das Video immer. Dabei muss klar sein, wie hoch dies auch als absolutes Abbruchkriterium gelten kann, wenn Kunden es sehen wollen und dann zu lange Ladezeiten aufkommen oder nicht zweckmäßige Inhalte ausgespielt werden. Früher habe ich schlicht empfohlen, kurze Video unter 30 Sekunden zur Brand hochzuladen, am besten ohne Ton. Schnell und einfach war dies über alle Produkte und Länder anwendbar. Das Problem heutzutage liegt in der Erwartung eines Kunden. Lange produktspezifische Inhalte zu Anwendung und Nutzen oder schlichte kurze Werbebotschaften? Das kann man nie vorher herausfinden und was noch schlimmer ist – nicht messen. Daher sage ich, eher Finger weg oder wenn, dann richtig, also für jede Produktgruppe spezielle Videos über die Besonderheiten des Produkts. Es gilt das Platzierungsproblem als ursächlich für die Nichtnutzung. Bei der Desktop-Nutzung stehen die Videos unten links als Bild 7. Dabei erkennt der Kunde zwar am Videologo, dass er etwas abspielen könnte, jedoch ist die Seitenführung auf das Kaufen ausgerichtet, und Informationen stehen in der Mitte. Mittlerweile sind Videos in den USA mit exakten Metriken versehen und diese zeigen aktuell nicht auf, dass Videos einen großen Effekt mit sich bringen. In der App sind die Videos somit das letzte Bild beim Durchscrollen. Im EBC oder Premium A+ eingebunden, erlangt das Video keine alleinstehende Sichtbarkeit als solches und geht je nach Nutzung der Inhalte schlicht unter. Weiterhin erwartet der Kunde kein Video, weil das Feature nie die Bekanntheit erhalten hat in einem Kaufprozess. Informationsgewinnung findet eben doch im Internet statt, und der Vergleich von Daten und der Kauf auf dem Marktplatz.

6.9 Suchbegriffe – die relevanten Backend-Keywords bestimmen

Suchbegriffe – für die Auffindung im Netz so ungemein wichtig, doch gilt das gleichermaßen für die Sichtbarkeit bei Amazon? Um die Frage richtig zu bewerten, müssen Sie wissen, dass sehr viele Bereiche auf Amazon indexiert werden, doch welche für eine Ausspielung unter Suchabfragen relevant sind, ist nicht immer klar. So ist die Hinterlegung eines Wortes in indexierten Bereichen die Grundlage für die Möglichkeit einer Ausspielung in einer SERP – aber nicht die eindeutige Bedingung, auch angezeigt zu werden. So muss eben nicht alles berücksichtigt werden:

> *»Amazon behält sich vor, nicht alle angegebenen Suchbegriffe zum Abruf von Produkten zu verwenden. Gründe hierfür sind unter anderem die Berücksichtigung der Suchgeschwindigkeit, die mögliche Manipulation von Suchergebnissen, irrelevante Suchbegriffe sowie anstößige oder illegale Begriffe.*
>
> *Wenn Kunden die Suchmaschine und die Kategoriestruktur von Amazon verwenden, möchten sie interessante und präzise Suchergebnisse erhalten. Zum Schutz der Kundenerfahrung müssen alle produktspezifischen Informationen einschließlich der Suchbegriffe mit den Richtlinien übereinstimmen, die unter ›Angebote für die Suchfunktion optimieren‹ festgelegt sind. Jeder Versuch, die Suchfunktion zu manipulieren, ist verboten.«*

Weiterhin halte ich es für absolut wichtig, dass Sie verstehen, dass dieses eine Feld nicht vollständig oder überhaupt genutzt werden muss. Wichtiger ist es, korrekt oder sinnvoll genutzt zu werden. Dabei sollte Ihnen klar sein, dass nur produktspezifische Eigenschaften und Suchwörter Sinn ergeben. Eine schwarze Handyhülle wird eben keine Cross-Visibilität und Cross-Sales erlangen durch das Nutzen von Suchbegriffen wie »braun«. Immer wieder höre ich von Kunden: »Töpfe und Pfannen werden doch zusammen gekauft, dann ergibt es doch Sinn, beide Wörter zu nutzen.« Nun eben nicht, es sei denn, es ist ein Topf- und Pfannen-Set, wer Pfanne sucht, kauft selten direkt einen Topf. In den wenigsten Fällen ist es daher wirklich zielführend für die organische Sichtbarkeit, Werbeperformance ausgeschlossen. Hier kann es gegebenenfalls sinnvoll sein, wenn tatsächlich viele Kunden »braun« suchen und schwarz kaufen. So kann man die Werbekraft in einem gewissen Umfang erhöhen.

Absolut verboten in diesem Zusammenhang ist die Verwendung anderer Marken außer der eigenen. Eine absichtliche Ausspielung unter organischen Suchwörtern mit Fremdmarken erzeugt keine klare Ausdifferenzierung als Werbung bzw. verschleiert, dass das Produkt eben nicht diese Marke ist. Damit wird es rechtlich meist kritisch.

Insgesamt sollten Sie auch verstehen, dass Suchbegriffe im Backend niemals Conversion-orientiert sein dürfen und nur Traffic-relevant sein sollten, einfach aufgrund der Tatsache, dass verkaufsförderliche Suchbegriffe von den Kunden schlicht gern gelesen werden und nicht nur gesucht werden. Man stelle sich vor, bei allen Mülleimern würde geruchsdicht hinterlegt, doch keines der Produkte beinhaltete Bild und/ oder Text zu diesem gesuchten Begriff.

Auch der Anzahl an verfügbaren Zeichen sollten Sie nicht zu viel Aufmerksamkeit schenken, maximal in dem Umfang, zu wissen, wie viel erlaubt ist. Eine korrekte Vorabrecherche und eine saubere Umsetzung und Entscheidungsfähigkeit bringt selten

Platzprobleme mit sich. Zumal meist mehrere Produkte zur Verfügung stehen und so mehr Platz nutzbar ist. Einige der später erwähnten Datenfelder beinhalten aktuell ebenso viele Zeichen wie die Suchbegriffe und werden genauso gefunden. Das Problem ist historisch gewachsen. Anfangs waren es 50 Zeichen je Feld, bei fünf Feldern also 250 Zeichen. Dann kam plötzlich der Wechsel zu angeblich 1.000 Zeichen. Dabei wurde jedoch auf 1.000 Zeichen je Feld angehoben, was also 5.000 Zeichen waren. Dann kam der große Knall, als Amazon ohne jegliche Mitteilung die Grenze auf 250 Bytes zuzüglich Leerzeichen gesetzt hat, inklusive der Regelung, dass jede Überschreitung zum kompletten Ausschuss aller Suchbegriffe führt. Im August 2018 gab es die nächste Änderung, ab dem Zeitpunkt wurden plötzlich auch Satzzeichen jeder Art eingerechnet, und nun sind nur noch maximal 249 Bytes erlaubt. Während Vendoren lange Zeit noch großzügig in vielen Teilen 2.000 Zeichen hochladen durften, wenn Sie das korrekte Artikelpflegeformular oder schlicht eine eigene Excel-Tabelle nutzten, sind sie mittlerweile auch stärker eingeschränkt, jedoch je Kategorie anders.

Im Zuge all dieser Veränderungen kam es zu vielen Tests und Erkenntnissen, jede für sich genommen ist jedoch nicht sinnvoll – leider vergessen das immer wieder die meisten. Im Schwerpunkt ist dies am Beispiel des kleinen platzsparenden Nutzens eines Bindestrichs aufzeigbar. Um zu maximal vielen Suchbegriffen auffindbar zu sein, hat man gerne mit Bindestrich gekoppelt A-B, einige ganz heftige Beispiele haben es sogar mit A-B-C auf die Spitze getrieben. Ziel war es, dadurch zu A B, A-B und A und B auffindbar zu werden, was auch funktioniert. Bei der Variante A-B-C entstehen schon die ersten Probleme, aber das nur am Rande. Bleiben wir bei dem A-B-Beispiel. Nur wenige Suchbegriffe wie »Vlies-Tapete« sind tatsächlich mit der Eingabe eines Bindestrichs behaftet, Ausnahme bilden Kompatibilitätsabfragen wie bei Druckerpatronen oder ähnlichen direkten Artikelnummerneingaben. Was passiert neben dem Platzsparen bei der Nutzung von Bindestrichen noch? Die spezifische Sichtbarkeit geht zurück. Eine Suche nach A ist eben nicht gleich der Abfrage nach A-B, Gleiches gilt für A B und andere Schreibarten, die gesucht werden und immer nur durch A-B abgebildet werden, was ja kein hundertprozentiger Treffer ist. Zudem ist die Werberelevanz niedriger, da eben nicht der genaue Wortlaut der Suche im Produktinhalt anzutreffen ist.

Versteht man diesen Umstand genau genug, wird man bei einem normalen Papier immer DINA 4, DINA4 und DIN A4 und A hinterlegen. Auch die spezifischen Eigenschaften wie Größen und Abmessungen sollten Sie daher genau prüfen. Dadurch werden Sie die von Kunden gesuchte Art im Titel nutzen und weitere Ansätze in Aufzählungspunkten zu Lieferumfang oder eben den Suchbegriffen abbilden. 180kg sind nun mal nicht 180 kg und nicht 180 Kilo oder 180 Kilogramm, sondern »180kg 180 kilo kilogramm«. Die Groß- und Kleinschreibung ist dabei zu vernachlässigen.

Noch detaillierter wird der ganze Ansatz der Auffindbarkeit und der Platzierung von Suchbegriffen, wenn man sich die Patentschrift genauer ansieht. Gerne können Sie einmal die Patente A9.COM, INC. nachlesen, so wird hier recht einfach meine seit Jahren erklärte Lesereichweite definiert, und viele weitere Punkte werden angesprochen:

»A9 ---- Distance from Image Center Based Word Prioritization

In at least one embodiment, the text strings ranking or score can also be adjusted using a distance from image center based word prioritization. For example, when users scan a particular word or item, they tend to try to center the word or item in the view finder of the image capture application. Accordingly, words or text strings can be reprioritized based on their distance from the center of the image frame. That is, the word closest to the center may keep its current score and all other words are rescored based on their distance from the center. For example, the farther away from the center a word is located, the more its score is reduced.

Content collection search with robust content matching Systems and approaches for searching a content collection corresponding to query content are provided. In particular, false positive match rates between the query content and the content collection may be reduced with a minimum content region test and/or a minimum features per scale test. For example, by correlating content descriptors of a content piece in the content collection with query descriptors of the query content, the content piece can be determined to match the query content when a particular region of the content piece and/or a particular region of a query descriptor have a proportionate size meeting or exceeding a specified minimum. Alternatively, or in addition, the false positive match rate between query content and a content piece can be reduced by comparing content descriptors and query descriptors of features at a plurality of scales. A content piece can be determined to match the query content according to descriptor proportion quotas for the plurality of scales.«

Ich erkläre den Sachverhalt gern mit dem »Schweine Bauch«-Experiment. So können Sie bei einem beliebigen Produkt im Titel eine willkürliche Wortkombination einbauen wie eben diesen »Schweine Bauch«. Bitte keine sinnfreien Testkeywords nutzen, dies führt zu nicht absolut sauberen Ergebnissen, da Amazon diese Wörter gegebenenfalls nicht kennt oder nicht bewertet oder Ähnliches. Nun suchen Sie das Produkt mit der Titelanpassung und stellen fest, es rankt auf Seite X. Im nächsten Schritt löschen Sie die Änderung und warten, bis das Produkt nicht mehr auffindbar ist. Interessant ist dabei der Umstand, dass das teilweise sehr lange dauert. So findet man bei dem Suchbegriff »Hannoveraner Amalytiker« (dem Wettbewerbs-Keyword des MerchantDays 2018) immer noch Suchergebnisse, obwohl nicht alle davon noch das Wort hinterlegt haben. Die Historie hinter Suchbegriffen soll hier aber nicht als wissenschaftliche Abhandlung aufgezeigt werden. Nun teilen Sie das Wort auf und überführen das Wort Bauch in einen Aufzählungspunkt. Nachfolgend prüfen Sie wieder die Platzierung unter dem Suchwort. Dies lässt sich beliebig fortführen mit dem Backend oder allen weiteren Positionskombinationen. Daher kann es bei absolut relevanten Suchphrasen hin und wieder sinnvoll sein, über Wiederholungen nachzudenken; nicht der Art, dass Sie A B C A B A B F im betreffenden Bereich schreiben, aber A B C F, auch wenn A und B schon im Titel stehen und C und F eben nicht.

Die Priorisierung, welche Wörter wo eingetragen werden müssen, ergibt sich meist aus der kompletten Analyse der Keyword-Recherche und der Relevanzanalyse. Zudem ist der Abgleich mit dem Produkt nach weiteren Eigenschaften hilfreich, also die Frage: Ist das Ihr Produkt, oder möchten Sie überhaupt, dass Ihr Produkt dort angezeigt wird? Das geht einher mit der Suchseitenkonsistenz und den Preisen unter Keywords, alles Themen, die in Kapitel 5, »Sichtbarkeit – die relevanten Faktoren für den Erfolg von Amazon-SEO«, ausführlich behandelt werden. So ist es schon notwendig, hin und wieder eine Vielzahl an Suchbegriffen zu prüfen, etwa ob Sie diese nutzen wollen und als wie wichtig Sie diese bewerten. Am Ende reicht ein einfacher Selbsttest – können Sie anhand der Suchbegriffe allein das Produkt erkennen?

Mögliche Szenarien der Nutzung von Suchbegriffen werden bestenfalls nach diversen Strategien festgelegt. So kann es zum Beispiel sein, dass Sie bestimmte Filme oder Testimonials oder schlicht ein großes Hashtag in einer Werbung nutzen. Diese Wörter können Sie dann natürlich in Ihrem Content platzieren, um Suchabfragen diesbezüglich zu befriedigen.

Das Freilassen der Suchbegriffe kann auch eine gute Strategie sein, wenn Sie zeitgleich die Aufzählungspunkte kurz und relevant halten und im Titel nur wenige Suchbegriffe nutzen. Der Vorteil ist dabei die Reduzierung weiterer kombinatorischer Suchbegriffe durch passives Amazon-SEO und Kreuzkombinatorik. Sie bleiben sozusagen im relevanten Setup.

Weiterhin hat Amazon immer mehr Keyword-Felder hinzugefügt, in denen die Keywords thematisch zugeordnet werden, wie Stil, Target Audience oder Verwendung, auch Thema und Gelegenheit tauchen immer wieder auf (siehe Abbildung 6.46).

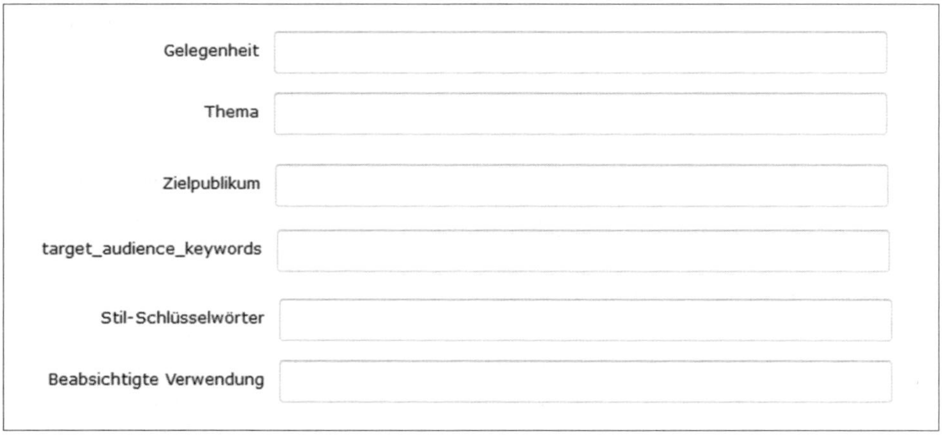

Abbildung 6.46 Mehr Keyword-Felder

Bisher konnte noch kein klares Muster ausgemacht werden, wofür exakt diese Felder sind. Die gültigen Werte und Beispiele von Amazon lassen auf eine starke zeitliche Einschränkung schließen oder besondere interne Verknüpfungen, um Zielgruppen oder Amazon-interne Werbeseiten zu bauen.

Zusammenfassend möchte ich weniger Wert auf ein vollständiges Beispiel legen, sondern Ihnen vielmehr nahelegen, dass Sie immer wissen sollten, wie viel aktuell erlaubt ist, aber auch welche Möglichkeiten und Vorgaben speziell in den Kategorien oder dem Produktumfeld gelten. Zu guter Letzt gilt es, eine Produktstrategie hinsichtlich der Auffindbarkeit festzulegen (siehe Kapitel 16, »Die individuellen Startphasen für eigene Produkte planen«), dann können Sie viel besser und genauer entscheiden, wie Suchbegriffe genutzt werden sollen und wo diese zu platzieren sind.

6.10 Die weiteren Datenfelder – ungenutzte Potenziale

Die Produktanlage sollte aus Gründen der Einfachheit über die kategorienspezifischen Lagerbestandsdateien (Flat Files) durchgeführt werden (siehe auch Kapitel 4, »Auffindbarkeit – die Richtlinien und Hygienefaktoren des Amazon-SEO«). Die Angst und Sorge einiger Nutzer vor Excel ist dabei unbegründet, auch ich habe jedes Mal damit Probleme. Aufgrund der von Amazon nutzbaren Vorabprüfung erhalten Sie jedoch immer einen sauberen Fehlerbericht und können dann nacharbeiten. So bleiben Sie definitiv näher an der Materie und erkennen auch Änderungen schneller. Dennoch entbindet Sie dieses Vorgehen nicht von der Nachpflege der Produkte im Backend des Seller Centrals. Im Gegensatz zu Vendoren haben Seller teilweise erhebliche Differenzen zwischen den Feldern in den Flat Files und den Datenfeldern im Backend. Das ganze Elend reicht von fehlenden Feldern über eine erweiterte Anzahl an Feldern bis hin zu Dropdown-Menüs oder nutzbaren gültigen Werten, die jeweils im anderen Bereich nicht vorhanden sind.

Die wichtigste Erkenntnis ist für die meisten Anwender immer die Tatsache, dass die Bereiche teilweise genauso indexiert werden wie Titel, Aufzählungspunkte usw. Dadurch werden einige Bereiche auch für die Auffindbarkeit unter Suchabfragen berücksichtigt. Gleichfalls dienen die vielen Datenfelder der direkten Filterbarkeit, etwa wenn Kunden statt Farbeingaben im Suchfeld lieber die angebotenen Filter von Amazon nutzen. Es ist unabdingbar, regelmäßig die eigenen Produktbereiche aus Kundensicht zu suchen, um zu erkennen, welche Felder relevant sind und wie diese zu befüllen sind. Egal, ob Stichwörter oder Farbfelder oder Zielgruppen, in jeder Kategorie sind andere Bereiche vorgesehen, um Kunden die Produktauswahl zu erleichtern. Mit Tools wie Amalyze Shield können Sie mittlerweile alle Bereiche dieser Art vorab abfragen. Das kann sogar so weit führen, dass man eher eine Kategorie bevorzugen würde, die die Suchabfragen direkt auf Suchergebnisseiten mit dieser Kategorie als Vorauswahl weiterleiten.

Meine bevorzugten Felder sind die erweiterten Artikelmerkmale (BESONDERE MERKMALE) oder BESONDERE EIGENSCHAFTEN und die Anwendungshinweise oder Nutzungshinweise (siehe Abbildung 6.47).

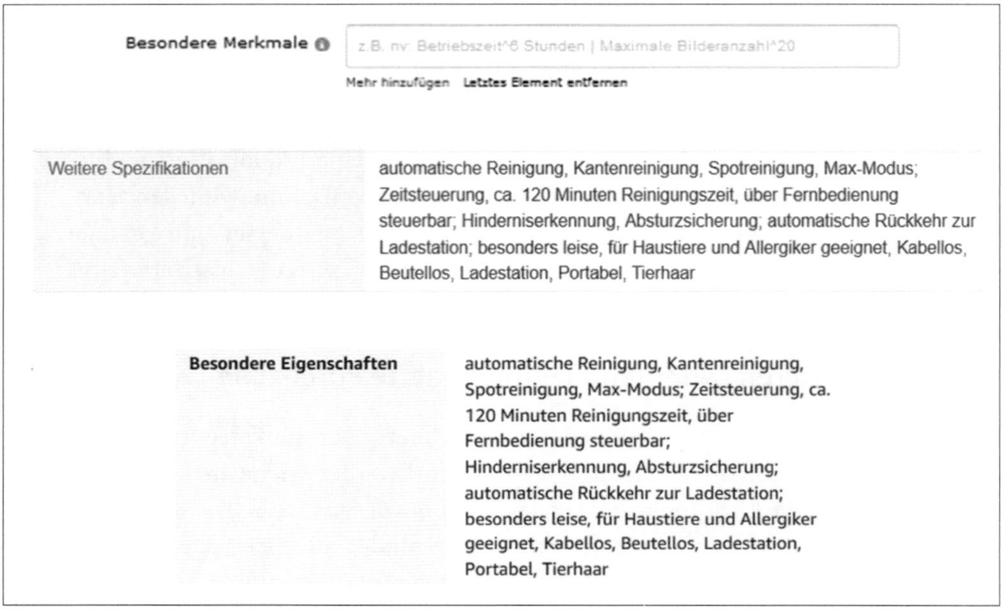

Abbildung 6.47 Besondere Merkmale

Diese werden vor allem in den technischen Details ausgespielt, aber auch im Bereich der automatischen Vergleichstabellen genutzt. Zudem gibt es weitere Felder wie SPEZIALITÄTEN, ANORDNUNG, EIGENSCHAFTEN oder VERWENDUNGSZWECK und ANWENDUNGS- UND GEBRAUCHSHINWEISE. Diese variieren nach Kategorie und Ausspielung im Frontend sehr stark.

Dabei ist es wichtig, die gültigen Werte zu beachten. Herstellereigene Benennungen interessieren weder Kunden noch Amazon im Detail. Wenn die Filter und Felder A heißen, sollte man nicht A123 einpflegen. Es gibt aber natürlich auch hier immer wieder Felder, die Ausnahmen unterliegen und mit einer abgeänderten Nutzung erheblich mehr Vorteile erzeugen. Gehen Sie die Customer Journey als Kunde durch, werden Sie schnell sehen, wo und an welchem Punkt der Kaufentscheidung diese Daten sichtbar werden. Dadurch ist eine detailliertere Begleitung des Kunden am Produkt möglich.

Neben der Erhöhung der Auffindbarkeit durch die Eingabe von Suchbegriffen in diesen Feldern sollte der wesentlichere Schwerpunkt auf der Produktdarstellung und dem Überzeugen des Kunden zum Kauf liegen.

Dennoch können Sie sogar viel weiter gehen. Eine komplette Datenablage ist für Vendoren ohne Weiteres möglich (siehe Abbildung 6.48).

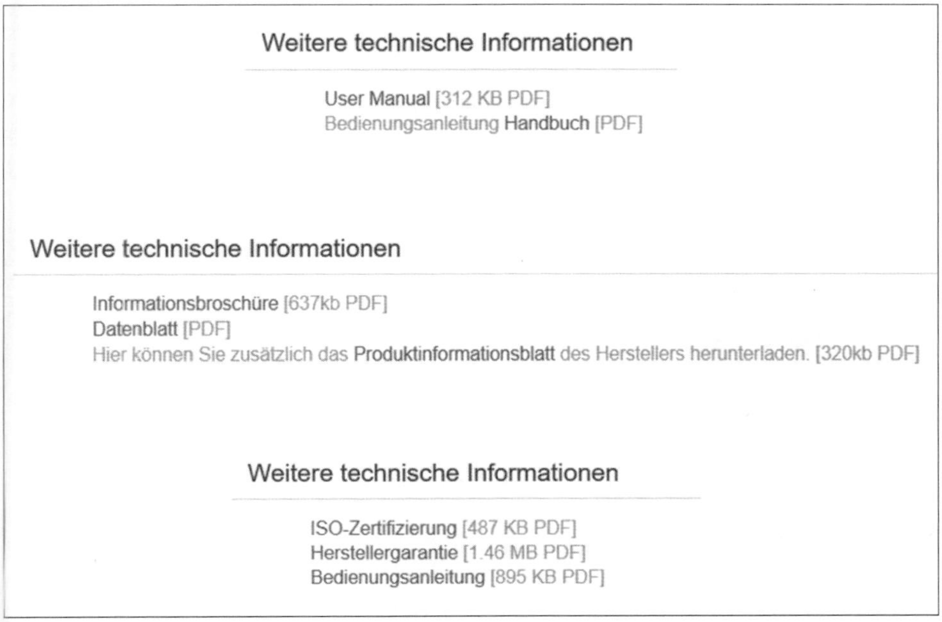

Abbildung 6.48 Datenablagemöglichkeiten

Anleitungen, Garantieerklärungen, Zertifikate und alle anderen Arten von PDFs können hochgeladen werden. Ich persönlich habe das immer genutzt, um Kunden im Support auf die Amazon-Listings zu schicken statt in den Shop, um aktuelle Anleitungen und FAQs herunterzuladen.

Andererseits fragt man sich oft, warum man Daten doppelt pflegen sollte oder warum man die Produktabmessungen, die Verpackungsmaße und die Versandmaße einspielen soll? Nun, wenn Sie *Prime Same Day Delivery* am Kunden ausgespielt sehen möchten, müssen Sie Amazon die Möglichkeit geben, die notwendigen Daten zum Versand bewerten zu können. Ohne diese Inhalte gilt Ihr Produkt im Versand plötzlich nur noch als Prime Langstrecke. Doppelte Daten liegen am System Amazon, unterschiedliche Ausspielungs- und Nutzungspunkte bespielt Amazon gerne mit Daten aus jeweils einem separaten Feld, daher müssen Sie dann gefühlt zweimal das Gleiche eingeben. Solche Kleinigkeiten können manchmal viel wichtiger sein als das Hinterlegen von mehr oder weniger relevanten Suchbegriffen. Als Teil der Marktplatzoptimierung ist das nicht zu vernachlässigen.

Kapitel 7

Die Optimierungen messen und steuern – Messbarkeit und Konsequenzen für die inhaltliche Performance

Was man nicht messen kann, kann man nicht steuern. Erst wenn man Daten erfasst hat, kann man die Entscheidung treffen, was man daraus ableiten kann oder will. Es ist oft anspruchsvoll und mühsam, korrekt zu messen. Diese Metriken sind aber die Basis für das Erkennen von kausalen Zusammenhängen und die nachhaltige Optimierung.

7.1 Basisdaten und Kennzahlen

Kennzahlen als solche sind Daten und Zahlenkonstrukte, die man selbst erhebt und aufbaut. Niemals sollte man Kennzahlen mit anderen Händlern direkt vergleichen. Nie hat man die gleichen Ziele oder Basiswerte, die eine Vergleichbarkeit sicherstellen können. In Ihrem eigenen Produktbereich ist dies natürlich sehr wohl möglich und auch nötig. Im Allgemeinen gibt Amazon eine Vielzahl an Daten und Metriken heraus. Ob und welche Kennzahlen dann entstehen können, liegt im Ermessen jedes einzelnen Nutzers.

7.1.1 Sitzungen

Die eindeutig identifizierbaren Besucher der Produktseite erzeugen *Sitzungen*. Das ist die Grundlage der Besucher, die die Produktseite mindestens einmal innerhalb von 24 Stunden besucht haben, hier gilt der Zeitraum von 00:00 bis 23:59 Uhr.

> *»Kundenbesuche auf Ihren Amazon-Produktdetailseiten innerhalb eines 24-Stunden-Zeitraums.*
>
> *Ein Kunde kann Ihre Seiten während eines einzigen Besuchs mehrmals aufrufen. Daher kann in Ihren Berichten die Anzahl an Seitenansichten höher sein als die Anzahl an Sitzungen.*
>
> *Besuche in Händlershops oder Aufrufe von Browse Nodes gelten unter ›Statistiken & Berichte‹ nicht als Sitzung.*

Für den Bericht ›Detailseite Verkäufe und Traffic‹ werden nur die Sitzungen an Tagen zusammengezählt, an denen für die betreffende ASIN Verkaufsaktivitäten verzeichnet wurden.

Für den Bericht ›Detailseite Verkäufe und Traffic nach untergeordnetem Artikel‹ werden die Sitzungen während des gesamten Zeitraums zusammengezählt, unabhängig davon, ob es Verkaufsaktivitäten gab oder nicht.«

Komplizierter kann man Daten nicht erklären, aber ja, im Endeffekt sind die Sitzungsdaten komplett unterschiedlich je nach Bericht. Auch der direkte Shop- oder Kategorie-Traffic zählt nicht mit in diese Statistiken rein. Das sollten Sie spätestens in der Werbekostenberechnung beachten, denn wenn Sie sehr detailverliebt sind, sollte Ihnen auffallen, dass die angebliche Conversion Rate dadurch sehr stark verfälscht werden kann.

7.1.2 Seitenansichten

Die Summe aller Besuche der Detailseite in 24 Stunden gibt die Anzahl an Seitenansichten wieder:

»Ein Kunde kann innerhalb eines bestimmten Zeitraums Ihre Angebotsseiten mehrfach besuchen, was dazu führt, dass die Anzahl an Seitenansichten größer ist als die Anzahl an Sitzungen.

Besucht der Kunde eine untergeordnete ASIN, zählt das nicht als Besuch für die übergeordnete ASIN. Auch Aufrufe des Händlershops oder eines Browse Node zählen nicht als Seitenansicht.

Für den Bericht ›Detailseite Verkäufe und Traffic‹ werden nur die Seitenansichten an Tagen zusammengezählt, an denen für die betreffende ASIN Verkaufsaktivitäten verzeichnet wurden.

Für den Bericht ›Detailseite Verkäufe und Traffic nach untergeordnetem Artikel‹ werden die Seitenansichten während des gesamten Zeitraums zusammengezählt, unabhängig davon, ob es Verkaufsaktivitäten gab oder nicht.«

Hier ist es meiner Meinung nach sinnvoll, Überlegungen anzustellen, wenn die Zahl der Seitenansichten deutlich über den Faktor 1,5 von der Zahl der Sitzungen abweichen. Denn warum müssen die Kunden zurückkommen, bevor Sie kaufen? Starke Vergleichstätigkeiten oder komplexe Varianten können ursächlich dafür sein. Gleichfalls kann es natürlich sein, dass Kunden die Waren zunächst auf Wunschzettel oder in den Warenkorb legen, aber erst später kaufen. Gespräche mit dem Budgetverwalter in der Familie oder die Freigabe durch andere Personen könnten weitere Gründe sein. Die Bereiche KUNDEN SUCHTEN AUCH oder KUNDEN STÖBERTEN NACH können hier helfen. Oder KUNDEN, DIE DIESEN ARTIKEL ANGESEHEN HABEN, HABEN AUCH ANGESEHEN und WELCHE ANDEREN ARTIKEL KAUFEN KUNDEN, NACHDEM SIE

DIESEN ARTIKEL ANGESEHEN HABEN? zeigen zudem auf, ob sie abspringen oder andere Produkte kaufen. Sind es artgleiche Produkte, wird viel verglichen. Zeigen sich bei Ringen aber oftmals Ketten oder Ohrringe, sollten Sie sich weniger Sorgen machen.

Wer es ausreichend berechnen kann, teilt die Conversion auf nach Sitzungen und Ansichten. So können Sie gezielter mit den Werten arbeiten bzw. sich überhaupt vor Augen führen, wie groß die Unterschiede sein können. Das übergeordnete Ziel wäre also, die Anzahl an Ansichten bei stabilen Sitzungen zu reduzieren. Das sollte logischerweise mit einer Reduzierung von nicht kaufendem Traffic einhergehen.

7.1.3 Bestellposten

Im ersten Moment recht einfach sind die Bestellposten:

> *»Die Anzahl an separaten Bestellungen, die Sie in einem bestimmten Zeitraum erhalten haben. Bestellungen, die später storniert oder geändert wurden, sind nicht berücksichtigt.*
>
> *Eine Bestellung kann aus mehreren Bestellposten bestehen und jeder Bestellposten kann wiederum aus mehreren Einheiten bestehen.«*

Später wird sich jedoch zeigen, dass hier einige Probleme auftreten können.

7.1.4 Einheit

> *»Die Anzahl Produkte, die in einem bestimmten Zeitraum verkauft wurden.*
>
> *Wenn beispielsweise ein Kunde 2 Exemplare 1 Produkts in ein und derselben Bestellung kauft, zählt das als 2 Einheiten.«*

Die Aufsummierung aller gleichen verkauften Einheiten in einer Bestellung ist so weit klar, wird jedoch bezüglich der Conversion Rate kleine Denkaufgaben erzeugen.

7.1.5 Absatz

Weniger Probleme erzeugt der einfache Wert Absatz, der ja nichts anderes ist als die Anzahl an Einheiten in einem bestimmten Zeitraum. Viel interessanter ist in dem Zusammenhang Amazon tatsächlich der Durchschnitt von Einheiten/Bestellposten. Hieraus lassen sich vielfältige Ideen ableiten, wie Sie Werbung sauber berechnen oder aber, ob Sets und welche Art von Sets angeboten werden sollten. Bei Verhältniswerten von Einheiten/Bestellposten in Höhe von 3 können Sie sicher überlegen, größere Sets anzulegen. Verkaufen Sie 15 Stufenteppiche im Paket und in den Bestellungen werden immer drei Einheiten gekauft aus 15 plus zwei Einzelteppichen, sollten Sie gegebenenfalls ein Set aus 17 anbieten. Eine Optimierung des Absatzes muss also nicht immer mit Änderungen an Preis oder Menge einhergehen, das nachgefragte Angebot zu haben, reicht auch.

7.1.6 Umsatz

Umsatz ist die eine überschätzte Kernkennzahl. Wo Gewinn anzustreben wäre, sprechen doch alle über Umsatz. Hier lassen sich Kennzahlen jeder Art aufbauen, vom durchschnittlichen Umsatz pro Bestellposten oder durchschnittlichen Verkaufspreis. Interessanter werden dann langfristige Daten wie Umsatz pro 1.000 Ansichten oder eben Sitzungen. Spätestens im Werbesegment wollen Sie nur noch Kosten pro Bestellung gegen Gewinn aufgerechnet wissen, ab dem Zeitpunkt ist der Umsatz als solcher egal. Oftmals vergessen viele, die Veränderungen der eigenen Preise oder der Retouren gleichzeitig zu beachten. So können Umsatzrückgänge von 20 % bei gleichzeitigem Retourenrückgang von 30 % auf null verkraftbar sein.

7.1.7 Conversion Rate

Was sagt die allgemeine Wissenschaft zu dem Thema Conversion Rate?

> *»Als Konversionsrate bezeichnet man in der Kerntechnik das Zahlenverhältnis der in einem Kernreaktor entstehenden neuen spaltbaren Atomkerne zu den gleichzeitig durch Spaltung verbrauchten Kernen. Eine weitere, in der Fachliteratur seltenere Bezeichnung ist Konversionsverhältnis.«*

Was sagen Onlineprofis dazu?

> *»Die Conversion Rate (auch Konversionsrate, Konvertierungsrate oder Umwandlungsrate) ist ein KPI aus dem Online Marketing. Sie zeigt das Verhältnis der Besucher einer Website zu Conversions. Die Conversion Rate wird in Prozent angegeben. Die Conversion muss nicht zwingend ein Kauf oder eine Transaktion sein. Jedes zuvor definierte und erreichte Ziel kann als Conversion zählen. Die Conversion Rate kann demnach auch das Verhältnis von Visits (Besuchen) zu erfolgten Downloads oder Newsletteranmeldungen widerspiegeln.« (https://de.ryte.com/wiki/Conversion_Rate)*

Es geht also um die Wirksamkeitsmessung von erhofften Ereignissen gegenüber anderen Ereignissen. Wie viele Besucher kommen auf Ihre Seite, und wie viele davon (prozentual) führen demgegenüber einen Kauf durch oder führen ein anderes beliebiges Ereignis aus, das Sie messen möchten?

Grundsätzlich wird im Umgang mit Amazon dabei gerne die Zahl der Einheiten pro Sitzung als Conversion Rate definiert. Laut Amazon misst die Konvertierung jedoch,

> *»(...) wie effektiv Sie einen Kunden davon überzeugen, Ihr Produkt in den Einkaufswagen zu legen. Um die Konvertierung zu erhöhen, müssen Sie sich in Ihren Kunden versetzen. Geben Sie alle erforderlichen Informationen an, die zu einer Kaufentscheidung führen«* (siehe Abbildung 7.1)

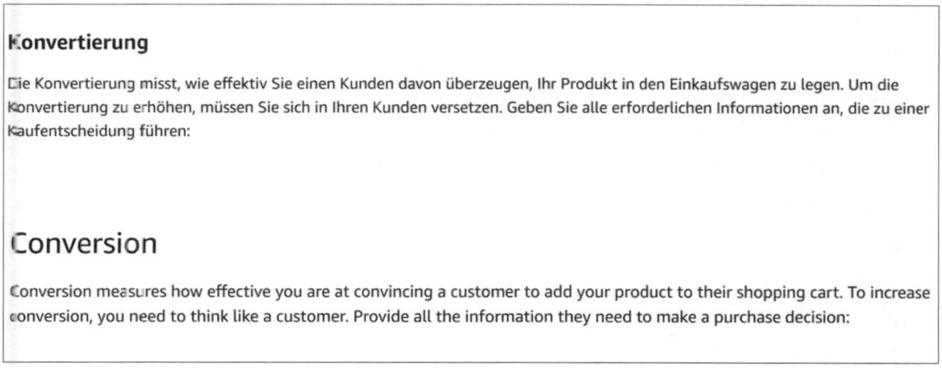

Konvertierung

Die Konvertierung misst, wie effektiv Sie einen Kunden davon überzeugen, Ihr Produkt in den Einkaufswagen zu legen. Um die Konvertierung zu erhöhen, müssen Sie sich in Ihren Kunden versetzen. Geben Sie alle erforderlichen Informationen an, die zu einer Kaufentscheidung führen:

Conversion

Conversion measures how effective you are at convincing a customer to add your product to their shopping cart. To increase conversion, you need to think like a customer. Provide all the information they need to make a purchase decision:

Abbildung 7.1 Was misst die Konvertierung auf Amazon?

Der meiner Meinung nach größte Fehler entsteht schon vor der Angabe der Einheiten pro Sitzung. Die mangelhaften Daten aus Sitzung und Ansichten lassen den falschen Vergleichswert zu den verkauften Einheiten entstehen. Verkaufte Einheiten sind kein gutes Maß, die Bestellungen pro Sitzung könnten aber ein wichtigerer Konversionsfaktor sein. Insgesamt sollten Sie hier darauf achten, final nicht zu viel Wert auf die angebliche Conversion Rate zu legen. Natürlich ist es erstrebenswert, viele Suchende direkt zu kaufenden Kunden zu konvertieren, jedoch sollten Sie beachten, wie viel Traffic Tag für Tag auf Amazon einströmt. Ziel sollte es also eher sein, den Gewinn zu maximieren, egal, ob bei der organischen Suche oder der Werbeperformance. Die komplette Denkart hinter der Steigerung von Preisen oder der reinen Erhöhung des Grund-Traffics oder nur der Konvertierung spielt vielfältig ineinander. Die Conversion Rate kann ruhig sinken, wenn Sie dadurch weniger Retouren haben oder die wenigen Kunden dafür mehr pro Artikel zahlen. Dinge auf zu einfache Ansätze herunterzubrechen ist selten zielführend.

7.1.8 Warum unterscheiden sich die Ergebnisse verschiedener Berichte?

Da nun oftmals über verschiedene Berichtsdaten geschrieben wurde, lassen wir Amazon das kurz erklären:

> *»Wenn Sie die in Ihrem Verkäuferkonto verfügbaren Berichte nutzen – Statistiken & Berichte, Bestellberichte, Zahlungsberichte usw. – werden Sie möglicherweise feststellen, dass es scheinbar Abweichungen gibt. Der Grund hierfür ist, dass für die verschiedenen Berichte etwas andere Daten herangezogen werden, je nachdem, worauf der Bericht ausgelegt ist.*
>
> *Hier nur einige Beispiele, um die Unterschiede zu erläutern:*
>
> *Bei Statistiken & Berichte werden stornierte Bestellungen berücksichtigt, bei Bestellberichten jedoch nicht.*

Bei Abrechnungsberichten werden Amazon-Gebühren miteinbezogen, bei Statistiken & Berichte nicht.

Statistiken & Berichte nach ASIN und der Bestellbericht in Bestellungen verwalten umfassen alle Bestellungen, die während eines bestimmten Zeitraums aufgegeben wurden, unabhängig vom Abrechnungsstatus. Bei Zahlungsberichten werden Bestellungen erst nach dem Versand einbezogen.

Bei der Verkäuferleistung in Statistiken & Berichte nach Datum werden Erstattungen in Bezug auf die erstattete Einheit betrachtet. Für eine Einheit, die im September bestellt und im Oktober erstattet wurde, zählt die Erstattung für Oktober. Bei Kundenstatistiken werden Erstattungen in Bezug auf die Bestellung betrachtet. Für eine Einheit, die im September bestellt und im Oktober erstattet wurde, zählt die Erstattung für September.«

Das ist in Summe nur die Spitze des Eisberges. Attribution verschiedener Daten zu dem jeweiligen Zeitraum der Entstehung oder dem Zeitpunkt der Zuweisung sind komplex und nicht immer sauber geregelt. Daher: Bauen Sie sich eigene Systematiken, um damit umzugehen, oder überbewerten Sie zumindest nicht die Daten von Amazon. Das gilt für Vendoren und für Seller in gleichem Maße. Darauf darf man es gerne kurz und knapp herunterbrechen.

7.2 Ableitungen für die eigenen Strategien und Daten

Meine persönlichen Favoriten für Ableitungen aus den genannten Messwerten bei Amazon sind zum Beispiel die Kombination der alten 80/20-Regeln mit Absatz, Umsatz und Traffic im Allgemeinen. So können Sie recht einfach das Kernsortiment erkennen, indem Sie die Schnittmengen der jeweiligen Top 20 % aus Absatz, Umsatz und Traffic kombinieren. Der wahre Profi würde sogar die Marge als direkte Metrik einfließen lassen und gegebenenfalls Produkte mit hoher Marge vorziehen in der Optimierung, egal, wie hoch der Preis am Kunden ist. Anstelle von Pfannen die Pfannenwender zu optimieren kann zum Beispiel deutlich mehr positive Effekte erzeugen, anstatt im kompetitiven Bereich der Hauptprodukte anzufangen.

Die Conversion Rate konnte ich in fünf Jahren immer noch nicht als essenziellen Faktor mit Einfluss ausmachen. Einerseits weil die allgemein genutzte Angabe schlicht nicht optimal ist, andererseits weil eine Halbierung der Conversion Rate bei mehr als einer Verdopplung des Kern-Traffics mehr Umsatz erzeugt und die Sichtbarkeit nicht negativ beeinflusst. Zusammengefasst heißt das aus meiner Sicht, dass Sitzungen durch Einheiten keine Conversion Rate angibt. Die Conversion muss nicht zwingend ein Kauf oder eine Transaktion sein. Jedes zuvor definierte und erreichte Ziel kann als Conversion zählen. Mag dies ein Märchen sein oder nicht, komme ich doch zu dem Schluss, dass Conversion-Rate-Optimierung per se nichts Schlechtes ist, weil mehr

Kunden bei gleichbleibendem Traffic häufiger kaufen. Aber ähnlich wie bei A–B-Tests (siehe Abschnitt 7.5) ist die Optimierung der Conversion Rate ja eher im Bereich der verpassten oder schlecht gemachten Optimierung einzuordnen.

Wechselseitige Einflüsse aller miteinander einhergehenden Veränderungen sind fast nicht kausal zu trennen, dennoch sind Basics äußerst hilfreich. Hier reicht es manchmal, eigene Entscheidungen ausreichend zu dokumentieren. Eigene oder fremde Werbungs- und Marketingaktivitäten können schnell zu Missdeutungen führen. Oftmals empfehle ich, Ruhe zu bewahren und plötzliche Veränderungen außerhalb von Amazon zu suchen, sei es ein Video-Posting oder ein heftiger Preisnachlass in einem großen Elektronikmarkt. Auf dem Marktplatz gehen viele Änderungen mit dem Verhalten und Agieren der Wettbewerber einher oder entstehen schlicht, weil sich wesentliche Informationen am eigenen Produkt unwissentlich verändert haben. Nur die Änderung des Versandgewichts und der Abmessungen können etwa zum Indikator Prime Langstrecke führen oder auch ein Plusprodukt entstehen lassen. Daher ist es immer notwendig, alles Relevante zu betrachten und Rückschlüsse aufzubauen. Meist zeigt sich die Summe aller Möglichkeiten als Wahrheit, nicht aber ein einziges Ereignis.

Insbesondere bei großen Portfolios und deutlich verschiedenen Produkt- und/oder Preiskategorien können zu allgemeine Betrachtungen schnell Panik auslösen und Fehlannahmen in die Umsetzung zwingen. Umsatzrückgänge ohne die Retouren im Vergleichszeitraum zu betrachten ist fahrlässig. Warum sollten Sie 10 % Umsatzeinbruch stören, wenn zeitgleich Ihre Retouren von 20 % auf 5 % sinken? Fehleinschätzungen können auch entstehen, wenn man die jeweiligen Saisonalitäten falsch deutet. Warum sollten Sie im Kerngeschäft wie Weihnachten alle Schmuckstücke auf dreifachen Lagerbestand hochsetzen? Es werden eher kostspielige Produkte verschenkt statt der normal verkauften Produkte. Die Kenntnis und Fokussierung auf die relevanten Dinge in Ihrem Segment und Ihrer Zielgruppe sind dabei am wichtigsten und nicht die allgemeinen Ansagen von Experten. Ziellos alle Budgets für Werbung zu erhöhen, ohne klare Zielvorgabe, was Sie sich erhoffen und welche Zahlen sich wie verändern sollen, ist fahrlässig. Das drückt nur die Hoffnung aus, dass eine Schrotflinte treffen könnte, am Ende schießt man jedoch eher mit einer Schrottflinte. Dabei vergisst man, dass ein lediglich kleiner Treffer keine relevante Wirkung nach sich zieht.

Vorab Ziele zu formulieren und Maßnahmen festzulegen, die eine spezifische Änderung erzeugen sollen, ist hilfreicher als planloses Testen. Die Verdopplung des gelisteten Portfolios mit dem Ziel, den Grund-Traffic um 50 % zu erhöhen, wäre eine Möglichkeit, abgeleitet aus der Erfahrung vorheriger Zeiten. Hierbei ist wohl jedem klar, dass Vermischungen jeglicher Art auftreten können und man nicht den gesamten Traffic als Kennzahl nehmen darf, sondern nur den Traffic auf den neu hinzugefügten Produkten. Da jedoch gleichzeitig andere, bereits existente Produkte durch die Verdrängungseffekte an Sichtbarkeit verlieren könnten, hilft es, beide Zahlen im Auge zu behalten. In einfachen Worten: Eine Erhöhung der reinen Anzahl an Listings wird gegebenenfalls mehr Traffic erzeugen. Dieser kommt aber durch die Neulistungen zustande und dadurch könnte vorhandener Traffic sinken. Statt 100 % bisheriger Traffic plus 50 % neuer Traffic könnten auch 100 % bisheriger Traffic minus 10 % plus 60 % neuer Traffic feststellbar sein. Egal, welche Kennzahlen Sie ins Auge fassen, vorab über Szenarien nachzudenken hilft dabei, Änderungen nicht zu viel Gewicht beizumessen und mehr Wert auf die Gesamtsichtbarkeiten oder die Gesamtentwicklungen zu legen.

Gleiches gilt für kleinere Entscheidungen über spezifische Produkte oder Segmente und Änderungen. Sehr detaillierte Betrachtungen sind immer notwendig, um überhaupt kausale Auswirkungen feststellen zu können. So helfen oftmals leider auch keine Fragen im allgemeinen sozialen Medienkosmos, ob der Umsatz gut oder schlecht ist oder ob die Werbeeinnahmen angewachsen sind oder ob andere auch eine Retourenquote von X % haben wie Ihr Unternehmen!

Eine sehr gute Detailtiefe liefern Aufgliederungen der Produkte nach der Maßgabe, was sich in einem bestimmten Zeitraum mindestens einmal verkauft hat. Gleichzeitig orientiere ich mich dabei an zwei einfachen Metriken. Da ich gerne bunt denke, heißen diese »Red – not sold this but last month« und »Yellow – not sold last month«. Damit kann ich perfekt Springer identifizieren und Änderungen schnell erkennen. Zudem wende ich die 80/20-Regel zum Beispiel immer zweimal an. Zuerst auf alle Produkte, die gelistet sind, zum Zweiten auf alle verkauften Produkte.

Gerne können Sie zusätzlich noch die Parent-Child-Situation aufgreifen. Nehmen wir als einfaches Beispiel 750 Produkte, 75 Parents zu je 10 Children. Davon verkaufen sich nur 500 Produkte mindestens einmal; um es einfach zu halten, verkaufen sich 50 Parents und 25 nicht. 125 Produkte machen 80 % des Umsatzes aus. Das entspricht 25 % aller verkauften Einheiten oder eben 16,67 % aller gelisteten Produkte. Sollten nun im Besonderen von den 250 nicht verkauften Produkten sehr viele aus der Red-Kategorie sein und viele der 375 aus der Yellow-Kategorie, haben Sie im spezifischen Variantenbereich viele Springer und somit wenige Sorgen. Haben Sie keine oder wenige Springer, sollten Sie sich Sorgen machen, warum die anderen Produkte nicht gekauft werden. Das Ganze mag im ersten Moment komisch klingen, doch ich kann Ihnen nur empfehlen, sich Ihr Portfolio regelmäßig wenigstens in Absatz, Umsatz, Traffic und Marge aufzusplitten. Mit wenigen Anpassungen wie 80/20 auf zwei Ebenen und Red und Yellow können Sie schnell und einfach erkennen, was und vor allem wo etwas passiert. Einfache Excel-Formeln für die Charts und prozentualen Zuwächse erweitern das Ganze verständlich, und mit Pivot-Tabellen in Kombination mit der Regenbogentabelle ist keiner Analyse mehr etwas entgegenzusetzen.

Title	Kategorie	Unterkategorie
Abfalleimer		
Abfalleimer		
Bastelboxen und der Zubehör		
Bastelboxen und der Zubehör		
Becken		
Boxen mit Deckel		
Boxen mit Deckel		
Boxen ohne Deckel		
Boxen ohne Deckel		
Boxenset		
Boxenset		
Boxenturm		
Boxenzubehör		
Boxenzubehör		
Büroboxen		
Büroboxen		
Eimer		
Eimer		
Klickdosen		
Komposteimer		
Komposteimer		
Kosmetikeimer		
Kosmetikeimer		
Mülleimer Paso		
Mülleimer Paso		
Mülleimer Twist		
Mülleimer Twist		
praktisch/ Ordnung		
Schubladenboxen		
Schüttdosen		
Servieren		

Umsatz	Absatz	Chart	Chart Änderung	Zuwachs
1930,25	**177,00**	16	9	132,70%
2268,00	**420,00**	12	5	119,90%
544,50	**121,00**	75	-9	40,70%
0,00	0,00	0	-23	-100,00%
0,00	0,00		0	0,00%
1381,71	**303,00**	28	0	76,17%
205,33	29,00	152	0	0,00%
450,45	**105,00**	90	-45	-23,36%
945,45	**191,00**	43	6	81,90%
1019,18	**131,00**	36	-5	36,46%
0,00	0,00	0	-54	-100,00%
831,22	**278,00**	51	29	143,86%
507,60	**108,00**	83	6	68,75%
242,00	**110,00**	137	-98	-61,94%
1127,84	42,00	33	232	1992,47%
832,89	**111,00**	50	-10	33,80%
255,12	24,00	131	-9	33,33%
110,76	39,00	226	-127	-56,67%
656,59	**127,00**	61	17	89,55%
49,35	7,00	280	-156	-74,07%
9,15	3,00	392	-320	-97,54%
1024,51	**152,00**	35	2	58,34%
274,04	26,00	129	-36	-3,70%
654,85	**93,00**	63	16	89,83%
221,01	53,00	145	-76	-41,76%
544,04	**134,00**	76	8	71,79%
889,65	**89,00**	44	8	81,74%
396,50	**130,00**	95	20	80,56%
640,11	**253,00**	65	35	150,50%
728,91	**135,00**	56	25	114,26%
475,64	**92,00**	87	14	91,67%
843,65	47,00	49	178	1075,00%
0,00	0,00	0	-363	-100,00%
556,71	35,00	74	49	191,78%
353,69	**113,00**	106	8	59,15%

Abbildung 7.2 Grundanalyse Monatsdaten

In unserem Beispiel in Abbildung 7.2 sehen Sie nur den Ausschnitt mit den Kategorien, dem Absatz und dem Umsatz. Die Kategorien müssen nicht den Amazon-Kategorien entsprechen. Ich nutze lieber eigene Segmente. Es kann sonst vorkommen, dass man LEDs in Garten, Baumarkt, Spielzeug und Wohnzimmer gelistet hat und dadurch aus den Augen verliert, dass LEDs plötzlich das zweitwichtigste Kerngeschäft darstellen. Daher erweitere ich die Systematik gerne. Umsatz, Absatz oder jede andere Zahl werden mit der einfachen Formatierung definiert. So entstehen Farbverläufe oder Balken in den Feldern. Daneben sind die Produkte, die 80 % des Umsatzes/ Absatzes ausmachen, fett formatiert. Die Charts und der Zuwachs helfen, direkt Änderungen im Vergleich mit dem vorherigen Zeitraum zu sehen.

Spätestens hieran werden Sie sehen, dass Ihre Produkte besondere Eigenheiten und Historien entwickeln, die nicht vergleichbar sind. Änderungen und Verläufe liegen am Lebenszyklusmanagement, an den Preisen, der Verfügbarkeit und vielen anderen Faktoren. Selbst eine Erweiterung um die Retouren ist zweckmäßig. In Excel können Sie dank der Funktion des Ein- und Ausblendens beliebige Konstrukte bauen. Je größer die Händler und Hersteller sind, desto eher ist so etwas in eigenen Systemen integriert, aber leider viel zu selten. Kaum etwas ist also am Ende vergleichbar, und nur jeder für sich selbst kann seine Metriken aufbereiten und verstehen und am Ende Kennzahlen definieren, messen und bewerten, um daraus Entscheidungen abzuleiten.

7.3 Suchbegriffe messbar machen

Das Ziel vieler Amazon-Händler war es lange Zeit, genau die Inhalte und Suchbegriffe von Wettbewerbern zu kopieren. Vielerorts hielt sich tapfer die Annahme, wenn ein Produkt so aufgebaut ist, muss es ja funktionieren, wenn ich es kopiere.

Dabei wird jedoch ständig vergessen, dass es sich um historische Entwicklungen unter spezifischen Eingaben handelt in Kombination mit Verfügbarkeiten, Preis, Bewertungen und Händlerperformance oder Versandart sowie externen und internen Werbemaßnahmen – eben allen Faktoren, die direkt oder indirekt auf einen potenziellen Käufer einwirken. Durch einen kleinen Fehler im System war es kurzzeitig möglich, bei einigen Produkten die exakten Backend-Suchbegriffe zu erhalten (Näheres zu den Suchbegriffen lesen Sie in Abschnitt 6.9). Stichproben zeigten dabei eher ein absolutes Chaos aufgrund der schnellen Änderungen von Amazon bei der Begrenzung der Zeichen in weniger als zwei Jahren. Es zeigten sich die verrücktesten Nutzungsarten nach dem Motto A-B-C-D-E (»Wieso? Jemand hat gesagt, ich soll Bindestriche nutzen, also ...«) über weit mehr als 5.000 Zeichen oder schlichte Kopien der Titel bis hin zur kompletten Nichtnutzung des Bereichs. Dabei war es unerheblich, welche Verkaufs- oder Auffindbarkeitsposition mit dem Produkt einherging oder wie gut oder schlecht die Detailseite optimiert war. Zudem fanden sich viel unspezifischer Inhalt oder gar komplett falsch genutzte Daten, sodass Klopapier plötzlich Bratpfanne im Titel hat.

Eine der größten Fragen im Bereich Amazon richtete sich immer auf das spezifische Suchvolumen unter Keywords. Dank ARA-Premium, einem teils kostspieligen Service für Vendoren, der jedoch 30 Tage kostenlos genutzt werden kann, gibt es eine einfache Lösung. Seller haben die Möglichkeit in der Markenanalyse. Alle Suchbegriffe konnten dort auf Produktebene mit einer Relevanzwertung abgerufen werden. Aber das ist nicht universell genug. Zum Glück gibt es in ARA-Premium einen Suchbegriffbericht, in dem man für zwei vollständige Jahre monatliche, wöchentliche oder tägliche Eingaben abrufen kann. Dies ist nicht nur übergeordnet für alle Kategorien möglich, sondern auch für spezifische Hauptkategorien. Dabei werden direkt die drei am häufigsten geklickten Produkte mit Konvertierungsrate angegeben. Der notwendige Ablauf besteht darin, alle Daten herunterzuladen. Durch die Abgleiche der jeweiligen zeitlichen Veränderungen nebeneinander hat man exakte Verhältnisse. Dabei ist der reine Zahlenwert egal, die Angabe erfolgt nur in Suchhäufigkeiten als

Prozentwert. Aber das reicht völlig aus, um ein klares Bild über Suchintentionen und -häufigkeiten abzubilden.

Was aber ist, wenn Kunden erst allgemeine Begriffe eingeben und dann die Suche spezifizieren? Wie häufig geben Kunden veränderte Suchwörter ein, bis ein Kauf entsteht? Wird dann nur in den Einkaufswagen gelegt oder auch gekauft? Und wann findet der Kauf statt? Das heißt, es fehlen im Detail alle weiterführenden Daten. Eine Ableitung, was wichtig ist und was nicht, ist ohne mehr relevante Daten nicht möglich. Suchvolumen zu erkennen ist über die Auto-Suggests im einfachsten Sinne möglich, da diese genau die am meisten getätigten Eingaben widerspiegeln. Inwieweit die letzten 7 oder 30 Tage einfließen, ist dabei nicht ganz klar. Zudem laufen Änderungen scheinbar zeitlich versetzt um 2 Tage ein, ganz exakt weiß das jedoch nur Amazon. Auch scheinen Suggests nach ungefähr zwei bis drei Monaten ohne Abruf zu verschwinden. Kann man dies messen? Ja, indem Sie sich eigene Suchbegriffe schaffen, die einzigartig sind. Die einzige Bedingung ist dabei, dass mindestens ein Suchergebnis erscheinen muss, »Tischört Kelm« oder »Tasse Kelm« zum Beispiel. Nun geben Sie diesen Begriff jeden Tag zu festen Zeiten in die Suche ein, wissenschaftlich dokumentiert natürlich. Irgendwann erscheint der Begriff in den Suggests. Damit hätten Sie Schritt eins geschafft, in den Suggests zu erscheinen. Schritt zwei richtet sich dann an die Verbesserung der Position. Eine weitere Eingabe und Dokumentation zeigt die Veränderungen der Platzierung über den Zeit- und Eingabeverlauf auf. Überholen Sie andere Suggests, können Sie ableiten, dass diese definitiv weniger im selben Zeitraum abgerufen wurden. Leider ist dieses Vorgehen nicht skalierbar. Aber es zeigt, wie einfach das System tickt.

Ansätze über Warenbestandveränderungen oder die Verbindung zum Bestsellerranking zeigen nicht so exakte Daten auf. Auch eine Interpolierung von Google-Suchvolumen ist nicht zweckmäßig. Das heißt, in der Summe war die Kenntnis des Suchvolumens nur für Marketingaktivitäten wirklich sinnvoll, so um abzuschätzen, ob man viel oder wenig Budget nutzen muss oder ob Suchbegriffe überhaupt relevanten zahlenmäßigen Traffic erhalten haben.

Besser zeigen heutzutage Tools wie Shield von Amalyze diese Systematik auf. Das Suchvolumen und die mögliche monetäre Umsatzchance werden erkennbar. Dank perfektionierter Methoden ist eine detaillierte Messung der zu erwartenden Kaufkraft und vieles mehr daher kaum noch ein Problem und leicht umsetzbar. Spätestens dank der Darstellung der Endkundenpreise im Schnitt unter jedem Suchbegriff und der Einbindung der Extension direkt in das System wird vieles maximal erleichtert.

Neben dem Suchvolumen ist es wichtig, die Suchbegriffe messbar zu gestalten hinsichtlich der Position eines Produkts unter einem bestimmten Wort. Das Thema *Keyword-Volatilität* wurde dazu bereits in Abschnitt 3.1, »Wichtige Eckpfeiler für eine Produktstrategie – Bestseller, Keyword-Volatilität und Nischen«, erklärt, also die Vorhersagbarkeit, wie schnell sich die Positionen unter Suchbegriffen überhaupt erheblich ändern. In den vergangenen Jahren wurde meiner Meinung nach aber zu viel Wert auf das Erreichen der Plätze eins, zwei oder drei gelegt. Im Kontext der Desktop-Nutzung ist Amazon in vielen Bereichen weg von der einfachen Listenansicht. Besonders die direkten Ausspielungen von Suchergebnissen unter Kategoriefiltern oder durch die Nutzung der Filter an sich führen immer häufiger direkt in die Kachelansicht. Dabei gilt das alte Problem der Wahrnehmung, oben links ist dann wichtiger als oben rechts, und das Dreieck der wahrnehmbaren Inhalte hält sich dann teils mit ganz anderen Positionen auf als eben eins, zwei oder drei (siehe Abbildung 7.3).

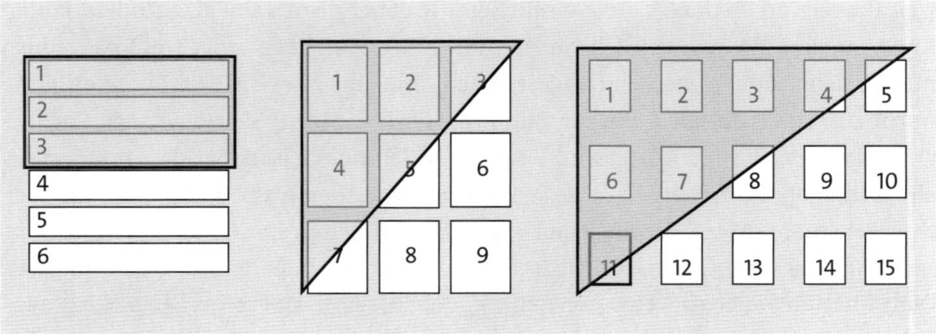

Abbildung 7.3 Position und Relevanz der Ergebnisse nach Darstellung

Sie sehen deutlich, wie die Plätze 1–3 der Listenansicht als Kacheln positioniert sind. Doch da liegt der Schwerpunkt eher bei den Positionen 1, 2 und 4, schlimmstenfalls sogar 1, 4 und 7, wenn der Kunde weiterhin in Listen nach unten denkt. Die dritte Variante zeigt dann in einer Suchergebnisseite die Positionen 1, 2, 6, 7 oder nach unten gedacht 1, 6 und 11 als möglicherweise für Kunden relevanter positioniert. In der gesamten Kundensuche werden Sie also immer auf andere Positionen fixiert sein. Brand Analytics zeigt dabei deutlich auf, dass eben nicht die ersten drei ASIN am häufigsten geklickt werden. Man kann hier nach allen Suchbegriffen und Zeiträumen analysieren und erhält neben der relativen Suchhäufigkeit zudem die drei am häufigsten geklickten ASIN. Dabei fällt auf, dass es sich komplett anders verhält als in der reinen Suchansicht. Eine Verbindung zu den Abverkäufen oder Bestandsveränderungen konnte auch nicht festgestellt werden. Das heißt zusammenfassend, die Positionen der ersten Plätze darf nicht das Ziel sein, sondern das Erreichen einer relevanten Ausspielung unter allen Suchabfragen. Mittlerweile zeigt Brand Analytics sogar die fünf am häufigsten zum Vergleich herangezogenen Produkte an. Man kann also nicht nur die Suchbegriffe und häufiges Klickverhalten analysieren, sondern bekommt den weiteren Weg des Kunden bis zu fünf weiteren Schritten aufgezeigt. Dabei werden zudem die kompletten demografischen Eigenschaften der Kunden zusätzlich dargestellt, was besonders für das Re-Targeting außergewöhnlich klare Zielgruppen erlaubt.

Daher habe ich schon seit mehreren Jahren kein Einzel-Keyword-Tracking mehr in der Nutzung. Ich versuche, mich darauf zu fokussieren, bei allen relevanten Suchabfragen platziert zu sein, entweder durch Werbung oder organisch. Dabei liegt das Augenmerk auf der Struktur der Sichtbarkeit. Zu wie vielen Suchbegriffen ist das eigene Produkt auf Seite 1, 2 oder 3 zu finden? Besonders im Rahmen von Optimierungen ist auffällig, dass plötzlich eine große Menge an Suchbegriffen von Seite 7 zu 5 und 3 und schlussendlich bestenfalls auf Seite 1 wandert. Dabei ist es wichtig, insgesamt die Position im Durchschnitt zu beachten, aber auch das Verhältnis von relevanten zu nicht relevanten Suchbegriffen regelmäßig anzusehen. Grundsätzlich entsteht dieses Phänomen durch die mannigfaltigen Ansätze der Kreuzkombinatorik des passiven Amazon-SEO. Tools können dabei anhand der Suchseiten- oder SERP-Konsitenz und der Homogenität der gezeigten Produkte teilweise recht gute Ergebnisse liefern.

Nicht bei allen Produkten ist das sinnvoll, Geschenke zum Beispiel haben absolut unterschiedliche Produkte auf den Suchseiten. Dennoch funktionieren die Ansätze einiger Tools außergewöhnlich gut. So ist man in der Lage zu sehen, dass eigene Produkte zwar zu 5.000 Suchbegriffen auffindbar sind, aber nur 1.500 davon relevant eingestuft werden. Der Verhältniswert beider Zahlen ist somit nur 0,3 oder 1.500 von 5.000. Ziel sollte aus meiner Erfahrung ein Wert deutlich über 0,7 sein. Was in dem Beispiel nicht heißt, dass man unbedingt 2.000 neue relevantere Keywords finden muss, um 3.500 gegen 5.000 rechnen zu können, im Detail wären es ja sogar 3.500 gegen 7.000, also 0,5. Aber auf Verschiebungen des passiven SEO durch Änderungen der Basiswerte möchte ich der Einfachheit halber nicht eingehen. Vielleicht kürzen Sie den Content spezifisch um nicht relevante Bereiche, um auf insgesamt 2.150 Suchbegriffe zu ranken. Schon wäre der Faktor deutlich verbessert und der Content nur auffindbar, wo er mutmaßlich hingehört. Der Bereich des passiven Amazon-SEO bzw. der ungewollten Auffindbarkeit wurde in Kapitel 5, »Sichtbarkeit – die relevanten Faktoren für den Erfolg von Amazon-SEO«, schon erklärt und zeigt weiterführend, warum das Messbarmachen von Suchbegriffen so wichtig ist. Im Bereich der gesponserten Produkte (SPA) wird noch ein weiterer Weg aufgezeigt, um die Zielkombinatorik mit einer Werbekampagne indizienhaft besser zu bewerten (siehe Kapitel 11, »Gesponserte Produkte«).

Weiterhin ist zu beachten, dass die indexierten Bereiche durch Amazon per se vorgegeben sind und selten wechseln. Wie hoch die Wertigkeit für eine Ausspielung ist oder ob es zu einer Ausspielung kommt, das muss man immer spezifisch im Blick behalten. Oftmals gehen Einbrüche der Auffindbarkeit mit schlichten Veränderungen der Kundenführung einher. Wenn die Suche nach »Feuerwehr« plötzlich als erste Suchergebnisseite statt auf Spielzeug auf Faschingskostüme weiterleitet, ist dies zu berücksichtigen.

Somit ist einer der wichtigsten Faktoren für mich nicht das Bestimmen von Positionen der Produkte unter Suchbegriffen, sondern die Feststellung, wann sich etwas deutlich ändert und was die möglichen Auslöser dafür waren.

Die mobile Nutzung birgt ein komplett anderes Phänomen, ich bezeichne das gerne als die »Scrolldaumen-Mutation«. Öffnen wir etwas auf dem Handy, sind wir geneigt, sofort zu scrollen. Sowohl die übergeordnete Werbung als auch die ersten Platzierungen kämpfen dann plötzlich mit dem Effekt, dass die Aufmerksamkeit der Augen eben nicht nach oben, sondern nach unten gelenkt wird.

7.4 Kann man den Einfluss von Preis und Qualität messen?

Kann die Änderung des Preises zur vermeintlichen Erhöhung der Absatzzahlen kurzfristig Erfolge erzielen oder stört es eine langfristige nachhaltige Produktoptimierung? Zur Beantwortung wird im Folgenden die Suchseitenkonsistenz hinsichtlich der Preise analysiert und der Qualitätsaspekt bemessen.

Das Team von Marketplace Analytics, bzw. mittlerweile Sellics, hat in einem größeren Test aufzuzeigen versucht, wie homogen die Preisstrukturen unter Keywords an sich sind. Im Schwerpunkt ging es dabei um die Tatsache, dass Amazon eben keine präferierte Vorliebe für teure oder günstige Produkte hat. Die statistische Verteilung war unter jedem Suchbegriff ähnlich unauffällig. Betrachtet man dies jedoch im Zusammenhang mit dem spezifischen Durchschnittspreis unter einem Suchbegriff gegen einen anderen wird das Ganze etwas komplizierter. Einige Begriffe sind grundsätzlich mit billigeren Produkten behaftet als andere. Ich spreche dabei nicht davon, dass eine Handyhülle im Schnitt 15 € kostet und ein Fernsehen eben deutlich über 300 €. Vielmehr geht es darum, was passiert, wenn Sie Preisänderungen vornehmen. Kennen Sie den Preis unter jedem Bereich, ist es einfach, ungefähr vorherzusagen, was Sie wo erwarten können. Müssen Sie jedoch aufgrund steigender Retouren oder anderer Einflüsse die Preise insgesamt anpassen, können Sie darauf keine Rücksicht nehmen. Im einfachsten Beispiel wirkt sich eine Preisreduzierung um 5 % nach unten immer sehr positiv aus, weil Sie im Vergleich zum direkten Wettbewerb bessere Klickchancen haben.

So weit die ganzheitliche Betrachtung des Marktes und einiger Daten von Amazon-Events. Doch was habe ich im Detail feststellen können? Bei einem preissensitiven Bereich wie Schmuck mussten die Preise mehrstufig angepasst werden, einmal nach oben, einmal an die psychologischen Preisgrenzen. Die Änderung der Preise nach oben um über 5 € ließ sofort die Traffic-Zahlen um über 30 % zurückgehen. Die mutmaßliche Conversion Rate selbst blieb aber stabil. Nach einer Woche dann die Überraschung, alles stabilisierte sich auf dem gleichen Niveau wie vor den Änderungen, nur dass wir statt 32 € plötzlich 37 € pro Stück umsetzen konnten. Das heißt, scheinbar benötigten die Produkte mit dem neuen Preis fast eine Woche, um die Position unter billigen Keywords zu verlieren und sich bei preislich höheren Keywords zu positionieren. Die Kunden haben also über Ihr Klickverhalten einerseits die Produkte abgestraft und andererseits belohnt. Ähnliches hatten wir früher schon einmal erlebt, als wir Werbeaktionen wie »bei dem zweiten Produkt der Bestellung erhalten Sie 15 % Rabatt« beendet haben. Da der Preispunkt nun deutlich höher war, verschoben sich die Positionen ähnlich der direkten Anpassung der Preise.

Um auszuschließen, einen einmaligen oder zufälligen Effekt angetroffen zu haben, wurde der Vorgang später wiederholt. Exakt dieselben Effekte sind eingetreten, und der Preis verkaufter Einheiten liegt mittlerweile bei 42 €. Deutlich später haben wir die psychologischen Preisgrenzen eingeführt und eben Produkte für 62,90 € nun für 59,90 € angeboten und 36,90 € auf 34,90 € angepasst. Hier zeigte sich eine Verbesserung aller Werte, sowohl im Traffic als auch in der mutmaßlichen Conversion Rate. Dabei sei nur erwähnt, wie wichtig es ist, sich die Preisfilter von Amazon bei den Kernprodukten anzusehen. Sind die Filter grundsätzlich auf 0–30 €, bis 70 €, bis 100 € ausgelegt, dann sollten Sie Ihre Produktpreise in diesen Korridoren halten. Die Suche nach einem Wasserkocher unter 30 € entspricht nicht der Suchintention unter 70 €. Ein Produkt für 33 € statt 29 € hat es bekanntermaßen sonst deutlich schwerer, da die Spannen der Filter für diesen Produktpreis viel zu groß sind.

Die Qualität als direkten Einfluss auf die Suche zu bewerten, macht allein am Preis fest: Teuer gilt vordergründig als qualitativ hochwertig und billig eben als billig. Absolut unlogisch sind diese Zusammenhänge, wenn die Argumentation darauf beruht, zu sagen, »meine Microfaser ist doch aber qualitativ viel hochwertiger als dieser Schrott über mir in den Suchen«. Da es für den Kunden keine Möglichkeit gibt, sein Verständnis von Qualität in die Suche zu überführen, wird die Messbarkeit dahinter kompliziert. Amazon arbeitet aber aktuell an einer Lösung genau dafür. Es kommt vermehrt zu Ausspielungen oberhalb der Suche mit Beispielangeboten unter 10 € bis 30 € oder dem am häufigsten gekauften Produkt, dem am besten bewerteten Produkt, dem am häufigsten bewerteten Produkt. Gleichzeitig etabliert Amazon eine neue Art der Auswertung von Produktbewertungen. Während in Deutschland eine Art der Bewertungsaufteilung anzutreffen ist, wird in den USA schon in den Bewertungen genau danach gefragt, welche besonderen Eigenschaften man mit wie vielen Sternen bewerten würde (siehe Abbildung 7.4).

In Zukunft wird der Kunde somit mehr Möglichkeiten haben, direkter wesentliche Eigenschaften bewertet zu sehen. So ist die Batterielebenszeit manchmal wichtiger als die verfügbare Leistungsdauer.

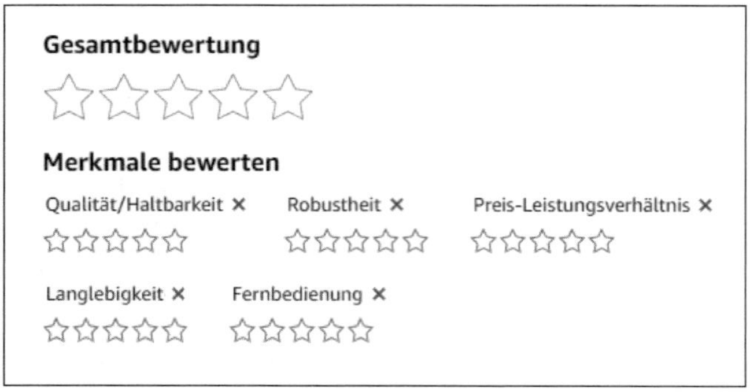

Abbildung 7.4 Neue Abfragen bei der Bewertung in den USA

Andererseits kann man schon bei einigen Produkten sehen, ob Funktionen bewertet werden oder Interessengruppen gebildet wurden (siehe Abbildung 7.5).

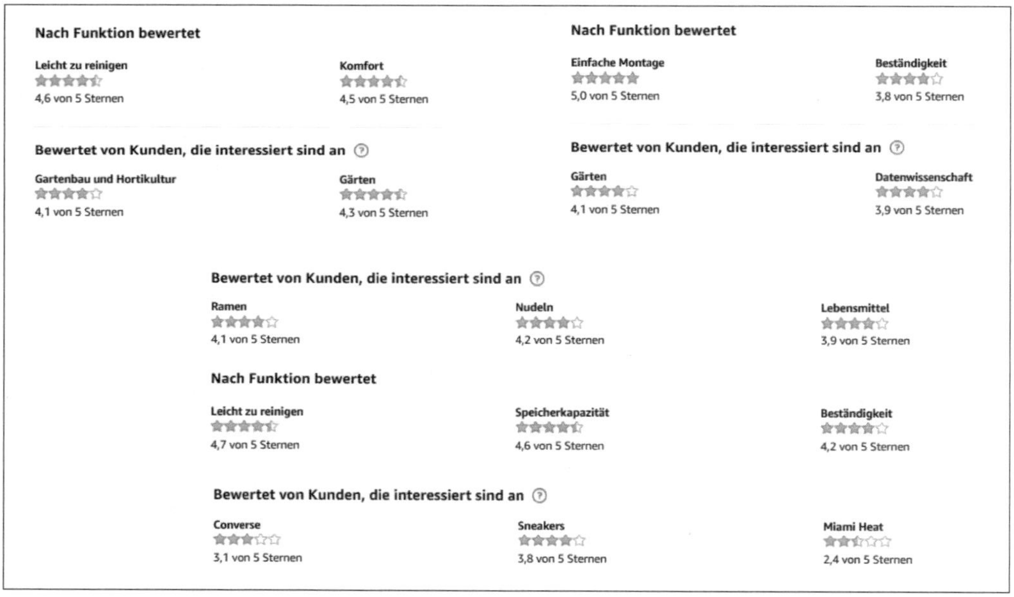

Abbildung 7.5 Bewertungen segmentiert nach Funktion und Interesse

Alles in allem ist der Einfluss eines Preises scheinbar eher festzustellen, weniger lässt sich das Qualitätsbewusstsein jedes einzelnen Kunden oder Nutzers berücksichtigen. Zumal der Kaufpreis weit vor der Qualität bewertet wird und Bewertungen erst nach der Nutzung erstellt werden.

7.5 A–B-Testing – ja, nein, vielleicht?

A–B-Testing, also das Gegenüberstellen verschiedener Inhalte über einen bestimmten Zeitraum mit einem bestimmten Ziel, ist vielfältig anwendbar im Bereich Content, angefangen bei verschiedenen Bildern über Preise oder jede Art von Produktdarstellung bis hin zur Kommunikation. Doch wie soll man es schaffen, sauber und wissenschaftlich genug dieselben Umstände und Testumgebungen anzutreffen auf einem so großen Markt wie Amazon? Aus meiner Sicht ist das fast unmöglich. Was also bleibt?

Zunächst sollten Sie unterscheiden, ob Sie Aufmerksamkeit durch Andersartigkeit erzeugen wollen oder tatsächlich performancegetrieben und messbarkeitsorientiert handeln. Was Sie vor einem A–B-Testing klar betrachten sollten, ist die Kennzahl, unter der Sie Veränderungen erwarten. Auffindbarkeit? Traffic? Absatz? Umsatz? Gewinn? Oder schlicht höhere Suchergebnispositionen?

Warum haben Bilder im A–B-Testing noch die höchsten Chancen, wirklich messbare und kausale Ergebnisse zu liefern? Zuallererst ist da Bild 1 oder das Main-Bild zu nennen, aufgrund der Ausspielung auf den Suchseiten und bei der Werbung hat es den höchsten Aufmerksamkeitswert. Spätestens nach dem erheblichen Wachstum der mobilen Nutzung sollte jeder erkannt haben, dass Bilder inzwischen kleiner dargestellt werden. Dies bedeutet jedoch auch, dass gegebenenfalls eine hohe Klickrate vorliegt, weil Kunden erst auf die Produktseite wechseln müssen, um zu erkennen, was genau abgebildet ist oder welche weiteren Details versteckt sind. Neben dem vollständigen Lieferumfang hinsichtlich der Anzahl oder eben dem Zubehör wie einer Ballpumpe beim Gymnastikball, sollten Sie diesen komplett und deutlich darstellen. Interessanter wird der Bereich der Darstellung atypischer Perspektiven. Hier können Sie sofort Aufmerksamkeit erregen. Dies reduziert jedoch auch oft die Vergleichbarkeit. Das heißt, es ist zu empfehlen, im Produktumfeld gut zu prüfen, inwieweit eine andere Perspektive Vorteile mit sich bringt oder eher nachteilig wirkt. Gleichzeitig sollten Sie keine allzu großen Skalierungsexperimente wagen. Wenn die kleine handliche Bluetooth-Maus plötzlich größer dargestellt wird als das gleiche Modell mit Kabel, könnte es daran liegen, dass Sie die Außenabmessungen des Bildes als Maßstab genommen haben statt der exakten Größe.

Bei der weiterführenden Betrachtung ist Bild zwei sofort mit zu optimieren. Die wesentliche Nutzung oder die absoluten Hauptfeatures sollten erkennbar sein. Besonders mobil neigen Kunden dazu, nur die Bilder zu nutzen, da diese alle prominent oben durchscrollbar sind, die Texte müssten sie erst suchen. Daher kann es nützlich sein, die aufgezeigten Vorteile der Aufzählungspunkte hier als Bilder wirken zu lassen. Auch kleine Bildläufe, die das Produkt exakt in gleicher Position, aber mit ausgelöster Funktion zeigen, sind hilfreich. Das Scrollen erzeugt sozusagen ein Wechselbild. Egal, ob Schubladen oder umklappbare Lehnen, alles kann damit dargestellt werden.

Wie kompliziert der A–B-Test nun wird, zeigt sich an einfachen zu erwartenden Änderungen der Grundmetriken. Ist Ihr Bild vorher nicht eindeutig in Form, Farbe oder anderen Details, sinkt Ihr Traffic durch ein besseres Bild, jedoch sollte die Conversion Rate steigen, da weniger Absprung-Traffic zu verzeichnen ist. Andererseits kann es sein, dass eine auffälligere Perspektive mehr Traffic mit sich bringt. Zudem kann dank der besseren Bildabläufe untereinander das Verständnis bei der mobilen Suche besser konvertieren, da Kunden keine Informationen lästig suchen müssen oder schlicht die Erwartungshaltung klarer aufgebaut wird und Themen wie Lieferumfang, Nutzung oder schlicht Abmessungen direkt als Bild erklärt sind. Denken Sie nur an Kleidungsstücke, bei denen das Textillabel mit Stoffzusammensetzung und Pflegehinweis immer als Bild hinterlegt wird. Obwohl man diesen Bereich in der Grundoptimierung sehen kann, können Sie bei ausschließlicher Änderung der Bilder ansatzweise messbare Entwicklungen erzielen.

Damit zeigt sich schon jetzt der zweite Knackpunkt von A–B-Tests: Neben der nie gleichen Vergleichsgruppe ändert man in den seltensten Fällen nur eine wesentliche Eigenschaft oder lässt diese Änderung nicht lange genug allein wirken. Viel zu häufig ändert man alles gleichzeitig.

So zeigen Änderungen von Titellänge und Aufzählungspunktlänge sofort eine Vielzahl an Effekten. Der erste Grund liegt in der deutlichen Verschiebung der Auffindbarkeit durch die Eliminierung von Wörtern. Der zweite Grund ist der Kunde, man trifft auf eine große Vielzahl an Personen, die mal kurze und mal lange Inhalte bevorzugen oder schlicht Informationen dadurch zu lange suchen müssen und dann gegebenenfalls den Kauf abbrechen. Hier ist es daher ratsam, weniger an der Länge zu arbeiten, sondern eher an der Positionierung relevanter Inhalte aufgrund der unterschiedlich ausgespielten Titellängen je nach genutztem Device. Zusätzlich muss man dann sehr deutlich zwischen der Conversion und Traffic-Optimierung unterscheiden. So kann es sein, dass eine Fokussierung auf Conversions im Titel tatsächlich mehr Klicks erzeugt, weil dem Kunden früher klar ist, was er bekommt. Dementsprechend könnte jedoch der Grund-Traffic einbrechen, da die Traffic-relevanten Suchwörter plötzlich später auftauchen, nämlich in Backend oder Aufzählungspunkten. So oder so, ohne zu wissen, auf welchem Device Ihre Produkte häufiger gesucht und gekauft werden, sollten Sie hier stark starten und dann nur Änderungen vornehmen, wenn sich Daten oder Rahmenbedingungen ändern. Als A–B-Test ist der Titel meiner Meinung nach nicht geeignet.

Dabei sei nochmals erwähnt, warum kurze Titel scheinbar besser performen. Diese Produkte reduzieren den Traffic auf wenige Suchbegriffe und schaffen so mehr Daten unter weniger Keywords, dadurch ranken Sie zu weniger Eingaben, dafür aber deutlich besser. Das alles ist kein Grund, in Panik zu verfallen, wenn Sie wissen, dass die Summe des Suchvolumens im Long Tail mehr ausmacht als die Top 100 Suchwörter zusammen, daher konzentriere ich mich lieber darauf.

Allgemeine Inhalte wie EBC, also erweiterte Markeninhalte, oder A+ oder schlicht das Hinterlegen von mehr technischen Daten oder das Hinzufügen bestimmter erklärender Inhalte in Beschreibung oder Aufzählungspunkten geht einher mit der absolut nicht vorhandenen Messbarkeit. Keiner kann extern die Verweildauer auf Listings messen oder kennt diese. Auch das Hinzufügen von EBC- oder A+-Content bei Taschentüchern in der Herbst- oder der Pollenflugzeit wird kausal sehr interessant. Sagen wir aber, Sie ändern aufgrund von schlechten Bewertungen sowohl Aufzählungspunkte, Beschreibung, Bild als auch A+-Content und ab diesem Zeitpunkt gehen die negativen Bewertungen zurück, dann haben Sie tatsächlich etwas bewirkt. Aber solche Maßnahmen zeigen ihre messbare Wirkung erst nach mehreren Monaten. Besonders stark ist dabei immer die Fokussierung auf die Nutzung von Videos und A+. Besonders im Bereich Vendor gibt es Marken, die darauf schwören, dadurch unglaubliche Sprünge gemacht zu haben. Bei detaillierten Nachfragen, inwieweit sich Traffic oder Conversion verändert haben, bekommt man dann gerne die Antwort, dass man solche Daten ja gar nicht prüfen könne. Solange also keine Daten wie in den USA zur Nutzerinteraktion bei Videos vorliegen, ist es schwer, damit Tests zu fahren.

Besser lässt sich die Änderung von Kategorien A–B-testen. Jedoch sollte hier neben den Suchbegriffen in Summe auch Wert auf die Dauer der Änderung gelegt werden. Unter vier Wochen empfehle ich solche Tests nicht. Das kategorienspezifische Keywordset benötigt Zeit zur Entwicklung nach oben, und das Produkt trifft oftmals auf eine andere Gruppe an Wettbewerbern und Vergleichspreisen. Es muss sich dazwischen also erst etablieren oder wahrgenommen werden. Innerhalb einer Woche sollten sich Veränderungen der Keywords bemerkbar machen und ab diesem Zeitpunkt folgend bei Traffic-Zahlen oder Conversion-Daten.

Allein wegen der Unterschiede bei Varianten in Hard- und Softlines, also bei Child- und Parent-basierten Varianten, sollten Sie hier genau prüfen, was Sie erreichen wollen. Nehmen wir zum Beispiel ein Bettlaken, das immer sehr spezifisch nach Größen gesucht wird. In dem Fall wird der Kunde davon ausgehen, nur relevante Ergebnisse zu sehen, weshalb seine Klickentscheidung ab hier auf der Farbe basiert. Eine Variante benötigt also keine Größenauswahl und gegebenenfalls keine Farbauswahl. Wer Rot anklickt, wird kaum Schwarz finden wollen. Im Farbraum Rot können Sie jedoch alle Facetten abbilden, wie auch Schwarz, Grau und Anthrazit zusammengelegt bleiben können. Das Schöne wäre dann jeweils ein eigenes Suchergebnis für den Farbraum Grün, Blau, Rot, Schwarz und Weiß. Bei allgemeinen Suchabfragen ohne Größe würden dann sogar unzählige eigene Ergebnisse auftauchen. Ist die Suche im Schwerpunkt farborientiert, können Sie die Variante ausschließlich auf Größen legen oder sogar die Größen trennen. Wer ein grünes Bettlaken sucht, ist dann auf der Suche nach der korrekten Größe im Titel oder eben in der Variante.

Gut zeigt sich das im Bereich Schmuck. Die Suchen sind klar nach Steinfarben aufgebaut, daher ist es absolut unvorteilhaft, wenn ein Ring mit Perle in der Suche, aufgrund der meisten Glance Views (also Impressions insgesamt), zuerst auftaucht. Kein Kunde erwartet dahinter 30 verschiedene wunderschöne Steinfarben. Hier können Sie den weiterführenden Ansatz der *Überlistung* ausspielen, eine absolute Verdrängung von Wettbewerb durch die Variantentrennung, um jedem Produkt einen eigenen Suchergebnisplatz zu sichern. Bei solchen Tests gilt es, die Auffindbarkeit jedes Childs zu betrachten oder eben des Parents. Dabei können ehemalige Top-Produkte komplett einbrechen. Wenn aber in Summe aller beteiligten Produkte positive Effekte eintreten, ist das kein Problem, sondern das Ziel.

Der Preis als Spielball hat den höchsten Klickerwartungswechsel zur Folge und auch die meisten Auswirkungen auf nahezu alle Kennzahlen, das zieht sich bis in die Werbung hinein. Daher sollten Sie hier sehr gewissenhaft arbeiten und nicht zu viel testen, die Auswirkungen sind schlicht zu komplex. Manchmal muss man mit dem Wettbewerb mitgehen, besonders wenn der Lebenszyklus einer ganzen Produktreihe endet oder wechselt. Aber sonst sind es vergebene Tests, da viel zu häufig der Preis später wieder angehoben wird, in der Hoffnung, die alten Werte der Sichtbarkeit zurückzuerhalten, was selten bis nie eintritt. Zudem darf man Kunden nicht unterschätzen hinsichtlich der Bewertung des Preis-Leistungs-Verhältnisses. Oftmals finden sich in Bewertungen direkt Angaben zum Kaufpreis, etwa Hinweise wie »Gekauft für XY € als Angebot« oder »Zum Preis von AB € gekauft«. Damit fließt in die Bewertung direkt auch die Wertung des Preises mit ein. Zukünftige Kunden sehen das und entscheiden dann völlig anders über den zu erwartenden Nutzen eines Produkts. Nicht ohne Grund ist die Preiswahrnehmung direkt mit dem Schmerzzentrum in unserem Gehirn verbunden, da verstehen wir sozusagen keinen Spaß. Insbesondere verschärft sich das Phänomen, wenn in Zukunft tatsächlich Bewertungen in bestimmte Felder untergliedert werden, die auch den Preis betreffen. Es gilt die alte Weisheit: »Der Gewinn entsteht im Einkauf«, wer am Preis spielen kann, hat vorab falsch kalkuliert oder will Produkte loswerden. Der größte mir bekannte Fehler entsteht, wenn mit Preisreduzierungen plötzlich Verkäufe entstehen und man noch mal 1.000 Stück bestellt und das Problem von vorne beginnt.

Insgesamt bleibe ich bei meinem Urteil und nenne A–B-Testing bei Content daher nur verzögerte Optimierung. Wer am Anfang richtig startet, spart sich mühselige Arbeit, die er dann A–B-Test nennt, um sich nicht einzugestehen, einfach Bockmist reparieren zu müssen.

Kapitel 8
Nachoptimierung vs. dauerhafte Optimierung

Am leichtesten fällt es, die nachträgliche Optimierung als Änderung zu verstehen und die dauerhafte Optimierung als Anpassung wahrzunehmen. Während die Nachoptimierung zumeist bei null beginnt, ist eine dauerhafte Optimierung mit Daten vorgeprägt und muss mehr auf die historischen Entwicklungen blicken als eine eher radikale Nachoptimierung im Sinne eines Neustarts.

8.1 Richtig neu starten und nicht warten

Wollen Sie mit Ihrem Produktauftritt bei Amazon komplett von Beginn an neu starten, ist es notwendig, alle Erfahrungen, die bisher gesammelt wurden, beiseite zu lassen. Sie würden die *Nachoptimierung* sonst vielschichtig beeinflussen. Hilfreich ist dabei eine alte Strategie von Vera Birkenbihl: die A–Z-Methode oder die A-B-C-Listen. Dabei gehen Sie entlang des Alphabets vor und suchen passende Wörter oder Sachverhalte zum eigenen Produkt. Dabei dürfen Sie willkürlich arbeiten und müssen nicht die Reihenfolge einhalten. Dank dieses Denktools können Sie mehrere Listen zum selben Produkt aufbauen, wobei das regelmäßige Wiederholen immer neue Ideen und Ansätze offenlegen wird.

Die Anfangsphase muss mit der Datenbeschaffung einhergehen. Egal, wie gut Sie Ihren Bereich zu kennen glauben, starten Sie den ganzen Ablauf noch einmal. Allein in der Markt- und Wettbewerberbetrachtung können erhebliche Änderungen eingetreten sein: andere Preise, innovative Änderungen, neue Gesetze oder Richtlinien oder schlicht neue Tricks. Neben den von Amazon vorgegebenen Regularien wie Style Guides oder Begrenzungen für Suchbegriffe usw. werden Sie so definitiv auf dem neuesten Stand sein.

Anschließend ist die Content-Relevanzanalyse durchzuführen. Bewertungen, Fragen und Antworten oder neue Trends zur Nutzung der Produkte sind zu identifizieren. Selbst die einfache Wäscheklammer hat sich zeitweise zum Dekostilmittel entwickelt für Fotos oder für einfache selbst gebastelte Weihnachtskalender.

An die Synonymsuche sollten Sie unbedingt noch mal von Beginn an herangehen, etwa Shops aufsuchen, die ähnliche Produkte anbieten etc. Auch die Google Trends können Ihnen sehr aufschlussreiche Signale aufzeigen.

Sie müssen sich leider davon lösen, dass die bisherigen Erfahrungen gut oder schlecht sind. Es geht darum, die Situation sauber und ohne Bauchgefühl zu bewerten. Häufig ruht man sich viel zu sehr auf Umsätzen oder angeblichen Erfolgen aus und ist komplett blind für gravierende Fehler. Diese können oft nur von externer Seite oder eben durch eine komplette objektive Nachoptimierung aufgezeigt werden. Natürlich sollten Sie dabei dennoch die bisherigen Kundenmeinungen oder Bewertungen berücksichtigen. Aber diese sollten die neuen Entscheidungen nicht zu stark beeinflussen. Dank einer Nachoptimierung oder eben einer *Neuoptimierung* legen Sie viel mehr wert auf den Kunden und den Nutzen des Produkts, und somit sprechen Sie eine teils andere Kundenschicht an als vorher. Optimieren Sie nun zu sehr auf die »alte« Kundengruppe hin, kann es zu Problemen kommen oder die »neue« Zielgruppe fühlt sich nicht mehr angesprochen.

Auch den Daten aus Suchbegriffberichten durch bisherige Werbemaßnahmen dürfen Sie nicht zu viel Wichtigkeit beimessen. Sie basieren ja vollkommen auf der Relevanz des nicht optimal angelegten Produkts und sind somit verfälscht. Ein Blick kann sicher nicht schaden, jedoch sollten Sie auch hier nicht überbewerten.

Ganz klar haben Sie in der Nachoptimierung ein Problem bei saisonalen oder teils saisonalen Produkten. Effekte in der Suche zu Ostern, Weihnachten oder anderen Events oder schlicht im Sommer oder Winter können Sie nicht im Rahmen der Nachoptimierung abbilden. Dazu benötigen Sie die notwendige Geduld, um diese zeitlichen Abläufe erst einmal zu erleben und dann die relevanten Daten zu erheben. Die Auto-Suggests und die kauf- oder suchbereite Zielgruppe müssen erst einmal messbar mit Amazon interagieren. Dabei helfen natürlich historische Daten wie Trendanalysen.

Im Bereich der Reportings sollten Sie sich zudem die Absatz-, Umsatz- und Traffic-Daten der Vergleichszeiträume ansehen. So können Sie den Zeitpunkt für eine Nachoptimierung besser festlegen. Grundsätzlich gilt dabei die Regel, immer antisaisonal zu arbeiten. Viel zu häufig werden Optimierungen genau in den Hauptverkaufszeitraum gelegt und damit Erfolge stark verfälscht oder kausal falsch bewertet. Zudem ersparen Sie sich das Risiko, durch fehlerhafte Uploads oder andere Interaktionen mit Amazon die Produkte zu »zerschießen«.

Alles in allem eine einfache Situation, da man komplett frei starten kann, ohne Rücksicht auf die bisherige Sichtbarkeit oder andere Effekte zu nehmen. Wichtig ist allein die Offenheit für die Möglichkeit, dass Sie gegebenenfalls zu der Entscheidung gelangen, ein Produkt nicht weiter zu verkaufen. Oftmals geht das leider einher mit Verkäufern, die neben der Nachoptimierung den Preis stark senken, und weil sie dann

Abverkäufe erzielen aufgrund des Preises, noch mal 1.000 Einheiten bestellen. Kaum wird der Preis auf den eigentlich profitablen Wert gesetzt, verkauft sich nichts mehr.

Daher ist es wichtig, die Analyse ehrlich zu betreiben, auch um den Preis, womöglich ein Produkt zu haben, das schlicht nicht laufen wird. Sollte es sich um ein Scheinwerferprodukt handeln wie einen Wasserhahnentkalkeraufsatz, ist die Nachoptimierung sogar fast egal, jedenfalls aus Sicht der marktplatzüblichen Standards. Die Sichtbarkeit durch den Scheinwerfer muss außerhalb des Marktplatzes erfolgen, und so reicht reiner Content direkt für den Abverkauf und weniger für die Auffindbarkeit.

Schnell kommen Sie also in die Verlegenheit, nicht nur die SEO-Aspekte betrachten zu müssen, sondern auch alle Bereiche der Strategiefindung aus Kapitel 3, »Vor der Optimierung: Die Produktstrategie«.

Der große Vorteil eines solchen Neustarts ist tatsächlich eine tiefere Auseinandersetzung mit dem Produkt, der Zielgruppe und dem Marktplatz selbst. Bei der dauerhaften Optimierung geht man solchen harten Konfrontationen oftmals aus dem Weg und übersieht so Details leichter, was nicht immer gut ist.

8.2 Geh mit der Zeit oder du gehst mit der Zeit

Die *dauerhafte Optimierung* geht mit der Notwendigkeit der dauerhaften Marktplatzüberwachung einher. Dabei stehen die eigenen Daten absolut im Vordergrund, und die Kenntnis der kausalen Zusammenhänge ist notwendig, um Ursachen zu erkennen. Aber ebenso wichtig ist es, Wettbewerber und Marktplatzänderungen jeder Art sowie die externen Faktoren zu betrachten. 360-Grad-Analysen empfehlen sich dabei, wie Ronny Marx von intomarkets sie gerne nutzt.

Einerseits ist zum Beispiel die Preissituation zu beachten. Tools wie SellerLogic sind mittlerweile in der Lage, die Preispunkte nicht nur der Buy Box oder anderen Strategien anzupassen, vielmehr können Sie mit ihrer Hilfe auch direkt Wettbewerberprodukte markieren und automatisch in diesem Preissektor bleiben.

Andererseits geht es um einfache Anpassungen von Vorteilen des Produktnutzens. Während man Fahrradbrillen im Sommer besonders mit dem Effekt des Rundumsonnenschutzes bewirbt und mit dem Argument, dass Insekten leicht abzuwischen sind, wird man im Frühjahr und Herbst eher auf die Anti-Beschlag-Funktion hinweisen und dass Regen sofort abperlt. Gleiches gilt für Bildanpassungen der Hintergründe. Geschirr verkauft sich mutmaßlich zu Weihnachten einfach besser, wenn Braten und pompöse Gerichte gezeigt werden statt der Spargelstangen mit sommerlichem Hintergrund.

Angenehm wird die Situation, wenn endlich Fragen und Antworten aufkommen und Bewertungen oder begründete Retouren eingehen. Ein direkteres Kundenfeedback kann nicht aufkommen. Problematisch wird dies erst dann, wenn man nur in der Bewertung oder der Frage auf grundsätzliche Probleme oder Eigenschaften des Produkts eingeht. Natürlich will jeder Kunde eine Antwort, und die soll er auch erhalten, aber danach sollten Sie nicht vergessen, diese Antwort bei hoher Relevanz ebenfalls in den Content als solchen zu überführen. Es gibt nichts Schlimmeres, als zehn Fragen zu den genauen Abmessungen, ohne dass diese Information jemals in den relevanten lesbaren Bereich übertragen oder gar mit einem Bild gelöst wurde. Es könnte sogar clever sein, hier Fragen zu suggerieren. Sie können Ihre Produkte ja mit Fragebögen ausstatten und die Kunden bitten, diese zu beantworten. Der logische Schluss wäre natürlich, die Kunden zu animieren, diese Fragen auf Amazon zu formulieren und direkt zu beantworten. Aktuell ist mir keine Regelung bekannt, die ein solches Vorgehen einschränkt.

Dies sind noch die einfachsten Abläufe einer dauerhaften Optimierung. Komplexer wird es bei der Betrachtung der Ziel- und Kreuzkombinatorik, also dem Bereich des aktiven und passiven Amazon-SEO. Dabei müssen Sie Ihre Ziele der Auffindbarkeit nicht nur kennen und festlegen, sondern auch prüfen. Kommt es dann zu Abweichungen, sind Gegenmaßnahmen einzuleiten, eine bessere Platzierung der Suchbegriffe oder eine komplette Suchphrasendarstellung im Inhalt zum Beispiel.

Wo also möchten Sie mit Ihrem Produkt sichtbar sein, und wie wichtig ist Ihnen die exakte Positionierung unter dem jeweiligen Wort? Tools wie Amalyze zeigen mittlerweile neben dem Suchvolumen auch eine theoretische Kaufkraft pro Suchbegriff an. Das heißt, Sie können recht genau feststellen, in welchem Suchsegment eine Verbesserung der Platzierung sofort mehr potenziellen Umsatz bedeutet, während die Auffindbarkeit zu einem kompletten Suchbereich oder strukturellen Keyword in Summe nicht so viel Umsatzpotenzial haben wird. Gleichzeitig ist es notwendig, mutmaßlich bessere Produkte 1 : 1 hinsichtlich der Auffindbarkeit abzugleichen. Schnell finden sich so einzelne Wörter, unter denen Sie mit Ihrem Produkt schlechter oder gar nicht auffindbar sind. Oftmals passiert dies, da einige Hersteller die Kunden sehr stark mit eigenen Worten prägen und zur Suche animieren, dabei geht es nicht um Marken oder Produktnamen. Am Beispiel der Shootermaus wurde dies bereits thematisiert (siehe Abschnitt 3.3, »Eine eigene Strategie vorbereiten«). Solche Begriffe bringen dann absolute Umsatzmengen, ohne dass die Analyse der Suggests diese als direkt relevant erscheinen lässt.

Im Sinne der Kreuzkombinatorik kann es zu dem Umstand kommen, dass Einladungskarten zum Geburtstag plötzlich im Bereich »80er Jahre« ausgespielt werden, schlicht, weil es ein »80er Pack« war. Eine Änderung auf »80 Stück im Pack« löste das Problem sofort.

Denken Sie daran, bei der dauerhaften Optimierung können historische Sichtbarkeiten eine gewisse Zeit oder dauerhaft erhalten bleiben. Geduld ist dabei absolut wichtig. Ähnlich wie bei Umpositionierungen unter Suchbegriffen bei Preisänderungen kann es auch hier zwei oder mehr Wochen dauern, bis die Effekte komplett eintreten. Dabei gilt es dann umso mehr, die neue Kreuzkombinatorik festzustellen.

Die Veränderung des Suchverhaltens ist bei der dauerhaften Optimierung immer nur nachträglich festzustellen. Da es aktuell noch keine Amazon-Trends gibt (die Betonung liegt auf aktuell), müssen Sie hier einfach schnell sein. Events oder besondere zeitliche Aspekte ermöglichen es, die Optimierung genau in dem besagten Zeitraum anzugehen. Egal, ob Ostern, Valentinstag oder das Schrottwichteln, fast alle relevanten Aspekte sind zeitlich bestimmbar. Selbst Winter und Sommer und deren Wetterausprägung sorgen dafür, wie lange wir grillen oder den Pool nutzen oder eine elektrische Fliegenklatsche benötigen. Diese Aspekte müssen Sie bestenfalls nur einmal analysieren, da es wiederkehrende Phänomene sind. Die Trends sind dann jedes Jahres nur noch zu adaptieren. Sind es Mücken in dem einen Jahr und Wespen im nächsten, ändert sich nicht das notwendige Produkt, sondern nur dessen Einsatzzweck. Kommt der Winter mit viel Eis, ist Streusalz wichtiger als Schneeschaufeln. Auf solche Effekte reagieren Sie dann viel schneller und einfacher. Aufgrund der Änderung im Suchverhalten entstehen oft komplett neue Nutzungsansätze für die eigenen Produkte. Der hochwertige Reinigungsstift für Objektive wird dann plötzlich zum perfekten Brillenputzstift. Die reine Neuplatzierung des Nutzens erhält das Produkt am Leben und bleibt im Sinne der Suche weiterhin relevant. Ähnliches gilt natürlich für den Grillhandschuh im Sommer und den Backofenhandschuh im Winter.

Neben der reinen Betrachtung des Suchverhaltens ist also die mögliche Nutzung bei der dauerhaften Optimierung sehr hilfreich. Ein Aspekt, den ich dazu entwickelt habe, war es, den Kunden in seinem Alltag zu beobachten und im Produkt-Portfolio die spezifisch nutzbaren Produkte zu finden. Dabei ging es um den Bereich Küche und Haushalt. Schritt eins war der Lebensmitteleinkauf. Die Verbringung der eingekauften Waren nach Hause spielte dann die wichtigste Rolle. Schnell zeigten sich neben Kühlschrank und Tiefkühlschrank weitere Nutzungen, wie verpackt gelagert oder offen und ausgepackt. Im Kühlschrank konnten so vielfältige Sortiersysteme eingesetzt werden, und für den Tiefkühlbereich musste der Kunststoff besondere Temperaturen verkraften. So war die Kundenansprache ausdifferenzierter. Zudem konnte man viel klarer in der Kommunikation arbeiten, da man die jeweilige Nutzung wie für Aufschnitt oder eben Käse vorgegeben hatte.

Weiterführend wurden dann die Blickwinkel auf die Verarbeitung der Lebensmittel und den Transport zum Ort der Lebensmittelaufnahme näher betrachtet. Hier ist es unweigerlich so, dass nun mal nicht jeder Teig in jeder Schüssel hergestellt werden kann, besonders wenn er noch mit Hand oder maschinell geknetet werden muss. Große Öffnungen für zwei Hände gegen kleinere Öffnungen für Rührgeräte, um das Spritzen zu verhindern, oder die absolute Rutschsicherheit spielen dann eine übergeordnete Rolle. So kann plötzlich jede Schüssel auf eine eigene Nutzungsart festgelegt werden. Der Weg bis zum Essen war dann überraschend komplex. Von Verschlussclips über Torten- und Partybutler oder schlicht verschließbare Dosen für Salat oder Käse war plötzlich alles möglich.

Natürlich ist die Nahrungsaufnahme mit den Fragen womit und woraus genauso wichtig wie der Bereich der nachträglichen Aufbewahrung der Reste. Dabei ging es zurück in Kühlschrank oder Tiefkühlschrank usw., aber auch um die direkte Entsorgung. So konnte man dank der Analyse Marktführer im Bereich Tischabfalleimer bzw. Bio-Mülleimer werden. Auffälliger war dann der gesamte Bereich der erneuten Verarbeitung bzw. eben der Erwärmung der Reste. So konnte man ein komplettes Portfolio Mikrowellengeschirr etablieren. So logisch, wie das alles klingen mag, machen es am Ende doch viel zu wenige Anbieter. Das ist auch einer der Gründe, warum zu selten Portfolios als Lösung gesourct werden statt der einfachen Me-too-Produkte.

Notwendigerweise sollten Sie sich aus den eigenen Suchbegriffberichten der geschalteten Werbung die wahrscheinlich wichtigsten Suchbegriffe heraussuchen und prüfen, ob diese in den relevanten Bereichen hinterlegt sind. Bestenfalls haben Sie sogar eine spezielle Verifizierungskampagne erstellt, wie in Kapitel 11, »Gesponserte Produkte«, empfohlen.

Obwohl Sie die preisliche Positionierung und die Suchseitenkonsistenz vorab betrachtet haben, kann es immer zu Verschiebungen des Kundenbewusstseins bezüglich des Preises oder anderer Dinge kommen. Daher ist es notwendig, stichprobenartig wichtige Suchbereiche regelmäßig zu prüfen, ob der Preis unter der Suchabfrage noch passt und ob dort überhaupt noch nach solchen Produkten gesucht wird. Schlimmstenfalls kommt es zu modischen Trends, und plötzlich ist Weiß statt Schwarz wieder gefragter oder eben Orange das neue Schwarz. Diese modischen Trends können alle Eigenschaften eines Produkts betreffen und sollten nicht unterschätzt werden.

Dabei zeigt sich auch der größte Unterschied der dauerhaften Optimierung zur Nachoptimierung. Sie kommen aus einem Erwartungsbereich mit klaren Daten heraus und gehen in eine fließende Optimierung über. Dabei hinterfragen Sie aber nicht das Gesamtkonstrukt eines Produkts, sondern vielmehr die spezifische Sichtbarkeit und die Änderungen im gesamten Umfeld. Die Art der Anpassung ist dann methodischer und weniger aggressiv, aber dafür kontinuierlich. Der Vorteil liegt dann in der Möglichkeit, historisch sehr viele Erfahrungswerte aufzubauen. So überrascht mich zum Valentinstag im ersten Jahr die hohe Retourenquote. Im zweiten Jahr weiß ich, dass Männer immer die falschen Geschenke für ihre Frauen aussuchen.

Bei der dauerhaften Optimierung darf man den Blick sehr gezielt auf andere Effekte legen, die das Such- und Kaufverhalten beeinflussen können. Wann kommen die nächsten Staffeln bestimmter Kochsendungen, oder wurden diese abgesetzt? Im Bereich Schmuck und Kosmetik sollten Sie immer wissen, ob das Topmodel dieses Jahr gesucht wird oder nicht und inwieweit eine relevante mediale Aufmerksamkeit vorliegt oder eher ein Überdruss. Effekte jeder Art lassen sich feststellen und wiederholen sich regelmäßig. Dadurch wird eine dauerhafte Optimierung mit der Zeit einfacher, was nicht heißt, dass deren Umfang abnimmt.

Alles in allem heißt es immer, Augen offen halten nach neuen Standards und Regeln des Marktplatzbetreibers, aber auch der Wettbewerber und der Suchnachfragen bzw. der Zielgruppe. Dabei sollten Sie immer alle Ergebnisse dokumentieren und mit den notwendigen Daten und Entscheidungen zusammenbringen, falls es zu Wiederholungen der Effekte kommt.

Kapitel 9
Marketing auf und mit Amazon

Marketing befasst sich im Allgemeinen mit allem. Diese Aussage hilft Ihnen im Wesentlichen natürlich nicht weiter. Anhand einiger Ansätze, was die Wissenschaften über Jahrhunderte angesammelt haben, etabliere ich einfache Basisansätze in diesem Kapitel.

9.1 Ansätze für Marketingdefinitionen

Es gibt eine unglaubliche Vielfalt an Marketingdefinitionen, die das Marketing je nach Betrachtungsperspektive unterschiedlich definieren und zu verschiedenen Ansätzen der Umsetzung führen.

Das Relationship Marketing

Den ganzheitlichen Ansatz, bei dem sämtliche Unternehmensfunktionen auf das Ziel der Markt- und Kundenorientierung ausgerichtet werden, hat Amazon verkürzt und den Fokus allein auf den Kunden gelegt. Die Weiterentwicklung dieses Konzepts führt zum *Relationship Marketing*, dessen Ziel darin besteht, über langfristige und feste Kundenbeziehungen eine Markenprägung aufzubauen. Für einen Marktplatz wie Amazon bezieht sich diese Markenprägung – wieder etwas entgegenlaufend – auf die Kundenbindung an den Marktplatz.

Das strategische Marketing und die Unternehmensidentität

Die Corporate Identity, also die Unternehmensidentität, besteht dabei aus drei Teilaspekten, der Corporate Communication, dem Corporate Design und dem Corporate Behaviour. Ich versuche, diese Systeme zugleich sowohl in das Marketing als auch in den Content zu überführen.

Man kann hier schon feststellen, dass in Zeiten sinkender Markentreue und stark wechselnder Kaufdurchführung im Onlineshop, auf dem Marktplatz oder im stationären Handel kaum eine einfache Definition ausreichen wird.

Die berühmten 4 P bzw. der Marketingmix

Der Ansatz der 4 P gilt als wirksamste Kombination zur Umsetzung von Marketingplänen an sich. Es handelt sich dabei um den Mix aus folgendem Marketing:

- Product (Produktpolitik)
- Price (Preispolitik)
- Promotion (Kommunikationspolitik)
- Place (Distributions- bzw. Vertriebspolitik)

Schon von Tag 1 an meiner Tätigkeit auf und um Amazon hatte ich das Glück, auf die Veröffentlichungen von Menschen wie Adrian Hotz und Markus Fost zu stoßen. Das Buch »E-Commerce Existenzgründung mittels Amazon: Erfolgsfaktoren bei einer E-Commerce Existenzgründung von Handelsunternehmen mittels Amazon Marketplace unter Berücksichtigung der Chancen und Risiken« von 2013 habe ich dabei gerne als Quelle herangezogen.

Die 4 P werden reduziert um den Bereich Place – da dieser recht klar definiert ist als die Verkaufsplattform Amazon. Wir sollten dieses Modell aber direkt anpassen. Der Place, also die Distributions- oder Vertriebspolitik, ist als Seller, Reseller, Vendor (Distribution, Drop-Ship oder Standard) oder Seller und Vendor gleichzeitig nicht mehr so einfach zu entscheiden. Daher ist es nicht unbedingt ein eliminierbarer Faktor.

Man erweiterte die 4 P des Marketingmix um die Bereiche Processes und Personnel auf 6 P. Ohne weit auszuholen, heißt das nur, man benötigt befähigte Mitarbeiter und perfekte Prozesse. Schwerpunkt in diesem Buch werden die Bereiche Product und Promotion darstellen und in Ansätzen der Bereich Price. Auf das Amazon-6-P-Marketingmodell wird in anderen Schriften Bezug genommen.

Amazon-Marketing möchte ich daher nicht überstrapazieren und überdefinieren. In den letzten Jahren zeigt sich in Agenturen und Berateraufträgen deutlich ein Wechsel der Marketingstrategie weg von den Ansätzen des 4-P-Modells hin zu On- und Off-Amazon-Marketing. Das reicht völlig als Basis für alle Werbeanstrengungen zum Sichtbarmachen und verkaufsförderlichen Platzieren von Produkten auf dem Marktplatz Amazon aus – sowohl innerhalb der Suche als auch bei Werbeaktionen. Die Off-Amazon-Aktivitäten, wie externer Traffic in sozialen Medien, Blogs, Shops oder schlicht auf Webseiten, werden weniger Thema dieses Buches sein. Einzig die Zwischenlösung der *Amazon Advertising Platform* (AAP oder Amazon DSP, wie sie jetzt heißt, siehe Abschnitt 14.3) als Verbindung der On- und Off-Amazon-Werbung wird neben dem On-Amazon-Marketing in diesem Buch noch näher betrachtet.

9.1.1 On-Marktplatz-Marketing

In dem Themenfeld des On-Marktplatz-Marketings sehe ich im Besonderen alle Angebotsaktionen, die vorrangig über Gebühren oder Finanzierungsbeträge getätigt werden. Hierzu bieten Sie Ihre Produkte vergünstig an, um so auf speziellen Unterseiten von Amazon präsent wirksam zu sein. In gewissen Teilen sind die Werbemöglichkeiten direkt in der Suche zu sehen.

Auch die Teilnahme an Events wie den Couponwochen, der Cyber Week oder dem Prime Day zählen hierunter. Blitzangebote, Tagesangebote, Preisnachlassaktionen, Sonderrabattaktionen, Werbeaktionen und viele weitere Arten von Angeboten werden im weiteren Verlauf des Buches erklärt.

9.1.2 On-Marktplatz-Advertising

In dem Themenfeld des On-Marktplatz-Advertisings sehe ich im Besonderen alle Werbeformate, die direkt in die Suche eingespielt werden, und zwar auf der Kostenbasis Pay per Click (PPC). Sie bieten Ihre Produkte in diesem Werbeformat an, um so auf der Suchseite von Amazon oder direkt auf Produktseiten präsent und sichtbar zu sein. Die drei Kernelemente sind dabei die *gesponserten Produkte* in den Suchseiten, auch *Sponsored Products Ads* (SPA) genannt, die übergeordneten, teils links und unten platzierten *Headline Search Ads* (HSA) und die vorrangig auf Produktdetailseiten anzutreffenden *Product Display Ads* (PDA). Hierbei wird die neue Benennung der HSA als Sponsored Brand und SPA als Sponsored Product nicht aufgegriffen. Der Hauptgrund ist dabei die mangelnde Unterscheidung der Abkürzungen SP zu SB im Gegensatz zu SPA und HSA. Um Fehler zu vermeiden, ist dies der sicherere Ansatz im Umgang mit den Amazon-Werbeformen.

9.1.3 Off-Amazon-Marketing und Advertising

Die Ausdifferenzierung in die unendlichen Traffic-Bereiche des Internets, das Off-Amazon-Marketing und -Advertising, ist kaum trennbar. Jede Aktivität, alle Produkte oder Leistungen, die auf dem Marktplatz Amazon platziert sind, können davon betroffen sein. Die gesamte Klaviatur der potenziellen Kontaktstufen mit möglichen Kunden reicht vom simplen Print in der Zeitung oder auf Handzetteln über Werbeaktionen in TV, Radio und Funk bis hin zu althergebrachter Werbung über Plakate oder Flyer bei Messen, Events oder schlicht am Bahnhof oder in Städten. Digitalisierte Bereiche in den omnipräsenten sozialen Medien schaffen weiterführende Kontaktpunkte. So kann man den Kunden dauerhaft mit Werbearten »verfolgen«. Die großen Probleme der Messbarkeit der Wirksamkeit kommen hier am deutlichsten zum Tragen. Die Gesamtheit der kompletten Werbung lässt kaum Rückschlüsse zu, ob und welche Werbeform performant genug war, um den Kunden zu überzeugen. Dies gilt bei der allgemeinen On- und Off-Amazon-Werbung nicht überall, aber besonders für stationäre und analoge Werbeformen wie Print, TV oder Werbetafeln. Digitale Werbeformen gelten, dank der zumeist durchführbaren Klickmessungen, als besser kausal zusammenführbar und messbar.

Ab dem folgenden Kapitel in diesem Buch werden Werbeformen wie Amazon Advertising Platform dargestellt, bei der Sie alle Arten der On- und Off-Amazon-Werbung vermischen oder exakt trennen können, ganz nach Ihren Wünschen und Zielen.

Nach der Zusammenführung wesentlicher Werbesysteme von Amazon Ende 2018 ergeben sich zudem einfachere Abstimmungen beim Planen und Schalten der kundenorientierten Werbung.

Hier liegt immer noch einer der größten Vorteile von Amazon gegenüber Google und Facebook. Während Google meist Informationssuchen befriedigt und Facebook am ehesten weiß, was die Nutzer mögen, kann Amazon auf über 20 Jahre Kaufdaten zurückblicken. Durch eigene Zielgruppenbildung kann Amazon schlussendlich eigene Cluster gegen verfügbare Zielgruppen laufen lassen und so perfekt Kaufbereitschaften erkennen.

9.1.4 Not-Listed-on-Amazon-Marketing

Der *ROPO*-Ansatz, grundsätzlich als *Research Online Purchase Offline*, also Kunden informieren sich im Netz, bevor Sie stationär kaufen, ist mir viel zu weit hergeholt. Allein die Umstände des 21. Jahrhunderts lassen jede Denkart zu, also Research Online Purchase Online, Research Offline Purchase Offline und Research Offline Purchase Online. Diese letzte Variante wird *Showrooming* genannt, suchen im Laden und kaufen im Netz, sie ist bei über 50 % der Deutschen beliebt. Gerade Spielzeug oder Weihnachtskäufe mit Kindern enden gerne so, wenn man Spielzeug im Laden durch die Kinder aussuchen lässt und dann auf Amazon direkt billiger kaufen kann. Gleichfalls anzutreffen ist der Effekt bei kostspieligen Küchengeräten wie Kaffeemaschinen oder jeder Art an Weißgerät, also Waschmaschinen usw.

Not-Listed-on-Amazon-Marketing geht in eine speziellere Richtung. Mercedes, BMW, aber auch Vorwerk und ARAL nutzen diese Möglichkeit der Werbung. Die Produkte sind nicht auf dem Marktplatz gelistet, aber Werbung wird auf dem Marktplatz ausgespielt. ARAL nimmt zum Beispiel Pfand zurück und nutzt die Seite bei Amazon, um das eigene Bistro zu bewerben. BMW und Mercedes, aber auch andere Automarken haben versucht, Probefahrten zu vermarkten. In den USA und Italien waren jedoch auch schon ganze Fahrzeuge zu erwerben. Es zeigt sich also, der Weg ist nicht weit, bis die zaghaften Not-Listed-on-Amazon-Marketing-Maßnahmen zu gezielten Tests mit Produkten führen werden. Vorwerk versucht, seinen stark beratungsorientierten Ansatz weiterhin zu erhalten, so bewerben Sie nur die Veranstaltungen und Vorführungen der Mitarbeiter, um Vorwerk-Geräte wie den Thermomix vorzuführen und zu verkaufen.

9.2 Amazon-Marketing und -Advertising im Einsatz

Warum ist es absolut notwendig, Amazon-Werbeformen deutlich mehr Zuspruch zukommen zu lassen? Die großen Werbebudgets liegen doch eher noch in Verträgen mit Aushängeschildern wie den besten Fußballern im Produktbereich oder den größten Blogbetreibern oder einem Werbespot beim Super Bowl. Die reine Bekanntheit von Amazon und die maximale Durchdringung des Marktes in Europa und Amerika sind einer der wesentlichen Faktoren. Denkt man aber an die bekannten Strukturen von Seiten und Kaufabläufen, dann wird schnell klar, woher die hohe Werbekraft von Amazon über die Jahre kommt. Klicken und kaufen, ohne Login oder Neuanmeldung, das Ablegen des Produkts in den Warenkorb, Bezahlart wählen usw., sind in Onlineshops, auf sozialen Medien oder im Handel schlicht nicht möglich. Gestützt wird das absolute Vertrauen in den Marktplatz durch die schnelle Logistik und nahezu immer problemlose Rückabwicklung von Käufen. Den Kunden immer an oberster Stelle zu platzieren bringt also Amazon in sehr vielen Bereichen starke Vorteile, nun auch im Marketingsegment.

Früher genügte für eine starke Platzierung in der Suche einfach eine gute Sichtbarkeit durch Suchmaschinenoptimierung (Search Engine Optimization) oder kurz SEO. Teils reichte wegen des fehlenden Wettbewerbs auch schlicht die Listung am Marktplatz, da es keine anderen Produkte gab. Erst sehr spät kamen Werbeformen wie gesponserte Produkte frei zugänglich hinzu. In den letzten Jahren stießen mehr und mehr Werbemaßnahmen für die Marktteilnehmer hinzu, und so stiegen sowohl die Budgets als auch die Chancen, diese ausgeben zu können. Während die *Amazon Marketing Services* (AMS) anfangs durch die Headline Search Ads (HSA) noch absolute Vorteile für Vendoren brachten, ist das Alleinstellungsmerkmal nur noch teils auf die Product Display Ads (PDA) beschränkt. Die Amazon Advertising Platform wird dank mehr und mehr Agenturen immer kostengünstiger zugänglich, da die geforderten hohen Startinvests seitens Amazon so wegfallen.

Eine Kombination aller Mittel ist schlicht längst die Basis einer erfolgreichen Amazon-Strategie und einer -Markenführung. Dennoch kommt es in Unternehmen, egal, welcher Größe, immer noch aufgrund der komplexen oder nicht kommunizierenden Teamstrukturen zu unnötigen Verlusten in der Performance. Blitzangebote ohne genug Werbung, extern wie intern, um mehr Traffic zu erzeugen, verlaufen genauso im Nichts, wie hohe Werbeaufwendungen auf Produkte ohne Bestand. So ist man heutzutage immer mehr gezwungen, das gesamte Orchester aus übergeordneten Positionen heraus zu planen und die Umsetzung zu begleiten. Bestenfalls wird dies von befähigten Personen oder Agenturen übernommen, die einerseits alle anzutreffenden Eventualitäten abschätzen können, aber auch in der Lage sind, die Berechnungen durchzuführen, wenn die Werbekosten nicht als abgeschriebene Budgets eingesetzt werden.

Wissenschaftlicher formuliert geht es darum, die Customer Journey komplett im Auge zu behalten, das heißt die obligatorischen Phasen zu Hause, auf dem Weg zur Arbeit, bei der Arbeit, auf dem Nachhauseweg, wieder zu Hause, Schlafen. Jede der Phasen zieht andere Aufmerksamkeiten nach sich und sollte andere Strategien nutzen. So werden nur wenige auf dem Weg zur Arbeit daran denken, was am Abend auf den Tisch kommt oder ob noch ein Geschenk für das Wochenende besorgt werden muss. Es ist früh, der potenzielle Kunde eher noch mit Wachwerden beschäftigt und damit, Nachrichten zu konsumieren. Da jedoch der Alltag ohne Handy und Computer aus der Mode gekommen ist, werden Kontaktpunkte mit potenziellen Käufern und Kunden vielfältiger.

Ganzheitlich bewertet, ist die Customer Journey in drei Kernsegmente zu gliedern: Vorlauf, Information und Selektion, Kauf. Nun liegt es an dem spezifischen Mix der Marketing- und Advertising-Arten, diese Segmente zu teilen und zu bespielen. Die Bekanntheit der Marke und die besonderen Bedürfnislösungen sollten in der Vorlaufphase mit Videos, Influencern und weit gestreuter Displaywerbung dank der Amazon Advertising Platform und sozialen Medien kommuniziert und aufgebaut werden. Während der Informationsphase ist es zweckmäßig, Werbearten mit mehr Inhalten zu platzieren, aber auch Empfehlungen und Bewertungen sind dabei zielführend. Eine Off-Amazon-Strategie kann hier helfen, dem Kunden genügend Möglichkeiten aufzuzeigen, den Nutzen oder die Qualität der Produkte dank anderer Nutzer kennenzulernen oder durch inhaltlich starke Funnel die Kaufbereitschaft auf- oder vorzuwärmen. Erst der Kaufprozess sollte im alten wissenschaftlichen Ansatz direkt auf den Marktplatz führen und zum Kauf anregen.

Amazon hat es sich mittlerweile, dank der Bekanntheit und des hohen Vertrauens in den Marktplatz, zu eigen gemacht, diese obligatorischen Trennungen aufzulösen. Vorlauf, Selektion und Kauf können direkt in einem Werbekanal gelöst werden. Werbeanzeigen mit angezeigten Bewertungen oder Preis lassen zum Beispiel die wesentlichen Merkmale sofort erscheinen. Lieferzeiten sind dank Amazon selten ein Argument der Kaufentscheidung. Die Information und Selektion kann dank der Einfachheit der Nutzung des Marktplatzes mit wenigen Klicks umgesetzt und unterstützt werden. Einzig die Differenzierung nach emotionalen und spontanen Käufen und länger vorzubereitenden hochinvestiven Käufen oder von beratungsintensiven Gütern ist mit Re-Targeting oder deutlichen Funnel-Aktivitäten zu unterstützen.

Die Zusammenführung aller Aktivitäten wird in Kapitel 16, »Die individuellen Startphasen für eigene Produkte planen«, und Kapitel 17, »Lebenszyklusmanagement auf Amazon«, detaillierter aufgezeigt.

Kapitel 10
Paid Advertising – die Grundlagen

Bezahlte Werbung auf Amazon ist seit Ende 2015 dank AMS für Vendoren und PPC für Seller zum drittgrößten Werbemarkt neben Facebook und Google aufgestiegen. Neben der Aussicht, Werbung direkt in die Suchergebnisse oder auf Produkte zu schalten, entsteht eine große Herausforderung in der Nutzung der Möglichkeiten. Einen Überblick zu behalten und dauerhaft mit wettbewerbsfähigen Geboten teilzunehmen werden zum neuen Hygienefaktor nach Amazon-SEO.

10.1 Vorgaben und Richtlinien aus der Sicht von Amazon

Den Amazon-Werbealgorithmus in einem Bild darzustellen, stelle ich mir recht einfach vor, geht es doch nur darum, einen Sieger in der Bietauktion zu bestimmen. Klickkostenbasierte Werbung bei Amazon bedeutet aber auch, dass Impressions nichts kosten – das ist eine große Chance ohne Kosten Sichtbarkeit zu erzeugen. Dabei entstehen keine Kosten, und schon eine gewonnene Auktion führt zu einer möglichen relevanten, also für den Kunden sichtbaren, Werbeausspielung (siehe Abbildung 10.1).

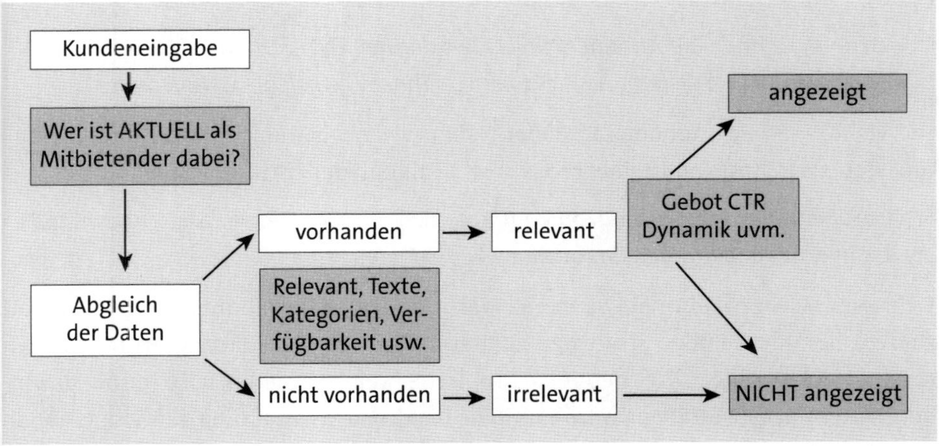

Abbildung 10.1 Werbealgorithmus von Amazon

In einfachen Worten heißt das, es kämpfen alle zum jeweiligen Zeitpunkt infrage kommenden Bieter um die Plätze auf der Suchergebnisseite zu einem Keyword. Dabei stehen nie alle Marktteilnehmer für das Keyword gleichzeitig im Wettkampf und für jede Werbeposition wird das ganze separat durchgeführt. Von Amazon als irrelevant erachtete Bieter werden gar nicht erst angezeigt. Bei der Auswahl derjenigen, die überhaupt in diesen Wettbewerb eintreten, nutzt Amazon die vielfältigsten und unbekanntesten Faktoren jeder Art. Einzig bei den gesponserten Produkten (kurz SPA für Sponsored Products Ads) ist klar definiert, dass die Inhaberschaft der Buy Box eine Grundvoraussetzung ist, um Berücksichtigung zu finden. Bei HSA (den Headline Search Ads) und PDA (den Product Display Ads) ist nicht mal die Verfügbarkeit ein direkter Faktor. Der Datenabgleich setzt auf die Relevanz der Produkte zum beworbenen Suchbegriff und zur jeweiligen Kategorie. Amazon selbst äußert sich dabei in den jeweiligen FAQ wie folgt:

> *»Für eine gute Kundenerfahrung sind wir bemüht, die für die jeweiligen Such- und Browse-Aktivitäten eines Kunden relevantesten Anzeigen einzublenden. Die von Ihnen gewählten Keywords müssen für die in Ihrer Kampagne beworbenen Produkte relevant sein. Nur mit relevanten Anzeigen werden Impressions generiert, wenn Käufer nach diesem Keyword suchen. Vergewissern Sie sich, dass die verwendeten Keywords in den Detailseiten Ihres beworbenen Produkts enthalten sind.«*

So weit, so gut. Die erste Hürde ist zu schaffen. Die zweite Hürde ist somit, die Auktion zu gewinnen. Dabei berücksichtigt Amazon zwei Faktoren:

> *»Der Werbetreibende mit dem höchsten Gebot und der höchsten voraussichtlichen CTR gewinnt die Auktion und erhält die Impression für die Suche.«*

Der endgültige Klickpreis ist dann schlicht definiert:

> *»Wenn der Kunde die Anzeige anklickt, wird Ihnen 0,01 EUR mehr berechnet als das nächsthöchste Gebot und nicht der von Ihnen festgelegte Gebotspreis.«*

Die vielfältigen Positionen sind dabei bisher weder auswählbar noch direkt mess- und steuerbar. Amazon ist dabei sogar recht offen in der Formulierung:

> *»Darüber hinaus testet Amazon kontinuierlich neue Anzeigenplatzierungen und -designs, um den Kunden das beste Einkaufserlebnis zu bieten.«*

Sie wissen also nicht einmal, wo überall Werbung erscheinen könnte, für die Sie bereit sind zu bezahlen. Einige Strategien zeigten bisher die klare Fokussierung auf den Ansatz »viel hilft viel«. Wer bereit ist, utopische Preise zu bieten, wird immer gewinnen. Die einfachste Strategie wäre somit die maximale Ausnutzung der Gebotshöhen ohne Rücksicht.

Es hat sich jedoch herausgestellt, dass die auswählbaren *Match-Typen* genauso einen erweiterten Einfluss haben wie die akkurate Bewerbung kompletter Suchphrasen. Amazon stellt dabei drei Arten zur Auswahl:

- Die *weitgehend passende Übereinstimmung (broad)* sorgt dafür, dass die Schaltung der Werbeanzeige bei sehr vielen Suchbegriffen infrage kommt. Dabei wird keine Rücksicht auf die Reihenfolge oder sonstige Varianten gelegt.
- Die *Phrasenübereinstimmung (phrase)* hingegen legt Wert auf die Wortgruppenanordnung und behält diese bei. Oftmals werden nur noch Wörter davor und/oder danach hinzugefügt, um Ausspielungen zu erzeugen.
- Die dritte Form der Match-Typen liegt im *exakten Übereinstimmungstyp (exact)*. Dabei muss exakt das gewählte Wortkonstrukt vom Kunden eingegeben werden, nur minimale Abweichungen werden akzeptiert.

Eine recht einfache Darstellung also. Doch worauf sollten Sie dabei achten? Hin und wieder hat sich gezeigt, dass man mit einer tieferen und spezifischeren Auswahl an Werbewörtern häufiger höhere Gebote auf kurze Wortbestandteile ausstechen kann. Amazon scheint also Bietende zu bevorzugen, die die eingegebenen Suchwörter detaillierter bewerben. Dadurch erhalten Sie den Zuschlag eher, weil die Relevanz eher greift, soweit der Content passt. Warum ist dann besonders die exakte Schreibart nicht immer effektiver oder effizienter? Ganz einfach, man richtet sich damit zu stark auf einzelne Phrasen. Ohne genau die Reihenfolge der Eingaben zu kennen, fokussieren sich daher einige Nutzer zu schnell auf exakte Eingaben, die dann aufgrund niedriger Suchvolumen nicht absolut gut performen können oder eben nur saisonal kurzzeitig erfolgreich sind. Natürlich können Sie schlicht und einfach arbeiten und kurze Wörter eher als Broad anlegen, während Sie längere Konstrukte mit Phrase bewerben. So etwas gilt es jedoch anhand der Suchwörter zu entscheiden, je nachdem, ob es nur Tails, also Suchphrasenbestandteile, sind mit bis zu fünf Bestandteilen oder doch bis zu 13, also Short- oder Long-Tail-Suchen.

Neben dem zu schnellen Wechsel der Match-Typen oder deren falscher Nutzung ist Amazon gegenwärtig nicht in der Lage, saubere, aktuelle Daten bei der Ausweisung der Verkäufe sicherzustellen. So sind Richtlinien von Amazon teils unsauber formuliert. Während Seller angeblich 7 Tage nach einem Klick noch Verkäufe zugewiesen bekommen, sind es bei Vendoren und Amazon Marketing Services (AMS) 14 Tage. Da jedoch der letzte Klick eines Kunden auf die jeweilige Werbung zählt, können so verschobene Verkäufe entstehen. Viel schlimmer ist dabei die Wahrheit in der API, denn hier lassen sich Datennachläufe von um die 60 Tage feststellen. Was heißt das im Detail? Amazon weist nicht tagesaktuell aus, wann Sie wirklich welchen Verkauf gemacht haben. Auch sind die Berichte ANDERE ASIN/SKU-REPORTS nicht sauber aufgebaut, was zu der absoluten Unkenntnis führt, was verkauft wurde.

Aber bauen wir das Stück für Stück auf. Der meistbegangene Fehler – die Darstellung der Kosten durch Amazon ist bei Sellern und Vendoren bzw. AMS-Nutzern unterschiedlich. Während Seller ihre Kosten ohne *VAT* (Value Added Tax), also Umsatzsteuer, angezeigt bekommen, ist ihre Rechnung aus Luxemburg auch ohne (Amazon ändert das System Ende 2019 auf Rechnungen je Land mit der jeweiligen VAT). Jedoch werden die Verkäufe direkt als Endkundenpreise, also inklusive VAT, dargestellt. Somit weicht der angeblich relevante Wert ACoS (Advertising Cost of Sale) schon mal um zum Beispiel 19 % ab, natürlich je nach Land, dort gültiger Umsatzsteuer und Produktgruppe eine andere Zahl. Die Verkäufe bei Vendoren und AMS-Nutzern sind Nettopreisangaben, also ohne VAT.

So weit, so gut, da die ausgestellte Rechnung zuzüglich VAT ist, sind beide Werte als gleich bereinigt zu verstehen. Doch leider funktioniert das nicht. Der Vendor, als eigentlicher AMS-Nutzer, verkauft an Amazon zu einem bestimmten Einkaufspreis. Amazon bestimmt den Verkaufspreis selbst anhand externer Preisermittlung. Was nun passiert, ist recht hart, denn Amazon weist die Verkäufe aus mit dem Endkundenpreis minus der jeweiligen VAT. Wer nun rechnen kann, ist klar im Vorteil. Das ist jedoch nicht das Ende vom Unsinn. Schaltet nun ein Seller AMS über Umwege, muss er erst mal feststellen, ob seine Verkäufe mit oder ohne VAT berechnet sind. Und Stichproben haben gezeigt, dass dies dann nicht nur in den AMS falsch läuft, sondern bei einigen Sellern sogar die Berechnung im Seller Central verändert hat. Man spricht hier mittlerweile von über 4–6 Milliarden US$ an möglichen Werbeinvestitionen für 2018 in einem nicht sauber arbeitenden System, und keiner regt sich darüber auf! Prüfen Sie also immer sehr genau, welche Inhalte ausgewiesen werden und wo.

Das Problem der Kostendarstellung ist damit zwar gelöst, aber um das ganze Konstrukt schön aussehen zu lassen, hat Amazon einen cleveren Trick angewandt, um die Verkäufe hochzuhalten. Dabei basieren die zugewiesenen Verkäufe in Teilen komplett auf Willkür, doch erst die Fakten. Bei gesponserten Produkten bzw. SPA werden immer Verkäufe zugeordnet, wenn ein Käufer, der auf Ihre Anzeige geklickt hat, Produkte der Kategorie Ihrer Marke kauft. Nur Produkte Ihrer Kategorie also, jedoch konnte niemand bei Amazon sagen, ob es um die Hauptkategorie oder um die Unterkategorie geht. Immerhin zählen nur Verkäufe dieser Produkte, wenn Amazon der Verkäufer war, oder als Seller eben der Werbende die Buy Box hatte. Wichtig ist dabei, dass Amazon keine Verkäufe zählt, wenn ein Kunde bei anderen Buy-Box-Teilnehmern kauft. Positiv ausgedrückt macht das Produkt also im Schnitt mehr Verkäufe dank Werbung, als ausgewiesen werden. Negativ formuliert schalten Sie potenziell immer Werbung für andere und werden nie sehen, wie hoch die Quote ist.

Natürlich gilt für HSA und PDA eine andere Attribution. Hier macht man dann die ganze Markenwelt auf. Ein Verkauf wird einer Kampagne zugerechnet, wenn ein Kunde nach dem Klick auf eine Werbeanzeige Produkte Ihrer Marke bei Amazon kauft, selbst wenn gar nicht Sie der Verkäufer sind. Gezielte oder messbare Werbeausspielungen sind damit ad absurdum geführt.

Zu guter Letzt steht ein Punkt ungeklärt im Raum, den ich als Fehler oder mindestens Problem hier nennen möchte: die *Budgetierung* der Kostenstellen. Dabei hat Amazon vorgegeben, die Dinge geändert zu haben. Hier ist also möglicherweise einiges in Bewegung und vermutlich nicht absolut aktuell, wenn Sie diese Zeilen lesen. So waren die von den Verkäufern festgelegten Budgets früher definitiv immer auf einen Monat hochgerechnet. Was aber auch bedeutete, dass eben 100 € am Tag für 30 Tage 3.000 € Spielraum waren, den Amazon gerne nutzte, um Weihnachten und andere Events abzufedern. In dem Fall konnte es aber passieren, dass es am Ende des Monats plötzlich keine eigene Werbeausspielung gab. Warum? Amazon kann garantieren, dass im Schnitt nie über 100 € pro Tag im Zeitraum von 30 Tagen ausgegeben werden. Was Amazon nicht kann/konnte, war, vorher zu kalkulieren, wie viel Geld aufgrund eines Events oder saisonalen Termins anfällt. So hat man Ostern plötzlich 3 Tage in Folge 200 € ausgegeben. Amazon versucht nun, die 300 € Zusatzausgaben abzufangen. Ist man jedoch sehr hart am Limit und erreicht immer die 100 €, werden am Ende des Monats drei ganze Tage ohne Werbung anfallen. Die Lösung lautete dann, überschüssiges Budget immer nur für den Folgetag einzusetzen und eine Budgetobergrenze auf Tagesbasis auch als solche anzuerkennen. Aber natürlich ist das bei jeder Werbeart anders. Die täglichen Überschüsse werden bei SPA für den nächsten Tag frei verfügbar gehalten, während bei den HSA keine Überschüsse angesammelt werden dürfen. Mit anderen Worten:

> *»Das Tagesbudget ist der maximale Betrag, den Sie für jeden Tag der Kampagne aufwenden möchten (HSA). Im Gegensatz zu ›Gesponserte Produkte‹ wird für das Tagesbudget kein durchschnittliches Budget festgelegt, das am darauffolgenden Tag verwendet werden kann, wenn es nicht ausgeschöpft wurde.*
>
> *Bei Tagesbudgets wird für Headline Search Ads ein maximaler Betrag pro Tag bestimmt, der nicht überschritten wird.«*

Alles in allem ist man stark verwirrt, je mehr man sich mit der Materie auseinandersetzt, und fragt sich, was hier die richtige Strategie wäre. In kurzen Worten: Versuchen Sie nie, messbare Werbung auf Amazon zu erzeugen. Die aktuellen Möglichkeiten lassen es schlicht nicht zu. Selbst die Königslösung, nur den kompletten Mehrumsatz durch Werbung zu messen, scheitert vielmals. Nicht weil man organischen und gekauften Traffic nicht voneinander trennen kann, sondern schlicht, weil die wenigsten Anbieter die einzigen Buy-Box-Teilnehmer sind. Und selbst wenn das zutrifft, hat sich gezeigt, dass Amazon willkürlich Verkäufe einrechnet. Auch zählt Amazon wohl manchmal versehentlich alle Produkte, die im Bestand des Händlers sind, statt ausschließlich der Marke zugehörige Produkte. Wenn Sie nur Produkte für 200 € anbieten, woher kommen dann Verkäufe zu 50 € oder 15 €? Oder wie können Sie mehr Klicks auf Produkte durch Werbung haben, als das Produkt überhaupt in dem Zeitraum Traffic hatte? Final ist das wohl einer der unerklärlichsten Fälle bisher, mehr Umsatz durch Werbung ausgewiesen zu bekommen, als im selben Zeitraum überhaupt auf Amazon erzeugt wurde. Schreiben Sie die Invests als Werbebudget ab, dann können Sie getrost weiterarbeiten, aber versuchen Sie nicht, mutmaßlich kausale Zusammenhänge durch Daten von Amazon aufzuklären. Die weiteren Grundregeln zeigen Ihnen, wie Sie das Thema besser aufarbeiten.

10.2 Grundregeln

Keyword-Relevanz in der Werbung ist eine der am häufigsten falsch verstandenen Grundlagen. Dabei muss man zwischen den gesponserten Produkten (SPA) und den HSA unterscheiden. Bisher scheint es so, dass die direkte Relevanz der Seite nur für SPA gilt. HSA sind somit viel breiter schaltbar als die SPA. Zudem können Sie die Reichweite und Relevanz bei den HSA durch eine vielfältige Produktauswahl erweitern. Im Detail zeigt sich, dass Nutzer keine SPA für den Suchbegriff AB erfolgreich schalten können, dass für eine HSA jedoch keine Probleme entstehen. Das zeigt auch, weshalb ein Cross-Selling, wie etwa von Socken auf Boxershorts, mit SPA so schwer ist. Dank des cleveren Suchalgorithmus A9 wäre es sogar schwer, mit dem hinterlegten Suchwort Boxershorts im Content Socken auf Boxershorts-Ergebnisseiten zu bewerben. Daher empfiehlt Amazon sehr deutlich, dass die beworbenen Suchbegriffe für die in Ihrer Kampagne beworbenen Produkte relevant und dass die beworbenen Suchbegriffe in den Detailseiten des beworbenen Produkts enthalten sein müssen. Das geht so weit, dass sogar die Kategorie direkt Einfluss haben kann. Die Content-Strategie und Werbestrategie müssen also aufeinander abgestimmt sein. Nur so kann man genug Platz frei halten, um mögliches Cross-Selling von Beginn an aufzugreifen und artfremde Wörter einzubinden. Einen Aufzählungspunkt zu Socken, nach dem Motto »perfekt auf Ihre Boxershorts abgestimmte Farben«, wäre denkbar.

Zusammen mit dem passenden relevanten Content, hier im Schwerpunkt für Werbung und nicht für Kundensuchen, gilt es, die korrekten Produkte für die Werbung auszuwählen. Dabei spielen der Preispunkt und die Farbwahl oft eine wesentliche Rolle. Auffallen oder vergleichbar bleiben sind die zwei dabei gegeneinander abzuwägenden Faktoren. Nebenher können Sie sich zu Beginn natürlich auf sehr gute Absatz-, Umsatz-, Traffic- oder Conversion-Produkte stützen. Insgesamt ist die Produktauswahl jedoch je nach Strategie zu treffen. Selbst die Anzahl an Bewertungen oder deren Schnitt kann dann als Klickfaktor absolut relevant werden. Wobei direkte Vergleiche von Produkten mit null Sternen, mit bis zu 3 Sternen und über 3 Sternen nur wenige Unterschiede aufweisen konnten. Einzig Produkte mit null Sternen schnitten in der Performance besser ab als Produkte mit unter 3 Sternen, aber dies muss nicht überall gelten.

Genau hier möchte ich anknüpfen, um einen der am wenigsten korrekt eingesetzten Match-Typen für Suchbegriffe zu erklären: die *negativen Keywords*. Denn da wir nie wissen, wann wer mit welcher Absicht oder Vorliebe (Preis, Qualität, Bild, Bewertungen usw.) auf Amazon sucht, wieso sollten wir dann jemals negative Suchbegriffe nutzen? Ich persönlich nutze diese Art der Anpassung nur, um absolute Unsinnigkeiten auszuschließen, so bekommt eine »Kinder Spielzeug Puppe« die negativen Suchbegriffe Sex, Erotik und Erwachsene, um auf keinen Fall unter Suchabfragen wie »Erwachsene Spielzeug Erotik Puppe Kinder« aufzutauchen. Diese Nutzung sollten

Sie mehr im Auge behalten als die zwanghafte Optimierung mithilfe negativer Suchwörter, besonders da dafür eine gewisse langfristige zeitliche Erfahrung und Datenmenge nötig ist, die selten aufgebaut wird. Negative Suchbegriffe sind ultimativ, besser wäre es, nicht gut performende Begriffe auf niedrige Gebote zu setzen, um die Möglichkeit zu erhalten, erfolgreich zu werden. Viel zu wechselhaft sind die Trends und verteilten Suchvolumen unter den Keywords über langfristige Zeiträume, als dass komplexe und eindeutige Entscheidungen getroffen werden können. Amazon sieht das ähnlich:

> *»Hauptanwendungsfälle*
>
> *Negative Keywords ermöglichen es Ihnen, Ihre Zielgruppe zu präzisieren, und verbessern den Erfolg Ihrer Sponsored Products-Kampagnen.*
>
> *Negative Keywords werden häufig in folgenden Fällen verwendet:*
>
> - *Präzisierung der Ausrichtung, um weniger relevante Suchbegriffe von Kunden auszuschließen*
>
>   *Beispiel: Wenn Sie eine Halskette aus reinem Gold verkaufen, möchten Sie Ihre Anzeige u. U. von der Suche ›vergoldete Halskette‹ ausschließen. Dafür können Sie ein negatives Keyword des Übereinstimmungstyps ›Exakt‹ einsetzen.*
> - *Ausschluss von weniger effizienten Suchbegriffen von Kunden*
>
>   *Beispiel: Wenn Sie in einem ›Suchbegriff‹-Bericht sehen, dass ein Suchbegriff eine beachtliche Klickrate hat, aber nicht der Zielrichtung Ihrer Anzeige entspricht, können Sie genaue negative Keywords für diesen Suchbegriff verwenden.*
> - *Vermeidung von Begriffen, die mit Ihren Produkten oder Marken nicht in Verbindung gebracht werden sollen*
>
>   *Beispiel: Wenn Sie hochwertige Laufschuhe anbieten, sollte Ihre Werbeanzeige nicht bei den Suchen der Kunden geschaltet werden, die das Wort ›billig‹ enthalten. Dafür können Sie ein negatives Keyword des Typs ›Phrase‹ einsetzen.*
>
> *Wählen Sie negative Keywords mit Bedacht. Wenn Sie zu viele negative Keywords einsetzen, erreichen Sie mit den Anzeigen eventuell weniger Kunden. Mit auszuschließenden Suchbegriffen können Sie zudem erreichen, dass Ihre Werbeanzeigen für die Zielgruppe geschaltet werden, an der Sie besonders interessiert sind. Wenn Sie beispielsweise Silberschmuck verkaufen, werden Ihre Werbeanzeigen nur für ›Halsketten silber‹ und nicht für ›Halsketten versilbert‹ geschaltet, wenn Sie der entsprechenden Anzeigengruppe für silberne Halsketten den auszuschließenden Suchbegriff ›versilbert‹ hinzufügen.*
>
> *Auszuschließende Suchbegriffe können mit den Übereinstimmungstypen ›Wortgruppe‹ und ›Genau passend‹ verwendet werden. Der Übereinstimmungstyp eines bestehenden auszuschließenden Suchbegriffs kann nicht geändert werden. Derzeit können Sie bis zu 10 Suchbegriffe für den Typ ›genau passend‹ und bis zu 4 Suchbegriffe für den Typ ›Wortgruppe‹ angeben.«*

Es geht also weniger um eine Optimierung der Ausgaben oder des Erfolgs der Kampagne im Sinne von Verkäufen, vielmehr soll schlicht die bestmögliche Kundenansprache ermöglicht werden. Punkt.

Abschließend sei hier noch darauf hingewiesen, dass Sie nie nur eine Anzeige auf bestimmte Suchbegriffe schalten sollten und auch nie nur einmal bestimmte Produkte bewerben sollten. So können Sie niemals den ganzen Tag alle verfügbaren Anzeigenplätze vollständig nutzen. Komplett kopierte Kampagnen oder eben nur wechselnde Produkte erhöhen die Ausspielungsrate erheblich und schaffen mehr Werbeplätze. Die Anzeige eines gesponserten Produkts kann keine acht Slots ausfüllen, eine HSA kann keine sechs Slots ausfüllen usw., und das schon gar nicht den ganzen Tag. Das heißt nicht nur, dass Sie jedes Produkt im Portfolio bewerben sollten, sondern auch, dass Sie es mehr als einmal anstreben sollten. Gleiches gilt für Suchbegriffe. So können einfache Eigenschutzkampagnen mit Neuheiten und Bestsellern beworben werden und schlicht mit dem Markenshop und margenträchtigen Produkten, um hohe Klickpreise kompensieren zu können. Doch wie viel sollten Sie überhaupt bieten?

10.3 Daten und Kennzahlen

Damit Sie wissen, was Sie wie und mit welchem Budget einsetzen sollten, klärt Sie dieser Abschnitt zunächst über die einzelnen Metriken und Begrifflichkeiten auf.

10.3.1 Impression

Impressions sind nichts anderes als gewonnene Auktionen. Es gibt sogar Strategien, die nur auf die Maximierung der Anzahl an Impressions abzielen, um so sicherzustellen, unter allen Suchabfragen ausgespielt zu werden. Ansonsten müssen Sie nur beachten:

> *»Seitenaufrufe: Wie oft Ihre Werbeanzeige auf einer Seite angezeigt wird, sodass sie von Kunden gesehen wird.«*

Das Thema ist sehr umstritten. Zu viele Platzierungen auf Suchseiten, auf den Produktteilseiten und der Unterschied zwischen Desktop und App lassen einige Fragen aufkommen: Wie wird genau und exakt gezählt? Warum haben so viele Werbekampagnen in den Daten als Quelle OTHER stehen? Allein die Tatsache, dass Amazon immer willkürlich die Platzierungen erweitern kann, macht es schwer, sauber vorbereitet Werbung zu schalten, wenn sogar die Platzierungen und die Berechenbarkeit unsauber sind.

Der Nebensatz »sodass sie von Kunden gesehen wird« kann alles heißen und nichts. Dennoch sind die Impressions mit die relevantesten Daten, die Sie benötigen. Ob sie allerdings überhaupt relevant für eine Bietauktion sind, wissen Sie erst, wenn Sie eine gewonnen haben. Weitere Daten sind aktuell nur in den Schnittstellen verborgen, um Suchwörter zu identifizieren, auf die Ihre Produkte nur ausgespielt werden, aber nie einen Klick erhalten.

10.3.2 Klicks

Die Messgröße der Klicks zählt, wie oft Käufer auf die jeweilige Werbeanzeige geklickt haben. Amazon arbeitet hier scheinbar sauber:

> *»Die Validierung des Datenverkehrs identifiziert ungültige Klicks, die unzulässig, versehentlich oder maschinell generiert wurden. Wir entfernen ungültige Klicks von Ihren Klick-Kennzahlen, damit keine Gebühren dafür berechnet werden.*
>
> *Die meisten ungültigen Klicks werden innerhalb eines Tages entfernt. Trotzdem kann die Überprüfung des Datenverkehrs in einigen Fällen bis zu drei Tage lang dauern, bis die Verkaufsmetriken im Kampagnen-Manager in Berichten für Kampagnen für gesponserte Produkte angezeigt werden. Deshalb können Kennzahlen der letzten drei Tage möglicherweise von Zeit zu Zeit fluktuieren.*
>
> *Wenn wir ungültige Klicks nach der ersten Berichterstattung identifizieren, werden Ihre Klick- und Traffic-Daten im Kampagnen-Manager und in zukünftigen Kampagnen für gesponserte Produkte neu aufgelistet. Wir sind derzeit nicht in der Lage, einen detaillierten Bericht über ungültige Klicks zu liefern, aber Sie zahlen nur für gültige Klicks.*
>
> *Ungültige Klicks identifizieren*
>
> *Wir verwenden eine Klick-Validierungs-Software, um festzustellen, ob ein Klick ungültig ist. Unsere Software überprüft alle Klicks auf Ihren Anzeigen, und jeder Klick wird hinsichtlich Muster und ungültige Klicks analysiert.*
>
> *Klicks können aufgrund folgender Ursachen als ungültig eingestuft werden:*
>
> - *Ungewöhnliches Klickmuster*
> - *Maschinell generierte Klicks*
> - *Doppelte Klicks«*

Doch am Ende ist es schlicht die Summe aller zu bezahlenden Interaktionen. Inwieweit stimmig oder nicht, lässt sich kaum sagen, zu bezahlen sind sie dennoch.

10.3.3 Detail Page Views (HSA)

Die Metrik der Detail Page Views (DPV) wird nur bei den HSA herangezogen. Durch die Landingpage ist sozusagen eine Zwischenstufe eingebaut. Diese generiert im ersten Moment nur Klicks und verursacht damit Kosten, die DPVs sind aber die relevantere Information:

»Eine ›Detail Page View‹ oder DPV wird gezählt, wenn ein Käufer nach dem Klicken auf Ihre Anzeige eine der Produktdetailseiten Ihrer Marke besucht.«

So können Sie HSA besser bewerten, indem Sie das Verhältnis der Klicks zu den Produktseitenansichten bewerten. Klicken viele Kunden auf die Werbung, während nur sehr wenige DPVs entstehen, stimmt etwas nicht. Die Kundenansprache über den Werbeslogan könnte ungünstig formuliert sein oder die nachfolgende Produktauswahl oder Shopstruktur. Bestenfalls sind nur die gewählten Suchbegriffe das Problem und nicht die Werbung als solche. Das müssen Sie in einem solchen Fall jedoch alles analysieren und anpassen. Wichtig ist dabei der Umstand, dass die drei direkten Produkt-Ads bei HSA sofort einen DPV verursachen. Das ist auch der Grund, warum bei SPA und PDA diese erweiterte Metrik fehlt. Jede Differenz zwischen Klicks und DPV ist also ein abgesprungener Kunde aus der direkten Landingpage.

10.3.4 Kosten

Die ausgewiesenen Kosten sind aus meiner Sicht noch eine der größten Unbekannten für viele Nutzer. Sellern werden die Kosten ohne Umsatzsteuer (VAT) angegeben und Vendoren auch. Jedoch sind bei Vendoren im Normalfall auf der Rechnung die Steuern enthalten, Seller müssen teilweise immer noch aufgrund einer Rechnung aus Luxemburg alles nachberechnen, was sich Ende 2019 zum Glück ändern wird (siehe zu dem Sachverhalt auch Abschnitt 10.1, »Vorgaben und Richtlinien aus der Sicht von Amazon«). Im Detail sind also alle ACoS-Werte bei Sellern falsch, und zwar je nach Steuer genau um 19 %. Haben Sie also 1 € Kosten bei 10 € Verkäufen, ist der ACoS nicht 10 %, sondern eigentlich 11,9 %. Die Verkäufe werden als Endkundenpreis ausgegeben bei Sellern, daher der Umstand, dass es besser wäre, 1,19 € als Kosten anzunehmen statt 1 €. Zudem ist wichtig, das tägliche Budget nicht zu erreichen, weder in der Nacht noch an Feiertagen oder am Wochenende. Sie sollten dabei weiterhin beachten, dass das globale Limit ausgeschaltet ist. Das globale Limit von 500 € verhindert zum Beispiel bei zehn Kampagnen zu je 100 €, dass alle Kampagnen ihr volles Potenzial entfalten können. Statt 1.000 € wären nur 500 € abgreifbar.

10.3.5 Verkäufe

Bei Zählung der Verkäufe entsteht grundsätzlich ein größeres Problem, da Amazon nach einem Klick, und zwar beliebig später, verkaufte Produkte der Marke und/oder der Kategorie und anderer Anbieter oder eben auch nicht einbezieht. Jede Werbeform folgt dabei anderen Regeln, und die Messbarkeit variiert deutlich nach Seller und Vendor. Also keine Angst vor Messbarkeiten, wenn es ja keine gibt. Grundsätzlich sollten nur Produkte gemessen werden, die Sie selbst im Lagerbestand haben, das funktioniert jedoch nicht immer. Zudem werden Verkäufe sehr lang nachlaufend gezählt und dann deutlich verspätet zugewiesen, was oftmals nicht mal auffällt. Vendoren erhalten hier zudem keine Übersicht der Verkäufe in Form des Verkaufspreises an Amazon, sondern des Verkaufspreises an Endkunden ohne Umsatzsteuer, also VAT. Da jedoch jeder Vendor einen viel niedrigeren Verkaufspreis an Amazon hat, sind der ACoS und die Messbarkeit noch viel komplexer als bei Sellern. Seller, die unerlaubt einen Zugang für weitere Werbemaßnahmen wie AMS nutzen, haben oftmals das Problem, plötzlich komplett verschiedene Zahlen zu erhalten. Die Königsdisziplin sind dann Doppelstrategien aus Seller und Vendor. Hier weiß meist nicht mal mehr Amazon, was von welcher Quelle verursacht wurde und wem zuzuordnen ist.

> *»Sponsored Brands-Umsätze umfassen Verkäufe von Produkten, für die Sie Werbung geschaltet haben, sowie Verkäufe Ihrer Marke durch Amazon und andere Verkäufer als Ergebnis Ihrer Werbekampagne. Wenn Sie beispielsweise eine Marke für Sportausrüstung besitzen, können Ihre Sponsored Brands-Werbeanzeigen für Ihre neue Laufschuhkollektion auch Verkäufe von Socken und Trainingskleidung Ihrer Marke umfassen. Dadurch können Sie sehen, wie sich Ihr Werbeaufwand über das beworbene Produkt hinaus auswirkt und Ihre Marke zunehmend in das Bewusstsein gerückt wird.*
>
> *Im Gegensatz zu Kampagnen für Sponsored Products werden Sponsored Brands Käufern unabhängig davon angezeigt, wer eine Platzierung im Einkaufswagen-Feld erzielt, sodass Sie mehr Seitenaufrufe durch Käufer bei Amazon erhalten, um Ihre Marke zu bewerben.*
>
> *Anmerkung: Der Gesamtumsatz von Sponsored Brands kann Warenrücksendungen umfassen. Bestellungen, die innerhalb von 3 Tagen nach dem Kauf storniert werden, werden entfernt.«*

Die Attribution ist also sehr komplex.

10.3.6 Attribution

Sowohl im zeitlichen Kontext als auch bezüglich der Produkte und Werbeformate hat Amazon, was die Attribution betrifft, die kuriosesten Zusammenhänge entwickelt:

> *»Ihre Verkäufe umfassen den Gesamtwert der verkauften Produkte an Käufer, die mit Klicks auf Ihre Anzeige verknüpft wurden.*
>
> *Hinweis: Es kann bis zu 12 Stunden dauern, bis Ihre Verkaufsdaten aktualisiert werden. Daher kann es sein, dass Verkaufsdaten erst mit zeitlicher Verzögerung im Datumsbereich ›Heute‹ angezeigt werden.*
>
> *Zahlungsausfälle und Bestellungen, die innerhalb von 72 Stunden storniert werden, werden aus der Gesamtzahl der Verkäufe entfernt.*
>
> *Bei gesponserten Produkten beinhalten zugeschriebene Verkäufe Bestellungen für beworbene und andere Produkte aus Ihrem Lagerbestand, die innerhalb der ersten 7 Tage verkauft wurden.*

Bei Titelsuchanzeigen beinhalten zugeschriebene Verkäufe Bestellungen beworbener Produkte sowie alle Produkte Ihrer Marke, die innerhalb von 14 Tagen bei Amazon Retail oder Drittanbieter-Verkäufern (3P) verkauft werden.«

Es ist recht logisch, in einem System mehrere Attributionsregeln nach Zeit und Zugehörigkeit zu verbinden – damit ja alles sauber messbar ist! Überraschend ist dabei die Aussage von Amazon zu HSA (den Titelsuchanzeigen), besonders da auch größere Händler ohne Vendor-Zugang so Werbung machen und damit alle Buy-Box-Inhaber mit Werbung unterstützen.

Als Vendor sind natürlich per se erst mal andere Daten zugrunde gelegt:

»Der Umsatz ist der Gesamtwert der verkauften Produkte Ihrer Marke in 14 Tagen, die Klicks auf Ihre Anzeigen zugeordnet sind.«

Die Attribution ist also im Sinne der Zuschreibung von kausalen Zusammenhängen oder von Ursache und Wirkung essenziell für die Messung und Steuerbarkeit von Werbung, aber leider genau zu verstehen. Zum Glück hat Amazon mittlerweile bei den SPA der Seller den Bericht »Beworbendes Produkt« und »Eingekauftes Produkt«. So können Seller exakt sehen welche ASIN final gekauft wurde. Jedoch ist der Aufwand ohne Tools nicht zu stemmen und für Vendoren gibt es immer noch keine Lösung!

10.3.7 ACoS

Grundsätzlich bezeichnet ACoS (Advertising Cost of Sale) schlicht die Umsatzkosten des Werbetreibenden:

»Der Prozentsatz der angerechneten Verkäufe, der für Werbung ausgegeben wurde. Dieser Wert wird errechnet, indem die Gesamtausgaben für Werbung durch die zugeschriebenen Verkäufe dividiert werden.

Hinweis: Es kann bis zu 12 Stunden dauern, bis Ihre Umsatzdaten aktuell sind. Daher können die Umsatzdaten im Zeitraum ›Heute‹ verzögert erscheinen.

Fehlerhafte Zahlungen und Bestellungen, die innerhalb von 72 Stunden storniert werden, werden aus dem Gesamtumsatz entfernt.

Für gesponserte Produkte umfassen angerechnete Verkäufe auch Bestellungen für beworbene und andere Produkte aus Ihrem Lagerbestand, die innerhalb von 7 Tagen gekauft wurden.

Für Headline Search Ads umfassen angerechnete Verkäufe auch Bestellungen für beworbene Produkte sowie alle Produkte Ihrer Marken, die innerhalb von 14 Tagen von Amazon Retail oder Drittanbietern (3P) verkauft wurden.

Wir empfehlen zu warten, bis alle Umsatzdaten ausgefüllt sind, bevor die Kampagnenleistung bewertet wird.«

Dabei ist zu beachten ist, dass »die zugeschriebenen Verkäufe« das große Problem erzeugen. Selten ist das beworbene Produkt auch das verkaufte. So entstehen schnell große Margenunterschiede in die eine oder andere Richtung. An sich ist der Wert nie sauber aufgebaut, bei Sellern ohne Umsatzsteuer bei den Kosten, bei Vendoren sind die Kosten falsch aufgebaut und es fließen weitere Probleme ein.

Eine Optimierung hin zu einem niedrigen ACoS ist in den wenigsten Fällen sinnvoll. Das Beispiel von Sellics in Abschnitt 10.4.1, »Grundberechnung Seller vs. Vendor«, zeigt dies nochmals deutlich auf. Grundsätzlich kann ich nur empfehlen, sich davon loszusagen. Ein Wechsel auf den ROAS (Return on Advertising Spend oder das Zurückführen auf die Werbeausgaben) wäre nun auch keine Lösung, da es nur der inverse ACoS ist!

Jede Strategie sollte daher profitorientiert sein oder schlicht Werbebudget als abgeschriebenes Budget ansehen, wie auch bei Werbung in TV, Print und anderen Werbeausgaben. Die Wahrheit ist eben, dass einige Produkte niemals profitable Werte erreichen können, einfach wegen der Nachfrage und der begrenzten Anzahl an Werbeslots für Tausende Bietende. Hier müssen Sie sich einfach fragen, ob eine unprofitable Kampagne wirklich so schlimm ist. Denn die Vorteile überlagern oft, wenn auch selten messbar, die Nachteile. Allein die Darstellung aufseiten von Wettbewerbern oder der Eigenschutz sind Vorteile, die nicht profitabel sein müssen, sondern viel mehr übergeordnete Ziele verfolgen, eben die berühmte Markenbekanntheit. Gleichzeitig sollten Sie nie einzelne Kampagnen beenden, weil diese nicht profitabel sind, denn in der Summe aller Werbeaufwendungen gleicht sich das meist aus. Die kompletten Netzeffekte von Werbung und Produkten untereinander darf man nicht unterschätzen. So ist es möglich, auf jedem Produkt einer Kategorie zu erscheinen. Diese Anfangsinvestition mündet dann zum Beispiel in Kreuzverlinkungen direkt in einem Wettbewerberlisting wie KUNDEN, DIE DIESEN ARTIKEL ANGESEHEN HABEN, HABEN AUCH ANGESEHEN oder – noch prominenter – direkt unter KUNDEN, DIE DIESEN ARTIKEL ANGESEHEN HABEN, KAUFTEN AUCH. Vielmals wird die reine Anzahl an Impressions gern vergessen, doch einen günstigeren TKP (Tausenderkontaktpreis, also der Preis pro 1.000 Sichtungen des eigenen Produkts durch potenzielle Kunden) gibt es kaum auf dem Werbemarkt. Dies gilt besonders, da all diese Werbeausspielungen auf Amazon kostenlos sind. Zu zahlen sind ja nur die Klicks. Nimmt man den ACoS nicht allzu ernst, können Sie sehr gute und auch strategisch nützliche Werbemaßnahmen aufbauen, entweder sauber am Profit orientiert oder mit abgeschriebenen Werbemitteln.

10.3.8 Weitere Ableitungen

Neben dem TKP können Sie sich eine Vielzahl an Lösungen bauen, um Ihre Werbung besser einschätzen zu können. Besonders im Vergleich zu anderen Kanälen kann dies hilfreich sein. Wie viele Verkäufe Sie pro 1.000 Impressions erhalten, bezeichnet etwa die Kennzahl Sales per Mille (SPM).

Auch die einfache Zahl an Klicks, die pro Euro entstehen, wird gern betrachtet oder schlicht der reine Umsatz pro investierten Euro als realer Zahlenwert. Ähnlich ist es mit den Kosten pro Bestellung oder pro Verkauf. Hierbei halte ich es für wichtig, niemals diese Zahl allein stehen zu lassen. Im einfachen Beispiel starten wir mit 800 Verkaufseinheiten im Monat, die Werbung ermöglicht es, 100 weitere Einheiten pro Monat hinzuzuverdienen. Insgesamt steigt der Absatz im Monat auf 1.000 Verkäufe. Die angenommenen 300 € Werbebudget sind auf 100 Einheiten zu verteilen, macht also 3 € pro Order. Die gesamte Werbewirksamkeit sollten Sie jedoch auf alle verkauften Einheiten herunterrechnen, also 30 Cent. Die Zahl klingt nicht nur besser, auch in der Grundberechnung ist es sinnvoller, so zu arbeiten. Leider kommunizieren Händler wie Hersteller üblicherweise die 3 € Investition pro zusätzlichen Verkauf, was gern dazu führt, dass plötzlich statt 300 € im nächsten Monat 3.000 € Werbebudget vorgehalten werden. Das wäre die gute Variante, im schlechtesten Fall wird die Marge mit 1,50 € bemessen, und 3 € wären dann katastrophal und ein Minusgeschäft. Hier sollten Sie nach der eigenen Strategie arbeiten und selbst so genaue Vorgaben wie möglich entwickeln und Kennzahlen aufbauen.

Auch neue Metriken wie Neukundenumsätze sind nicht einfach so als zweckmäßig zu betrachten, da man es nicht separat ansteuern kann. Hier stellt sich schlicht die Frage, was man damit soll ohne Re-Targeting-Funktionen auf Neukunden oder Bestandskunden. So weiß man nun zwar, was wie gut performt, aber kann es noch nicht ansteuern.

> *»Mit den ›Neukunden‹ Metriken können Sie Bestellungen und Umsätze Ihrer Produkte messen, die von Erstkunden Ihrer Marke bei Amazon generiert wurden. Mit diesen Metriken können Sie Aktions-Kampagnen besser messen und optimieren sowie zukünftige Marketingstrategien planen, um die Kundengewinnung und Markenbindung zu steigern. Wir ermitteln, ob eine Bestellung erstmals für Ihrer Marke getätigt wurde, indem wir die letzten 12 Monate der Kaufhistorie eines Käufers betrachten. Wenn der Käufer innerhalb der letzten 12 Monate nichts von Ihrer Marke erworben hat, gilt die Bestellung als ›Neukunden‹ Bestellung.«*

Hier zeigt sich der eigentliche Schwerpunkt also klar nicht im normalen Pay per Click (PPC), sondern eher in Amazon DSP und weiteren Werbemaßnahmen – eine schöne Kennzahl also, doch in dem Ansatz hier nicht nutzbar. Neukunden direkt anzusprechen ist nämlich aktuell schlicht nicht möglich über diese Werbemaßnahme.

10.4 Die Kunst des krummen Bietens

Tools über alles und Automatisierung sind der goldene Schlüssel – doch zu was überhaupt? Wie sollen Tools und Regeln rechnen, wenn man falsche Daten als Basis einspielt?

10.4.1 Grundberechnung Seller vs. Vendor

Inwieweit unterscheidet sich die Grundberechnung zwischen Seller und Vendor? Beide Herangehensweisen sind identisch und variieren nur in der Auswahl der relevanten Zahlen, die in die Betrachtung einfließen. Letztlich geht es schlicht um die finale Marge, die ganz am Ende übrig bleibt. Einfach beschrieben sind für deren Berechnung alle relevanten Kosten abzuziehen, egal, ob Steuer, Gebühren oder Produktkosten und Gemeinkosten. Alles, was am Ende an Kosten entsteht, sollte abgezogen werden. Da beziehe ich auch die weiteren Marketingkosten auf dem Marktplatz mit ein, wie etwa Blitzangebote oder Gutscheinaktionen. Gern vergessen werden zum Beispiel die durchschnittlichen Retouren oder der Umstand, dass einige immer noch Paid Advertising aus dem Seller Central und dem AMS-Konto heraus schalten. Kosten für Facebook-Werbung etc. und die dafür zu bezahlenden Fachkräfte oder Mitarbeiter werden ebenfalls häufig ignoriert (siehe Abbildung 10.2).

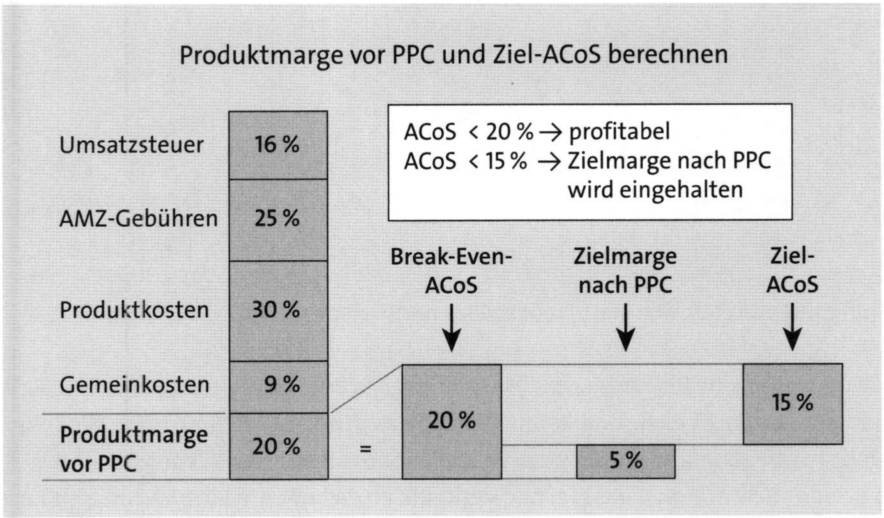

Abbildung 10.2 ACoS Seller von Sellics

Final ist es schlicht und einfach die Formel – finale maximale Marge multipliziert mit der angeblichen Conversion Rate. Klare Unterschiede zum organischen Vergleichswert werden immer wieder festgestellt, daher kann man sich oftmals die Mühe machen, Abschnitt 11.3.2, »Die Steuerbarkeit von Autokampagnen«, näher zu betrachten.

Der errechnete Wert ist dabei jedoch der aCPC, also der *average Cost per Click*, der maximale Klickpreis im Schnitt. Studien einiger Toolanbieter zeigen klar eine Abweichung um den Faktor 0,4 bis 0,6 nach oben als Spielraum, natürlich je nach Produktbereich. Also bietet man statt 1 € eher 1,40 € bis 1,60 €. Nach einigen Jahren Tätigkeit in diesem Bereich kann ich klar sagen, dass diese Berechnung zwar schön ist – aber niemanden voranbringt. Die größten Rechenprofis scheitern am Ende an den unbewussten Schwächen des Marktes und den Opportunitäten der Masse. Niemand will Werbung auf Amazon schalten und profitabel sein. Das übergeordnete Ziel scheint vielmehr zu sein, dass die eigene Werbung ausgespielt wird, und wer am längeren Hebel sitzt, gewinnt. Anders sind die teils utopischen Budgets und Gebote nicht zu erklären, die Sie dank der Win Rates in den HSA sehen können. Andererseits gibt es auch die Variante an Bietern, die sich darauf eingeschworen haben, den ACoS auf einen maximalen Wert zu senken, der jedoch größer null sein muss.

Optimaler CPC bei den Zielen Bestellungen vs. Gesamtgewinn vs. Profitabilität

Ausgangssituation	
Verkaufspreis	15€
Gewinn/Einheit vor PPC	5€ (33%)
Impressions	1.000

Optimaler CPC	
Meiste Bestellungen	Ad Rank 1 (0,50€)
Größter Gesamtgewinn nach PPC	Ad Rank 2 (0,40€)
Größter Gewinn/Einheit nach PPC	Ad Rank 3 (0,35€)

Anzeigen Performance							PPC Kosten		Gewinn		
Ad Rank	CPC	CTR	Klicks	CR	Best./ Conv./ Absatz	Umsatz	Ad Spend	ACOS	Gewinn vor Ads	Gewinn pro Einheit nach Ads	Gewinn nach Ads
1	0,50€	5%	50	10%	5	75€	25,00€	33%	25€	0,00€	0,00€
2	0,40€	4%	40	10%	4	60€	16,00€	27%	20€	1,00€	4,00€
3	0,35€	1%	10	10%	1	15€	3,50€	23%	5€	1,50€	1,50€

© Marketplace Analytics

Abbildung 10.3 ACoS-Unsinn statt Profitabilität nach Sellics

Dabei zeigen einfache Rechenbeispiele doch deutlich auf, dass der Höhe des ACoS als solcher bei falscher Berechnung keine Relevanz zuzuweisen ist. So ist ein ACoS von 27 % definitiv besser dank 4 € Gewinn als die Variante mit 23 %. Selbst 33 % sind besser zu bewerten, wenn man das Ziel hat, Verkäufe zu erzeugen, da immerhin fünf Einheiten verkauft wurden (siehe Abbildung 10.3).

Nun zu den Vendoren. Leider wird häufig vergessen, dass Amazon die falschen Werte in den Verkäufen ausweist. Nur der eigene Verkaufspreis (VK) an Amazon kann die Basis einer Grundberechnung sein. Weder Pi mal Daumen noch die Standardberechnung wie beim stationären Handel zählen hier. Amazon hat eigene und andere Gebührenstrukturen und nachträgliche Strafzahlungen, die Sie ebenfalls direkt in die Berechnung einfließen lassen müssen. Allein die Tatsache, dass einige Vendoren immer noch nicht die gesamten Gebühren zusammenrechnen können, ist sträflich. In der Gesamtheit geht es dabei um alle relevanten Frontend-Gebühren und die Backend-Konditionen, inklusive des Skontos, das Amazon sich abzieht, und zuzüglich der Summe an Strafzahlungen und Umsatzbeteiligungen nach Schwellenwerten. Spätestens hier bemerkt man leider, dass Werbung auf Amazon nicht bezahlbar sein kann.

Obwohl die Traffic-Zahlen bei Vendoren nicht per se verfügbar sind, weiß man, dass Verkaufspreise am Kunden um die 60 € nicht mit Klickpreisen um die 25 Cent bewerbbar sind, selbst mit geschönten Annahmen, wie etwa 20 % Conversion, kommen 1,25 € zusammen. Das macht zwar nur um die 5 % aus, bei der Annahme, an Amazon zu 35 € zu verkaufen und nach allen Marktplatzkonditionen noch 25 € zu behalten. Doch wenn nur knapp 5 € Marge final drin sind, dann sind es schon 25 %! Natürlich ist das ein Beispiel, aber ja, in der Realität sind die Zahlen eher noch schlechter als im geschönten Beispiel. Um hier nun im Ansatz auf einen finalen Wert eines ACoS zu kommen, bedarf es eines Abzugs der Steuern von 60 €, das heißt, als Verkauf ausgewiesen werden in AMS nur 50,42 € (bei 19 %). Dementgegen setzt man die 1,25 €, was einen Ziel-ACoS von maximal 2,48 % zulässt. Dabei möchte ich die Probleme der Steuer auf Werbekosten nur nebenher anschneiden. Entweder man setzt diese auf die 1,25 € drauf oder aber man muss sie einrechnen. Das würde heißen, man hätte nur 1,05 € zur Verfügung bei 20 % Conversion, also nur noch 21 Cent statt 25 Cent. Nun ja, Sie sehen schon, es läuft immer auf dasselbe hinaus, man fragt sich tatsächlich, wie man sich als Vendor für 60-€-Produkte einen aCPC von 1,75 € leisten kann bei Conversions um die 15 %? Wer ist bereit, nachgerechnet also 11,67 € auszugeben, um ein einzigen Verkauf mehr zu erzeugen, wo er doch nur 1,25 € dafür übrig hätte? Es bleibt wie so oft nur die Chance, die Aufklärung darüber in den Unternehmen und bei den Händlern und Anbietern voranzutreiben und zu hoffen, dass Budgets abgeschrieben eingesetzt werden, bar jeder Hoffnung, messbar und steuerbar auf Amazon Werbung schalten zu können.

10.4.2 Conversion-Lüge?

Dabei entgeht insbesondere Sellern ein Phänomen, das Vendoren leider nicht so einfach messen können. Die angebliche Conversion Rate heißt ja per se nur Sitzungen durch Einheiten. Neben dieser Zahl steht direkt der Wert Prozentsatz Bestellposten pro Sitzung. Das kann zu teils kompletten Fehleinschätzungen führen, im Besonderen bei standardmäßig hohen Mehrfachbestellbereichen wie Textilien und niedrigen Hemmschwellen der Retourengründe. Hier sehe ich vor allem das Problem, dass diese Werte selten komplett gleich sind. Betrachten Sie daher immer Ihr Verhältnis aus Bestellungen zu verkauften Einheiten. Während die Marge auf dem einzelnen Produkt ausgerechnet wird, kann es sein, dass aber im Schnitt 1,1 Produkte bestellt werden pro verkaufte Einheit oder wie im Dekobereich teils mehr als zwei Produkte. Dadurch könnten Sie sofort mehr in Werbung investieren! Man weiß beim 1,1-Beispiel ja, dass alle zehn Verkäufe ein zusätzlicher Verkauf entsteht. Jedoch sollte man bei Werbemitteln nicht direkt davon ausgehen, dass die organischen Mehrfachkäufe entstehen, daher kann es auch zielführend sein, anstatt auf Einheiten eben auf Bestellungen berechnet vorzugehen. Eigene Manipulationen, wie durch Werbeaktionen, sind hierbei zu berücksichtigen, und auch einfache Werbeaktionen wie Gutscheine oder Ähnliches verändern die Grundwerte deutlich.

So ist es auch nicht schlimm, plötzlich über 50 % mehr Traffic zu haben, der die Conversion an sich von 5 % auf 3,5 % senkt. Wissen Sie jedoch, woher dieser Traffic kommt, zum Beispiel durch Facebook und allgemeine Werbung in TV oder Print, gibt es keinen Grund, diese neue Conversion Rate anzunehmen, wenn Sie wissen, dass die eigentlichen Kernkäufer weiter mit einer erwarteten Conversion von 5 % kaufen.

Für die Berechnung des Gebots ist es somit unabdingbar, sich genau mit der Zahl der zu erwartenden Verkäufe pro Kunde auseinanderzusetzen. Dabei gilt es zudem zu beachten, dass die angebliche Conversion Rate nicht grundsätzlich linear oder an sonst eine Formel gebunden ist. Soll heißen, dass mehr Sichtbarkeit nicht per Definition zu einer gleichbleibenden Konvertierung führt. Basiert die angenommene Konvertierungsrate also auf wenigen Ansichten, ist man dort gegebenenfalls sehr relevant. Im Großen und Ganzen können dann statt 5 % schnell nur noch 4 % erreicht werden. Weitere Mängel der Conversion Rate lesen Sie in Abschnitt 7.1.7.

10.4.3 Gebot für Seite 1

Das Gebot für Seite 1 ist einer der umstrittensten Werte, seit es die gesponserten Produkte auf Amazon gibt. Zu selten haben sich Nutzer überhaupt mit der Definition auseinandergesetzt. Daher hier der kurze Auszug aus der alten Definition:

> *»Dieser Schätzwert wird auf Basis der niedrigsten Gebote berechnet, die in den letzten sieben Tagen zur Anzeige auf der ersten Seite der Suchergebnisse geführt haben. Bei Kampagnen mit manueller Ausrichtung sehen Sie auf der Registerkarte ›Keywords‹ im Kampagnen-Manager, welches Gebot für Ihr Keyword schätzungsweise für die Anzeige auf der ersten Seite erforderlich ist. Falls für ein Keyword bisher keine Gebote vorliegen, wird in dieser Spalte -- angezeigt. Bei dem geschätzten Gebot für die erste Seite handelt es sich nur um einen Schätzwert und nicht um eine Garantie, dass Ihre Werbeanzeige auf der ersten Seite geschaltet wird.«*

Das niedrigste Gebot in den letzten 7 Tagen, das es auf Seite 1 geschafft hat! Mit welchem strategischen Werbeansatz soll dies Sinn ergeben? Wahrscheinlich schaffte es ein niedriges Gebot mal mitten in der Nacht von Dienstag auf Mittwoch auf Seite 1 – also überhaupt kein Ziel, das Sie erreichen wollen. Zudem folgt bei manuellen Kampagnen ganz klar der Hinweis »Schätzwert« in der Definition. Ein unglaublicher Fehlansatz, dem dennoch extrem viele erliegen. Einerseits sind es irrationale Werte, andererseits rechnet Amazon nicht für jedes Ihrer Produkte mal eben schnell die Marge aus und berechnet anhand Ihrer vermuteten Conversion Rate die sinnvollen Gebote. Zum Glück wurde diese Definition mittlerweile abgelöst. Leider ist es aber um keinen Deut besser geworden:

> *»Das empfohlene Gebot und die Gebotsspanne werden täglich aktualisiert, basierend auf dem Anstieg oder Rückgang konkurrierender Gebote und Anzeigen bei jeder Auktion. Das empfohlene Gebot ist eine Schätzung, basierend auf konkurrierenden Geboten für jeden Suchbegriff oder jede Anzeige, Ihrer Produktkategorie und unseren internen Algorithmen.«*

Wer also heutzutage noch damit arbeitet, sollte jeden Tag in der Lage sein, jedes Gebot automatisch oder händisch an den Tageswert anzupassen. Da diese Werte aber zwangsläufig vergangenheitsbezogen sind, ist es absolut unsinnig, diese Daten als valide Grundlage zu nutzen. Amazon kann ja nicht Montagmorgens wissen, wie sich die Gebote am Tag entwickeln werden. Der wichtigste Satz in dieser Definition ist der Hinweis auf die Wettbewerbersituation.

Toolanbieter wie BidX konnten in ihren Erhebungen feststellen, dass im jeweiligen Bereich 58 % der Verkäufe bei deutlich höheren Werten stattfanden als dem empfohlenen Gebot.

Absolut unterschätzt wird bei eigenen Bietstrategien die Möglichkeit, dass Wettbewerber maximal entgegen jeder normalen Denkweise handeln. Man kann also so viel rechnen, wie man will, wenn alle Marktteilnehmer 1,50 € für HSA bieten, weil es das eingetragene Standardgebot von Amazon ist, können Sie mit 0,67 € kaum etwas erreichen.

Dennoch zeigt auch Amazon erste Ansätze, dagegen vorzugehen:

> *»Der maximale Betrag, den Sie für einen Klick zahlen, wenn diese Ausrichtung Ihre Anzeige auslöst. Benutzerdefinierte Gebote haben Vorrang vor Standardgeboten.«*

So sollte es in Zukunft eine höhere Gewichtung geben für Gebote, die nicht die Standardvorgaben von Amazon nutzen.

10.4.4 Bid+

Die beste Variante, eine Messbarkeit direkt abzuschaffen, bietet die Amazon-Funktion *Bid+*. Amazon nimmt sich einfach mehr Geld und sagt niemals, wann oder wie viel abgezogen wurde. In anderen Worten also die perfekte Strategie, um die Werbeausgaben zu erhöhen, ohne nachweisen zu müssen, wann und wie viel Geld abgezogen wurde:

»Bid+ ist eine Funktion für Gesponserte Produkte, die die Wahrscheinlichkeit erhöht, dass Ihre Werbeanzeigen in den oberen Suchergebnissen erscheinen. Wenn Bid+ aktiviert ist, erhöht Amazon das Standardgebot für Ihre Werbeanzeigen um bis zu 50 %, wenn diese um den oberen Bereich der Suchergebnisse konkurrieren (sofern sie für die dortige Anzeige berechtigt sind). Wenn Ihr Standard-Gebot beispielsweise 0,50 USD beträgt, kann Bid+ Ihr Gebot bis auf 0,75 USD erhöhen, um Seitenaufrufe im oberen Bereich der Suchergebnisse zu konkurrieren. Sie können Bid+ für alle Kampagnen mit manueller Ausrichtung aktivieren. Aktuell ist Bid+ nur für die Platzierung in einer der zuerst erscheinenden Suchergebnisse verfügbar und kann nur für Kampagnen mit manueller Ausrichtung aktiviert werden. Amazon bietet diese Einstellung wahrscheinlich nach und nach auch für weitere Platzierungen an. Sie können Bid+ im Kampagnen-Manager aktivieren und deaktivieren oder die Funktion ›Bulk-Operationen‹ verwenden, um die Einstellung zu ändern.«

Jedoch zeigen sich deutliche Vorteile bei der Nutzung der Funktion. Die oberen Platzierungen performen erwartungsgemäß besser. Für die eigene Strategie heißt das aus meiner Sicht schlicht: Aktivieren Sie Bid+, aber vergessen Sie nie, was das für die Messbarkeit bedeutet. Wer nun nicht zu viel Geld investieren will, aber Bid+ nutzen möchte, kann dies recht einfach lösen. Nehmen wir 1 € als Basiswert, der zu 0,80 € aCPC führt. Mit aktivierten Bid+ steigt der aCPC auf 1,10 €. Nun reicht es völlig aus statt 1 € das Gebot auf 0,90 € oder etwas weniger zu reduzieren. Schon kann der maximale Invest nicht über 1,35 € steigen usw. In einer einfachen Welt bietet man 1 € und mit Bid+ maximal 1,50 €. Senken Sie Ihr Gebot nun auf 0,66 €, können Sie mit aktivem Bid+ nicht über 0,99 € kommen. Eine saubere Annäherung über geänderte Gebote ist hier hilfreich, denn nicht alles ist logisch und hängt linear zusammen. Mittlerweile sind dynamische Gebote erlaubt, und Bid+ ist daher weiterhin abbildbar, indem man die Gebote für die erste Seite auf 50 % setzt. Der reine Denkansatz zur Berechnung ist jedoch wichtig. Dazu mehr Details in Kapitel 11, »Gesponserte Produkte«.

10.4.5 Dynamische Gebotsstrategien

Die dynamischen Gebote sind eine komplexe Neuerung seitens Amazon. Einerseits kann man nun drei verschiedene, teils dynamische Ansätze aktivieren und bis zu 900 % einstellen. Andererseits ist die Platzierung auf der ersten Seite oder auf Produktseiten separat bis zu 900 % einstellbar (siehe Abbildung 10.4).

Im Detail heißt das, im ungünstigsten Fall können bis zum 20-Fachen des Gebots als Klickpreis abgerufen werden:

»Möglich sind ›Dynamische Gebote – nur senken‹, ›Dynamische Gebote erhöhen und senken‹ oder ›Feste Gebote‹.

Sie können nicht nur eine Gebotsstrategie auswählen, sondern auch verschiedene Gebote nach Platzierung festlegen. Sie können eine prozentuale Erhöhung Ihres Grundgebots für zwei Platzierungen eingeben: oben in der Suche (erste Seite) und auf der Produktdetailseite. Wenn Sie dies tun, werden Ihre Gebote um die angegebenen Beträge erhöht, wenn Ihre Anzeigen um Möglichkeiten für diese Platzierungen konkurrieren. Ihr Grundgebot gilt für die ›Restliche Suche‹. Sie können eine Erhöhung von bis zu 900 % (oder das Zehnfache) auf Ihr Grundgebot eingeben.

Wir ersetzen Gebot+ durch die Funktion ›Anpassung von Geboten nach Platzierung‹. Mit Gebot+ konnten Sie nur eine Erhöhung von 50 % für die Platzierung oben in der Suche (erste Seite) festlegen. Mit der Funktion ›Anpassung von Geboten nach Platzierung‹ können Sie eine Erhöhung von 0 % bis 900 % sowohl für den oberen Teil der Suche (erste Seite) als auch für die Produktdetailseite festlegen.«

Strategie für Kampagnengebote	Endgültiges Gebot für die Platzierung			Erklärung
	In den Suchergebnissen oben (Seite 1)	Produktseiten	Restliche Suchergebnisse	
Feste Gebote	1,50 EUR	1,25 EUR	1,00 EUR	Verschiedene feste Gebote, die von der Platzierung angewendet werden
Dynamische Gebote – nur senken	0–1,50 EUR	0–1,25 EUR	0–1,00 EUR	"Anpassung von Geboten nach Platzierung" legt unterschiedliche Gebote nach Platzierung fest und "Dynamische Gebote – nur senken" passt die Gebote nach unten an, bei denen ein Klick weniger wahrscheinlich in einen Verkauf umgewandelt wird.
Dynamische Gebote – erhöhen und senken	0–3,00 EUR	0–1,88 EUR	0–1,50 EUR	"Anpassung von Geboten nach Platzierung" legt unterschiedliche Gebote nach Platzierung fest und durch dynamische Gebote werden diese Gebote zudem basierend auf die Wahrscheinlichkeit angepasst, dass ein Klick in einen Verkauf umgewandelt wird. Unter "Dynamische Gebote – erhöhen und senken" kann Amazon ein Gebot für oben in der Suche (erste Seite) um bis zu 100 % und für andere Platzierungen um bis zu 50 % erhöhen. Dies führt zu • Oben in der Suche (erste Seite): 1 EUR erhöht um 50 % = 1,50 EUR; was bei dynamischem Gebot weiter auf 3,00 EUR erhöht werden kann (100 % Erhöhung von 1,50 EUR) • Produktseiten: 1 EUR erhöht um 25 % = 1,25 EUR; was bei dynamischem Gebot weiter auf 1,88 EUR erhöht werden kann (50 % Erhöhung von 1,25 EUR) • Restliche Suchergebnisse: 1 EUR kann mit dynamischem Gebot auf maximal 1,50 EUR erhöht werden (50 % Erhöhung von 1,00 EUR)

Abbildung 10.4 Strategie für Kampagnengebote

Verschiedene Ansätze können so gewählt werden, nur leider sind jegliche Erfahrungswerte und allgemeinen Erkenntnisse hinfällig. Jede aktuell funktionierende Strategie kann durch die Änderung einer Strategie des Wettbewerbers nicht mehr funktionieren. Man muss dadurch ständig prüfen, ob alles dem übergeordneten Ziel entsprechend funktioniert. Nehmen wir an, Sie nutzen »Dynamische Gebote – erhöhen und senken« bei einem Gebot von 1 € und lassen das Feld bei null. So kann Amazon bis zu 100 % des Gebots nach oben oder unten nutzen, um Werbung auszuspielen. Alles läuft sehr gut, bis ein Wettbewerber seine Strategie umstellt, zunächst auf ein festes Gebot bei 2,01 € – schon überbietet er Sie. Oder er setzt »Dynamische Gebote – erhöhen und senken« wie Sie auf null, aber erhöht individuell für Seite 1 die Gebotsstrategie um 200 % (siehe Abbildung 10.5).

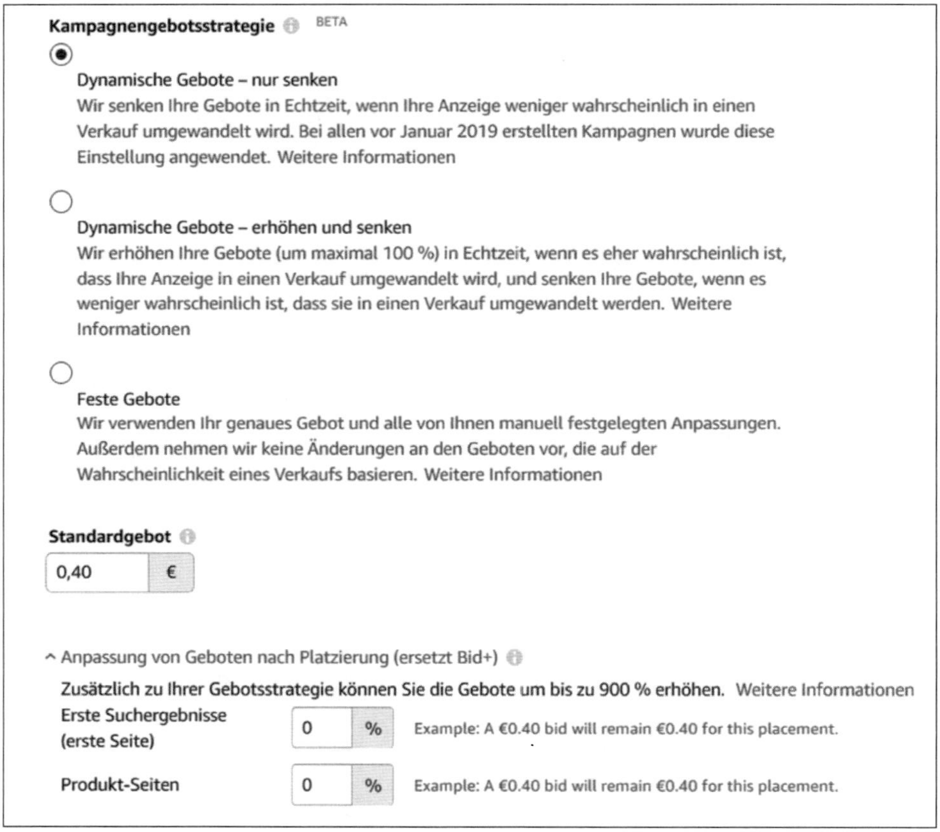

Abbildung 10.5 Dynamische Gebotsstrategien

Dabei hat Amazon zudem aktuell eine Neuerung eingeführt, die es nur noch erlaubt, Kampagnen mit einer Anzeigengruppe zu schalten. Die neuen dynamischen Ansätze können nur global pro Kampagne eingestellt werden und nicht auf Werbegruppenebene. Wer also saubere, getrennte Strategien fahren will, darf keine Anzeigengruppen mehr nutzen. Alles in allem sind so komplexe Wechselwirkungen entstanden, dass man keine Strategie länger als zwei Wochen unbeaufsichtigt laufen lassen kann.

10.4.6 Anwendung der Gebote

So schön saubere Berechnungen auch sein mögen, selbst mit der perfekten Auswahl an Keywords und passenden Produkten scheitert das System aufgrund der mangelnden Daten. Was wird wo ausgespielt und welches Produkt am Ende verkauft? Daher müssen Sie sich eigene Lösungen aufbauen, um Ihre Werbung steuerbar zu halten.

Allein die Tatsache, dass Amazon im August 2018 die Gebotsvorschläge für gesponserte Produkte oder SPA von 25 auf 40 Cent erhöht hat und bei HSA von 1,50 € auf 1 € reduziert hat, zwingt zum Nacharbeiten und Umdenken. Während SPA plötzlich teurer werden, kann es sein, dass HSA trotz steigenden Wettbewerbs keine auffälligen Änderungen erleben. Doch warum passiert das? Da Amazon die Gebote vorausfüllt, ergibt sich eine Art psychologischer Drang, die Angebote zu nutzen (siehe Abbildung 10.6).

10

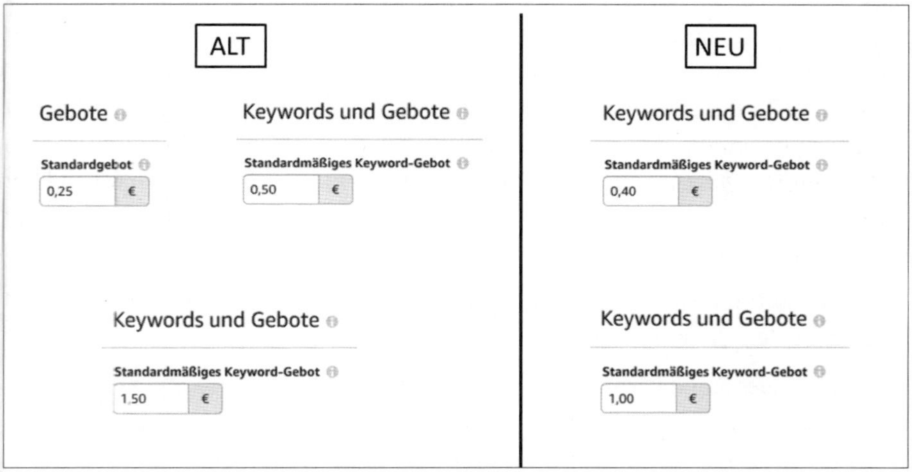

Abbildung 10.6 Autogebote durch Amazon bei SPA und HSA

Dadurch ergibt sich ein schlimmerer Fehler als bei »Fire and Forget« (also Werbung, die man aufsetzt, aber nicht wieder anrührt). In Ermangelung der Grundberechnung des Gebots scheitern so die meisten Werbeanzeigen. Im Vergleich zum Gebot für Seite 1 ist es im Besonderen bei niedrigpreisigen Produkten schnell ein sehr kostspieliger Fehler.

Die Nutzung von Geboten basiert also auf drei Annahmen:

1. Sehr viele Marktteilnehmer nutzen die Vorgaben oder das Gebot für Seite 1.
2. Aus der reinen Entscheidungspsychologie werden viele Wettbewerber lieber 1,75 € oder 2 € bieten als 1,81 € oder 2,07 €.
3. Erhebungen von Sellics und BidX, aber auch anderer Bid-Management-Tools haben gezeigt, dass das anvisierte Gebot häufig bis zu 50 % über dem durchschnittlichen Klickpreis liegt.

Nimmt man diese drei Annahmen zusammen, ergibt sich eine einfache und eine komplexe Bietstrategie. Die einfache Lösung wäre eine konsequent saubere Berechnung aller Daten und ein Bieten auf diesem Niveau, mit dem Ziel, so viel als Gebot zu hinterlegen, um überhaupt den maximalen Bietwert zu erreichen. Nur so kann man herausfinden, ob man mit der Investition einer Marge auch einen zusätzlichen Verkauf erzielen könnte.

Der erweiterte Ansatz würde die Erhöhung des Gebots um 40 bis 60 % mit sich bringen, um die Verschiebung nach oben direkt auszugleichen. Beide Abläufe sollten im normalen Werbeformat rein auf Profitabilität hin ausgelegt sein. Verschiedene strategische Ansätze, bei denen andere Kennzahlen relevant sind, werden erst später betrachtet.

Die dritte Variante legt die Annahme zugrunde, dass zu viele Wettbewerber direkt die Angaben von Amazon übernehmen. Das führt zu einem Problem, wann hat der Wettbewerber die Kampagnen angelegt? Bei HSA würden neu angelegte Kampagnen nur 1 € bieten, früher angelegte 1,50 € und bei SPA je nach Nutzungsart früher 25 oder 50 und aktuell 40 Cent. Das heißt, auch wenn Sie sich für ein Gebot einer HSA nur 87 Cent leisten können und mit Aufschlag von 50 % auf 1,30 Cent inklusive krummen Bietens also 1,37 € gehen, bringt es nichts. Schlimmstenfalls müssen Sie deutlich über 1,50 € bieten. In einigen meiner Tests waren es 1,67 €, um überhaupt Impressions zu erzielen, obwohl im Durchschnitt nur 87 Cent zweckmäßig waren.

Zum Glück kann man dieses Dilemma im Bereich HSA recht einfach auflösen, und zwar mithilfe der Win Rate oder Suchbegriff-Gewinnrate:

> *»Dies ist der geschätzte Prozentsatz der gesamten Impressions, die Ihre Keywords in den nächsten 30 Tagen erzielen können. Die Win-Rate wird nicht angezeigt, wenn wir nicht genügend Keyword-Daten haben, um ein Gebot abzugeben. Beachten Sie, dass die Win-Rate auf allen Geboten basiert, einschließlich Ihrer eigenen. Aus diesem Grund können Sie niedrigere Win-Rates auf Keywords sehen, die Sie in mehreren Kampagnen anvisieren.*
>
> *Wir berechnen die geschätzte Win-Rate, indem wir die voraussichtlichen Seitenaufrufe Ihres aktuellen Gebots durch die Gesamtzahl der qualifizierten Seitenaufrufe teilen, die das Gebot potenziell erhalten könnte.*
>
> *Anmerkung: Wir bestimmen die Qualifizierung der Suchbegriffe basierend auf dem Gebotsbetrag, der Übereinstimmungsart, der Wettbewerbsintensität, dem verfügbaren Lagerbestand, der Anzeigenqualität und der Relevanz.*
>
> *Geschätzte Win-Rate = projizierte Anzahl der Seitenaufrufe des aktuellen Gebots ÷ Gesamtzahl der qualifizierten Seitenaufrufe*
>
> *Angenommen, Sie möchten einen Suchbegriff verwenden, der innerhalb von 30 Tagen 60.000 qualifizierte Seitenaufrufe erzielen soll, und Ihr aktuelles Gebot für den Suchbegriff beträgt 0,55 EUR. Die geschätzte Win-Rate projiziert jedoch, dass*

der Suchbegriff bei einem Gebot von 0,55 EUR nur 20.000 dieser qualifizierten Seitenaufrufe erhalten würde.

20.000 projizierte Seitenaufrufe ÷ 60.000 qualifizierte Seitenaufrufe = Win-Rate von 33 %

Die geschätzte Win-Rate der Suchbegriffe und des Gebotsbetrags kann individuell variieren und damit auch die geschätzte Win-Rate von Kampagnen mit demselben Suchbegriff. Wenn Sie zwei ähnliche Suchbegriffe verwenden, werden sich deren Win-Rates überlappen.

Angenommen, der Suchbegriff ›Kopfhörer‹ erhält 100 Seitenaufrufe und ›Bluetoothkopfhörer‹ 1.000. Bei Ihrem Gebot beträgt Ihre Win-Rate 20 % (20 Seitenaufrufe für Kopfhörer) und 10 % (100 Seitenaufrufe für Bluetoothkopfhörer). Gut möglich, dass Sie wegen der Überlappung der beiden Suchbegriffe sogar weniger als 120 Seitenaufrufe erzielen.

Tipp: Wir aktualisieren die geschätzten Win-Rates auf täglicher Basis, so dass diese sich basierend auf aktuellen Auktionen, Seitenaufrufen und anderen Faktoren ändern können. Möglicherweise müssen Sie Ihr Gebot anpassen, um innerhalb einer wettbewerbsfähigen Win-Rate für Ihren Suchbegriff zu bleiben.«

Das ist eine der wichtigsten Disziplinen, wenn man keine Tools zur Verfügung hat. Die einfachste Strategie, an Daten zu kommen, liegt darin, kurzfristige HSA mit hohen Geboten zu schalten, um schnell an die Win Rate zu gelangen. Im Detail können Sie so für verschiedene Suchbegriffe schnell erkennen, wo der Wettbewerb sehr stark ist und wo nicht (siehe Abbildung 10.7).

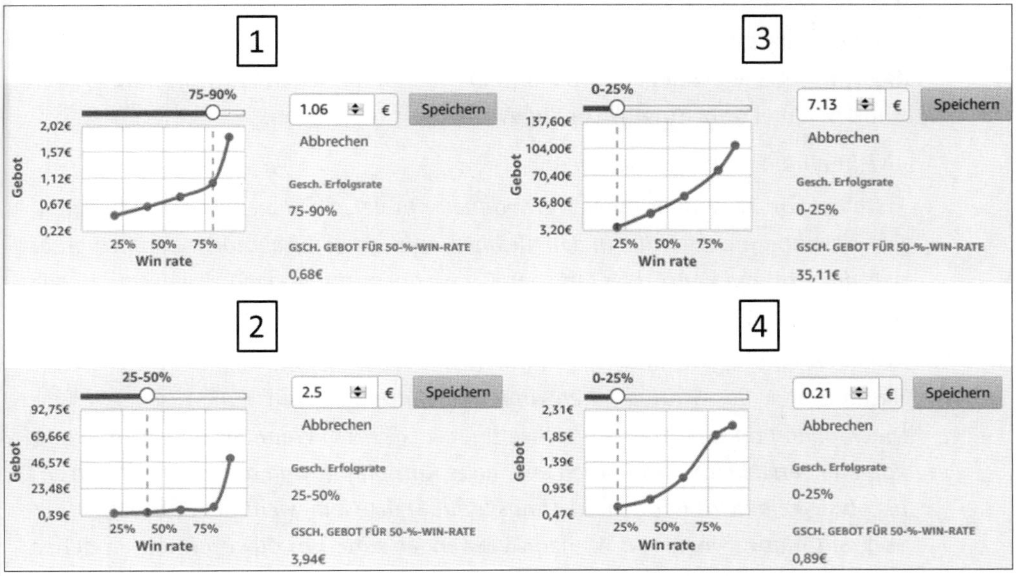

Abbildung 10.7 Verschiedene Win Rates

Anhand der Beispiele 1 und 2 erkennen Sie sehr gut, ab welchem Gebotswert der Wettbewerb extrem steigt. Vorher führen leichte Änderungen der Gebote schon zu einer erhöhten Chance, im relevanten Werbe-Setup mitbieten zu können. In Beispiel 3 sehen Sie eine sehr lineare Struktur. Das Verhältnis zwischen dem Anstieg des Gebots und der Ausspielungschance bleibt ähnlich. Dabei müssen Sie jedoch aufpassen, wie die Skala bemessen ist. Um von 25 % auf 50 % zu kommen, ist jedoch eine Gebotsanpassung um 33 € nötig. Daher sollten Sie genau prüfen, wie sich die Werte verhalten.

Beispiel 4 zeigt übertrieben gesagt große Chancen am Beginn und am Ende, dort, wo die Kurve deutlich flachere Züge annimmt. Nur im mittleren Bereich sollten Sie vorab wissen, dass die Änderungen sehr stark sein müssen, um etwas zu erreichen.

In Kombination lassen sich so sehr gute Ableitungen treffen. So sind die Beispiele 2 und 3 aus demselben Begriffsumfeld eines Wettbewerbers. Während das Wort 3 stark geschützt und teuer angegangen wird von mehr als einem Bietenden, können Sie bei Beispiel 2 direkt einsteigen und ohne hohe Kosten relevante Impression erkaufen.

Dennoch bleibt immer das Problem bestehen, dass derjenige die Auktion gewinnt, der das höchste Gebot und die höchste zu erwartende Click-Through-Rate (CTR, Klickrate) hat. Da jedoch nie alle gleichzeitig im Bieterwettstreit stehen, können Sie mit der Win Rate arbeiten und je nach Ziel schnell eine bessere Kampagnenleistung erzeugen. Als Indiz hilft dabei das geschätzte Gebot für 50 %. Die Beispiele 1 und 4 sind aus einem ähnlichen Bereich. Das geschätzte Gebot weicht um 21 Cent voneinander ab. Hier zeigt sich in Summe sehr gut, dass Suchbegriff 1 etwas billiger sein könnte als Suchbegriff 2.

Mittlerweile ist die Komplexität durch dynamische Bietstrategien auf Gebots- und Platzierungsebene gestiegen. Amazon gibt dazu inzwischen Hinweise, welche Testmethoden dabei unbedingt nicht angewandt werden dürfen:

> *»Nicht empfohlene Testmethoden:*
>
> *Erstellen von zwei identischen Kampagnen mit verschiedenen Gebotsstrategien. Diese Kampagnen würden in den gleichen Auktionen miteinander konkurrieren, was dazu führen kann, dass eine der Kampagnen immer die andere schlägt, um Impressions zu gewinnen, wodurch die Ergebnisse verzerrt würden.*
>
> *Kopieren einer bestehenden dynamischen Gebotskampagne (nur nach unten), Aktualisieren der Strategie der kopierten Kampagne auf dynamische Gebote (nach oben und unten) und gleichzeitiges Ausführen. Wenn Sie eine Kampagne kopieren, erstellen Sie eigentlich eine neue Kampagne, und diese verhält sich so, als ob sie keinen vorherigen Leistungsverlauf hätte (ein wichtiger Parameter, der von den Algorithmen von Amazon verwendet wird, um das optimale Angebot unter dynamischen Geboten zu identifizieren). Dann hat die ursprüngliche Kam-*

pagne einen unfairen Vorteil gegenüber der kopierten Kampagne. Zusätzlich konkurrieren diese gleichzeitig laufenden Kampagnen miteinander um die gleichen Auktionen, was die Ergebnisse weiter verzerren kann.«

Dieser Hinweis gilt nur für Kampagnen mit komplett gleicher Ausrichtung und Funktionalität. Das Nutzen gleicher Keywords und Suchphrasen für Kampagnen unterschiedlicher Produkte ist davon nicht betroffen.

Was aber ist der große Trick bei Amazon, bzw. was muss man unbedingt grundsätzlich verstehen? Die Strategie von Amazon basiert nicht auf Profitabilität, das höchste Gebot und die höchste zu erwartende Klickrate gewinnen. Dabei erweitert Amazon den Ansatz um die Konvertierungsrate aus allen Platzierungen mit ähnlichen Werbekosten für Verkäufe. Jedoch nicht von ähnlichen Produkten, aber ähnlichen Anzeigen.

»Amazon verwendet maschinelle Lernmodelle, die auf Kaufdaten basieren, die Käufer auf unserer Plattform generieren, wenn sie einkaufen. Diese Modelle nutzen mehrere Signale, um die Wahrscheinlichkeit zu schätzen, dass eine Anzeige in einen Verkauf umgewandelt wird, wenn sie angeklickt wird, einschließlich der historischen Leistung der Anzeige (oder ähnlicher Anzeigen) und des Kontextes, in dem sie angezeigt wird (z. B. Suchbegriffe des Kunden, Platzierung, Tageszeit usw.). Wir aktualisieren diese Modelle laufend und suchen nach zusätzlichen Signalen, die die Genauigkeit der Vorhersagen verbessern.«

Alles in allem können neue Kampagnen nicht perfekt funktionieren, und Geduld ist notwendig. Doch wenn Amazon die ähnliche Werbekostenbereitschaft berücksichtigt, ergibt sich ein einfaches System – Amazon ist bei einem einzigen Bid nur daran interessiert, den höchsten, aber für den Nutzer noch profitablen oder erträglichen Bid anzuvisieren. So optimiert am Ende fast jeder. Dabei vergisst man den Umstand, dass gleichzeitig sehr viele Auktionen laufen und viele Ebenen der Werbeplätze unterschiedliche Werbekosten mit sich bringen. Daher ist es absolut notwendig, in manuellen und automatischen Kampagnen mehr als eine Anzeige zu verschiedenen Geboten anzulegen. Amazon zieht so einerseits gleichzeitig mehr Werbeplätze für den Nutzer heran, andererseits bietet man nun in allen Bereichen mit. Während sich niedrige Gebote nur um vermeintlich billige Plätze streiten, werden die hohen Gebote teure Werbeplatzierungen anpeilen. Das zu verstehen, erleichtert die Entwicklung eigener Werbestrategien.

Die Vielfalt an Strategieformulierungen für den Bieterwettstreit auf Amazon ist je nach Budget unendlich. Daher sollten Sie nicht immer Bid-Management-Tools die Arbeit überlassen, sondern hin und wieder selbst Ziele setzen und erreichen. Warum, zeigt der nächste Abschnitt.

10.4.7 Die größten Fehler im Umgang mit Bid-Tools

Tools haben gewisse Tücken, besonders in der Entstehungsphase der Toollandschaft musste man als Nutzer sehr genau hinterfragen, wie Daten entstehen oder genutzt werden. Einige Tools waren tatsächlich ausschließlich im händischen Management unterwegs und wurden dennoch als Tool bezeichnet. Aber schlimmer waren einige Fehler, als die Anbindung an Amazon fortschrittlicher wurde. So waren einige Anbieter nicht in der Lage, Regelkreise wiederholt zu prüfen, einmalige Entscheidungen waren endgültig. Am einfachsten zeigt sich das bei Abbruchregeln; wird also Wert A überschritten, muss das Keyword gestoppt oder das Gebot angepasst werden etc. Schlimmstenfalls sind die Regeln dann vom Nutzer auf nachlaufend veränderliche Zahlen festgesetzt, die ständig variieren. So könnten Sie zum Beispiel als Ziel haben, dass mit Kosten von 20 € zwei Verkäufe entstehen müssen. Nun wird das Budgetlimit nach 5 Tagen erreicht, und 20 € sind ausgegeben. Die Regel stoppt nun, jedoch können durch die lange Attributionszeit noch deutlich verzögert Verkäufe gemessen werden. Leider werden solche Regelkreise das nicht bemerken, da die Regeln nicht dauerhaft geprüft werden, sondern nur einmalig.

Ein weiterer großer Fehler der Tools entsteht bei der Festlegung von Daten, insbesondere die Grunddaten über Ihre gesamte Kostenstruktur, die in die Tools eingespielt werden muss. So kann es schlicht sein, dass Amazon andere Größenangaben nutzt als Sie und das Tool so andere Versandkosten berechnet. Aber auch Tools, die nur anhand Ihrer angeblichen Conversion Rate arbeiten, führen teils zu katastrophalen Fehlern. Es wird gerne die falsche Conversion Rate angegeben oder die zeitlich viel zu kurz kalkulierte. So kommt es oft vor, dass genau in Startphasen mit Gutscheinen oder externer Werbung hohe Conversion Rates entstehen, was natürlich zu falschen Grundpreisberechnungen der Klickpreise führt.

Mein Lieblingsfehler liegt bei einigen Tools in dem Umstand, sich immer am empfohlenen Gebot zu orientieren. Falsch per se, doch auch die Häufigkeit des Updates wäre eine berechtigte Frage. Bekannt ist ja, dass Amazon das empfohlene Gebot täglich ändert. Allein die willkürlich wirkende Spanne »von bis« und Erhebungen von Tools wie BidX konnten klar zeigen, wie ungünstig eine solche Arbeitsweise ist.

Zu guter Letzt gilt für viele leider immer noch der ACoS als wesentliche Kennzahl, aber selbst korrekt berechnet ergibt sich ein Fehler, den viele zu spät erkennen. Regeln, die erst wirksam werden, wenn eine gewisse ACoS-Schwelle erreicht ist, scheitern an den Grundrechenarten für Werbung. Um ein Verhältnis aus Kosten und Verkäufen abbilden zu können, muss mindestens ein Verkauf stattfinden. Ist dies nicht der Fall, steigen die Kosten unaufhörlich, und die Regel-Sets einiger Tools würden nicht greifen.

Weiterhin gibt es ein Problem bei technologischen Lösungen und Automatisierungen, denn ein strategisches Denken ist ihnen fremd, soweit nicht programmiert. Das heißt, eine Bietstrategie oder Fokussierung auf bestimmte Wettbewerber usw. scheidet fast aus. Man kann nur schwer eingeben, dass Keyword A ruhig unprofitabel sein darf, aber Keyword B in derselben Kampagne nicht. Nur komplexe Regeln helfen da weiter, was aber operativ kaum zu lösen ist. Als einfaches, nicht markengebundenes Beispiel kann man »dimmbar« nehmen. Im Bereich der Leuchtmittel ein absolut wichtiges Wort. Nun würden die Platzhirsche wie Osram oder Philips ungern darauf verzichten, allein aus Gründen der Prinzipien. Ein Tool könnte nie feststellen, dass ein einzelnes Wort oder ein Bestandteil einen hohen Stellenwert genießt. Gleiches gilt für Doppeldeutigkeiten wie Gold und gold, Material und Farbe also. Hier muss klar ein Mensch die Entscheidungen treffen, und auch ein extremer ACoS-Wert von weit über 100 % ist dabei mehr als vertretbar. Je nach Marken- oder Produktstrategie sind auch weit höhere Werte kein Einzelfall, die im ersten Moment sinnfrei erscheinen, wie ein ACoS von 2.700 % oder die Berechnung als TKP.

Kapitel 11
Gesponserte Produkte

SPA oder gesponserte Produkte sind einfache Einblendungen von Produkten in die normalen Suchseiten. Einzig an dem Beiwort »gesponsert« sind diese überhaupt als Werbung identifizierbar.

11.1 Definitionen

Wann werden Sponsored Product Ads (SPA), von Amazon auf Deutsch gesponserte Produkte genannt, auf Suchergebnisseiten unter den nicht beworbenen Suchergebnissen ausgespielt? Amazon fasst das so zusammen:

> *»Wenn Käufer bei Amazon nach Produkten suchen oder stöbern, lassen wir Werbeanzeigen über eine Anzeigenauktion laufen, um zu bestimmen, welche Anzeigen dem Käufer basierend auf seiner Suche angezeigt werden.«*

Es handelt es sich um eine Auktion im Echtzeitverfahren. Dabei wird entschieden, ob und welche Anzeigen in einer Suchabfrage erscheinen sollen und in welcher Reihenfolge diese Anzeigen ausgespielt werden. Dabei ist folgender Hinweis sehr wichtig:

> *»Werbeanzeigen, die ausgewählt wurden, um in der Auktion platziert zu werden, müssen zunächst über bestimmte Keywords verfügen, die der Suchanfrage entsprechen und ein Minimum an Relevanzkriterien erfüllen. Werbeanzeigen, die sich derzeit nicht für eine Platzierung im Einkaufswagen-Feld qualifizieren, werden aus der Auktion entfernt. Anzeigen, die bei einer Auktion platziert wurden, werden dem Kunden in einer bestimmten Reihenfolge angezeigt, die auf einer Kombination aus Verkäufergebot und Anzeigerelevanz hinsichtlich der Käufersuche basiert.«*

Zunächst einmal, also ohne Buy Box, erfolgt keine Werbeausspielung, der Kunde soll mit verfügbaren Produkten beworben werden. Was die eine, unumstößliche Regel auf Amazon mit mehr Nachdruck belegt: »Never run out of Stock!« Amazon verweist im Backend bei Werbeanzeigen, die nicht im Einkaufswagen-Feld sind, auf den Status NICHT IM EINKAUFSWAGEN-FELD.

Interessant bei der Auswahl von Strategien oder der Bewertung späterer Ergebnisse ist die Situation der Platzierungen. Wo landen die ausgewählten Werbeanzeigen?

»Anzeigen können in Platzierungen auf Desktops, Tablets und in mobilen Browsern und Apps erscheinen. Darüber hinaus testet Amazon kontinuierlich neue Anzeigenplatzierungen und Designs, um ein hervorragendes Einkaufserlebnis zu bieten.«

Immerhin ist Amazon so ehrlich, mit deutlichen Worten auf die möglichen Effekte hinzuweisen:

»Bei neuen Anzeigenplatzierungen kann sich die Zahl der Seitenaufrufe, Klicks und Umsätze für Ihre Kampagnen erhöhen. Sie können Ihre Ergebnisse im Kampagnen-Manager und in Ihren Werbeberichten überprüfen. Amazon analysiert fortlaufend die Leistung von neuen Anzeigenplatzierungen.«

Interessant ist dabei der Verweis auf die Auswirkungen auf Klicks und Umsätze. Besser wäre hier schlicht die Wahrheit gewesen, dass das direkte positive wie negative Konsequenzen für Ihre Kosten haben kann. Das kommuniziert Amazon etwas komplexer in dieser Form:

»Sie müssen keinerlei Änderungen an Ihren Kampagnen vornehmen, um von diesen neuen Anzeigenplatzierungen zu profitieren. Sie können jedoch Ihre Kampagnenbudgets neu gestalten, da die neuen Platzierungen dazu führen können, dass sich die Zahl der Seitenaufrufe und Klicks für Ihre Anzeigen und damit Ihre Ausgaben erhöhen.«

Egal, welche Art von SPA Sie wählen, müssen Sie notwendigerweise wissen, wo und wie viele Slots verfügbar sind. Während man früher ein bis zwei Plätze pro Suchseite hatte, sind es mittlerweile teilweise acht und mehr. Auch die gesponserten Artikel auf Produktdetailseiten wurden von anfänglich einigen Seiten zu je acht Slots auf unendlich erweitert. Das Problem ist natürlich die unklare Situation, ob und wann daraus Impressions resultieren, also messbare Zahlen. In den USA gibt es mittlerweile die Möglichkeit, Autokampagnen in das Amazon-Ad-Network einzuspielen. Dies erscheint im ersten Moment vielversprechend, wird aber durch die mangelnde Messbarkeit aufgrund der Unkenntnis, wann und wo die eigene Werbung ausgespielt wurde, etwas ins Negative gerückt.

Die Vorteile von SPA liegen vor allem in der direkten Ausspielung innerhalb der Suchergebnisse und der nahezu identischen Darstellung der Werbung als Suchergebnis. Der Kunde wird also nicht bewusst sagen: »Nein, das ist Werbung, das klick ich nicht an.«

Weiterhin ist die Topplatzierung über die Funktion dynamisches Bieten kaufbar. Das heißt, dass Sie bereit sind, Ihr Gebot um maximal bis zu 900 % zu erhöhen, damit Ihre SPA weiter oben angezeigt wird. Tatsächlich zeigte diese Funktion ganz zum Start ihre Tücken, kurzfristig hohe Kosten und sehr viele Testansätze haben die Budgets extrem ansteigen lassen. Doch mittlerweile ist die dynamische Bietmethode dank eines behutsamen Einsatzes Standard in der Benutzung geworden. Dennoch wird dadurch die Messbarkeit etwas eingeschränkt, da man nie erfährt, wann und um wie viel eigentlich erhöht wurde.

Sie können zudem anstreben, Ihr SPA-Ausspielergebnis um den Verkauf von Ergänzungsprodukten oder kompatiblen Produkten zu erweitern. Mittlerweile ist das aufgrund der verbesserten Relevanzbewertung durch Amazon aber nur noch schwer umsetzbar. Am zweckmäßigsten ist es bei Softlines, also wenn nur ein Parent oder Child in der Suche ausgespielt wird, statt aller Produkte in der Variante. Durch die SPA haben Sie die Chance, weitere exakt ähnliche Produkte anzeigen zu lassen, die bestenfalls nur in Farbe oder Größe variieren und somit je nach Suche eine hohe Relevanz haben. Dadurch schaffen Sie es dann, die Soft-Variations halbwegs zu umgehen.

Zu guter Letzt können Sie so Produkte bewerben, die neu sind und/oder noch keine guten organischen Rankings vorweisen, als vorgezogene Platzierung sozusagen. Dank der höheren Aufmerksamkeit durch die Werbung können Sie so Traffic auf das Listing leiten und Verkäufe erzeugen, ohne die hohen Platzierungen auf der Suchseite schon zu Beginn zu haben.

Außerdem können Sie damit wie mit jeder Werbung sich selbst schützen, Wettbewerber angreifen und generische Suchbegriffe bewerben, doch dazu kommen wir noch in Abschnitt 11.2.2, »Manuelle Anwendung«. Die Anwendung der SPA reicht dabei von einfachen Ansätzen bis hin zu komplexen Wissenschaften.

11.2 Anwendung

Eine einheitliche Anleitung ist aufgrund der Produktvielfalt und der unterschiedlichen Strategien nicht möglich. Zudem kann eine Vielzahl von Wechselwirkungen mit dem Wettbewerb entstehen, die erkannt werden muss und auf die man reagieren sollte. Zudem sind einfache Dinge wie negative Keywords in automatischen Kampagnen in den Amazon Marketing Services (AMS) nicht möglich. So gilt es, eher clevere als universelle Ansätze zu nutzen.

11.2.1 Automatische Anwendung

Die erste Form gesponserter Produkte, also von SPA, sind die automatisch ausgerichteten Werbeanzeigen. Hierbei gilt es, zuerst einige Grundannahmen darzustellen:

> *»Amazon richtet Ihre Werbeanzeigen basierend auf Ihren Produktinformationen auf alle relevanten Suchvorgänge von Käufern aus. Wenn Sie zu Beginn nicht sicher sind, welche Keywords Sie für Ihre Kampagnen mit gesponserten Produktanzeigen verwenden sollen, nutzen Sie erst einmal die automatische Ausrich-*

tung. Amazon wählt dabei die Keywords für Sie aus. Dies geschieht auf Grundlage von Suchanfragen und -verhaltensweisen von Käufern im Zusammenhang mit Ihren Produktinformationen.«

Beim genauen Lesen stellen Sie fest, dass es um die eigenen Produktinformationen geht, anhand derer Amazon festlegt, was weiterführend passieren wird. Spezifischer formuliert finden Sie den Sachverhalt in anderen Amazon-Quellen dann so:

»Die von Ihnen gewählten Keywords müssen für die in Ihrer Kampagne beworbenen Produkte relevant sein. Nur mit relevanten Anzeigen werden Impressions generiert, wenn Käufer nach diesem Keyword suchen. Vergewissern Sie sich, dass die verwendeten Keywords in den Detailseiten Ihres beworbenen Produkts enthalten sind.«

Das gilt auch für Autokampagnen, obwohl hier die Suchbegriffe von Amazon vorgegeben werden und nicht vom Kampagnenersteller.

Dabei muss man sich gleich die Frage aller Fragen stellen: Warum erzählen dann alle Kurse und Videos vom Sammeln wichtiger Suchbegriffe mithilfe von Autokampagnen? Wie also soll ein nicht gut aufgebauter Inhalt anhand der Autokampagnen optimiert werden, wenn die Werberelevanz auf Basis dieses Contents festgelegt wird? Meiner Meinung nach sind das sehr viele falsche Informationen aus Zeiten, in denen aufgrund der Ermangelung an Wettbewerb tatsächlich noch zu viele Werbeplätze frei waren.

Im Detail wird heutzutage ein schlecht optimiertes Produkt keine bis wenige relevante Ausspielungen erhalten. Hinzu kommen zwei Fehlerquellen: Erstens werden Ihre Produkte nur auf Grundlage der nicht optimierten Informationen ausgespielt, also werden Sie niemals alle relevanten Suchwörter kennenlernen bzw. darunter ausgespielt. Zweitens beinhalten die Suchbegriffberichte nicht alle Suchabfragen. Denn sollten Ihre Produkte ausgespielt, aber nicht geklickt werden, wird das entsprechende Suchwort im Suchbegriffbericht nicht angezeigt. Sie optimieren sich auf die Art meiner Meinung nach nur ins Negative und nicht ins Positive. Daher nutze ich Autokampagnen in dieser Form nur bei Produkten, die absolut neu am Markt sind, wie etwa ein Salatschneider, oder schwierigen Produkten, wie etwa ein Perlator, bei dem man eben nicht weiß, wie der Kunde ihn vielleicht nennen könnte, oder um wenigstens weiterführende Synonyme zu erkennen. Da dies aber nur selten direkt funktioniert, kann hier tatsächlich der bessere Ansatz sein, über Google Trends etc. zu arbeiten.

Autokampagnen nutze ich mittlerweile nach einem eigenen System, das sich bewährt hat, ganz ohne Wissenschaft und ohne Tools, einfach an der operativen Leistungsfähigkeit eines Amazon bearbeitenden Mitarbeiters ausgerichtet. Ich möchte damit weder Tools schlechtreden noch die mögliche Wissenschaft dahinter infrage stellen. Aber für den normalen Amazon-Verkäufer sollte man auch einfachere Wege anbieten als immer ein Tool im Up-Selling-Prozess einer Dienstleistung.

Ziel ist es, ohne viel Aufwand ein komplettes Produktportfolio mit Advertising auf Amazon betreuen zu können. Dabei können Sie drei Ansätze testen oder gleichzeitig nutzen. Dazu benötigen Sie eine saubere Produktübersicht wie eine Regenbogentabelle (siehe Kapitel 6, »Amazon-SEO anwenden – die Inhaltserstellung«) und ein wenig Rechenfähigkeiten. Sie können Ihr Sortiment nun in drei Kategorien gliedern, in *ähnliche Produkte* oder solche ähnlicher Verwendung, in den Bereich *ähnlicher Preis* oder Preiskorridor oder in den Bereich *ähnliche Marge* bzw. *ähnliche Conversion-Rate*. Daraus berechnen Sie sich einen sauber anvisierten durchschnittlichen Klickpreis, oder Sie wählen die Kunst des krummen Bietens als Methode und versuchen, eine rasche Lernkurve zu erzeugen. Andererseits können Sie auch das Werbebudget als abgeschriebenen Betrag betrachten, in dem Fall können Sie sich dann andere Bietstrategien erlauben, die sich nicht (unbedingt) rechnen müssen, und oftmals mehr investieren. Denn am Ende wird kein Nutzer von Amazon-Advertising glücklich sein, wenn er sich nach exakter Berechnung nur noch 3,7 Cent pro Klick leisten kann.

Um das Ganze mal an einem Beispiel festzumachen, werden alle Produkte – sagen wir im Bereich Hautreinigung – zusammengefasst, unabhängig von den Kosten und Margen. Sie nehmen die durchschnittlichen Werte aufgrund der Tatsache, dass die anvisierten Suchbegriffe zu viel Überschneidung bieten. Das heißt also, dass viele ähnliche Produkte unter vielen ähnlichen Suchbegriffen erscheinen.

Der nächste Ansatz wäre es, die Produkte nur anhand des Preises zu platzieren. Hier ist weniger die Berechnung der Margen wichtig, als was Sie dem Kunden zeigen und welchen Preisbereich er zu zahlen bereit ist. In Kombination mit der Keyword-Volatilität oder zumindest mit den jeweiligen Preisen unter Keywords können Sie hier sehr starke Ergebnisse erzielen. So bleiben Sie besser im kaufbereiten Setting als bei einer reinen Margenbetrachtung, die den Kunden am Ende nicht interessiert.

Die Margenzusammenführung dagegen macht Sinn, wenn es zu spezifischeren Strategien bei der Produktauswahl kommen soll. So könnten Sie die Hautreinigung in einige Segmente untergliedern, die eher im selben Margenbereich liegen. Oder Sie ziehen insgesamt nur Produkte mit hoher Marge in Betracht für Werbung. Im Sinne der Portfolio-Strategie kann es sinnvoll sein, Absatzprodukte eher ohne Werbung zu belassen, Umsatzprodukte hingegen mehr zu pushen, wenn die Marge auch höher ist oder umgekehrt.

Wichtig ist dabei eine Flexibilität in der Angebotswahl. Es ist zwar am einfachsten, vom Start an feste Gebote zu wählen. Jedoch ist das System dann zu starr, besonders wenn Events wie der Prime Day oder saisonale Ereignisse wie Weihnachten aufkommen. Da jedoch die individuelle Performance der aktiven Produkte direkt an das hinterlegte Gebot gekoppelt ist, sollten Sie hier nur im seltensten Fall Änderungen vornehmen und diese auch wieder zurücknehmen. Insgesamt kann man keinen klaren Hinweis geben, welche Gebote zu wählen sind. Jedes Portfolio ist dabei zu anders. Die Kampagnenstruktur ist aber jedes Mal ähnlich (siehe Tabelle 11.1). Dabei beginnt man nur mit den Start-Kampagnen, die weiteren Kampagnen ergeben sich erst mit der Zeit.

Verwendung	Preis	Marge
SPA Auto Hautreinigung High	SPA Auto 15–30 High	SPA Auto 15 % High
SPA Auto Hautreinigung Start	SPA Auto 15–30 Start	SPA Auto 15 % Start
SPA Auto Hautreinigung Low	SPA Auto 15–30 Low	SPA Auto 15 % Low
SPA Auto Hautreinigung No	SPA Auto 15–30 No	SPA Auto 15 % No

Tabelle 11.1 Beispiel einer Kampagnenstruktur

Natürlich ist jeder andere Ansatz möglich: am besten konvertierende Produkte oder Produkte mit starkem Traffic oder solche mit niedrigen Retouren. Erst der weitere Ablauf erzeugt den operativen Vorteil. Das übergeordnete Ziel ist es nicht mehr, über Gebote nachdenken zu müssen, sondern nur, SKUs (Stock Keeping Units) in die passende Kampagne zu verschieben. Bei der Startanlage nehmen Sie die Bulk-Funktion und bauen die weiteren Kampagnen erst auf, sobald diese notwendig werden. Bei häufigen Produktneuheiten oder Sortimentserweiterungen empfiehlt es sich, die Struktur monatlich anzupassen (siehe Tabelle 11.2).

Mai	Juni	August
SPA Auto Neu Mai High	SPA Auto Neu Juni High	SPA Auto Neu August High
SPA Auto Neu Mai Start	SPA Auto Neu Juni Start	SPA Auto Neu August Start
SPA Auto Neu Mai Low	SPA Auto Neu Juni Low	SPA Auto Neu August Low
SPA Auto Neu Mai No	SPA Auto Neu Juni No	SPA Auto Neu August No

Tabelle 11.2 Monatlich angepasste Kampagnenstruktur

Der Segmentierung sind jedoch keine Grenzen gesetzt. So können Sie alles separieren, müssen es aber natürlich nicht. Auch können Sie Monatsbereiche zusammenfassen oder überspringen (Produkte des Juli liegen hier komplett im August) (siehe Tabelle 11.3). So könnten schlicht alle Produkte, die nicht erfolgreich sind, in einer Kampagne landen. Eine Rücküberführung in die Ursprungskampagne wird dann aber nach meiner Erfahrung sehr schwer. Daher sollten Sie entweder komplett trenren oder komplett zusammenführen und dann nur die notwendigen Updates einspielen.

Beispiel 1	Beispiel 2
SPA Auto High alle Monate	SPA Auto ALL High
SPA Auto Neu Mai Start	SPA Auto ALL Start über 25
SPA Auto Neu Juni Start	SPA Auto ALL Start unter 10
SPA Auto Neu August Start	SPA Auto ALL Start 10–25
SPA Auto Low alle Monate	SPA Auto ALL Low
SPA Auto No alle Monate	SPA Auto ALL No

Tabelle 11.3 Exakte Namensgebung der Kampagnen

Eine Margenfokussierung hat ihre Tücken, denn es kommt auf Produktebene schnell zu stark schwankenden Endkundenpreisen und so zu sehr vermischten Anzeigen unter ähnlichen oder gleichen Suchabfragen. Je nach Suchdynamik und Produktbereich kann das gegebenenfalls aber auch ein absoluter Vorteil sein.

Die Gebotsdynamik der Wettbewerber wird bei dieser automatischen Anwendung der Werbeanzeigen ignoriert. So könnten alle Mitbietenden die Gebote erhöhen, sodass Sie eine dem Markt entsprechende Anpassung durchführen müssten. Leider sehen Sie solche Änderungen nur mit vielen Messungen oder in den Entwicklungen der Win Rate bei den Headline Search Ads (HSA). Dennoch können Sie komplette Gesamtentwicklungen mit minimalen Gebotsanpassungen kompensieren.

Da die jeweilige SKU nur pausiert wird und später gegebenenfalls wieder aktiviert wird, ist die Historie im Sinne der Klickrate (Click-Through-Rate, CTR) natürlich vorgeprägt. Dabei sollten Sie hin und wieder prüfen, ob die Neuanlage einer Werbekampagne nicht doch zweckmäßiger wäre. Tatsächlich habe ich mir angewöhnt, richtig schlechte Kampagnen zu stoppen und komplett neu zu starten, wobei ich schon einige positive Überraschungen erlebt habe. Damit meine ich weniger Glücksfälle, sondern vielmehr schlechte historische Faktoren wie eine schlechte CTR, die nach dem Kopieren nicht mehr anzutreffen war. Doch auch eine nachträgliche Optimierung der Produkte kann versagen, denn Amazon benötigt eine gewisse Zeit, dieses neue Potenzial in einer Autokampagne zu erkennen. Dasselbe gilt auch im Bereich der manuellen Ausrichtung. Manchmal hilft ein kompletter Neustart daher eher.

Amazon wird bald die Re-Marketing-Funktion freigeben, namentlich wohl *Extended Ad Network*. Damit können Autokampagnen in Apps und auf anderen Webseiten erscheinen. Ein Traffic-Bericht wie bei der *Amazon Advertising Platform* (AAP) ist aktuell dafür leider nicht geplant. Dennoch bedeutet die Funktion eine sehr nette Erweiterung der Möglichkeiten. Zudem scheinen auch folgende erweiterte Bereiche allgemein verfügbar zu werden:

- *ASIN Re-Targeting*: Wer war auf Ihrer Seite und hat nicht gekauft?
- *ASIN Similarity Re-Targeting*: Wer suchte ähnliche Produkte, aber kaufte nicht?
- *In-Market Targeting*: Wer sucht aktiv nach deinen Produkten?

Die Reports und eine klare Attribution zu Sales, Kosten, Kunden, aber auch zum jeweiligen Buy-Box-Inhaber muss dann einfach stimmen! Sie sehen daran schon, dass Amazon mehr Möglichkeiten für alle Werbetreibenden zur Verfügung stellen will.

Amazon hat mittlerweile aber auch eine andere Möglichkeit angekündigt: die Auswahl der Autokategorieziele nach vier Bereichen: *Cloose Match (genau)* und *Loose Match (entfernt)* sind spezifisch für Keywords, die zum Produkt passen oder eben sehr weit hergeholt sind. Die Auswahl nach *Substitute (Ergänzung)* und *Complements (Ersatz)* ist dann auf Austauschprodukte oder oftmals zusammen gekaufte bzw. sich ergänzende Produkte gerichtet. Ein Ausschluss von Produkten wird zudem nun auch möglich werden. Diese Erweiterung schafft erhebliche neue Strategien bei automatisch ausgerichteten Werbekampagnen gesponserter Produkte. Anstatt die Strategien manuell zu wählen, können Sie diese nun ebenfalls automatisch ablaufen lassen. Dabei können Sie alle vier Kategorieziele nutzen oder nur einzelne davon. Eine Auswertung der Kampagnen wird angezeigt und aufgeteilt in die vier Segmente. Zudem können Sie automatische Bietstrategien hinterlegen oder gezielt einige Bereiche anpassen. Beispielsweise ist ein hohes Gebot auf sehr nahe liegende Suchbegriffe möglich, während Sie die Austauschprodukte direkt stark reduzieren.

In der Praxis bedeutet dies eine Erweiterung des Autokampagnen-Ansatzes in der Art wie in Tabelle 11.4.

Alt	Neu
SPA Auto Hautreinigung Start	SPA Auto Hautreinigung Genau
	SPA Auto Hautreinigung Ergänzung
	SPA Auto Hautreinigung Ersatz
	SPA Auto Hautreinigung Entfernt

Tabelle 11.4 Neue Struktur mit Targetierung

Eine verbesserte Steuerbarkeit und eine angepasste Bietstrategie von Start an sind so möglich. Während genaue Matches möglicherweise wichtiger und billiger sind, ist der Bereich der entfernten Übereinstimmungen gegebenenfalls teuer und nicht so performant. Dies gilt für alle Bereiche der vier Ziele, und es muss historisch gelernt und ständig hinterfragt werden. Dabei empfehle ich immer ein globales Vorgehen mit System und nicht die Anpassung einzelner Bereiche. Wird das Gebot für die Startkampagne verändert, sollte man gegebenenfalls auch die Gebote der High-, Low- und No-Profit-Kampagnen anpassen.

11.2.2 Manuelle Anwendung

Die zweite Form gesponserter Produkte sind manuell ausgerichtete Werbeanzeigen. Die beginnen Sie mit gut gewählten Keywords:

> *»Wählen Sie Keywords, um auf Kundensuchen einzugehen und benutzerdefinierte Gebote festzulegen.«*

Diese Aussage kann man im Allgemeinen so stehen lassen – das wird Ihnen aber im speziellen Anwendungsfall nicht helfen.

Übergeordnet sollten Sie fünf Grundkampagnen anvisieren. Die vergessene Kampagne nenne ich dabei immer die erste der fünf Grundformen. Sie investieren dafür sehr viel Arbeit in die Festlegung von relevanten Suchbegriffen und legen sich am Ende auf eine bestimmte Auswahl fest, auch Zielkombinatorik genannt. Diese jedoch zerstückeln Sie zumeist nur noch in die Bestandteile der Suchabfragen. Wichtiger wäre es, entweder alle kontextuellen Suchabfragen zu diesen Wörtern exakt in einer Kampagne zu bewerben oder sich mit einem Konfigurator alle möglichen Suchphrasen bauen zu lassen und darauf Werbung zu schalten. Erst dadurch wird es möglich, mehr Indizien für die eigene Optimierung zu erlangen und zudem die Auffindbarkeit genau unter diesen Wörtern mit Werbemitteln zu unterstützen. Ziel ist dabei, einerseits die Verifizierung der eigenen Entscheidungen und die Verbesserung der Position einiger Wörter. Sie können vorab nicht genau wissen, ob etwa Haustürklingel, Funkklingel oder Türklingel das wichtigste Keyword für den Verkauf einer Klingel ist. Die Vorababschätzung kann hier das erste Mal durch das exakte Suchvolumen weiterführend bestärkt werden, natürlich nur in einem gewissen Umfang, da weitere Faktoren einfließen, aber als Indiz ist dieser Ansatz durchaus geeignet.

Die weiteren vier Kampagnen beschäftigen sich mit dem *Eigenschutz*, dem *Wettbewerberangriff*, den spezifischen, nicht gebrandeten Suchbegriffen sowie den allgemeinen unspezifischen Suchbegriffen.

Der Eigenschutz sollte alle Suchbegriffe erfassen, die die eigene Marke enthalten, und zwar in allen Abwandlungen. Dabei werden oft die Produktnamen vergessen. Viele Marken haben Namenssegmente, die direkt in den Suggests auftauchen und damit einen Eigenschutz benötigen. Wichtig ist es dann, eine klare Unterscheidung zu treffen. Während eine Marke in diversen Schreibarten leicht zu schützen ist, sollten Sie auch alle die Marke enthaltenden Suchabfragen miteinschließen. Probleme ergeben sich bei der spezifischen Schutzkampagne für Produktnamen wie Domino oder Twist. Oftmals gehen Spiele oder allgemeine Begriffe mit der Markenbezeichnung einher. Daher müssen Sie auch hier die direkten kontextuellen Abfragen bewerben und nicht breit auf alles setzen. Im Gegensatz zu den HSA ist hier wichtig, auch die Produktauswahl klar auf die Suchbegriffe abzustimmen, während allgemeine Markensuchen gerne mit Bestsellern oder absatzstarken Produkten beworben werden können.

Der Angriff gezielt auf Wettbewerber ist mit SPA über die direkte Auswahl als Keyword möglich. Da diese Ausspielung als gesponserte Werbung erkenntlich ist, gibt es aktuell keine rechtlichen Probleme. Verboten ist das Nutzen der anderen Marken nur im eigenen Content. Nicht immer klappt die Bewerbung anderer Marken, auch Tricks wie die Änderung des Herstellers auf die anvisierte Wettbewerbermarke sind zwar möglich, aber nicht immer erfolgreich. Grund dafür sind *Brand-Gatings*, die von Amazon auf einige Begriffe gelegt wurden. Besonders auffällig war dies 2017, als man nichts mehr in der Farbe Braun kaufen konnte, weil die Marke komplett gegatet, also geschützt, war.

Insgesamt sollten Sie bei der Produktauswahl auf die besten oder am ehesten ähnlichen Produkte setzen, um auch tatsächlich andere Kunden zum Wegklicken zu bringen. Schwer ist dabei zu bewerten, ob ein niedriger Preis ausreichen kann. Die Gründe für Markentreue sind vielfältig, von Qualität über Kompatibilität bis hin zu Werbung kann alles für eine anteilige Markensuche in Suchphrasen ursächlich sein.

Interessanter wird dieser Punkt bei Fehlerschreibweisen anderer Marken, da sich hier oft offene Flanken im Eigenschutz eines Wettbewerbers zeigen. Ferner können Sie sauber auf Marken zielen, die keinen Auftritt auf Amazon haben oder die als Vendor gelistet sind. Bei Vendoren zeigt sich oftmals noch die mangelnde Befähigung, Amazon komplett zu nutzen, und so können Sie selbst großen Marken einen gehörigen Anteil an treuen Markensuchenden abwerben.

Die vorletzte Kampagnenart zielt ausschließlich auf Suchbegriffe, die absolut zum Produkt passen und keine oder nur kleine Marken enthalten. Wenn Ihre Marke beispielsweise immer eine Farbe mit benennt, sind Suchbegriffe mit Fehlfarben nicht erlaubt, Teilnehmer im Farbraum aber schon. Violett und Lila sind dann etwa okay, während ein Rot in der Suchbegriffkombination nichts zu suchen hat (siehe Tabelle 11.5). Hier sollte der Werbeschwerpunkt liegen.

Die allgemeinen, nicht gebrandeten, unspezifischen Suchbegriffe beschäftigen sich sozusagen mit dem Rest. Sie können diesen Bereich ignorieren oder darauf hoffen, hier und da Ausspielungen zu erhalten und gegebenenfalls final Verkäufe zu generieren. Diese Art der Kampagne sollte langfristig bewertet werden aufgrund der grundlegend fehlenden Relevanz und der seltenen Abwanderung von Kunden bei der spezifischen Suche nach roten Socken zu blauen Socken oder von Socken auf Schlüpfer. Doch seien Sie gewarnt, dass Amazon bei einer schlechten CTR die Suchbegriffe deaktiviert. Dies können Sie umgehen, indem Sie die Kampagne mit dem Begriff neu starten oder einfach denselben Begriff erneut nutzen, aber in einem anderen Match-Typ.

Dank der ausführlichen Keyword-Recherche ist es einfach, die jeweiligen Werbebereiche zu identifizieren.

	Eigenschutz	Angriff	Organisch passend	Organisch unpassend
AB Ihre Marke	X			
AB Wettbewerber Marke1		X		
CD Ihre Marke	X			
CD Wettbewerber Marke1		X		
Ihre Marke/ Ihr Produkt ist lila.			X	
Wettbewerbermarke/ -produkt ist blau.				X
Ihre Marke/ Ihr Produkt ist violett.			X	

Tabelle 11.5 Übersicht über den Aufbau einer manuellen SPA-Kampagne

Die möglichen Spaltenüberschriften können Sie sich selbst erzeugen durch verschiedene Denkansätze wie Altersstrukturen oder Events. Mittlerweile bevorzuge ich alternativ die Auswertung der häufigsten Bestandteile von Suchwörtern, denn damit sind Sie näher am Kunden und sparen sich Arbeitsschritte. So können Sie etwa Schmuckringe schnell in Größe, Materialwert sowie Material trennen, aber auch ob dick oder dünn, also breit oder schmal, ob mit Stein oder Perle – nahezu jede Variante ist denkbar. Beachten Sie dabei, dass Dopplungen gewünscht und erlaubt sind. So kommt etwa die Suchphrase »Ring Gold mit Perle breit« in mehreren Kampagnen vor. Am Ende setzt sich die am besten performende Anzeige durch. Zudem können Sie dank der breiten Filter auch eine negative Auswahl treffen. So kann man Suchen nach »Mülleimer« komplett nach Belieben filtern, nicht Küche, aber Bad, nicht 50 Liter, aber 20, rund, aber nicht schmal, nicht Holz. So kommen nur noch Suchabfragen in die Auswahl für Mülleimer infrage, die exakt die relevanten Suchwörter enthalten.

Die Faktoren der Auswahl von Match-Typen beziehe ich nur hier im Rahmen der Strategiefindung mit ein sowie in den Kapiteln 16, »Die individuellen Startphasen für eigene Produkte planen«, und 17, »Lebenszyklusmanagement auf Amazon«.

11.3 Messbarkeit und Steuerbarkeit

Die Tools und Sammelvorgänge mit Bulk-Uploads ermöglichen eine schnelle und saubere Steuerung der Kampagnen. Dennoch ist das nicht für jeden nutzbar, und so beschränke ich mich auf den operativen Alltag ohne Excel und Tools.

Aufgrund der großen Attributionsmängel hat Amazon wenigstens endlich den Bericht zum beworbenen Produkt und gekauften Produkt erneuert. Während man früher nur den »Other ASIN Report« ohne genaue Daten erhielt, ist nun exakt benannt, welches Produkt gekauft wurde. Eine saubere Lösung würde also nun feststellen, ob die beworbenen Produkte auch überwiegend die verkauften waren. Zudem würden Sie prüfen, ob die Kunden beim Kauf Produkte in der beworbenen Produktvariante kaufen oder komplett wechseln oder nur zu ähnlichen Produkten usw. Die Komplexität ist nahezu unendlich. Dennoch ergibt es Sinn, den Zusammenhang zwischen Werbung und Kauf hin und wieder zu prüfen, besonders wenn man nicht alle Produkte der beworbenen Marke anbietet oder oftmals andere Buy-Box-Teilnehmer anzutreffen sind. So könnte es immer sein, dass Verkäufe ausgewiesen werden, die nicht in Ihrem eigenen Umsatz erscheinen. Wie kommt es dazu? Mehr als eine Definition ist zu finden:

> *»Ein Verkauf wird einer Kampagne zugerechnet, wenn ein Käufer, der auf eine Anzeige geklickt hat, Produkte Ihrer Marke bei Amazon kauft. Die Metrik ›Verkäufe‹ ist die Gesamtzahl der innerhalb von 14 Tagen nach dem Klick auf Ihre Anzeige über Amazon verkauften Produkte Ihrer Marke.*
>
> *Bei gesponserten Produkten beinhalten zugeschriebene Verkäufe Bestellungen für beworbene und andere Produkte aus Ihrem Lagerbestand, die innerhalb der ersten 7 Tage verkauft wurden.«*

Bleiben wir jedoch im einfachen Bereich.

11.3.1 Die Messbarkeit von Autokampagnen

Grundsätzlich liegen Informationen zu Impressions, Klicks, Ausgaben, Bestellungen und Umsatz vor. Alle anderen Daten berechnen sich daraus.

Wenn Sie nicht das System der Preis- oder Margenbereiche nutzen, ist die Datenerhebung die Grundlage aller Entscheidungen. Ich persönlich speichere wöchentlich und monatlich die Zahlen ab und beziehe die Suchbegriffberichte alle 60 Tage. Eine zu detaillierte Analyse ist zwar nett, aber nur mit Tools wie Sellics, Amalyze oder BidX zu bewältigen, die täglich die Reports zusammenfassen.

Wichtige Aspekte der Analyse sind die Veränderungen zum vorherigen Zeitraum (unter der Annahme, Sie selbst haben nichts geändert). Treffen keine außergewöhnlichen Effekte auf den Markt, sind die Daten tatsächlich außergewöhnlich stabil. So können Sie sehr gut feststellen, ob Wettbewerber anders agieren oder externe Änderungen Auswirkungen haben, etwa zeitliche Events wie Ferien oder Ähnliches.

Bei Autokampagnen ist es immer am wichtigsten zu prüfen, wo diese ausgespielt werden. Im Suchbegriffbericht filtern Sie einfach nach Wörtern und ASIN (Amazon Standard Identification Number). So können Sie schnell feststellen, zu welchem Bereich Ihre Produkte häufiger ausgespielt werden. Aktuell können Sie keine ASIN direkt anwählen oder als negativ setzen. Die eigentliche Frage bei unprofitablen eigenen Produkten in Autokampagnen ist dann, wie Ihre Produkte zu mehr Relevanz kommen und warum sie nicht geklickt werden. Hierbei handelt es sich meist um Mängel auf der Seite und zu wenig Überzeugungskraft, um den Kunden zum Kauf zu animieren, oder auch schlicht an falsch gewählten Wörtern, wie folgendes Beispiel gut zeigt: Ein »80er Set Einladungskarten Party Karten Hochzeit« wird laut Suchbegriffbericht der Autokampagnen vorwiegend über »80er Party Karten« ausgespielt.

Möchten Sie an sich zu weniger ASINs ausgespielt werden, sollten Sie in Betracht ziehen, auf manuelle Kampagnen zu wechseln. Obwohl dies keine Garantie ist, auch manuelle Kampagnen landen auf Produktseiten.

Bei der Betrachtung der Zahlen ist es immer wichtig, nie eine Kampagne allein zu bewerten. Die Impressions können zurückgehen, da weniger Werbeplätze frei sind, weil Sie selbst mehr manuelle Kampagnen schalten oder weil die Produkte schlicht nicht verfügbar waren. Erst wenn Sie all diese Effekte kennen, können Sie beginnen, die Kampagnen zu steuern. Treffen Sie Entscheidungen aufgrund nur kurzfristiger Ereignisse, würden Sie die Steuerung in falsche Bahnen lenken.

Bei der Messbarkeit gibt es hier den erweiterten Weg, die wirklich relevanten Suchbegriffe aus den Berichten in manuelle Kampagnen zu überführen. Dabei müssen Sie allerdings beachten, dass ohne ein entsprechend negatives Keyword in der Autokampagne dann weiterhin Traffic für beide Kampagnen entsteht.

11.3.2 Die Steuerbarkeit von Autokampagnen

Nun ist die einfache Frage nach der eigenen Strategie der Ausgangspunkt für das weitere Handeln. Wollen Sie auf jedem Listing erscheinen, sind Autokampagnen ein Weg. Sie können jedoch auch einfach die wichtigsten Suchbegriffe mit hochpreisigen manuellen Kampagnen bewerben, der Effekt ist der gleiche. Dabei ist es wichtig, die Ausspielung regelmäßig zu prüfen, um zu sehen, ob Sie es schaffen, die komplette erste Zeile GESPONSERTE PRODUKTE ZU DIESEM ARTIKEL zu füllen. Daran sollte sich dann auch Ihre Bietstrategie orientieren, mehr Impressions und mehr Slots auf den jeweiligen Seiten zu erreichen.

Nach meiner Erfahrung ist das der feinfühligste Bereich bei Gebotsänderungen, denn schon wenige Cent-Beträge können sofort erhebliche Änderungen mit sich bringen. Sie befinden sich hier schlicht in einem automatischen Zuweisungssystem mit vielen Wettbewerbern.

Die Klickhäufigkeit kann nur schwer verbessert werden. Dafür müssten Sie alle relevanten Ausspielungspositionen kennen. Erst dann wüssten Sie, ob der Preis, das Bild oder gegebenenfalls die Anzahl an Bewertungen über den Klick entscheiden.

Die Kosten pro Klick sind am Ende ein guter Indikator, um in die eine oder andere Richtung zu gehen. Mein Ziel ist es dabei immer, erst einmal überhaupt in die Lage zu kommen, meinen maximalen Klickpreis als Kosten pro Klick zu erreichen. In Kombination mit dem Verhältnis aus Bestellungen zu Klicks können Sie dann sehr gut ableiten, wie gut die Conversion Rate eigentlich ist. So kann es sein, dass Sie generisch bei nur 2,5 % liegen, aber mit Werbung bei 4,5 %. Dann können Sie die alte Basisberechnung anpassen und deutlich mehr Geld in Werbung investieren.

Der Aufbau von Kampagnen sollte dabei nicht zu wissenschaftlich werden, Tools und Agenturen dürfen das gerne anstreben. Ich persönlich arbeite in einer Autokampagne gerne mit Tausenden Produkten. Der Ablauf ist dann recht einfach. Zum Start lasse ich alles zwei bis vier Wochen in Ruhe, dann sehe ich mir die Daten an. Die Grundlage aller Daten ist es, zunächst so lange zu warten, bis Sie mindestens einmal pro Produkt die Marge ausgegeben haben, teils sogar wegen statistischer Verfälschungen etwas länger. Zusätzlich ziehe ich gerne noch einen zeitlichen Horizont. Während Produkte zum Start gerne das Doppelte an Marge »verbrennen« dürfen, bis ein Verkauf entsteht, lasse ich das nach zwei oder drei Monaten nicht mehr zu. Dann gilt der maximale Wert der einfachen Marge. Das Schöne dabei sind die Multifilter, so können Sie ohne Aufwand nur Produkte anzeigen, die über X Kosten und unter Y Umsatz liegen. Wie immer gilt es, diese Produkte nicht auszuschalten, sondern mit niedrigen Geboten weiterlaufen zu lassen. Ob Sie das direkt in der gleichen Kampagne oder in einer neuen Kampagne tun, müssen Sie selbst wissen. Grundsätzlich sind einzelne Kampagnen oder Werbegruppen je Produkt natürlich besser, um exaktere Daten je Produkt zu erhalten. Aber ab gewissen Portfolio-Größen lässt sich das händisch unmöglich managen.

Am Ende ist der wesentliche Steuerungsaspekt bei Autokampagnen eigentlich die Produktauswahl und der dazugehörige Content. Es ist ein wenig, wie blind zu fischen. Dazu würde man auch nur den bestmöglichen Köder auswerfen. Daher sollten Sie die Produktauswahl für Autokampagnen bei der Optimierung und Steuerung genau ins Auge fassen und weniger auf Biegen und Brechen über Gebote Verkäufe erzwingen, außer die Strategie will es so.

Am Ende ist das Produkt als solches verantwortlich für die relevante Ausspielung. Jedes Wort im Content kann eine ungünstige oder bessere Werbeplatzierung bringen. Daher ist nicht das Gebot entscheidend, sondern der Inhalt des beworbenen Produkts, erst mit dem können Sie am Gebot herumspielen.

Abschließend ist neben der Conversion Rate noch auf den durchschnittlichen Preis hinzuweisen. Wenn Sie organisch im Schnitt 18 € erreichen und mit Werbung nur 14 €, dann müssen Sie noch mal sauber kalkulieren, warum solche Verschiebungen entstehen. Es kann sein, dass Sie die korrekten Produkte mit im Schnitt 18 € bewerben, aber Kunden am Ende die günstigeren Produkte kaufen. Das kann erhebliche Verfälschungen der Zieldaten und Ihrer Grundlagenberechnung mit sich bringen.

11.3.3 Die Messbarkeit manueller Kampagnen

Manuelle Kampagnen sind im Detail nur dadurch anders ausgelegt als automatische, dass Sie die Auswahl der Suchbegriffe selbst vorgeben, je nach Match-Typ sogar nur die ungefähre Richtung. Der Erfolg je Suchbegriff ist nur dann sauber festzustellen, wenn jedes Produkt zu jedem Suchbegriff in einer eigenen Anzeigengruppe läuft. Das sehe ich als teilweise zu komplex für den täglichen Hausbedarf an. Mit einer sauberen Vorabanalyse und den kompletten Daten der Keyword-Analyse sind Sie im Vorteil und können sich solche wissenschaftlichen Irrwege auch gerne mal sparen.

Bei der Messbarkeit gibt es hier den erweiterten Weg, die wirklich relevanten Wörter anhand der verschiedenen Match-Typen zu verändern. Es zeigt sich dabei immer wieder, dass EXAKT-Begriffe eine höhere Relevanz erhalten als kürzere Phrasen in BROAD oder PHRASE. Wenn Sie jedoch eine sehr starke Analyse durchgeführt haben, können Sie gerne auch direkt in EXAKT starten. Sie werden so jedoch die einmaligen Eingaben verlieren, wenn zusätzliche Wörter davor oder danach genutzt werden, und sind nicht flexibel, wenn sich das Suchverhalten grundsätzlich verschiebt. In der Werbung empfehle ich exakte Nutzungen nur bei Wörtern mit hohem Suchvolumen, um wirklich sicher zu sein, nur dort ausgespielt zu werden. Andererseits nutze ich sie bei ganz bestimmten Produkteigenschaften oder Anwendungssuchen wie bei Kosmetik oder anderen sehr klar kommunizierten Anforderungen der Kunden in der Suche. Dennoch müssen besonders exakte Wörter aufgrund der zeitlichen Relevanzverschiebung intensiv betrachtet werden, Sie rennen sonst bei schlechter Analyse in einen nicht mehr kausal aufgebauten Entscheidungsablauf.

Zurück zur reinen Messbarkeit: Hier unterscheidet sich nicht viel von der Datenerhebung. Die Basiswerte sind notwendig sowie der Suchbegriffbericht, genau wie bei Autokampagnen auch. Einzig die Situation, dass Sie sowohl die Produkte als auch die Suchwörter messen müssen, erweitert die operative Tätigkeit. Jedoch lernen Sie so recht schnell, welches Produkt der Variante vom Kunden eher für Werbezwecke angenommen wird und welches nicht.

11.3.4 Die Steuerbarkeit manueller Kampagnen

Im Detail reicht es hier, einfach nur sehr schlechte Produkte und sehr schlechte Suchbegriffe auszuschalten. Dabei gilt aber wieder der Umstand, dass Sie die gesamte Performance der Kampagne berücksichtigen sollten. Ein paar wenige schlecht laufende Produkte und Suchbegriffe können Sie sich leisten. Fakt ist, das Sie Wettbewerbern so Werbefläche vorenthalten.

Die einfache und nicht wissenschaftliche Behandlung der Kampagnen führt zu ebenso guten Erfolgen und ist händisch nicht mühselig. Die Multifilter sind dabei wieder das Werkzeug der Wahl. Oder wer kann, nutzt die Sammelvorgänge in Kombination mit Excel-Makros und baut sich selbst einfache Formeln.

Grundsätzlich gilt es jedoch, sehr genau festzustellen, welche Produkte Sie auf welche Suchbegriffe schalten. Die Suchseitenkonsistenz oder *SERP-Konsistenz* hinsichtlich der angezeigten Produkte und das Preisumfeld sind absolut wichtig.

Dabei wäre auch die Frage nach der Gebotsanpassung immer das Grundproblem. Solange die Kosten pro Klick nicht Ihr maximales Investitionsvolumen erreichen, heißt es, nach oben anzupassen. Erst dann können Sie sicher sein, dass Ihre Produkte in Ihrem persönlich relevanten Wettbewerb ausgespielt werden. Dabei kann es sogar helfen, die bisherige CTR-Historie zu eliminieren, das heißt, die Kampagne zu kopieren und neu zu starten mit höherem Gebot. Grundsätzlich empfehle ich Ihnen sowieso, bei erheblichen Änderungen immer die Kampagnen neu aufzusetzen.

Die optimale Lösung bei der Gebotsanpassung wäre ein Tool, in das man schlicht den Suchbegriffbericht reinladen kann. Das Tool würde dann für jedes Suchwort die Suchergebnisseite hinsichtlich der Preise prüfen. Daraus könnte man sehr gut ableiten, ob das eigene Produkt hier sinnvoll platziert ist und inwieweit die anderen gegebenenfalls höhere Preise bieten oder nicht. Klar ist, dass Sie bei billigeren Produkten ja mit dem höheren Gebot immer gewinnen könnten. So bleibt es aktuell aber der händischen Methode überlassen, regelmäßig zu prüfen, wie sich die Suchseiten ändern oder was der Suchalgorithmus A9 als relevant betrachtet. Nur zum allgemeinen Verständnis nenne ich hier ein Beispiel: Wenn Sie eine Tasse mit einer Feuerwehr darauf immer gut beworben haben und der A9 plötzlich alle Suchabfragen zu »Feuerwehr« in Spielzeug umlenkt, haben Sie ein Problem. Auch um solche Details geht es am Ende. Das Problem ist, dass aktuell kein Tool so etwas berücksichtigen kann.

Eine saubere Strategiewahl für die manuellen Kampagnen mit klaren Zielen erleichtert die Optimierung ungemein. Nils Zündorf von factor-a gilt dabei als der Werbestratege für die Strategiewahl, seine verfügbaren Whitepaper zeigen eine unglaubliche Tiefe an Möglichkeiten hierzu auf. Auszüge daraus lesen Sie in Kapitel 18, »Still Day One – das große Update«.

Allgemein gilt natürlich, dass spezifische Suchabfragen mit exakten Produkten beworben werden müssen. Je allgemeiner Suchwörter sind, desto eher sind Tests mit sehr vielen Arten von Produkten notwendig, um herauszufinden, was Kunden am ehesten haben wollen. Auch hier stehen das Produkt und die Wortwahl weit vor dem Gebot und Spielereien an diesem.

Mittlerweile hat Amazon eine erhebliche Verbesserung durchgeführt. Die Steuerung der Kampagnen kann um eine spezielle Bietstrategie erweitert werden. Dabei handelt es sich um das *dynamische Bieten* (siehe Abbildung 11.1). Aus den Headline Search Ads (HSA) kopiert, haben Sie damit die Möglichkeit, automatisch bei zu geringer Konvertierung die Gebote senken zu lassen. Dazu kommt die Option, die Gebote nach oben und unten dynamisch laufen zu lassen. Amazon variiert das Gebot also beliebig anhand der Performance nach oben oder unten im Bereich von plus oder minus 100 % ähnlich der Bietverfahren bei den HSA, wobei eine händische Anpassung weitere 900 % nach oben zulässt. So kann aus einem Gebot das bis zu 20-Fache des Ursprungswertes werden. Zu guter Letzt ist der Bereich der alten Gebote erhalten geblieben, die festgelegten Gebote, die nicht automatisch angepasst werden. Dabei müssen Sie sehr genau aufpassen, was Sie in die Hände von Amazon geben möchten. Vielleicht fahren Sie mit einem der Tools auf dem Markt besser, die das alles schon regelbasiert automatisch nach Ihren Vorgaben erledigen und nicht nach internen Amazon-Algorithmen.

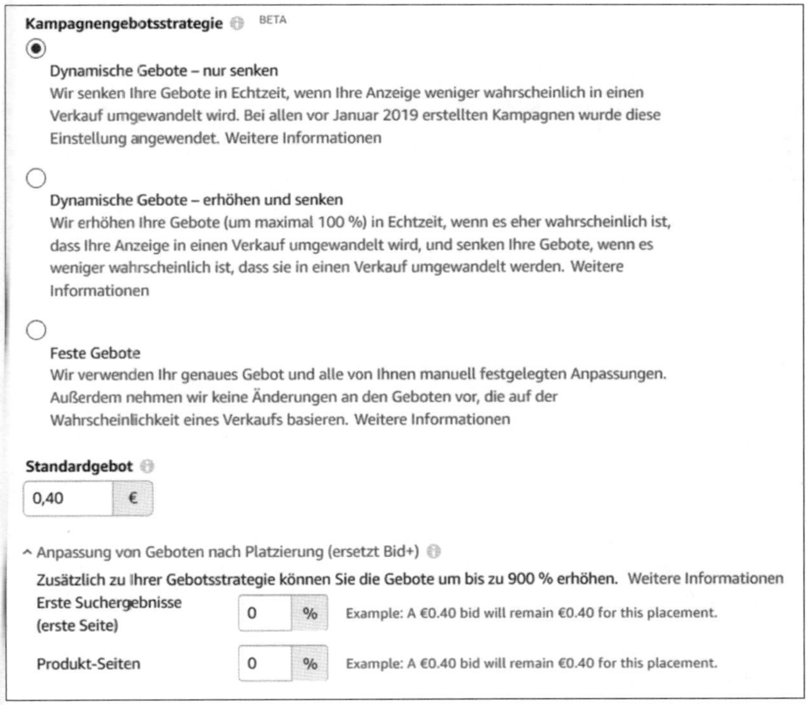

Abbildung 11.1 Neue dynamische Bietregeln

Der neue Ansatz des *Product Targetings* statt der Keyword-Auswahl wird die Product Display Ads (PDA) nahezu komplett ersetzen (siehe Abbildung 11.2).

Abbildung 11.2 Produktauswahl

Die kategorienspezifische Auswahl wird direkt möglich, und Sie können so endlich mehr als ein Produkt auf die Kategorien ausspielen. Dabei wird direkt die mögliche Anzahl an bewerbbaren Produkten angezeigt (siehe Abbildung 11.3).

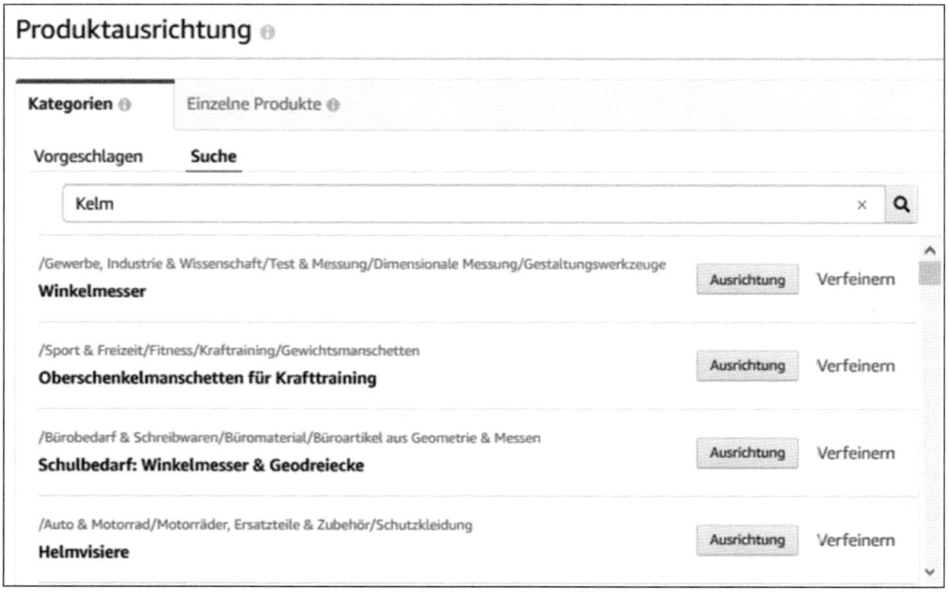

Abbildung 11.3 Kategorienauswahl

Weiterhin können Sie die Auswahl nach Marken, Preis oder Bewertungsdurchschnitt verfeinern. Dies gilt für die Kategorienauswahl und die Produktauswahl gleichermaßen (siehe Abbildung 11.4).

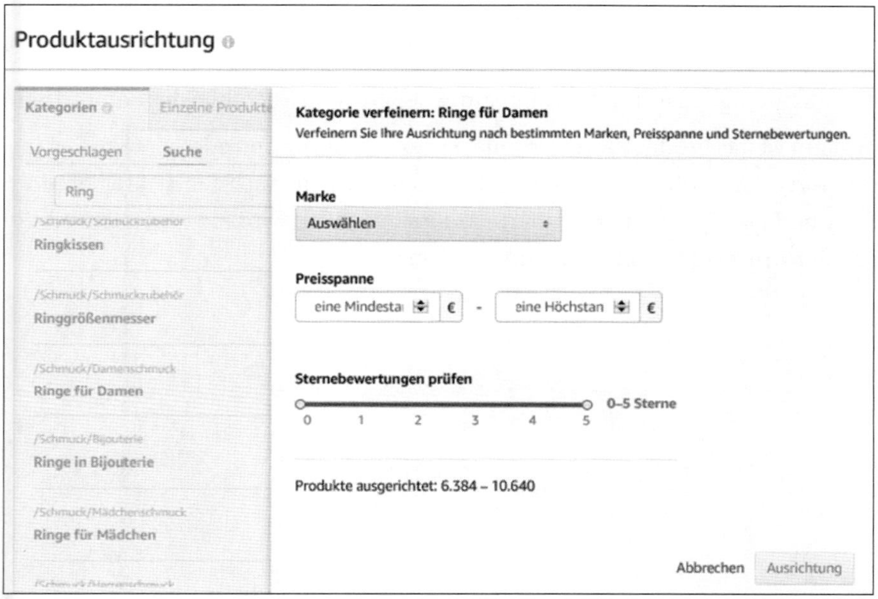

Abbildung 11.4 Filter der Zielgruppen

Gleichzeitig können Sie in derselben Kampagne auch die Kategorie bewerben. Sie müssen also nicht mehr alles trennen. Die Messbarkeit leidet dadurch sicherlich erheblich. Dennoch ist das in Summe ein sehr starker Weg, ganz gezielte Werbeausspielungen zu erreichen.

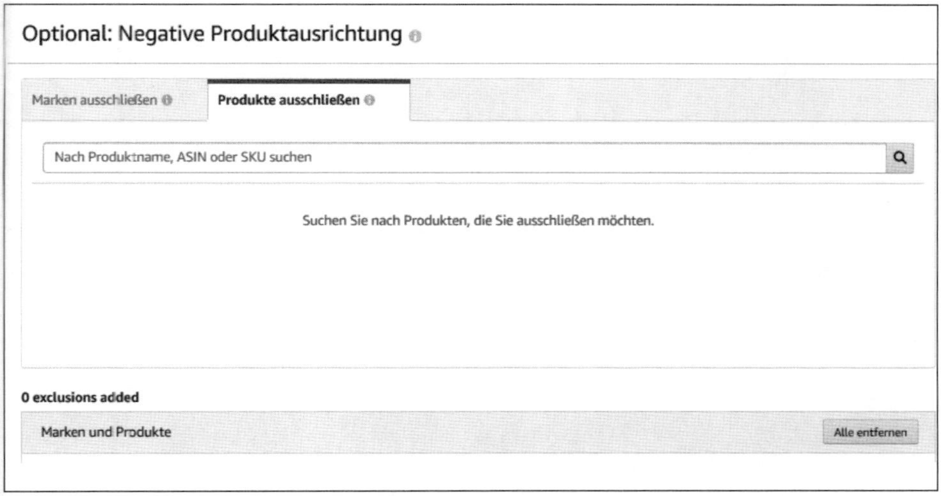

Abbildung 11.5 Marken und Produkte ausschließen

Im erweiterten Ansatz können sogar Marken oder Produkte ausgeschlossen werden (siehe Abbildung 11.5).

»Mit dieser erweiterten Strategie wird verhindert, dass Ihre Anzeigen in bestimmten Suchergebnissen oder auf bestimmten Detailseiten erscheinen. Tipp: Senken Sie Ihr Gebot für bestimmte Marken oder Produkte, statt diese auszuschließen.«

Dass dies nicht möglich war, war immer einer der größten Nachteile der Kampagnen.

Alles in allem ist das Product Targeting die perfekte Lösung, um jede Strategie umsetzen zu können. Egal, ob nach Preispunkten oder Marken, nach Bietstrategien oder Angriffs- und Eigenschutzmaßnahmen – jeder Grundidee wird eine Möglichkeit gegeben, in der Umsetzung Unterstützung zu finden.

Kapitel 12
Sponsored Brands, ehemals Headline Search Ads

HSA oder Headline Search Ads sind Einblendungen von Bannern und/oder Produkten oberhalb, links und unterhalb der Suchseiten. Mittlerweile heißt diese Werbeart Sponsored Brands.

12.1 Definitionen

Sponsored Brands oder ehemals Headline Search Ads (HSA) werden auch Titelsuchanzeigen genannt und so definiert:

> *»Wenn ein Käufer bei Amazon nach Produkten sucht, führen Headline Search Ads eine Auktion in Echtzeit aus, um zu entscheiden, ob und welche Anzeigen für eine spezifische Suche erscheinen sollen und in welcher Reihenfolge diese Anzeigen auf der Seite angezeigt werden.*
>
> *Werbeanzeigen, die ausgewählt wurden, um in der Auktion platziert zu werden, müssen zunächst über bestimmte Keywords verfügen, die der spezifischen Suche entsprechen und ein Minimum an Relevanzkriterien erfüllen.*
>
> *Werbeanzeigen müssen nicht für eine Platzierung im Einkaufswagen-Feld qualifiziert sein, um angezeigt zu werden.*
>
> *Werbeanzeigen, die bei einer Auktion platziert wurden, werden in einer bestimmten Reihenfolge angezeigt, die auf einer Kombination aus Verkäufergebot und Anzeigerelevanz basiert.«*

Der größte Unterschied zu den gesponserten Produkten, den Sponsored Product Ads oder SPA, ist neben der Platzierung selbst somit die Nichtbindung an die Buy Box. Der große Vorteil der HSA ist ihre Positionierung über den Suchergebnissen. Hier können Sie den Kunden direkt sehr prominent mit eigener Marke oder eigenen Produkten für den weiteren Suchablauf vorprägen. Bestenfalls überzeugt die Anzeige als solche zum direkten Klick und Kauf. Mittlerweile wurden die Werbeplätze um die Position links neben der Suche und vier weitere Slots unter der Suche erweitert. Auch in der mobilen Ansicht erscheint alle 16 Ergebnisse eine HSA (siehe Abbildung 12.1).

Abbildung 12.1 HSA an verschiedenen Positionen

Weiterhin führt der Klick auf das Hauptbanner zu einer werbefreien Landingpage. Kein Wettbewerber kann hier mit SPA oder HSA auftauchen.

Großartig ist die Möglichkeit, das Feld MARKE mit 30 Zeichen anzupassen, kein Kunde mag die »ABC GmbH und Co. KG a. A.« dort stehen haben. Viel besser sind Lösungen wie »Kelm Haushaltswaren« oder »Kelm Sitzmöbel« oder »Kelm Stehtische«, eben alles, was die direkte Kommunikation vorprägen kann und den Kunden auf diesen einen Klick bestmöglich vorbereitet.

Ferner ist der *Slogan*, also die eigentliche Headline, mit 50 Zeichen ausfüllbar. Amazon mag und versteht jedoch weder Spaß noch andere Aufzählungen wie »Einfach.Schnell.Loslegen.« oder »modern – universell – designt«. Zu viel Englisch, zu viele Zeichenwiederholungen, zu viele Versalien (selbst USB zum Beispiel), Grammatikfehler und über 30 weitere Fehlermeldungen habe ich schon lesen dürfen. Adjektive müssen kleingeschrieben werden, der Satzanfang immer groß. Fast einen Monat hat mich diese Erkenntnis gekostet, als ich Werbesprüche mit Adjektiven am Beginn nutzen wollte. Daher sollten Sie versuchen, schlicht die wichtigste Suchphrase wiederzugeben oder so exakt wie möglich zu formulieren, was ein Kunde nach dem Klick finden wird.

Zudem können Sie hier ein eigenes Bild nutzen. Egal, ob Produkt oder Markenlogo oder das Bild der Produktfamilie oder Mood-Bilder, alles ist möglich. Dabei muss beachtet werden, dass die Bilder sehr klein dargestellt werden und auf mobilen Endgeräten zusätzlich verkleinert werden. Amazon testet zudem aktuell einige Darstellungen ohne dieses Bild und nutzt nur noch einen Button JETZT EINKAUFEN.

Die eigene Landingpage nach dem Klick auf die HSA ist etwas differenziert zu betrachten. Vendoren haben den Vorteil, auf eine eigens gebaute URL zu verlinken. Egal, ob Filter-URL oder selbst gebaute allgemeine Filter – vieles ist möglich. Im Standard können Sie zwischen Markenshop und einer Suchergebnisseite für ausgewählte Produkte (Minimum drei) wählen.

Wie bei SPA sind Eigenschutz und Angriff natürlich möglich, wobei die hervorgehobene und prominentere Position rund um die Suchseite sowohl Vorteile als auch Nachteile hat. So wirkt sie doch eindeutig als Werbung und ist links und unterhalb der Suche auf dem Desktop gerne leicht zu übersehen oder wird aus Versehen geklickt, falls ein Kunde doch die nächste Seite sehen will. Positiv ist jedoch die Darstellung mit breiter Fläche und der tieferen Kommunikationsebene dank mehrerer Textfelder und bis zu drei Produkt-Slots.

12.2 Anwendung

In der Anwendung lassen sich mit HSA mehr Spielarten nutzen als bei den SPA. Der erste Vorteil liegt natürlich im Cross- und Up-Selling. Da die Landingpage mit allen Produkten der eigenen Marke komplett individuell erstellt werden kann, ist alles möglich. Das einzige, was bei der Freigabe geprüft wird, sind die Werbeslogans und ob die Produkte beworben werden dürfen. So kann man Kunden mit einer einzigen Landingpage Schuhe, Socken, Gürtel, Hemd, Sakko und Krawatte anbieten. Die allgemeine Werberelevanz erhöht sich dann tatsächlich aufgrund der breiten Produktauswahl deutlich. Dafür sinken die spezifischen Klickerfolge, weil nicht jeder darauf anspringt. Aber HSA-Werbeanzeigen wie »Komplettes Abendoutfit für Männer« werden so möglich.

Detaillierter wird die Sache in Kombination mit der Keyword-Recherche. Da Sie nahezu alle Suggests kennen, können Sie sehr enge Werbecluster für HSA anlegen, teils aus weniger als 50 Suchbegriffen, aber dafür exakt mit dem richtigen Werbeslogan und der passenden Produktpalette, nur Suchbegriffe mit Akne, Neurodermitis und Creme zum Beispiel. Oder Sie sind der einzige, der bei bestimmten Größensuchen nicht nur Größe 65 abbildet, sondern auch Gr 65 und Gr. 65 und Gr65. So einfach lassen sich bei HSA wie auch SPA Erfolge erzielen.

Doch erfinden Sie bitte das Rad nicht neu. Alle Gedanken zur Strategie der SPA, der gesponserten Produkte, sollten auch hier noch mal umgesetzt werden. Ziel ist dabei, die Auswahl der Suchbegriffe eines gesponserten Produkts direkt um die passenden HSA zu ergänzen und so die größtmögliche Werbereichweite ausnutzen zu können. Sie sparen sich also einerseits Arbeit durch die doppelte Nutzung derselben Wörter und erweitern andererseits direkt die Werbeplätze. Es wird also in Zukunft nie wieder ein gesponsertes Produkt allein unter einer Suche auftauchen, sondern bestenfalls immer mit einer eigenen HSA zusammen.

Genauso kann man die Suchbegriffe mehr in die Bereiche Short Tail und Long Tail unterteilen oder besser noch in allgemeine und spezifische Suchabfragen. Ähnlich dem Konstrukt der SPA-Werbekampagnen können Sie hier die Auswahl aufbauen nach dem Motto in Tabelle 12.1.

Long Tail – Short Tail	Allgemein – Spezifisch
HSA Hautreinigung long 7 and more	HSA 15–30 allgemein Hautreinigung
HSA Hautreinigung long 4–6	HSA under 15 allgemein Hautreinigung
HSA Hautreinigung short 2–3	HSA 15–30 spezifisch Hautreinigung
HSA Hautreinigung short 1	HSA under 15 spezifisch Hautreinigung

Tabelle 12.1 HSA-Struktur nach Länge der Suchphrasen

Dabei stehen die Zahlen für die Länge der hinterlegten Suchphrasen, auf die geboten wird. Dank der Excel-Tabelle der Keyword-Recherche ist das kein Problem. Die Trennung zwischen allgemeinen und spezifischen Suchabfragen geht zum Teil nur per Hand oder muss an klaren Daten aufbereitet werden. So können Sie alles zu Sonnencreme ohne exakte Lichtschutzwerte zusammenlegen gegen eine Kampagne zu Sonnenöl und Sonnenspray. Suchwörter mit Schutzwert 30 sollten Sie aber gegen eine Kampagne mit Lichtschutzfaktor 50 im Bereich Sonnencreme zum Beispiel klar abtrennen. Das Gleiche gilt dabei im Besonderen für die Landingpage. Hier sollten nur eindeutige Produkte auftauchen zu den am meisten beworbenen Suchbegriffen. Die systematischen Wortfilter werden wie bei den SPA 1 : 1 angewandt.

Neben zahlreichen Spielereien im Targeting der Suchbegriffe und diverser Landingpages als Vendor bzw. AMS-Nutzer (Amazon Marketing Services) bieten HSA eine weitere Möglichkeit der Nutzung der Banner. Von Beginn an war es nicht nötig, drei Produkte anzuzeigen. Drei Produkte waren ausschließlich die Vorgabe, um HSA schalten zu können. Dabei gingen einige Seller so weit, einfach neben dem Grundprodukt Zweier- und Dreier-Sets anzubieten, um die Vorgaben zu erfüllen. Besonders hilfreich wird die Auswahl der gezeigten Bannerprodukte, wenn Sie spezifische und allgemeine Werbekampagnen trennen. Allgemeine Kampagnen zu Sonnenschutz können ohne Produkte auskommen oder müssen eben eine Sonnencreme, ein Sonnenöl und ein Sonnenspray zeigen. Der Kunde kann dann selbst nachträglich suchen, was er möchte. In den anderen allgemeinen Ansatz zum Beispiel zu Sonnencreme gehört dann eine 3-Slot-Auswahl mit Lichtschutzfaktor 30, 40 und 50. Spezifische HSA können mit einem Produkt auskommen, wenn man zum Beispiel nur eine Akne- und Neurodermitis-Creme hat. Selbst aus Sicht der Kundenpsychologie sollte eine solche Produktauswahl angepasst sein. Lenken die Bilder aufgrund der Farbe und Position nach rechts oder links? Werden die Bilder in eine Richtung größer, oder haben einige Produkte schlechte Bewertungen und diese werden plötzlich statt des Produkttitels angezeigt? Alles Dinge, die Sie im Blick haben sollten.

Ich persönlich bevorzuge bei Wettbewerberangriffen und Eigenschutz sogar nur das Hauptbanner mit Markenlogo. Ziel ist es ja, Marktanteile zu erlangen und den Klick direkt auf Ihre Seite zu lenken. Je nach Art des Suchbegriffs reicht auch der Shoplink. Erst bei sehr detaillierten Angriffen oder Schutzmaßnahmen setze ich auf die Produkte in dem HSA-Banner. Richtig gemein ist der Ansatz schlechter Werbung. Die HSA wird absolut negativ erstellt und mit extrem hohen Geboten auf Wettbewerberbegriffe geschaltet. Man gewinnt jede Auktion, doch wird nie geklickt. Kann man machen, muss man aber nicht.

Aber wo ist nun das Problem der drei Produktbanner? Der Kunde landet direkt auf einer Produktdetailseite. Ist dies nicht das richtige Produkt, bricht der Kunde mit einer neuen Suche ab oder klickt zurück. Auf einer eigenen und werbefreien Landingpage kann er mehrere Produkte ansehen, auswählen, und beim Zurückklicken von einer Produktseite landet er wieder auf der Landingpage.

Das Problem wird besonders durch die neuen Positionen etwas verschärft. Besonders die Position links lässt den Kunden bis zu vier Bilder untereinander sehen und nur erahnen, welches wohin führen wird.

Auch die Positionen unter der Suche müssen mit klarem Fokus auf das eine Bild und den Werbeslogan genau formulieren, wo man landen wird. Zudem sind drei der vier unteren Anzeigen aktuell nur als kurze Version dargestellt. Ferner werden sowohl die Marke als auch der Slogan gekürzt. Statt 30 auf 20 und statt 50 auf 30 Zeichen. Werden weniger als drei Anzeigen ausgespielt, sind die Textblöcke länger – alles also sehr individuell je nach Position (siehe Abbildung 12.2).

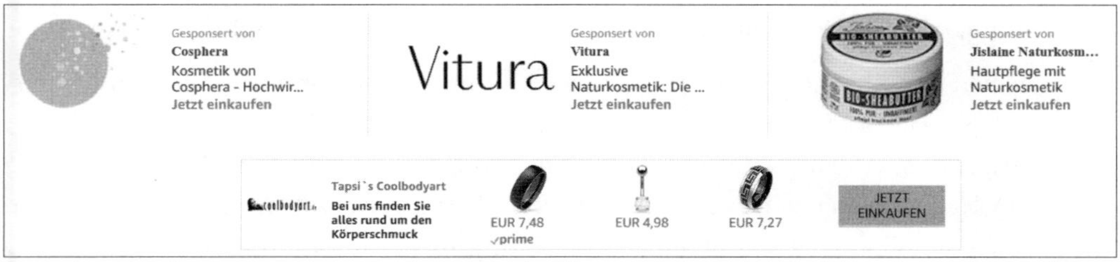

Abbildung 12.2 HSA unterhalb der Suche

Weiterführende Strategien lösen auch das Problem der aktuell nicht nachträglich veränderbaren Produktauswahl. So haben Sie beispielsweise eine erfolgreiche Kampagne auf Handyhüllen iPhone 8 und kommen nun mit neuen Produkten. Es ist nicht möglich, aktuell die Produktauswahl zu ändern. Nutzen Sie aber über AMS die

URL, können Sie auf Filter weiterleiten. Der Vorteil: Diese Filter liegen unter dem Suchwort und der Marke und aktualisieren sich ständig neu. Der Nachteil: Auch Wettbewerber können mit Tricks hier auftauchen. Alles in allem sind alle erdenklichen Ansätze der Nutzung von HSA oder Sponsored Brands vorstellbar. Selbst die Variante, Neuheiten in den Banner-Slots zu präsentieren, um Traffic zu erzeugen, oder die Landingpage nur mit Angeboten oder Rausverkäufen zu füllen, ist möglich. Im Bereich Schmuck sind zum Beispiel viele Suchabfragen mit »billig« und »Sale« vorhanden.

12.3 Messbarkeit und Steuerbarkeit

Mittlerweile werden HSA sehr vielfältig ausgespielt. Leider sind die verschiedenen Werbeplätze nicht im Detail anwählbar. Dennoch müssen Sie insgesamt darauf achten, was Sie kommunizieren und wohin Sie die Kunden am Ende schicken. HSA haben dabei mehr Möglichkeiten der Mess- und Steuerbarkeit, als auf den ersten Blick ersichtlich sind.

Dieselben Basisdaten wie für gesponserte Produkte sind verfügbar. Zum Glück müssen Sie sich auch nicht die Bestellungen über Umwege zurechtbasteln wie früher. Da gab es die Spalte schlicht noch nicht und man musste ungefähr alle Umsätze durch den organischen durchschnittlichen Umsatz pro Bestellposten rechnen, um so ungefähr die Bestellmengen festzustellen.

12.3.1 Die Messbarkeit von HSA

Für die HSA, also inzwischen die Sponsored Brands, gilt noch mehr als für die gesponserten Produkte, die SPA: Sie sollten die Preise der beworbenen Produkte im Schnitt unbedingt mit den durch das Marketing erzeugten Preisen vergleichen, denn der Kunde hat nun noch vielfältigere Ausweichprodukte je nach Landingpage der HSA.

Neben den üblichen Standards können Sie Ihre Messungen nun aber deutlich ausweiten. Der Tausenderkontaktpreis (TKP) kann zum Beispiel sehr relevant sein wegen des starken Wettbewerbs rund um die eigentlichen Suchergebnisse, der Share of Voice, also der eigene Anteil an gezeigter Werbung, wird so mess- und steuerbarer. Auch die Win Rate steht Ihnen zur Verfügung, die in Abschnitt 10.4.6, »Anwendung der Gebote«, schon detailliert erklärt wurde. Die *Detail Page View Click-Through Rate* oder – nicht weniger ein Zungenbrecher – die DPVCTR, ist da schon wesentlich interessanter. Wie viele Kunden klicken auf die Werbebanner, aber später auf kein Produkt? Das ist hier die relevante Zahl. Mit ihrer Hilfe können Sie sofort erkennen, ob die gewählte Landingpage die Erwartungshaltung des Kunden nach dem Lesen des Werbeslogans oder dem Klick auf die Werbung an sich zufriedenstellt.

Regelmäßige Datenerhebungen sind Pflicht, und wie bei allen Werbeanzeigen sollten Sie auch einen Monat später noch mal die Kerndaten betrachten. Die nachlaufende Attribution erzeugt doch immer wieder einiges an zusätzlichen Abverkäufen.

Aufgrund der Erweiterung der Slots für HSA-Werbeplätze Mitte 2018 zeigt sich zudem, wie wichtig es ist, nicht nur zu messen, sondern auch direkt zu hinterfragen, wie solche Daten entstehen. So waren plötzlich statt eines Platzes ganze sechs verfügbar, und in der mobilen Ansicht wurden alle 16 Produkte der HSA endlich mobil ausgespielt. Dazu kam die neue Bietmethodik für die anderen fünf Werbeplätze. Diese deutliche Veränderung zeigte sich in viel mehr Impressions und stark sinkenden Klickraten. Wer nun aufgrund von Unwissenheit Entscheidungen traf oder schlicht übersehen hat, dass viel mehr Ausspielungen durch die weiteren Slots erzeugt wurden, hat möglicherweise viel Potenzial an Werbefläche und Kundenkontakt liegen lassen.

12.3.2 Die Steuerbarkeit von HSA

Die erweiterten Werbeplätze gingen zugleich mit der Pflege des zusätzlichen Gebots einher. In der Grundeinstellung werden von Amazon automatisierte Gebote genutzt:

> *»Amazon erlauben, automatisch Gebote für Platzierungen in der Suche unterhalb der ersten Suchergebnisse zu optimieren.*
>
> *Mithilfe von automatisierten Geboten können Sie Amazon erlauben, Ihre Gebote für andere Platzierungen unterhalb der ersten Suchergebnisse zu optimieren. Die Keyword-Gebote, die Sie für die ersten Suchergebnisse festlegen, werden als maximaler Startpunkt für andere Platzierungen verwendet. Amazon kann Ihre Gebote dann für andere Platzierungen, basierend auf der tatsächlichen Konversionsrate für diese Platzierungen, verringern.«*

Haben Sie das gelesen? Das erste Mal möchte Amazon die Gebote verringern. Das erschließt sich mir überhaupt nicht. Daher habe ich mich entschieden, gar nicht erst mit den Prozentwerten von 1 bis 99 zu spielen. Die einfachste Logik ist es, die maximalen Grenzen zu nutzen. Dabei empfehle ich immer ERHÖHEN UM auf 99 % zu setzen. Sie finden die Einstellung direkt beim Anlegen der Kampagnen oder später unter den Kampagneneinstellungen.

Insgesamt ist es hierbei wichtig, die Win Rates in Kombination mit Ihren eigenen maximalen Klickkosten zu betrachten. Gebote von 3,64 € können dennoch Klickpreise von nur 54 Cent nach sich ziehen. Ein wenig Mut und Risikobereitschaft gehören also dazu.

Je nach eigener Strategie müssen Sie aufpassen, dass allgemeine Suchbegriffe immer sehr gemischte Landingpages anbieten und dass auch die Werbeslogans allgemein gehalten sind. Geht es um sehr tief formulierte Suchabfragen, sollten die Werbeslogans exakt passen, und die Produktauswahl sollte eingeschränkt sein. So kann es vorkommen, dass einige HSA nur auf weniger als 30 Begriffen laufen, dafür aber darunter maximal relevant sind. Da es noch keine negativen Keywords gibt, können Sie leider nicht verhindern, dass andere Ihrer eigenen Werbeanzeigen gegen die spezielle Suchanzeige auf die ausgewählten relevanten Begriffe ausgespielt werden. Eine saubere Struktur hilft jedoch schon sehr, und je exakter die Begriffe ausgewählt werden, desto besser. Die Features der negativen Keywords und erweiterten Match-Typen, wie Broad-Modifier für die HSA, ist bereits veröffentlicht, aber noch nicht freigeschaltet. So soll man zum Beispiel durch das Keyword »Schuhe« auch bei dem Begriff »Sneaker« und ähnlichem ausgespielt werden. Sobald neue Möglichkeiten dieser Art kommen, sollte man natürlich sofort wie bei den manuellen SPA agieren und testen, was am Besten für die eigene Strategie wirkt.

Im Gegensatz zu den SPA sind HSA auch nicht im Nachgang anpassbar im Hinblick auf ihren Werbetext und die Landingpage. Einzig über AMS können Vendoren direkt eine eigene URL bauen und diese zum Beispiel auf Filter oder andere Ergebnisseiten lenken. Dadurch werden die Landingpages immer aktualisiert. Der Freigabeprozess bei Amazon zwingt immer zur Neuanlage, wenn man erhebliche Änderungen vornimmt, fernab von Keywords und Geboten.

Insgesamt halte ich es wie bei den SPA wie folgt mit der Grundsteuerung der Kampagnen: Ich filtere zuerst nach dem relevanten Zeitraum und wechsle immer wieder mit der gesamten Laufzeit ab. Es gibt nichts Schlimmeres, als einen Suchbegriff oder ein Produkt zu stoppen, nur weil er mal eine schlechte Woche hat. Andersherum ist es verantwortungslos, nur im gesamten Laufzeitbereich zu arbeiten, da so statistische Schwankungen ab einer gewissen Laufzeit schlicht komplett untergehen. Mein Lieblingsbeispiel ist dabei die Kampagne, die einen ACoS von 20 % hat und auf 10 % gesenkt werden soll. Das heißt also, man müsste weitere Umsätze ohne Kosten erzeugen oder eben mit deutlich unter 10 % arbeiten. Im einfachen Beispiel sind 20 € Kosten zu 100 € Verkäufen anzunehmen. Schafft man es nun, mit weiteren 20 € ganze 300 € Umsatz zu erzielen, wäre die Bedingung erfüllt. Der Ziel-ACoS müsste also um die 6,6 % liegen. Auch möglich ist es, mit 80 € 900 € Umsatz zu erzielen, bei einem ACoS von 8,88 % also. Es wäre zweckmäßiger, ab dem Tag der Entscheidung die 10 % nicht zu überschreiten, anstatt komplexe Rechenaufgaben lösen zu wollen.

Der erste Blick richtet sich dann auf die Impressions. Sortiert wird absteigend, aber auch aufsteigend. Einerseits betrachten Sie so, was erfolgreich ist, und andererseits, was keine Werbeauktion gewonnen hat. Schon können Sie sehr vielfältige Entscheidungen ableiten und nachsteuern.

Auf den zweiten Blick geht es um die Klicks. Hierbei ist es wichtig, festzustellen, wo am häufigsten oder überhaupt geklickt wird. Gerne erhöhe ich zum Beispiel Gebote für Suchbegriffe, wenn nur Impressions entstehen, weil ich dann weiß, dass bisher keine Kosten entstanden sind.

Die Klickrate nehme ich immer als Indikator dafür, ob ich die Gebote willkürlich nach oben ziehen kann oder nicht. Hohe Klickraten weit über dem Durchschnitt erlauben es fast immer, deutlich höher zu bieten, als es normalerweise notwendig wäre, da im Normalfall ausreichend Verkäufe folgen. Die Win Rate hilft dabei, das maximale Gebot mit Spielraum nach oben zu wählen. Das Ziel sollte es dann sein, auf 90 % und höher in der Angabe zu kommen.

Die Ausgaben sind natürlich ein wichtiges Element bei der grundsätzlichen Steuerung. Nur dank dieser Zahl weiß ich, ob meine maximale Zahlungsbereitschaft überhaupt erreicht wird. Dabei geht es im ersten Moment nicht um die erzeugten Verkäufe, erst mal sollten Sie es schaffen, Ihr anvisiertes Klickgebot zu erreichen. Das gilt besonders, da immer mehr Daten aufzeigen, dass die Differenz zwischen Gebot und Durchschnitt weit auseinanderliegt.

Die Kombination dieser ganzen Zahlen erleichtert dann saubere Entscheidungen im Sinne der übergeordneten Strategie und im Hinblick auf die Gesamtperformance der Werbeanzeige selbst und der gesamten Werbeperformance des Portfolios.

Hohe Sichtbarkeiten können Sie dann auch gerne gegen den TKP bewerten, während Sie die Hauptumsatzwörter hingegen maximal profitabel halten wollen. Andere sehr spezielle Suchabfragen wollen Sie unbedingt erhalten, um die Ausspielung der eigenen Produkte abzusichern und keine Wettbewerber zuzulassen. Dabei spielt auch die organische Platzierung keine Rolle. Nehmen Sie Werbung deswegen zurück, bekommt diese der Wettbewerb zur Verfügung gestellt.

Warum sollten Sie sich nicht HSA oder Sponsored Brands zu unprofitablen Preisen gönnen, wenn die gesponserten Produkte, die SPA, alles insgesamt profitabel dastehen lassen oder Sie nebenher eben noch Product Display Ads (PDA) aus einem AMS-Account schalten, die hochprofitabel sind?

Kapitel 13
Product Display Ads

Die direkte Werbeausspielung unter den Aufzählungspunkten und unter der Buy Box war lange nur diesem Werbeformat vorbehalten. Mittlerweile stehen die PDA leider direkt mit den SPA im Wettkampf um die Positionen.

13.1 Definitionen

Worin liegt der große Nutzen der Product Display Ads (PDA) gegenüber den gesponserten Produkten (Sponsored Product Ads – SPA) und den Headline Search Ads (HSA)? Natürlich ganz klar in der Ausspielung auf ausgewählten Produktdetailseiten. Die Spielarten sind dabei anspruchsvoll, aber auch sehr reichweitenstark.

Das direkte Cross-Selling einer PDA für Halsketten auf Ohrringe zeigt perfekt die Möglichkeiten auf, weil man hier erstmals von dem Keyword-bezogenen Bieten Abstand nimmt.

Die obligatorischen Bereiche Eigenschutz und Angriff gelten natürlich wie immer. Auch ist keine Bindung an die Buy Box anzutreffen. Ähnlich wie bei den HSA kann es also passieren, dass Sie Werbung für andere Marktteilnehmer machen, wenn diese am Produkt hängen und die Buy Box haben oder der Kunde eben diesen Händler beim Kauf auswählt.

PDA haben aktuell drei Ausspielungsarten: auf Produktseiten, auf Kategorien oder auf Interessengruppen. In den USA gibt es schon die Möglichkeit, Deals zu bewerben, um sozusagen Werbung mit Werbung zu bewerben.

Zusätzlich versuche ich über einen Umweg PDAs auf Suchbegriffe auszuspielen.

Die Produktauswahl für eine Ausspielung einer PDA auf anderen Produktseiten kann jeder Strategie unterliegen: gleicher Preis, höherer Preis, niedrigerer Preis, bessere oder mehr Bewertungen, Neuheit oder verbesserte Edition, direktes Vergleichsprodukt oder schlicht das Ausnutzen eines Bestsellers als Zielseite, um sich so Impressions zu sichern.

Die Kategorien sind sehr starke Zielkorridore, um im direkten Wettbewerbsumfeld Werbung platzieren zu können. Zudem nutzen das nicht so viele, daher können Sie hier noch schnell Erfolge verbuchen. Dabei ist jedoch die Kategorie Ihres ausgesuchten Produkts ausschlaggebend. Haben Sie, wie zum Beispiel Vendoren, mehr als eine

Kategorie, können Sie auch viel breiter schalten. Einer Außenlampe in den Kategorien BAUMARKT, GARTEN und BELEUCHTUNG wird so eine sehr starke Kategorienauswahl zur Verfügung gestellt.

Etwas sportlicher wird die Nutzung der Interessengruppen. Diese sind von Amazon vorgegeben, aber teils verwirrend strukturiert, oder warum findet man unter dem Hauptinteresse SPORT UND FREIZEIT die Interessengruppe SCHOKOLADE? Je nach Lebenszyklus oder Grundstrategie ist die Anwendung der PDA sehr abwechslungsreich, aber auch speziell.

Halten wir fest – der größte Vorteil der PDA liegt in der Ausspielung unter den Aufzählungspunkten und unter der Buy Box. Aber der meiner Meinung nach komplett vergessene Vorteil liegt woanders versteckt. Die wenigsten setzen sich tief genug mit der Anlage der verschiedenen Kampagnen auseinander. Dass man wie bei den HSA auch bei den PDA den Werbeslogan selbst gestalten kann, ist jedem klar, dazu ein Markenlogo – und schnell ist die Kampagne erledigt. Aber so ist scheinbar kaum jemandem aufgefallen, dass man auch den Produkttitel anpassen kann. Hier steckt meiner Meinung nach der wahre Vorteil, um die Klickrate bei den PDA zu erhöhen. Jeder beliebige Titel ist möglich. Beachten Sie die Zeichenzahl je nach Größe des Werbeslots, können Sie so einige Details weglassen. Die Marke zum Beispiel wird direkt ausgespielt und kann aus dem Titel draußen bleiben. Zumeist wirkt das Produkt eindeutig und erklärt sich über das Bild selbst. Also schreiben Sie ab sofort bitte den absoluten Point of Sale (PoS) hier nieder oder die wichtigsten Inhalte, die Sie aus der Keyword-Recherche kennen, wie bei Mülleimern etwa das Volumen und den Aufstellort.

13.2 Anwendung

Das Problem in der Nutzung liegt in der mangelhaften Reporting-Tiefe. Welche Kennzahlen exakt durch welche Produkte verursacht werden, ist auch nach drei Jahren Amazon Marketing Services (AMS) nicht klar herausgearbeitet. Daher sind oftmals sehr kleinteilige Anlagen von Kampagnen nötig.

Stück für Stück heißt, dass Sie im Eigenschutz mindestens so viele verschiedene PDA auf ein eigenes Produkt schalten, wie es Werbefläche für PDA auf der Produktseite gibt. Ich empfehle hier das Dreifache anzustreben, um den ganzen Tag eine Schutzfunktion zu gewährleisten. Zudem müssen Sie erst herausfinden, was am besten performt. Weiterhin ist es sinnvoll, alle Produkte gegeneinander zu schalten, also Produkt A auf den Produkten B und C, Produkt B auf den Produkten A und C, Produkt C auf den Produkten A und B. Besonders bei Varianten ist dies hilfreich und bei ähnlichen Produkten, die nicht in einer Variante liegen, und um Soft-Variations zu umgehen auch. Ob man jetzt eine PDA von A auf B und eine PDA von A auf C trennt oder in einer anlegt, sehe ich noch als unerheblich an. Der Schwerpunkt ist der Eigenschutz, dennoch wäre im wissenschaftlichen Endspiel eine getrennte Anlage zu präferieren.

Eigene Neuheiten können Sie auf die eigenen sehr guten Absatz- und Traffic-Produkte schalten, um so schnell Sichtbarkeit und gegebenenfalls Verkäufe anstoßen. Andererseits kann man je nach Budget auch direkt auf die besten Wettbewerber im Vergleich schalten, am Beginn gegebenenfalls noch ohne genaue Auftrennung der Kampagnen, im weiteren Verlauf wäre jedoch auch hier eine Trennung der Kampagnen auf die jeweiligen Zielprodukte anzustreben.

In der Praxis hat sich gezeigt, wie problematisch das in der Summe sein kann. Bewirbt man eine Zeichentrickserie und nimmt alle anderen Trickfilmserien als Ziel, wird es problematisch, nicht nur wegen der speziellen Themen für Jungs und Mädchen, allein schon die Themengebiete und Altersgruppen zwingen zu einer klaren Trennung. Nimmt man Feuerwehrmann Sam, wird man wenig mit Werbung auf Bibi Blocksberg erreichen, aber vielleicht mehr mit Benjamin Blümchen und Paw Patrol. Diese Segmentierung ist absolut notwendig, denn PDA laufen sehr gut, wenn Sie entweder das perfekte Zubehörprodukt oder aber das perfekte Austauschprodukt anbieten. Daher ist es manchmal wichtiger, die wenigen perfekt zu bewerbenden Produkte zu finden, anstatt die Schrotflinte der Werbung auszupacken.

Dasselbe Prinzip ist auf die Interessengruppen und Kategorien anzuwenden. Auch wenn Amazon mittlerweile die gezielte An- und Abschaltung der Kategorien zulässt, trenne ich sie lieber. Da Sie nicht klar wissen können, was Amazon unter den Interessengruppen als Zielgruppen versteht, machen hier Tests mehrfach Sinn. Einerseits macht sich nicht jeder die Mühe, andererseits kommen Sie so schnell und einfach an große Reichweiten – solange Ihr Produkt nicht geklickt wird, ist es ja kostenlos und daher zumindest für einen sehr niedrigen Tausenderkontaktpreis (TKP) nützlich.

Ich persönlich bevorzuge aber neben dem Eigenschutz und Angriff auf Wettbewerber oder der Positionierung von Zubehörprodukten den einfachsten Weg, Zielprodukte zu identifizieren. In der produktspezifischen Ausrichtungsmethode gebe ich im PDA-Suchfeld einfach die wichtigsten Suchbegriffe der Keyword-Recherche ein, sowohl die wichtigen Phrasen als auch beliebige Kombinationen aus den wichtigsten Wörtern, das heißt also, »LED Lampe dimmbar E14« genauso wie »E14 LED Lampe dimmbar« usw. Amazon zeigt jedes Mal eine andere Produktauswahl an, die jedoch fast exakt mit der Suche im Suchfeld auf Amazon übereinstimmt.

Innerhalb der angezeigten Produkte können Sie nun die Auswahl verfeinern. Ich persönlich habe festgestellt, dass Amazon sehr gut selbst entscheiden kann, ob genügend Relevanz vorhanden ist. So überführt man schlicht alle Produkte. Durch das Wiederholen der Vorgänge mit anderen passenden Suchbegriffen füllen sich schnell die maximal 750 bewerbbaren Produkte. Sollte die Grenze erreicht werden, legen Sie eine Kopie der Kampagne an und machen direkt weiter. Nur den kleinen Haken für das Kästchen ERWEITERN SIE DIE AUSRICHTUNG AUF ANDERE ENG VERWANDTE PRODUKTE (EMPFOHLEN) sollten Sie deaktivieren, auch wenn Amazon eindringlich schreibt:

> *»Wenn Sie dieses Kontrollkästchen deaktivieren, verringern sich die potenziellen Impressionen Ihrer Kampagne erheblich.«*

Nebenbei sei erwähnt, dass Sie in dem PDA-Suchfeld auch mit Operatoren wie Minus arbeiten können. Nehmen wir den »LED Schlauch« als Beispiel, können Sie nun genauer Merkmale reduzieren. »LED Schlauch -Wasser -5m« zeigt so nun kaum noch Produkte für das Wasser, und die Länge 5 m wird auch nicht angezeigt. Für sehr spezielle technische Eigenschaften ist das sehr angenehm.

Nutzen Sie diesen Ansatz aus, können Sie auch sehr einfach den Eigenschutz oder Angriff detailliert ausspielen. So können Sie nach der »Eigenmarke Aufbewahrungsbox« suchen und alle Produkte auswählen oder eben »Fremdmarke Aufbewahrungsbox« eingeben und gezielt Wettbewerberprodukte identifizieren, ohne alle SKUs (Stock Keeping Units) oder ASINs (Amazon Standard Identification Number) raussuchen zu müssen. Weitergedacht ergeben sich so Strategien wie »Boxen Küche grün« oder »Mülleimer Bad schwarz« als Suchwörter, worunter Sie dann genau die eigenen Produkte in der entsprechenden Farbe platzieren können.

Weiterhin sind nun Möglichkeiten erlaubt, wie Zeitungen und Handzettel oder Werbeprospekte zu analysieren oder die Topprodukte aus Wettbewerbershops oder auf großen Anbieterseiten oder anderen Marktplätzen auszunutzen. Sobald Sie diese Produkte kennen, können Sie eine passende PDA darauf platzieren. Auch die ständigen E-Mails von Amazon mit Produkt- oder Markenangeboten können Sie so gezielt verarbeiten. Schlichter wird es, wenn Sie an all die Bücher zu Tausenden Themen denken. Verkaufen Sie also Springseile, können Abnehm- oder Sportthemen relevant sein. Verkaufen Sie Nahrungsergänzungsmittel, sind Fitness oder Gesundheit ein Thema. Schulbücher und Schulbedarf gehen miteinander einher, genau wie Messer und Kochbücher oder Schneidebretter. Einfach formuliert gehören Backofenhandschuhe nun mal an den Grill und an den Ofen und zum Backbuch.

13.3 Messbarkeit und Steuerbarkeit

Aus meiner Sicht sind PDA die komplexeste Werbeform. Zwar hat Amazon nach und nach Verbesserungen in der Mess- und Steuerbarkeit eingeführt, aber am Ende noch keine perfekten. Extrem viele Kampagnen sind nötig, um die Bewerbung eigener Produkte per PDA sauber aufzubauen. Zudem verschwinden die PDA wohl nun endgültig, doch trotz der Ankündigung durch Amazon im Sommer 2018 sind diese noch schaltbar. Daher ist das kein Grund, diese Werbeform auszuschließen.

Aufgrund der Komplexität scheint den wenigsten der unglaubliche Nutzen dieser Anzeigenart bewusst zu sein: exakte Auswahl der Werbeorte und der perfekte Schutz der eigenen Produktdetailseiten. Dennoch sind seit September 2018 über die Hälfte der Werbeplätze mit SPA belegt statt mit PDA. Was kommen wird, ist unklar. Ich persönlich bin davon ausgegangen, dass die PDA in den Bereich Amazon Advertising Platform (AAP) bzw. Demand Site Platform (DSP) überführt würden. Jedoch scheint die Wahl auf die SPA, die gesponserten Produkte, gefallen zu sein. Wie genau man nun diese Positionen wird ansteuern können oder welche Produkte dort erscheinen, ist aktuell noch unklar. Möglicherweise wird das Re-Marketing und Re-Targeting für SPA kommen. Dann wäre es perfekt geeignet, um mit diesen Slots Kunden zu verfolgen.

13.3.1 Die Messbarkeit von PDA

Es gibt keine Reports zum Thema PDA, einzig die Übersichten direkt. Die Metriken dazu sind die gleichen wie für SPA und HSA. Das Wichtigste ist die Umrechnung der erzeugten Verkäufe auf den Umsatz. Ein 30-€-Produkt zu bewerben und am Ende nur 20 € im Schnitt zu erhalten kann nicht funktionieren. Jegliche Anpassungen hinsichtlich der Bietpreise würden scheitern, da man schlicht scheinbar das falsche Produkt bewirbt.

Über die jeweiligen Zeiträume sollten Sie sich dann auch nur an den Impressions orientieren. Der Grund ist recht einfach, Sie erhalten keine Auskunft darüber, wo überhaupt die Ausspielungen stattgefunden haben. Das ist einer der Gründe, warum Sie PDA im Schwerpunkt für Reichweite, Eigenschutz und Wettbewerberangriff nutzen sollten.

Die Bereiche der Kategorien und Interessengruppen sind dann nur ein sehr angenehmer Spielball, um die Markenbekanntheit zu erhöhen. Hin und wieder haben Sie dann einige Glückstreffer dabei.

Umgehen können Sie das Grundproblem der Steuerbarkeit der PDA nur, wenn Sie jedem genutzten Produkt nur ein beworbenes Produkt zuweisen oder nur eine Kategorie oder eine Interessengruppe. Zudem müssen Sie für die gleichen Bereiche mehr als ein Produkt testen, um zu sehen, welches besser läuft.

Mittlerweile erlaubt Amazon zum Glück wenigstens für die Kategorienauswahl, dass Sie nachträglich Abteilungen ausschalten und hinzuschalten können.

13.3.2 Die Steuerbarkeit von PDA

Die Steuerung von PDA ist absolut unmöglich, wenn Sie nicht für jede Variante eine eigene Kampagne anlegen und damit viel Erfahrung ansammeln. Weder die manuelle noch die automatische Produktauswahl bieten Reports darüber an, welches Produkt besonders gut als Ziel funktioniert hat. Die Anzahl an Klicks zu Detailseitenaufrufen ist hier wie bei den HSA ein guter Ansatz, um zu erkennen, ab wann Sie gegebenenfalls das beworbene Produkt wechseln sollten.

Die Zielgruppeninteressen verleiten schnell dazu, mehr als eine auszuwählen. Doch hier ist es aktuell besonders wichtig, immer nur eine zu nutzen. Sie können im Nachgang keine Änderungen vornehmen und erhalten auch keine Auswertung je Interessengruppe.

Wie also steuert man etwas völlig Unbekanntes? Ich arbeite hier tatsächlich gerne und viel mit einer hohen Anzahl an gleichartigen Kampagnen für ein und dasselbe Produkt. Das können dann auch schon mal über 40 Stück werden. Nach ungefähr vier Wochen wird meist sehr deutlich, was funktioniert und was nicht. Hohe Budgets für eine rasche Lernkurve müssen dabei eingeplant werden.

Als reines Strategieelement sind die PDA unerlässlich. Jedoch darf man keine großen Hintergründe erwarten, wie etwas funktioniert. Die weit gestreute Ausspielung und die unklaren Reports, was wo funktioniert hat, fehlen schlicht komplett.

Bei den PDA arbeite ich insgesamt wenig über die Gebote, denn der Wettbewerb ist sehr gering, daher wechsle ich eher die Produktauswahl als die Gebote. Wo bekommt man schon für 100 € Einsatz 1 Million Impressions? PDA bieten die beste Reichweite zu niedrigen TKP und die perfekte Möglichkeit, sich selbst zu schützen und sehr exakt ASINs zu bewerben.

Dennoch bleibt auch festzuhalten, dass in einigen Segmenten nur PDA funktionieren. Stellen Sie sich vor, als Marktführer nur hochpreisige Produkte anzubieten, während der Wettbewerb die Suchseiten bestimmt. So kommt man mit PDA auf die eigentlichen besucherlastigen Seiten. Sieht der Kunde nun, dass er für einen Zusatzbetrag die große Marke bekommen kann, springt er sehr häufig ab. Das müssen Sie erst einmal je Portfolio herausarbeiten und dann mit den Ergebnissen arbeiten. So sollten Sie diese Werbeart also nicht vergessen, aber hinsichtlich Messbarkeit und Steuerbarkeit nicht zu viel erwarten.

Kapitel 14
Weitere Werbearten und -maßnahmen auf Amazon

Das Werbeuniversum Amazon erlangte in wenigen Jahren eine recht unübersichtliche Größe. Früher stark getrennt in die Vendoren und Seller, sind nun kaum noch Werbeformate Marktteilnehmern vorbehalten. Ein paar der wichtigsten Möglichkeiten werden im Folgenden dargestellt.

14.1 Der Brandstore

Früher war der Brandstore ein gern gesehener Kostenpunkt in Amazon-Verhandlungen der Vendoren und eine absolut nicht messbare Unbekannte. Mittlerweile ist er dank vielfältiger Messgrößen eine sehr gute Landingpage für internen und externen Traffic. So landen Kunden direkt in der Markenwelt des Erstellers und werden nur mit Produkten und Inhalten konfrontiert, die der selbst ausgewählt hat. Im Besonderen ist der Brandstore gänzlich frei von Wettbewerbern.

14.1.1 Die Nutzung

Doch wie gelangt man überhaupt zum Brandstore, fragen sich Kunden und Händler sowie Hersteller. Es gibt drei Wege:

> *»Käufer auf Amazon finden Amazon-Shops über die Markenzeile (blauer Link mit dem Markennamen, der ober- oder unterhalb des Produktnamens auf der Produktdetailseite angezeigt wird) sowie über die Kurz-URL des Amazon-Shops, wie Amazon.com/MARKENNAME.*
>
> *Amazon-Shops können über Titelsuchanzeigen, die oberhalb der Suchergebnisse angezeigt werden, verlinkt werden. Wenn ein Käufer auf Ihre Titelsuchanzeige klickt, wird der Käufer direkt auf den Amazon-Shop Ihrer Marke weitergeleitet.«*

Beim Brandstore sind vielschichtige Systeme nutzbar. Größere Marken legen daher oftmals mehr als nur einen Shop an. Landingpages für besondere Produkte oder Werbemaßnahmen sind so möglich. Alle Varianten von Bannern und Textfeldern sind wählbar. Auch die direkte Verlinkung von Produkten, zum Beispiel der aktuell am besten laufenden Produkte, ist möglich. Im aktuellen Handbuch zur Store-Erstellung (*https://m.media-amazon.com/images/G/01/AmazonStores/Help/de/Components.html*) sind alle Bereiche exakt erklärt. Aber vor allem sind die Grenzen der Nutzbarkeit dargelegt, wie zum Beispiel die Richtlinien für die Annahme kreativer Inhalte. Trotz vieler Einschränkungen gibt Amazon direkt drei Templates zum Nutzen vor. Mittlerweile sind auch die Videokacheln verfügbar. Weitere Kacheln sind die Kopfzeilenkachel, Textkacheln, Bildkacheln, Bild-und-Text-Kacheln, Galerie, EMPFOHLENE PRODUKTE, Produktkacheln, Produktgitter und Bestseller.

Insgesamt ist der Brandstore ein überaus gut zu bedienender Zusatzshop, um Ihre Produkte auf Amazon zu präsentieren und die eigene Shop-URL nutzen zu können. Spielereien mit den Formaten wie Weihnachtskalender und viele weitere Dinge sind möglich. Zu Beginn der neuen Brandstores, also der auch für Seller verfügbaren, gab es nur ein Problem. Es gab keine Datenlage dazu, außer Seitenaufrufen und Ansichten, das hat sich zum Glück geändert.

14.1.2 Die Messbarkeit

Welche Daten sind zu Ihrem Brandstore verfügbar? Ab dem 25. Dezember 2017 hat Amazon die Messungen begonnen. Speziell die Source Tags werden jedoch nur für 30 Tage gezählt. Insgesamt sind die Verkäufe, die Quellen, die genutzten Seiten und der Traffic auswertbar.

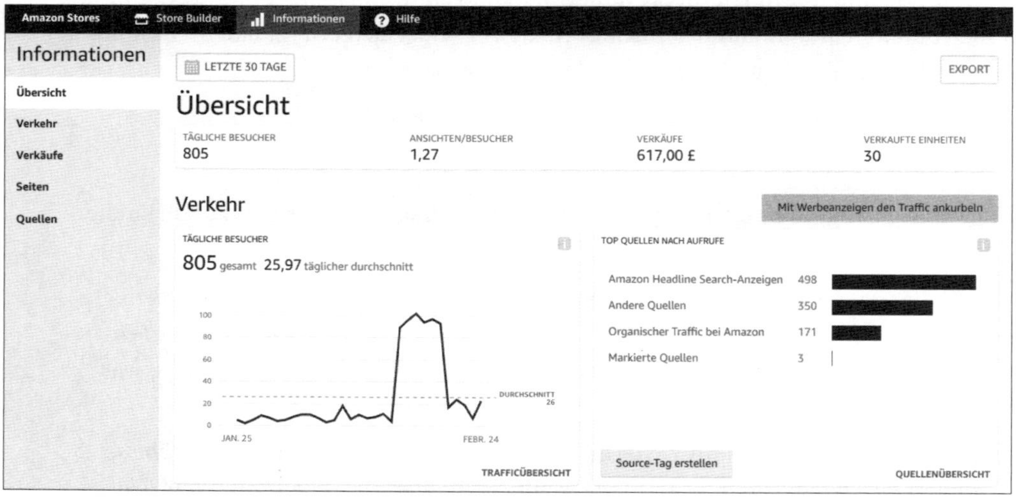

Abbildung 14.1 Grundübersicht Brandstore

In den INFORMATIONEN des Brandstores erhalten Sie täglich übersichtliche Einblicke (siehe auch Abbildung 14.1):

> »*Tägliche Besucher: Gesamt eindeutige Nutzer oder Geräte, die eine oder mehrere Seiten auf Ihrem Store an einem bestimmten Tag gesehen haben*

Aufrufe: Anzahl der Seitenaufrufe während dieses Zeitraumes. Schließt wiederholte Aufrufe ein.

Verkäufe: Geschätzter Gesamtverkauf, der von Store-Besuchern innerhalb von 14 Tagen seit ihrem letzten Besuch erzeugt wurde. Einheiten- und Verkaufsdaten sind erst seit dem 25. Dezember 2017 verfügbar.

Verkaufte Einheiten: Geschätzte Gesamteinheiten, die von Store-Besuchern innerhalb von 14 Tagen seit ihrem letzten Besuch gekauft wurden

Ansichten/Besucher: Durchschnittliche Anzahl an eindeutigen Seiten, die von einem täglichen Besucher in Ihrem Store angezeigt werden«

Abbildung 14.2 Weitere Metriken im Store

Weiterhin ist eine Übersicht über die Verkäufe auf Tagesbasis vorzufinden (siehe auch Abbildung 14.2):

»Wie werden Verkäufe und verkaufte Einheiten berechnet?

Wir berechnen die Gesamtzahl der Verkäufe oder Einheiten anhand der Daten von Amazon. Wir berücksichtigen Verkäufe, die von Store-Besuchern innerhalb von 14 Tagen nach dem letzten Besuch Ihres Stores generiert wurden. Es gibt zwei Arten zugeordneter Verkäufe, die in unseren Berechnungen erfasst werden:

Direkte Verkäufe oder Einheiten: Verkäufe oder gekaufte Einheiten von Produkten auf einer Store-Seite, die vom Käufer angezeigt wurde.

Halo-Verkäufe oder -Einheiten: Verkäufe oder gekaufte Einheiten von Produkten Ihrer Marke bei Amazon, bei denen das gekaufte Produkt nicht auf der vom Kunden angezeigten Store-Seite verfügbar war.

Wie werden Verkäufe und verkaufte Einheiten zugeordnet?

Wir verwenden Last Discovery-Methoden, um Verkäufe und verkaufte Einheiten einzelnen Seiten und Quellen zuzuordnen.«

Die Berechnung ist insoweit sauber, nur werden bekannterweise Store-Besucher nicht in den allgemeinen Statistiken zum Traffic aufgeführt, deren Käufe aber schon. Das verzieht natürlich Grunddaten des Accounts je nach Nutzungsgrad erheblich.

Die Quellenzuweisung erfolgt in vier Bereichen, organischer Traffic über Amazon, Headline Search Ads (HSA) oder markierte Quellen, also Source Tags, daneben alle weiteren Traffic-Quellen:

»Amazon Headline Search Ads: Traffic, der durch Headline Search Ads auf Amazon generiert wurde.

Organischer Traffic auf Amazon: Traffic, der direkt von Amazon stammt, einschließlich der Suchergebnisse oder Produktdetailseiten einer Marke.

Mit Tag markierte Quellen: Traffic, der mit einem benutzerdefinierten Quellen-Tag nachverfolgt wird.

Sonstiges: Alle sonstigen nicht kategorisierten Traffic-Quellen.

Wir ordnen den Verkauf der letzten Quelle des Kundenbesuchs vor dem Kauf zu.

Beachten Sie, dass die von uns angezeigten Verkaufsdaten in den Store Informationen auf dem Datum des Besuchs, nicht dem Datum des Verkaufs basieren.«

Seit dem 8. Juli 2018 sind Änderungen implementiert worden, und zwar für genauere Traffic-Daten. So werden nun keine Seitenvorschauen und Cache-Anfragen von bestimmten Websites und Apps im Rahmen der Traffic-Kennzahlen mehr gezählt. Dadurch werden einige Stores also weniger Traffic ausgewiesen bekommen als vorher.

Quellen-Tags bzw. Source Tags sind dabei eine Neuerung, die eine gewisse neue Messbarkeit mit sich bringt, besonders für externe Aktionen. Mit einem Quellen-Tag können die Leistungen einzelner Zugriffsquellen erfassen werden:

»Sie können Quellen-Tags für verschiedene Traffic-Kanäle erstellen, um ein detailliertes Traffic-Tracking für einzelne Quellen zu ermöglichen. Die Daten der mit Tag markierten Quellen werden nur nach den einzelnen Tags aufgeschlüsselt, wenn sie dem Schwellenwert zur Datenzählung innerhalb des von Ihnen ausgewählten Zeitraums entsprechen.«

Der ständig variierende Schwellenwert ist hierbei ein Problem. Ohne Tests klappt es nicht, festzustellen, wie viel Traffic notwendig ist, um die Source Tags sauber zu trennen:

> *»Markierte Datenquellen werden in einzelne Tags unterteilt, wenn sie unseren Datenschwellenwert erfüllen. Wir geben nur eine Aufschlüsselung der Top 30 Tags.«*

Der Ablauf zur Erstellung der Tags ist recht einfach und hier kurz zusammengefasst:

> *»Fügen Sie den Parameter für das Quellen-Tag (etwa ?channel=Name-des-Tags) an, wenn Sie die URL des Shops veröffentlichen oder zu Werbezwecken nutzen, um zu ermitteln, woher die Zugriffe stammen.*
>
> *Wenn ein Kunde Ihren Shop über eine URL mit diesem Parameter besucht, ordnen wir diesen Besuch sowie daraus resultierende Verkäufe automatisch der entsprechenden Quelle zu. Diese Informationen werden dann im Kennzahlenmonitor ›Stores Insights‹ (Shopinformationen) für Sie kategorisiert, damit Sie die Daten der einzelnen Zugriffsquellen gezielt analysieren können.*
>
> *Wenn Sie beispielsweise mit einer E-Mail-Kampagne zu Weihnachten mehr Zugriffe auf Ihren Shop erzielen möchten, ist es sinnvoll, die Zugriffe und Verkäufe, die Sie über den Link in der E-Mail erzielt haben, getrennt von den anderen Zugriffsquellen zu erfassen.*
>
> *Sie können diese Methode auch bei anderen Maßnahmen zum Erfassen der Zugriffe nutzen, etwa bei Produktwerbeanzeigen von Amazon Media Group, Facebook-Anzeigen und Blogeinträgen.«*

Der Brandstore ist also einer der am besten messbaren Bereiche auf Amazon, wenn man ihn als eigenständige Strategie bewertet. Dank der neuen Tags ist das externe Marketing leichter zu messen. Hierbei ist es dann jedoch notwendig, mit mehreren Unterseiten zu arbeiten. Bestenfalls legen Sie diese unter versteckten Navigationsseiten an. So können nur Besucher mit dem externen Link darauf geleitet werden. Insgesamt ist der Brandstore ein einfaches Unterfangen und dank der Vorlagen auch schnell umsetzbar. Selbst wenn Sie nichts weiter damit machen, können Sie wenigstens erkennen, ob und wie viele Kunden auf die Marke klicken.

14.2 Marketingmöglichkeiten

Die Auswahl an spezifischen Werbearten ist schier unendlich. Daher ist es sinnvoll, sich mit einigen Bereichen auseinanderzusetzen um deren Einsatz überlegter anzugehen.

14.2.1 Blitzangebote

Früher waren Blitzangebote bei Amazon der gefürchtete Game-Changer. Einmal erfolgreich durchgeführt, blieb das Produkt weiterhin lange weit oben unter Suchbegriffen platziert. Was die wenigsten dabei erkannt haben, war der Umstand, dass die Performance unter allen Suchbegriffen gestiegen ist. Dies ist auch einer der Gründe, warum so viele Anbieter ständig Blitzangebote genutzt haben. Leider hat dies zeitgleich zur Vermüllung der Angebote geführt. Mittlerweile sind die Blitzangebote nicht mehr so wirksam. Ich empfehle immer, vorab über zwei bis vier Wochen die Situation in der Kategorie zu beobachten, ob es dort überhaupt zu relevanten Reservierungen kommt (siehe Abbildung 14.3).

Abbildung 14.3 Auswahltiefe bei Blitzangeboten

Dabei ist zu beachten, wie viele Produkte hinterlegt werden, denn hohe Reservierungsraten kann man durch wenige Produkte vortäuschen. Ohne die Zuführung von Traffic werden Sie mit Ihrem Angebot nicht auf den ersten Seiten landen, und kein Kunde will ewig suchen.

Grundsätzlich ist ein Blitzangebot eine Art Preisnachlasskampagne, die eine begrenzte Zeit lang auf Amazon auf der Angeboteseite angezeigt wird. Dabei haben Sie nur selten die Möglichkeit, Zeit und Datum auszuwählen wie früher. Ein Rabatt von mindestens 15 % auf den niedrigsten Einkaufswagenfeldpreis ist nötig, je nach Event sogar der niedrigste Preis der letzten 90 Tage oder des letzten halben Jahres. Der Gesamtwert des Angebots muss bei einem vollständigen Abverkauf 500 € erreichen. Eine Wiederholung ist nur alle 7 Tage möglich. Weiterhin müssen im Schnitt drei Sterne als Bewertung vorliegen, und der Versand durch Amazon oder Prime durch den Verkäufer ist Bedingung. Das Angebot gilt nur für neue Produkte mit einem Preis ab 5 €, und es dürfen keine Plusprodukte eingereicht werden. Trotz all dieser Vorgaben ist der Wettbewerb unglaublich hoch. Wenn die Kunden keine Zeit zum Stöbern haben, wird es sehr schwer, Aufmerksamkeit zu erzeugen (siehe Abbildung 14.4).

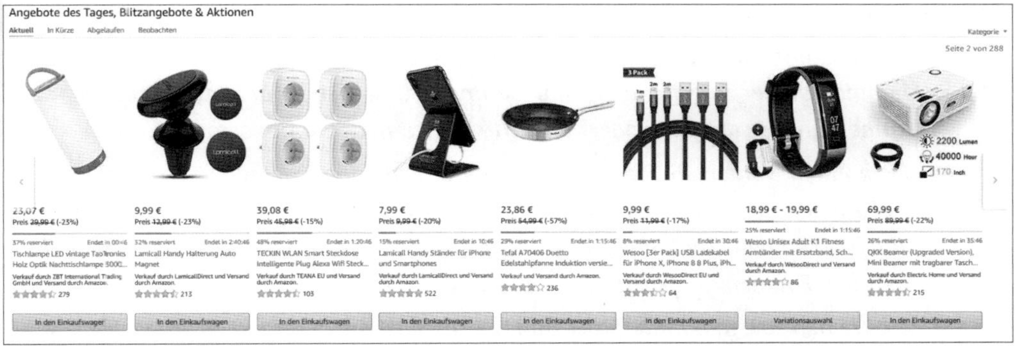

Abbildung 14.4 Übersicht Blitzangebote

Aus Kostensicht sind zwei Gebühren zu beachten: die Grundgebühr, meist 35 €, die für jedes Blitzangebot berechnet wird, das auf Amazon final angeboten wird, und ein Finanzierungsbetrag pro Einheit, also der Rabatt. Hier liegt der Unterschied zwischen Seller und Vendor. Der Seller reduziert nur den Preis, während die Gebühren dann automatisch nachträglich anfallen. Der Vendor muss den Finanzierungsbetrag vom eigentlichen Preis an Amazon abziehen. Das ist teils ruinös, wenn man es vergisst.

Als Definition findet sich derzeit folgender Wortlaut bei Amazon:

> *»Marketing-Grundgebühr:*
>
> *Der Betrag basiert auf dem zugewiesenen Wert, den Sie zahlen, wenn Ihr Produkt auf der Angebotsseite steht. Bei besonderen Ereignissen wie Prime Day kann die Marketinggebühr aufgrund der höheren Besucherzahlen, die wir an Tagen mit*

Ereignissen bei Amazon erwarten, höher sein. Der Betrag wird Ihnen bei der Erstellung des Angebots angezeigt. Die angezeigte Gebühr basiert auf dem von Ihnen vorgeschlagenen Startdatum. Wenn sich das Startdatum ändert, wird Ihnen die Marketing-Grundgebühr berechnet, die auf das tatsächliche Startdatum Ihrer Werbeaktion zutrifft. Die aktuelle Gebührenstruktur finden Sie in der Funktion für die Erstellung von Blitzangeboten hier.

Die Marketing-Grundgebühr wird Ihnen nach Beendigung der Aktion separat in Rechnung gestellt. Wenn Ihre Werbeaktion vor der Liveschaltung ausgeblendet wird, werden Ihnen keine Gebühren in Rechnung gestellt. Wenn Ihre Werbeaktion jedoch nach der Liveschaltung ausgeblendet wird, werden Ihnen die Gebühren in Rechnung gestellt. Werbeaktionen können nach der Liveschaltung ausgeblendet werden, wenn z. B. kein Lagerbestand mehr verfügbar ist oder wenn der Finanzierungsbeitrag der Werbeaktion keinen Verkaufspreis ermöglicht, der mindestens 5 % niedriger als der niedrigste Verkaufspreis der letzten 30 Tage ist. Amazon kann keine Gebühren zurückerstatten, nachdem Ihre Werbeaktion bereits live geschaltet wurde.«

Es zeigt sich also, dass Warenbestand und Preis in dieser Zeit nicht leichtfertig vernachlässigt werden sollten. Der Finanzierungsbetrag pro Einheit ist so definiert:

»Sie bestimmen, wie viel Sie pro Einheit finanzieren möchten, und Sie sind, abhängig von der zutreffenden Finanzierungsart, für den Finanzierungsbetrag pro Einheit für jede gekaufte oder verkaufte Einheit in der Aktion verantwortlich.

Sie können wählen, ob Sie Ihren Finanzierungsbetrag pro Einheit als Geldbetrag (›EUR‹) oder als einen bestimmten Prozentsatz des Preises auf der Amazon-Website (›%‹) an dem Tag angeben, an dem Sie Ihre Werbeaktion einreichen. Im endgültigen Finanzierungsbetrag pro Einheit sind keine Steuern enthalten.

Sie können eine maximale Stückzahl für jede Variante hinsichtlich Stil, Größe und Farbe in der Werbeaktion festlegen. Dies ist die maximale Anzahl der Einheiten, die Sie für jedes Produkt finanzieren möchten (im Grunde ein Budget für Einheiten).«

Für Vendoren ganz wichtig, gibt es für Blitzangebote zwei Finanzierungsoptionen:

»Bieten Sie einen zeitlich begrenzten Einkaufspreis für Aktionsbestellungen (POs) an oder zahlen Sie pro von uns während der Aktion verkauften Einheit. Um Amazon-Aktionsartikel zu einem reduzierten Einkaufspreis anzubieten, wählen Sie: ›Ich möchte, dass Amazon mein Angebot prüft und es in Betracht zieht, Bestellungen zu einem reduzierten Aktionseinkaufspreis aufzugeben‹, wenn Sie die Details zu Ihrer Aktion eingeben. Aktivieren Sie das Kontrollkästchen nicht, wenn Sie lieber pro verkaufte Einheit zahlen möchten. Amazon kann Bestellungen bis zu der maximalen Stückzahl für die Aktion zu dem von Ihnen angebotenen reduzierten Einkaufspreis aufgeben. Wenn Amazon die Bestellung(en) erfolgreich aufgegeben

hat, können Sie die Aktion nach der Genehmigung nicht mehr bearbeiten. Wenn Amazon entscheidet, keine Bestellung aufzugeben, bezahlen Sie uns die Finanzierung für alle in der Aktion enthaltenen Einheiten des Produkts, die während des Aktionszeitraums verkauft wurden. Die Finanzierungsart ist auf der Detailseite der Aktion bestätigt, nachdem Amazon die Aktion genehmigt.

Anmerkung:

- *Wenn Sie ein Produkt aus der Werbeaktion entfernen und ein anderes Produkt bewerben möchten, wählen Sie ›Dieses Produkt stornieren‹.*
- *Es können mehrere Lieferanten Aktionsprodukte an Amazon liefern. Gegebenenfalls führen wir Bestellungen für diese Aktion aus, für die Einheiten von anderen Lieferanten bezogen wurden. Sie müssen uns den Finanzierungsbetrag für innerhalb dieser Aktion verkaufter Einheiten bezahlen. Dies schließt alle Einheiten, die von anderen Lieferanten bezogen wurden, ein, es sei denn, Amazon entscheidet, Einheiten zu einem reduzierten Einkaufspreis zu kaufen. Um die Chance zu erhöhen, dass Amazon zur Vorbereitung auf das Angebot Bestellungen bei Ihnen aufgibt, melden Sie sich an, um einen zeitlich begrenzten Aktionseinkaufspreis für Aktionsbestellungen anbieten zu können.«*

Sensationell, dass man hier sogar für das Kaufen bei anderen Anbietern zur Kasse gebeten wird. Wenigstens hat man es geschafft, dass Amazon nur noch pro wirklich verkaufte Einheit den Rabatt abzieht. Früher hat Amazon die komplette Menge vereinnahmt und die Überbestände dann wieder zum höheren Preis verkauft, der Vendor jedoch verlor seinen Finanzierungsbetrag so für den Überbestand komplett.

Noch besser wird die Grundannahme von Amazon zur Höhe des Rabatts:

»Amazon führt Aktionen nur durch, wenn das Angebot für Kunden attraktiv genug ist. Amazon legt seine Verkaufspreise immer völlig unabhängig fest. Wir versuchen jedoch stets, den vollen von Ihnen angebotenen Rabatt an die Kunden weiterzugeben. Wenn beispielsweise zu dem Zeitpunkt, an dem die Werbeaktion erstellt wird, der Preis 100 EUR (ohne Umsatzsteuer) beträgt und Sie einen Finanzierungsbeitrag von 20 EUR (ohne Umsatzsteuer) leisten, erwarten wir in der Regel einen Aktionspreis von 80 EUR zuzüglich Umsatzsteuer (wobei dies im freien Ermessen von Amazon bleibt).«

Verkauft der Vendor also das Produkt zu 70 € an Amazon, und zieht man 20 % Gebühren ab, bleiben dem Vendor knapp 56 €. Davon bleiben mit Glück 20 € übrig. Also verzichtet man auf seine komplette Marge für die Reduzierung des Preises. Will man dann 25 % Rabatt geben, wird es schlicht unmöglich.

Abschließend möchte ich noch auf die endlich ermöglichte Messbarkeit bei Sellern zu sprechen kommen. Im Gegensatz zu Vendoren war diese Auflistung bislang nicht verfügbar. Immerhin seit Mitte 2017 können Sie die Ergebnisse des Blitzangebots finden, indem Sie auf den Registereiter KÜRZLICH BEENDET klicken. Folgende Daten stehen zu Verfügung:

- *»Produkte verkauft: Die Anzahl der Einheiten, die während des Blitzangebots verkauft wurden.*
- *Produkte auf der Warteliste: Die Anzahl an Produkten, die Kunden einer Warteliste hinzugefügt haben, nachdem ein Blitzangebot ausverkauft wurde. Eine hohe Anzahl von Produkten auf der Warteliste deutet darauf hin, dass Sie eine höhere als die angegebene Stückzahl für das Angebot hätten verkaufen können.*
- *Angebotsumsatz: Umsatz aus Produktbestellungen (Verkaufte Einheiten × Angebotspreis) für diese SKU*
- *Tagesumsatz des Angebots: Bestellsumme für alle SKUs, die Teil des Blitzangebots waren*
- *Anmerkung: Ihre Verkaufszahlen sind innerhalb von bis zu 2 Stunden nach Ablauf des Angebots verfügbar.«*

Das macht die ganze Messbarkeit deutlich besser. Dazu ist es aber wichtig, dringend den Tag und die Uhrzeit zu dokumentieren.

Abschließend werden die Blitzangebote immerhin durch Amazon beworben. Dazu nutzt Amazon einerseits automatische E-Mails, mit denen Kunden informiert werden, die Interesse an entsprechenden Produktdetailseiten gezeigt haben. Andererseits schaltet Amazon automatische Facebook-Anzeigen, bewirbt also sehr viele Blitzangebote automatisiert auf Facebook.

Zusammengefasst kann ich die Blitzangebote überhaupt nicht empfehlen. All die Vorteile von früher sind weg. Die Angebotsseiten übertreffen jeden Tag 300 bis zu 500 Seiten zu je sechs bis zwölf Angeboten, je nach Zoomeinstellung. Dabei aufzufallen ist schwer. Daher sollten Sie sich darüber im Klaren sein, dass ein Blitzangebot nicht unbedingt mehr Traffic mit sich bringt, auch wenn Amazon gerne das Gegenteil behauptet. So sollten Sie eher hoffen, dass der generische Traffic zu mehr Abverkäufen führen wird, da dieser auf einen reduzierten Preis trifft. Blitzangebote in Kombination mit eigenen Off-Amazon-Aktivitäten wie Facebook können jedoch Wunder wirken.

14.2.2 Tagesangebote

Bei Tagesangeboten handelt es sich um absolute Bestseller und Produkte mit extremen Rabatten. Sehr oft wird dies von großen Marken genutzt, aber immer häufiger eher zum Abverkauf der Restwaren oder alter Produktbereiche. Sie können Amazon zwar Angebote einreichen, aber im Normalfall nimmt Amazon Kontakt auf, wenn sich ein Produkt für ein Angebot des Tages qualifiziert. Die Kernvorgaben sind folgende:

- *»Min. 20% Rabatt auf den niedrigsten Einkaufswagenfeld-Preis*
- *Weit überdurchschnittliches Umsatzpotential*
- *Bestseller oder Brand*
- *Bewertung mindestens 4 Sterne*
- *Produktseiten entsprechen den Amazon-Richtlinien*
- *Zustand: Neu*
- *Artikelpreis min. 5 Euro (keine Plusprodukte)*
- *Artikel muss via Versand durch Amazon oder Prime durch Verkäufer abgewickelt werden*
- *Lagerbestand für 24h«*

Oftmals soll man laut Amazon in der Lage sein, einen mehrfachen Tagesumsatz damit zu erzeugen. Für sehr große Marken oder stark nachgefragte Produkte kann dies je nach Lebenszyklus oder Saison tatsächlich Sinn ergeben. Sonst wird es schwer, überhaupt in die Auswahl zu kommen. Die Wahrheit sieht aber anders aus.

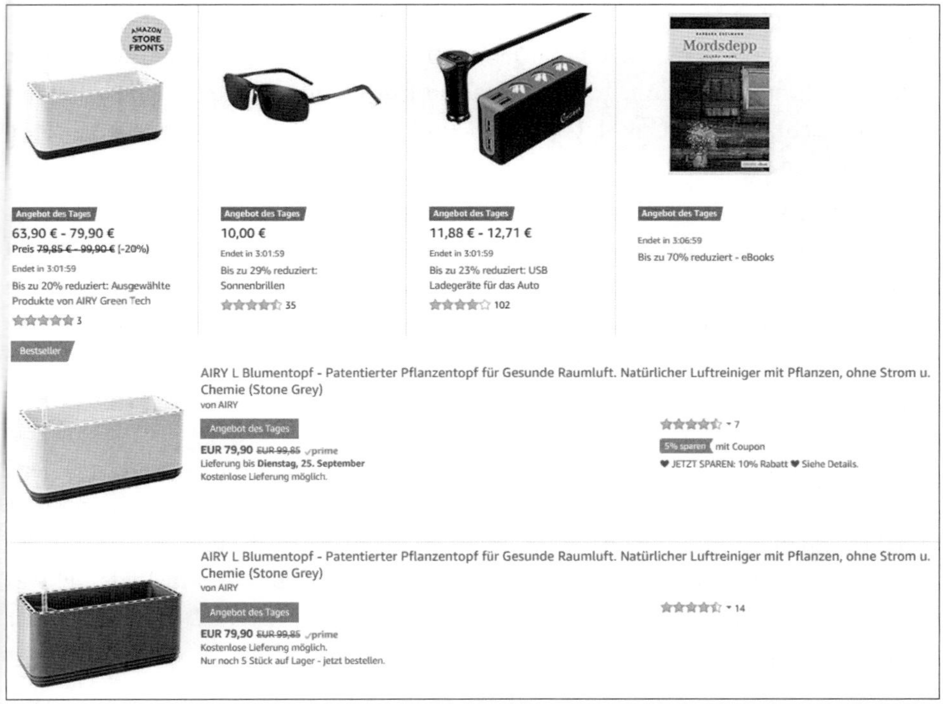

Abbildung 14.5 Angebot des Tages

Denn auch die Tagesangebote sind nicht mehr die Premiumwerbung wie früher. Sie sehen im Beispiel in Abbildung 14.5 an einem Samstagabend zwei Produkte um die 10 €. Die E-Books kosten fast alle unter 5 € und verstoßen damit sogar gegen die Regeln.

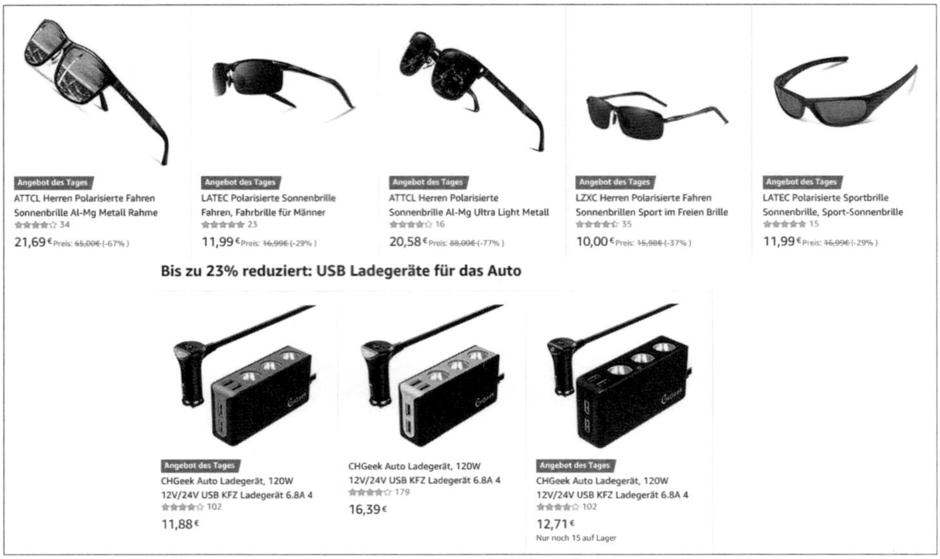

Abbildung 14.6 Tagesangebote im Detail

Die Brillen sind im Detail zwischen 10 und 20 € angesiedelt, und das Autoladegerät droht bereits am frühen Abend den Bestand zu verlieren – so stellt man sich »Weit überdurchschnittliches Umsatzpotenzial« und »Bestseller oder Brand« als Kunde nicht vor (siehe Abbildung 14.6).

Als grundsätzliches Werbemittel sind die Tagesangebote zwar zu empfehlen, aber die Kosten dafür sollten nicht zu hoch sein, und Gleiches gilt für Ihre Erwartungshaltung an den Erfolg. Zudem stehen auch hier wie bei den Blitzangeboten schnell deutlich über zehn Seiten zu je sieben Angeboten des Tages gegeneinander im Wettstreit.

14.2.3 Werbeaktionen

Eine der besten Werbemöglichkeiten sind die Werbeaktionen, die jedoch nur Sellern zur Verfügung stehen. Besonders seitdem diese auf der mobilen Ansicht direkt unter dem Preis sichtbar sind, bieten sich die Werbeaktionen an. Dabei gibt es drei einfache Arten: kostenloser Versand, Preisnachlass oder Gratisprodukte. Am Ende geht es dann noch um einen direkten Preisnachlass in Euro oder Prozent. Der Vorteil dieser Werbeart sind jedoch ihre strategischen Tiefen.

Egal, ob über bestimmte Codes oder die Zusammenführung von Produkten durch die Kaufvorgaben, ist fast alles möglich (siehe Abbildung 14.7). So können Sie am Ende die Anzeige von KUNDEN KAUFTEN AUCH beeinflussen, aber auch die gesamten Cross-Selling-Seiten mit eigenen Produkten belegen, wenn Kunden die Werbeaktionen durchführen.

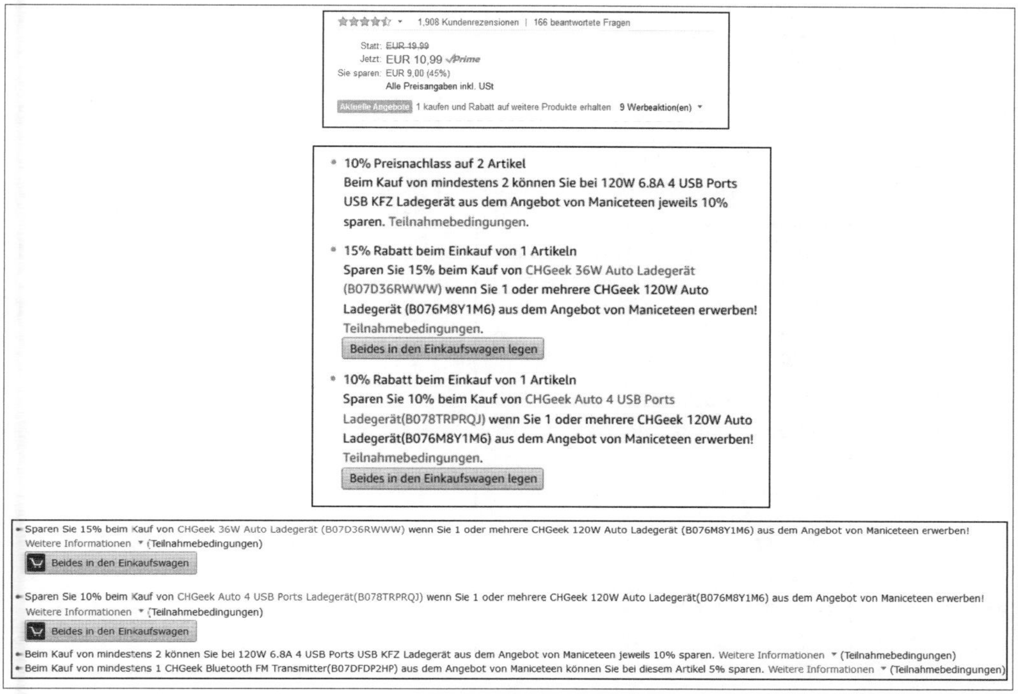

Abbildung 14.7 Werbeaktionen

Für Werbeaktionen gelten zwei Regeln:

»Berechtigungsregeln

Diese Regeln bestimmen, ob der Kunde für eine bestimmte Werbeaktion berechtigt ist oder deren Anforderungen erfüllt. Beispielsweise kann die Anforderung sein, dass ein Kunde eine Mindestmenge, ein Produkt in Höhe eines bestimmten Betrags oder ein bestimmtes Produkt kaufen muss.

Ergebnisregeln

Diese Regeln bestimmen die Vorteile oder das Ergebnis eines Kaufs, auf den sich die Werbeaktion bezieht. Die Ergebnisse können auf die gesamte Bestellung oder nur auf einen Teil der Bestellung zutreffen. Beispiele sind Rabatte in Form eines Festbetrags oder eines Prozentsatzes.«

Das heißt also, Sie können vorab entscheiden, wie viele oder welche Produkte der Kunde kaufen muss, um den späteren Rabatt in Form von Preis oder Prozent oder Zusatzprodukt usw. zu erhalten.

Das Schöne an dem System ist die eigene Auswahl der Namen für die Werbeaktion. Hier haben besonders die ansonsten nicht erlaubten Emojis sehr hohe Klickraten erzeugt, und die eigenständig auswählbaren Werbeaktionsnachrichten vervollständigen die Kontaktebene mit dem Kunden (siehe Abbildung 14.8).

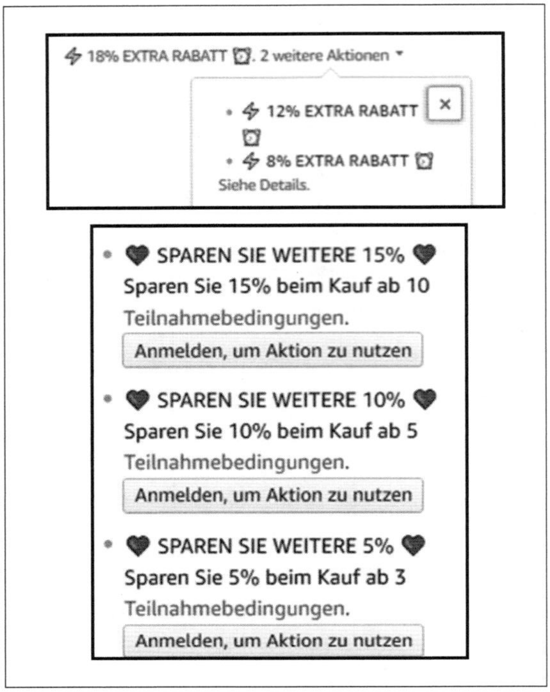

Abbildung 14.8 Werbeaktionen und Emoji

Die Verkaufsgebühren berechnen sich dann wie folgt:

> *»Bei Bestellungen, die Werbeaktionen beinhalten, werden Verkaufsgebühren auf den Gesamtverkaufspreis berechnet, nachdem die Werbeaktion angewendet wurde. Der Gesamtverkaufspreis enthält den Produktpreis und alle Gebühren für Versand, Geschenkverpackung oder Sonstiges. Abhängig von der Produktkategorie kann eine Mindestverkaufsgebühr für alle Produkte in der Bestellung gelten.*
>
> - *Beispiel 1*
>   *Wenn ein Käufer Produkt A kauft und Produkt B gratis erhält, berechnen wir eine Verkaufsgebühr auf den Gesamtverkaufspreis von Produkt A. Je nach Produktkategorie kann sowohl für Produkt A als auch für Produkt B eine Mindestverkaufsgebühr anfallen.*
> - *Beispiel 2*
>   *Wenn es einen Rabatt auf Produkt A gibt, berechnen wir eine Verkaufsgebühr auf den Gesamtverkaufspreis, nachdem der Rabatt angewendet wurde. Abhängig von der Produktkategorie, kann eine Mindestverkaufsgebühr gelten.«*

Im Seller Central finden Sie exakte Anleitungen zum Anlegen und Nutzen der Werbeaktionen. Empfehlen kann ich hier zudem die Möglichkeit, verschiedene Produktauswahlkataloge anzulegen. Das geht nach ASIN (Amazon Standard Identification

Number), SKU (Stock Keeping Unit), Kategorien, Marke oder erweitert. Der Vorteil: Sie teilen Ihr Portfolio in Segmente auf und können so sehr gut gezielte Werbeaktionen für bestimmte Produkte aufbauen. Wer ohne Aufwand arbeiten will, setzt einfach eine Aktion auf für den kompletten Katalog zu 15 oder 20 % ab einem zweiten Kauf. Hierbei sollten Sie nur aufpassen, ob Sie den Rabatt auf beide Produkte gewähren wollen oder nur auf das billigere von beiden.

Beachten sollten Sie zudem den Durchschnitt Einheiten/Bestellposten und die Retourenrate. Rabatte bringen Kunden auch auf die Idee, mehr zu bestellen, um dann auszuwählen. Ob Amazon immer sauber alles zurückrechnet, ist unklar. Nicht ohne Grund gibt es Tools wie Lost & Found von SellerLogic.

14.2.4 Preisnachlassaktionen

Preisnachlassaktionen sind eher ein Thema für Vendoren. Denn Preisnachlässe können Seller ja mit Repricern direkt umsetzen, sogar automatisiert. Die Preisnachlass-Werbeaktion ist eine Möglichkeit, übermäßige Bestände abzubauen. Es soll helfen, das Einkaufswagenfeld zurückzuerobern oder die Nachfrage anzukurbeln. Weiterhin unterstützt Amazon diese Aktionen durch Site Merchandiser, das E-Mail-Team und das Deals-Team. Dabei ist die Laufzeit der Aktionen auf bis zu fünf Wochen beschränkt. Im Seller Central sind die Preisnachlassaktionen mit bis zu zwölf Monaten ausgewiesen. Dabei handelt es sich schlicht um die Funktion Angebotspreis, wobei dieser auch länger als zwölf Monate Laufzeit zulässt.

Im Detail ist für Vendoren Folgendes wichtig:

> *»Sie sind für den Finanzierungsbetrag pro Einheit für die Aktionsprodukte, die während der Kampagne verkauft werden, verantwortlich. Wenn bei der Kampagne beispielsweise 100 Einheiten verkauft werden, und ein Finanzierungsbetrag von 5 EUR pro Einheit vereinbart ist, betragen die Kosten für Sie 500 EUR. Wenn keine Einheiten verkauft werden, entstehen Ihnen Kosten in Höhe von 0 Euro. Zusätzliche Gebühren fallen nicht an. Es gibt kein Kampagnenbudget. Das heißt, dass Sie nicht festlegen können, wie viele Einheiten maximal im Rahmen einer Kampagne verkauft werden sollen. Amazon kann die Aktionsprodukte von Ihnen oder einem anderen Lieferanten kaufen. Unabhängig davon sind Sie dafür verantwortlich, den Finanzierungsbetrag pro Einheit für alle während der Kampagne verkauften Einheiten zu bezahlen.*
>
> *Anmerkung: Es können mehrere Lieferanten Aktionsprodukte an Amazon liefern, und wir führen gegebenenfalls Bestellungen für diese Aktion aus, für die Einheiten von anderen Lieferanten bezogen wurden. Sie müssen uns den Finanzierungsbetrag für innerhalb dieser Aktion verkaufte Einheiten bezahlen. Dies schließt alle Einheiten, die von anderen Lieferanten bezogen wurden, ein.«*

Immer wieder nett von Amazon, dass man als Vendor zahlt, egal, woher Amazon die Ware bekommt. Zur Auswahl der Produkte sind die Beschränkungen nicht ganz so kompliziert wie bei Blitzangeboten.

»Sie können Preisnachlässe für jedes Produkt in Ihrem Katalog erstellen, auch für Varianten in Stil, Größe und Farbe eines Produkts oder mehrere Produkte gleichzeitig.

Produkte müssen über ein aktives Angebot verfügen. Damit eine Kampagne für ein Produkt durchgeführt werden kann, muss Amazon das Produkt derzeit von Ihnen beziehen können und Kunden müssen das Produkt von Amazon auf der Website kaufen können.

Produkte müssen für alle Kunden geeignet sein. Kampagnen sind eventuell nicht für alle Produkte zulässig. Sie können der Einstufung eines Produkts als unzulässig durch Amazon nicht widersprechen.«

Tatsächlich haben es Anbieter schon geschafft, durch clevere Preisänderungen die Buy-Box-Teilnehmer erheblich aus dem Wettbewerb zu drängen. Da jedoch bei einem B2B-Geschäft als Vendor Amazon das letzte Wort hat, ist die Strategie, das Einkaufswagenfeld zurückzuerobern, nicht langfristig gedacht. Auch das Ankurbeln der Nachfrage scheitert über kurz oder lang, da der Preis ja wieder auf den Ausgangswert steigt. Tatsächlich eignen sich solche Rabatte eigentlich nur zum Abverkauf von Überbeständen. Bitte jedoch nicht nach dem Motto von Amazon: »Wir haben zu viel auf Lager, bitte rabattieren Sie die Ware«, sondern um den Lebenszyklus der Produkte zu beenden.

14.2.5 Sonderrabattaktionen

Eine weitere Version der Preisnachlässe sind die Sonderrabatte. Die Platzierung erfolgt häufig auf der Seite der Amazon-Angebote. Die Laufzeit ist auf bis zu zwei Wochen festgelegt.

Hier zunächst die Bedingungen für Seller und die drei Arten von Rabatten für die Verkaufsgebühren:

»Preisbezogen: Sie erhalten einen Rabatt, indem Sie die Wettbewerbsfähigkeit Ihrer Preise verbessern.

Auswahlbezogen: Sie erhalten einen Rabatt, indem Sie Ihre Auswahl vergrößern.

Prime-bezogen: Sie erhalten einen Rabatt, indem Sie Ihre Auswahl an Prime-Produkten vergrößern.

Anmerkung: Rabatte für die Verkaufsgebühr sind nur für Verkäufer im Verkaufstarif Professionell verfügbar.

- *Preisbezogene Rabatte*
  Einige Produkte kommen für einen Rabatt für die Verkaufsgebühr in Frage, wenn sie zum oder unter dem Rabattschwellenwert verkauft werden. Für jedes für den Rabatt in Frage kommende Produkt, das Sie zum oder unter dem Rabattschwellenwert verkaufen, erhalten Sie den für dieses Produkt angegebenen Rabatt, bis die Rabattaktion endet. Der Gesamtverkaufspreis ist der vom Käufer bezahlte Gesamtbetrag inklusive Artikelpreis und Gebühren für Lieferung bzw. Geschenkverpackung.
- *Auswahlbezogene Rabatte*
  Gelegentlich bieten wir zeitlich begrenzte Rabatte auf Verkäufe von Produkten, die bei unseren Kunden sehr beliebt sind, oder auf neue Produkte, die Sie in beliebten Marken oder Kategorien hinzufügen. Diese Rabatte haben keine preislichen Einschränkungen und jeder Verkauf eines berechtigten Produkts erhält einen Rabatt, bis die Aktion endet
- *Prime-bezogene Rabatte*
  Möglicherweise kommen Sie auch für zeitlich begrenzte Rabatte auf Verkäufe von Produkten in Frage, die Sie mit ›Versand durch Amazon‹ und Prime durch Verkäufer anbieten. Diese Rabatte haben keine preislichen Einschränkungen und jeder Verkauf eines berechtigten Produkts erhält einen Rabatt, bis die Aktion endet«

Es handelt sich also um direkte Rabatte für den Händler, deren Produkte im gesunkenen Endkundenpreis erscheinen. Bei Vendoren sieht das anders aus. Alles ist exakt identisch, mit dem Unterschied, dass der Finanzierungsbetrag direkt vom Einkaufspreis an Amazon abgezogen wird, also dasselbe Modell, nur einmal zahlt Amazon an Seller durch reduzierte Gebühren, das andere Mal muss der Vendor zahlen. Solche Aktionen können kurzfristig helfen und erhöhen die Sichtbarkeit unter den Angeboten. Jedoch sollten besonders Marken und größere Seller hier mit den Ansprechpartnern bei Amazon zusammenarbeiten und richtige Aktionen entwickeln, also Rabatte auf Sortimente wie beim Preisnachlass auch. Dadurch wird bei den Aktionen nicht IN DEN EINKAUFSWAGEN, sondern ANGEBOTE ANSEHEN ausgespielt, was Kunden eher zum Klicken anregt, als direkt zu kaufen.

14.2.6 Coupons

Für Seller eine relativ neue Möglichkeit und für Vendoren schon länger verfügbar sind Coupons. Es gilt ein Mindestrabatt für Coupons von 5 % und ein Höchstrabatt von 80 %. Sie legen ein übergeordnetes Gesamtbudget fest und suchen die Produkte aus. Dabei ist Folgendes zu beachten:

»Ein Coupon kann frühestens 6 Stunden nach Erstellung live geschaltet werden. Bei Coupons, die mit dem Startdatum des Erstellungstages erstellt wurden, sind mindestens 6 Stunden erforderlich, bis unser System Ihren Coupon anhand einer Reihe von Validierungsregeln geprüft hat. So wird sichergestellt, dass der Coupon unseren Kunden einen echten Mehrwert bietet. Derzeit ist die Erstellung von Coupons mehr als 1 Monat im Voraus nicht möglich (Startdatum des Coupons nicht mehr als 1 Monat nach dem Datum der Erstellung).

Das Budget, das Sie für Ihren Coupon festlegen, bezieht sich auf die folgenden Kostenpunkte:

- *Gegenwert in Euro des von Ihnen für Kunden angebotenen Rabatts*
- *Einlösegebühr (0,50 € pro Einlösung) von Amazon*

Anhand des folgenden Beispiels können Sie sehen, wie sich das auf Ihr Budget auswirkt: Sie bieten einen Coupon über 4,00 € für einen Artikel an, der 25,00 € wert ist. Am ersten Tag, als Ihr Coupon aktiviert wurde, lösten 50 Kunden den Coupon ein (sie kaufen ein für einen Coupon berechtigtes Produkt, nachdem sie den Coupon angehängt haben). Ihre Kosten für diese Transaktionen werden wie folgt berechnet:

(Gegenwert in Euro des von Ihnen angebotenen Rabatts × Anzahl der Einlösungen) + (Einlösegebühr x Anzahl der Einlösungen)

(4,00 € × 50) + (0,50 € × 50) = 200 € + 25 € = 225 €

Infolge des Kundeninteresses an Ihrem Coupon wird sich Ihr Budget am darauffolgenden Tag um 225 € reduzieren.

Wir deaktivieren Ihre Coupons, sobald Ihr Budget zu 80 % eingelöst wurde. Dies kann zu einem höheren Budget als ursprünglich erwartet führen, da die Kunden, die den Coupon bereits vor Erreichen des Budgetschwellenwerts von 80 % angehängt haben, den Coupon noch bis zum offiziellen Ablaufdatum einlösen können.«

Witzigerweise verpasst es Amazon doch auch hin und wieder, den Coupon zu deaktivieren. Dann hat man einiges zu tun, nachzuweisen, wie lange und wie viele Produkte und Bestellungen betroffen sind. Vendoren müssen zusätzlich eine Aktivierungsgebühr neben der Einlösegebühr zahlen.

Coupons haben einen übergeordneten Vorteil, sie erscheinen direkt neben dem Preis und Titel und sehen aus wie ein Bestseller-Badge. Die höhere Klickaffinität sollten Sie also beachten. Aus meiner Sicht sollten Sie nie Rabatte unter 10 % anstreben, Kunden wollen richtige Angebote und nicht wenige Prozent als Lockmittel für einen Klick. Dennoch können Sie schnell überall 5 % als Nachlass nutzen, um den Grund-Traffic zu ermuntern, den Kauf final durchzuführen und so die Konvertierungsraten zu erhöhen. Einlösequoten von über 30 % sind sehr häufig.

14.2.7 Cashback

Bei Cashback handelt es sich um Marketingaktionen, bei denen der Kunde nach dem Kauf einen Geldbetrag zurückbekommt. Dabei werden oft ein Zeitraum und die Produktauswahl vorgegeben. Oftmals muss sich der Kunde dann zusätzlich registrieren und den Kauf über Belege nachweisen (siehe Abbildung 14.9). Das kurioseste mir bekannte Szenario war die Übermittlung der Amazon-Rechnung und eines Teils der Verpackung per Post an den Hersteller.

Abbildung 14.9 Cashback

Einige Marken wie Sony haben dauerhafte Cashback-Aktionen laufen, bei denen dann Suchseitenfilter im jeweiligen Rabatt auswählbar sind und von 20 € bis 1.000 € reichen. Solche Arten von Aktionen sind eher für sehr große Marken und Vendoren mit teuren Produkten geeignet.

Im kleineren Rahmen sind es dann eher Kombiaktionen, die beim Kauf von Artikeln über einen bestimmten Betrag, zum Beispiel über 30 €, zu einem Rabatt führen (siehe Abbildung 14.10).

Abbildung 14.10 Rabatt beim Mehrfachkauf

Dieses Beispiel finden Sie sehr häufig im Bereich Kosmetik oder Elektronik. Dabei gibt es keine Grenze der Auswahl und Zusammenstellung, auch eigene Landingpages mit der eigenen Corporate Identity sind dann möglich. Größere Marken schaffen es auch, anstelle von Rabatten eigene Geschenke oder kostenlose Produkte einzubinden (siehe Abbildung 14.11).

Daher kann ich diese Werbeart ohne Weiteres im kleineren Rahmen empfehlen. Die großen Cashback-Aktionen sind dann eher für teure Notebooks, weiße Ware oder ähnliche Produkte zu nutzen.

Abbildung 14.11 Geschenkaktionen

14.2.8 Spar-Abo

Das Spar-Abo ist ein vom Anbieter finanziertes Abonnementprogramm, über das Amazon-Kunden für regelmäßige Produktkäufe Rabatte und kostenlose Lieferung erhalten. Folgende Teilnahmekriterien können greifen, die die Verkaufshistorie und Statistiken zur Verkäuferleistung betreffen.

> *»Wenn Sie teilnehmen möchten, benötigen Sie ein Konto von Versand durch Amazon, das:*
>
> - *einwandfrei geführt wird*
> - *über eine Bewertung von 4,7 oder höher verfügt*
> - *seit 3 Monaten oder länger aktiv ist*
>
> *Produkte müssen über Versand durch Amazon angeboten werden und Sie müssen einen Prozentsatz auf Lager von mindestens 85 % haben.«*

Das Ganze ist ein einfaches System mit einem einzigen Nachteil: Aktuell sind Produkte mit Abofunktion fast immer als solche voraktiviert. Da aber kaum alle Kunden immer die Abos wollen, ist das sehr ärgerlich. Viele Kunden merken erst bei der erneuten Lieferung der Ware, dass ein Abo abgeschlossen wurde. Amazon macht dies absichtlich:

> *»Im Einkaufswagen-Feld wird standardmäßig das Spar-Abo aufgeführt, das Kunden anzeigt, wie viel mehr Lieferungen sie anfordern müssen, um einen höheren Rabatt zu erhalten.*
>
> *Wenn Kunden Ihre Produkte sofort benötigen, können sie im Einkaufswagen-Feld ›Einmalige Lieferung‹ auswählen«*

Der Rabatt reicht meist von 5 bis 15 %. Wichtiger als der eigentliche Preisnachlass ist für mich aber die Zeit zwischen den Lieferungen (siehe Abbildung 14.12).

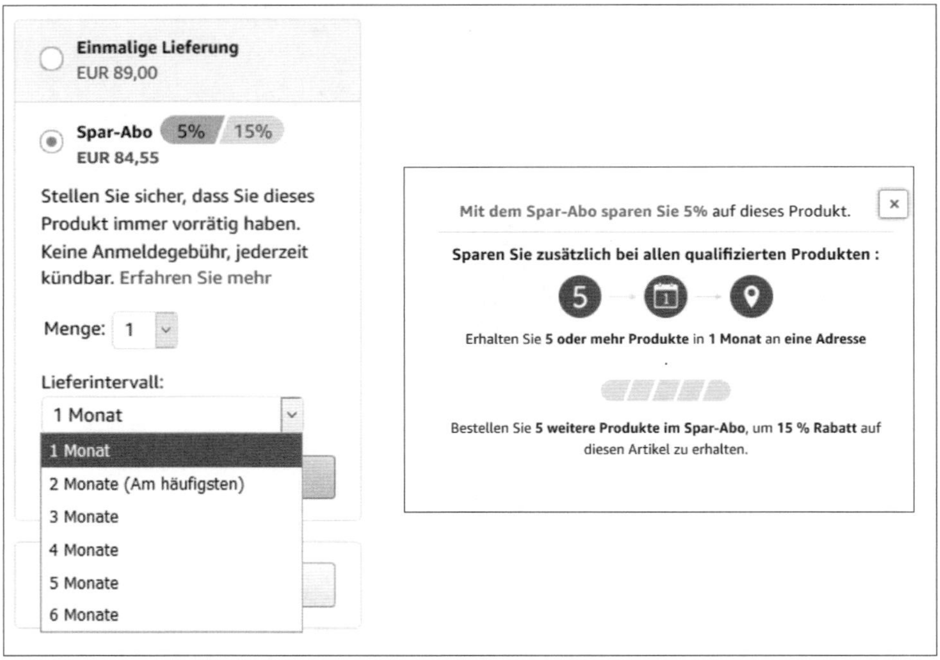

Abbildung 14.12 Spar-Abo

Wann benötigt ein Kunde die Zahnpasta oder die Druckerpatronen erneut? Leider ist dies nur von einem bis sechs Monate wählbar. Wie flexibel ist das Abo in der Anpassung, oder kann man es aussetzen?

> *»Überspringen oder stornieren Sie Ihre Lieferungen jederzeit*
>
> *Wenn Sie Ihre Lieferungen überspringen oder stornieren möchten, gehen Sie einfach zu >Mein Konto und klicken Sie auf >Spar Abo verwalten.«*

Schnell kann es dennoch passieren, dass man Waren anhäuft. Ein anderer Vorteil für Kunden liegt hier versteckt:

»Der Rabatt hängt von der Anzahl der abonnierten Produkte ab. Kunden erhalten zusätzliche Ersparnisse bei berechtigten Abonnements, wenn sie fünf oder mehr Produkte (nicht nur von Ihnen, sondern von beliebigen Lieferanten) bestellen, die am selben Tag zur selben Adresse geliefert werden.«

Also eine erweiterte Rabattierung durch Amazon, wenn alles in einem Paket versendet werden kann. Aber nun wird es noch etwas umständlich:

»Der Rabatt wird vor etwaigen anderen Rabatten berechnet, mit Ausnahme der Rabatte für Angebote des Tages. Jegliche Coupons oder andere Werbeaktionen, die Sie anbieten, gelten auch für Ihre Spar-Abo-Produkte. Wenn Sie beispielsweise eine Werbeaktion mit einem 20-%-Rabatt auf ein Produkt anbieten, das auch über das Spar-Abo-Programm verfügbar ist, wird der Rabatt zu den vorhandenen Abonnements hinzugefügt und führt zu einem Gesamtrabatt von mehr als 20 % für Abonnements.«

Insgesamt sollten Sie beachten, dass schnell alle Produkte mit einer Abomöglichkeit in so einem Fall belastet werden könnten:

»Sobald die Finanzierungsvereinbarung unterzeichnet wurde, werden alle Produkte in Ihrem Katalog, die an Amazon-Versandzentren geliefert werden, wöchentlich basierend auf verschiedenen Kriterien bewertet, darunter ihre Eignung für ein Abonnement, Rentabilität und operative Kennzahlen. Wenn die Produkte für das Programm angemeldet sind, wird das Spar-Abo-Kauffeld auf Ihrer Detailseite aktiviert.«

Gesamt betrachtet müssen Sie erkennen, ob Ihre eigenen Produkte Wiederholungskäufe nach sich ziehen. Dazu können Sie versuchen, über Bestellvorgänge Stammkunden zu identifizieren, oder aber bestimmte Produkte bei den Zielgruppen auf externen Plattformen als Abo bewerben, wie Kindergärten oder Schulen, die zum Beispiel regelmäßig Bastelbedarf benötigen. Aber dafür ist ein sauberes B2B-Geschäft zweckmäßiger als ein Amazon-Abo. Dennoch, versuchen kostet nichts.

14.2.9 Prime Deals

Anfänglich fand die Werbeaktion der Prime Deals ausschließlich für Prime-Mitglieder jeden Donnerstag statt. Dabei wechselten die Themen jede Woche. Ganz zum Start dieser Funktion waren es Farben, mittlerweile sind eigene Themenbereiche von Fußball über Frühjahrsputz usw. möglich, dagegen hat sich der Zeitraum von wöchentlich auf in (un-)regelmäßigen Abständen eingependelt. Der Vorteil der Prime Deals liegt insbesondere für große Marken darin, diese Events mitprägen zu können. Eigene Ideen sind gern gesehen, und Amazon ist dabei sehr offen. So werden auch die Quartalspläne für diese Events gern kommuniziert, und Sie können für den Jahresplan feststellen, wann Amazon die eigenen Waren benötigen könnte. Dabei ist die Angebotsauswahl immer auf qualitativ hochwertige Produkte ausgelegt. Die Landingpage ist stets an das Thema angepasst (siehe Abbildung 14.13).

Abbildung 14.13 Prime Deals

Zudem erfolgt ein ausgeprägtes Marketing seitens Amazon auf allen gängigen Seiten. Seite 1 von Amazon, also die Startseite, präsentiert sofort Prime-Deal-Banner, und auch in den Angeboten werden die Prime Deals ausgespielt. Ein übergeordnetes Banner als Streifen oben auf fast jeder Seite und unterhalb der Aufzählungspunkte rundet das Werbeumfeld ab. Weiterhin werden die Prime Deals auf den Themenseiten und den Kategorienseiten genutzt. Durch die kategorienübergreifenden Themen werden sehr viele neue Kundengruppen angesprochen. Normalerweise sind die Produkte ja nur im relevanten Kategorienumfeld auffindbar und nicht themenspezifisch.

Was bringen die Prime Deals also insgesamt? Eine hohe Produktsichtbarkeit durch die Werbeplatzierung überall auf Amazon. Dank der themenrelevanten Produktauswahl sind Sie häufig der einzige Anbieter. Eine einzige geschlossene Werbeseite lenkt die Kunden nicht durch Wettbewerber ab.

Die Vorgaben zur Teilnahme sind einfach: 25 % Rabatt sollten drin sein, 4 Sterne im Bewertungsschnitt, und 24 Stunden lang sollten Sie eine hohe Nachfrage bedienen können. Dabei sind sowohl Neuheiten als auch limitierte Editionen gern gesehene Produkte oder schlicht Bestseller zu sehr guten Angebotspreisen.

Im Gegensatz zu Blitzangeboten oder anderen Preisreduzierungen sind Prime Deals eine geschlossene Seite und Produktauswahl. Amazon kümmert sich um den Zulauf von Kunden, das heißt, Sie müssen nur mit Bild und Preis überzeugen. Daher empfehle ich Ihnen, unbedingt den Kontakt mit dem zuständigen Team zu suchen und besonders als große Marke hier wenn möglich immer teilzunehmen. Leider werden die Deals aktuell nicht mehr regelmäßig angeboten.

14.2.10 Geschenkoptionen

Eher einen kleinen Zusatzeffekt statt eines expliziten Marketings erreichen Sie mit Geschenkoptionen. Damit können Sie Kunden Geschenkverpackungen, persönliche Grußnachrichten oder beides anbieten. Besonders vor Weihnachten, Ostern oder auch dem Valentinstag ist das eine sehr einfache und nette Möglichkeit, sich von anderen Produkten abzuheben und, ähnlich wie bei Dash-Buttons, die Marke in den letzten Prozenten auszubauen und den Kunden zu binden.

14.2.11 Prime Samples

Bei den Prime Samples handelt es sich um eine Art Kostproben für Prime-Mitglieder, mit denen sie Rabatte für die Hauptprodukte erwerben können. Der Rabatt entspricht exakt dem Kaufpreis der Samples-Box. Aktuell ist diese Marketingoption nur in den USA verfügbar. Dazu verkauft Amazon selbst Boxen von 7 bis 20 US$ (siehe Abbildung 14.14). Dabei müssen sich die Anbieter jedoch mehr oder weniger reinverhandeln oder werden von Amazon angefragt. Definitiv ist das eine gute Möglichkeit, wenn Sie Kunden über andere Wege erreichen und weiterhin an Amazon als Werbeträger festhalten wollen.

Es gab zwischenzeitlich ein ähnliches Konzept, dabei konnten Kunden kleine Kostproben bei jeder Bestellung zusätzlich erhalten. Diese mussten vom Anbieter gegenfinanziert werden. Der Kunde erhielt dann einen kleinen Rabatt beim Kauf des Hauptprodukts. Dies wurde mittlerweile aber durch die Prime-Samples-Box ersetzt.

Die Zielgruppe ist hier im Schwerpunkt in den Bereichen Kosmetik, Nahrungsmittel, aber auch Haustiere und Sportnahrung zu suchen, die Pröbchen- und Testbranchen eben.

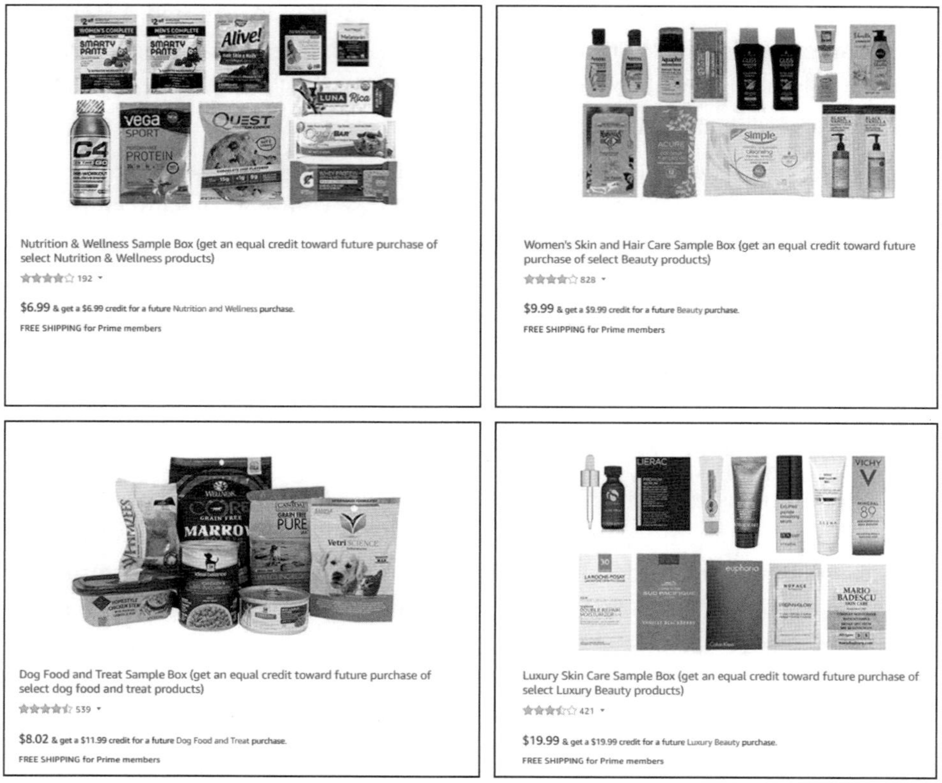

Abbildung 14.14 Prime-Samples-Boxen

14.2.12 Events

Unter die Events fällt jede Art von Amazon-Event, egal, ob Coupon-Wochen, Prime Day, Black Friday oder Cyber Monday, selbst zum Valentinstag, zum Jahresanfang, zu Ostern und eigentlich das ganze Jahr über finden willkürlich Aktionen und Events statt (siehe Abbildung 14.15). Das Ziel ist immer dasselbe, möglichst viele Anbieter zu überzeugen, die Preise zu reduzieren.

Abbildung 14.15 Events auf Amazon

Bei diesen Großevents nutze ich mittlerweile nur noch sehr stark die Zeit vor den Events. Hier informieren sich Kunden oft vorab, und mit guten Angeboten können Sie in dieser Zeit ohne den Wettbewerb im Rücken überzeugen. Die großen Preisschlachten führen meist nur zu Umsatz ohne Gewinn. Daraus resultieren aber mittlerweile keine langfristig andauernden hohen Platzierungen unter den Suchbegriffen mehr.

Egal, was also für besondere Angebotsaktionen im Event genutzt werden, sollten Sie unbedingt wissen, ob die Produkte überhaupt mit diesen Aktionen grundsätzlich verkaufbar sind. Das sollten Sie generell immer vorher testen, um dann bei den jeweiligen Sonderangeboten entscheiden zu können, ob Sie dabei sein wollen oder müssen.

14.3 Amazon Advertising Platform – Amazon DSP

Die Amazon Advertising Platform (AAP) ist im September 2018 umbenannt worden in Amazon DSP, das heißt schlicht Demand Site Platform. Mit DSP können Sie programmgesteuert fast jede Zielgruppe sowohl auf Seiten und Apps von Amazon als auch durch Publishing Partner und Drittanbieter-Exchanges erreichen. Dies passiert dann in Echtzeit-Bietverfahren, und die Abrechnung erfolgt nicht klickbasiert, sondern per Tausenderkontaktpreis (TKP). Mit dieser Werbeart ist dem Anspruch auf exakte Zielgruppen keine Grenze mehr gesetzt. Jedoch dürfen nur Agenturen die Kampagnen managen oder eben Amazon selbst. Dabei sind die Startbudgets bei Agenturen meist deutlich geringer. Jedoch sollten Sie die Kosten immer genau hinterfragen. Wie viel Prozent des Budgets geht an Amazon, meist 25 %, oder wie viel geht an die Agentur, meist 15 %, und wie viel will die Agentur im Nachgang noch zusätzlich dazu? Hinzu kommen noch alle Kosten für Zielgruppen oder Segmente. Abgebildet wird das Ganze jedoch alles in einer Rechnung, ganz nett also.

Im einfachsten Fall nutzen Sie Segmente, die Sie von Amazon anlegen lassen müssen. Sie können detailliert die Suchenden bestimmter Produkte oder ganzer Produktgruppen oder Marken auswerten lassen. Jedoch kann Amazon immer nur 1.000 Produkte je Segment analysieren. Da müssen Sie dann schon gesplittete Segmente anlegen lassen. Wenn genügend Traffic vorhanden ist, erhalten Sie ein einzigartiges Re-Targeting anhand der »eigenen« Kunden. Dieser Zielgruppe spielen Sie nun gezielt Produkte aus, die mindestens 15 Bewertungen haben; Varianten helfen hierbei natürlich, die 15 zu erreichen. Wichtig ist dabei, nicht die Verkäufe des einzelnen Produkts zu bewerten, sondern alle Verkäufe. Dazu müssen Sie beachten, dass alle relevanten Produkte in der Kampagne hinterlegt werden müssen. Leider sind nur bis zu 10.000 Produkte hinterlegbar. Amazon kann also schlicht nicht groß handeln.

Sinnvoll ist es, seine Taregting-Segmente an den eigenen Produkten oder Preisbereichen aufzubauen. So will man Kunden von Produkten unter 20 € nicht mit Produkten für 50 € bewerben. Auch die Trennung der Produkte in Segmente wie Außen- und Innenleuchten ist möglich. So können Sie einerseits sehr gut trennen, wohin die Werbung gehen soll, andererseits können Sie einfach alle Kunden, die aus dem Bereich Ringe kommen, mit Ohrringen bewerben. In der Tiefe ist das also ein wunderbarer Ansatz, um Kampagnen vom Start an optimal aufzubauen.

Kommen wir zu einigen Rahmendetails. Amazon lässt in der Grundauswahl jede erdenkliche Auswahl zu, ob Sie nur auf Amazon ausspielen möchten oder eben nicht. Auch die Differenzierung zwischen mobiler und Desktop-Ausspielung oder der Betriebssysteme und Endgeräte der Beworbenen ist möglich. Wie oft wollen Sie einen potenziellen Kunden pro Tag mit der Werbung ansprechen? Das ist ebenso zu entscheiden wie die bevorzugte Positionierung (siehe Abbildung 14.16).

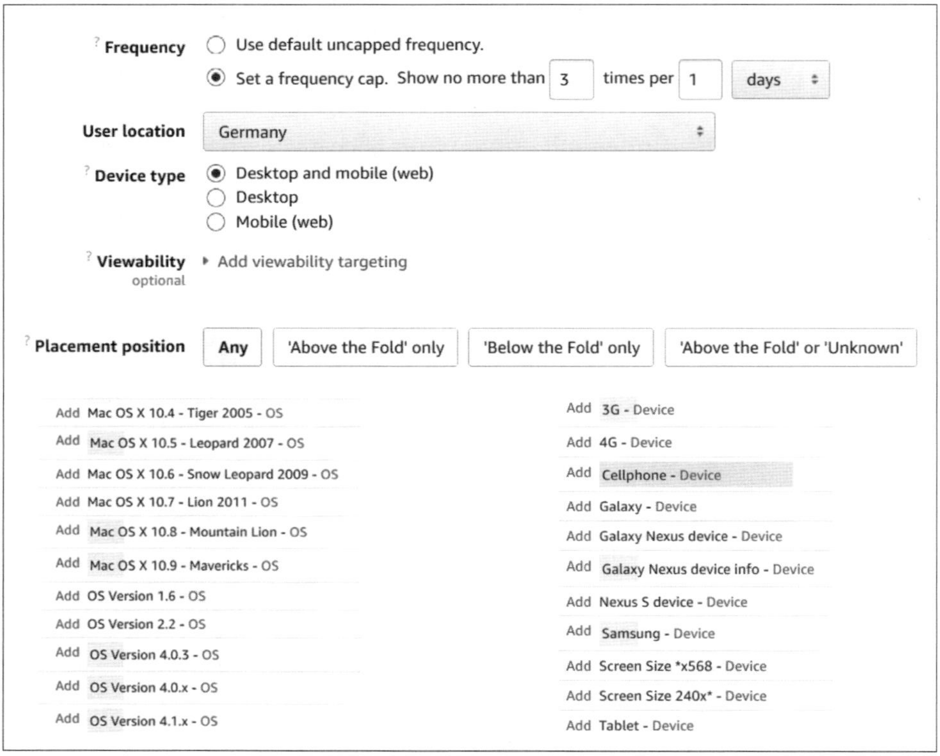

Abbildung 14.16 Detailauswahl Ausspielung DSP

Das Auswählen bestimmter Seiten als Ziel oder eben deren Ausschluss ist erlaubt (siehe Abbildung 14.17).

Sogar das exakte Festlegen der zeitlichen Ausspielung pro Tag und Stunde wird ermöglicht (siehe Abbildung 14.18).

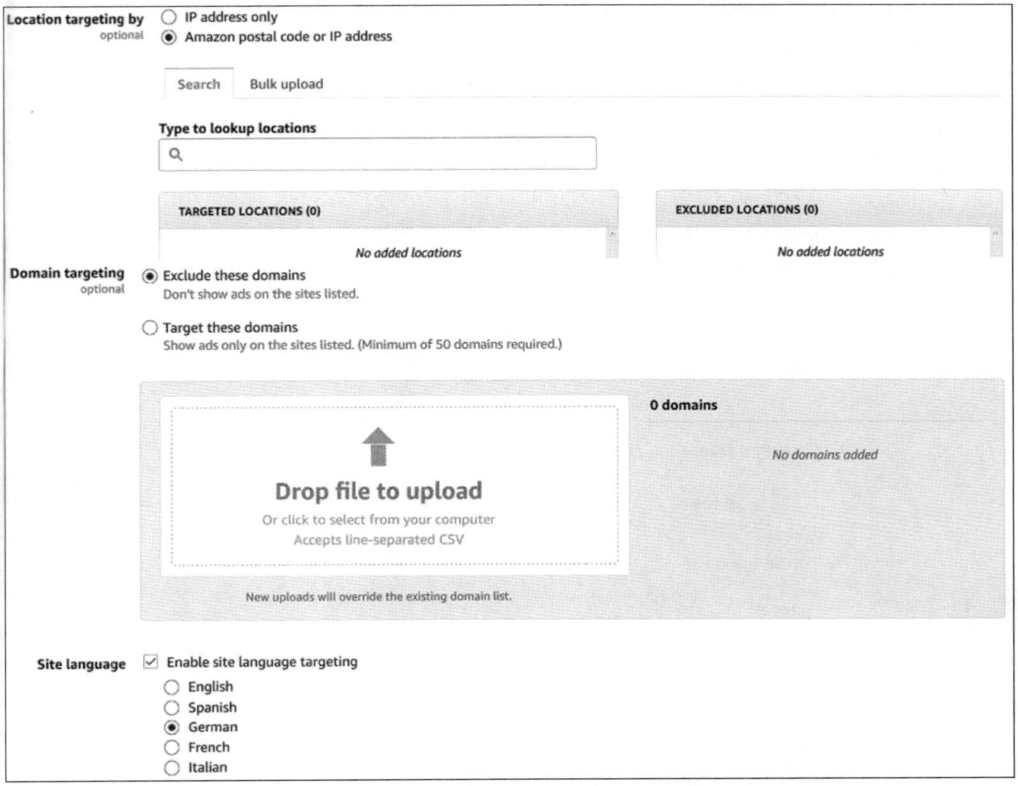

Abbildung 14.17 Zielauswahl der Seiten oder Locations und Sprache

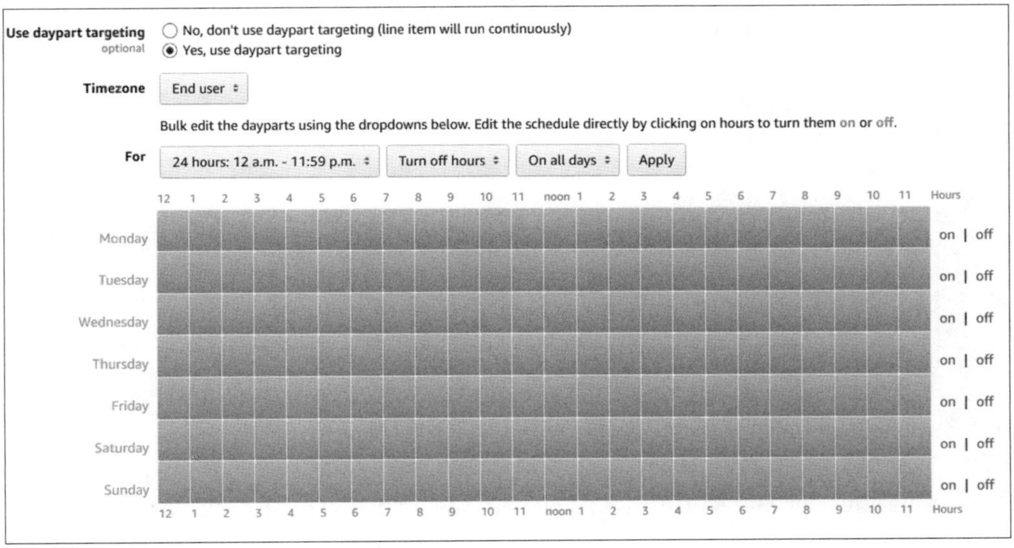

Abbildung 14.18 Stündliche Zeitplanung

Die Budget- und Bietsteuerung kann sehr detailliert erfolgen. Eine besondere Startphase ist möglich, indem Sie in der ersten zeitlichen Hälfte der Kampagne automatisch mehr investieren. Gleichzeitig können Sie neben dem Gebot auch den maximalen Bid setzen. Und zu guter Letzt wird die Auswahl mit dem Ziel der Kampagne vollendet, also ob Sie viele Detailseitenansichten, den Verkauf, den Klick oder andere Ziele haben. Grundsätzlich bietet die Funktion für Nur-Amazon-Kenner einen neuen Standard, der für alle anderen Anbieter, die sich auch in der Google- und Facebook-Welt bewegen, schon lange die Grundlage für Werbung darstellt (siehe Abbildung 14.19).

Abbildung 14.19 Budgetmöglichkeiten

Aufgrund der Einfachheit der Anlage und Bedienbarkeit ist der Schwerpunkt und meiner Meinung größte Vorteil die Zielgruppenauswahl. Dazu bietet Amazon drei unterschiedliche Bereiche an:

- *Produktkategorie:* Sie können aus 29 Produktkategorien wählen, die teilweise sogar weit über 25 Unterbereiche bieten (siehe Abbildung 14.20). Egal, ob Wrestling oder Hochzeitsreise, Berufsgruppe oder bestimmte Feiertage – der Auswahl sind keine Grenzen gesetzt. Aufpassen sollten Sie jedoch, dass Sie Ihre Produkte nicht zu eng eingrenzen. Amazon zeigt hier leider nicht auf, wie viel potenzielle Kunden Sie innerhalb jeder Kategorie erreichen können. Auch die Forecasts, also Prognosen, sind dabei keine Hilfe.

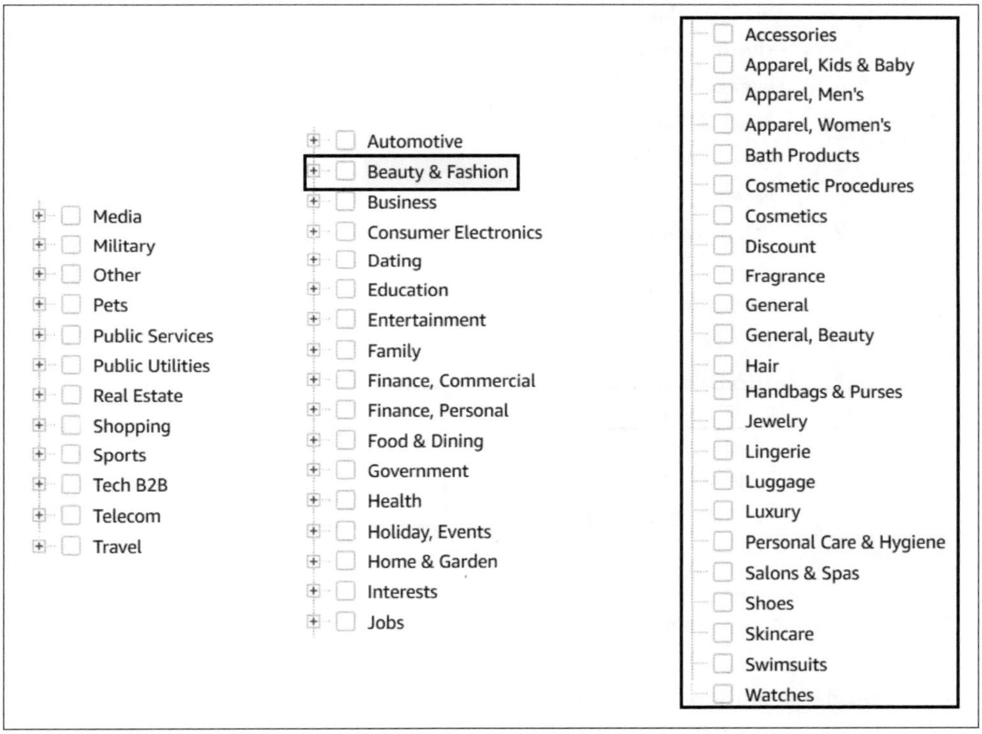

Abbildung 14.20 Produktkategorie

- *Nicht-Amazon- und internetbasierte Kategorien:* Besondere Nachrichteninteressen, die Vorliebe für bestimmte Tiere, bestimmtes Essen oder bestimmte Hobbys – nichts ist unmöglich. Selbst der Bildungsweg oder der Jobstatus Ihrer Zielgruppe sind anwählbar oder welche Art Fahrzeug sie bevorzugt (siehe Abbildung 14.21).
- *Zielgruppensegmente innerhalb von Amazon:* Zehn verschiedene Ansätze sind frei kombinierbar, wenn Sie Ihre Zielgruppe innerhalb von Amazon anvisieren, und durch Und- und Oder-Operatoren verknüpfbar. Lebensstil im Sinne der Vorlieben wie Gamer oder Gartenliebhaber oder bestimmte Autobesitzer sind wählbar, ebenso, ob die Zielgruppe Kinder hat und in welchem Alter. Natürlich ist die Unterscheidung in männlich oder weiblich möglich, und alles ist mit Und- und Oder-Operatoren kombinierbar (siehe Abbildung 14.22).

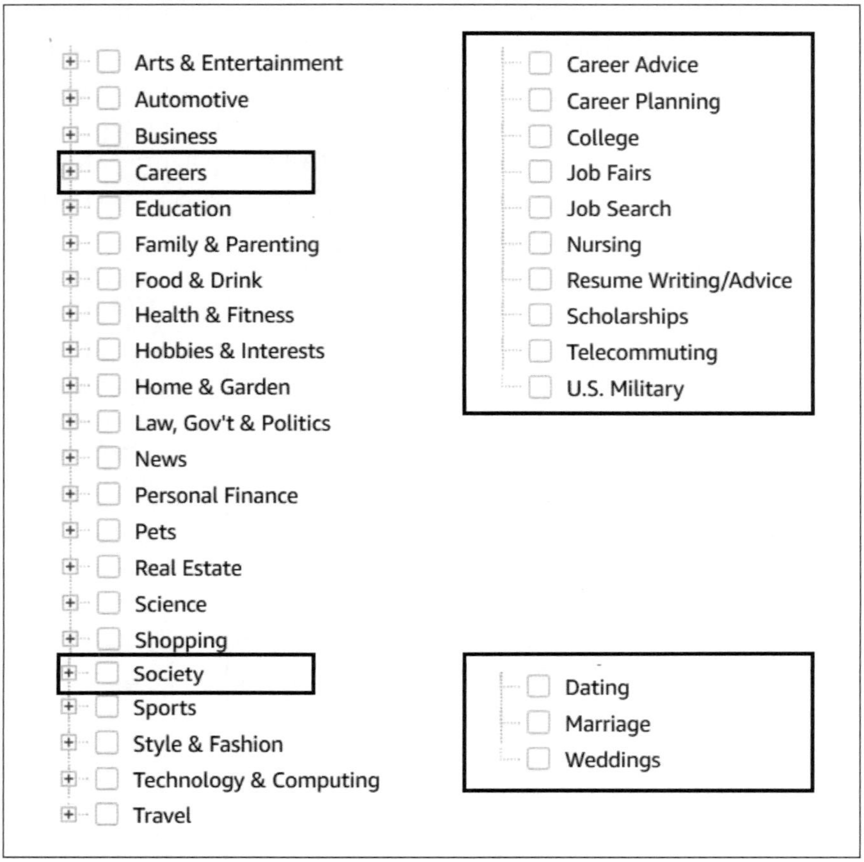

Abbildung 14.21 Detaillierte Off-Amazon-Kategorien

Einer der größten Vorteile ist dabei, dass Amazon zu jeder Auswahl eine mögliche Reichweite der Zielgruppe zeigt. Auch die diversen Altersgruppen von 18 bis 64 sind wählbar. Überraschend ist dabei die Angabe, dass der größte Anteil von der Altersgruppe der 35- bis 54-Jährigen gestellt wird. Die Device-Auswahl in Kombination mit den Betriebssystemen oder den Browsern lässt ein unglaublich exaktes Targeting für Produkte, Updates oder Zubehör zu.

Der beste Bereich ist dabei aber das In-Market-Segment. Die nahezu exakte Abbildung der verfügbaren Hauptkategorien schafft die Möglichkeiten, Cross-Selling der besseren Art anzubieten. Anstatt andere Produkte anzubieten, fokussieren Sie auf besondere Zielgruppen. Oder Sie wählen eben die Zielgruppen mit den besten passenden Bereichen aus. So sind beispielsweise Yoga und Pilates aktuell scheinbar komplett leer und ohne Nachfrage, doch muss man dort auch nur mit wenig Wettbewerb rechnen. Sommer und Strand liegen aktuell mit 30 bis 50 Millionen möglichen Impressions deutlich vor Weihnachten mit nur 1 Million, und das im Oktober. Daher sollten Sie sich nicht zu sehr auf die Daten verlassen, sondern selbst entscheiden.

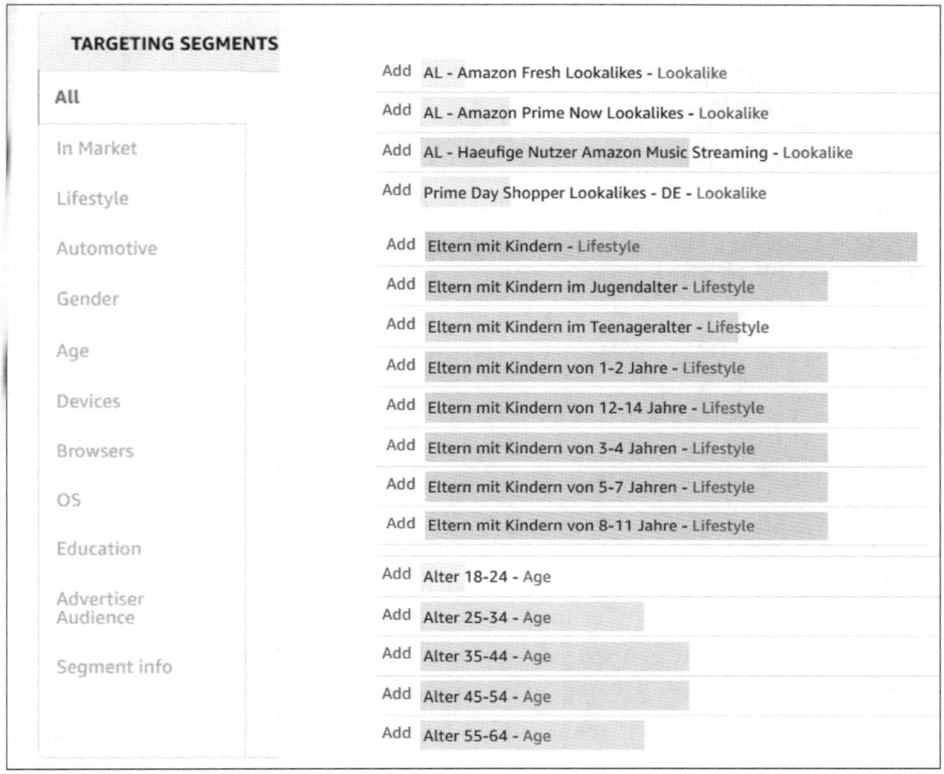

Abbildung 14.22 On-Amazon-Zielgruppensegmente

In Summe sehe ich in DSP sogar einfachere Möglichkeiten der zielgruppengerechten Werbung als im gesamten PPC-System von Amazon (PPC = Pay per Click). Einerseits sind Sie nicht an Suchwörter gebunden, und andererseits haben Sie Daten direkt von Amazon und damit über das Kundenverhalten.

Doch welche Produkte sind nun geeignet für Amazon DSP? Lange Zeit galt das Thema nur für große Investitionen als umsetzbar. Schnell zeigte sich, dass sich nur Produkte jenseits der 50 € oder an sich hochpreisige Portfolios positiv bewerben lassen, weshalb es nur für die Marke und Reichweite sinnvoll schien. Das lag aber eher am Konzept von Amazon, Kampagnen erst ab 10.000 € starten zu lassen. Diese Budgets wurden meiner Meinung nach auch nicht zweckmäßig eingesetzt. Man kann ja nicht Kampagnen aufsetzen und erst nach den ersten Lernphasen Optimierungen durchführen, die sollten schon von Beginn an erfolgen. Durch die Einbindung der Agenturen kam mehr Überlegung in die Werbeform und somit auch mehr Erfolge. Mittlerweile sind auch niedrigpreisige Segmente sauber bewerbbar. Dank des Brand- oder Produkt-Re-Targetings erreichen Sie ja fast immer abgesprungene Kunden der eigenen Bereiche. Nach meiner Erfahrung können mit wenigen Budgets schon sehr starke Erfolge erreicht werden. Daher sollten Sie sich auf dem Agenturmarkt umsehen, wer alles diese Leistung anbietet, und definitiv einsteigen in die DSP-Werbung. Auch wenn Sie damit nur dauerhaft im Re-Targeting bleiben, ist es besser, als die Kunden weggehen zu lassen und nicht noch einmal zu bewerben.

Ein schöner Nebeneffekt der Nutzung und Bewerbung innerhalb von Amazon liegt im Detail. So werden die Kampagnen gegen die eigentlichen Marktplatz-Werbeslots ausgespielt. Die Werbeplätze werden auf der Homepage, auf den Suchergebnisseiten und auf den Produktdetailseiten genutzt. Alle Werbeformen von den Headline Search Ads (HSA) über die gesponserten Produkte, also SPA bis hin zu den alten Product Display Ads (PDA) sind davon direkt betroffen (siehe Abbildung 14.23).

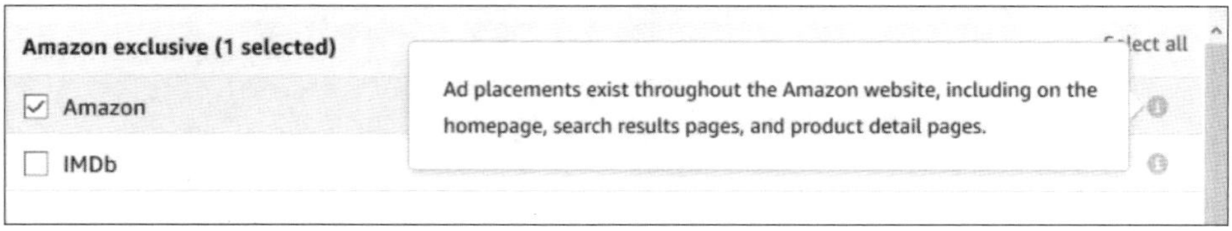

Abbildung 14.23 DSP gegen PPC

Zusammenfassend lässt sich festhalten, dass DSP eines der besten Werbemodule im Umgang mit Amazon ist. Allein die Tatsache, dass überall erweiterte Bearbeitungsfunktionen vorliegen, ist als sehr stark zu bewerten. So können für die jeweiligen Kampagnen je Produkt verschiedene Optimierungsziele gewählt werden. CTR (Klickrate), DPV (Detail Page View) oder Verkauf sind anwählbar. Amazon selbst arbeitet ständig an der Optimierung der ausgespielten Werbemittel und zeigt so die zukünftige Relevanz dieser Werbemittel auf. Die über 170 verfügbaren Metriken und Kennzahlen leisten dazu Ihren Beitrag, Amazon hat mit DSP endlich mal ein messbares und steuerbares Werbemittel aufgebaut.

14.4 Amazon Media Group (AMG)

Mittlerweile auch im Amazon Advertising aufgegangen ist AMG, die Amazon Media Group. Dahinter verbirgt sich alles an erweiterten Marketingmaßnahmen, angefangen bei Video-Ads über große Bannerwerbung oder besondere produktbezogene Werbeseiten bis hin zu Werbung von Anbietern, die nichts auf Amazon verkaufen.

Berühmt geworden sind die Mercedes-Probefahrten, die über Amazon vermittelt wurden (siehe Abbildung 14.24), oder die ARAL-Seite für das ARAL-Bistro und die Möglichkeit, das Pfand von Amazon-Getränken dort abgeben zu können (siehe Abbildung 14.25).

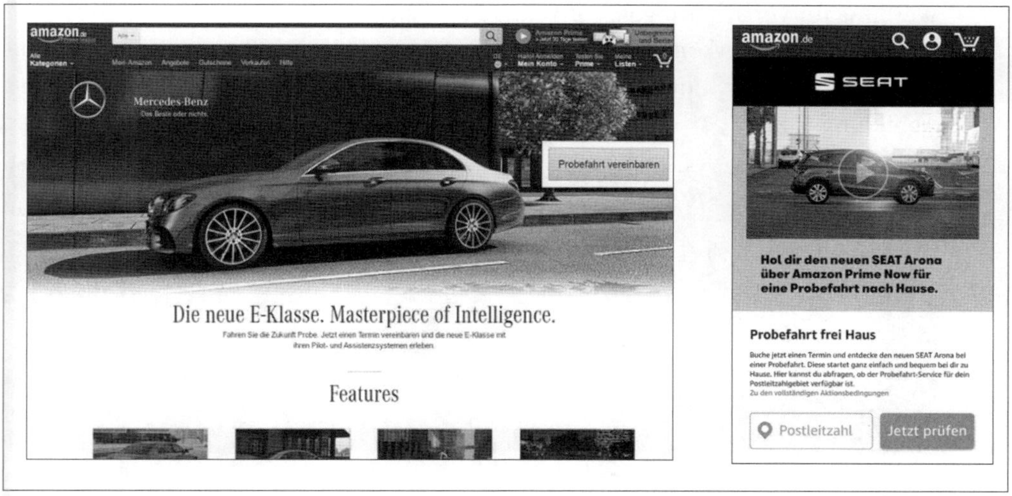

Abbildung 14.24 Probefahrt auf Amazon buchen

Abbildung 14.25 ARAL-Bistro auf Amazon

Werbung für Versicherungen, Banken, Gewinnspiele und vieles mehr sind in diesem Bereich möglich. So können Sie sich auf die Amazon-eigenen Devices einkaufen und die Startseiten der Kindle- und Fire-Reihen bewerben (siehe Abbildung 14.26 und Abbildung 14.27).

Abbildung 14.26 Gewinnspiel auf Amazon

Abbildung 14.27 Bankenwerbung auf Amazon

Aus einem Fallbeispiel von Samsung geht hervor, wie europaweit ein Produktlaunch unterstützt wurde:

- »*Herausforderung*

  Sich in der wettbewerbsstarken Medienlandschaft von der Masse abheben, um in fünf verschiedenen Ländern den Bekanntheitsgrad des Samsung Galaxy S8 zu steigern.

- *Lösung*

  Die verschiedenen Touchpoints von Amazon nutzen, um im Rahmen einer umfassenden Cross-Screen-Kampagne mit maßgeschneiderten Elementen potenzielle Kunden zu erreichen.

8 Tage vor dem offiziellen Release hatten Amazon-Kunden im Rahmen eines speziellen Launch-Events um Mitternacht die Möglichkeit, ihr neues Smartphone schon 2 Stunden nach der Bestellung in den Händen zu halten – ermöglicht wurde dies durch die Prime Now-Lieferung in ausgewählten europäischen Städten.« (https://advertising.amazon.de/learn/case-studies)

Die Ergebnisse sind nicht so schlecht: 665 Millionen Impressions. Die Kunden waren im Schnitt überdurchschnittliche 22 Sekunden auf der Seite (siehe Abbildung 14.28).

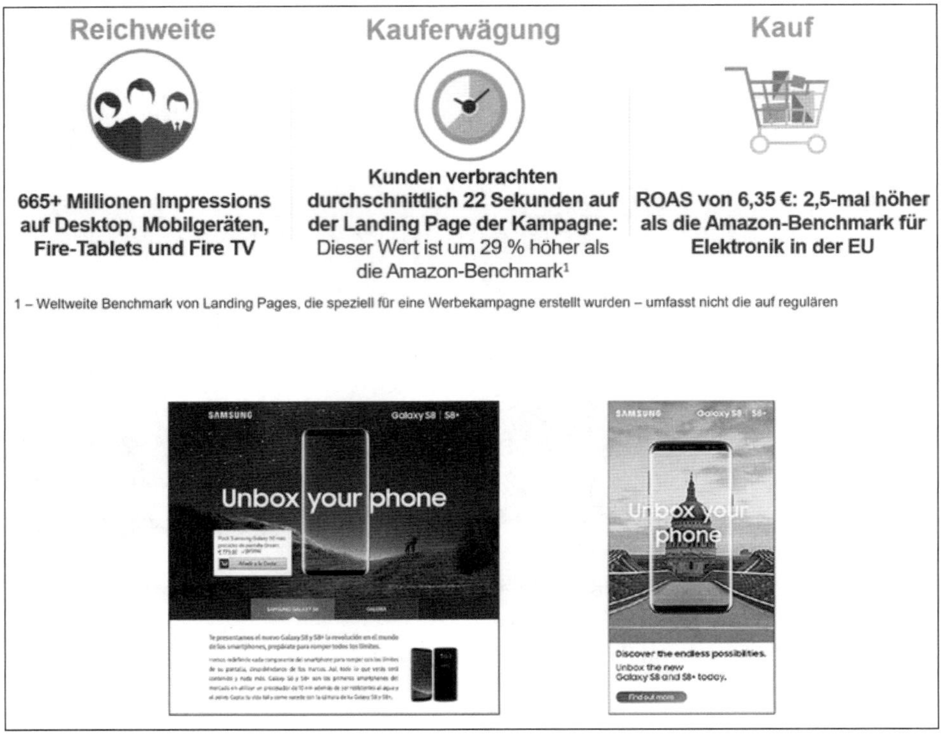

Abbildung 14.28 Amazon DSP – Fallbeispiel Samsung

»Der Livestream des Release-Events für das Galaxy S8 auf Amazon und die angebotenen Mitternachtslieferungen über Prime Now sorgten im Vorfeld für Spannung und Begeisterung. Die Kampagne erzielte einen Return on Advertising Spend (ROAS) von 6,35 €.

Dank umfangreicher Maßnahmen erreichte Samsung zeitgleich in fünf verschiedenen Ländern ein großes Publikum. Zum Einsatz kamen ein Homepage-Takeover, Amazon Fire-Tablets und Fire TV, programmatische In-Stream-Videowerbung, eine kampagnenspezifische Landing Page und begleitende Cross-Stream-Medien bei Amazon und darüber hinaus.

Neben dem prominenten Branding auf der gesamten Amazon-Website nutzte Samsung auch außerhalb von Amazon Medien, um die Reichweite der Kampagne zu erhöhen. Zudem wurde In-Stream-Videowerbung eingesetzt, um über die Vorteile des Galaxy S8 zu informieren. 79 % sahen sich das Video vollständig an – ein um 8 % höherer Wert als die Benchmark, der zeigt, dass Amazon dazu beigetragen hat, ein aktives Zielpublikum für Samsung zu finden.« (https://advertising.amazon.de/learn/case-studies)

»Es war sehr aufregend, gemeinsam mit Amazon einen maßgeschneiderten Launch-Plan für unser neuestes Galaxy-Smartphone auszuarbeiten. Es flossen viele neue Elemente ein, die noch nie zuvor zum Einsatz kamen.

Das Team arbeitete nach unseren Vorgaben und erstellte spezifische Lösungen, die unsere großformatigen Marketingkampagnen unterstützten und ergänzten. Die Lösungen wurden zügig und zeitgleich in allen 5 Ländern umgesetzt. [Die Kampagne] zeigte den kooperativen Ansatz, durch den Amazon und Samsung gemeinsam neue Kundenerlebnisse erstellen konnten«, so der Senior Manager, Samsung EHQ (https://advertising.amazon.de/learn/case-studies)

Andere Beispiele zeigten während der Kampagnenlaufzeit einen Anstieg der stichwortbasieren Suchabfragen nach den beworbenen Marken oder Produkten um 120 %. Das Branding und die Markennachfrage können also auf die Art merklich gesteigert werden. Beispiele für die Werbeansätze und Werbeplätze mithilfe von Amazon Advertising finden sich überall, mittlerweile sogar bis ins Fire-TV hinein.

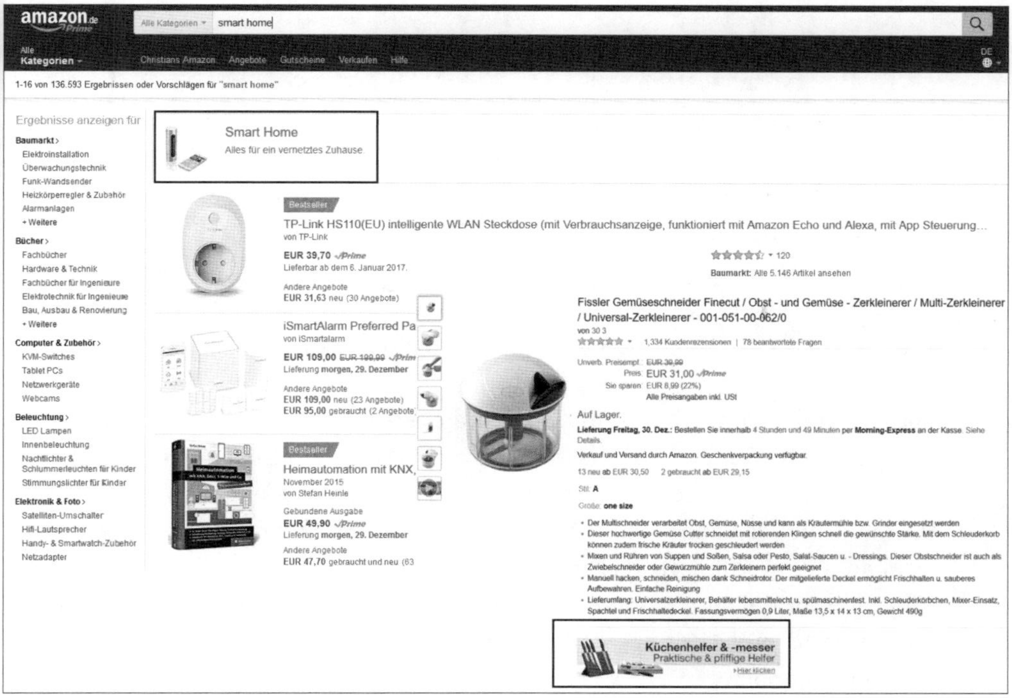

Abbildung 14.29 Banner in der Suche und auf der Seite

Hier wird es besonders interessant: Die *Top-Search-Sparkle-Banner* überlagern die Titelsuchanzeigen und auch eingekaufte Werbelinks in die Markenshops. Das Banner auf der Produktseite kann sogar auf Marken oder Produktbereiche gesetzt werden –

eine schöne Möglichkeit, Neuheiten zu bewerben oder Wettbewerber anzugreifen (siehe Abbildung 14.29).

Aber auch andere Bereiche sind kaufbar. So können Sie sehr nahe am Login-Feld werben oder wenig erfolgreich in der Kategorienauswahl (siehe Abbildung 14.30).

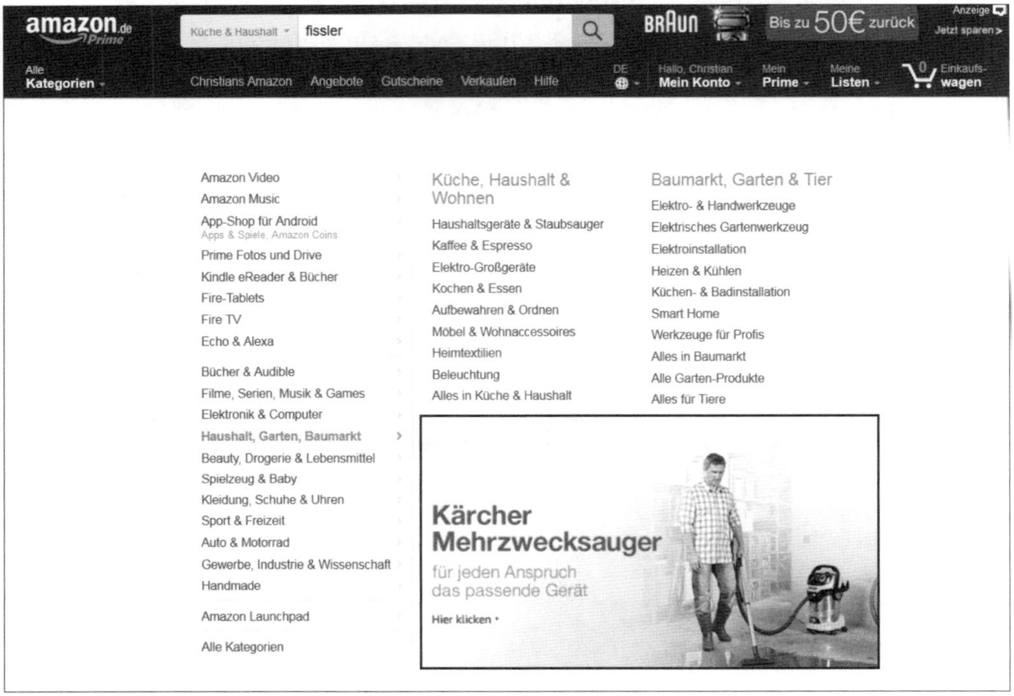

Abbildung 14.30 Werbung über dem Login-Feld und in der Kategorienauswahl

Aber Achtung, die Werbung am Login wird eher aus Versehen geklickt, da man sie aufgrund der Größe des Banners teilweise nicht erkennt. Die Banner in der Kategorienauswahl werden dagegen wenig geklickt, da Kunden sie nur als Bild wahrnehmen. Die Maus und das Auge sind auf die Auswahl der Kategorie fixiert und versuchen, nicht auf die Werbung zu klicken. Das ist auch der Hauptgrund, dass Amazon diese Plätze mittlerweile nur noch selbst nutzt. Die Werbetreibenden haben immer mehr Sachverstand entwickelt und können besser bewerten, wie man Werbung auf Amazon einsetzen sollte.

Amazon ist dabei noch lange nicht am Ende. Zu Zeiten von Harry Potter konnte man Zaubersprüche aktivieren wie in den guten Google-Easter-Eggs. Zeitweise war selbst die gesamte Amazon-Seite in Gelb gefärbt, und in einigen Ländern gab es Minions statt Bewertungssternen. Einer der größten Nutzer der großen Werbespielereien ist meiner Meinung nach Walt Disney. Zu besonderen Ereignissen im Disney-Universum werden ganze Seiten gebrandet oder eigene Listungskategorien wie für Star

Wars eingeführt oder für jede beliebige Disney-Figur. Sogar die Locker-Boxen für die Abholung und Abgabe von Paketen lässt sich Amazon gegenfinanzieren (siehe Abbildung 14.31).

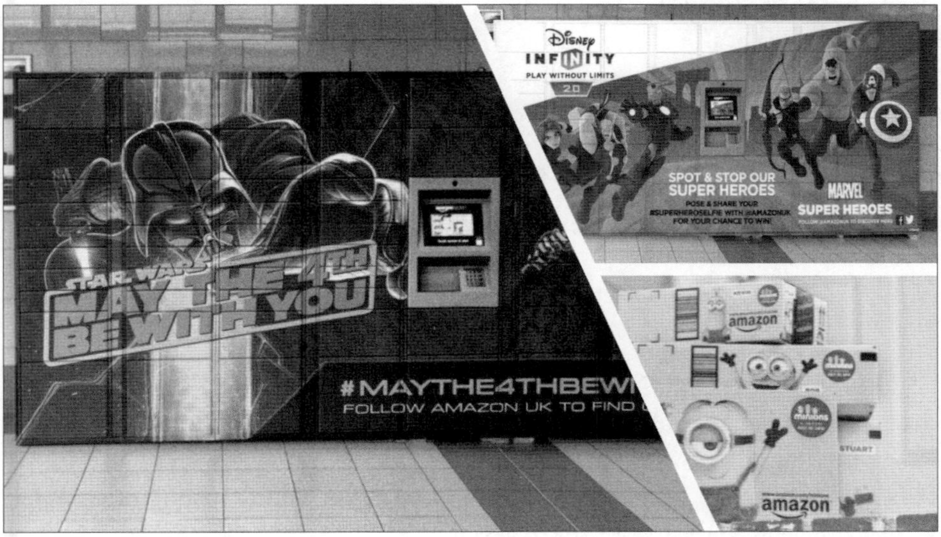

Abbildung 14.31 Amazon Locker- und Boxvertising

Das *Boxvertising*, erstmals mit den Minions getestet, wird langfristig ein Werbekanal. Sowohl die Pakete selbst als auch das Klebeband werden immer mehr als Werbefläche nutzbar. Der New York Times zufolge arbeitet Amazon gemeinsam mit einigen Partnern an entsprechenden Projekten. Marken wie Levi's, AT&T und Verizon sind involviert. Dem Ansatz nach werden je nach Postleitzahl unterschiedliche Anzeigen genutzt. So kann Verizon als Mobilfunkanbieter gezielt potenzielle Kunden in Gegenden erreichen, in denen der Anbieter aktiv ist. Das Targeting ist an dieser Stelle fast einzigartig. Dadurch wird sich die Werbefläche auf Paketen lukrativ verkaufen lassen. Löst man das Ganze zudem von der Postleitzahl, können zum Beispiel Kunden von Smartphone- oder TV-Herstellern beworben werden, wenn diese vor allem Unterhaltungselektronik kaufen. Auch regionale Firmen kommen schnell ins Geschäft. Anhand der Amazon-Sendungen kann zum Beispiel ein Kinderarzt ja alle Bestellungen von Windeln in seinem Einzugsgebiet bewerben.

Die gesamte Klaviatur der Werbung auf und um Amazon ist nahezu unendlich, und Sie sollten unbedingt Budgets einplanen, um neben den PPC- und Tausenderkontaktpreis-Marketingformen auch die vielfältigen anderen Werbearten zu testen, zumal mittlerweile einige Bereiche im Selbstmanagement und niedrigpreisig möglich sind (siehe Abbildung 14.32).

Abbildung 14.32 Marketingpakete selbst managen

Dabei gilt wie immer, es gibt kein Schwarz und Weiß, jedes Portfolio funktioniert anders, und jede Werbeart kann dazu besser oder schlechter beitragen.

Kapitel 15
Advertising- und Werbeperformance messen und optimieren

Da sie vorgegeben sind, orientiert man sich leider viel zu oft an den Daten und Zahlen von Amazon. Diese Informationen gelten als unumstößliches Gesetz. Dennoch ist es hilfreich, auch einmal die Amazon-Daten zu hinterfragen. Kennzahlen selbst zu entwickeln, anders abzuleiten oder zu interpretieren ist oftmals die bessere Lösung.

15.1 Grundlagen

An den Daten und Zahlen von Amazon zu Werbung und organischen Entwicklungen zeigt sich im Detail der komplexe Zusammenhang aus zu vielen gleichzeitigen Effekten. Marketing und Advertising beeinflussen einander, genau wie die Content-Optimierung. Dabei ist es egal, ob es um Werbemaßnahmen wie Blitzangebote oder gar um externe Werbemaßnahmen ohne Verbindung zu Amazon geht oder schlicht um die Endlichkeit von Werbebudgets, wenn die Kreditkarte nicht mehr als Zahlungsmittel anerkannt wird. Wie im Lebenszyklusmanagement oder bei der Bewertung der Optimierung von Content ist es deshalb unbedingt notwendig, grundlegende Meilensteine zu dokumentieren. Damit man überhaupt in der Lage ist, in diesem komplexen System nachhalten zu können, welches Rädchen, welche noch so kleine Maßnahme ursächlich war für eine Änderung der Zahlen. Egal, ob es Preisänderungen in großem Ausmaß sind oder die Änderung von Bildern oder Kategorien – all das ist genauso wichtig wie die Zeiten von Blitzangeboten oder die Änderung von Geboten oder das Verschieben von Produkten in andere Kampagnen. Jede Änderung kann kaum allein betrachtet werden, auch wenn wie überall gilt: Auf Aktion folgt Reaktion. Die Überschneidung mit anderen Reaktionen lässt die kausalen Welten der eigenen Planungen schnell einstürzen. Ein Kunde klickt auf eine Werbung Ihrer Marke auf einem externen Amazon-Banner, sucht dann ein anderes Produkt und klickt auf eine SPA-Werbeanzeige. Er klickt dabei zufällig auf ein Produkt, das aktuell als Blitzangebot verfügbar ist. Er kauft es mit einer Coupon-Aktion und das Ganze als Abo. Wo werden jetzt überall Kosten verbucht und Verkäufe gezählt?

Ich persönlich versuche, so viele Daten wie möglich mit den eigenen Erfahrungen zu verbinden und niemals etwas als unwahrscheinlich abzustempeln. So wurde bei dem

Produktstart des Salatschneiders, den ich Ihnen in Kapitel 1, »Amazon ist nicht nur ein Kunde und daher strategisch zu betrachten«, vorgestellt habe, innerhalb eines Samstages der komplette Markt leer gekauft. Nur das Produkt meines Kunden war noch verfügbar. Nach langer Suche fanden wir tatsächlich eine Facebook-Gruppe für Küchenhelfer. So weit nicht unüblich, doch die 80 Millionen Gruppenmitglieder in den USA und über 3 Millionen Videoansichten schafften gehörige Suchabfragen und Verkäufe. Dadurch ergaben sich weiterhin sehr viele neue Auto-Suggests. Das Gleiche wiederholte sich zwei Monate später erneut in einer größeren deutschen Gruppe. Betrachtet man daher nur und ausschließlich den Marktplatz Amazon, wird man sehr wahrscheinlich zu falschen Ableitungen gelangen. Selbst größere Angebote bei App-Shopping-Plattformen wie Limango oder Brands for Friends müssen Sie im Blick behalten und natürlich alle weiteren internen Marketingstrategien.

Besonders im Rahmen der Einführung von Neuprodukten kommt es oftmals zu starken Schwankungen und allerhand Einflüssen wie Einführungspreisen oder grundsätzlich schnelleren Anstiegen in Rankings zu Suchwörtern. Manchmal passiert das auch schlicht, weil man die Listings in Facebook-Gruppen postet und viel Traffic aufkommt. Zudem ist nicht jede Veränderung durch eigenes Tun verursacht. Der Wettbewerb ist stark dynamisch, und allein die Änderung seiner Preise oder Verfügbarkeiten können direkt die eigenen Zahlen beeinflussen, auch wenn dessen Werbebudgets schlicht aufgebraucht sind. Um es kurz zusammenzufassen: Alles kann, nichts muss.

Dennoch sollte jede Werbeart auf Ihre eigene Weise bewertet werden. Erst im Anschluss ist die zusammenhängende Bewertung der Werbemaßnahmen untereinander sinnvoll. Dazu gehört aber auch, eine Zielvorgabe anzulegen. Egal, ob Sie anvisierte Absatzmengen anstreben oder bestimmte Traffic-Zahlen erreichen wollen, ein wenig Erfahrung, gepaart mit Abschätzungen, kann hier helfen, sich nicht zwei Wochen lang zu fragen, warum die Bestellposten pro Sitzung plötzlich halbiert sind und der Traffic um über 100 % steigt. Wenn man schlicht drei der größten Off-Amazon-Kampagnen des Jahres vergessen hat, kann so etwas passieren.

Im Schwerpunkt soll hier aber nicht über sich gegenseitig beeinflussende Maßnahmen gesprochen werden, diese wurden zum großen Teil bereits in Kapitel 14, »Weitere Werbearten und -maßnahmen auf Amazon«, dargestellt. Hier geht es um die Tatsache, warum ich so wenig an Geboten arbeite und nicht nach optimalen Gebotsstrategien suche, sondern den Fokus vorher lieber auf gebotsfreie Ansätze lege. Ganz einfach: Erst wenn man diese komplett durchgearbeitet hat, kann man sich um die Gebotshöhe sorgen.

Dabei nehme ich mir immer die *Cost per Order* (CPO) vor, mittlerweile meine Lieblingsableitung. Jedoch rechne ich hiermit dreimal, einmal allgemein auf Kampagnenebene die Bestellungen durch die Kosten, dann auf der gesamten Account-Werbeebene. Aber zu guter Letzt rechne ich für jeden Zeitraum alle Bestellungen gegen die Werbekosten auf Account-Ebene oder Markenebene, um die komplexen Verflechtungen abbilden zu können.

Zum vollständigen Überblick fehlt noch die Budgetierung der Kampagnen. Dabei gilt eine harte Grundregel: So lange es profitabel ist, gibt es keinen Grund, ein Budget zu setzen! Zudem ist in der Anfangsphase bzw. Lernphase der Budgetierungen immer ein unweigerliches Performancelimit inklusive. Lieber gebe ich zum Start einige hundert oder tausend Euro aus und lasse die Werbung danach sein oder kann dann eine exakte Strategie ableiten. Ich sehe Budgets als eine Limitierung des Erfolgs und versuche daher, lieber eine sehr starke Performance zu erzeugen, anstatt mich an Limits zu orientieren.

Für die Berechnungen gibt es einfache Hilfsrechnungen. So sollten Budgets nie zu gering ausfallen. Verkauft man 10-Euro-Produkte mit einer Marge von 10 % und einer Konvertierungsrate von 10 % wäre man mit 5 € Budget auf maximal fünf Sales am Tag limitiert. Andererseits können Sie prüfen, wie viel mehr Erfolg durch jeden weiteren Betrag an Werbeausgaben entsteht. Den Grenznutzeneffekt und die Selbstkannibalisierung können Sie auf die Art ungefähr ableiten und dann nötigenfalls gegensteuern. Den rechenbaren und denkbaren Ansätzen sind da keine Grenzen gesetzt. Haben Sie jedoch irgendwann das Optimum erreicht oder Kampagnen vom Start an hart auf Profit kalkuliert aufgesetzt, hilft es tatsächlich nicht weiter, über das Gebot zu arbeiten. Der Markt ist limitiert, das sollten Sie bei Amazon nie vergessen.

15.2 Die Stellschrauben neben dem Bid

Das neue System von Amazon als »pay to play« ist genau der Grund, weshalb ich mit dem Ansatz arbeite, dass man das Gebot als solches eher als strategischen Schalter für an und aus betrachten sollte. Man schaltet Werbung zu seinem eigenen Preis, oder man lässt es. Die Feinjustierung erfolgt dann über den Drehregler des gebotsfreien Handels (siehe Abbildung 15.1). Man kann ein Radio anschalten, muss dann aber den Empfang einstellen. Deswegen nutze ich das gebotsfreie Werbesteuerrad.

Dabei geht es im Schwerpunkt darum, nicht in die eigentliche Kostenfalle der wahllosen und unsystematischen Gebotsänderungen zu laufen. Die Berechnung eines Gebots anhand einer Strategie oder eben anhand der Profitabilität wird nicht besser, indem Sie einfach die Gebote ändern oder auf eine bessere Klickrate oder Kaufrate hoffen. Schlechte Produkte werden durch Werbung nur schlechte, beworbene Produkte. Relevanz kann man sich nur schwer oder teuer erkaufen, daher folgen hier erst einmal die Grundlagen, die fernab des Gebots umsetzbar sind.

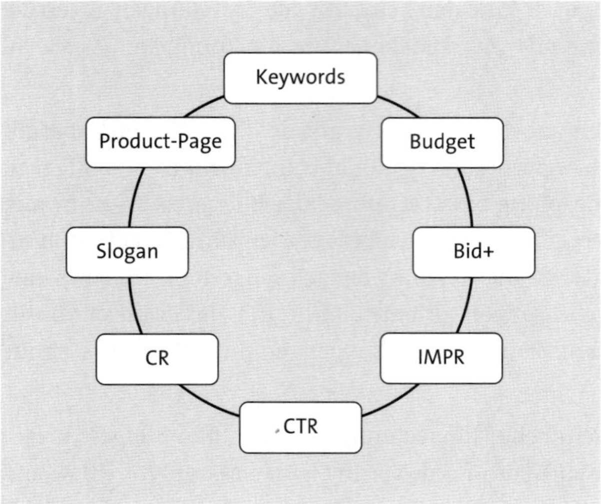

Abbildung 15.1 Steuerrad PPC (Pay per Click) ohne Gebot

Zuallererst steht und fällt es mit der Auswahl der Suchbegriffe und deren Match-Typen. Neben dem einfachen An- oder Ausschalten der Wörter können Sie sehr allgemeine Wörter wählen oder maximal spezifische Suchabfragen bewerben. Weiterhin können Sie über die Masse an beworbenen Suchwörtern arbeiten und schlicht weniger oder mehr Begriffe bewerben. Dabei ist der Match-Typ natürlich eine Hilfe, da Sie darüber eine Eingrenzung der Möglichkeiten vornehmen können. Auch wenn Amazon bei schlechter Klickrate Suchbegriffe ausschaltet, können Sie diese wieder nutzen. Sie nehmen exakt dasselbe Suchwort und wechseln nur den Match-Typ, schon können Sie wieder damit arbeiten. Doch Keywords mit schlechter Historie oder schlechte Kampagnen als Ganzes sind nicht zu retten. Anstatt die Gebote zu nutzen, reicht es hier schon, die Kampagnen zu stoppen und ganz neu aufzusetzen.

Sollten Sie keine saubere, also nach oben offene, Budgetierung gewählt haben, können Sie dafür sorgen, dass die Budgets nie auslaufen. Amazon übermittelt zum Glück mittlerweile Nachrichten, sollte dies anstehen. Wichtig ist es im Wettbewerb, dass Ihre Produkte auch freitagabends und das gesamte Wochenende hindurch ausgespielt werden. Aufgrund der komischen durchschnittlichen Tagesbudgetberechnung durch Amazon sollten Sie auch am Monatsende prüfen, ob noch genug monetäre Mittel für Ihre Kampagnen abrufbar sind. Dabei können Sie das Tagesbudget anpassen. Zudem sollten Sie prüfen, ob Sie nicht aus Versehen mit einer Budgetobergrenze für gesponserte Produkte arbeiten, also dem globalen Limit.

Als nächstes einfaches Steuerelement gilt die Nutzung der Funktion Bid+ bei gesponserten Produkten bzw. SPA. Wie schon beschrieben, ist die Nutzung im Schnitt nicht schlecht für die Kampagnen. Wer aber keine übermäßigen Ausgaben erzeugen will, sollte Bid+ aktivieren, dann aber auch zurückrechnen: Statt 1 € mit Bid+ reichen dann auch 66 Cent und Bid+. Die reine Aktivierung ist wichtig, um für die oberen Werbeplätze mitbieten zu können. Mittlerweile sind dafür die dynamischen Bietansätze zu nutzen, doch das Grundverständnis und der Nutzen bleiben gleich.

Geht man prinzipiell davon aus, dass die grundsätzliche Klick- und Kaufrate ein sehr stabiler Faktor ist, kann man schlicht versuchen, mehr Impressions zu erzeugen. Dazu können Sie natürlich die Keywords als solche erweitern oder Match-Typen deutlich breiter nutzen. Aber auch die reine Produktauswahl kann zu mehr Impressions beitragen. Die Werberelevanz basiert neben dem Inhalt und den genutzten Wörtern auf der Produktdetailseite auch auf der Relevanz der Produkte bezüglich Kategorie und Suche. Für SPA kann es also sehr wichtig sein, sich um den Preispunkt oder den Bewertungsschnitt zu kümmern. Schlimmstenfalls sind es interne Faktoren wie Retouren oder die Händlerperformance, die sich negativ auswirken. Relevanz entsteht sehr vielfältig. Da Impressions nichts anderes als gewonnene Auktionen darstellen, können Sie diese Zahl natürlich auch mit einer verbesserten Click-Through-Rate (CTR) in die Höhe treiben.

Die CTR oder Klickrate ist nach dem eigentlichen Gebot direkt der ausschlaggebende Punkt für die Wahrscheinlichkeit, eine Auktion zu gewinnen. Bieten zwei Werbetreibende denselben Betrag, entscheidet die zu erwartende CTR über die Ausspielung. Das übergeordnete Ziel sollte also immer eine hohe CTR sein.

Um diese zu erreichen, können Sie mehrere Wege nutzen. Die Auswahl der Kategorie kann – in Kombination mit relevanten Produkten – die Relevanz deutlich erhöhen. Aber am einfachsten steigern Sie die CTR über einen der folgenden Wege, was allerdings Geduld benötigt: Sie können zum Beispiel alle Suchbegriffe ausschließlich und als exakten Match-Typ bewerben. Hier sind Tools wie Amalyze oder Helium 10 dank ihrer exakten Suchvolumen die perfekte Lösung. Anders als in der Suchmaschinenoptimierung (SEO) können Sie in der Werbung deutlich mehr mit dem Suchvolumen arbeiten. Sie können nun exakt bestimmen, welche Wörter wirklich gesucht werden. In Kombination mit nur genau passenden Suchinhalten bauen Sie sich zwar kleinteilige Kampagnen, erreichen so aber Suchende, die das Produkt auch wirklich wollen. Der zweite Weg geht über den Umweg der Gebotsänderung. Das klingt im ersten Moment unpassend, ist es aber nicht. Sie starten mit sehr niedrigen Geboten. So gewinnen Sie nur wenige Auktionen. Jedoch werden Sie immer dann gewinnen, wenn Amazon der Meinung ist, dass Ihr Produkt wirklich relevant ist. Nach einer Zeitspanne von bis zu vier Wochen sollten Sie sehr gute, teils sehr hohe zweistellige CTRs vorweisen können. Nun setzen Sie das Gebot auf den eigentlich geplanten Wert.

Die reine Kaufrate kann natürlich auch verbessert werden, ohne am Gebot zu spielen. Dabei sollten Sie aber nicht die Reichweite in den Fokus der Werbung nehmen, sondern absolut spezifische Produkte mit dem exakt passenden Produkt bewerben. Hier entsteht ein erhöhter Aufwand in der Kampagnenanlage, um diese sauber ausdifferenziert aufzubauen. Auch hier sind die relevanten Suchbegriffe bestenfalls auf exakter Basis zu bewerben. Aber Sie nehmen nur die Wörter, bei denen das Bedürfnis in der Suche am konkretesten formuliert ist – oftmals ein sehr »longtailiger« Ansatz also.

Schlussendlich werden zwei wesentliche Optimierungsfaktoren üblicherweise vergessen: Zum einen können Sie bei den Werbeanzeigen HSA (Headline Search Ads) und PDA (Product Display Ads) einen eigenen Werbeslogan nutzen, teils die Marke umbenennen und bei den PDA sogar den Produkttitel nachbearbeiten – alles Faktoren, die den Erfolg der Werbung direkt beeinflussen, wie auch das Hauptbild. Bei den gesponserten Produkten (SPA) können Sie natürlich den Titel und den Preis als solchen beeinflussen. Zum anderen wird die direkte Kundenansprache viel zu selten sauber hinterfragt. Was versprechen Sie sich von einem Slogan »Beste Qualität für Sie«? Besser ist es, den Suchbegriffen angepasste Werbeformulierungen zu nutzen. Außenlampen können wasserfest sein oder anhand der Bewegungsmelder gesucht werden oder wegen ihrer Strahlkraft. Keine Werbeanzeige schafft es, das alles auf einmal zu kommunizieren. Aber drei Werbeanzeigen, ganz speziell auf die verschiedenen Suchen ausgelegt, können das leisten. Der Vorteil: Sie bespielen Suchbegriffe teils mit mehr als einer Anzeige, und die beste eigene Anzeige setzt sich durch. Diese Überlegung ist absolut notwendig, es sind die ersten Wörter, die Sie mit dem Kunden im anstehenden Verkaufsgespräch wechseln. Die Erwartungshaltung wird genau durch die gezeigte Wortwahl bewirkt und muss dann auch überzeugen, egal, ob auf der Landingpage oder eben der Produktseite.

Dies ist einer der am häufigsten vernachlässigten Bereiche einer gebotsfreien Optimierung. Höhere Gebote oder andere Gebote kompensieren nicht die Unfähigkeit der Produktseite, Kunden vom Kauf zu überzeugen. Werbeslogans, die dann nicht im Content aufgegriffen werden, scheitern genauso wie die wahllose Auswahl von Suchbegriffen. Der Kunde hat eine bestimmte Suchintention kommuniziert und möchte diese befriedigt wissen. Hat er geklickt, ist das die halbe Miete. Nun heißt es, nicht zu scheitern. Daher sollten Sie sich immer die Suchwörter, über die Kunden kommen, in Kombination mit der eigenen Seite ansehen und infrage stellen. Bilder, die Suchwörter aufgreifen, oder schlicht Texte genau zu den gesuchten Punkten überzeugen eher als ein fünffaches Gebot.

15.3 Suchbegriffe messbar machen mit Paid Advertising?

Die vergessene Kampagne (siehe Abschnitt 11.2.2, »Manuelle Anwendung«) hat gut aufgezeigt, welcher Fehler oftmals mit dem Paid Advertising (siehe Kapitel 10, »Paid Advertising – die Grundlagen«) einhergeht. Wenn Sie etwas messen möchten, sollten Sie auch messbar arbeiten. Schlichte Autokampagnen helfen da weniger. Gezielte Kampagnen auf Basis des gewählten Contents können jedoch sehr gut geeignet sein, die erhaltenen Daten als Indizien zu nutzen, um die Suchbegriffe messbar zu machen. Das große Problem ist dabei der Umstand der komplexen und wechselhaften Wettbewerbsstruktur in Kombination mit der Relevanzzuweisung. Ich persönlich prüfe das nur alle 60 Tage. Anhand der Suchbegriffberichte können Sie schnell Erweiterungen der Suche oder Änderungen feststellen. Dabei ist aber wichtig, dass Sie nichts überbewerten. Verliert ein Keyword über 50 % der Impressions, heißt das nicht, es wird weniger gesucht. Ein Wettbewerber kann schlicht mehr bieten oder relevanter sein. Andererseits hat Amazon vielleicht die Suchzuweisung auf eine andere Kategorie gelegt. Das alles sind Punkte, die Sie feststellen sollten, bevor Sie eine Entscheidung ableiten.

Doch warum sollten Sie aktuell überhaupt noch messen wollen, welche Suchbegriffe ein häufigeres Suchvolumen haben? Die Toollandschaft hat Amazon überholt, und die Suchvolumen sind offen zugänglich. Daher sollten Sie sich darauf konzentrieren, warum Ihre Produkte unter einigen Suchbegriffen scheinbar schlecht performen. Der Preis oder die Wahl des ersten Bildes und des Titels haben mehr Einfluss auf diese Faktoren. Daher kann ein gezieltes Testing viel mehr Erfolg mit sich bringen als eine Versteifung auf die Messbarkeit von Suchbegriffen, da die Umstände viel zu komplex und ständig im Wandel sind. Demzufolge reicht es zum Beispiel, sich auf die organischen Zielbegriffe mit Werbung zu konzentrieren und durch Werbung die organische Platzierung vorzuziehen. Nimmt der Kunde die Werbung an, werden auch die Rankings steigen. Dazu sollten Sie aber einerseits wissen, was relevant ist, und andererseits beobachten, wie der Kunde das Produkt sucht, aber auch wie der Suchalgorithmus A9 vorgeht und das Produkt in der Suche selbst platziert.

15.4 A–B-Testing – ja, nein, vielleicht?

Wie bei der organischen Optimierung sind Tests in der Werbeoptimierung immer gefragte Experimente. Dabei stellt sich für mich die Frage, ob Sie etwas steuern wollen oder eben testen möchten. Steuerbarkeit hat klare Ziele, das Testen als solches arbeitet nach der Trial-and-Error-Methode oder nach Thesen, die Sie belegen oder widerlegen wollen. Dabei müssen Sie sehr gut im Umgang mit Messmethoden sein und sehr gut wissen, wann Ihre Produkte wo ausgespielt werden und was der Wettbewerb treibt. Weiterhin sind die Erfolge teils sehr klein, eine CTR von 0,4 auf 0,45 zu ändern, fällt den meisten kaum auf. Das entspricht aber einer Verbesserung um immerhin 12,5 %. Die jeweiligen Vergleichszeiträume sind nie identisch von der anzutreffenden Grundstruktur her. Daher müssen Sie die Tests in eigenen festen Zeiträumen wiederholen, etwa Bildwechsel alle zwei Wochen. Die Attributionszeiträume der Werbung erschweren dann zusätzlich die Erhebung der Ergebnisse. Leichter ist es dann, sich auf die Klicks zu konzentrieren oder die DPV (Detail Page View). Diese werden zeitnah getrackt und erscheinen normalerweise vor den Sales. Die

Komplexität geht so weit, dass ein Bildwechsel ja keinen direkten Einfluss auf die Impressions haben kann. Aber wenn mehr Kunden bei weniger oder gleichen Ausspielungen Ihre Produkte wegen des Bildes klicken, steigt Ihre CTR und somit die Chance, langfristig mehr Auktionen zu gewinnen. Die A–B-Tests müssen daher nicht nur gut vorbereitet, sondern auch sehr gut ausgewertet werden. So sorgt Bild eins für mehr Klicks, dann wechseln Sie. Die neue, höhere CTR sorgt für mehr Impressions bei Bild zwei. Bei gleicher Kaufrate wären plötzlich Kausalität und Korrelation über den Haufen geworfen.

Dennoch rate ich Ihnen ganz klar zum Testen, aber bitte sorgsam. Effekte wie die zeitliche Steuerung werden von Amazon aktuell nicht ohne Grund nicht angeboten. Amazon kann nicht sauber messen, was wann passiert. Zudem arbeiten zwar mittlerweile Tools damit und erzeugen scheinbar gute Werte. Ob Amazon jedoch immer die Änderungen des Aus- und Anschaltens direkt implementiert, ist unklar. Manchmal werden Änderungen auch erst um 00:00 Uhr überführt. Es gibt aus meiner Sicht keinen Grund, Kunden Werbung vorzuenthalten. Feiertage oder andere plötzliche Ereignisse wie Trends oder spontane höhere Suchabfragen durch Influencer-Effekte halten sich auch an keinen Zeitplan. So würde man sich zum Teil viel zu sehr einschränken und die Tools müssten alle Effekte vom Fernsehprogramm über das Wetter usw. abbilden können. Natürlich hilft hier der eigene Tagesverlauf des Traffics, aber auch dieser ist ständigen Schwankungen ausgesetzt.

Abschließend sollten Sie im Cost-per-Click-Advertising eine Grundlage nicht missachten: Die gesamte Werbung hängt mit der Nachfrage des Produkts und dem Wettbewerb direkt zusammen. Daher ist es keine Königslösung, um eine schlechte Performance oder miese Auffindbarkeit zu kompensieren. Auch komplett ohne bezahlte Werbung kann man auf Amazon erfolgreich sein. Sie sollten sich immer fragen, was Sie erreichen wollen und ob es überhaupt sinnvoll ist. Klickpreise von 5 € für Handyhüllen in diesem absolut überlaufenen Markt kann man natürlich zahlen – muss man aber nicht. Relevanz ist genauso wenig kaufbar. Manchmal lassen die Produktkosten keine Werbung zu, selbst wenn Sie die Werbebudgets als abgeschriebenes Investment relativieren. Am Ende muss etwas übrig bleiben. Es gibt keine garantierte Methode für den Erfolg mit Amazon Advertising. Erfahrung kann helfen, ist aber auch kein Garant für Erfolg. Jedes Portfolio ist anders, jedes Produkt wird strategisch anders geführt oder ist im Lebenszyklus an einer anderen Position. Es hilft wenig, mit Zwang einen Erfolg oder eine Platzierung erkaufen zu wollen, außer Sie vertreten die Marke und haben das nötige Geld dazu, davon mal ganz abgesehen. Die gesamte Strategie für das Produkt muss stimmig sein, dann ist bezahlte Werbung eine saubere Ergänzung für Erfolg, nicht aber die Basis dessen.

Kapitel 16
Die individuellen Startphasen für eigene Produkte planen

Kurse und Inhalte oder Workshops zu dem Thema Produktlaunch auf Amazon findet man überall. Doch was bringt es, den Launch eines Flummis mit dem einer Knoblauchpresse zu vergleichen und 1:1 anzuwenden? Niemand kennt die Umstände des aktuellen Marktes vollständig, und niemand kennt die Ziele und Möglichkeiten des anderen Anbieters. Daher ist es notwendig, sich zunächst selbst ein Bild zu verschaffen und daraus Entscheidungen abzuleiten.

Die situative Feststellung der eigenen Position ist eigentlich nur ein Abarbeiten von Fragen und Fakten, genauso, wie Sie es in Abbildung 16.1 dargestellt finden. Ganz ohne Bauchgefühl können Sie Ihren Produktlaunch bei Amazon damit starten und rein die Datenanalyse sprechen lassen. Meine Empfehlung lautet, dabei zuerst die möglichen Kategorien festzustellen und zu betrachten, welche Produkte auf den Suchergebnisseiten am ehesten welcher Kategorie angehören. Die Auswahl der Kategorie hat die vielfältigsten Auswirkungen. Zudem kann man direkt hier gegebenenfalls das Portfolio um eine zusätzliche Variante in Farbe oder Stückzahl ausweiten, um die Produkte in mehreren Kategorien sichtbar zu machen. Für spätere Optimierungen haben Sie damit direkt einen Plan B in der Hinterhand. Am einfachsten fällt die Entscheidung, wenn Sie sich am Desktop links die Reihenfolge der Kategorienfilter ansehen oder auf dem Handy die Filter rechts nach Abteilung öffnen. Dort finden Sie zu jeder Suchabfrage die relevanten Kategorien aufgezählt. Das Ganze wiederholen Sie bestenfalls für die wichtigen Suchwörter und können dann feststellen, welche Kategorie am häufigsten vorkommt oder welche eben nicht so gut besetzt ist. Dann müssen Sie jedoch auch die passenden Suchwörter nutzen, also die spezifischen Suggests unter der jeweiligen Kategorie statt unter ALLE KATEGORIEN.

Natürlich variiert ein Produktstart auch aufgrund der Anzahl an Produkten, die zur Verfügung stehen. So können Sie Einladungskarten für nur ein Ereignis konzipieren, oder Sie identifizieren vorher alle wesentlichen Suchbereiche und bauen Ihr Portfolio exakt um die jeweiligen Anfragen auf. Dann ist zum Beispiel die Keyword-Auswahl deutlich einfacher, da Sie sich an den Grunddefinitionen entlangarbeiten, nur die Suchphrasentiefe sollten Sie dabei beachten. Während Schreibmappen eher per

Short Tail mit unter fünf Bestandteilen gesucht werden, kann es bei Schmuck eher Richtung sechs bis dreizehn Suchphrasentiefen gehen. Das ist absolut wichtig zu berücksichtigen, um Content und Werbung sauber aufzubauen. Auch für die Auswahl der Match-Typen können Sie hier schon Ableitungen treffen. Sind eher kurze, aber häufig wechselnde Anordnungen anzutreffen, sind exakte Typen nicht gefragt, hier reicht der Match-Typ BROAD völlig aus, da viel zu häufig die Eingabevarianz wechselt. Als Nächstes sollten Sie der Menge an Synonymen und überhaupt den Suggests einen Augenblick schenken. Eine hohe Anzahl an Synonymen macht es notwendig, sich zu fokussieren oder eben alle Bereiche abzubilden. Dabei spielen der Preis und die Suchseitenkonsistenz (SERP-Konsistenz) eine wichtige Rolle. Auch die Keyword-Volatilität kommt hier zum Zug, wenn es darum geht, bestimmte Wörter wegzulassen. So können Sie Ihren Produktstart aber auch, um ein Beispiel zu nennen, über die Randsynonyme wie Feuermelder und Warnmelder aufbauen und erst bei genug Performance in den eigentlich gewünschten Bereich der Rauchmelder einsteigen.

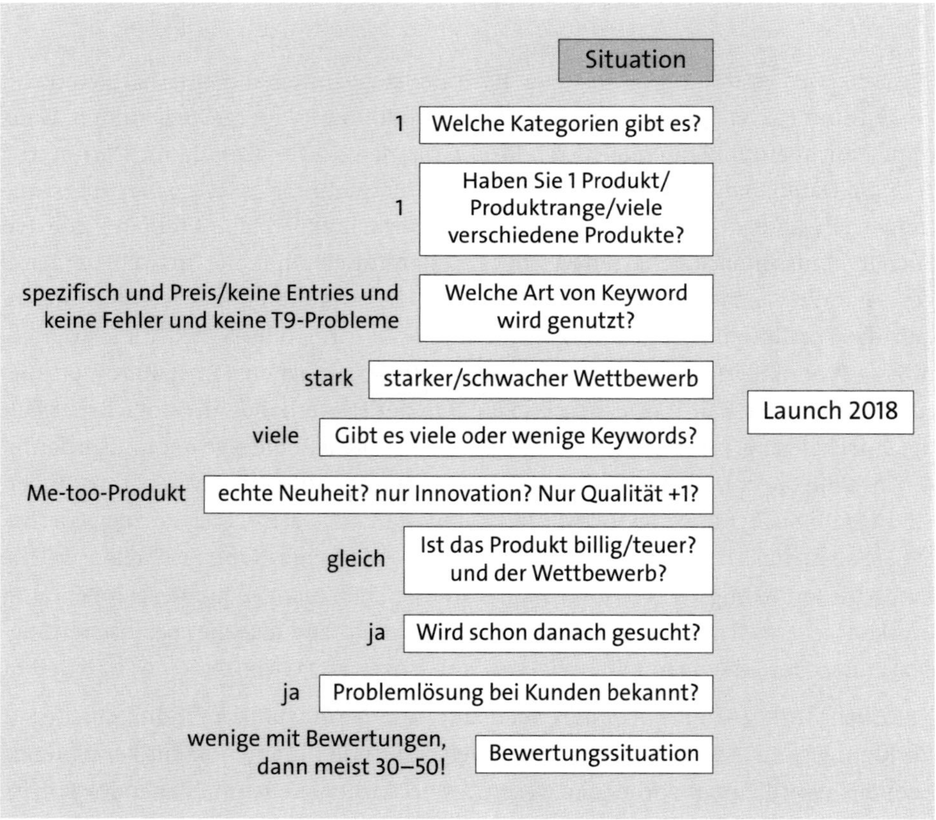

Abbildung 16.1 Situation feststellen

Die weiteren Feststellungen basieren auf der Auswertung der erhobenen Daten. Den Wettbewerb können Sie sehr gut außerhalb von Amazon verfolgen und innerhalb von Amazon dank der zahlreichen Toolanbieter messen. Auch wenn alle statt des Umsatzes nur Bestandsveränderungen messen können, sind einige Werte zumindest in Relation belastbar. Den gesamten Wettbewerb sollten Sie dann anhand einfacher Kriterien bewerten. Haben alle Anbieter nur das eine Produkt im Portfolio, kann schnell ein starker Wettstreit entstehen. Haben die anderen es aber nur als einfaches Produkt mitlaufen, steigen die Chancen. Auch die Werbeintensität der anderen Marktteilnehmer sollten Sie betrachten. Einige Wettbewerber beherrschen schlicht weder Werbung noch Eigenschutz. So arbeite ich gerne je Wettbewerber mit speziellen Kampagnen, um diese gezielt anzugreifen und festzustellen, welcher überhaupt reagiert.

Daneben ist die Preisstabilität zu bewerten. Sind die Preise grundsätzlich an Ihrem Zielpreis ausgelegt, oder wechseln sich oft starke Schwankungen miteinander ab? Hier sollten Sie in der Lage sein, sauber zu analysieren, und zwar auch über längere Zeiträume als nur einen Tag oder einen Monat.

Die reine Suchintention der Kunden sollte bestenfalls schon in den Suggests anzutreffen sein, sonst werden Sie zusätzlichen Aufwand auf sich nehmen müssen. Dabei ist es neben der Suche als solcher wichtig, ob die Kunden den Mehrwert Ihres Produkts in welcher Art auch immer bereits als Problemlösungsansatz kennen und diesen auch haben wollen.

In dem in Abbildung 16.1 gezeigten Beispiel gehen wir von den einfachsten Annahmen aus. Es gibt zwar drei Kategorien, aber nur eine zeigt wirklich genug Relevanz für das Produkt. Gestartet wird mit einem Me-too-Produkt, das preislich dem Markt entspricht, aber auf einen starken Wettbewerb trifft. Dabei gibt es keine Auffälligkeiten in der Suche. Sehr spezifische Suchwörter werden um wenige strukturelle Synonyme genutzt, und dennoch sind es sehr viele verschiedene Eingabereihenfolgen. Einzig auffällig war der Bewertungsbereich. Hier haben die Produkte entweder fast keine oder zwischen 30 bis 50 Bewertungen. Die große Konkurrenz ist dabei auf weniger als 20 Produkte zusammenzufassen.

Den Optimierungsgrad der Wettbewerber prüfe ich nicht. Es ist einzig eine Quelle für Ideen und neue Ansätze, aber kein Kriterium für fortlaufende Entscheidungen. Da sich auf Amazon alles in sehr kurzer Zeit ändern kann, egal, ob Titellängen, Keyword-Kürzungen oder fehlerhafte Uploads, bleiben Sie am besten dauerhaft am marktüblichen Standard dran, dann können Sie sich mit jedem messen.

Nun muss man sich eine einfache Frage stellen. Möchten Sie auf Biegen und Brechen zwanghaft starten, oder bewahren Sie Ruhe und Geduld? Zwanghafte Starts haben oft das Problem, viel Geld zu verbrauchen und gegebenenfalls den Suchalgorithmus A9 und die Kunden auf dem falschen Fuß zu erwischen. In unserem Beispiel wird also nicht mit maximalem Geldeinsatz Werbung gestartet, sondern diese wird weggelassen. Auch das künstliche Erzeugen von Bewertungen wird nicht durchgeführt. Bewertungen an sich werden immer noch völlig falsch eingeschätzt. Mittlerweile bestätigt Amazon zwar, dass man bis zur 21. Bewertung noch Verbesserungen der Kaufrate erzeugen kann, aber dann ist nicht mehr viel. Amalyze konnte aufzeigen, dass mit 5 Sternen bewertete Produkte sogar im Schnitt schlechter ranken als mit 3,5 bis 4,5 Sternen bewertete. Was die gesamte Anzahl an Bewertungen angeht, sind ab 35 Bewertungen keine signifikanten Unterschiede mehr hinsichtlich der durchschnittlichen Position in den Suchergebnissen zu erkennen. Da insgesamt nur knapp 10 % aller Produkte überhaupt mindestens eine Bewertung haben, wird hier immer noch sehr viel übertrieben.

Welche Strategie für den Content leiten Sie nun aus den wenigen Informationen ab? Für die Bestimmung des relevanten Contents werden nur Phrasen des Long Tails analysiert. Der Basiswortschatz beruht ja nur auf wenigen, wechselhaften Synonymen und Anordnungen. Eine klare Ansprache ohne große Werbeaspekte wird angestrebt, da es ein unemotionales Produkt ist, das nur über Fakten vergleichbar ist. Daher werden auch nur eindeutige Inhalte genutzt. Während also eine IP65-Schutzklasse auch die IP44 usw., also auch darunterliegende Schutzklassen, erfüllt, würde man das in diesem Beispiel weglassen und nur IP65 nutzen. Je nach Analyse könnten sogar nur so wenige Bestandteile der Suchabfragen vorkommen, dass alle Bereiche im Titel abbildbar sein könnten. Das heißt, Sie schaffen es, die komplette Kreuzkombinatorik zu eliminieren, indem Sie auf die Suchbegriffe im Backend verzichten. Die Aufzählungspunkte sind nur faktenorientiert mit wenigen Nutzungshinweisen, bei denen die exakten Phrasen eingebaut werden. Jeglicher nicht suchrelevanter Inhalt wird weggelassen (siehe Abbildung 16.2).

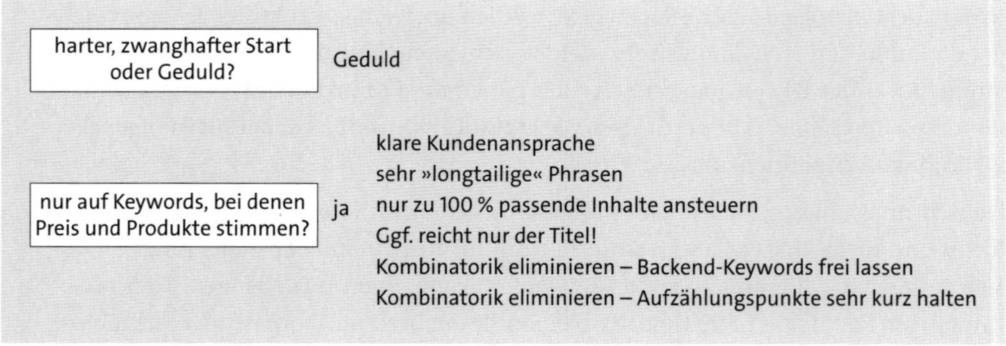

Abbildung 16.2 Strategie für Content

So wird der Such-Traffic auf viel weniger Streuung verteilt und kann sich wirksam auf wenige Suchwörter kumulieren. Dadurch werden Ihre Produkte in einem kürzeren Zeitverlauf auch ohne Werbung an Relevanz gewinnen und bestenfalls organisch im

Ranking steigen. Dabei sind nicht nur und ausschließlich Klicks und Käufe nötig. Tests zeigen, dass Ihre Produkte bis zu einem bestimmten Sockelwert auch ohne diese Effekte steigen. In diesem Fall wird zum Start keine Werbung geschaltet (siehe Abbildung 16.3).

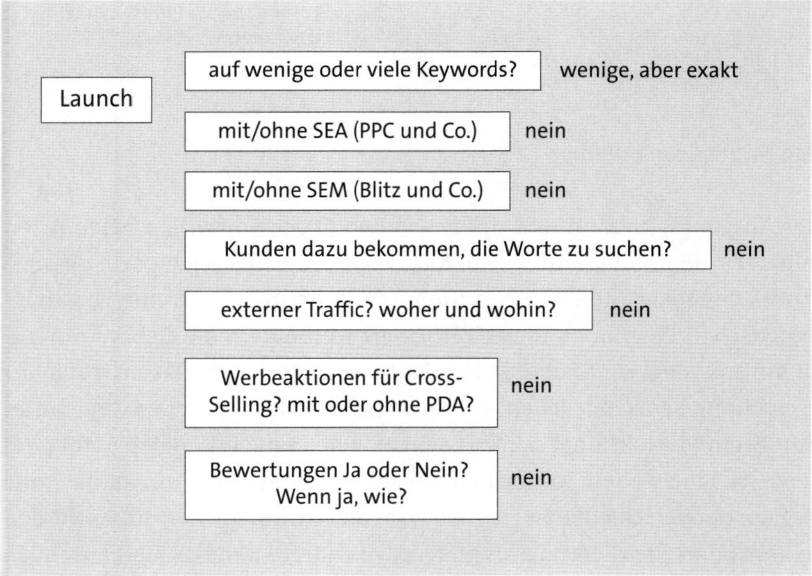

Abbildung 16.3 Grundstrategie ohne Werbung

Auch die anderen Eventualitäten wie Markenaufbau, eigener Onlineshop, Influencer und externer Traffic lasse ich außen vor. Das ganze Amazon-Geschäft ist ohne für viele kaum noch vorstellbar. Doch schaffen es immer wieder genug Beispiele, das Gegenteil zu beweisen. Dank ihrer Produktauswahl, richtiger Qualität und ihrer Preise wachsen diese Unternehmen oder Marken oder Einzelprodukte weiter und weiter.

Die Einfachheit der Dinge ist aber nicht immer so klar, es ist ständige und teilweise zeitintensive Arbeit. Dieses Grundgerüst aus Strategie und Feststellung der Ausgangssituation zeigt mit einfachen Fragen auf, wie komplex ein Entscheidungsbaum mit nur einer Änderung werden kann.

So wird nun aus dem Nein zur Werbung ein Ja, mit der Einschränkung, nur gesponserte Produkte (SPA) zu nutzen. Weiterführende Werbung, wie Angebote über diverse Preisnachlässe, bleibt außen vor (siehe Abbildung 16.4). Besonders in der Startphase verfälscht eine Einführungspreisstrategie die Auffindbarkeit unter den falschen, nicht zum Zielpreis passenden Suchbegriffen. Dann wundern sich die Verkäufer plötzlich, warum sie erst Produkte verkaufen und dann nicht mehr und warum die Werbung auf einmal so teuer wird.

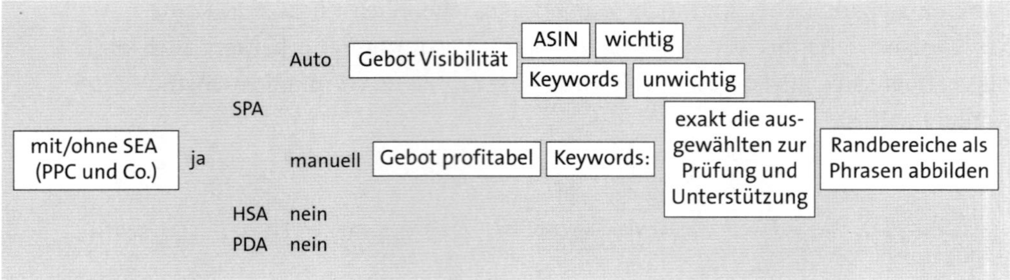

Abbildung 16.4 Strategie mit Werbung

Aufgrund der Ausgangssituation und der gewählten Strategie werden beide Arten der SPA genutzt. Dabei dient die manuelle Kampagne ausschließlich dazu, die Auffindbarkeit unter den relevanten Suchbegriffen zu unterstützen. So können die mangelhaften organischen Positionen etwas verbessert werden. Da die Gebote nur auf Profitabilität hin ausgelegt sind, sollten keine Unkosten entstehen. Dazu werden nur die exakten Suchphrasen eingegeben, die eine hohe Relevanz haben und unter denen Sie mit Ihrem Produkt final sichtbar sein wollen, gerne im Abgleich mit dem Suchvolumen usw. Eine weitere manuelle Kampagne richtet sich dann an die hohe Wechselhaftigkeit der verschiedenen Eingaben um die Synonyme herum. So werden diese kurzen Kernphrasen mit BROAD als Match-Typ angesteuert. Das Ziel ist es, auch ohne die perfekte organische Sichtbarkeit mit dem eigenen Produkt unter allen möglichen Kombinationen angezeigt zu werden. Die Profis nutzen hierfür gerne Excel, bauen jede mögliche Variation über Felderfunktionen auf und legen dann alle Wörter als exakte Match-Typen an. Kann man machen, muss man aber nicht. Die dynamischen Gebote sollten hierbei zum Start als feste Gebote genutzt werden, um auch exakt im anvisierten Bietbereich zu erscheinen.

Die Autokampagne hat hier in dem Beispiel die höhere Relevanz zu Beginn des Lebenszyklus. Das Ziel ist es, unter den gesamten Wettbewerberprodukten als gesponserter Artikel aufzutauchen. Ist der Preis gut gewählt oder das erste Bild sehr aussagekräftig und zeigt es den faktischen Vorteil in Kombination mit dem Titel auf, können so Kunden abgeworben werden, besonders, da ein großer Teil des Wettbewerbs über keine Bewertungen verfügt. Dabei muss das Gebot aber auf eine hohe Visibilität ausgelegt sein. Das heißt, Sie bieten deutlich über der profitablen Grenze. Hier dürfen Sie keine Angst haben, sondern müssen Daten sprechen lassen. Wenn Sie 5,64 € als Gebot hinterlegen und nur auf einen Klickpreis von 68 Cent kommen, ist dies nicht schlimm – natürlich je nach Werbebudget, verstehen Sie die Zahlen bitte nur als Beispiel.

Das gesamte Konstrukt lebt davon, immer wieder neu hinterfragt und eben nicht 1 : 1 kopiert zu werden. Jeder betrachtet die Thematik anders. Andererseits kommen spätestens hier die eigenen Begabungen im Zusammenhang mit dem Produkt zum Zug.

Ein komplett neu entwickeltes Produkt kann auf Amazon funktionieren. Wenn Sie aber in Gesprächen feststellen, dass Ihr Produkt perfekt ist für Handwerker, Motorradfahrer, Kinderbetreuungseinrichtungen und Schulen, dann sollten Sie durchaus auch neue Wege in Erwägung ziehen. Es ist immer wieder einer der größten Fehler, sich zu schnell und viel zu früh auf Amazon zu fokussieren. Das besagte Beispiel war das eines sehr kommunikativen Menschen, der es liebt, sein Produkt vorzustellen. Was also soll er damit auf Amazon? Er ging schlicht zu den Menschen, die das Produkt benötigen. Als Biker und Vater war es ein Leichtes, dies umzusetzen. Aber man beginnt im Amazon-Umfeld scheinbar sehr schnell, seine eigenen Stärken zu vergessen. Wie viele Produkte könnte man im eigenen Wohnort verkaufen oder einfach mal im Laden nebenan fragen, ob man ein kleines Display aufstellen darf? Das eigene Produkt und die eigene Verbindung dazu sind auf Amazon immer erst zum Schluss umsetzbar, der Weg dahin ist schwer, wenn auch machbar.

Sollten Sie nur schnell Geld verdienen wollen, reicht es, als Re-Seller tätig zu werden. Dafür müssen Sie nur an die günstigen Einkaufspreise und Mengen kommen. Wer also ein eigenes Produkt vermarkten will, sollte sich in der Auswahl seiner Strategie an den eigenen Fähigkeiten orientieren. Es bringt nichts zu sagen: »Jetzt kommt Punkt 12 auf meiner Liste, Amazon-Werbung, schade, das kann ich nicht. Bezahl ich halt jemanden dafür, dann wird das schon was.« Es funktionieren viele Wege, doch in den letzten Jahren hat sich gezeigt, dass es immer schwerer wird, nicht nur weil alte Tricks und Ansätze nicht mehr funktionieren, auch weil viel zu wenige herausfinden wollen, wie etwas funktioniert, sondern stattdessen allgemeingültige Herangehensweisen suchen. Dabei gibt es nur eine einzige Regel: Bring dein Ding auf Amazon ans Laufen und suche nicht, was schon auf Amazon läuft. Der Markenaufbau ist ein viel wichtigerer Ansatz und ohne Amazon umsetzbar, das zeigte schon Bernhard Rauscher in zig Vorträgen deutlich auf oder auch der Parkaffe von Ronny Marx. Erst mit einer Marke oder überhaupt laufenden Produkten können Sie dann sogar über eine Art Lebenszyklusmanagement nachdenken. Nur einen Launch und dann rotiert das Produkt dank Werbung ein Leben lang – diese Vorstellung ist leider nicht ansatzweise realitätsnah.

Kapitel 17

Lebenszyklusmanagement auf Amazon

Geht das überhaupt? Ist es nicht nur der Launch, die regelmäßigen Events und der Austausch gegen ein neues, besseres Produkt? Gibt es wirklich einen Lebenszyklus für Produkte auf Amazon, oder ist man nur der verlängerte Eventmanager, solange Amazon das Produkt nicht selbst anbietet?

17.1 Der Lebenszyklus

Der Produktlebenszyklus ist ein überaus interessantes und zugleich komplexes Konzept aus der Betriebswirtschaftslehre. Vielfältige, sich gegenseitig bedingende Faktoren bilden wichtige Informationen zur erfolgreichen Etablierung von Produkten im Markt ab. Für Amazon könnten Sie damit den prognostizierten Umsatz- und Gewinnverlauf der Produkte oder gesamter Portfolios sichtbar machen und dazu Marketingmaßnahmen planen. Insgesamt beschreibt der Produktlebenszyklus die Phasen, die ein Produkt von der Markteinführung bis zur kompletten Beseitigung durchlebt. Zu seiner Abbildung muss man jedoch vorher Grundlagen wie die *Matrix der Boston Consulting Group* (BCG) kennen, wie sie Abbildung 17.1 zeigt.

Den Start bildet die Einführungsphase. Hier ist noch absolut unklar, wohin sich das Produkt entwickeln wird. Erst in der Wachstumsphase entscheidet man sich, weiterzumachen oder das Produkt aufzugeben. Dabei können Sie in neue Produkte oder in den Ausbau der Wachstumsphase investieren. Die meisten Amazon-Händler können jedoch nicht abschätzen, in welcher Phase Sie sich mit Ihrem Produkt gerade befinden. Oftmals werden daher auch Produkte noch deutlich in der Einführungsphase, auch Fragezeichenphase genannt, abgebrochen, meist aber weniger aus Unwissenheit, eher wegen mangelnden Kapitals für mehr Risikobereitschaft.

Die vier Felder, die Sie in Abbildung 17.1 sehen, sind also: die Question Marks (Fragezeichen), die Stars (Sterne), die Cash Cows (Goldesel) und die Poor Dogs (Arme Hunde), häufiger bekannt in der einfachen Darstellung wie in Abbildung 17.2.

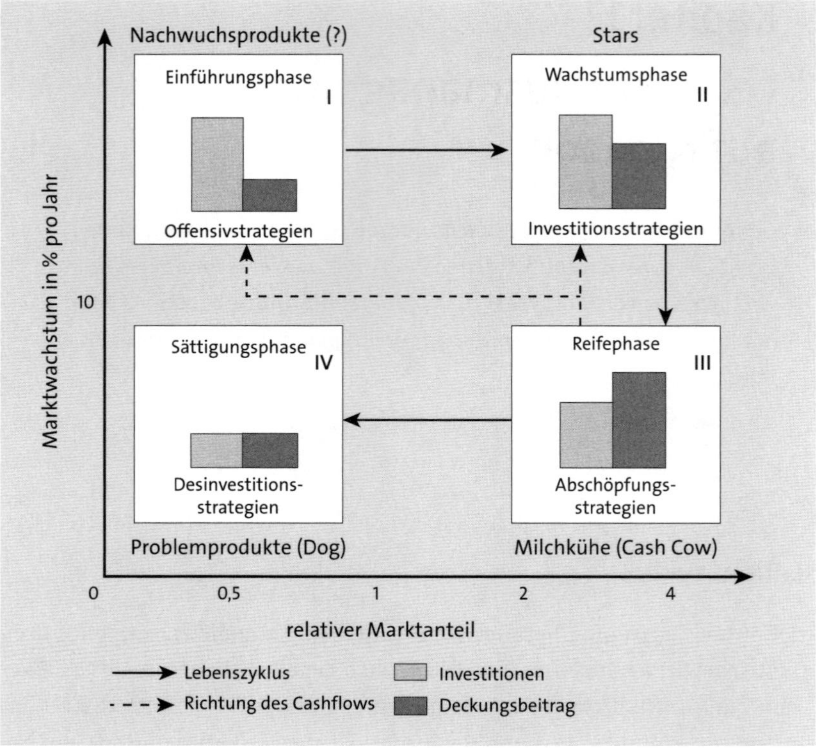

Abbildung 17.1 Die BCG-Matrix nach Schneider, Dietram: Unternehmensführung und strategisches Controlling, 2. Aufl., Darmstadt 2000

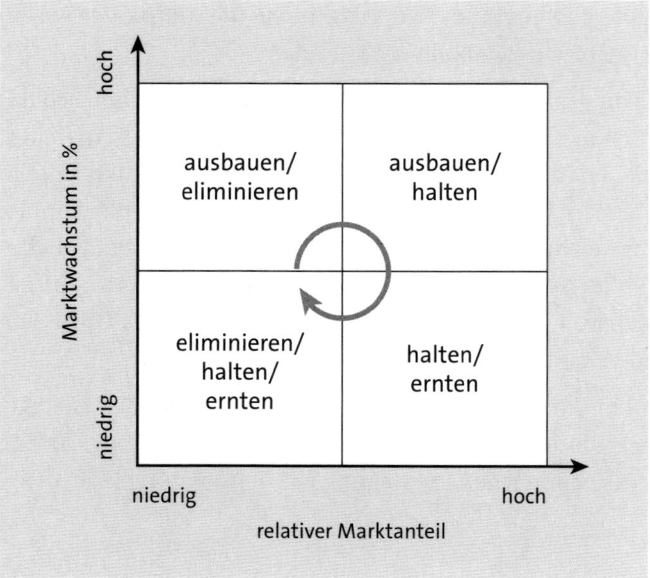

Abbildung 17.2 Das Vier-Felder-Portfolio – Boston Consulting Group

Diese Darstellung vereinfacht den Ansatz nochmals deutlich. Die BCG-Matrix zeigt dabei im Schwerpunkt das Verhältnis von Marktwachstum zu Marktanteilen auf. Damit können Sie neben den eigenen Annahmen und Kennzahlen ein Verhältnis bilden zum direkten Markt. Amazon lässt dabei zwar viele Datenerhebungen zu, jedoch fehlen die Gesamtverhältnisse. Ohne zusätzliche Tools können Sie den spezifischen Markt weder im Umfang bewerten noch in der reinen Größe.

Diese Matrix kann also primär nur der Ableitung und dem Erkennen strategischer Potenziale des bestehenden Produkt-Portfolios dienen. Ähnlich wie bei dem Suchvolumen ist nicht die reine Anzahl wichtig, sondern eher der Trend dahinter. Notwendigerweise müssen Sie dafür erst einmal wissen, in welcher Phase oder in welchem Feld Sie sich mit Ihrem Produkt befinden. Die Bestimmung des Feldes wird gemessen am existierenden Marktwachstum und relativen Marktanteil, wobei der relative Marktanteil dem Verhältnis aus dem Marktanteil Ihres Unternehmens im Vergleich mit dem Marktanteil Ihres stärksten Konkurrenten entspricht. Allzu genau darf man es also nicht versuchen.

Dennoch hilft der Ansatz dank der vier Felder weiter. Die Question Marks (Fragezeichen) zeichnen sich durch einen niedrigen relativen Marktanteil bei gleichzeitig hohem Marktwachstum aus. In dieser Phase befinden sich Produkte auf Amazon zumeist im Launch oder wenn ein neuer Produktbereich marktübergreifend neu entsteht. Sie entspricht am ehesten der Markteinführungsphase, weiteres Wachstum der relativen Marktanteile kann also durch Marketingaktivitäten erzielt werden.

Stars (Sterne) sind Produkte mit einem hohen relativen Marktanteil und hohem Marktwachstum. In diesem Bereich sollten Sie Investitionen tätigen, um lange vom stark wachsenden Marktsegment zu profitieren und weiteres Wachstum zu ermöglichen. Hier ist nicht nur Marketing notwendig. Besonders auf Amazon ist die rechtzeitige Bestellung von genug Ware der eigentliche Hebel.

Das eigentliche Ziel vieler Amazon-Angebote ist erst im dritten Segment anzutreffen. Erst wenn das Marktwachstum abflaut, Sie aber weiterhin hohe relative Marktanteile innehaben, befinden sich Produkte im Bereich der Cash Cows (Goldesel). Erst jetzt können umfangreiche Gewinne erzielt werden, da eine hohe Werbeaktivität nicht mehr vollumfänglich notwendig ist und die gesunkenen Kostenstrukturen ihren zusätzlichen Beitrag leisten. Dazu muss die Dominanz im Bereich aber erst erfolgreich aufgebaut sein. Neue Marktanteile sind ab hier, ähnlich wie in der Phase der Question Marks, nur durch die Abwerbung von Kunden der Wettbewerber erreichbar.

Die Poor Dogs (Arme Hunde) sind direkt zu Beginn als gescheiterte Produkte anzutreffen oder am Ende des Produktlebenszyklus. Das geringe Marktwachstum und der niedrige relative Marktanteil lassen keine Chance offen, noch erfolgreich zu werden. Dies gilt es, besonders bei Re-Launch-Versuchen, vorab zu bewerten, denn die erwirtschafteten Verluste muss man kompensieren können. In dieser Phase heißt es, offen zu sein für den Marktaustritt, oder aber Sie planen und schaffen den perfekten Re-Launch.

Egal, welches Modell Sie anwenden wollen – Ablauf, Länge und Verlauf des Lebenszyklus sind von Produkt zu Produkt unterschiedlich und können immer nur vergangenheitsbezogen bewertet werden. Die großen Einflussfaktoren sind dabei die Instrumente des Marketings. Die Ausgestaltung der einzelnen Phasen können Sie durch besondere Preissetzung, externe Kampagnen und eine hohe Servicequalität beeinflussen oder durch das weltbekannte ominöse *Brand Building*. Andererseits sind die Growth-Hacking-Ansätze von Hendrik Lennarz nutzbar. Aber auch meine lieben Freunde von Kavaj, Jörg Kundrath und Kai Klement, haben hier sehr starke Abläufe und Prozesse aufgebaut, um einen Lebenszyklus der Produkte zu managen. Diese Ansätze gilt es, wie immer, nie zu kopieren, sondern das Beste daraus für sich selbst abzuleiten und für andere Ideen offen zu bleiben.

Daneben sind weitere Einflussfaktoren zu berücksichtigen, wie die Veränderungen der politisch-rechtlichen oder wirtschaftlichen Rahmenbedingungen. Steueränderungen, Änderungen im Paketversand oder andere Effekte können den Produktlebenszyklus genauso beeinflussen wie der unerwartete Markteintritt von Wettbewerbern oder Ersatz- und Austauschprodukten. Die Datenschutz-Grundverordnung (DSGVO), Verpackungsverordnung, Kennzeichnungsrichtlinien oder das willkürliche Abmahnungs-Business können einen sehr schnell einholen oder Lebenszyklen stoppen. Kombinieren Sie den Ansatz der Matrix nun direkt mit Zahlen und Verläufen, können Sie solche Verbindungen aufzeigen (siehe Abbildung 17.3).

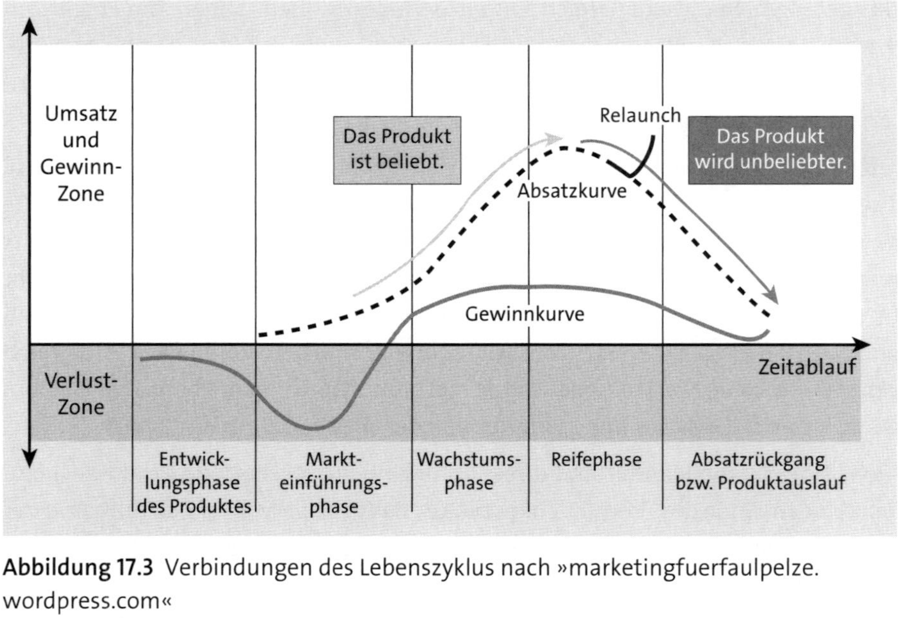

Abbildung 17.3 Verbindungen des Lebenszyklus nach »marketingfuerfaulpelze.wordpress.com«

Hieran wird deutlicher erkennbar, dass Gewinne erst sehr spät entstehen und Cash-Cow-Produkte damit erst sehr spät zu erwarten und nicht sofort in Nischen abzuschöpfen sind. Diese sehr seltenen Entwicklungen gab es zwar Mitte der 2010er Jahre, doch die kompetitive Situation ist mittlerweile eine andere. Zudem ist die Agilität neuer Produkte und Wettbewerber erheblich gestiegen.

Das Kernproblem einer Produktentscheidung ist immer das *Informationsparadox*. Wie viel mehr Informationen benötigen Sie, um eine bessere Entscheidung zu treffen? Doch wann ist dann der Punkt der besten Entscheidung erreicht? Dabei übersieht man schnell den eigentlichen Fehler. Die Frage müsste vielmehr lauten: Wer hat gerade auch die Idee? Wer hat schon bestellt? Wer listet gerade dasselbe Produkt? Da diese Themen nie lösbar sind, sollten Sie sich vielmehr mit der *SWOT-Analyse* auseinandersetzen, dazu mehr in Abschnitt 17.2.

Der Produktlebenszyklus basiert nun auf fünf Phasen: der Markteinführung, dem Wachstum, der Reife, der Sättigung und der Degeneration, ähnlich den vier Feldern der Portfolio-Analyse. Doch es geht nicht um eine theoretische Positionierungsanalyse, sondern vielmehr um die direkten Abläufe.

Die Markteinführung ist der Zeitpunkt, ab dem das Produkt von Kunden erworben werden kann. Vorgelagerte Taktiken wie *»fake it until you make it«* werden nicht betrachtet. Damit wären etwa Kickstarter-Kampagnen gemeint oder schlichte Verkaufs-Funnel, bei denen das Produkt vorbestellt werden kann. So könnte man damit werben, Honig zu produzieren, ohne ein Bienenvolk zu haben. Erst wenn der Andrang und die Nachfrage eine gewisse Grenze übersteigen, beginnt man, als Imker tätig zu werden. Aufgrund der Leistungsfähigkeit eines Bienenvolkes hat man dann sogar die Verknappung auf seiner Seite zur Preisführung, wie sonst kann man ein Glas Honig für über 500 € Spendensumme versteigern?

In der Phase der Markteinführung ist die Bewerbung des Produkts ein wesentlicher Bestandteil, um Konsumenten überhaupt auf das Angebot aufmerksam zu machen. Dabei gilt es, wie in der Launchstrategie schon aufgezeigt, besonders abzuwägen, ob schon Suchintentionen vorliegen und das Produkt schon bekannt ist. Sonst müssen dem Marktplatz vorgelagerte Aktivitäten eingeplant werden. Hierbei nutzen Sie Trendanalysen von Amalyze, bei denen eindeutige Amazon-Trends und Google-Trends einander gegenübergestellt werden. So wissen Sie sehr genau, wo Werbung platziert werden muss.

Da die Markteinführungsphase meist kostenintensiv ist, wirkt sich das negativ auf die Gewinnkurve aus. Der Grund ist einfach, Marketingmaßnahmen kosten Geld. Zusammen mit Preisnachlässen entsteht schnell ein ruinöser Wettkampf. Daher sollten Sie schnellstmöglich den Break-even-Punkt erreichen. Ab hier sind die Verkaufserlöse hoch genug, um die Kosten der kompletten Produktion zu decken.

Wichtig ist dabei die Tatsache, dass nicht jeder Artikel die nächste Phase des Lebenszyklus erreicht. Viele Ansätze und Strategien scheitern bereits nach der Markteinführung und/oder erreichen nie ansatzweise die Gewinnschwelle. Dabei ist zu beachten, dass Sie nur selbst die Zahlen deuten können und lieber aufrecht aussteigen sollten, als sich komplett zu verausgaben. Oftmals scheitern Vorhaben nach Gesprächen ganz schnell, wenn man fragt, wie viel verkauft werden muss, um den Break-even zu erreichen. Denn bestellen Sie nur 1.000 Stück zum Testen, müssen Sie aber mindestens 5.000 Stück absetzen, um die Kosten zu decken, stimmt etwas von Beginn an nicht.

Ist die Markteinführung erfolgreich überstanden, blicken Sie in der Wachstumsphase einem steigenden Absatztrend entgegen. Diese Tendenz muss nun durch eine fortlaufende Kampagne unterstützt und beschleunigt werden, egal, ob Sie Werbung auf Amazon schalten oder externe Wege beschreiten. Eines der auffälligsten Probleme ist dabei die Sichtbarkeit des Erfolgs auf Amazon. So wird die breite Konkurrenz auf das Produkt aufmerksam. Die ersten Preiskämpfe und Nachahmungen können im betroffenen Segment die Folge sein. Hier gilt es, mit Einzigartigkeit zu trumpfen oder eine starke Auffindbarkeit und Suchintention auf Marke oder Produkt etabliert zu haben, um nicht ersetzt zu werden.

In der Reifephase klingen zwar die überdurchschnittlichen Wachstumsraten ab, jedoch hat sich zumeist der Wettbewerb beruhigt. Sind sie bis hierhin gekommen, erreichen die meisten Produkte ihren gewinnbringendsten Zustand. Weniger intensive Marketingmaßnahmen für den Erhalt der Marktanteile sind nun notwendig, und die Kunden suchen und kennen das Produkt. Ein zusätzliches Wachstum ist nun fast ausschließlich durch die Kundenabwerbung von Konkurrenten möglich, für die das natürlich auch gilt. Hier ist es also wichtig, die eigenen Produkte zu schützen und besser zu platzieren als die übrigen Wettbewerber.

Denn spätestens in der darauffolgenden Sättigungsphase ist ein Rückgang von Umsätzen und Gewinnen zu erwarten. Der Verdrängungswettbewerb hat nun nur noch ein Ziel, die Kostenführerschaft. Interessanterweise trifft man auf Amazon oft genau den umgekehrten Weg. Hier versuchen Anbieter zuerst durch die Streichung von Kostenblöcken die Produkte günstiger als alle anderen Marktteilnehmer anzubieten, überraschenderweise mit einem großen Denkfehler. Man erwirtschaftet zwar selbst dann noch einen Gewinn, wenn die weniger effizient aufgestellte Konkurrenz zum selben Preispunkt bereits deutliche Verluste einfährt und somit den Preiskampf verliert, aber man schafft es nicht wieder, den Preis zu erhöhen. Die Kundenschichten sind sozusagen auf diesen Preis trainiert, wie auch der Suchalgorithmus A9. Ist man am Ende des normalen Lebenszyklus Kostenführer und kann die Situation aufrechterhalten, kann man die Sättigungsphase natürlich maximal ausnutzen. Beispiele wie Kavaj haben gezeigt, wie ungünstig ein reiner Amazon-Preis ist, wenn der Wettbewerb steigt und man selber die Preise nicht mehr anpassen kann, da man maximale Qualität zu niedrigen Preisen angeboten hat. Fast fünf Jahre ging das sehr gut, doch nun geht auch Kavaj lieber den Weg in den Shop zurück.

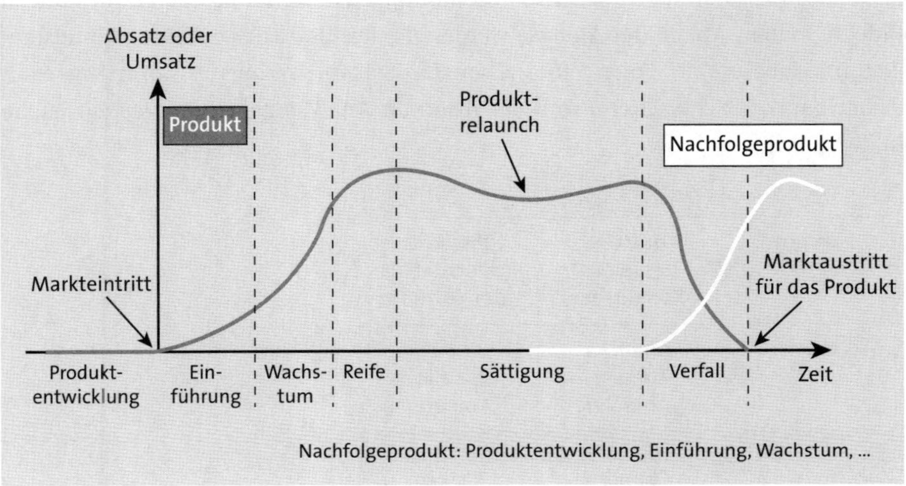

Abbildung 17.4 Lebenszyklus mit Nachfolger nach Jürgen Fleig, »www.business-wissen.de«

Spätestens in der Sättigungsphase sollten Sie die Nachfolgerprodukte schon etablieren (siehe Abbildung 17.4). Denn schlussendlich mündet der Produktlebenszyklus in der Degenerationsphase. Keine Maßnahme schafft es nun noch, profitable Erträge zu erwirtschaften. Der Markt ist gesättigt. Innovationen und Weiterentwicklungen sind nun notwendig. Mit der Erreichung der Degenerationsphase endet dieses Grundmodell des Produktlebenszyklus, das Produkt stirbt sozusagen. Beachten Sie hier unbedingt Folgendes: Wenn drei Wettbewerber aus dem Markt gehen und neue Produkte aufbauen, steigen Ihre Absätze natürlich zunächst. Das bedeutet jedoch in den wenigsten Fällen, dass Sie noch mal neue Produkte in China bestellen sollten, als Nächstes werden nämlich die Nachfolgerprodukte gekauft – Ihre oder die Ihrer Konkurrenz.

Nun sollten Sie diese zwei Modelle, BCG-Matrix bzw. Vier-Felder-Portfolio und Produktlebenszyklus, immer noch nicht einzeln bewerten und für Amazon einsetzen. Zumindest mir persönlich fehlen dabei die detaillierten Betrachtungen des Marktes, der Wettbewerber und der eigenen Fähigkeiten.

17.2 Die SWOT-Analyse

Da der Markt und der Wettbewerb nicht greifbar und sauber messbar sind, hilft es gegebenenfalls, den Ansatz des Lebenszyklusmanagements zur *SWOT-Analyse* zu erweitern. Die Buchstaben stehen dabei für Analysis of Strengths, Weakness, Opportunities and Threats, also für eine Stärken-Schwächen-Chancen-Risiken-Analyse, die

die Positionierung der eigenen Aktivitäten gegenüber dem Wettbewerb ermöglicht. Mein Professor Hans Koller hat mich während meines Studiums damit immer an die Grenzen des Denkbaren gebracht, doch so fanden sich immer Lösungen für nahezu alle Ideen. In dem Ablauf der Analyse werden die Resultate der externen Unternehmensumfeldanalyse in Form eines Chancen-Risiken-Katalogs zusammengestellt und dem Stärken-Schwächen-Profil der internen Analyse gegenübergestellt (siehe Abbildung 17.5).

intern	*Stärken* besser als Konkurrenz	*Schwächen* schlechter als Konkurrenz
extern	*Chancen* für alle Anbieter	*Risiken* für alle Anbieter

	Chancen	**Risiken**
Stärken	ausbauen	absichern
Schwächen	aufholen	meiden

Abbildung 17.5 SWOT-Analyse

Sie arbeiten zuerst die obere Tabelle ab und übertragen dann die Inhalte im eigentlichen SWOT-Verfahren. Die SWOT-Matrix hat das Ziel, die weiteren Chancen aufzuzeigen. Außerdem sollen die Gefährdungen, gegen die sich die Unternehmung zur Nutzung ihrer Stärken absichern sollte, konkretisiert werden, genauso wie die Schwächen, die in der gleichen Zielrichtung aufgeholt werden müssen. Letztendlich deckt die Analyse auch Risiken auf, die es mehrfach zu vermeiden gilt. Gerade hier werden die internen Schwächen mit den externen Risiken des Wettbewerbs oder Marktes zu einer doppelt gefährlichen Situation heranwachsen.

Hier dürfen Sie aber nicht nur die reinen Fakten sprechen lassen. Natürlich sollten Sie den Markt und den Wettbewerber vollumfänglich analysieren. Aber besonders die Analyse des eigenen Könnens und Ihre Fähigkeiten und Fertigkeiten dürfen Sie nicht überschätzen. Nicht alles ist erlernbar, und nicht alles kann oder will man in externe Hände geben. Der eigene Wille, ein Produkt zu entwickeln oder überhaupt auszusuchen, ist nicht jedem gegeben. Die persönlichen Interessen sind es, die im Besonderen die ersten Lebenszyklusphasen entscheiden, die Ihnen den nötigen Mut und das Wissen mitgeben, etwas erreichen zu wollen. Allein Profitorientierung wird kaum dazu beitragen, Ihr Ding auf Amazon ans Laufen zu bringen.

Die Fixierung auf nur einen Marktplatz wie Amazon aufgrund von Kundenzugang und logistischer Unterstützung führt früher oder später zum Scheitern. Da spreche ich nicht von den seilspringenden Glückskindern, die Grillhandschuhe anhaben, wenn Sie eine Knoblauchpresse benutzen. Das waren noch andere Zeiten, und im Detail steckte bei vielen Beispielen der Branche viel Arbeit dahinter, auch langfristig erfolgreich zu bleiben. Die Geschäftsführer von KW-Commerce haben über eineinhalb Jahre lang durchgearbeitet, jeden Tag. Das soll kein Vorbild sein, nur aufzeigen, dass hinter jedem Erfolg mehr steckt, als nach außen sichtbar ist. Lebenszyklusmanagement geht einher mit Höhen und Tiefen. Wenn Sie genau wissen, an welcher Stelle Sie stehen, welche Stärken Sie haben und welche Schwächen zu beheben sind, werden Sie jede Talfahrt überwinden, es sei denn, sie ist absichtlich erzeugt.

17.3 Das Minimumgesetz

Bevor Sie nun eine komplette Steuerung des Lebenszyklus angehen, sollten Sie das *Minimumgesetz* anwenden können. Dabei geht es weniger um die Tatsache, dass einer Entscheidung auch eine Reaktion des Marktes folgt. Erstmals von Carl Sprengel formuliert und später von Justus von Liebig erweitert und bekannt gemacht, beschreibt das Gesetz den Zusammenhang zwischen dem Pflanzenwachstum und den dafür benötigten Wachstumsfaktoren. Ja genau, Botanik und Biologie. Aber selbst die Designentwickler von Porsche und Lamborghini nutzen es. Die Wachstumsfaktoren für Pflanzen sind Nährstoffe, Wasser, das verfügbare Licht, die Temperatur usw. Das Minimumgesetz besagt nun, dass der Faktor, der am geringsten vorhanden ist, das Wachstum der Pflanze beschränkt (siehe Abbildung 17.6).

17

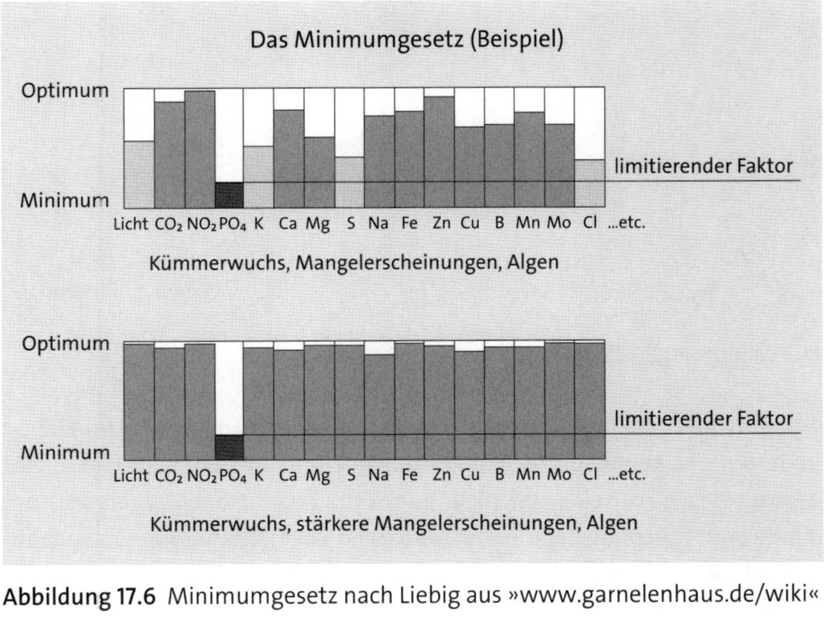

Abbildung 17.6 Minimumgesetz nach Liebig aus »www.garnelenhaus.de/wiki«

Das *Optimumgesetz* ist von Liebigs Erweiterung des Minimumgesetzes und sagt aus, dass es ein Optimum in der Verfügbarkeit der Wachstumsfaktoren gibt. Bei diesem wachsen die Pflanzen so schnell wie nur möglich. Doch ein im Minimum befindlicher Wachstumsfaktor wirkt sich nun umso stärker negativ aus, je näher die anderen Faktoren am Optimum sind. So widersprüchlich dies klingen mag, geht es einer Pflanze schlechter, wenn alle Faktoren im Optimum sind, aber einer Mängel aufweist. Sind mehrere Faktoren betroffen, ist die Negativwirkung nicht so auffällig.

Wenden Sie das Minimum- und das Optimumgesetz nun auf den Marktplatz Amazon an, erklären sich die Erfolge so einiger Listings recht einfach. Doch zeitgleich müssen Sie Ihre eigenen Ansätze in einem völlig neuen Licht betrachten. Nur der Billigste zu sein oder bessere Bilder zu haben bringt in der Summe nichts, wenn ein Faktor deutlich vom Optimum abweicht. Für Amazon können Sie sich dazu beispielsweise Faktoren wie den Preis, die Werbung, die Sichtbarkeit, die Titelstruktur, die Aufzählungspunkte, A+ oder EBC, den Wettbewerb und die vorhandene Suchintention ansehen (siehe Abbildung 17.7).

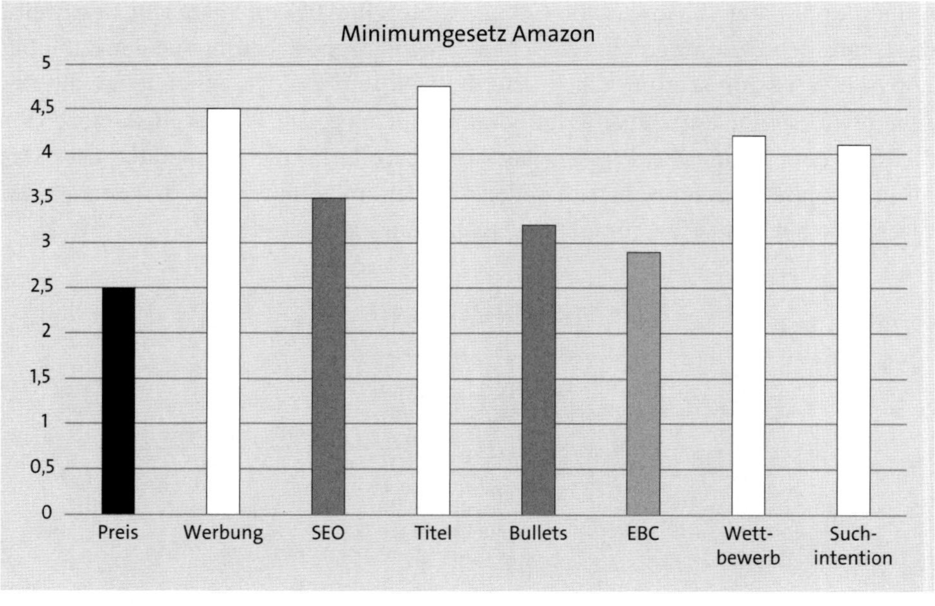

Abbildung 17.7 Minimumgesetz Amazon 1

In dem Beispiel in Abbildung 17.7 gilt das allgemeine Minimumgesetz. Das Listing kann wegen des Preises keine absolut gute Performance erreichen. Man ist schlicht zu teuer oder zu billig. Der Preis passt nicht zum Produkt, zur Nachfrage oder zum Umfeld. Die weiteren Faktoren wie die Auffindbarkeit oder die Qualität der Aufzählungspunkte und die erweiterten Markeninhalte sind zudem mangelhaft. Eine Performance von 2–3 als Note könnte erreicht werden.

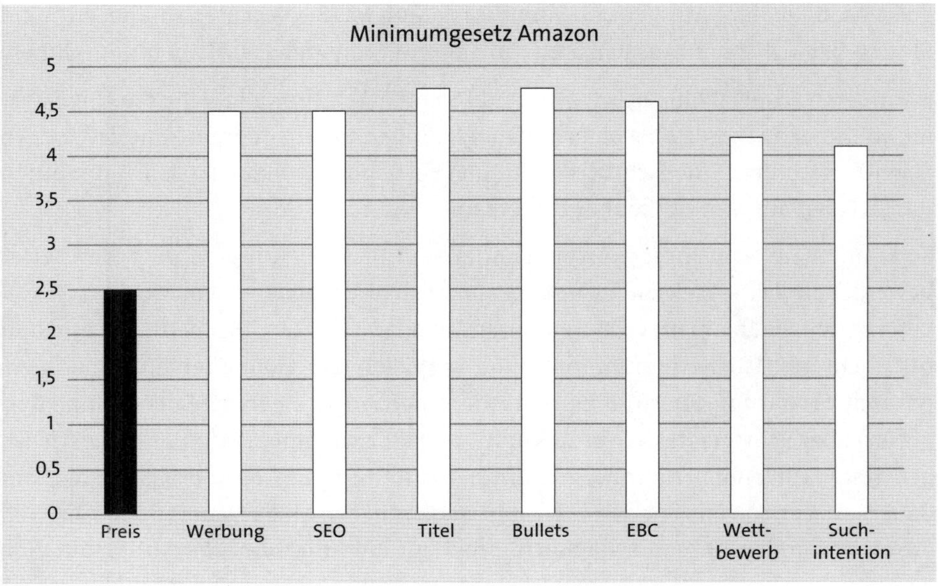

Abbildung 17.8 Minimumgesetz Amazon 2

Nehmen Sie nun den erweiterten Ansatz, also das Optimumgesetz, dazu, ist das Beispiel schnell nicht mehr in der Lage, die Noten 2 oder 3 zu erreichen. Eine 4 wird plötzlich möglich, obwohl man fast alle Faktoren bis zum Limit optimiert hat (siehe Abbildung 17.8). So kurios es klingen mag, sehen Sie auf dem Marktplatz sehr häufig, dass überoptimierte Produkte trotz perfekter Werbung scheitern und augenscheinlich schlechte Produkte sichtbarer sind und mehr verkaufen. Natürlich liegen die Ursachen oftmals in der falschen Zielgruppenwahl oder in der Nichtbeachtung vieler Grundsätze, die in diesem Buch bislang beschrieben wurden. Allein die ständigen Spielereien am Preis verschieben das Produkt stetig in andere Relevanzbereiche. Mangelnde Geduld lässt es nicht zu, dass sich Produkte entwickeln, und falsche Annahmen führen zu falschen Entscheidungen in der eigentlich richtigen Lebenszyklusphase. Aber mit dem Minimum- und Optimumgesetz im Hinterkopf arbeiten Sie Ihre eigene Betrachtung der Dinge viel sauberer ab.

17.4 Ansätze zur Steuerbarkeit

Das Management eines vermeintlich theoretisch existenten Lebenszyklus ist komplex. Die Realität zwingt Sie schlicht zur absoluten Agilität, nicht nur mit einem Produkt, sondern auch mit der Produkt- und der Marktplatzauswahl. Gleiches gilt für die Auswahl der Marketinginstrumente und die Betrachtung, ob und wann man einen eigenen Shop bevorzugen sollte. Natürlich ist dies zeitlich sehr speziell und für jeden Produktbereich anders zu entscheiden. Daher sollen hier keine allgemeinen Lösungen folgen, sondern Ansätze und Hinweise darauf, was Sie beachten sollten, während Sie den Versuch einer kausalen Steuerung Ihrer Produktlebenszyklen unternehmen.

Sie müssen schon allein nach Verkauf und Sichtbarkeit trennen, wenn Sie einen Zyklus auf Amazon bewerten wollen. Verkäufe können unter anderem komplett extern zugeführt werden. Eine Sichtbarkeit für den suchenden Kunden lässt sich nur durch die Tätigkeit auf Amazon sauber etablieren.

So können Sie Nahrungsergänzungsmittel zum Beispiel komplett über Newsletter bewerben und eine Zielgruppe im Fitnessbereich direkt ansprechen. Arbeiten Sie clever, werden Sie in einem größeren Zusammenhang denken. Das heißt, Sie arbeiten mit mehreren Partnern zusammen und bespielen dabei die Themen Abnehmen, gesunde Ernährung, Sporttreiben alle zusammen, angefangen bei Büchern und Ratgebern über Sportgeräte bis hin zu Kursen perfekt zusammengeführt. Mit den richtigen unterstützenden Nahrungsergänzungsmitteln ist das ein perfekter Weg, um dauerhaft Kunden zu generieren, sowohl Neukunden als auch Dauerkunden. Lenken Sie diese Kunden nun ausschließlich direkt auf die Amazon-Seite, wird kaum eine wesentliche Auswirkung auf organische Rankings entstehen. Auf die Art können Sie ohne große Aufmerksamkeit ein Produkt aufbauen oder eine ganze Marke. Haben Sie nach eigener Anschauung genug Bewertungen oder Bekanntheit erreicht, lässt sich das System schnell für den organischen Bereich öffnen. Erst senden Sie den Traffic über den Funnel statt auf die Detailseite auf Suchbegriffe, und später weisen Sie mit Gutscheinen auf Angebote hin, die nur noch auf Amazon erhältlich sind. Einfacher konnte man Amazon 2016 nicht nutzen. Dennoch sind im Rahmen der Wettbewerbsintensität der Klageweg und der organische Wettstreit um Preis, Werbung und Positionen seitdem schwerer geworden.

Zudem war in dieser Zeit noch der Irrglaube sehr stark verbreitet, hohe Sales Ranks und viele Bewertungen seien notwendig. Der Verkaufsrang hat jedoch keinen erkennbaren Einfluss auf die Sichtbarkeit in der organischen Suche. Zudem basiert dieser Rang nicht ausschließlich auf Verkäufen und ist vergangenheitsbezogen. Der betrachtete Zeitraum ist unbekannt, so konnte man in einigen Kategorien eine Art Historie feststellen. Neue Produkte auf Platz 1 erhielten zum Beispiel keinen Bestsellerstatus, während ältere in der Kategorie gelistete Produkte diesen sofort bekamen. Weitere Beispiele zeigten die sofortige Zuweisung des Bestsellerstatus ohne einen einzigen Sale direkt bei der Neuanlage als Produkt. Aber auch der Traffic als solcher und die Absatzzahlen scheinen direkt in den Verkaufsrang einzufließen. Am besten jedoch finde ich persönlich den Umstand, dass Amazon den Bestsellerstatus überhaupt erst zuweist, wenn die gesamten Produkte der Kategorie genug Umsatz erwirtschaftet haben. So finden sich immer wieder Kategorienwechsler, um auf Platz 1 zu gelangen. Jedoch wird kein Bestseller-Badge ausgespielt. Die Grenzen, ab wann die Ausspielung erfolgt, variieren je nach Kategorie anhand anderer Schwellenwerte. Die notwendigen 100 Listungen in einer Kategorie haben sich nicht belegen lassen, da auch Produkte mit weniger als 50 Produkten in der Kategorie einen Bestsellerstatus aufwiesen.

Heißt das, dass Sie das Thema beim Lebenszyklus also weglassen können? Natürlich nicht. Oftmals sind die Kategorien zu vielfältig und haben eine damit verbundene Chance, Potenziale freizulegen. Das einfachste Beispiel ist der Backofenhandschuh im Winter und der Grillhandschuh im Sommer. Selbst bestimmte Dekoartikel könnte man im Winter in der Kategorie KÜCHE, HAUSHALT & WOHNEN platzieren und im Sommer in der Kategorie GARTEN. Diese Thematik wird meiner Ansicht nach viel zu stark missachtet.

Das Thema Bewertungen wird immer wieder als ursächlich und wesentlich herausgearbeitet, um hohe Verkaufszahlen oder eine hohe angebliche Conversion Rate zu erzielen. Mittlerweile hat Amazon dazu eigene Zahlen veröffentlicht (siehe Abbildung 17.9).

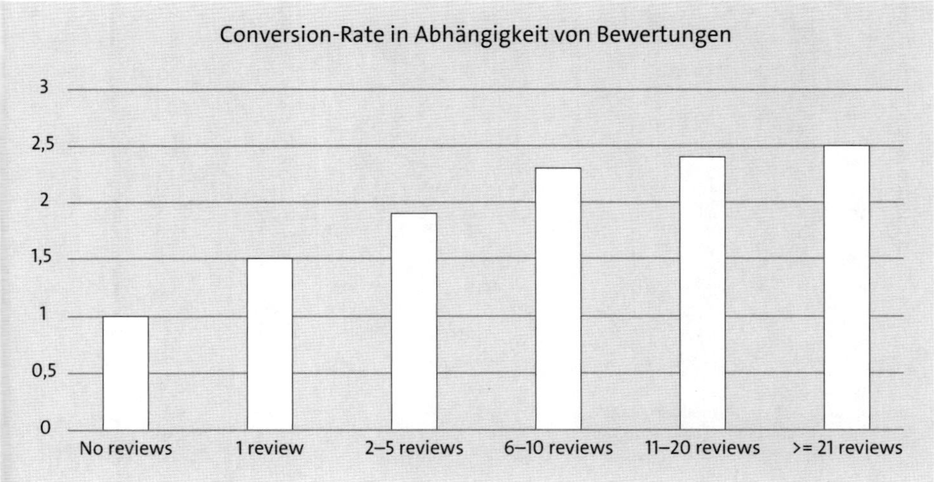

Abbildung 17.9 Conversion Rate (Quelle: Amazon)

Es zeigt sich also ein angeblich direkter Zusammenhang. Jedoch verliert dieser seine Aussagekraft schon bei zehn Bewertungen, dann steigt die Chance der höheren Konvertierungsrate nicht mehr so stark. Ab 21 Bewertungen ist das Maximum laut Amazon erreicht. Wenn man jedoch bedenkt, dass nur jedes zehnte Produkt auf Amazon überhaupt mindestens eine Bewertung hat, wird das Thema natürlich direkt spannender. Was also sollte man im Lebenszyklusmanagement überhaupt als Zielvorgabe nehmen bei Bewertungen?

Sie müssen hier ganz klar berücksichtigen, dass kaum ein Produkt wegen der vielen Bewertungen oben rankt, sondern dass es umgekehrt aufgrund der guten Positionen und Verkäufe mehr Bewertungen aufbauen konnte. Auch darf man bei der Bewertung des Wettbewerbs nie zu betrachten vergessen, wie lange die Produkte schon am

Markt sind. Startet man im Verpackungsbereich, wird man auf wenige Wettbewerber treffen, die sehr gute Bewertungen haben. Jedoch haben die Produkte teils über sechs Jahre benötigt, um auf diesen Stand zu kommen. Also keine falschen Rückschlüsse, nur weil die Knoblauchpresse von IKEA 408 Bewertungen hat, im Angebot ist diese seit September 2012. WMF benötigte für 136 Bewertungen gar 15 Jahre, im Angebot bei Amazon seit März 2003.

Der Einfluss auf Positionen kann erst einmal rein korrelativ betrachtet werden. Wie ranken also Produkte organisch, und wie viele Bewertungen haben diese im Schnitt (siehe Abbildung 17.10)?

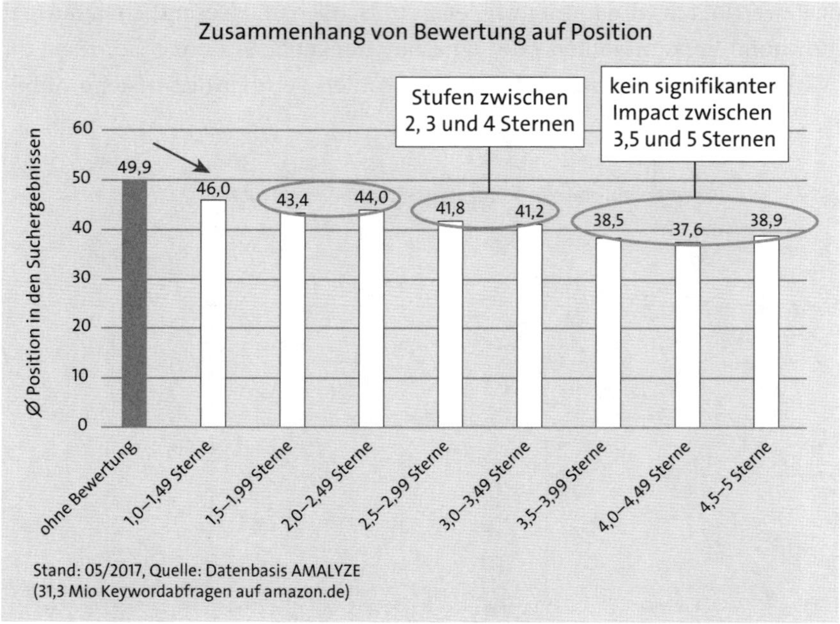

Abbildung 17.10 Bewertungsdurchschnitt im Vergleich zum Ranking

Es zeigen sich nur vier wesentliche Stufen: Keine Bewertung zu haben ist grundsätzlich scheinbar nicht gut, im Schnitt landet ein solches Produkt nur auf Platz 50 in der Suche. Mit einem Durchschnitt bis zu 1,49 Sternen ist es immerhin schon auf Platz 46. 1,5 bis 3,49 Sterne ranken von Platz 44 bis 41,2. Ab 3,5 bis 4,49 Sternen im Schnitt steht ein Produkt in der Suchergebnisliste mit Platz 38,5 bis 37,6 deutlich weiter vorn. Die große Überraschung sind 5 Sterne mit einer durchschnittlichen Position von 38,9, also schlechter als 3,5 bis 4,49 Sterne. Natürlich greifen hier Faktoren mehrfach. Aus meiner Sicht sollten Sie beachten, dass im Besonderen 5-Sterne-Produkte meist noch neu am Markt sind und so die ganze Entwicklung unter allen Suchbegriffen noch nicht abgeschlossen haben. Aufgrund der großen Zahlen jedoch dürfen Sie den Fakt als gegeben ansehen, dass eine Gesamtbewertung mit 3,5 bis 4,49 Sternen besser positioniert wird.

Eindeutiger noch wird dann die reine Anzahl an Bewertungen. Das Streben nach der maximalen Anzahl an Bewertungen muss nicht sein, denn anhand der Analyse in Abbildung 17.11 tun sich hier klare Grenzen auf.

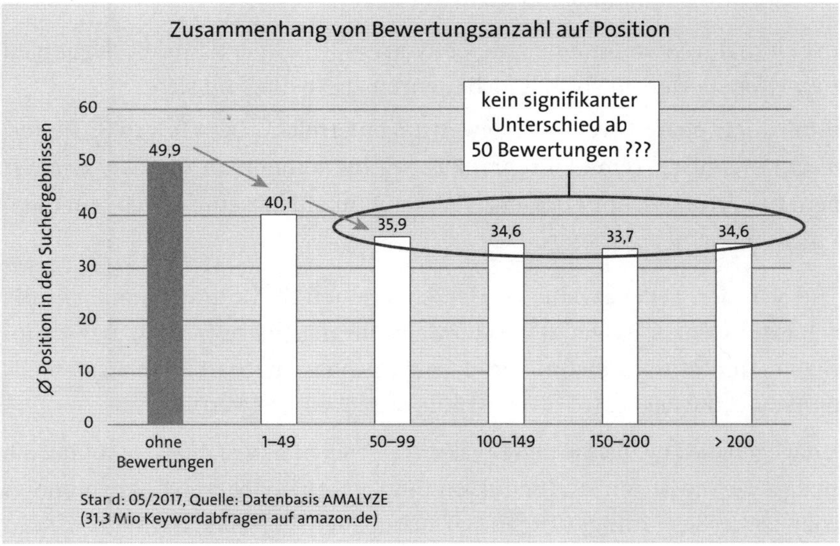

Abbildung 17.11 Bewertungsanzahl im Vergleich zum Ranking 1

Anhand der Analyse wird klar, dass ab 50 Bewertungen keine signifikanten Unterschiede mehr auszumachen sind. Blickt man noch genauer auf die Daten, stellt man fest, dass diese Grenze noch deutlich vor 50 Bewertungen ansetzt, wie Abbildung 17.12 aufzeigt.

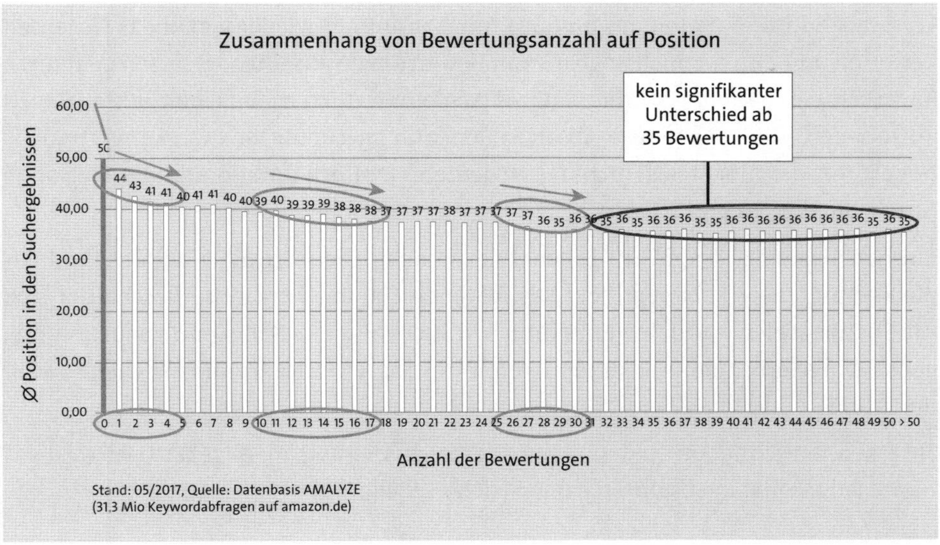

Abbildung 17.12 Bewertungsanzahl im Vergleich zum Ranking 2

Ab 35 Bewertungen ist tatsächlich kein Unterschied mehr auszumachen zu noch mehr Bewertungen. Die Produkte sind mit über 35 Bewertungen im Schnitt bei allen Suchbegriffen auf Position 36 aufzufinden. Für die Generierung von Bewertungen lassen sich so mehrere Ableitungen treffen:

- Zunächst einmal reichen für eine gute Conversion Rate knapp fünf Bewertungen aus. Jede weitere Bewertung bringt nicht denselben Anstieg mit sich.
- Weiterhin ist das obere Level ab 21 Bewertungen erreicht. Dem folgen 35 Bewertungen, um organisch keine Einschränkungen hinnehmen zu müssen. Gepaart mit einem Bewertungsschnitt besser als 3,5 kann nun in diesem Bereich rein theoretisch nicht mehr viel passieren.

Nehmen Sie sich den Lebenszyklus zu Herzen, können Sie so im Besonderen die Phase der Question Marks, das heißt die Markteinführungsphase, mit fünf Bewertungen durchleben und müssen erst in der Wachstumsphase nacharbeiten. Bestenfalls gilt fast immer die alte Regel: Auf 100 Verkäufe erfolgt eine Bewertung.

Prüfen Sie dagegen die Zeit, bis Sie den Break-even erreicht haben müssen, sollten Sie feststellen, dass Sie die Anzahl an Produkten mit Sicherheit abgesetzt haben und es so ausreichen sollte, Bewertungen organisch aufzubauen. Verschenken Sie zum Start jedoch Produkte, in der Hoffnung, Bewertungen zu erhalten, funktioniert dies nicht immer, und der Weg zur Profitabilität ist aufgrund der kostenlosen Herausgabe der Produkte sogar noch länger als zuvor. Natürlich könnten Sie dagegen argumentieren und sagen, dafür verkauft man jetzt mehr. Nun, da kommt die Steigerungsrate der Konvertierung ins Spiel. Bei gleichem Traffic verkaufen Sie mehr, so weit korrekt. Ist die reine Sichtbarkeit aber schlecht, bringt es langfristig nichts, da der Wettbewerb zeitgleich ja auch nicht untätig ist. Ein Teufelskreis, würde man sagen, und dennoch konnte ich in fünf Jahren auf und um Amazon immer wieder genau das Gegenteil beweisen und musste mich noch nie mit Bewertungen auseinandersetzen oder diese künstlich beschaffen. Natürlich fällt es Markenprodukten einfacher, Bewertungen aufzubauen, weil die reinen Absatzzahlen nun mal dank des Markenvertrauens höher sind, das möchte ich nicht falsch deuten. Dennoch funktioniert der Weg ohne Bewertungen sehr gut.

Ein naheliegendes Thema im Lebenszyklusmanagement ist die Wahl der Produktplatzierung unter Suchbegriffen. Die folgende Herangehensweise beschäftigt sich mit Suchbegriffen und dem vermeintlichen Suchvolumen. Dabei muss man grundlegende Dinge erkennen und akzeptieren: Der Long Tail ist extrem lang (siehe Abbildung 17.13).

Sie erkennen sehr deutlich den Verlauf der Suchvolumen. Aussagekräftiger wird das Ganze jedoch erst in absoluten Zahlen (siehe Tabelle 17.1).

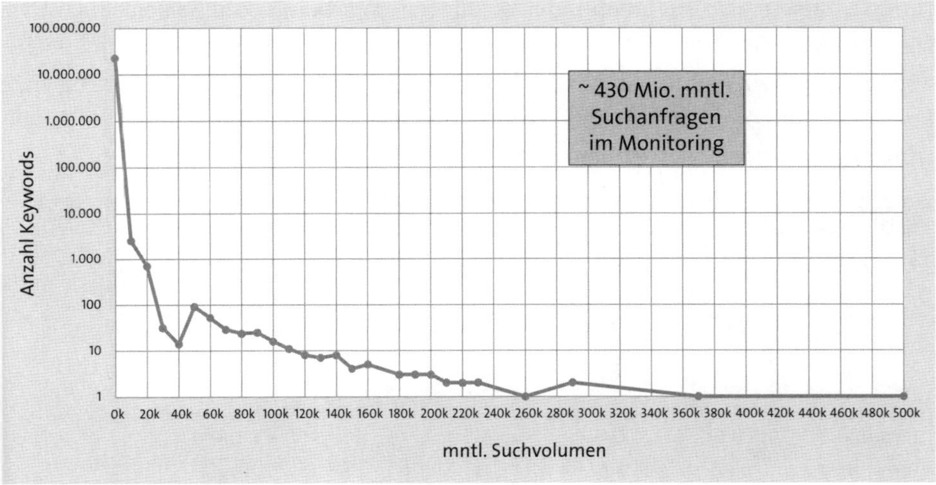

Abbildung 17.13 Long Tail des Suchvolumens

Monatliches Suchvolumen pro Keyword	Anzahl Keywords	Anteil an Gesamt-keywords	kumuliertes Suchvolumen	Anteil am gesamten SV
1–50	22.631.996	94,99 %	69.927.125	16,3 %
51–500	1.010.895	4,24 %	117.587.275	27,5 %
501–5.000	112.338	0,50 %	123.398.786	28,8 %
5.001–250.000	9.541	0,04 %	114.608.455	26,7 %

Tabelle 17.1 Suchvolumen und Suchworte aufgeschlüsselt

Es zeigt sich, dass knapp 9.500 Suchbegriffe 5.000- bis 250.000-mal eingegeben werden. Das macht jedoch nur 0,04 % aller Suchbegriffe aus und entspricht nur 26,7 % aller Suchabfragen auf Amazon. Im Detail heißt das, allein die zweite Stufe von 501 bis 5.000 Suchabfragen macht mit 0,5 % schon das 12,5-Fache aus und ist mit 28,8 % wichtiger als der Fat Head. Selbst Eingaben von 51 bis 500 Suchvolumen pro Keyword machen 27,5 % des Suchvolumens aus. Dabei sind dann schon 1 Million Begriffe abgedeckt, was deutlich dem 100-Fachen des Fat Head entspricht. Wie können Sie dies nun vollständig im Content abbilden bzw. überhaupt relevant genug abbilden? Natürlich helfen sogenannte Keyword-Cluster und deren Verteilung auf die möglichen Variationen der Produkte (siehe Abbildung 17.14). Allein die Thematik »Außenleuchte mit Bewegungssensor« und »Aussenleuchte mit Bewegungsmelder«, gefolgt von »Außenlampe« und »Aussenlampe« oder »Sensor« und »Melder« stellen mehrfach systematische Titelkonstrukte dar. Im Bereich des Backends empfehle ich, strukturierte Cluster, also Themenbündel, anzulegen, so arbeitet zum Beispiel auch Uwe Hamann von Geschenke24 ausschließlich. Zielgruppen, Synonyme, Farbbereiche, andere Sprachen, Events, Beschaffenheit, Material und viel mehr lassen sehr viele Spielarten der Kombination zu. Sie können dies dann einfach lösen, indem Sie Zuweisungsregeln nutzen oder schlicht durchgängig abzählen.

	Zielgruppe	Synonyme	Farbe	Sprache	Events	Material
	A	D	H	K	L	O
	B	E	I		M	P
	C	F			N	
		G				
Produkt 1	A B C	D E	H	K	L M	O
Produkt 2	A C	F G	H		N	
Produkt 3	A	D E	H		N	P
Produkt 4	B	F G	I		L M	O P
Produkt 5	A	D E	H	K	L	O
Produkt 6	B	F G	I	K	M	P
Produkt 7	C	D E	H	K	N	O
Produkt 8	A	F G	I	K	L	P

Abbildung 17.14 Beispiele für Keyword-Cluster

Die Produkte 1 bis 4 sind dabei sehr spezifisch aufgebaut. Während Produkt 1 versucht, viele Bereiche anzusprechen, sind die weiteren Produkte sehr genau auf ihre Eigenschaften hin ausgelegt. Die Produkte 5 bis 8 hingegen folgen nur der Logik, dass nachlaufend immer die gleichen Begriffe abgedeckt werden. In beiden Bereichen sind keine Wiederholungen je Produkt anzutreffen. Darin liegt der Vorteil solcher Systeme. Dennoch kann man an den genutzten Suchbegriffen das Produkt weiterhin genau identifizieren und erkennen. Dadurch wird die Werbeausspielung erweitert, und organisch werden mehr Kunden angesprochen als mit den leider zu gern genutzten kopierten Inhalten. Ein kleiner Hinweis am Rande: Stichprobenartig sollten Sie einige Suchbegriffe anderen Personen vorlegen. Diese sollen dann nur an den Suchbegriffen erkennen, um was es sich handelt.

Das Problem im Lebenszyklusmanagement liegt nun in der Änderung der Suchbegriffe. Die Dynamik der Änderungen benötigt Zeit zur Entfaltung. So ist eine Umpositionierung nicht einfach durch den Austausch der Wörter erreicht. Die Relevanz muss neu aufgebaut werden. Neuer relevanter Traffic muss entstehen, und der alte Traffic sollte bestenfalls aufhören. Was dabei komplett ignoriert wird, ist die Werbung. In diesem Lebenszyklus, besonders bei Anpassungen während der Einführung, müssen die alten Werbekampagnen gestoppt und neu aufgesetzt werden. Sonst drückt man das Produkt gegen den neuen relevanten Ansatz in die falsche Richtung. Autokampagnen können weiterlaufen, werden jedoch eine gewisse Zeit lang Performanceauffälligkeiten erzeugen. Sie sollten solche Änderungen nie in ein Kerngeschäft hinein versuchen, also egal, ob in Quartal 4 oder der Hauptsaison. Sie verlieren schlimmstenfalls in der organischen Sichtbarkeit und in der Werbung Ihre aufgebauten Ergebnisse.

Der Werbeblock ist wie die Verkäufe und die reine Sichtbarkeit ein eigener Aspekt des Produktlebens. Dabei gilt es natürlich, in die Bereiche On- und Off-Amazon-Werbung und in die Bereiche klickbasierte Werbung und preisreduzierende Aktionen zu unterscheiden. Alles in allem gilt es, hier den Endkundenpreis nicht zu ändern, sondern nur durch gezielte Werbeaktionen zeitweilig zu senken, wie durch Coupons, Gutscheine oder Ähnliches, eben all das, wobei der Kunde einen weiteren Schritt oder Kauf tätigen muss. Der Vorteil liegt in der weiterhin stabilen Auffindbarkeit unter den Suchbegriffen. Wie bereits aufgezeigt, sorgen direkte Preisänderungen zu Umpositionierungen unter Keywords. Das lässt sich so deutlich besser verhindern.

Das Thema des Wachstums ist ein sehr anspruchsvoller Bereich im Leben eines Produkts. Vom Stern zum Goldesel sind es nur wenige strategische Züge. Am besten funktioniert dies jedoch gerade nicht durch die reine organische oder gekaufte organische Platzierung. Aus meiner Sicht ist es dabei wichtiger, Wettbewerber auf deren Seite anzugehen und Kunden abzuwerben. Natürlich ist die Werbung in organischen Suchen ein Mittel der Wahl, aber direkt andere Kunden abzuwerben, geht nur auf Suchbegriffen der Konkurrenz oder auf deren Seite. Diese Strategie hat den Vorteil der Messbarkeit. Jede Impression unter Suchwörtern mit der Marke von Wettbewerbern ist ein Erfolg, und jede Ausspielung auf deren Produktseiten eine große Chance. Hier müssen Sie jedoch berücksichtigen, dass oftmals die reine Ausspielung Kunden schon ermuntern kann, nach Ihrer Marke zu suchen. So werden nicht immer direkt Klicks und Käufe entstehen. Zudem sollten Sie in dem Fall mehr monetäre Mittel einplanen, da die meisten Marken Schutzkampagnen aufsetzen, die es zu überbieten gilt.

Eine Flucht nach vorn würden hier die Amazon-Display-Werbemaßnahmen wie DSP (Demand Site Platform) aufzeigen (siehe Abschnitt 14.3). Da Sie hier über Re-Targeting arbeiten können, halten Sie eigene Kunden im Markenumfeld oder streuen eigene Werbung dank des Amazon-Vertrauens der Kunden auf alle Kanäle mit der Werbung für Amazon-Listings. Spätestens in dem Bereich müssen Sie eine Markenführung aufbauen, nur so kommen Sie gegen die einzige Begrenzung auf Amazon an: Das Suchvolumen ist endlich. Soziale Medien und das Internet haben jedoch unendliche Ressourcen. Ihre Produkte hier zu platzieren und anzupreisen kann die direkte Suche nach Ihrer Marke auf dem Marktplatz steigern. Jedoch werden nicht alle Kunden nach Amazon wandern, daher ist hier die zweite Lösung unabdingbar, womit nicht eBay gemeint ist, sondern der eigene Shop.

Insgesamt müssen Sie sich spätestens jetzt die Frage gefallen lassen, wohin die Reise gehen soll. Die Zeiten der Cash Cows sind oft rar und nicht lange haltbar. Haben Sie noch Stärken und Chancen in der Hinterhand, oder können Sie Schwächen und Risiken noch zeitnah überwinden? Das sind die großen zu klärenden Punkte. Hierbei können Sie meiner Meinung nach auch erstmalig auf historische Zahlen und Entwicklungen zurückgreifen. Sowohl die eigene Entwicklung als auch die Reaktion des Marktes und des Wettbewerbs lassen es nun zu, genauer zu planen. Schaffen Sie es, noch mal 10.000 Stück abzusetzen und wenn ja, in welche Zeit? Oder finden Sie besondere Farbbereiche, die nicht abgebildet sind, oder schlicht andere Nutzungsarten?

Damit ist dann ein starker Re-Launch anzustreben oder der Übergang in das Nachfolgermodell vorzubereiten. Die bisherigen Erfahrungen können auch auf komplett neue Produkte übertragen werden, jedoch müssen Sie sich klarmachen, dass vieles nicht gilt oder anders ablaufen wird. Das soll nicht heißen, dass Sie gezwungen sind, im selben Bereich zu bleiben, aber es ist doch oft sinnvoll. Von einer Knoblauchpresse zu einer Salatschüssel ist der Weg nicht so weit wie zu einer Gartenschere, nur weil diese auch aus Edelstahl ist wie die Presse. So entwickle ich lieber eine Strandkorbhülle mit Klettverschlüssen statt Zugseilen und bleibe im Segment. Andererseits etabliere ich Autoplanen für den Winter oder Grillhauben, aber sicher keine Gewürzmühlen.

Die Möglichkeiten, auf Amazon selbst Nachfolger zu etablieren, sind recht begrenzt. Nachfolger-Widgets stehen nur Vendoren zur Verfügung. So können Sie aber mit Varianten arbeiten und eine »alt« und eine »neu« nennen, wobei das nach den Terms of Service (TOS) schon grenzwertig ist. Dabei nutzen Sie sowohl die Bewertungen des Vorgängers aus als auch dessen organische Position. Nur den Preiswechsel sollten Sie rechtzeitig und sauber durchführen. Es gibt nichts Schlimmeres, als Tiefpreise einzuführen und kurz darauf das neue Produkt zu launchen. Der Markt hat dann schon eine gewisse Sättigungsphase hinter sich. Besser wären also eine frühe Preisreduzierung und dann eine Preiserhöhung auf das alte Niveau bei weniger Bestand. So wechseln die Kunden fast automatisch auf das neue vorhandene Produkt. Der Wechsel in der Werbeintensität muss natürlich zeitgleich erfolgen, so kann das neue Produkt die wichtige Click-Through-Rate (CTR) aufbauen, während das alte Produkt noch genug Traffic erzeugt und für das neue Produkt konvertieren lässt. So kann nun das ältere Produkt verschwinden, jedoch können Sie ruhig warten, bis die neue Variante genügend eigene Bewertungen erzeugt hat. In diesen Übergangsphasen sind natürlich vielfältige Ideen erlaubt. Können Sie Umtauschaktionen durchführen oder alte Kundenlisten aus anderen Kanälen reaktivieren? Oder bieten Sie in der Übergangsphase sogar Bundles aus der alten und neuen Version an (natürlich nur wenn dies überhaupt Sinn ergibt)?

Das komplette Lebenszyklusmanagement ist neben den rein theoretischen Abläufen und saisonalen Effekten an vielerlei externe Faktoren gebunden. Wesentliche Bereiche sind davon sogar unbekannt, solange die Wettbewerber nicht am Markt aktiv werden. Der Parkaffe wurde plötzlich noch berühmter, als in Stuttgart die Presse davon berichtete. Auf solche regionalen oder zeitlich begrenzten Effekte müssen Sie dann im Mikrolebenszyklusmanagement achten.

Von März bis Oktober können Sie gegen große Marken ohne großen Aufwand mit direkter Werbung sehr viel Umsatz erzeugen und viele Kunden abwerben. Ab November scheinen jedoch viele Amazon-Teilnehmer ihre Budgets zu öffnen und jeden Klickpreis zu gehen, egal, wie hoch, Hauptsache, das Budget ist ausgegeben. Das müssen Sie unbedingt beachten, ich mache jedenfalls lieber acht Monate lang rentable Werbung und halte mich vier Monate lang zurück, als in vier Monaten die gesamten Erträge zu verbrennen.

Je genauer Sie diese Umstände betrachten, desto schwerer wird es, eine klare Planung festzulegen. Flexibilität und Anpassungsfähigkeit sind viel wichtiger als eine langfristige Planung und der Versuch einer Steuerung. Fehler dürfen Sie machen, und Erfahrungen müssen Sie sammeln. Das Festhalten an starren, nicht für das 21. Jahrhundert entwickelten betriebswissenschaftlichen Ansätzen bringt dagegen nichts. Es bleibt nur die Gewissheit, dass ab dem Zeitpunkt des Launches nichts verläuft, wie geplant! Der Wettbewerb ist eine unangenehme Unbekannte, und diese heißt Amazon. Regeln, Vorgaben und Möglichkeiten ändern sich ständig. Eine dynamische und immer aktuelle SWOT-Analyse ist oftmals das einzige Mittel zur Hilfe, ganz zu schweigen von der Beherrschung von Excel.

Daher gibt es aus meiner Sicht keinen Lebenszyklus für Produkte auf Amazon. Knoblauchpressen von 2003 zeigen dies deutlich auf. Dass hier der Lebenszyklus in einigen Phasen einfach viel länger ist, spielt keine Rolle, man sollte nur nicht alte BWL-Ansätze mit Zwang in neue Märkte überführen. Wenn ein Produkt funktioniert, funktioniert es völlig losgelöst von einem Lebenszyklus. Alles lässt sich steuern auf Amazon, oftmals mit kausalem Zusammenhang. Doch häufig ist der Auslöser weniger das eigene Handeln, sondern extern bestimmt, so bleibt Ihnen nur das frühe Erkennen von Änderungen und die schnelle Anpassung an neue Gegebenheiten. Es bleibt eine Mischung aus selbstbestimmtem Handeln und dem Ansatz *»never change a running system«*. Leider sind es doch eher die Marken und weniger die Kunden, die profitgierig ihre minimal innovativen Neuheiten zwanghaft in die Märkte drücken. *Amazon Basics* und das Accelerator-Programm für Hersteller der Amazon-only-Brands zeigen andere Wege auf. Der Lebenszyklus auf Amazon wird in Zukunft wohl eher in die eine unweigerliche Richtung gedrängt werden: Sei dabei nach den Regeln von Amazon, oder lass es bleiben. Denn steht der Kunde im Vordergrund, können nie Gewinne, sondern nur Umsätze erzeugt werden, frei nach Amazons Grundidee, alles zum besten Preis und sofort verfügbar zu haben.

Kapitel 18

Still Day One – das große Update

Ein Buch zu Amazon – kaum hat man es zu Ende gelesen, merkt man schon, dass die Hälfte an Informationen bereits überholt oder alt ist. Doch ist das wirklich so? Ändert sich so schnell so viel, dass Sie die Handlungsfähigkeit verlieren oder gar den Überblick? Eine Zusammenfassung von Ereignissen der letzten Monate zeigt deutlich auf, dass vieles passiert, aber sich doch eines nicht ändert – relevante Auffindbarkeit, absoluter Kundenfokus und eine eigene Strategie ohne Abhängigkeit vom Marktplatz sind das übergeordnete Ziel.

Damit Sie einen Eindruck von der Geschwindigkeit der Neuerungen bei Amazon gewinnen, finden Sie in diesem Kapitel die jüngsten Neuerungen der letzten Monate auf dem Marktplatz aufgelistet. Bei ihrer Vorstellung werden Sie feststellen, dass die wenigsten Änderungen ein weiteres Eingreifen in Ihre Produktseiten erfordert. Doch tun sich teilweise neue Möglichkeiten auf, weshalb Sie immer am Ball bleiben sollten.

18

Amazon Selection Reports

Amazon Selection Reports sind eine neue Erweiterung der Datenlage nach außen, von Amazon selbst veranlasst. Der erste Monatsbericht im Herbst 2018 umfasste 340.000 Produkte (siehe Abbildung 18.1).

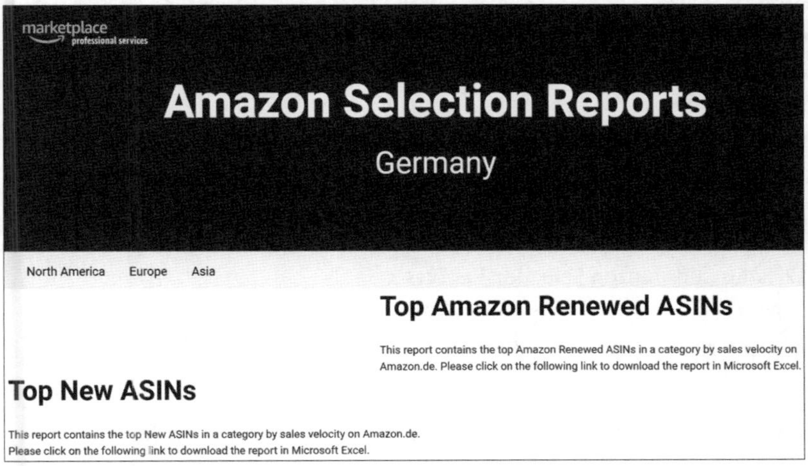

Abbildung 18.1 Amazon Selection Reports

»Laden Sie detaillierte Berichte mit den ASINs der meistverkauften neuen und generalüberholten Artikel herunter, um eine Wachstumsstrategie für Unternehmen festzulegen und fundierte Entscheidungen für die Produktauswahl zu treffen. Die Berichte werden zu Beginn jedes Monats aktualisiert. Sie erhalten dadurch aktuelle Einblicke in Produkte, die sich gut verkaufen (Informationen zu Preisen, Bewertungen, Kundenrezensionen und Angeboten). Diese Informationen können Sie auch für das Erstellen Ihrer Angebotsauswahl nutzen.«

Dabei werden die neuesten ASINs (Amazon Standard Identification Numbers) aufgezeigt, aber auch die besten wiederaufbereiteten Produkte. Natürlich werden Absatz und Umsatz ausgelassen, dennoch wird eine Übersicht über die Angebotsstruktur geboten, im Einzelnen über die Versandart, die Buy-Box-Teilnehmer, die Preise und weitere Informationen (siehe Abbildung 18.2).

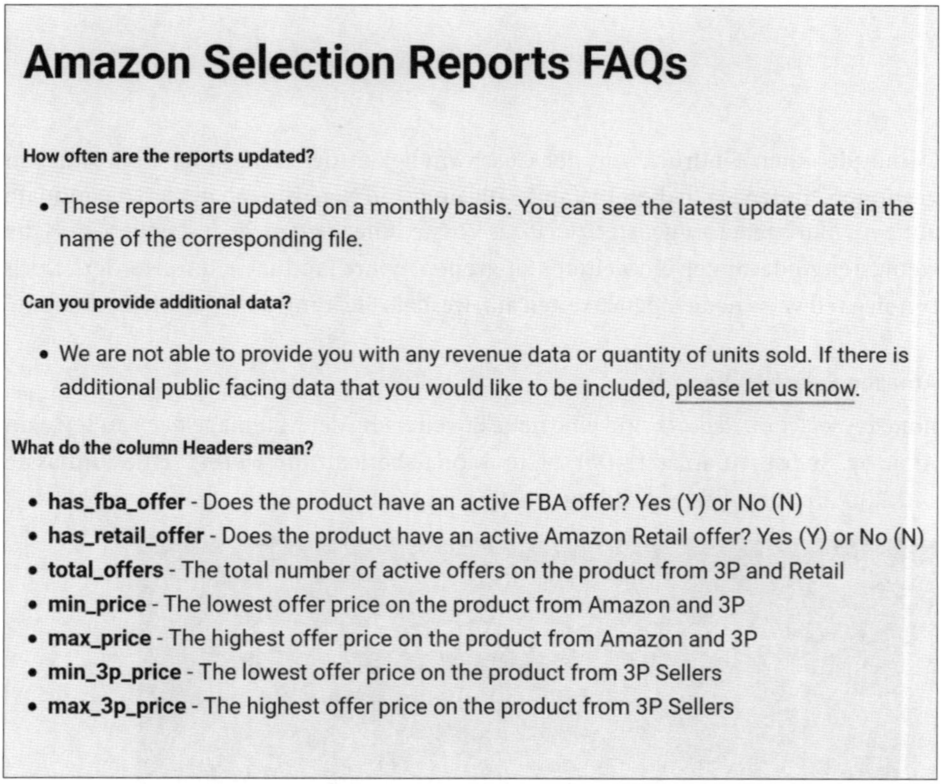
Amazon Selection Reports FAQs

How often are the reports updated?

- These reports are updated on a monthly basis. You can see the latest update date in the name of the corresponding file.

Can you provide additional data?

- We are not able to provide you with any revenue data or quantity of units sold. If there is additional public facing data that you would like to be included, please let us know.

What do the column Headers mean?

- **has_fba_offer** - Does the product have an active FBA offer? Yes (Y) or No (N)
- **has_retail_offer** - Does the product have an active Amazon Retail offer? Yes (Y) or No (N)
- **total_offers** - The total number of active offers on the product from 3P and Retail
- **min_price** - The lowest offer price on the product from Amazon and 3P
- **max_price** - The highest offer price on the product from Amazon and 3P
- **min_3p_price** - The lowest offer price on the product from 3P Sellers
- **max_3p_price** - The highest offer price on the product from 3P Sellers

Abbildung 18.2 FAQs der Amazon Selection Reports

Dabei werden nur Grunddaten aus 42 Kategorien zur Verfügung gestellt (siehe Abbildung 18.3).

Im Detail können Sie neben den Kategorien auch die ASIN erkennen (in Abbildung 18.4 weggelassen).

apparel	luxury_beauty	entertainment_collectibles	shoes
automotive	major_appliances	furniture	software
baby_product	mobile_electronics	grocery	sports
beauty	music	home	tires
biss	musical_instruments	home_entertainment	tools
book	office_product	home_improvement	toy
camera	outdoors	jewelry	video
digital_video_games	pantry	kitchen	video_games
drugstore	pc	lawn_and_garden	watch
dvd	personal_care_appliances	luggage	wireless
electronics	pet_products		

Abbildung 18.3 Kategorien in den Amazon Selection Reports

item_name	merchant_brand_name	customer_average_review_rating	customer_review_count	has_fba_offer	has_retail_offer	total_offers	min_price	max_price	min_3p_price	max_3p_price
AVM FRITZ!WLAN Repeater 310 (300 Mbit/s, WPS), weiß, deutschsprachige Version	AVM	4,37	10670	Y	N	134	21,68	253,79	21,68	253,79
Lightning Kabel Syncwire iPhone Ladekabel - 1m [Apple MFi zertifiziert] - Ladekabel für iPhone X 8/8 Plus 7/7 Plus 6S/6S Plus 6/6 Plus 5S 5C 5, iPad Air/Air 2, iPad mini 2/3/4, iPad 4 - Weiß	Syncwire	4,43	7058	Y	N	2	6,71	7,49	6,71	7,49
Diablo III	Blizzard	2,3	5947	Y	N	28	15	46,98	15	46,98
bite away - Elektronischer Stichheiler gegen Juckreiz, Brennen, Schmerzen und Schwellungen bei Insektenstichen (z.B. von Mücken, Wespen, Bremsen, Bienen) ? ganz ohne Chemie	Riemser Pharma	4,36	5749	Y	N	46	20,71	999,99	20,71	999,99
Remington MB320C Bartschneider-Set Barba, keramikbeschichtete Klingen, schwarz/grau	Remington	4,17	5050	Y	N	64	23,24	234,95	23,24	234,95
Anker PowerCore 20100mAh Externer Akku, Kompakt Powerbank, Hohe Kapazität 2-Port 4,8 A Output Ladegerät mit PowerIQ Technologie für iPhone, iPad, Samsung Galaxy und Viele Mehr (in Schwarz/Matt)	Anker	4,55	4647	Y	N	3	36,9	106,27	36,9	106,27
Philips HD7546/20 Gaia Filter-Kaffeemaschine mit Thermo-Kanne, schwarz/metall	Philips	4,41	4403	Y	N	77	39,8	366,79	39,8	366,79
RICOO Wandhalterung TV Schwenkbar Neigbar R23 Universal LCD Wandhalter Ausziehbar Fernseher Halterung Curved 4K OLED QLED LED Flachbildfernseher 80cm/32 - 165cm/65 Zoll/VESA 200x200 400x400/Schwarz	RICOO	4,69	4310	Y	N	50	28,61	44,9	28,61	44,9
Anker SoundCore Mobiler Bluetooth 4.0 Lautsprecher, unglaubliche 24-Stunden-Akkulaufzeit und Dual-Treiber Wireless Speaker mit reinem Bass und eingebautem Mikrofon für iPhone, iPad, Samsung, Nexus, HTC und andere Android Geräte (Schwarz)	Anker	4,5	4210	Y	N	4	35,19	39,99	35,19	39,99
Prorelax 39263 TENS + EMS Duo, Elektrostimulationsgerät, 2 Therapien mit einem Gerät	Prorelax	4,75	4014	Y	N	8	39,8	67,95	39,8	67,95
SONNENGLAS Original | Solar-Laterne im Einmachglas mit Micro-USB Anschluss | Fair Trade aus Südafrika | Bekannt aus Pro7 Galileo | Glas und Edelstahl | Sun Jar Solarlampe	Sonnenglas	4,71	3932	Y	N	9	18,9	83,11	18,9	83,11
Kärcher Akku Fenstersauger WV 50 Plus für Fenster, Fliesen, Spiegel & Dusche, Fensterreiniger, Fensterputzer Reinigungsgerät, schnell & zuverlässig	Kärcher	4,62	3881	Y	N	13	48,55	101,62	48,55	101,62
EasyAcc Mini Portable Bluetooth Lautsprecher	EasyAcc	4,57	3819	Y	N	2	19	19,99	19	19,99
Anker 24W 2-Port USB Ladegerät mit PowerIQ Technologie für iPhone, iPad, Samsung Galaxy, Nexus, HTC, Motorola, LG und weiter (Schwarz)	Anker	4,54	3633	Y	N	2	10,3	11,99	10,3	11,99
mumbi PREMIUM Leder Flip Case für Samsung Galaxy S3 / S3 Neo Tasche, Schwarz	mumbi	4,11	3616	Y	N	8	8,57	9,99	8,57	9,99
AVM FRITZ!Box 7490 WLAN AC + N Router (VDSL/ADSL, 1.300 Mbit/s (5 GHz), 450 Mbit/s (2,4 GHz), DECT-Basis, Media Server) geeignet für Deutschland	AVM	4,35	3568	Y	N	158	72,99	1042,31	72,99	1042,31

Abbildung 18.4 Inhalt der Amazon Selection Reports

Absteigend gefiltert nach der Anzahl an Bewertungen können Sie sich in jeder Art Berichte aufbauen und Verläufe oder Entwicklungen mindestens auf Monatsebene erarbeiten. Im Detail bieten die neuen Amazon Selection Reports nichts anderes als die Basisdaten all der ganzen Tools, die rund um Amazon Stück für Stück entstanden sind. Diese Tools arbeiten jedoch tagesaktuell und liefern mehr Inhalte. Aber alles in allem sind die Amazon Selection Reports ein guter Schritt hin zu mehr Transparenz. Vielleicht ist auch genau das der Grund, weshalb diese schon wieder verschwunden sind.

Amazon Blueprint

Nahezu zeitgleich wurde diese Datenlage um *Amazon Blueprint* erweitert. Eingeführt Ende 2018, ist es als das neue globale Marktforschungsprogramm von Amazon zu verstehen (siehe Abbildung 18.5). Benutzerdefinierte Umfragen sollen helfen, Produkte zu verbessern und Kunden zu verstehen. Dabei können sowohl erhältliche Produkte getestet als auch Umfragen für geplante Ideen durchgeführt werden. Dabei versucht der Händler mit den Umfragen, sowohl Suchabläufe aufzuzeigen als auch die Gründe für Kaufentscheidungen darzustellen – Produktoptimierung und -anpassung also, gepaart mit der Conversion-Optimierung der Seite für den Kauf des Kunden. Aktuell ist Amazon Blueprint leider nur auf Panels in den USA und in UK beschränkt.

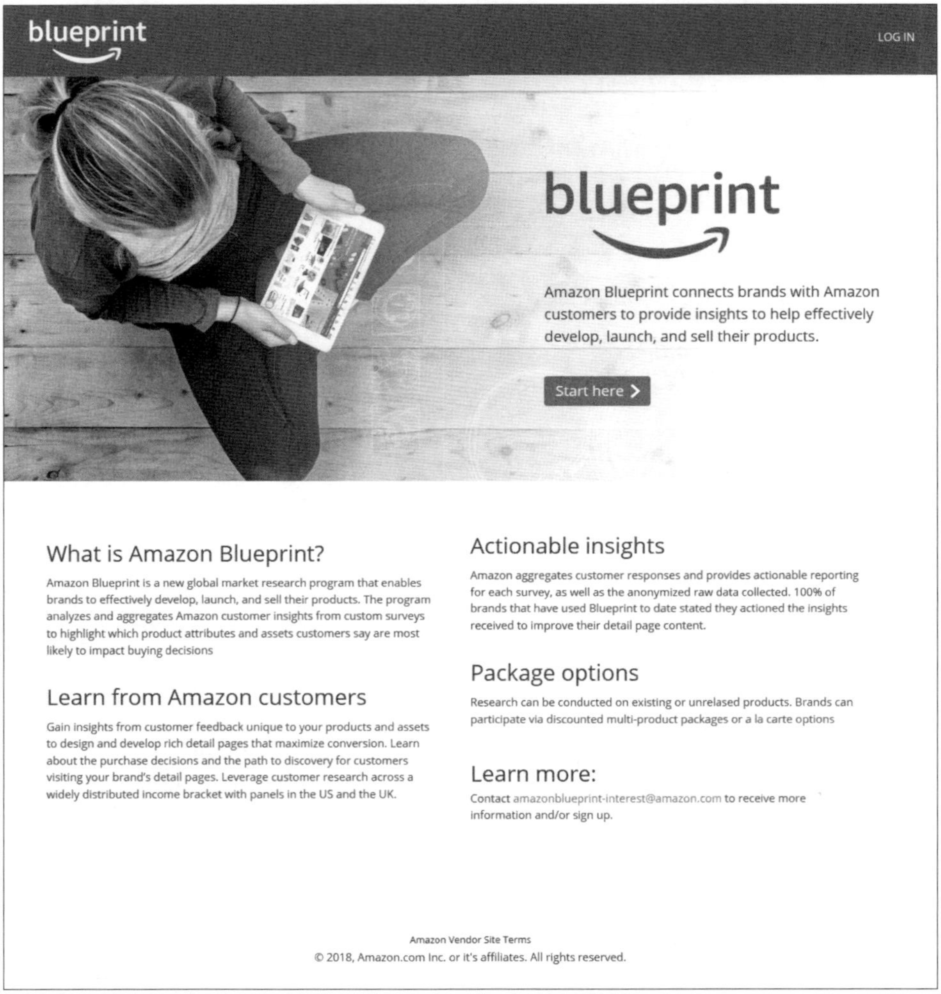

Abbildung 18.5 Amazon Blueprint

Amazon Accelerator

Einen weiteren Ansatz bietet das *Amazon-Accelerator-Programm* mit dem Namen JOIN THE AMAZON FAMILY OF BRANDS (siehe Abbildung 18.6).

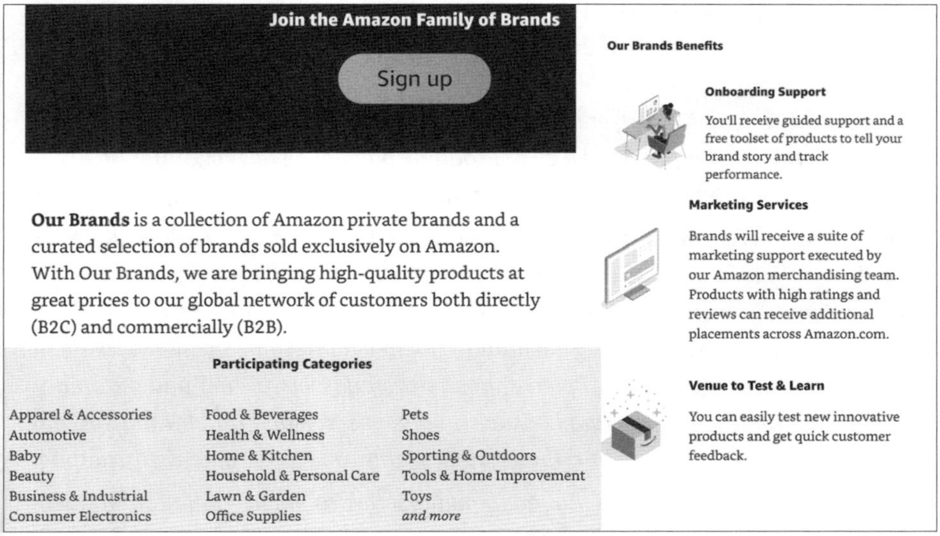

Abbildung 18.6 Amazon Accelerator

Das Programm soll einerseits mehr Amazon-spezifische Marken aufbauen, aber im Schwerpunkt geht es aus meiner Sicht andererseits um die großen Marken und Vendoren. Diese haben im B2B-Preis (Business-to-Business) immer häufiger Probleme, weil Amazon nun nicht als Preisspezialist nach oben bekannt ist. Amazon als Preisfolger löst zwar weniger eine Preiserosion aus als die externen Preistreiber auf anderen Plattformen. Doch ergeben sich durch die Preistreiberei insgesamt, die auf Amazon dann am dortigen Preis im Ergebnis sichtbar wird, immer härtere Verhandlungen im externen B2B, da das Preisgefüge und die Verläufe auf Amazon nach außen deutlich erkennbar sind. Stationär ergeben sich so vielfältige Erklärungsnöte, warum Amazon solche Preise gehen kann, man dagegen bei dem anderen Geschäftsbereich viel mehr verlangt. Viele Marken splitten ihr Portfolio deshalb mittlerweile immer mehr auf, um solchen Vergleichen zu entgehen. Das Accelerator-Programm wird noch deutlich dazu beitragen. Zwei Dinge zeigt es bislang auf: Die Kombination mit Blueprint kann nützlich werden, doch auf der anderen Seite scheint Amazon zu merken, dass ihre Eigenmarken nicht die gewünschte Stärke entwickeln.

Obwohl nun der Name Accelerator Beschleuniger heißt, kam die Grundidee wohl aus einer ganz anderen Richtung. Denn selbst die besten Strategien scheitern an der Geschwindigkeit und Wechselhaftigkeit von Amazon:

> *»Herstellerstandards für den Verkauf von Marken im Amazon-Shop*
>
> *Amazon möchte den Kunden stets das bestmögliche Einkaufserlebnis bieten. Seit der Einführung unseres Shops können wir ein positives Einkaufserlebnis sicherstellen, indem wir Produkte direkt von Marken beziehen und diese selbst an Kunden*

in unserem Shop verkaufen. Wir können Produkte einiger Marken beziehen, die nur von Amazon verkauft werden, um ein positives Einkaufserlebnis zu erhalten. Andere Marken können als Verkäufer im Amazon-Shop agieren, wenn sie unsere Standards für das Einkaufserlebnis stets einhalten können. Damit Kunden nicht verwirrt werden, darf die Marke diese Produkte nicht auch als Verkäufer im Amazon-Shop verkaufen, wenn Produkte der Marke von Amazon verkauft werden.

Wir messen das Einkaufserlebnis anhand verschiedener Faktoren wie hohe Rate der Artikel auf Lager, verlässliche Lieferungen, wettbewerbsfähige Preise und große Auswahlmöglichkeiten. Wir bieten verschiedene Funktionen und Services an, mit denen Sie unsere Standards erfüllen und erfolgreich im Amazon-Shop verkaufen können. Dazu gehören Funktionen zur Lagerbestandsverwaltung und automatisierte Preisanpassung, Versanddienstleistungen wie Versand durch Amazon und Services zum Ausbau und Schutz Ihrer Marke wie die Amazon-Markenregistrierung.

Wenn Sie unsere Standards für das Einkaufserlebnis nicht einhalten können, kann es passieren, dass Sie bestimmte Privilegien verlieren, wenn Sie als Verkäufer im Amazon-Shop agieren (einschließlich Ihrer Angebote auf Produktdetailseiten). Andernfalls verlieren Sie die Möglichkeit, als Verkäufer im Amazon-Shop zu agieren. In diesem Fall können Sie Ihre Produkte weiterhin an Amazon verkaufen, damit wir sie an unsere Kunden verkaufen können.

- *Für wen gilt diese Richtlinie?*

  Diese Richtlinie gilt für Marken und Hersteller sowie deren Agenten, Lizenznehmer und andere Vertreter, die in deren Namen im Amazon-Shop verkaufen.

- *Was soll diese Richtlinie bewirken?*

  Wir möchten sicherstellen, dass wir Kunden das bestmögliche Einkaufserlebnis beim Einkauf bei Amazon bieten.

- *Beeinflusst diese Richtlinie meine Möglichkeiten, Produkte durch andere Einzelhändler zu vertreiben?*

  Nein. Sie können Ihre Produkte frei über andere Einzelhändler verkaufen.

- *Woher weiß ich, ob ich im Rahmen dieser Richtlinie Maßnahmen ergreifen muss?*

  Wir werden Marken informieren, wenn sie von dieser Richtlinie betroffen sind, ob sie Maßnahmen ergreifen müssen, um ein hervorragendes Einkaufserlebnis zu bieten, welche Möglichkeiten sie haben, diese Maßnahmen zu ergreifen, und wann diese ergriffen werden müssen.«

Doppelstrategie aus Vendor plus Seller

Noch Ende 2017 hat Amazon aufgrund der mangelhaften Prognosen für Textilien im Saisonwechsel deutlich darauf verwiesen, eine erweiterte Produktverfügbarkeit für Vendoren durch einen Seller-Account sicherzustellen. Es ist für die meisten Vendoren eine bessere Variante, selbst als Seller tätig zu werden. Preis, Verfügbarkeit sowie Markensteuerung und -führung sind so teilweise einfacher zu handhaben. Doch Amazon scheint das plötzlich nicht mehr zu mögen. Woran es liegt, weiß man nicht. Dienstleister mit Broker-Modellen für große Marken könnten Amazon ein Dorn im Auge sein, ebenso die fehlende vollständige Kontrolle über die gesamten verfügbaren Produkte einer Marke. Wer also jetzt in eine eigentlich sinnvolle Doppelstrategie wechseln will, könnte plötzlich auf Probleme treffen.

Streichpreise

Einen weiteren Knackpunkt hat Amazon mittlerweile in den Griff bekommen, die sogenannten Streichpreise. Sie sind Amazon ein Dorn im Auge, da sie rechtlich eher im Graubereich anzusiedeln sind und für die Kunden zumeist nur aus kaufpsychologischer Sicht einen Klickfaktor darstellen. Daher vereinfacht Amazon die Anzeige von Preisen für Kunden:

> *»Ab dem 8. Oktober 2018 werden Produktdetailseiten auf Amazon.de, Amazon.co.uk, Amazon.it und Amazon.es aktualisiert und Kunden werden der aktuelle Angebotspreis sowie die unverbindliche Preisempfehlung (UVP) eines Produkts angezeigt. Die UVP wird vom Hersteller oder von autorisierten Wiederverkäufern für die jeweilige Marketplace-Site festgelegt, soweit vorhanden. Mit dieser Änderung werden Preise, die vorher als ›Angebot‹ angezeigt wurden, nun als ›Preis‹ angezeigt. Wenn Sie das Feld ›Angebotspreis‹ bei der Erstellung eines Angebots verwenden, werden Sie nach dieser Änderung kein weiteres Feld oder eine Anzeige für den Preis vor Rabatt sehen. Von Ihrer Seite besteht kein Handlungsbedarf.*
>
> *Wenn Sie Kunden einen Referenzpreis für Ihre Produkte anzeigen möchten, sind Sie möglicherweise an der unverbindlichen Preisempfehlung (UVP) oder an Blitzangeboten interessiert. Das Feld UVP ist jetzt unter ›Lagerbestand verwalten‹, in der Lagerbestandsdatei in Seller Central oder über Feeds verfügbar. Weitere Informationen finden Sie in den Amazon-Richtlinien zu Referenzpreisen und Blitzangeboten.*
>
> - *Referenzpreise*
>   *In vielen Produktkategorien kann ein Referenzpreis in Form eines durchgestrichenen Preises angezeigt werden. Diese Referenzpreise können an verschiedenen Stellen angezeigt werden, einschließlich der Produktdetailseiten und Suchergebnisse für Ihre Produkte. So können Sie Ihren Kunden Ersparnismöglichkeiten signalisieren.*
>
>   *Beispiele für einen Referenzpreis sind:*
>   *Eine unverbindliche Preisempfehlung des Herstellers oder eines autorisierten Wiederverkäufers für die jeweilige Marketplace-Site. Wenn Sie eine solche unverbindliche Preisempfehlung angeben, muss auch diese stets aktuell sein.*

Dazu gehört auch, dass wesentliche Mengen des fraglichen Produkts in der jüngeren Vergangenheit auf der betreffenden Marketplace-Site zu diesem Preis verkauft wurden.

Ein Vor-Rabatt-Preis, der weiterhin angezeigt wird, wenn Sie für bestimmte Produkte eine vorübergehende Rabattaktion anbieten. Solche als Referenzpreise angegebenen Vor-Rabatt-Preise müssen den niedrigsten Preis wiedergeben, zu dem Sie Ihr Produkt in den letzten 30 Tagen verkauft haben.

Wenn Ihre UVP bzw. Ihr Vor-Rabatt-Preis diese Kriterien nicht erfüllt, stellen Sie bitte sicher, dass Sie nur einen einzigen Verkaufspreis angeben. Wenn der von Ihnen angegebene Referenzpreis nicht durch Amazon verifiziert werden kann, ist die Anzeige mitunter nicht möglich.

- *Amazon-Angebote*
  Der als durchgestrichen angezeigte Preis für Ihr Angebot sollte einem Preis entsprechen, zu dem Sie wesentliche Mengen des betroffenen Produkts verkauft haben. Wird der angezeigte Angebotsrabatt für irreführend befunden, können wir Ihr Amazon-Angebot jederzeit zum Schutz unserer Kunden stornieren.
- *Dauer der Rabatte*
  Bei Ihren Rabattaktionen müssen Sie die gesetzliche Mindest- und Höchstdauer beachten. Für einige unserer europäischen Marketplace-Sites gilt für Rabattaktionen beispielsweise eine Höchstdauer von 30 Kalendertagen. Für ein optimales Einkaufserlebnis sollten Sie zwischen verschiedenen Rabattaktionen ein gewisses Zeitfenster lassen.

Amazon Marketplace-Richtlinien zur angemessenen Preisgestaltung

Verkäufer sind selbst für die Erstellung ihrer Preise bei Amazon Marketplace verantwortlich. Amazon möchte das kundenorientierteste Unternehmen der Welt sein und Kunden die größtmögliche Auswahl zu bzw. zum niedrigsten Preis und mit dem schnellsten Lieferservice bieten. Die Verkäufer spielen dabei eine wichtige Rolle.

Amazon überprüft regelmäßig die Preise und Versandkosten aller Artikel auf unseren Marketplace-Sites und vergleicht diese mit anderen Preisen, die Kunden angeboten werden. Wenn dabei auf einer Marketplace-Site Preisgestaltungspraktiken auffallen, die das Kundenvertrauen schädigen, kann Amazon Maßnahmen ergreifen und z. B. das Einkaufswagen-Feld oder das Angebot entfernen. In schweren oder wiederholten Fällen kann Amazon die Verkaufsberechtigung vorübergehend oder dauerhaft entziehen. Zu Preisgestaltungspraktiken, die das Kundenvertrauen schädigen, zählen u. a.:

Festlegung eines Referenzpreises für ein Produkt oder eine Serviceleistung, der Kunden in die Irre führt.

Festlegung eines Preises für ein Produkt oder eine Serviceleistung, der deutlich über den Preisen liegt, zu denen das Produkt kürzlich bei Amazon oder anderswo angeboten wurde.

Der Verkauf mehrerer Einheiten eines Produkts zu einem Preis, der auf die Einheit gerechnet höher ist als der Kauf eines Einzelprodukts.«

In der Hoffnung auf stabilere Preise ohne perfide Taktiken sollte zudem jedem Anbieter klar sein, dass Amazon mit den eigenen Tools, wie das auch viele andere Tools können, jede Schwankung und Manipulation erkennen kann, egal, ob in der Nacht oder anderweitig.

Richtlinien für Bewertungen und Bilder

Doch mit der Anpassung der Richtlinien bezüglich der Streichpreise nicht genug, hat Amazon auch die Richtlinien für Bewertungen erweitert:

»Produktrezensionen von Kunden sind ein integraler Bestandteil des Einkaufserlebnisses von Kunden bei Amazon. Kunden nutzen diese Rezensionen, um mehr über das Produkt zu erfahren, zu beurteilen, ob es für ihre Anforderungen passt, und um eine fundierte Kaufentscheidung zu treffen. Kundenrezensionen helfen Verkäufern außerdem, die Meinung der Kunden zu ihren Produkten zu verstehen, welche Funktionen oder Aspekte des Produkts Kunden schätzen und in welchen Bereichen Verbesserungen erforderlich sind. Rezensionen können außerdem Vorschläge für Verkäufer enthalten, wie sie ihre Produkte verbessern können. Damit Produktrezensionen von Kunden weiterhin diese Vorteile für Kunden und Verkäufer bieten können, müssen sie die Erfahrungen, die Kunden mit den Produkten machen, weiterhin echt und authentisch widerspiegeln.

Amazon verfügt über spezielle Richtlinien, die die Authentizität von Kundenrezensionen schützen sollen. Wir bitten Sie, diese Richtlinien einzuhalten und etwaige Verstöße zu melden, die Sie möglicherweise bemerken. Wir haben unten Links zu unseren Richtlinien bereitgestellt. Beachten Sie, dass Amazon eine Null-Toleranz-Richtlinie gegenüber Verstößen gegen Kundenrezensionen hat. Falls wir Versuche entdecken, Kundenrezensionen zu manipulieren, ergreifen wir sofortige Maßnahmen, die unter anderem Folgendes umfassen können:

- *Entzug der Verkaufsberechtigung bei Amazon;*
- *Das Entfernen aller Produktrezensionen und das Verhindern, dass das Produkt in Zukunft Rezensionen oder Bewertungen erhält;*
- *Permanentes Löschen des Produkts bei Amazon;*
- *Klage gegen den Verkäufer.*

Wir empfehlen Ihnen, die Amazon-Richtlinien für Produktrezensionen von Kunden sorgfältig zu lesen und alle Verstöße zu korrigieren. Es ist wichtig, dass Sie auch Ihre Geschäftspartner, Mitarbeiter und alle Partner, mit denen Sie zusammenarbeiten (wie zum Beispiel Werbeagenturen), über diese Richtlinien informieren, da Verstöße Ihrer Geschäftspartner, Mitarbeiter oder Drittanbieter-Agenturen zu Durchsetzungsmaßnahmen führen können, auch wenn diese ohne Ihr Wissen oder Ihre Zustimmung geschehen sind.

Beispiele für Verstöße gegen die Richtlinien für Produktrezensionen von Kunden finden Sie unten aufgeführt:

- *Ein Verkäufer verfasst eine Rezension über sein eigenes Produkt oder das Produkt eines Konkurrenten.*
- *Ein Verkäufer bietet einem Dritten eine finanzielle Entlohnung, Rabatte, kostenlose Produkte oder eine andere Entschädigung für eine Rezension zu seinem Produkt oder einem Produkt des Konkurrenten an. Dies beinhaltet die Nutzung von Dienstleistungen, in deren Rahmen Kundenrezensionen, Websites oder Social-Media-Gruppen verkauft werden.*
- *Ein Verkäufer bietet eine Erstattung an, nachdem der Käufer eine Rezension geschrieben hat (einschließlich einer Erstattung mittels einer nicht von Amazon bereitgestellten Zahlungsweise). Dies kann über das Käufer-Verkäufer-Postfach bei Amazon oder das direkte Kontaktieren von Kunden oder über die Nutzung von Dienstleistungen von Drittanbietern, Websites oder Social-Media-Gruppen erfolgen.*
- *Ein Verkäufer verwendet einen Drittanbieterdienst, der kostenlose oder vergünstigte Produkte anbietet, die mit einer Rezension verbunden sind (z. B. ein Rezensionsclub, bei dem Kunden Ihr öffentliches Amazon-Profil anmelden müssen, damit Verkäufer die Rezensionen überwachen können).*
- *Ein Familienmitglied oder Mitarbeiter des Verkäufers schreibt eine Rezension für das Produkt des Verkäufers oder zu Produkten eines Konkurrenten.*
- *Ein Verkäufer bittet einen Rezensenten, seine Rezension zu ändern oder zu entfernen. Dafür bietet er dem Rezensenten möglicherweise auch eine Erstattung oder eine andere Entschädigung an.*
- *Ein Verkäufer leitet negative Rezensionen an sich selbst oder an einen anderen Bewertungsmechanismus um, während positive Rezensionen an Amazon gesendet werden.*
- *Ein Verkäufer erstellt eine Variantenbeziehung zwischen Produkten, um dadurch Rezensionen zu manipulieren und die Sternebewertung eines Produkts über das Anhäufen zu Bewertungen zu erhöhen.*

- *Ein Verkäufer fügt eine Anfrage für eine positive Amazon-Rezension oder einen Anreiz als Gegenleistung für eine Rezension auf der Produktverpackung oder dem Versandkarton ein.*
- *Ein Verkäufer verwendet ein Kundenkonto, um eine Rezension zu seinem Produkt oder einem Produkt seiner Konkurrenz zu verfassen oder zu ändern.*

Anmerkung: Bitte beachten Sie, dass Verweise auf den ›Verkäufer‹ in diesem Zusammenhang alle Mitarbeiter und Drittanbieter des Verkäufers einschließen.«

Amazon selbst sagt, dass neben dem Bild der Preis und die Bewertungen die höchsten Klickfaktoren sind. Daher ist es nur logisch, diese Bereiche so extrem zu kontrollieren. Die Bildrichtlinien wurden Ende 2017 erstmals für einige Kategorien verschärft, und das wird aktuell sukzessive erweitert. Style Guides sollen den Content so einheitlich wie möglich darstellen. Aber nicht alle Änderungen und Verschärfungen sind gegen Anbieter auf dem Marktplatz gerichtet. Besonders im Bereich der Bewertungen tummeln sich immer mehr opportunistische Kunden.

Melden von Käufern

Es wird mittlerweile auch einfacher, gegen die Käufer, also die Kunden, vorzugehen, sollten sie sich unangemessen verhalten. Die Händler sehen sich immer öfter in der Situation, dass sie vom Endkunden erpresst werden. Um dagegen vorzugehen, hat Amazon nun eine schnellere Meldefunktion zur Verfügung gestellt (siehe Abbildung 18.7).

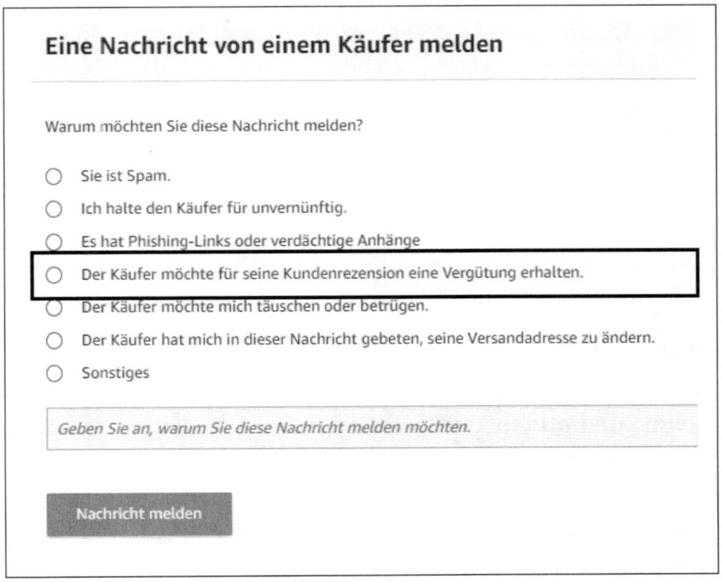

Abbildung 18.7 Neue Funktion, um Käufer zu melden

Die Position zwei mag dabei witzig erscheinen, aber jeder von uns kennt diese besonderen Kunden. Doch auch das Melden von Kunden, die durch schlechte Bewertungen oder Händlerrezensionen Rabatte erzwingen wollen, wird so möglich.

Insgesamt werden Änderungen dieser Art tagtäglich von Amazon umgesetzt. Doch wie schnell sind Sie in der Identifikation der Änderung und im Feststellen, ob Sie direkt betroffen sind? Ein Plan B muss nicht immer das Ausweichen auf andere Marktplätze beinhalten, schlicht den gesamten Content in aktueller, Style-Guide-konformer Form vorzuhalten, reicht aus, um die größten Hygienefaktoren auf Amazon im Griff zu haben. Content meint dabei in der kompletten Form alle auf dem Marktplatz verfügbaren Inhalte, die durch den direkten Anbieter erstellt oder gepflegt werden können.

Doch was müssen und was dürfen Sie nun alles machen, um heutzutage sichergehen zu können? Rechtsanwalt Thomas Engels fasst dies immer recht deutlich zusammen. Nach ihm kann nichts unternommen werden, um überhaupt komplett sicher auf dem Marktplatz Amazon agieren zu können. Die bestmögliche Anstrengung kann allein daran scheitern, dass Amazon im Rahmen eines neuen Gefahrgutprogramms Produkte plötzlich als gefährlich deklariert, angefangen beim aufblasbaren Feuerlöscher.

Die spezifische Produktauswahl für den Marktplatz sollte immer einhergehen mit Ihrem eigenen Können, der Nachfrage am Amazon-Markt oder Ihrer spezifischen Strategie. So schön es klingen mag, alles ist möglich – aber nicht alles muss möglicherweise funktionieren. Dabei gilt die die Suchseiten- oder SERP-Konsistenz als wichtigste Größe in Kombination mit der Keyword-Volatilität. Da man nicht am Preis spielen soll, sind hier die organischen Umplatzierungen oder Änderungen der Produktdetails oder gar neue Listungen das Mittel der Wahl.

Dies kann mit einfachen Anpassungen der Kategorien beginnen. Der Sommer-Grillhandschuh, der im Winter zum Backofenhandschuh mutiert, wird hier mein Lieblingsbeispiel bleiben. Aber eben auch die Feuerwehr, die plötzlich in der Relevanz und Ausspielung der Suchergebnisse von der Kategorie KOSTÜME nach SPIELZEUG wechselt.

Eine Marktplatzstrategie sollte sich aber auch in der Lage sehen, Varianten in ihrer vorgegebenen Form zu nutzen. Soft- und Hardlines sind nicht wählbar, daher müssen Sie vorher entscheiden und prüfen, ob Sie die Parent- oder Child-basierte Variante fahren. Neben den Vorschlägen bisher geht natürlich der einfache Weg, indem Sie bei kurzen unspezifischen Suchen eher keine Parent-basierte Variante nutzen sollten. Bei langen und sehr spezifischen Sucheingaben reicht es aus, wenn das exakte Produkt den SERP-Slot innehat. Andere vielschichtige Faktoren der Kundensuche sind zu beachten, allein das Farbraumverständnis, wie das von Türkis als Blau oder Grün, ist immer wieder rätselhaft. Listungen von Varianten in Farbräumen statt in komplexen Anlagen helfen dennoch sehr gut, mehr Sichtbarkeit der Listings in der eigentlichen SERP-Seite zu platzieren. Letztendlich gilt auch hier, immer am Markt dranzubleiben. Auf Amazon gab es schon bis zu drei Vorschaubilder bei Varianten oder den Ansatz einer Formulierung wie »Weitere Größen oder Farben verfügbar« und ähnliche Ansätze.

Aktuell einer der stabilsten Faktoren auf und um den Marktplatz Amazon ist die Keyword-Recherche. Solange Kunden über eine Kommunikation, egal, ob schriftlich oder sprachlich, interagieren müssen, werden Suchbegriffe recht gut erfassbar sein. Dabei sind Tools jeder Art dem eigentlichen Denkprozess weit überlegen. Die Erkenntnis, welche Trends aktuell außerhalb von Amazon aufkommen oder wann zu Amazon übertreten, ist früher schlicht Bauchgefühl gewesen. Dank Ansätzen wie der Trendanalyse Google vs. Amazon zeigt das Tool Amalyze andere Wege auf. Ausnahmen bilden natürlich große Trends, die selbstständig in der Lage sind, Trends zu etablieren, und clevere Einkäufer, die direkt in den Fabriken Neuheiten aufschnappen und adaptieren. In Vollendung kann man sogar Produkte nur aufgrund kommender Trends wie Spiele oder Technologien, etwa VR-Brillen, aufbauen. Egal, ob spezielle Flightsticks oder ein hygienischer Brillenüberzug – alles wird möglich.

Es bleibt aber notwendig, die gesuchten Wörter nach Conversion und Traffic getrennt in die Produktinhalte einzubinden. Neben den Artikelmerkmalen und Kerndaten, die zur Verfügung gestellt werden müssen, ist der Titel das erste Kommunikationsmerkmal. Beim Titel geht es dabei nicht um die Länge, sondern um die Platzierung im lesbaren Bereich eines jeden Devices, egal, ob auf den diversen Telefonen oder Tablets, in der Kachelansicht oder der normalen gelisteten Suchseitenansicht. Dabei sind die möglicherweise kommenden 80 Zeichen bei Weitem kein Weltuntergang. Kurz, knapp und prägnant, wenn Suchbegriffe überall gleich gewichtet werden, ist das tatsächlich kein Problem.

Über Aufzählungspunkte wird immer die jeweilige Sichtbarkeit entscheiden, aktuell sind mobil die ersten drei am wichtigsten. Der Aufbau darf dabei in den meisten Kategorien ähnlich sein: eine Einleitung des Alleinstellungsmerkmals (USP, Unique Selling Point) in Kurzfassung, gefolgt von der längeren Formulierung der Besonderheit und warum die Anwendung des Produkts durch den Kunden ein Vorteil ist. Für die Beschreibung gilt die Grenze von 200 Zeichen für die mobile Ausspielung. Inhalte mit bis zu 2.000 Zeichen sollten Ihnen in Verbindung mit der Weißraum-Theorie und HTML keine erheblichen Sorgen bereiten!

Die erweiterten Markeninhalte (EBC) für Seller bzw. A+ für Vendoren (siehe Abschnitt 6.7, »Erweiterte Produktbeschreibungen mit Bild und Text«) werden erst einmal neben Videos die einzige Möglichkeit sein, Bild und Text miteinander zu erklären. Dabei sollte Ihr Text nie länger als eine halbe Handyseite werden, damit der Kunde das Bild und den passenden Text sehen und überhaupt verstehen kann. Ich würde sogar sagen, dass Sie insgesamt maximal drei bis fünf Scrollseiten füllen sollten, denn der Weg zurück zum Einkaufswagen darf nicht zu lang werden. Ein Klick auf den Zurück-Button bringt Kunden nur auf die Suchseite.

Kleinigkeiten wie die ständige Berücksichtigung der mobilen Darstellung sind mittlerweile kein Problem mehr. In Google Chrome können Sie Amazon perfekt in der mobilen Version nutzen. Dazu müssen Sie nur Amazon öffnen und per Rechtsklick den Registereiter UNTERSUCHEN auswählen. Dort finden Sie die *Toogle Device Toolbar*. Hier können Sie fast jedes Endgerät auswählen und auch Querformate testen (siehe Abbildung 18.8).

Abbildung 18.8 Toogle Device Toolbar aus Google

Hinterlegte Keywords sollen und dürfen am Ende nur eine unterstützende Funktion haben. Natürlich sollten hier niemals Conversion-orientierte Wörter verborgen sein. Spezifisch muss man dennoch anhand der Keywords ein Produkt erkennen können. Ganz egal, ob am Ende jedes Produkt 249 Bytes, 400 oder 2.000 Zeichen ermöglicht, viel wichtiger ist es, jedem Produkt seine Einzigartigkeit zu bewahren und diese spätestens hier darzustellen.

Die reine Datenpflege ist der wohl wichtigste Schritt im gesamten Amazon-Prozess. Skalierbarkeit und Geschwindigkeit entstehen dann durch verfügbare Daten und reproduzierbare Angaben und Abläufe, auf Neuerungen lässt sich anhand der Produktdaten jeweils schnell reagieren. Was wird zum Beispiel passieren, wenn auf Amazon plötzlich Hero Images Standard werden oder große Marken dafür sorgen (siehe Abbildung 18.9)?

Abbildung 18.9 Hero Images aus den USA

So weit hergeholt ist die Idee nicht. Sie können Hero Images teilweise schon selbstständig pflegen. Eine verbesserte Ansicht der Produktpackung oder des Produkts mit den wesentlichen Verkaufsmerkmalen wie Größe, Menge, Geschmack ist damit gemeint. Ob und wann das Feature komplett und in welchen Bereichen ausgerollt werden wird, ist zurzeit nicht bekannt. Die Kategorie KOSMETIK sehe ich aber neben der Kategorie LEBENSMITTEL als die Nummer eins dafür. Auch 360-Grad-Bilder werden kommen. So sind im Bereich Sanitär in den USA schon Produkte der Marke Delta Faucets damit ausgestattet. Mutmaßlich wurden seit der Einführung der Rundum-Bilder in einigen Beispielen die Konvertierung gesteigert und die Retouren verringert (*www.forbes.com/sites/kirimasters/2018/11/07/amazon-360-spin-images-on-product-listings/#35ca1dd67bc0*).

Die gesamte Grundlage für ein Produktlisting ist neben Können auch viel Wollen, eine Strategie und deren Umsetzungsfähigkeit außerhalb und innerhalb von Amazon ist notwendig. Dazu gehört mittlerweile die gezielte Werbung, da hieraus je nach Werbeform direkt die Werberelevanz entsteht. Dabei sehe ich in Zukunft nur noch zwei Wege und eine Grundlage. Die Grundlage ist eine Unterscheidung in zwei Marketingbereiche, On- und Off-Amazon-Werbung. Alles Weitere sind strukturelle Unterschiede. Die zwei Wege, Werbung auf Amazon zu betreiben, sind dabei folgende: entweder der Weg, Werbung rein auf Profitabilität hin auszulegen, wofür man sehr gut rechnen können muss, oder der einfache Weg, wie früher fast üblich, die Budgets für Werbung jeder Art schlicht abzuschreiben.

Die wissenschaftliche Betrachtung von Werbemaßnahmen hilft dabei zwar, doch ohne umfassende Tools ist das Ende schnell erreicht. Zu komplex und schnelllebig sind der Markt und alle seine Teilnehmer. Eine der interessantesten Lösungen ist in dem Bereich die Zusammenarbeit von Finc3 und Adference. Das Tool soll sowohl Produkttypen, Margenbereiche und andere Zielgruppen als auch Strategien bündeln können und vollautomatisch steuern. Doch alle Tools und Unterstützungshilfen bringen nichts, wenn Sie so einfache Ansätze wie die vergessene Kampagne nicht anlegen.

Regel-Sets bei Eigenschutzkampagnen dürfen selten in eine Richtung laufen, da auch der Angreifer reagieren kann, und das Gleiche gilt bei Angriffskampagnen. Auch hier können plötzlich andere Angreifer starten, und statt der Kosten für den Angriff zahlt man plötzlich, um seine Listings auf der anderen Marke zu schützen. Fällt einem so etwas nicht auf, wird es schnell spektakulär.

Eine weitere Trennung der beworbenen Suchbegriffe in unspezifische und spezifische ist natürlich zwingend die Basis. Besonders hier sollten Sie Tools nutzen, die tagesaktuell jede Änderung erkennen, um neue Suggests so abbilden zu können und auf Trends im Suchvolumen auch unabhängig der bisherigen Performance vorausschauend zu reagieren. Hier gilt es, sowohl alle Amazon-Aktionen von Cost per Click (CPC) und Cost per Mille (CPM), besser bekannt als Tausenderkontaktpreis, als auch alle Angebote mit anderen Strategien abseits von Amazon zusammenlaufen zu lassen. Bei dem kleinsten mir bekannten Beispiel ist der Parkaffe von Ronny Marx vorgestellt worden, eine einfache Strategie, Menschen über Parkverbotsschilder aufzuklären und eine nette Lösung anzubieten, den Aufkleber Parkaffe, um Falschparker zu kennzeichnen. Der Clou ist die Verbindung von Google und Amazon: Niemand sucht nach den Bedeutungen der Schilder auf Amazon, aber jeder, der danach sucht, hat mit Sicherheit ein Problem. Für einen hohen Anteil an Suchenden ist der Aufkleber Parkaffe dann die Lösung. Weitergedacht sind nun Betroffene des Parkaffen auf der Suche danach, was das ist und was das soll. Schnell finden Sie die Seite und – welch Überraschung – direkt Links zu Aufkleberentfernerspray. Das ist vollumfänglich von A bis Z zu Ende gedacht in Strategie und Umsetzung. So klein das Beispiel erscheinen mag, so verbindet es doch sehr viele Ideen und Denkansätze, die Sie prüfen sollten.

Nicht immer funktioniert Amazon also allein oder eben gar nicht oder nicht schnell genug. Am Beispiel in Abbildung 18.10 sehen Sie oben den Ansatz, organisch zu pushen, und unten, überhaupt eine Sichtbarkeit zu erzeugen.

Im Gegensatz zum Falschparkeraufkleber wurden hier zwei Wege dank Werbung in Form von Pay per Click (PPC) umgesetzt. Im ersten Beispiel oben sehen Sie das Anwachsen der organischen Sichtbarkeit, doch Ende September hörte diese auf. Nach einer Woche wurden Autokampagnen und manuelle Kampagnen gestartet.

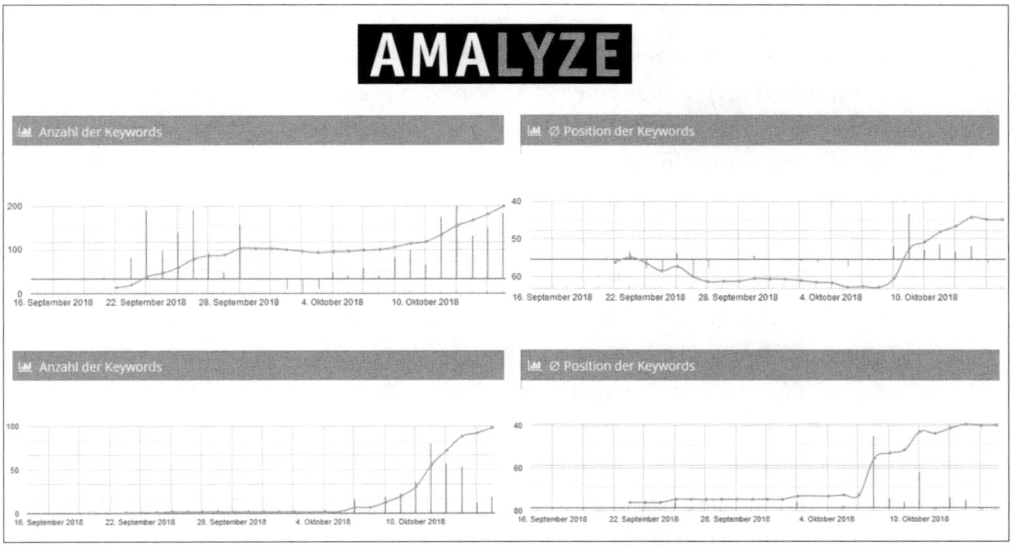

Abbildung 18.10 SEO und PPC verbinden

Die Sichtbarkeit stieg in erheblichem Maße ab dem Start der Werbung. Insgesamt konnte sowohl die Anzahl an Keywords als auch der Durchschnitt der Positionen verbessert werden.

Das zweite Beispiel unten zeigt ein komplettes Versagen, so könnte man meinen. Jedoch ist schlicht der Wettbewerb sehr stark, und eine relevante Ausspielung besser als Seite 7 war nie möglich. Dazu muss man wissen, wie viel ein genutztes Tool im Detail prüft und prüfen kann. Die Entscheidung für Werbung konnte die Produktplatzierung in Werbeslots sehr stark vorziehen. Die entstandenen Klicks haben ihr Weiteres getan in Verbindung mit den Impressions, um organisch sichtbare Erfolge zu erzeugen.

Dabei ist die Werbung immer sehr genau zu analysieren. Allein das Bewerben von A in Variante A B C zwingt Sie, die »other SKU«-Berichte genau zu prüfen. Wenn A, B oder C verkauft werden, ist alles in Ordnung, außer die Marge weicht zu stark ab. Wenn jedoch nun die Produkte X, Y, Z verkauft werden, sollten Sie exakt prüfen, warum Kunden vom beworbenen Produkt so deutlich abweichen und ob es aus Kostensicht gut oder schlecht für Sie ist. Detailliertere Prüfungen müssen Sie dabei auch immer mit der Abrechnung vornehmen.

Neue Werbeabrechnung

Wie bereits aufgezeigt, weichen die steuerlichen Belange gerne deutlich ab. Doch das wird sich wohl ändern:

»Neue Werbeabrechnung

Ab 1. Oktober 2018 werden Ihre Vereinbarung mit Amazon Services Europe S.à.r.l. zu Gesponserten Anzeigen sowie die darin enthaltenen allgemeinen Geschäftsbedingungen an die Amazon Advertising EU-Niederlassungen übertragen. Diese Übertragung ändert nichts an den Bedingungen der Vereinbarung, an der Art und Weise, wie Ihre Werbeanzeigen platziert werden oder an unseren darin festgelegten Verpflichtungen. Wir möchten Sie jedoch über die folgenden Änderungen informieren, die sich daraus ergeben:

Ab dem 1. Oktober 2018 stellt Amazon alle Rechnungen für Services, die mit Gesponserten Anzeigen in Verbindung stehen, über die jeweiligen Amazon Advertising EU-Niederlassungen aus. Das bedeutet, dass die Amazon Advertising EU-Niederlassungen auf Gebühren für Gesponserte Anzeigen Umsatzsteuer (›USt‹) erheben müssen, die Werbetreibenden mit einer USt-IdNr. in Großbritannien, Deutschland, Frankreich, Italien und Spanien in Rechnung gestellt wird. Die Amazon Advertising EU-Niederlassungen müssen darüber hinaus ggf. auch in anderen Ländern, in denen Ihr Unternehmen vertreten ist, Umsatzsteuer berechnen (z. B. in Norwegen, Island oder Russland). Wichtig: Dabei handelt es sich lediglich um eine Änderung der Erhebungsweise der Umsatzsteuer und nicht um die Einführung einer neuen Umsatzsteuerpflicht.«

Insbesondere für ACoS-Liebhaber (Advertising Cost of Sale) eine wichtige Situation. Dabei gilt wie immer: Nicht der Umsetzer ist in der Pflicht, dies zu wissen, oftmals muss eben auch der Bereichsleiter oder eben der Chef seiner Pflicht nachkommen und sich weiterbilden. Zu häufig wird hier die Schuld bei den operativen Kräften gesucht, die nach bestem Wissen und Gewissen handeln. Viele Änderungen kommen aber nie an der Basis an. So können Coupons schon länger von allen Sellern genutzt werden. Die Aktivierung durch Amazon erfolgte jedoch nur im Haupt-Account des Admins und nicht global in allen Accounts der Mitarbeiter. Ähnliches zeigt sich bei Beta-Phasen gerne im Detail. Einiges ändert sich nun einmal nur im Haupt-Account.

Neue Werbeformen

Zur ständigen Wandelbarkeit von Amazon gehört auch, dass man plötzlich neue Werbeformen in der Auswahl sieht, wie etwa die Display Ads (siehe Abbildung 18.11), oder gegebenenfalls sind Autokampagnen plötzlich mit Bid+ wählbar. Sie müssen einen Blick für die Details entwickeln. Solche Werbetestphasen wie die Display Ads können sich schnell zu absoluten Vorteilen erwachsen, wenn diese erkannt und genutzt werden, Lernkurven in billigeren Wettbewerbsumfeldern inklusive.

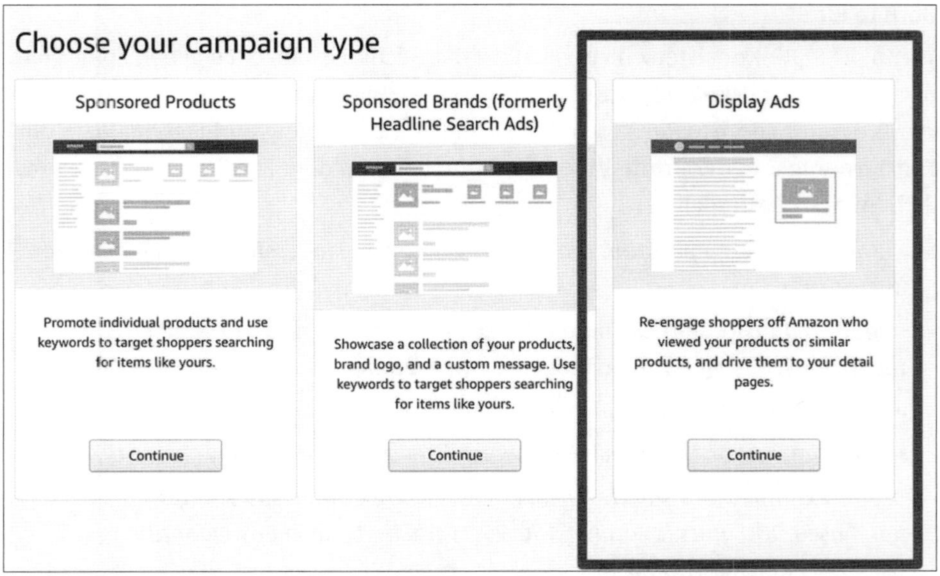

Abbildung 18.11 Neue Werbearten kommen.

Allein die letzten Änderungen im Bereich der gesponserten Produkte oder SPA zeigen, wie schnell man plötzlich alle Chancen vor sich hat. Doch man muss Sie nutzbar für sich einsetzen und dazu gehört es, die jeweiligen Möglichkeiten zu testen. Plötzlich würden komplett neue Strategien möglich, oder die zu erwartenden Zahlen sind schlicht unerreichbar. Ich erinnere nur zu gern an das Beispiel einer Erweiterung der HSA-Plätze, Plätze der Headline Search Ads also, um fünf weitere Slots.

Besonders in der Werbung hilft es aber auch, anders zu denken. So können Sie recht schnell auf Seite 1 zu Hauptwörtern und anderen Suchbegriffen kommen, wenn Sie Product Display Ads (PDA) mit starkem Eigenschutz schalten. So entsteht Grund-Traffic der Kampagne durch die eigenen Listings. Diesen erweitern Sie um gezielte Angriffe auf die Wörter oder Produkte mit hohem Suchvolumen, nach Vorgabe der PDA-Optimierung. Die entstandenen Impressions zu den Keywords drücken das Listing unter den Suchwörtern nach oben. So haben nur 75.000 Impressions in 5 Tagen mit 350 Klicks und fünf Verkäufen ausgereicht, um auf der Suchergebnisseite 1 für ausgewählte Suchbegriffe eines von mir betreuten Produkts aufgeführt zu werden. Doch der wichtigere Faktor, die Auffindbarkeit, ist insgesamt im Schnitt von über Platz 30 auf unter Platz 25 gestiegen. Gleichzeitig die größte Überraschung war der Anstieg des Verkaufsranges unter die TOP 50 von vorher um die 500. Seit diesem Zeitpunkt verkaufte sich das Produkt dann genau keinmal häufiger als zuvor. Nimmt man die Werbung weg, sinkt es herab. Man kann Relevanz eben nicht erzwingen.

Born to Run

Wenn die SERP-Konsistenz nicht passt, ist das Suchvolumen eben genau keine Hilfe, und jedes angebliche Hauptwort sinnfrei. Dieses Experiment ist dem neuem Vendoren-Programm *Born to Run* geschuldet. Ähnlich wie Werbung für Bier oder Jeans oder Fensterreiniger in der Prime-Video-Funktion bzw. auf dem Fire TV ist es aus meiner Sicht nur ein Kostenfaktor:

»›Born to Run‹ is a program that allows vendors to successfully launch new products faster.

Vendors can choose their initial 10 week inventory position (also referred to as the ›Launch Buy Quantity‹ or LBQ) for a new product launch in exchange for:

- *Full return rights on all unsold products from the Launch Buy Quantity, &*
- *AMS support on the launch ASIN worth 10 % of the Launch Buy Quantity's cost.*

In this example, let's say the speaker costs $ 50 per unit and Amazon agrees to purchase 1,000 units (a total of $ 50,000 total in ›Launch Buy Quantity‹ cost).

Because Amazon is agreeing to take on the financial and inventory risk of the new product, in exchange, the Vendor is required to invest 10 % of the Launch Buy Quantity's cost ($ 5,000) in Amazon Marketing Services (AMS).

Per the program requirements, the Vendor also has to agree to return the rights on any unsold inventory from the original LBQ after the 10 week period is over.

Does my new product qualify for ›Born to Run‹?

The requirements to participate in Born to Run include:

- *The vendor must be using AMS for at least 90 days*
- *The ASIN cannot be considered: a hazmat, heavy or bulky, or cost less than $ 5/unit.*
- *The product/unit must be considered ›new‹ by Amazon standards – meaning the item cannot be sitting in a Fulfillment Center for more than 30 days.*
- *Lastly, the total product cost of the LBQ (the unit quantity the vendor wants to launch) cannot exceed $ 50,000.«*

Laut CPC-Strategy, einer der führenden Amazon-Agenturen in den USA, ist der Ansatz aktuell nur über den Vendor-Manager verfügbar. Das Ganze ist ein sehr kurioser Ansatz, zeigt er doch das Unvermögen von Amazon auf, eine korrekte Prognose für Vendoren-Neuheiten aufzustellen. Die Werbefinanzierung deckt dann die Lagerkosten kurzzeitig ab, und am Ende retourniert Amazon die Überbestände zurück. Wer nun weiß, wie ungünstig allein eine saubere Anlieferung an Amazon als Vendor ist, kann sich dieses Programm kaum vorstellen. Zudem sind 10 % als AMS-Werbemittel nicht besonders hoch. Vendoren schaffen es aktuell auch selbstständig, so zu handeln, und erzeugen deswegen nicht automatisch bessere Ergebnisse außer Abverkäufen über Werbung. Das Beispiel mit den PDA zur Steigerung des Rankings hat gezeigt, wo der eigentliche Haken liegt. Die Umsetzung der Werbung muss erfolgreich sein, dabei hilft das System »Burn to Run« dann meiner Meinung nach überhaupt nicht. Aber ohne Test sind das natürlich viele Mutmaßungen, und davon bin ich kein Freund. Dennoch bleibt es leicht an der operativen Praxis vorbeigedacht und nur auf Kosten des Vendors etabliert.

Amazon DSP

Mittlerweile hat sich der ehemalige Bereich Amazon Advertising Platform (AAP) umgewandelt in Amazon DSP (Demand Site Platform). Das Vertrauen der Kunden in Amazon ist aktuell so groß, dass man diese Art der Werbung nicht ignorieren darf. Kunden mit den eigenen Produkten in Kombination mit Amazon zu bewerben ist aus doppelter Kostensicht zwar sehr fragwürdig, doch es überzeugt. Mittlerweile werden für ganze Marken die eigenen Kategorisierungen anhand der genutzten ASIN aufgebaut. So wird das komplette Portfolio segmentiert und spezifisch bewerbbar – ein absoluter Mehrwert, da man nun die Vorbereitung nicht selbst durchführen muss. Weiterhin wird aus eigenen Kundensegmenten ein Affinitäts-Index abgeleitet um perfekte Look-Alikes bilden zu könnnen, also neue Kunden mit ähnlichem Such- und Kaufverhalten. Das neue System KRS, also *Keyword Recommendation Service*, ist eine Ergänzung zu DSP und kann neuerdings automatisiert Suchbegriffe erkennen und bewerben, die die Kunden genutzt haben, bevor Sie final zum Kaufen übergingen. Weiterhin werden alle Begriffe berücksichtigt, die zu Suchseitenaufrufen der beworbenen Produkte geführt haben. Insgesamt ist das eine perfekte Erweiterung der Möglichkeiten. Spätestens hier wird die Zusammenarbeit aller Beteiligten auf die Probe gestellt. Man bietet jetzt gegen die eigene externe Amazon-Strategie. Die Verbindung der On- und Off-Amazon-Werbung muss über alle Bereiche hinweg konzeptioniert und umgesetzt werden.

Die Zukunft wird zeigen, dass aktuell kaum das volle Potenzial abgerufen wird, weder durch Händler noch durch Marken. Dies wird aber unweigerlich nicht unbedingt mit dem Wachstum aller Beteiligten einhergehen. Die so erfolgreichen Mikrounternehmer und die Marken dazu werden verschwinden. Der Kunde wird auf die alten Marken zurückgreifen oder Amazon-eigene Produkte kaufen. Der Grund für diese Prognose ist recht einfach, so spielen die großen Hersteller und Marken noch nicht richtig mit. Selbst alteingesessene Agenturen haben Amazon erst langsam im Blick. Aber solange die großen Verschiebungen der Wahrnehmung nicht erfolgen, werden Sie durchaus große Erfolge mit kundenorientierten Inhalten erzeugen können. Beachten Sie dabei den Weg von Amazon zurück ins eigentliche stationäre Geschäft, gilt es, Produkte und Verpackungen und deren Inhalte neu zu denken. Das ist und bleibt die Grundfähigkeit am Marktplatz Amazon, das rechtzeitige Erkennen der Änderungen und das Überdenken, inwieweit man selbst betroffen sein wird. Demnach ist eine flexible und skalierbare Anpassung umzusetzen, gepaart mit der maximal möglichen oder benötigten Messbarkeit. Trotz aller Änderungen bleibt es jedem selbst überlassen, aktiv seine Problemlösung auf Amazon am laufen zu halten und sichtbar am Kunden auffindbar zu sein. Tagtäglich werden sich Chancen ergeben und alte Stärken plötzlich Schwächen sein, das gilt aber für alle Marktteilnehmer. Die Weiterbildung im Bereich Amazon ist ein Grundstein für den Erfolg, aber genauso das Hinterfragen von Informationen für die eigenen Bereiche. Erst dann sind Entscheidungen zu treffen und umzusetzen.

Denn am Ende dieses Buches sollten Sie jetzt in der Lage sein, ein relevant auffindbares Produkt Ihrer eigenen Strategie entsprechend zu optimieren und zu bewerben, und müssen nicht mehr meine Ideen und Ansätze einfach kopieren.

Index

G

H

I

J

K

L

M

Q

R

S

T

U

V

W

Z